# 浙江省优秀工程咨询成果案例集

## （2017—2022）

## 上　册


桑文力　主编

浙江省工程咨询行业协会　编



天津大学出版社

TIANJIN UNIVERSITY PRESS

**图书在版编目(CIP)数据**

浙江省优秀工程咨询成果案例集 : 2017—2022. 上册 / 桑文力主编 ; 浙江省工程咨询行业协会编. 天津 : 天津大学出版社，2024. 2. -- ISBN 978-7-5618-7654-1

Ⅰ. F427.55

中国国家版本馆CIP数据核字第2024ORM991号

ZHEJIANG SHENG YOUXIU GONGCHENG ZIXUN CHENGGUO ANLI JI（2017—2022） SHANGCE

**出版发行** 天津大学出版社
**地　　址** 天津市卫津路92号天津大学内（邮编：300072）
**电　　话** 发行部：022-27403647
**网　　址** www.tjupress.com.cn
**印　　刷** 天津午阳印刷股份有限公司
**经　　销** 全国各地新华书店
**开　　本** 787mm×1092mm　1/16
**印　　张** 44.5
**字　　数** 1230千
**版　　次** 2024年2月第1版
**印　　次** 2024年2月第1次
**定　　价** 169元（上下册）

---

# 《浙江省优秀工程咨询成果案例集（2017—2022）》编审委员会

# 序　言

党的十八大以来，浙江省在习近平新时代中国特色社会主义思想指引下，持续深入实施“八八战略”，坚持一张蓝图绘到底，一任接着一任干，推动之江大地发生了系统性、整体性的精彩蝶变。在这一过程中，浙江省工程咨询行业牢牢铭记习近平总书记的要求，坚持“四个面向”，以与时俱进的精神、革故鼎新的勇气、坚韧不拔的定力，充分发挥对投资科学决策、规范实施和优化供给结构的关键性作用，为浙江省主动融入国家发展战略，以“两个先行”打造“重要窗口”，奋力谱写中国式现代化浙江篇章作出了积极、重要的贡献。

在持续服务国家和省重大战略决策、重大和基础性产业发展、重大工程建设过程中，浙江省工程咨询行业不断深化行业关键领域改革与创新，工程咨询理念不断升华，整体水平持续提高，涌现出一批如“钱江隧道及接线工程”“曹娥江枢纽工程”“舟山多端柔性直流输电示范工程”“金沙江白鹤滩水电站工程”“浙江省诗路文化带发展规划研究”“绍兴鲁迅故里及周边区域有机更新规划咨询”等具有代表性的优秀工程咨询成果。

为进一步弘扬新时代工程咨询从业者敬业奉献、严谨笃实、精益求精、臻于卓越的宝贵精神，展示浙江省工程咨询行业的良好风貌，激发推动行业高质量发展的热情和力量，提升浙江省工程咨询业的知名度和影响力，浙江省工程咨询行业协会组织力量编纂了《浙江省优秀工程咨询成果案例集（2017—2022）》，供广大工程咨询同行参阅学习。

本书遴选了2017—2022年由浙江省工程咨询行业协会成员单位承担完成的150余个优秀工程咨询成果案例。这些案例或是曾经获得浙江省优秀工程咨询成果奖（原）、全国优秀工程咨询成果奖、菲迪克工程项目奖，或是浙江省全过程工程咨询典型实践案例，或是具有典型意义的工程咨询相关课题或研究成果。全书分为规划咨询篇、项目咨询篇、评估咨询篇、全过程工程咨询篇和其他篇等五个篇章，并附部分工程咨询单位简介。

“十四五”时期正处于“两个一百年”奋斗目标的历史交汇期，随着国家投融资体制改革、行政审批制度改革和行业咨询服务供给侧结构性改革的不断深入，工程咨询业迎来了前所未有的发展机遇期。浙江省工程咨询行业协会将继续全力发挥政府与行业的桥梁纽带作用，提升综合服务能力，创新服务手段，与会员单位和广大工程咨询单位和从业者携手同行，持续为浙江省经济社会高质量发展蓄势聚能，以新气象新作为推动高质量发展取得新成效。

劉亭

2023年12月

# 特别鸣谢

浙江省工程咨询行业协会全过程工程咨询专业委员会

浙江省工程咨询行业协会评估咨询专业委员会

浙江省工程咨询行业协会规划咨询专业委员会

# 目　　录

## 上　册

### 规划咨询篇

绍兴古城保护发展规划（2030）…… 3
嘉兴市绿色建筑专项规划（2017—2025年）…… 9
淮南市乡村振兴战略规划（2018—2022年）…… 12
百色市沿边开发开放总体规划…… 15
杭州市萧山区骨干林道建设规划（2015—2020年）…… 18
浙江杭州湾国家湿地公园总体规划（2016—2020）…… 21
浙江浦阳江国家湿地公园总体规划（2017—2021）…… 23
襄阳自贸片区云计算和大数据产业发展规划…… 25
泰顺县域总体规划研究（2015—2035年）…… 28
玉环市医药和化工行业安全发展规划成果…… 30
浙江省综合交通运输发展"十三五"规划…… 33
湖州市综合交通运输发展"十三五"规划…… 35
杭州艮山门动车运用所上盖开发城市设计规划咨询…… 37
绍兴鲁迅故里及周边区域有机更新规划咨询…… 40
青田县中部崛起发展规划（2019—2025）…… 44
杭州城西科创大走廊综合交通规划方案…… 47
温州市域铁路S2线一期工程沿线服务业发展规划研究…… 50
钱塘江流域防洪规划…… 54
钱塘江流域综合规划…… 59
湖州市乡村振兴战略规划（2018—2022年）…… 63
温岭市海绵城市专项规划…… 66
温州市城市供水专项规划（修编）…… 69
宁波市四明山区域发展规划纲要（2016—2020）…… 76
宁波市"十三五"文化产业发展规划…… 78
宁波石化产业基地总体发展规划（修编）…… 80
萧山区森林城市建设总体规划…… 84
千岛湖森林彩化工程项目…… 86

浙江省金义都市区森林城市群建设规划（2018—2027年） …… 89
义甬舟开放大通道建设规划 …… 92
浙江省能源发展“十三五”规划 …… 94
杭州城西科创大走廊规划 …… 97
浙江省“十四五”规划基本思路研究 …… 100
浙江省诗路文化带发展规划研究 …… 103

## 项目咨询篇

德清县禹越镇污水处理厂及配套管网工程PPP项目 …… 109
杭州市城市大脑房管系统项目可行性研究报告 …… 114
山西省汾河中上游山水林田湖草生态保护修复工程试点忻州市静乐县汾河廊道生态保护修复项目 …… 118
瓯江路道路及景观改造提升工程项目建议书暨可行性研究报告 …… 122
三峡新能源江苏如东H6（400 MW）海上风电项目可行性研究报告 …… 128
临海市城市污水处理厂扩（迁）建工程（一期）项目申请报告 …… 133
金沙江白鹤滩水电站可行性研究报告 …… 137
运河亚运公园（原城西公园）可行性研究报告 …… 141
滁宁城际铁路（滁州段）工程PPP世行贷款项目 …… 147
鳌江干流治理平阳县水头段防洪工程可行性研究 …… 153
中国京杭大运河博物院（暂名）可行性研究报告 …… 160
中广核福建平潭大练300 MW海上风电项目可行性研究 …… 165
500 kV舟山与大陆第二联网通道输变电工程可行性研究 …… 171
国家医疗保障局医疗保障信息平台可行性研究报告 …… 176
甘肃金昌紫金云大数据产业园区规划及数据中心一期工程可行性研究报告 …… 183
杭州西站枢纽站房区域综合配套设施及疏解通道项目可行性研究报告 …… 189
中国电科院武汉科研基地搬迁改造项目可行性研究报告 …… 194
宜昌三峡保税物流中心工程可行性研究报告 …… 199
昆明市五华区垃圾焚烧发电厂异地重建项目可行性研究报告 …… 203
南浔南太湖热电联产项目可行性研究报告 …… 209
开化根缘小镇基础设施建设项目可行性研究报告 …… 214
哈电集团（秦皇岛）重型装备有限公司第四代先进核电装备——高温气冷堆蒸汽发生器、回热器与试验本体工艺开发及产品制造项目资金申请报告 …… 219
浙江师范大学行知学院迁建工程可行性研究报告 …… 223
遂昌县环城南路二期工程（南外环路—园丁路、下南门路—东桥路）可行性研究报告 …… 227
正大青春宝（德清）药业有限公司年产15亿袋（片、粒）固体制剂及1.4亿支中药物提取注射剂项目成果 …… 232
湖州加怡新市热电有限公司15 MW热电机组扩建项目成果 …… 236
上海中化科技有限公司反渗透膜（RO）一期项目成果 …… 242
年产3万t动力电池三元前驱体新材料项目可行性研究报告 …… 247

溧阳至宁德国家高速公路（G4012）文成至泰顺段工程可行性研究 …… 252
浙江省宁波—舟山港六横公路大桥工程可行性研究 …… 257
浙北高等级航道网集装箱运输通道建设工程项目建议书 …… 262
温州市鹿城区山福镇乡村振兴示范带基础配套工程可行性研究报告 …… 266
大陈岛海洋旅游综合开发项目 …… 271
国家毒品实验室浙江分中心可行性研究报告 …… 276
溧阳至宁德国家高速公路浙江省淳安段工程可行性研究报告 …… 281
临金高速公路临安至建德段工程可行性研究报告 …… 286
余杭区崇贤至老余杭连接线（高架）工程可行性研究报告 …… 289
钱塘江治理工程衢州市本级衢江治理二期工程可行性研究 …… 294
衢州市柯城区常山港治理工程可行性研究 …… 300
526 国道嵊泗段改建工程 …… 305
台州医院新院区项目 …… 309
温州奥林匹克体育中心——主体育场二期建设工程项目建议书和可行性研究报告 …… 313
平阳县垃圾焚烧发电厂二期扩建 PPP 项目财政承受能力论证报告 …… 317
湖州南太湖新区长东总部经济园区路网及综合管廊工程可行性研究 …… 322
湖州市城市规划展览馆新建项目（建安工程）可行性研究报告 …… 327
湖州市城乡供水一体化乡镇配水管网改造工程 …… 333
浙江海昌药业股份有限公司年产 850 t 碘造影剂项目 …… 337

## 下　册

浙江华海制药科技有限公司制药科技产业园一期工程 …… 341
浙江尚科生物医药有限公司生物酶系列产品及化学药物产业化基地一期工程建设项目 …… 344
绿谷（上海）医药科技有限公司上海绿谷糖药物生产基地可行性研究报告 …… 347
温岭市天然气主干管线及场站工程项申报告咨询成果介绍 …… 350
浙江省现代水利示范区（德清洛舍）工程可行性研究报告 …… 354
S333（49 省道）永嘉桥下至桥头段改建工程可行性研究报告 …… 359
衢州市沿江公路工程可行性研究报告 …… 364
205 国道开化县音坑至华埠段改建工程可行性研究报告 …… 369
中国科学院大学宁波华美医院（宁波市第二医院）医疗综合大楼建设项目项目建议书 …… 373
良渚博物院陈列改造工程可行性研究报告 …… 378
瑞安马屿 LNG 气化站工程项目建议书及可行性研究报告 …… 382
垃圾焚烧技术与装备国家工程实验室建设项目资金申请报告 …… 385
宁波甬港 500 kV 输变电工程可行性研究 …… 389
浙江杭州建德 500 kV 输变电工程可行性研究 …… 394
浙西南网架优化加强工程可行性研究 …… 399

### 评估咨询篇

新建铁路湖州至杭州西至杭黄铁路连接线工程社会稳定风险评估报告 …… 407

杭州市城市快速轨道交通三期建设规划（2017—2022 年）社会稳定风险评估报告 ………… 411
杭州绕城高速公路西复线两阶段初步设计、初步设计概算………………………………… 415
溧阳至宁德高速公路（G4012）浙江景宁至文成段两阶段初步设计、施工图设计初审报告 … 419
瓯江北口大桥初步设计、施工图设计初审报告…………………………………………… 424
浙江省文成至泰顺（浙闽界）公路两阶段初步设计初审报告………………………………… 428
建德至江山公路衢州市横路至航埠段公路工程社会稳定风险评估………………………… 433
浙能绍兴滨海热电厂二期扩建工程项目后评价报告……………………………………… 437
文一路（紫金港立交—荆长大道）提升改造工程社会稳定风险评估报告…………………… 441
杭州市青年路（博奥路）过江隧道工程可行性研究报告评估报告………………………… 444
“十二五”期间湖北省宜昌市棚户区改造项目后评价报告…………………………………… 447
浙江省工程实验室（研究中心）建设及运行情况评估报告………………………………… 451

## 全过程工程咨询篇

宁波“三路一桥”PPP 项目东外环路快速化改造工程…………………………………………… 457
温州市鹿城区瓯江绕城高速至卧旗山段海塘和瓯江路西延（江滨路 A 线西段）道路工程 PPP 项目……………………………………………………………………………………… 460
浙江省之江文化中心建设工程……………………………………………………………… 463
深圳歌剧院全过程工程咨询项目…………………………………………………………… 467
深圳大学西丽校区建设工程（二期）项目…………………………………………………… 470
中法航空大学设计采购施工（EPC）工程总承包项目 ……………………………………… 477
深圳市新华医院等项目群全过程工程咨询Ⅰ标项目………………………………………… 481
荷一路过江通道工程项目…………………………………………………………………… 489
沙北未来社区全过程工程咨询项目………………………………………………………… 493
台州椒江心海社区项目……………………………………………………………………… 497
镇海中学台州分校项目……………………………………………………………………… 502
衢州市文化艺术中心和便民服务中心项目…………………………………………………… 506
富春湾大道二期 EPC 工程总承包工程项目 ………………………………………………… 511
衢州市九华大道隧道（二期）与紫薇路隧道工程项目……………………………………… 514
海盐县人民医院迁建工程（暂名）…………………………………………………………… 518
皇岗口岸重建全过程工程咨询项目………………………………………………………… 522
台州国际博览中心项目……………………………………………………………………… 528
浙大邵逸夫医院绍兴院区项目……………………………………………………………… 533
萍乡创投科技产业园（萍乡经济技术开发区数字产业基地一期）项目……………………… 538
结网综合区块安置房全过程工程咨询项目…………………………………………………… 541
余杭区规划展示馆全过程工程咨询项目……………………………………………………… 545

## 其他篇

华东地区风光储蓄协调运行研究……………………………………………………………… 551
城市水环境治理理论与实践………………………………………………………………… 555

浙江省温州市珊溪水利枢纽水生态补偿试点实施方案研究…… 559
浙江省“十四五”及中长期电力发展战略研究…… 565
LONGVIEW 电厂收购技术尽调报告 …… 569
舟山多端柔性直流输电示范工程…… 574
浙江省首批未来社区创建试点杭州、宁波、台州等 4 个试点实施方案研究…… 578
浙江省“四好农村路”标准体系研究…… 582
钱江通道及接线工程…… 586
杭州市 2015 公共出行调查项目 …… 590
杭州市公共交通模型体系建设（一期）…… 594
浙江省节水行动实施方案编制及技术支撑服务…… 599
浙江省高效节水灌溉工程总体建设方案…… 603
曹娥江大闸枢纽工程…… 607
乐清市餐厨可再生资源利用中心 PPP 项目实施方案 …… 611
温州市南部副中心综合交通一体化研究…… 614
加强杭州湾、象山港、三门湾、台州湾、乐清湾、瓯江口等保护和开发研究报告…… 618
浙江省制造业核心竞争力评价研究…… 620
浙江省交通投资集团轨道交通高端装备制造发展研究…… 624
杭绍台铁路国家 PPP 示范项目投融资方案研究 …… 627
浙江省空间规划试点…… 631
浙江省资源环境承载能力监测预警研究报告…… 635
浙江省推进长三角区域一体化发展行动方案…… 639

## 单位简介

德邻联合工程有限公司…… 645
东方经纬项目管理有限公司…… 646
国家林业和草原局华东调查规划院…… 647
杭州城投建设有限公司…… 648
杭州市城乡建设设计院股份有限公司…… 649
杭州市工程咨询中心有限公司…… 650
杭州市交通规划设计研究院有限公司…… 651
杭州天恒投资建设管理有限公司…… 652
湖州市发展规划研究院…… 653
华汇工程设计集团股份有限公司…… 654
华信咨询设计研究院有限公司…… 655
建经投资咨询有限公司…… 656
宁波国际投资咨询有限公司…… 657
衢州市交通设计有限公司…… 658
台州市经济建设规划院有限公司…… 659
温州市工业设计院有限公司…… 660

温州市交通规划设计研究院有限公司……661
温州市经济建设规划院有限公司……662
温州市水利电力勘测设计院有限公司……663
五洲工程顾问集团有限公司……664
耀华建设管理有限公司……665
浙江城建煤气热电设计院股份有限公司……666
浙江大学城乡规划设计研究院有限公司……667
浙江大学建筑设计研究院有限公司……668
浙江公路水运工程咨询集团有限公司……669
浙江国宏工程咨询有限公司……670
浙江九州治水科技股份有限公司……671
浙江美阳国际工程设计有限公司……672
浙江省城乡规划设计研究院……673
浙江省发展规划研究院……674
浙江省森林资源监测中心（浙江省林业调查规划设计院）……675
浙江省水利河口研究院（浙江省海洋规划设计研究院）……676
浙江省水利水电勘测设计院有限责任公司……677
浙江省天正设计工程有限公司……678
浙江数智交院科技股份有限公司……679
浙江中水工程技术有限公司……680
中国电建集团华东勘测设计研究院有限公司……681
中国联合工程有限公司……682
中国能源建设集团浙江省电力设计院有限公司……683
中设科欣设计集团有限公司……684
舟山市交通规划设计院……685
浙江华云电力工程设计咨询有限公司……686
浙江江南工程管理股份有限公司……687
浙江求是工程咨询监理有限公司……688

# 规划咨询篇

# 绍兴古城保护发展规划（2030）

华汇工程设计集团股份有限公司

扫码查看原文

## 一、项目概况

### （一）古城面积和人口

依据《绍兴历史文化名城保护规划》，环城河内土地面积为 8.32 km$^2$，经过实地调研、测绘及计算，绍兴古城现状实际土地面积约为 8.58 km$^2$。按环城河外边界，面积约为 9.09 km$^2$；按环城河中线，面积约为 8.84 km$^2$；按环城河内边线，面积约为 8.58 km$^2$。

项目组对古城内所有社区的人口数据进行了调查，截至 2014 年年底古城内户籍人口为 14.5 万人，实际居住人口约 17 万人。

### （二）古城自然地理及评价

古城内有三山：府山、蕺山、塔山。水系：18 条河流、8 湖。道路：一环一井。古城内山、水、城格局保留较为完善，基本保存古城原有格局，道路肌理较为完善。

### （三）古城公共设施及评价

古城内现有 6 个大型商业设施群、8 所小学、5 所中学、1 个大学校区和 8 家医院。

古城大型商业设施配套齐全，集中在解放路，形成较好的商业氛围，但缺乏具有绍兴特色的商业设施。同时古城内集中了大量的优质公共服务资源，导致古城人口和功能难以疏解，增加了古城运营的压力。

### （四）古城历史文化街区及评价

古城内现有 8 个历史文化街区，总用地面积为 170.1 hm$^2$，占古城面积的 19.8%。各级文保单位 48 处，其中国家级 8 处、省级 7 处、市级 33 处，文保点约 40 处。古城内的历史文化街区和文保单位基本保存完好，有着丰富的历史积淀，较为完善地展现了绍兴古城的风貌与城市肌理，是古城内不可多得的瑰宝。

### （五）古城用地现状及评价

古城用地面积总计 909 hm$^2$（含环城河），其中，河流、绿地、山体等生态本底总计 186.27 hm$^2$，占古城面积的 20.49%。古城现状建设用地（含绿地，但不含水系）面积为 837.36 hm$^2$，总建筑面积为 8 929 100 m$^2$，开发强度为 1.07。

古城内现状居住用地面积为 318 hm$^2$，约占城市建设用地的 38%，人均居住面积不足 19 m$^2$，且部分地区居住质量及环境较差。

古城内聚集了优质教育与医疗资源，以及不少区级及以上政府行政办公设施用地，既导致古城内公共管理与公共服务用地比例偏高，也导致古城人口的集聚，增大了古城运营的压力。

除高峰期外，古城现状交通较为顺畅。在基本不增加用地面积的前提下，可进一步优化道路与交通设施用地。古城内公用设施基本满足现状需求，可适当增加服务于居民和游客的公共设施用地。

古城内现存少量工业用地，建议对其进行转型升级。

### （六）古城产业现状及评价

古城以生活居住和文化旅游为主要城市功能，古城内工业基本已“退二进三”转型，传统商业模式正在悄然改变，特色文化街巷逐步成熟。

2014 年越城区旅游总人数 1 957.81 万人次，入境游客 185 695 人次，仅占总游客量的 0.95%。绍兴古城旅游发展仍然具有较大的提升空间，需要进一步对古城的用地及功能结构进行调整，以加速古城的产业结构升级转型。

## 二、项目内容

### （一）规划目标

本次规划以保护为基础，通过规划引路、政策开路，逐步疏解古城内人口、功能，将绍兴古城发展成为自然和人文融合、生态和生活并重的“生态古城、休闲慢城”。

近期：2015—2020 年。通过重点项目的带动，吸引政策和资金关注，使绍兴古城成为长三角地区最具特色的旅游目的地之一。

远期：2021—2030 年。古城、水城、文化名城保护和发展一体化，使绍兴古城成为具备全国影响力的旅游目的地城市。

人口容量控制目标是：2020 年常住人口总量约 10 万人，2030 年常住人口总量约 8 万人。

建筑容量控制目标是：规划总建设用地面积为 837.36 $hm^2$，总建筑面积控制在 8 500 000 $m^2$ 以内，开发强度控制在 1.02 以内。

### （二）发展策略

以古城价值的保护传承为纲领，在合理疏解古城压力的基础上以点带动、串联成线、辐射片区，策动古城的整体提升。

（1）保护古城可见元素，维护古城空间秩序。

（2）营造水乡休闲慢城氛围，修复文化延续断层。

（3）提升生态古城活力，展示越城魅力。

根据以上规划目标和发展策略，项目组从优化提升用地结构、保障古城高效运行和城市特色控制与引导三个方面入手做了三个专题。

## 专题一：绍兴古城用地及建筑控制规定

### 1. 用地结构调整路径

（1）撤离：搬迁绍兴市海信机械厂、邮电印刷厂等仍在运营的工厂，腾出厂房用于产业转型升级。

（2）减少：减少行政办公用地。

（3）调整：调整优化施教区管理学校的布局结构，对古城内民办幼儿园、小学数量进行严格控制。

（4）控制：严格控制大型商业设施规模、大型医院规模，向外迁移绍兴市口腔医院、浙江大学医院实习医院，原则上不再扩建上述医院和新增 100 床以上的医院。

（5）增加：增加与古城保护和发展目标相一致的设施用地，包括①与旅游配套的公共服务和商业服务设施用地；②居家养老等社区服务设施用地；③科研用地；④文化创意用地；⑤教育培训机构网点用地；⑥小型特色专科门诊用地；⑦街头绿地与城市公共雕塑；⑧公共交通和慢行设施用地，如公交首末站或换乘站、城市轨道交通站、乌篷船码头、公共自行车租赁服务点、行人立体街设施等；⑨与水城有关的水环境保护和利用设施。

### 2. 分类建设用地规划控制

（1）居住用地：古城内居住用地占总建设用地的比例控制在 40%～43%，总建筑面积控制在 4 000 000 $m^2$ 以内。

（2）公共管理与公共服务设施用地：公共管理与公共服务用地占总建设用地的比例控制在 11.94% 以内，总建筑面积宜控制在 1 000 000 $m^2$ 以内。

（3）商业服务业设施用地：古城商业服务设施用地占建设用地总量维持在现状比例 16.72% 以内，总建筑规模控制在 1 400 000 $m^2$ 左右，不断优化结构。

（4）工业用地和物流仓储用地：现有工业用地和物流仓储用地上的建筑及设施不进行拆除重建，仅作为内部调整的，其使用功能可以兼容相关内容。

（5）道路与交通设施用地：古城内道路与交通设施用地规模在优化配置原有结构基础上总体保持不变。

### 3. 绿线、蓝线、紫线、黄线规划控制

1）绿线控制

绿线控制即划定古城内城市公园、主要街头绿地、环城河防护绿地为绿线控制区。

城市公园：府山公园、塔山公园、蕺山公园、沈园、儿童公园、稽山公园、鉴水广场、治水广场、西园、东大池公园、白马山公园、罗门公园等。

街头绿地：城市广场、东街广场、蔡元培广场、越王城广场、金时代广场绿地、鲁迅文化广场、宋梅桥街头绿地等。

绿线区域内禁止改变土地用途，鼓励提升完善，鼓励增加为公共利益而设置的公用设施和公共交流空间，绿地内实际的绿化率不得小于 65%。

2）蓝线控制

蓝线控制即划定古城内河道、湖、池本体为蓝线控制区。

（1）河道：现存 18 条，即环城河、环山河、西小路河、府河（环城南河至西咸欢河段）、投醪河、金刚庙河、汲水弄河、鲁迅路河、解放路暗河、东咸欢河、西咸欢河、稽山河、都泗河、蕺山河、萧山街河、下大路河、大罗门河、小罗门河。

（2）湖、池：北海池、东大池、蜻蜓池、石家池、寺池、乌山塘、庞公池和儿童公园内双池。

3）紫线控制

（1）越子城、八字桥、蕺山、鲁迅故里、西小河、新河弄、石门槛、前观巷8片历史文化街区；

（2）国家级文保单位8处，省级文保单位7处，市级文保单位33处及40余个市级文保点。

4）黄线控制

古城内以公交首末站、轨道交通站点、大型公共停车场、排污泵站、变电所、消防指挥调度中心、消防站、避震疏散场地等区域为重大基础设施，划定城市黄线区域。

**4. 地下空间利用**

（1）原则上限制地下空间的开发利用活动，确需利用地下空间的，应采取一事一议的研究方式申请，经规划主管部门同意后按照国家相关规定进行。

（2）整体拆除改造地段、绿地开放空间应设置地下公共停车场。

（3）地下空间的布置，应结合轨道交通站点的选址进行统一安排。

专题二：绍兴古城基础设施和公共设施控制规定

**1. 城市道路**

1）完善道路交通体系

（1）合理组织古城外越西路、城南大道、平江路、二环西路、二环北路交通，构建古城外围交通保护环，减少穿越性交通对古城的影响。

（2）完善“一环一井”（环城路、解放路、中兴路、胜利路、人民路）的古城道路骨架系统，在双向六车道以上道路上设置公交专用道。

（3）提升东街、鲁迅西路、延安路、和畅堂路、投醪河路、府山西路、新建北路、东池路、稽山路，设置片区公交优先道。

（4）优化环山路、劳动路、县前街、府山直街等支路，拓宽水沟营、罗门弄、罗门路等支路，保障非机动车安全出行。

（5）构建“三环四纵五横六片”的古城慢行网络，提高行人和非机动出行环境，提升旅游休闲功能。

2）交通设施

（1）创新现有公交交通线路布置模式，以干线公交、片区公交加快速公交（BRT）方式组织公共交通，保证古城与外围其他城市区域的畅通联系，古城内主干道上一般设置公交专用道路，确保公交交通成为古城机动车交通的主力。

（2）合理设置主干公交站点，确保与古城片区公交站点同站点换乘，有条件的站点应当与各级公共服务设施和旅游服务设施结合布置，便利市民生活，方便游客使用。

（3）增加古城旅游停车换乘空间，利用现状汽车北站、汽车东站与汽车西站启动旅游专线停车与换乘，结合一般公交首末站形成综合的换乘中心。

（4）古城内私人停车按照分散化、小型化、立体化原则设置。

**2. 市政公用设施**

古城内仅配置满足古城需要片区级的市政公用设施，现状为全市区或者其他区域提供服务的公用设施原则上要降低等级。

**3. 绿地与广场**

增加古城内的绿地、广场用地规模，达到 10 $m^2$/ 人要求。

（1）在不影响整体景观的前提下，合理利用公共绿地，鼓励混合功能的安排，混合功能应符合相关兼容性要求。

（2）严格控制兼容功能的占地面积，总量不超过公共绿地的 35%。

（3）设置在公共绿地内的市政和其他公共服务设施的高度、体量和外观风貌应与传统风貌相协调。

（4）在公共绿地地面设置小型公共停车场，其用地不得超过总用地的 20%，且单块用地面积应大于 1 500 $m^2$，采用植草砖铺地、乔木隔离等生态形式。

**4. 其他公用设施**

（1）公共绿地中增加综合防灾内容。

（2）划定古城主干道和次干道为公共安全和生命线通道。

（3）在保护历史文化街区和历史街巷肌理完整性的前提下，寻求差别化消防体系，提出符合古城保护与发展的消防方案。

（4）古城内消防扑救设施应当小型化、特色化，引进并使用小型消防车和消防摩托车等特种装备。

（5）适当考虑室内消火装备室外化。

专题三：绍兴古城特色控制与引导

**1. 维护和提升山、水、城的空间形态**

构建“一环一带一井字，三山多河八街区”的山、水、城空间结构。

（1）新增 4 条视线走廊，并控制视廊连线两侧各 50 m 范围内建筑高度，严格遵守历史文化街区内各保护范围的控制要求。

①环山河景观视线廊道：石门桥—府桥—宝珠桥。

②蕺山河景观视线廊道：文笔塔—咸宁桥—题扇桥。

③古桥景观视线廊道：东双桥—八字桥—广宁桥。

④城市入口景观视线廊道：迎恩门—飞翼楼。

（2）重点形成几类特色街巷：以古城为核心的井字形网格道路、水乡风貌街巷、慢行体验街巷、特色非遗文化街巷。

（3）突出水乡风貌带保护与利用，加强 8 片历史街区及周边传统区域的综合改善与利用，控制古城内府山、蕺山、塔山俯瞰视线范围内，历史文化街区及水乡风貌带区域的第五立面。

**2. 文化旅游发展战略**

（1）实施“全城游”的主导战略、“特色化”的产品战略，多元化的营销战略。

（2）保护古城内国家级、省级非物质文化遗产——绍兴平湖调、绍兴莲花落、大禹祭典、越医文化、绍兴黄酒酿制技艺 5 项，市级非遗徐文长故事等 19 类共 98 项。

（3）建立“一环五片”的古城文化旅游网络空间。

一环：内环旅游道串联而成的古城风貌体验旅游环。

五片：西小河特色文化旅游片区、越子城特色文化旅游片区、八字桥特色文化旅游片区、书圣故里特色文化旅游片区、鲁迅故里特色文化旅游片区。

项目组提出新城发展与古城保护联动，逐步疏解古城功能和人口，优化古城用地布局结构，推动古城内公交运营模式改革及慢行系统建设，加大古城消防安全投入，确保古城内基础设施顺利运营。

## 三、项目成果特点

在理论方法策略上，以古城价值的保护传承为纲领，在合理疏解古城综合性功能的基础上以点带动、串联成线、辐射片区，策动古城的整体提升。

在对古城各类用地调研的基础上，根据古城内的实际情况，提出了有利于古城保护与发展的各类用地的兼容。

在规划研究中，本规划研究贯穿了三大理念：

（1）树立并切实贯彻在保护中兼顾创新、协调、绿色、开放、共享的新发展理念；

（2）通过对“点”“线”“面”“体”的保护发展探索，发挥绍兴古城独特的城市优势和深厚的人文优势，推进古城复兴和有机更新之路。

（3）利用城与水的多种形态，塑造古城＋水城——城水相融，共生共荣的“生态古城、休闲慢城”。

## 四、项目实施情况

（1）根据有关法律法规，在本规划研究的基础上，起草完成的《绍兴古城保护利用条例》已颁布实施。

（2）绍兴市旅游集团有限公司按本规划中的五大旅游片区思路，制定详细的文化旅游规划。该规划也是由本编制单位完成的。

（3）本规划提出的先进理念，包括疏解古城、打造视线走廊、镜湖和古城联动发展、零散用地的利用等已经被绍兴市委、市政府采纳。

## 五、项目主要参与人员

项目主要参与人员：陈扬、朱世圻、丁盛、董立波、鲁晓佳、邵志彦、吴鑫刚。

# 嘉兴市绿色建筑专项规划（2017—2025 年）

浙江大学建筑设计研究院有限公司

扫码查看原文

## 一、项目概况

随着对节能降耗、人居环境、建筑行业转型认识的不断深化，绿色建筑的重要性也引起了各级领导和相关部门的高度关注。但绿色建筑在规划层面仍缺少更为系统的指导，如何将各类目标要求与空间落实紧密结合也是影响绿色建筑工作能否顺利开展的一大挑战。《嘉兴市绿色建筑专项规划（2017—2025 年）》的编制在充分响应城市社会经济可持续发展需要与人民群众对高水平生活环境追求的基础上，合理考虑和设置总体发展目标、定位、战略以及技术路线，明确规划分区及指标控制要求，将规划要求与空间落实紧密结合，从而确保绿色建筑各项工作有据可依，有效指导和推进城市绿色建筑发展，以此全面落实生态文明建设理念，促进资源、能源节约集约利用，提高建筑环境质量和空间舒适度，加快改善城乡人居环境，助力建筑行业转型升级。

## 二、项目内容

嘉兴市绿色建筑专项规划期限为 2017—2025 年，规划分为近、远两个阶段。近期为 2017—2020 年，远期为 2021—2025 年。

嘉兴市绿色建筑专项规划内容分为三个层次。

第一层次：确定嘉兴市域范围内绿色建筑和建筑工业化、既有民用建筑绿色改造的总体发展目标和技术路径。

第二层次：①划定嘉兴市本级各区绿色建筑规划目标管理分区；②明确各目标管理分区及 3 个县级市、2 个县域范围内高星级绿色建筑占新建民用建筑的面积比例、装配式建筑占新建民用建筑的面积比例和全装修住宅占新建住宅的面积比例等目标要求。

第三层次：①划定嘉兴市本级各区范围的绿色建筑规划政策单元分区；②明确嘉兴市本级各区范围内各政策单元的绿色建筑等级建设要求、装配式建筑要求和住宅建筑全装修要求等控制指标；③明确嘉兴市本级各区范围内的引导性指标；④嘉兴市下辖的海宁市、桐乡市、平湖市 3 个县级市以及嘉善县、海盐县 2 个县的目标管理分区和相应的政策单元的划分不在本次规划中，由当地政府各自制定本地区的绿色建筑专项规划，并在其绿色建筑专项规划中明确目标管理分区和相应的政策单元划分。

项目规划目标包括以下几个方面。

### （一）绿色建筑

城镇建设用地范围内新建民用建筑全面强制按一星级绿色建筑强制性标准建设，实现绿色建筑全覆盖。在此基础上，强制国家机关办公建筑和政府投资的或以政府投资为主的其他公共建筑按照二星级以上绿色建筑强制性标准进行建设。

近期目标（2017—2020年）：新建民用建筑按二星级及以上绿色建筑强制性标准建设的建筑面积占比达到30%以上，其中按三星级绿色建筑强制性标准建设的建筑面积占比达到4%以上。

远期目标（2021—2025年）：城镇建设用地范围内新建民用建筑按二星级及以上绿色建筑强制性标准建设的建筑面积占比达到30%以上，其中按三星级绿色建筑强制性标准建设的建筑面积占比达到4%以上。

### （二）可再生能源应用

新建居住建筑和国家机关办公建筑、政府投资的或者以政府投资为主以及建筑面积在10 000 $m^2$以上的其他公共建筑，强制要求按照国家和省有关标准利用可再生能源。

近期目标（2017—2020年）：至2020年，实现可再生能源在建筑领域消费比重达到10%以上；至2020年，累计可再生能源建筑应用面积在1 050万$m^2$以上。

远期目标（2021—2025年）：至2025年，实现可再生能源在建筑领域消费比重达到13%以上；至2025年，累计可再生能源建筑应用面积达到1 350万$m^2$以上。

### （三）建筑工业化

近期目标（2017—2020年）：全市保障性住房项目全部采用装配式建筑，政府投资的或以政府投资为主的工程全面应用装配式技术建设，至2020年，实现装配式建筑面积占新建建筑面积比例达到30%以上。其中分两个阶段：2017—2018年累计新型建筑工业化试点示范项目开工80万$m^2$，2018年实现装配式建筑占新建建筑面积比例达到25%以上；至2020年实现装配式建筑面积占新建建筑面积比例达到30%以上。在嘉兴市域范围内至少建设2个大中型新型建筑工业化生产基地，培育一批部品、构件基地，形成与本区域相适应的新型建筑工业化生产能力。装配式建筑设计和评价标准应满足相关政策和设计标准。

远期目标（2021—2025年）：全市保障性住房项目全部采用装配式建筑，政府投资的或以政府投资为主的工程全面应用装配式技术建设，至2025年，全市装配式建筑面积占新建建筑面积比例达到40%以上。在嘉兴市域范围内新增2个大中型新型建筑工业化生产基地。

（1）综合考虑“因地制宜，科学发展，政府引导，市场推动，全面推进，突出重点，远近结合，有序推进”因素，构建嘉兴市城市级绿色建筑研究的构架体系，指导市级绿色建筑的研究方向。

（2）基于统计 / 调研 / 测试等多种手段，获得用于嘉兴市绿色建筑专项规划研究的基础数据，包括地块客观技术元素，社会影响元素，投资主体元素，地块功能元素，地段价格元素，区域经济元素，以及能源消费、建筑水资源使用、建筑用材、土地利用和室内环境品质等一系列数据信息。

（3）在“（1）、（2）”的基础上，提出分析层次并研究适宜的影响因子，确立了嘉兴市绿色建筑专项规划研究的绿色建筑发展技术要求；以及绿色建筑规划与评价的操作与推进方法，在建筑生命期内落实绿色建筑的各项要求。

（4）从根本上推动绿色建筑发展的嘉兴市绿色建筑专项规划编制工作，是落实国家、省市能源生产和消费革命战略的客观要求，是加快生态文明建设、走新型城镇化道路的重要体现，是推进节能减排和应对气候变化的有效手段，是创新驱动增强经济发展新动能的着力点，是全面建成小康社会、增强人民群众获得感的重要内容，对于建设节能低碳、绿色生态、集约高效的建筑用能体系，推动住房城乡建设领域供给侧结构性改革，实现绿色发展具有重要的现实意义和深远的战略意义。

## 三、项目成果特点

（1）明确嘉兴市绿色建筑发展目标与各项指标，确保绿色建筑各项工作有据可依。

（2）厘清嘉兴市绿色建筑发展战略和技术路径，促进绿色建筑健康有序发展。

（3）确定未来新型建筑工业化发展的目标，提高建筑产业科技含量和附加值，加快建筑业转型升级。

## 四、项目实施情况

目前嘉兴市绿色建筑专项规划已完成近期阶段规划，远期规划要求正在实施当中。为验证嘉兴市绿色建筑专项规划实际效果，嘉兴市住建局从节能评估口径统计了2018—2020年的民用建筑项目和装配式建筑项目。

根据嘉兴市住建局提供的2018—2020年民用建筑项目信息，统计分析2018—2020年民用建筑项目的绿色建筑面积比例情况。2018—2020年，民用建筑项目总建筑面积约1 601.14万$m^2$，其中一星级、二星级、三星级建筑面积分别为589.46万$m^2$、948.78万$m^2$、62.90万$m^2$，对应的一星级、二星级、三星级建筑面积比例分别为36.82%、59.26%、3.93%，总体上满足近期规划目标，即新建建筑的二星级面积比例达到30%以上，三星级面积比例达到4%以上。

根据嘉兴市住建局提供的2018—2020年民用建筑项目信息，统计分析2018—2020年民用建筑项目的装配式建筑面积比例情况。2018—2020年，民用建筑项目采用装配式建筑面积约560.44万$m^2$，占新建建筑面积比例约35.00%，满足近期规划目标，即至2020年实现装配式建筑面积占新建建筑面积比例达到30%以上。

## 五、项目主要参与人员

项目主要参与人员：杨毅、周家伟、丁德、吴佳艳、李甬扬、牟宇、孙文瑶、蒋金梁、鲁志华、钟灵吉。

# 淮南市乡村振兴战略规划（2018—2022年）

浙江大学建筑设计研究院有限公司

扫码查看原文

## 一、项目概况

《淮南市乡村振兴战略规划（2018—2022年）》以习近平新时代中国特色社会主义思想为指导，全面贯彻习近平总书记关于实施乡村振兴战略的重要论述，按照“产业兴旺、生态宜居、乡风文明、治理有效、生活富裕”的总要求，抓重点、补短板、强弱项，对实施乡村振兴战略作出阶段性谋划，明确至2020年全面建成小康社会和2022年召开党的二十大时的目标任务，细化实化工作重点和政策措施，部署重大工程、重大计划、重大行动，确保淮南市乡村振兴战略落实落地，是指导淮南市各地各部门分类有序推进乡村振兴、促进农业农村现代化的重要依据和行动指南。

党的十八大以来，淮南市在以习近平同志为核心的党中央坚强领导下，全面贯彻落实党中央、国务院关于“三农”工作的决策部署，农业发展取得历史性成就，农村面貌发生历史性变化，农民获得感显著提升，农村综合改革取得重大突破，农村社会稳定和谐，为实施乡村振兴战略奠定了坚实基础。

淮南市具备良好区位优势，城市地位逐步上升。在地理区位上，淮南市靠近合肥，处于合肥都市圈核心地带；同时为淮河生态经济带核心城市之一，是国家重要能源基地。在交通区位上，目前市内已建有3条对外铁路、2条对外高速公路，淮南港水路航运通江达海，新桥机场近在咫尺，具有良好的对外交通条件。

农村改革创新实现新突破，发展新动能进一步激发。完成农村土地确权登记颁证试点，全市共确权72个乡镇877个行政村，发放农村土地承包经营权证书62.2万本，占应确权农户的100%；深化农村集体产权制度改革，8个村完成试点；完成资源变资产、资金变股金、农民变股东“三变”改革试点，各县区2017年各选择2～3个村开展试点，毛集实验区整区推进；农村金融综合改革试点成效明显，农村信用体系建设步伐加快。全面开展小麦、水稻、奶牛和能繁母猪的政策性保险试点。全面完成畜牧兽医体制改革和农技推广体系改革任务。完成农村“三资”清理，推进村务公开，农村重大事务实行“一事一议”制度，农民负担监督管理走上规范化、法治化轨道。

## 二、项目内容

本项目提出“资源型城市转型城乡统筹产业融合发展”的淮南模式及“特色优势产业引领农业现代化，生态文旅融合激活农村新动能”的乡村振兴淮南路径。

本项目从资源现状及空间分布、特色产业、空间结构、动能激活、规划实施5个方面构建规划结构，共 11 篇 44 章 146 节，约 87 000 余字，设置任务专栏 15 个，部署 107 项重大工程、重大计划、重大行动。

第一板块为总论（第一篇、第二篇），包括实施乡村振兴战略的重大意义、振兴基础、面临形势，以及指导思想、基本原则、发展目标和远景展望。

第二板块为构建乡村振兴新格局（第三篇），包括推进城乡统筹发展，优化乡村发展空间，分类推进乡村发展，开展乡村振兴示范引领。

第三板块为筑牢乡村振兴基础支撑（第四篇），包括构建现代化农村水利网络体系，打造便捷高效农村交通物流网，增强农村能源保障能力，推进农村信息化建设。

第四板块为重点任务（第五篇至第九篇），包括全面体现乡村振兴的 20 字总要求——“产业兴旺、生态宜居、乡风文明、治理有效、生活富裕”，是规划的核心部分。

第五板块为支撑保障（第十篇、第十一篇），包括加快完善城乡融合发展政策体系，更好激发农村内部活力、优化农村外部发展环境，推动各种要素在城乡之间合理流动、平等交换，激活主体、激活要素、激活市场，为乡村振兴注入新动能。

## 三、项目成果特点

《淮南市乡村振兴战略规划（2018—2022 年）》紧密结合淮南实际，力求描绘出具有淮南特色的乡村振兴美好图景。

一是更加突出农村基础设施建设。针对淮南农业农村基础设施建设的突出短板，以工程建设为抓手，加快构建现代乡村水、路、电、物流、信息化基础设施体系。

二是更加突出加快产业发展。把促进“产业兴旺”摆在乡村振兴的首要位置，优化全市农业产业整体布局，推进农业产业转型升级，着力构建现代农业产业体系、生产体系和经营体系。

三是更加突出农村生态环境保护。推进全域农村生态环境综合治理，突出农村环境治理“三大革命”，推动农业绿色发展，增加农业生态产品和服务供给，综合治理采煤沉陷区乡村生态，扩面提质美丽乡村建设。

四是更加突出独具特色的安徽乡村文化，弘扬具有淮南特色的传统农耕文化、山水文化和民俗文化，保护传统村落和古民居，提升乡村文化品质，提升淮南文化的影响力，增强文化自信。

五是更加突出现代乡村治理。着力加强基层党组织对乡村振兴的全面领导，提升基层党组织的战斗力，建立健全党委领导、政府负责、社会协同、公众参与、法治保障的现代化乡村社会治理体制。

六是更加突出人才队伍建设。强化乡村振兴人才支撑作用，提出全方位的乡村人才队伍建设计划和要求，优化人才发展环境，着力培养职业农民、农村专业实用人才、农民企业家、大学生“村官”等各类人才。

七是更加突出打好精准脱贫攻坚战。聚焦寿县革命老区、淮河行蓄洪区、采煤沉陷区，强调通过实施就业扶贫、特色种养业扶贫、乡村旅游扶贫、电商扶贫等一系列脱贫攻坚工程，确保贫困地区和贫困人口能够与全市人民同步进入全面建成小康社会。

## 四、项目实施情况

2018 年 8 月，淮南市乡村振兴战略规划编制工作见面会召开，编制工作正式开始；2018 年 10 月底，编制完成初稿并印发、征求各部门意见；2018 年 11 月中旬，召开各部门征求意见座谈会，淮南市人大、市政协有关部门征求意见会；2018 年 11 月 21 日，通过专家评审会；2018 年 12 月上旬，分别通过淮南市委深改会、市委常委会、市政府常务会审议；2018 年 12 月 30 日，淮南市委、市政府正式印发实施《淮南市乡村振兴战略规划（2018—2022 年）》。

## 五、项目主要参与人员

项目主要参与人员：黄杉、周家伟、张为、朱云辰、翁智伟、郑昕文、童济。

# 百色市沿边开发开放总体规划

浙江大学建筑设计研究院有限公司

扫码查看原文

## 一、项目概况

推进百色市沿边地区开发开放是百色市响应党中央、国务院面向新时期构建我国全方位对外开放新格局战略部署的行动，也是百色市在新常态背景下探索转型发展之路的重要措施。“十三五”时期是党中央提出全面建成小康社会的决胜阶段，百色市作为革命老区，现阶段的发展建设任务更是迫在眉睫。百色市人民政府适时展开了《百色市沿边开发开放总体规划（2016—2026）》（以下简称《规划》）招投标工作，希望通过总体规划的编制，明确百色沿边地区发展方向与目标，进而助推百色市积极融入经济全球化进程，主动对接国家重大战略需求，加快传统产业转型升级，最终推动百色市沿边开发开放区域的快速崛起。项目组的编制工作便是在这样的背景下紧锣密鼓地展开的。

（1）百色市区位优势显著。百色市地处广西壮族自治区西部，北与贵州接壤，西与云南毗邻，东与南宁市相连，南与越南交界，是我国西南边陲的重要城市之一。目前已基本形成高速公路、铁路、航空、航运、口岸“五位一体”的立体交通格局，是国家西部大开发战略南贵昆经济带的中心、大西南出海便捷通道上的重要城市，在渝桂新陆路大通道的框架下，正致力于推进“重庆—贵阳—河内—曼谷—新加坡”新经济合作轴的形成。

（2）百色市综合实力增强。百色市产业结构逐渐由三次产业相对均衡向三二一方向转变，第三产业在2016年取得了突破性增长。

（3）百色市开发条件优越。百色市自然资源丰富，尤其是以铝为代表的矿产资源与以林木和药材为代表的森林资源，储量十分突出。此外，百色市生态景观条件优越，旅游资源特色鲜明，民族历史文化资源丰富，沿边红色旅游、东盟跨境游、边关风情游等主题旅游项目有成为广西旅游品牌和黄金旅游热线的潜力。其基础设施，随着近年来的大量投入，已经日趋完善。

（4）百色市开放基础良好。目前，百色市边境线上拥有国家一类陆路口岸2个，二类陆路口岸1个，具备打造中国 - 东盟交流合作重要战略支点的基础条件。而百色市下辖的沿边重镇靖西市，位于已经形成完备交通联系的南北向渝桂新与东西向的云桂边海大通道的交点，是重要的交通枢纽；在经济发展上，在广西壮族自治区沿边城镇中，靖西市的综合实力突出，近年来地区生产总值保持增长趋势；在历史文化方面，靖西曾是越南革命的“后方基地”，胡志明和他的战友曾长期在靖西进行革命活动。他们与壮族人民建立了深厚的革命友谊。这些都是靖西红色旅游的新亮点。

（5）百色市与越南高平省、河江省文化习俗相近。百色市与越南高平省、河江省山水相连，文化相通，习俗相近，双方友谊源远流长，百色的口岸建设已经稳步推进，边贸发展态势良好，中越两国的地方政府在交流上也十分顺畅，这为百色市沿边开发开放奠定了坚实的基础。

（6）百色市优惠政策集中。近年来在《中共中央 国务院关于深入实施西部大开发战略的若干意见》（中发〔2010〕11号）、《国务院关于加快沿边地区开发开放的若干意见》（国发〔2013〕50号）、《国务院关于支持沿边重点地区开发开放若干政策措施的意见》（国发〔2015〕72号）等一系列规划与政策的指导下，百色市保持了很好的发展势头，并开始全面展开和推进沿边开发开放工作，在大量优惠政策的支持下，百色市沿边地区开发开放条件基本成熟。

## 二、项目内容

《规划》研究范围包括百色市下辖的右江区、靖西市、那坡县、德保县、田阳县、田东县和平果县等七县市的行政区域，总面积 19 535 $km^2$。其中，《规划》划定百色市国家重点开发开放试验区范围包括右江河谷城镇带、沿边三县市（靖西市、那坡县、德保县）中心城区及中越边境五口岸（互市点）区域，总面积约 1 265 $km^2$。《规划》成果包括《百色市沿边开发开放战略规划》《百色市国家重点开发开放试验区总体规划》以及产业、国际贸易与开发开放政策等三项专题研究报告。

在充分分析了环境、基础和条件后，项目组认为，百色市沿边开发开放工作，主要面临以下问题：①国际形势复杂多变，外部压力大；②百色地区外向型经济长期薄弱，沿边地区产业仍以二产为主，结构亟待调整；③现有开发开放平台规模小，数量多，类型混乱，分布零散，无法形成合力；④口岸基础设施建设滞后，难以满足国际贸易的快速增长需求；⑤边境管控与生态保护任务艰巨。

《规划》充分分析了百色市沿边开发开放环境、基础和条件，提出百色市沿边发展的指导思想与基本原则，明确百色市沿边开发开放地区的战略定位，并依据现状与定位制定了合理的发展目标。《规划》提出“一带、三区、五组团”的空间结构以及“前岸、中区、后城”的功能结构，结合其他沿边地区发展经验，提出了九类园区平台建设。同时，《规划》梳理百色市沿边开发开放的八大主要任务，通过六类支撑体系与保障措施的建设来保证百色市沿边地区开发开放工作的高效推进。

## 三、项目成果特点

### （一）调研分析全面：深度调研与专题研究

本次规划内容涵盖战略规划、空间布局以及全面的社会规划，是一次极为复杂的综合性规划。项目组通过对国内外实地调研获得的文献与数据的全面整理分析，最终形成“新国际关系背景下百色沿边开发开放政策措施研究”“百色沿边区域产业发展研究”“新国际贸易与东南亚（越南）产品市场研究”三个专题，支撑整体规划研究，确保规划的合理性与可实施性。

### （二）战略定位精准：抓住特质，精准定位

项目组结合前期的深度调研，充分分析百色的产业现状和区位优势，以左右江革命老区核

心城市为突破点，紧扣全面建设小康社会以及稳边安边兴边的大背景，发挥靖西市作为西南沿边地区中规模最大、经济体量最大的城市这一优势，提出把百色沿边地区建设成为中越全面战略合作的重要平台、中国—中南半岛经济走廊的重要节点、沿边开发开放体制机制创新试验区、左右江革命老区新的经济增长极以及稳边安边兴边的示范区。

### （三）空间尺度巨大：空间结构与功能结构有机结合

本次规划在空间上跨越七个县市，影响 365 km 边境线上的相关区域，空间尺度巨大。但作为山区，规划范围内的可建设用地又十分有限，且分布零散。为此，项目组首先制定了开发开放的空间协作格局，充分利用现有成熟开发空间，整合各类功能片区，在空间上形成“一带、三区、五组团”的结构，在功能上形成“前岸、中区、后城”的分工合作模式，各片区之间通过快速通道有机联系，形成“纵向拓展，横向协作”的有机系统，使“前岸”的“五组团”作为国际贸易先导，“中区”的“三区”成为主要的产业园区与平台载体，“后城”的“一带”打造为产城一体化的服务国际合作的现代服务业集聚区。

### （四）涉及主体众多：合理设置九类平台，实现多方协作共赢

本次规划由于空间尺度大，涉及的相关主体也非常多，如何整合有限资源，协调各类主体利益，形成合理布局是规划的难点之一。《规划》依据《广西沿边地区开发开放“十三五”规划》的开放合作平台布局，结合百色市空间结构和实际需求，提出边境经济合作区、边境经贸综合体、跨境经济合作区、境外经济合作园区、跨境旅游合作区、国际产业合作园区、临空产业园、高科技合作园区与其他新型产业平台等九类园区平台，科学安排各类开发开放园区和平台基地的布局，并合理引导产业发展方向。

### （五）社会效益深远：关注沿边民生保障，强调引导公众参与

为了更好地完成百色市沿边地区发展建设目标，同时能够助力沿边地区脱贫攻坚工作，带来更为深远的社会效益，《规划》提出，重点关注维护边疆安全与边境教育、医疗、生态等民生保障问题，强调引导公众参与，从基层入手，增强公众对百色市沿边开发开放的认同感，形成社会公众关心、参与和监督《规划》实施的良好氛围，并形成涵盖民生、财税、人才等方面的政策建议，为百色市进一步研究出台支持沿边开发开放工作的政策提供参考。

## 四、项目实施情况

当前，百色市已根据规划提出的“前岸、中区、后城”格局进行开发开放工作布局，并在《规划》指导下积极开展中国龙邦—越南茶岭跨境经济合作区、中国靖西—越南重庆跨境旅游合作区、中国那坡—越南河广跨境旅游合作区与靖西孟麻—越南北坡红色跨境旅游合作区等项目的规划建设工作。《规划》作为百色市沿边开发开放的战略指导及核心框架，已经初见成效。

## 五、项目主要参与人员

项目主要参与人员：黄杉、周家伟、李利、郑昕文、翁智伟、童济、徐逸程。

# 杭州市萧山区骨干林道建设规划（2015—2020年）

国家林业和草原局华东调查规划院

扫码查看原文

## 一、项目概况

林区道路作为林业生产的基础设施，是林区的血脉，是林区人民生产、生活以及林业资源开发的纽带，是实现林业现代化、林业经营集约化的基础，也是林业可持续发展不可缺少的基本条件。适宜的林区道路网规划是搞好林业生产、繁荣林区经济、发展生态林业、民生林业的必要条件。加快杭州市萧山区林区道路建设，是浙江省推进“森林浙江”建设的重要组成部分，是林业基础设施建设的重中之重，是社会主义新农村建设的重要内容，是浦阳江生态经济区建设发展的必然要求。

萧山区的山区主要位于萧山区南部（一般称为“南部山区”），主要涉及所前、进化、临浦、浦阳、义桥、戴村、河上、楼塔等8个建制镇。该区域具备“比较优势”——依山傍水，生态资源丰富，是杭州市和萧山区重要的生态屏障、绿色走廊，这里出产青梅、杨梅、梨、桃、茶叶等经济林果，具有发展都市型高效生态农林业的良好基础。自萧山区委、区政府提出在南部山区实施“兴林富民”工程以来，山区片的竹产业、经济林产业得到加速发展，广大林农对竹林培育、种植经济果树的积极性空前高涨，而落后的林业基础设施严重制约了正常的林业生产，因此林区道路建设的重要性也越发明显。

## 二、项目内容

项目成果包括四部分内容：《杭州市萧山区骨干林道建设规划（2015—2020年）》（以下简称《规划》）文本、图集（Ⅰ）、图集（Ⅱ）、地理信息系统和三维模拟系统（矢量数据库）及操作说明。《规划》文本包括8章内容以及有关附件，分别为第一章基本概况、第二章林区道路建设现状与评价、第三章规划总则与总体布局、第四章建设方案、第五章骨干林道两侧（边坡）植被恢复措施、第六章投资估算与资金筹措、第七章风险评价与效益分析、第八章保障措施。附件包括附件一骨干林道建设规划相关附表（分为萧山区分镇、村骨干林道建设规划表，萧山区分镇、村骨干林道沿线基础设施规划表，萧山区规划骨干林道（骨干绿道）沿线景观资源分布表）、附件二镇村级林道规划、附件三评审专家名单与评审意见。图集（Ⅰ）包括萧山区骨干林道建设规划总体分析图（9张）、分镇骨干林道建设规划总平面图（8张）、分镇镇村级林道规划总平面示意图（8张）、分村骨干林道建设规划平面图（205张，比例尺1∶2 000）。图集（Ⅱ）包括分村镇村级林道规划总平面示意图（146张，比例尺1∶4 000）、骨干林道和镇村级林道规划三维模拟系统截图（17张）。地理信息系统和三维模拟系统（矢量数据库）及操作说明包括矢量数据库、地理信息系统操作说明（平板电脑版）、三维模拟系统操作说明（台式电脑版）。

## 三、项目成果特点

### （一）调查研究系统、全面、深入，成果完整丰富

项目组广泛搜集了全区遥感数据、非遥感数据、全球定位系统（Global Positioning System，GPS）数据、森林资源本底数据等相关基础资料，开展了系统、全面、深入的调查，包括社会经济、现状交通体系、地形地质地貌、地质灾害、森林资源、防火道、林业产业基地、风景旅游资源、人文景观资源等多方面的调查，研建了地理信息系统平台和三维场景模拟系统，进行了系统的分析研究，不仅对骨干林道进行了布线，而且对镇村级林道也进行了布线，成果丰富、完整。

### （二）规划理念先进

项目组提出的“林道、绿道、致富道，宜林、宜游、宜民生”的核心规划理念，充分发挥林区道路在推动林业生产经营、森林生态保护、森林休闲养生、生态旅游、民生林业发展等多方面的作用，践行“绿水青山就是金山银山”，打通绿水青山转化为金山银山通道，大大促进萧山南部山区社会主义新农村建设、萧山“旅游南进”战略实施以及浦阳江生态经济区发展，理念先进。

### （三）较好地解决了骨干林道选线、定线问题，技术先进，具有创新性

本《规划》骨干林道选线、定线采用3S（RS、GIS、GPS）技术等新技术，研建了地理信息系统平台和三维场景模拟系统平台，具有创新性。具体技术路线如下：根据林道的设计目的、功能要求等，搜集地形图数据、遥感影像数据、GPS数据、DEM数据等相关基础资料。通过遥感影像数据与DEM叠加，可展现三维可视化场景，可直观、形象地认识道路沿线相关的地形地质地貌状况；对DEM进行坡度分析，对坡度进行分梯度渲染，并与比例尺为1∶2 000矢量地形图叠加，可直观锁定坡度较小、距离较短的道路规划路线，并结合等高距为2 m的地形图，对道路的横坡、纵坡和曲线半径进行方向性选择；通过GPS技术定位特征点，如山体的鞍部和沿途所要经过的景区、景点以及重要路段的GPS轨迹，为整个道路的关节和骨架搭建提供关键的技术支撑。通过对以上遥感数据、非遥感数据和GPS数据进行整合形成地理信息系统（GIS），并借助GIS强大的网络分析、叠加分析、坡度分析和通视域分析，合理布设相关配套基础设施，如瞭望台、消防水池、停车场，至此形成多条道路布线方案。然后通过实地调查（社会经济调查、现状交通体系调查、地形地貌地质调查、森林资源调查、防火道调查、林业产业基地调查、风景旅游资源调查和人文景观资源调查）进行综合论证，筛选确定出骨干林道最佳道路布线方案。

### （四）总体布局合理

根据《杭州市萧山次区域规划（2014—2040年）（修编）》《临浦新城综合交通规划》等成果，依托地理信息系统平台，布局构建萧山区林区道路网。至规划期末（2020年），萧山南部8镇将形成 “南北四带”的林区道路骨架，即总体上呈南北向的所前—进化、临浦—浦阳—河上—楼塔 、戴村—河上—楼塔、义桥—戴村—楼塔骨干林道，将萧山南部山区与平原、农村

与城市连通起来。此骨干道路网将南部山区众多的景区、景点串联起来，构建起南部山区的绿道骨架。届时萧山南部山区公路网将形成“六纵两横”的整体布局。“六纵”指总体上呈南北向的所前—进化骨干林道、戴村—河上—楼塔骨干林道、义桥—戴村—楼塔骨干林道、塘湄线、G60 沪昆高速、S03 省道等六条主干道；“两横”指总体上呈东西向的拟建的 G329 西延线、杭州二绕（绕城公路西线）两条主干道。骨干林道总体布局合理。

### （五）符合萧山区实际，富有特色，可操作性强

《规划》基础调查全面详细，重点突出，富有特色，各项建设措施得当，对萧山区林区道路建设具有较好的指导作用。《规划》以比例尺为 1 : 2 000 矢量地形图、最新的高分辨率的卫星遥感影像图片、最新森林资源本底数据等为底图，充分挖掘了林道的绿道功能，可操作性强，符合萧山区实际。

### （六）对同类规划具有较大的借鉴意义

《规划》提出的充分发挥林道多种功能特别是绿道功能的理念、科学的规划方法、研建的地理信息系统平台和三维场景模拟系统平台、林道选线和定线技术等对林区道路规划具有较大的借鉴意义。

## 四、项目实施情况

截至 2022 年 7 月，项目建设已投入资金 12.9 亿元，新建骨干林道长 229.03 km，预计 2022 年年底完成主体工程，总长度为 231.6 km，项目总投资为 13.8 亿元。项目建成后，萧山林区林道密度可增加 9.76 $m/hm^2$，从而使萧山林区的林道密度达到 21 $m/hm^2$，在浙江省乃至全国处于领先水平。

项目情况如图 1 所示。

图 1　戴村镇骨干林道秋景照片

## 五、项目主要参与人员

项目主要参与人员：孙永涛、郭含茹、陈伟、郑云峰、田晓晖、尹准生、金久宏、余水军、邱春英、傅佳良等。

# 浙江杭州湾国家湿地公园总体规划（2016—2020）

国家林业和草原局华东调查规划院

扫码查看原文

## 一、项目概况

《浙江杭州湾国家湿地公园总体规划（2016—2020）》（以下简称《规划》）是一项在生态文明建设新时代，珍贵却缺乏足够保护的滨海湿地日益受到社会关注的背景下，指导我国东部大陆海岸杭州湾冬季水鸟最富集的地区，东亚—澳大利西亚候鸟迁徙路线中的重要驿站和世界濒危物种黑嘴鸥、黑脸琵鹭的重要越冬地与迁徙停歇地保护恢复的修编性总体规划。本项目获 2019 年度浙江省优秀工程咨询成果奖三等奖。

## 二、项目内容

《规划》高度重视前期基础研究工作，针对沿海湿地保护的众多困难，专业技术人员多次深入实地，开展现状调查、资料收集及科学考察工作，对湿地保护恢复开展综合论证。《规划》全面评估上轮总规实施情况，客观分析新时期湿地公园建设面临的机遇与挑战，确立以抢救性保护杭州湾国家重要湿地与国际候鸟迁徙驿站为核心，将原湿地公园范围扩大 13.57 倍，至 6 376.69 $hm^2$；针对沿海湿地保护的重重挑战，编写特色专题，具有较强的研究深度和突破性；以滨海湿地生态系统国家定位观测研究、湿地陆源污染削减示范与国际领先水平的湿地环境宣教为特色，其实施对我国东部沿海湿地保护具有重要的示范意义。

## 三、项目成果特点

（1）深入分析杭州湾湿地公园建设的需求与目标，科学规划建设内容，抢救性保护国家重要湿地，切合我国生物多样性保护与沿海湿地保护网络建设的需要。

（2）《规划》针对沿海湿地保护的重重挑战，编写三个特色专题，具有较强的研究深度和突破性。

（3）《规划》依据湿地公园资源本底，创新性开展国际重要湿地申报分析，对杭州湾国家湿地公园建设决策具有较大影响，社会反响大。

（4）《规划》的滨海类国家湿地公园特色鲜明，可操作性强，对我国滨海类湿地公园建设及沿海湿地保护具有较强的示范性。

## 四、项目实施情况

2015 年 4 月，《规划》通过专家组评审，5 月通过国家林业局湿地保护管理中心考察评估，2016 年 1 月，国家林业局以办湿字〔2016〕10 号文件批复了该《规划》。

自规划成果获得原国家林草局批复以来，杭州湾湿地公园始终以该《规划》为依据，强化湿地生态保护修复为主要目标，生态保育、湿地修复、科普宣教、生态旅游等各项工程建设稳步推进。截至目前，湿地公园累计完成建设投资约 2.59 亿元，在湿地保护与恢复、公园管理能力、科普宣教与科研监测体系、湿地合理利用与社区协调等方面，都取得了良好成效。

## 五、项目主要参与人员

项目主要参与人员：徐鹏、王金荣、张林、戴守斌、盛宣才。

# 浙江浦阳江国家湿地公园总体规划（2017—2021）

国家林业和草原局华东调查规划院

扫码查看原文

## 一、项目概况

浙江浦阳江湿地公园地处浦江县中部，西起浦阳江源头花桥乡，沿干流水系东至黄宅镇三江口，主要为浦江县内浦阳江上游干流水系。湿地公园规划总面积为 1 333.58 $hm^2$，湿地率为 42.73%，为我国东部丘陵地区典型的“河流 - 库塘”复合型湿地，是浙中生物多样性的集中分布区和重要的生态廊道。

2013 年，浦江县在浙江省率先打响浦阳江湿地水环境综合整治攻坚战，并在 2014 年升级为“五水共治”，成为全省及区域样板；步入后治水时期，为了系统保护湿地资源、巩固治水成果、顺应群众期盼、推进“两美”浦江和“四个全面”战略布局试点县建设，浦江县政府决定实施浦阳江国家湿地公园建设，并委托国家林业和草原局华东调查规划院编制《浙江浦阳江国家湿地公园总体规划（2017—2021）》（以下简称《规划》）。本项目获 2018 年度浙江省优秀工程咨询成果奖二等奖。

## 二、项目成果特点

（1）深刻理解湿地公园建设背景及意义，《规划》将湿地水环境治理提升至湿地生态系统的保护与修复，续写浦江治水的辉煌，社会反响很好。

浦江湿地水环境整治已成为浙江省“五水共治”的典范和样板。步入后治水时期，本《规划》以系统保护湿地资源、巩固和加强“五水共治”所取得的成果为出发点，将浦阳江湿地水环境治理提升至湿地生态系统的保护与修复，把治水工作持续向纵深推进，水岸齐抓、标本兼治、治管并举，恢复湿地自净能力与生物多样性，系统性保育自然生态系统，打造区域人与自然和谐、经济发展与生态保护良性互动的新样板。具体时间，按《规划》已完成或正实施的通济桥水库湿地保育工程、翠湖湿地恢复工程、浦阳江生态廊道建设等均获得社会的高度评价，续写浦江治水的辉煌。

（2）高度重视本底资源调查及基础研究工作，通过对多领域专家咨询，为科学编制规划、合理布局针对性项目提供了坚实基础，规划咨询方法具有一定示范性。

项目组高度重视湿地公园规划前期的资源本底调查及生物多样性科考工作，邀请浙江生物多样性研究中心各领域专家开展项目区科学考察。对湿地公园范围内动植物资源进行了详细的摸底调查，编制了包括植被、植物资源、无脊椎动物、昆虫、鱼类、两栖动物、爬行动物、鸟类、兽类等专项报告。同时在《规划》编制过程中，项目组应用 3S 技术、大数据分析等方法，开展湿地保护与修复的综合论证，深入研究并衔接相关规划，为科学编制《规划》、合理布局针对性项目提供了坚实基础。对于我国“河流 - 库塘”类湿地公园规划咨询具有较强的示范性。

（3）湿地公园以湿地治水生态文明宣教与地域文化弘扬为特色，打造全省及区域“河流 - 库塘”复合型湿地保护修复样板，特色鲜明、应用范围较广。

项目组深入调研、认真分析各种资料后，针对性地从“保护浦江母亲河，构建钱塘江上游水生态安全屏障；保护特有珍稀湿地动物，维护区域生物多样性；强化湿地生态修复，推进区域生态文明建设；传承地域湿地文化，建设‘两美浦江’；提升城市形象，促进地方经济社会持续健康发展”等方面入手，以问题为导向，以保护和恢复浦阳江上游“河流 - 库塘”复合湿地生态系统健康为核心，以湿地治水生态文明宣教与地域文化弘扬为特色，科学编制《规划》。浦阳江国家湿地公园是浙江省 2016 年度唯一通过国家湿地公园试点考评的湿地公园，也是浙中首个国家级湿地公园。

（4）《规划》咨询成果获得专家及甲方的一致好评，项目被列为市、县重点建设项目，对决策和实施影响较大。

《规划》充分吸收国内外先进的湿地保护修复理论、科研成果和成功案例，提出实施通济桥水库库尾湿地修复、内河湿地、人工湿地净水展示园、治水馆、湿地植物园等针对性强的湿地保育恢复、宣教利用项目，并兼顾生态、社会与经济效益的统一。《规划》系统完善，内容全面，可操作性强，获得专家及甲方的一致好评，目前，湿地公园建设项目正按《规划》有序实施，已被纳入金华市和浦江县“十三五”重点工程、浙江“四个全面”战略布局试点县品牌工程等，成为浦江县一张靓丽的生态建设名片。

## 三、项目实施情况

本项目从 2015 年 10 月开始，《规划》成果于 2015 年 12 月通过专家评审，2016 年 4 月通过原国家林业局湿地保护管理中心考察评估，2016 年 12 月正式获得原国家林业局批复，纳入国家湿地公园试点建设。

自《规划》成果获得原国家林业局批复后，湿地公园建设即被列为浦江县重点建设项目之一，浦江县林业局及相关部门都高度重视湿地公园的建设，保证资金投入，有序地推进湿地的保护与建设工作。通过设立湿地公园管理机构、建设湿地净水展示园、治水馆、湿地植物园及其他湿地保育修复工程，实现了对浦阳江和通济桥水库原生态湿地的有效保护。受益于《规划》提出的生态优先、统筹保护、合理利用理念，浦阳江湿地公园原生态湿地得到了抢救性保护，湿地科普宣教设施的充实提升使得湿地保护意识深入人心，全县湿地管理能力建设、水资源保护、生物多样性保护、科研监测及湿地生态修复等得到进一步推动，为建设“两美浦江”做出了巨大贡献。

## 四、项目主要参与人员

项目主要参与人员：徐鹏、张林、王金荣、戴守斌、邢雅。

# 襄阳自贸片区云计算和大数据产业发展规划

华信咨询设计研究院有限公司

扫码查看原文

## 一、项目概况

中国（湖北）自由贸易试验区襄阳片区（以下简称襄阳自贸片区）于 2017 年 4 月正式揭牌。在全国自贸试验区中，襄阳自贸片区是唯一被同时赋予云计算和大数据产业试验任务的自贸试验区。为完成国家赋予的襄阳自贸片区试验任务，建设好发展好襄阳自贸片区云计算、大数据产业，依据《湖北省云计算大数据发展“十三五”规划》《襄阳市大数据发展行动计划（2017—2020 年）》《中国（湖北）自由贸易试验区襄阳片区实施方案》等相关文件要求，结合襄阳自贸片区制度和产业优势编制《襄阳自贸片区云计算和大数据产业发展规划》（以下简称《规划》）。《规划》编制团队在竞标中胜出后受襄阳市经信局委托，完成了《襄阳自贸片区云计算和大数据产业发展规划》编制工作。

本次《规划》以国家、湖北省、襄阳市有关法规政策为依据，借鉴上海、广州、贵州等先进地区的发展经验，结合襄阳自贸片区发展实际起草。《规划》采用“一个规划文本 + 多个规划附件”的形式详细论述了云计算和大数据的发展形势、产业环境、现状基础、发展思路、重点任务和保障措施等内容。《规划》围绕打造“一港四中心”的战略目标，明确了六项具体建设任务和四项保障措施，并围绕这六项任务设计 42 个项目（含潜在招引对象建议），同时打包整理形成四项重点工程，进一步细化建设内容和实施计划。

在征求三轮意见和内部多次讨论修改后，于 2019 年 12 月 11 日通过专家评审，并于同年 12 月 16 日报襄阳市自贸办审定印发。

## 二、项目内容

本项目在合同规定的基本框架下，结合业主方工作实际，开展现状和需求调研、产业环境分析、政策制度研究、规划主体编制、招商引资对象梳理等工作。咨询过程中完成政府 / 企业 / 社会团体的 15 场次、40 余人次的访谈调研，同时对标上海、重庆等地区的 5 个自贸区在制度创新方面的先进经验以及 8 个省市在云计算大数据方面的优惠政策，在规划文本之外还形成了互联网数据中心（Internet Data Center，IDC）建设规模测算模型、产业政策建议、自贸区制度创新建议和产业招商引资企业名录等创新成果，为其他类似项目开展建立了可参考的方法论体系。

在咨询过程中开展如下工作。

### （一）现状和需求调研分析

在制定项目工作方案后，项目组第一时间[illegible]襄阳，开展深入的调研和访谈工作，在现状分析部分，主要对整体产业环境、IDC供需分析和襄阳发展现状进行研究，在此基础上阐述襄阳自贸片区发展云计算和大数据产业的背景和意义。

### （二）主体规划编制

基于现状基础分析，并结合省域和区域产业发展现状和竞合态势，以国家、湖北省、襄阳市有关法规政策为依据，借鉴上海、广州、贵州等先进地区的发展经验，具体编制指导思想、基本原则、发展目标、六项主要任务、四项保障措施。

### （三）实施路径研究

对照《规划》任务制定产业发展的实施路径、明确任务落实的重大项目、寻找项目载体的潜在对象，提升《规划》的落地性和可操作性，主要内容包括发展路径和重大项目两部分。在重大项目部分，项目组聚焦产业发展重点方向，积极搜集相关产业企业，提供招商引资对象清单，并积极与电信、华为等企业对接，辅助自贸区招引工作。

### （四）重大专题实施方案编制

针对《规划》中部署的各项工作任务，围绕产业基础、产业培育和产业融合等方面，选取“汉江流域信息港大数据产业园区建设工程”“数据加工产业培育工程”“大数据＋新能源汽车应用示范工程”和“大数据＋工业互联网转型升级工程”作为重点任务开展专题分析，为《规划》执行和落地提供指引。

### （五）发展政策和制度建议

发挥政府智库作用，系统梳理国内自贸区及云计算大数据产业发展先进地区的政策和制度，对襄阳自贸片区云计算和大数据产业发展的政策支撑需求进行研究，聚焦当前数字经济发展过程中存在的问题和壁垒，因地制宜提出制度化革新建议，从制度根本以及政策枝叶上同时发力，为云计算和大数据产业创新改革试点的落地生根营造良好的体制机制和创新环境。

## 三、项目成果特点

（1）创新性提出“一港四中心”的整体发展战略，并提出细化落实的具体建设内容和实施计划建议，为其他类似产业规划提供借鉴。

综合湖北省、襄阳市关于云计算和大数据产业的发展思路，结合襄阳自贸片区的发展定位和创新优势，以产业融合发展为核心，以培育产业集群为重点，以机制改革创新为突破，不断深化行业应用、培育产业载体、壮大产业生态，围绕“一港四中心”的战略定位编制实施主要任务和保障体系，并制定具体实施项目清单和重大工程，确保《规划》有效落地。

（2）建立较为科学的数据中心，建设需求、规模分析方法论体系。

在云计算和大数据产业环境分析方面，项目组充分运用“定性＋定量”相结合的方式，以各级政策、访谈纪要为核心，进一步融合各个企业IDC建设规模数据、区域/省域/市域经济和社会发展数据，建立IDC供需分析模型，对襄阳自贸区云计算大数据产业发展的政策背景、区位优势、现状条件、基础硬件需求等方面进行系统性分析，建立云计算大数据园区级现状和需求分析方法论体系，为后期开展柳东科技大厦IDC、雅安大数据产业园等类似项目规模体量估算提供参考。

（3）聚焦产业发展政策，系统梳理国内相关领域政策文件，提出襄阳自贸片区云计算大数据产业发展政策，为政府提供决策参考。

项目组对国家、省、市相关政策进行系统梳理，重点梳理了上海、重庆、天津、浙江、广东等地区的自贸区制度创新和先行先试的成功经验，以及北京等8个省市在云计算大数据产业发展方面的优惠政策，通过政策对比分析，形成襄阳自贸片区制度创新建议和优惠政策建议，为政府决策提供有效参考。

（4）针对襄阳自贸片区云计算大数据产业发展重点方向，编制重大项目及潜在合作伙伴清单，为招商引资提供方向参考。

项目组聚焦襄阳自贸片区云计算大数据产业发展的主要任务和项目方向，梳理国内外相关产业企业，并积极与相关重点企业沟通在襄阳未来投资落地方向，同时与市商务局等单位积极沟通对接，形成聚焦42个建设项目超过60家的潜在招商引资对象企业清单，辅助襄阳推动中国移动5G战略合作协议、树根互联国六动力部件智能制造、万达信息全民健康信息平台、华中大数据产业园等项目落地。

项目成果为襄阳自贸片区云计算和大数据产业发展指明方向，为襄阳市政府提供产业发展政策建议，为襄阳自贸片区招商引资工作开展提供方向，更好树立品牌效应助力企业项目落地。

## 四、项目实施情况

项目已完结并通过襄阳市经信局组织的专家评审、完成政府发文，项目成果已获得2020年度全国优秀工程咨询成果奖浙江省优秀工程咨询成果奖三等奖。

## 五、项目主要参与人员

项目主要参与人员：朱敏、李莺、盛海刚、金邹苹、李叶青。

# 泰顺县域总体规划研究（2015—2035 年）

中国联合工程有限公司

扫码查看原文

## 一、项目概况

泰顺县地处浙闽两省交界、温州市境内，距温州市区约 136 km，距杭州市约 450 km，县域总面积约 1 768 $km^2$，下辖 19 个乡镇。2016 年全县实现地区生产总值 81.31 亿元，2016 年年末全县常住人口为 24.9 万人，是一个比较典型的山区县。泰顺是“中国廊桥之乡”和革命老区县，是全国生态文明建设试点、国家级生态保护与建设示范区，更获得了全国首批、全省唯一的“碳汇城市”荣誉称号。随着县域行政区划大调整、中心城区罗阳镇被列入省级生态小城市培育试点、龙丽温高速泰顺支线开工建设等一系列重大发展变化，上版总规已完全不能满足泰顺县经济社会发展需要。围绕“旅游主业化”“全域景区化”新时期发展导向和“多规合一”编制思路，泰顺县于 2015 年底启动编制《泰顺县域总体规划（2015—2035 年）》（以下简称《县域总规》）。

## 二、项目内容

工作从 2016 年 3 月开始，于 2019 年 4 月结题。项目研究在 2015 年底泰顺县域总体规划投标工作的基础上启动。第一，总结各家投标文件特色要点，展开乡镇实地调研和县级部门调研走访，形成《县域总规》纲要（评审稿）并通过评审。第二，在补充调研基础上，开展县域发展八个方面专题研究，提交《县域总规》纲要（评审修改稿），征求省、市有关专家意见。第三，结合修改意见，针对县域行政区划调整变动，实地走访乡镇、逐一对接，针对中心城区补充调研，完善形成《县域总规》纲要（人大审议稿）并通过人大审议。第四，在《县域总规》规划纲要基础上深化形成《县域总规》规划方案，先后通过县级部门和乡镇征求意见会、县四套班子领导征求意见会、县委书记总规专题汇报会，并结合《温州都市区规划纲要（2017—2035）》批复成果，修改规划期限至 2035 年。第五，于 2018 年 11 月开展批前规划公示（30 天），并向温州市规划局提交《县域总规》规划方案正式上报稿。2019 年 4 月，国家机构改革调整部署完成后，经县人民政府同意，泰顺县规划主管部门明确《县域总规》以研究报告形式结题并提交成果稿。

## 三、项目成果特点

### （一）生态文明新理念——新常态下县域经济社会发展“浙江探索”再出发

随着中国经济社会全面进入“新常态”时代，2015 年浙江省部署 26 个县加快发展工作，会议强调要强化自我“造血”功能，切实增强特色产业竞争力、小县大城集聚力、创业创新驱动力、生态环境支撑力、公共服务保障力，增强自我发展能力。会议明确对包括泰顺县在内的26个县不再进行GDP总量考核，转而考核经济发展的速度与质量、民生保障与生态保护等内容，加快成为浙江乃至全国的“绿富美”。泰顺县域总体规划是顺应新时期浙江省县域发展全新导向来开展编制的。

### （二）“多规合一”新范式——创新空间规划体系，推进城乡治理现代化

本次泰顺县域总体规划将以“多规合一”为重要理念和技术体系，在城乡总体规划的框架下，实现与发展规划、环境功能区规划和土地利用规划等的融合统一。该成果运用了“中国联合”在“多规叠合”规划编制上的技术积累，并结合泰顺山区县的实际，突出了围绕景区的“廊桥国家公园”的试点探索，在浙江省同期总规编制中具有示范意义。

### （三）“旅游主业化”新路径——围绕全域景区化，开展县域绿色发展模式探索

《县域总规》围绕浙江省旅游经济强县建设目标，按照“旅游主业化、全域景区化”的发展思路，构建具有泰顺特色的泛旅游产业体系，主体形成以旅游业为核心产业，以生态农林业、健康产业、文化产业、体育运动、休闲商业等为延伸产业，以旅游餐饮、旅游住宿、旅游交通、旅游购物等为配套产业的泛旅游产业体系，创新推动泰顺生态资源优势逐步转化为生态经济优势。

### （四）“小县大城”新格局——融入温州都市区，深入实施新型城镇化

泰顺依托生态资源独特优势，实施生态崛起战略，做足温州都市区“山-城-海”格局中“山”的文章，打造温州都市区西部山水生态发展极，实现县域经济向都市区经济发展转型。同时抓住罗阳镇被列入省级生态小城市培育试点、龙丽温高速泰顺支线开工建设等一系列重大发展变化，强化提升中心城区作为县域综合服务中心和旅游服务主中心职能。《县域总规》立足“泰商”等县情实际，突破后发地区常规思路，打造“小县大城”，力求改变长期以来泰顺县域、县城在浙闽交界区域的弱化、虚化现象，着力践行和深入实施新型城镇化战略。

### （五）“跨界整合”新突破——立足县域生态文化资源，应对《县域总规》改革转型

开展旅游主业化引导下的县域总体规划编制研究，旨在探索出一条有别于传统工业化和城镇化模式下的总体规划编制方法。《县域总规》实现了城乡规划与旅游规划的跨界整合，在编制方法上具有十分积极的创新意义。

## 四、项目实施情况

根据研究提出的发展定位、规划布局、产业导向、交通道路、设施规划、生态管控等重大建议内容已被泰顺县人民政府和温州市规划局采纳，不仅成为“控规”和“城市设计”等下一层次规划建设的直接依据，也成为《温州都市区规划纲要（2017—2035）》生态休闲示范区空间布局规划的内容依据。

## 五、项目主要参与人员

项目主要参与人员：任杰、王一波、曹晓辉、王琳洁、朱成炳。

# 玉环市医药和化工行业安全发展规划成果

浙江省天正设计工程有限公司

扫码查看原文

## 一、项目概况

结合玉环市的经济社会发展规划、产业结构特点、医药化工产业资源、自然环境条件、安全生产状况及安全生产规划，制定玉环市的医药和化工行业安全发展规划，划定医药和化工专门集聚区域，严格执行国家产业发展政策、市场准入政策，通过行政手段和经济手段，引导和推动化工产业结构调整、产业升级和技术进步，有计划地逐步关停、搬迁玉环市周边分散在集聚区外的医药和化工生产企业，引导安排其进入医药和化工集聚区域。园区选址把安全放在首位，使园区与城市建成区、人口密集区、重要设施、敏感目标之间保持足够的安全及卫生防护距离、留有适当的发展空间，将园区安全与周边公共安全的相互影响降到最小。规划布局合理、严格行业准入，劳动力密集型的非化工企业不得与化工企业混建在同一园区内并提出对化工园区科学建设的合理化建议，建立医药和化工集聚区化工和危化品安全管理体系、制度。

## 二、项目内容

为了创造玉环市医药和化工行业安全发展环境，指导玉环市城市总体建设和产业经济协调、有序、安全发展，提高城市安全保障水平，促进全市医药和化工行业的安全发展，引导危化品生产企业领取安全生产许可证的工作，特编制《玉环市医药和化工行业安全发展规划》（以下简称《规划》）。《规划》是玉环市城市总体规划和产业经济发展规划的重要组成内容，是预防重特大工业事故的根本措施之一，对提高全市经济社会的安全发展水平意义重大。

医药化工行业安全发展规划必须坚持“安全第一、预防为主、综合治理”的方针，依法规划，做到有利于产业转型升级和可持续发展。首先，通过分析区内危化企业的各个生产、运输、销售环节，从根本上减少事故发生的可能，降低事故的危害程度，同时加强各个部门的监督和管理，减少事故的发生。其次，结合化工园区及化工集中区的配套工程，综合考虑生产生活的需要，对化工园区进行统筹规划，为化工企业进行合理的选址及布局。再次，通过分析各个行政区域的经济发展、生产分布以及资源与环境，明确化工园区及化工集中区，结合化工企业的实际布局，对化工企业提供应急救援保障，对于重大事故遵循统一指挥、资源共享的原则，使单位自救与社会自救相结合，从而减少因事故而造成的损失。最后，以《中华人民共和国安全生产法》《危险化学品安全管理条例》等有关法律法规、部门规章为指导，实现医药和化工行业安全发展规划的科学性、合法性和规范性。

## 三、项目成果特点

### （一）规划理论具有先进性和创新性

本《规划》根据《化工行业安全发展规划编制导则》的要求，在当地工业经济发展规划、产业发展规划的基础上，提出了医药和化工行业的专项规划，首次对玉环市医药和化工行业进行整体分析和总体布局规划，结合不同化工片区的特点，针对性地划定三个化工集聚区，并提出了各自的产业发展要求、安全发展目标、功能区块布局等，对全市所有化工企业进行了安全调查和分类整治，为玉环市化工安全发展提供依据，填补了当地政府医药和化工发展方面相关文件的空白。

### （二）研究工作难度高

该研究需在调研了每一家危化品生产和使用企业的基础上，进行整个医药和化工行业的安全风险分析，提出针对每一家企业切实有效的提升改造和关停搬迁方案；需在结合当地大量的各类规划和政策文件，并充分了解医药和化工行业发展现状的基础上，提出产业发展政策和安全生产许可要求；需在大量分析当地用地规划、产业布局规划，调研各个工业区的用地现状、周边安全环境、环保条件等的基础上，对拟发展为化工集聚区的区域进行安全条件论证，再进行多方考证和科学分析，确定化工集聚区的区域位置和布局规划；需结合全市道路规划及道路周边的安全环境状况，制定危化品车辆运输路线；需结合本地化工行业特点，提出安全防控措施和应急救援措施。以上每一项工作都要花费大量的时间和精力进行深入的讨论和分析、邀请安全专家进行综合论证，研究的工作量和难度很大。

### （三）对当地政府决策产生很大影响

该研究成果已通过评审并交由当地政府批准并发布实施，为全市城市总体建设提供指导，为医药和化工行业的安全发展提供方向，为危化品生产企业领取安全生产许可证提供依据。

### （四）研究方法先进

（1）定性与定量相结合。在定性分析的基础上充分运用定量的方法研究说明每项内容，如定性分析化工行业整体发展状况，定量统计各化工企业的生产规模、危化品数量等数据，两者有机结合，进行整个行业的安全总体布局。

（2）近期与长远相结合。通过在不同时间尺度上采取最优化方法研究有关问题，如将医药和化工行业现状与《规划》远期的行业发展预期相结合，选择科学合理的化工集聚区域。

（3）整体与个体相结合。通过进行整体分析和个体研究来解决相关问题，如总体分析研究整个化工行业的发展与布局，再逐个分析每一家化工企业的危化品生产与使用情况、安全设施建设情况、应急救援措施的实施情况等，以便掌握全市医药和化工安全发展状况。

## 四、项目实施情况

规划工作从 2016 年 6 月开始，于 2017 年 6 月完成。首先通过各部门进行相关资料的搜集，包括全市的总体规划和分区规划、工业经济规划、医药和化工行业发展现状、医药和化工企业环保情况等，并对全市区域内每一家危化品生产和使用企业进行现场实地调研，查看企业安全现状、相关安全设施布局情况、危化品生产和使用情况等，对拟发展为化工集聚区的区块进行实地踏勘，了解该区块的产业方向、功能定位以及周边安全环境情况等。对搜集和调查的相关资料，进行系统性的分析，邀请相关危化安全专家进行综合论证，提出相关设想和建议。项目组结合各方面的信息，讨论并制定了多个规划编制方案，分析和比较每个方案的优劣，由相关专家对化工产业发展、总体布局、危化品运输、安全防控措施、应急救援措施等方面进行方案评审，再对规划内容进行统一调整，反复修正和优化，形成最终的规划成果。

## 五、项目主要参与人员

项目主要参与人员：包晓跃、徐洁、陈旻、黄林兵。

# 浙江省综合交通运输发展“十三五”规划

浙江数智交院科技股份有限公司

扫码查看原文

## 一、项目概况

“十三五”时期是浙江综合交通建设集中攻坚期、综合交通运输融合发展期、综合交通体制完善期和综合交通发展全面提升期，如何在全国范围内率先实现“交通强省”，打造浙江“现代交通示范区”，是这一时期的重中之重。《浙江省综合交通运输发展“十三五”规划》（以下简称《规划》）以“四个全面”战略布局为统领，以“创新、协调、绿色、开放、共享”新发展理念为指引，以“八八战略”为总纲，为浙江交通运输的大发展、大提升绘就了一幅宏伟蓝图。规划期限为 2016—2020 年。

## 二、项目内容

“十三五”时期，要加快发展以交通为重点的基础设施建设，谋划实施万亿综合交通工程，高标准构建“四大交通走廊”，形成水陆空多元立体、互联互通、安全便捷、绿色智能的现代综合交通体系，努力打造省会到设区市高速铁路“1 小时交通圈”、全省“1 小时空中交通圈”，率先基本建成现代综合交通运输体系，实现“交通强省”。

## 三、项目成果特点

《规划》构思新颖，具有更强的综合性、引领性、全面性：理念先进，旨在构建一个“内畅外达”的交通系统，体现了环境优先的理念，并引入了“互联网 +”“大数据”等理念；技术创新，“四大交通走廊”接轨经济转型（是本次规划的最大亮点），“1 小时交通圈”提升交通运输能力，完善机制提升综合交通治理能力。

## 四、项目实施情况

本项目于 2016 年 9 月完成批复。《规划》依据《浙江省国民经济和社会发展第十三个五年规划纲要》和国家“十三五”现代综合交通运输体系发展规划，着眼服务国家战略和浙江转型发展新趋势，树立以综合交通引领拓展经济发展新空间的理念，聚焦补齐交通基础设施短板，提出了“5411”综合交通发展战略，有力引领浙江经济转型发展，成功助力浙江省与交通运输部签署共同推进浙江“现代交通示范区”建设战略合作协议，加快完善综合交通基础设施网络，加快提升综合交通运输供给能力和服务品质，全力推进行业治理体系和治理能力现代化，使交通运输真正成为经济社会发展的“先行军”。在“十三五”规划引领下，浙江交通在扩大有效投资、拉动经济增长、改善民生上，发挥了重要促进作用。

## 五、项目主要参与人员

项目主要参与人员：吴德兴、金德均、蔡红兵、何佳玮、李乐、汪煜浩、徐岸、韩斌、刘吉奇。

# 湖州市综合交通运输发展“十三五”规划

浙江数智交院科技股份有限公司

扫码查看原文

## 一、项目概况

综合交通运输发展是融入“一带一路”倡议、长江经济带战略等的重要载体，是打造经济增长新引擎、提升城市规模能级、实现赶超发展的重要支撑。《湖州市综合交通运输发展“十三五”规划》（以下简称《规划》）在全面总结湖州“十二五”交通发展成就及存在问题的基础上，分析“十三五”时期综合交通运输发展面临的新形势与新要求，明确了“5321”交通运输发展战略，重点推进现代综合交通基础设施网络、综合交通运输服务体系现代化以及综合交通运输行业治理能力的现代化进程，同时提出《规划》的保障措施并对《规划》造成的环境影响进行评价。

## 二、项目内容

“十三五”时期，要紧紧围绕“网络交通、秩序交通、民生交通、智慧交通、阳光交通”五个“交通”，加快推进“基础设施网络、运输服务体系、行业治理能力”三大工程，打造形成周边省市主要城市“1小时交通圈”和县（市、区）“半小时交通圈”，到2020年，湖州综合交通运输基本实现现代化，概括为“5321”交通运输发展战略。

## 三、项目成果特点

《规划》构思新颖，具有更强的综合性、引领性、全面性：理念先进，坚持创新引领、赶超发展，坚持全面统筹、协调发展，坚持生态示范、绿色发展，坚持互联互通、开放发展，坚持以人为本、共享发展；技术创新，突破了各种运输方式限制，全面深化交通运输改革，促进交通运输综合发展，提出“两轴一廊”的南太湖区域立体交通大通道发展格局，构建向中心城市集聚的市域综合交通网络，提升湖州中心城市能级，推进内河水运转型示范区建设，为湖州经济发展提供新的增长点。

## 四、项目实施情况

本项目于2016年12月完成批复，按照浙江省“四大交通走廊”和“万亿综合交通工程”建设部署，依据《湖州市国民经济和社会发展第十三个五年规划纲要》和《浙江省综合交通运输发展“十三五”规划》，重点实施综合交通百个项目，高水平构建综合交通运输体系，为湖州融入“一带一路”倡议、长江经济带战略等提供重要载体，为打造经济增长新引擎、提升城市规模能级、实现赶超发展提供重要支撑，奋力开创现代化生态型滨湖大城市建设新局面，努力将湖州打造成为浙北地区的一颗闪亮明珠。

## 五、项目主要参与人员

项目主要参与人员：蔡红兵、何佳玮、楼齐峰、李乐、刘蛟、韩斌、汪煜浩、刘吉奇、徐岸、李迎迎。

# 杭州艮山门动车运用所上盖开发城市设计规划咨询

浙江大学城乡规划设计研究院有限公司

扫码查看原文

## 一、项目概况

杭州艮山门动车运用所区块位于杭州市下城区东部与江干区交界区域，区块北靠德胜城市快速路，南依京杭运河，东侧距离杭州东站约 3 km，西侧距离西湖文化广场及武林商务中心约 2 km，区位条件十分优越。区块西侧文晖片区是以旅游、会展为核心功能的商住混合区，东侧为以居住为主要功能的三里亭片区。城市设计范围北至德胜快速路，南至京杭运河，西至胜景路和绍兴路，东至尧典桥路，规划范围总面积约 108.3 $hm^2$。建议研究范围北至德胜快速路，南至京杭运河，西至上塘河，东至石桥路、秋涛路，总面积约 6.8 $km^2$，涉及两个规划管理单元（文晖单元和三里亭单元）。

高铁上盖不同于地铁上盖，将动车运用所（以下简称动车所）上盖并综合立体开发，既盘活铁路用地资源，又提升区域城市品质，实现铁路与城市融合。中国城市规划学会指出："这是全国首个将动车运用所上盖并采取综合立体开发的项目，具有创新、示范和引领作用，跨出了铁路与城市融合的第一步。铁路及毗邻地区综合开发是一项系统工程，涉及部门较多，没有先例可循，规划研究、投资立项、土地供应、工程建设等环节复杂。"在国内缺乏相关实践的背景下，艮山门动车所的上盖开发，对探索铁路站场地区改造更新具有重要的研究价值。

## 二、项目内容

2004 年以来，通过对轨道交通支撑国内高密度高强度城市发展模式的大量实践和研究，以公共交通为导向的开发（Transit-Oriented Development，TOD）模式在国内成为主流趋势，是国内实施 TOD 开发的典型模式。

在基于 TOD 理论的轨道交通与土地利用一体化开发策略下，国内已有不少地铁车辆段的上盖物业综合开发实践，如杭州杨柳郡、上海吴中路万象城等。地铁车辆段无论选址于线路的尽端还是中间，都是为了尽可能减少地铁空驶，车辆段接轨站大都与地铁站无缝衔接，因此可以采用轨道 TOD 模式，最大化利用轨道交通的支持，通过多元的业态与综合交通组织实现对人流的疏散与引导，实施高容量的一体化开发。

铁路车辆段和地铁车辆段虽然功能和形态均有相似之处，但通常并不直接毗邻地铁站，如杭州艮山门动车所位于周边地铁站步行辐射范围边缘，32% 用地位于地铁站 600 m 服务半径内，84% 用地位于地铁站 1 000 m 服务半径内。相比典型的地铁车辆段上盖物业，铁路车辆段的盖下空间既无大量的客流，又对盖上功能的组织无促进作用。因此铁路车辆段开发不能照搬轨道 TOD 开发模式，更不能简单套用地铁车辆段的开发模式和经验，需要做好以下几方面内容。

（1）限制要素复杂，需兼顾铁路运营和市民要求。改造期间为了不影响动车所运营，上盖板将分为两期建设。因此，既要衔接落地区和上盖区的空间和交通，也要满足正线控制区、咽喉控制区、禁止上盖区、临修库净空要求等限制条件。而基地周边均为建成的老城区，尤其是东侧三里亭社区普遍为20世纪90年代多层住宅，建筑高度在14～17 m。而铁路上盖平台距地面已达15 m，上盖建筑可能会给周边老城区带来较大的压迫感。在项目前期，不少市民也对此表达了担忧和反对。

（2）区域缺乏东西联系，难以消解增量交通压力。动车所场地狭长，阻断地面道路，导致2.4 km间没有东西向道路联系，周边干道高峰期间长期处于拥堵状态。同时，考虑上盖15 m的垂直距离，基地至周边地铁站的步行时间均超过10 min，衔接不便。此外，根据杭州市轨道建设规划三期客流预测结果显示，打铁关站高峰期间北向南的单向客运量达到3.52万人次/h，处于拥挤的水平，可为该地块提供的轨道交通疏解能力有限。所以，《杭州艮山门动车运用所上盖开发城市设计规划》（以下简称《规划》）亟需精细化梳理区域交通容量，分析开发增量带来的交通流量，提出可行的综合交通方案。

（3）创新向中心回流，大规模更新赋能周边。下城区需要空间创新的公共产品，吸引创新阶层。下城区是杭州主城区传统商务活力最强的行政区，在创新企业向中心城区回流成为产业布局的新趋势下，下城区将弥补创新发展滞缓的短板。艮山门动车所1 $km^2$的更新，既要考虑“南部CBD，北部新天地”的空间联系，也要考虑对老城区控规单元内不足的公园、教育等配套予以反哺和支撑，提升片区综合服务能力。

## 三、项目成果特点

（1）重修地平线，模糊边界营造立体复魅空间。艮山门更新成功的意义在于，模糊盖上与盖下的边界，创造立体复魅特色的开放空间。《规划》通过退台、挑空、盖下匝道、落地商业等多途径，营造丰富的空间感受，并以三维模型环境模拟，最大化降低对周边的负面影响。

（2）公共交通导向，构建非轨道TOD交通体系。《规划》通过近期增设过境干路、提倡公交社区，远期预留地铁站点，以及交通模型前后对比分析，满足区域通过型交通和基地的到发型交通需求。

（3）重构次中心，以内容产业社区形成创新集群。项目定位“创智城脊，悦享社区”，将凝聚知识的力量，集聚内容生产的人才，营造一个中心激活、创智共享的艮山门。

（4）为大中城市铁路车辆段及其周边的城市更新提供借鉴和参考。①注重以公交为导向，解决非轨道TOD交通问题。②注重功能复合，以产业社区提升区域综合服务能力。③注重上盖与周边空间互动，最大化降低对现状影响。

## 四、项目实施情况

2018年5月，杭州市组织了城市设计国际竞赛，6月，中国城市规划学会组织了专家评审会，钱江晚报、都市快报、浙江在线等知名媒体纷纷对此进行报道，引起了全市人民的关注。《规划》被评为优胜方案后，浙江大学城乡规划设计研究院有限公司参考专家评审及部门意见，开展了成果汇总及综合深化工作。2020年6月，杭州市规划和自然资源局对上盖空间开发城市设计范围选址暨控规局部调整论证报告进行了公示。2021年3月，杭州市发展改革委正式批复了“杭州艮山门动车所盖板项目”。目前，项目已进入动车所盖板项目勘察设计阶段，投资60亿元建设动车所上盖板、梁、柱、承台及桩基础，上下盖板匝道、垂直交通设施及设备管井预留等。

项目获奖情况：2018年度全国优秀工程咨询成果奖二等奖，2018年度浙江省优秀工程咨询成果奖一等奖，2019年度浙江省优秀城乡规划设计奖一等奖，2023年度教育部优秀勘察设计奖二等奖。

项目情况如图1至图5所示。

图1　西南视角总体鸟瞰图

图2　东北视角总体鸟瞰图

图3　中央广场

图4　休闲活力中心

图5　创智文化中心

## 五、项目主要参与人员

项目主要参与人员：桑万琛、杨明、石拓、易银杉、厉华笑、吴晓春、雷康。

# 绍兴鲁迅故里及周边区域有机更新规划咨询

浙江大学城乡规划设计研究院有限公司

扫码查看原文

## 一、项目概况

项目研究范围为绍兴古城南环沿线约 1.5 $km^2$，设计范围为鲁迅故里及其周边区域约 47 $hm^2$。鲁迅故里是中国近代民族精神地标，是中国名人故里保护展示的范本，是绍兴的城市名片。项目以历史文化资源保护为本，聚焦承载力扩展、空间品质提升、景区串联加强关键问题，谋划鲁迅故里及周边地区的有机更新。项目提出了基于完整价值保护的历史文化街区有机更新体系，总结了“策划—设计—实施”全过程咨询的成果范式，探索了城市设计成果向数字治理平台的转化，实现了工程咨询理论、实践与成果传导管理的创新。项目获得了政府、专家与市民的一致认可，并已按《绍兴鲁迅故里及周边区域有机更新规划》（以下简称《规划》）落地实施。我国文物古迹保护理念不断完善、文化旅游游客诉求不断更迭、古城有机更新对策不断进步。但同时，鲁迅故里逐渐产生了文化展示方式老化、景区空间与交通承载力不足、风貌杂糅和文旅业态同质化等问题。项目需在保护的基础上谋求发展，解决景区现状问题的同时，深入挖掘鲁迅及故里的价值和意义，通过规划的手段实现片区乃至绍兴古城整体的文化景观提升。

## 二、项目内容

基于《规划》目标与构思，本次规划融合历史文化街区和历史地段保护整治规划、老城区有机更新规划与行动计划、片区实施性城市设计等规划的内容，形成“有机更新研究＋城市设计”两个层次的成果体系。有机更新研究层次主要聚焦对片区文化、业态与空间的研究，提出保护区划、发展结构等框架性内容。城市设计层次传导有机更新研究，提出设计方案与专项深化分析，并指导后续实施。各层次的详细内容如下。

第一层次：有机更新研究。

（1）现状认知及问题分析：在文化资源、用地、交通、风貌等基本内容外，针对公共空间分布与可达性、机动车停车等百姓和游客最关心的问题开展着重分析。

（2）发展目标与功能定位：基于上位规划和相关政策研究，总结机遇与挑战，提出发展目标与定位。

（3）历史文化保护研究：从古城角度，整体梳理名人名城文化资源，串联古城文化脉络，构建基地的空间骨架。从基地角度，研究鲁迅故里完整价值，补充历史环境要素等保护对象，合理扩大保护范围。

（4）文化展示与文化旅游策划：研究优秀文化旅游景区发展建设运营规律，提出“提升游客承载分发、营造文化情境体验、注入新零售消费场景”等策略，策划文化展示与文旅业态。

（5）空间有机更新研究：结合上述研究，提出建筑“留改拆”分布、公共空间结构、“三线”（车行、人行、船行）交通组织、地下空间布局、城市风貌导控等有机更新的空间框架，指导城市设计。

第二层次：城市设计。

（1）方案设计：落实提升文化情境体验，塑造新零售消费场所，延长步行游线、打开公共节点空间等对策，提出整体设计方案，并对景区出入口、重要景点、主要游线等重点片区展开深化。

（2）专项深化：深入分析“三线”（车行、人行、船行）交通组织、游览线路组织、高度管控、风貌导控等专项，切实解决现状交通不连贯、大巴停车难、乌篷船线路不通、游览线路单一、街区风貌欠佳等问题。

（3）实施引导：结合文化地段边界、实施难度、景区管理、施工通道与场地等现实条件，将方案拆分为项目库与实施指引，制定详细的实施计划。

## 三、项目成果特点

《规划》以“完善保护体系、梳理公共空间、构建业态矩阵、制定实施计划”四大核心内容支撑故“里整”体保护提升，并包含如下创新。

创新特色 1：构建名人、名作、名城一体的文化景观，保护故里完整价值。

（1）剖析完整价值。鲁迅笔下《故乡》《阿 Q 正传》等名作，描绘了鲁迅故里所处绍兴古城的江南水乡生活场景。《规划》参考《中国文物古迹保护准则》中“文化景观”概念，将名人往事、名作场景、名城风物中包含的水系、桥梁、地名、风俗等文化遗存纳入了鲁迅故里完整价值，扩大保护与展示的内涵。

（2）延展保护范围。基于完整价值各项要素，结合舆图史料与学者访谈，落实咸欢河、塔子桥、都昌坊等街巷院落、历史水系的具体范围，提出核心保护范围与建设控制地带的优化建议，引导鲁迅故里成为讲述故人、故事、故乡的活态景观。

（3）传导名城保护。《规划》方案设计坚守现有历史文化名城保护规划核心保护要求，并将城市设计方案中建筑“留改拆”、公共空间优化、河道水系整治等转译为名城保护中的保护范围规划图、建筑风貌规划图、保护与整治模式图等专项图纸及相应术语，如保护、修缮、维修改善、修整改造等，推动城市设计向新一轮名城保护规划靠拢。

创新特色 2：公共空间微更新，实现台门窄巷中的空间扩容。

（1）保护肌理，挖掘潜力空间。《规划》以不破坏“一河一街，台门窄巷”的传统肌理为原则，结合违章建筑的拆改，利用河埠头、祠庙前广场、台门庭院等见缝插针地布置公共空间，打通多条文化小径，解决了游线单一、走回头路等问题，提升游客满意度。

（2）注入功能，优化公共空间品质。将观景摄影、小坐休憩、特色展演等功能注入公共空间，使长庆寺、土谷祠、恒济当铺等被埋没的文化节点得到全面展示。通过茶馆、戏台、小广场等公共空间，将游客从建筑内部引导到整个街区，找到空间扩容与文化保护之间的平衡点。

（3）组织“三线”，串联重要空间节点。以“车行、人行、船行”三条游线为线索，统筹考虑公共空间体验。车行方面，组织街区内部交通微循环，实现人车分流。人行方面，组织游学、亲子、休闲等多条主题游线，并重点保障出入口、换乘点、热门景点的集散便利与服务品质。船行是绍兴最具特色的游览体验，《规划》引导修复断头河、整治驳岸，打通古城南环鲁迅故里、青藤书屋、赵园和沈园等文化节点全连通的乌篷船游线。

创新特色 3：传统地理坐标年轻化，业态匹配名人名城文化内核。

（1）合理选址扩容商业街区。沿咸欢河、塔子桥等文化景观，适度扩展商业街区。一方面，疏解历史文化核心区繁杂的商业功能，还历史文化街区更沉浸的人文体验。另一方面，为鲁迅科普达人、科幻爱好者等尚未展示的人格魅力，以及越菜、文宿、亲子游学等热点业态，提供发展腹地。

（2）置入具有本土文化标签的业态。引入达利丝绸、光裕堂中药等具有绍兴文化标签的“老字号”品牌，在丰富游客消费选择的同时，借助鲁迅故里流量推介本土产业，实现双赢。传统文化与国潮碰撞，打破次元壁，使鲁迅故里更受主力消费群体欢迎，解决文化体验缺乏、文化消费吸引力不足等问题。

（3）谋划新入口的迎宾通道。鲁迅故里东侧的轨道交通站点即将开通，其线路衔接绍兴高铁站及“杭州—绍兴”城际轨道，将成为未来景区的新入口。《规划》对地上地下进入景区的通道进行统筹考虑。地上体现城市现代感到景区历史感的过渡，从入口年轻业态与艺术装置，到倒叙讲述鲁迅老年到青少年生平的文化长廊，引导游客逐步打开鲁迅故里场景。地下则扩容商业空间，在扶梯出口处设置水景社戏广场，塑造豁然开朗的惊喜体验。

创新特色 4：梳理古城南环文化网络，实现区域整体复兴。

（1）整体谋划古城文化地图。以一河两界（府河与会稽、山阴界线）、一山一塔（塔山与应天塔）、三位大师（鲁迅、徐渭、陆游），三大文化（故里水乡风情、青藤书画文韵、仓桥市井烟火）为线索构建文化地图，加强景区联动，实现鲁迅故里流量触媒效益最大化。

（2）制定“一图、一表、一清单”，支撑实施。制定周边区域整体实施计划，并以文化关联、投资预算、施工影响等为依据，模块化梳理项目包，将《规划》方案转化为项目分布图、时序分工表、项目内容及投资概况清单，支撑决策和《规划》传导。

## 四、项目实施情况

编制过程中，项目组多次陪同绍兴市委、市政府领导现场调研并讨论方案，得到“立意高，研究深、实施性强”的高度肯定。2020 年 6—7 月，《规划》方案先后通过绍兴市名城办组织的专家评审会与市委、市政府组织的实施决策会。

2021 年年初，鲁迅故里高品质步行街、青藤书屋周边综合保护等一批启动项目，已完成实施并对公众开放。

鲁迅故里高品质步行街，全线长 1 130 m，涉及商业面积约 20 万 $m^2$，实施内容包括建筑立面改造、路面铺装改造、景观绿化、标志标识、文化塑造及智慧街区等改造更新，总投资约 9 695 万元，已于 2021 年 3 月建成开放。

青藤书屋周边综合保护，包含徐渭艺术馆、绍兴师爷馆、青藤广场和其他配套设施，项目总投资约 8.7 亿元。2021 年 5 月和 10 月，徐渭艺术馆和绍兴师爷馆相继开馆。随着徐渭书画作品展成功举办，半个月游客量已达到 3 万人次，成功激活了鲁迅故里周边片区，展现了古城南环的文化新面貌。

实施过程中，项目组以责任规划师单位的态度，对项目进行了持续跟踪服务。例如，结合浙江省城乡风貌整治以及绍兴老旧小区改造等工作推进，以“共生院”理念对白衙弄、百草园公寓等非核心区的民居提出了提升改造方案，确保鲁迅故里有机更新可以守住红线，实现蓝图。

项目情况如图1至图5所示。

图1 项目鸟瞰图

图2 鲁迅故里整体航拍图

图3 景区北入口

图4 长庆寺与土谷祠前广场

图5 改造后的鲁迅中路步行街

## 五、项目主要参与人员

项目主要参与人员：桑万琛、石拓、许建伟、刘曼云、杨惠颖、徐觉民、徐国峰、吴夏菁、尹政威、陈军。

# 青田县中部崛起发展规划（2019—2025）

浙江国宏工程咨询有限公司

扫码查看原文

## 一、项目概况

为深入实施浙江省“八八战略”、推动“两个高水平”建设，全面落实丽水市绿色发展综合改革创新区建设要求，2018 年青田县人民政府（以下简称青田）提出加快中部崛起的重大战略设想，明确落实以“丽水之干”担纲“丽水之赞”，将中部崛起作为推动全县区域均衡发展、建设“美丽青田、幸福侨乡”的破题之举。为理清思路，明确发展功能定位，优化发展生态格局，落实主要发展任务，浙江国宏工程咨询有限公司受托承担编制了《青田县中部崛起发展规划（2019—2025）》（以下简称《规划》）。

### （一）发展基础条件

（1）区域战略地位突出。以船寮镇为中心的中部“四镇五乡”总面积约 681 $km^2$，西邻丽水中心城区，东联青田中心城区，北接丽水缙云、温州永嘉，是丽水总规明确全市四大组群城市之一，是温丽衢发展轴重要节点区域，是全县新生产力布局拓展区。

（2）环境资源优势明显。区域风光秀丽、溪谷纵横，美丽瓯江贯穿全境，石门洞景区是国家 AAAA 级旅游景区和国家重点文物保护单位，九门寨景区素有“青田九寨沟”美誉。区域四季分明、生态优美，拥有国家森林公园、鼋省级自然保护区和油茶、花卉等一批特色农业种植基地，具有较好自然观光资源。区域矿藏资源丰富，拥有“中国四大钼都之一”称号，矿床规模较大、质量较好、产地集中。

（3）生态工业基础扎实。区域围绕生态工业经济战略地位，培育形成以阀门制造为主导，五金加工、休闲椅制造、钼加工等为特色的现代生态工业体系。

（4）空间腹地支撑有力。青田“九山半水半分田”，可用于开发建设土地资源尤为稀缺，在东部空间开发相对饱和前提下，中部区域后发优势凸显。

（5）历史人文底蕴深厚。区域山清水秀、人杰地灵，是明代国师刘伯温、救国会“七君子”之一的章乃器等名人故乡，拥有刘基祠、陈诚故里、民国古街、章乃器故居、周恩来纪念碑等历史人文古迹，是青田县委旧址、万山革命老区等“浙西南革命精神”的重要场所。

### （二）战略定位

结合区域资源特色、区位优势、产业基础，总体上围绕“一心四区”战略定位，加快中部崛起。总体定位：“一心”即青田城市副中心。功能定位：先进装备制造集聚区、红绿融合体验区、乡村振兴示范区、城乡融合发展试验区。

## 二、项目内容

结合区域发展理论，立足青田中部崛起系统性工程，统筹推进“城市培育、产业发展、乡村振兴、改革创新”全面振兴，从“协调好中部地区和县域其他组团地区的发展差异，协调好中部地区城市与乡村的发展差异，统筹好市场、政府、社会三种力量配置关系”三方面着手，重点研究解决四个方面问题。

（1）围绕山区新型城镇化，重点研究小城市培育问题。按照国家发展和改革委员会关于印发《2019年新型城镇化建设重点任务》的通知（发改规划〔2019〕617号）文件精神要求，立足中部资源环境承载能力，加快实施以促进人的城镇化为核心、提高质量为导向的新型城镇化战略，统筹推进人口集中、产业集聚、功能集成、要素集约，构建小城市培育和小城镇协调发展的新型城镇化格局。

（2）围绕高质量绿色发展，重点研究生态工业高质量发展问题。立足“生态是最大优势、发展是最重任务”基本情况，坚持保护和发展辩证统一、坚持质量效益和规模速度相协调，运用比较优势理论和产业集群理论，重点强化主导产业、企业主体、工业平台三大支撑，打造浙西南先进装备制造集聚区。

（3）围绕乡村振兴，重点研究“两山”路径转换问题。深入实施乡村振兴战略，探索建立“以红色文化为引领、生态农业为基础、美丽经济为底色、美好生活为内涵”的中部特色“两山”价值转化路径，有效推动中部区域生态环境与经济社会的高质量发展。

（4）围绕城乡融合发展，重点研究体制机制创新问题。按照《中共中央 国务院关于建立健全城乡融合发展体制机制和政策体系的意见》要求，重点围绕破除青田中部体制机制弊端，大力促进城乡要素自由流动、平等交换和公共资源合理配置，打造工农互促、城乡互补、全面融合、共同繁荣的城乡融合发展试验区。着力推进行政管理体制改革，强化顶层设计，建立“决策科学、分工合理、执行顺畅、运作高效、监督有力”的行政管理体制。在具体投资建设管理方面，赋予开发区投资管理权限，进一步释放开发区活力。按照管理机构与开发运营企业合理分离的原则，通过改组、组建、引进等途径，全面提升中部地区产业培育、投资运营等专业化服务水平；同步推进构建公共服务多元供给机制，加大财政倾斜及税费支持。

## 三、项目成果特点

本《规划》的突出特点主要体现在“三个方面创新”。

（1）强化理论模型的应用，探索建立符合中部发展的规划顶层设计。项目组以区域发展（开发）理论、区域空间结构理论和区域规划调控理论为基础支撑，通过系统性分析，从“协调好中部地区和县域其他组团地区的发展差异，协调好中部地区城市与乡村的发展差异，统筹好市场、政府、社会三种力量配置关系”三个方面切入，统筹建立集新型城镇化建设、产业培育发展、公共服务提升、改革创新发展等方面的区域发展规划模型。

（2）注重编制思路的创新，突破传统规划类文本的架构形式。本《规划》在编制过程中，改变传统区域发展规划类文本的格式套路，在具体规划衔接、任务推进、编制说明等内容方面进行了创新探索，更加突出“多规合一”的思路，更加突出内容的创新表达，打破传统文本架构格式，有效提升本《规划》编制内容的可读性和新颖性。

（3）突出需求特点的挖掘，制定侧重强优势、补短板和显特点的针对性战略措施。在强优势方面，突出青田中部三镇的集聚优势，按照“小城市培育”思路，尽快扩大其在带动区域小城镇协调发展的辐射带动作用；放大区域生态工业优势。在补短板方面，强调交通的内外衔接和空间拓展，着重在实施交通补短板工程与提升区域产业平台能级、开发模式等方面，采取针对性举措。在显特点方面，突出中部在红色资源、绿色生态方面的资源优势，打造红绿融合体验区。

## 四、项目实施情况

本《规划》是青田全面落实全市绿色发展综合改革创新区的具体抓手，是推动青田县区域均衡发展、建设“美丽青田、幸福侨乡”的破题之举。其中，有关小城市培育、产业培育、乡村振兴、体制机制创新等方面内容，注重培育模式，突出示范推广效应，特别是小城市培育方面赋予青田中部地区经济强镇以现代小城市管理体制和管理权限，破除其“成长烦恼”和管理困惑，并通过发挥财政资金引导作用，有效带动地方政府和民间资金投入，为区域新型城市化战略推进取得实质性突破提供了有力支撑。同时结合青田自身特色，在相关重点任务方面提出具体目标和创新路径，既具有特殊性、又具有普适性，在带动提升区域协调、可持续发展方面，具有很强的典型示范意义。

## 五、项目主要参与人员

项目主要参与人员：郭建东、陈艳、陈思、陈秀益、陈博、王梦南。

# 杭州城西科创大走廊综合交通规划方案

杭州市交通规划设计研究院有限公司

扫码查看原文

## 一、项目概况

建设杭州城西科创大走廊是贯彻落实浙江省委、省政府创新驱动重大战略、承担引领全省经济创新发展的重要载体，是“十三五”期间浙江省、杭州市国民经济和社会发展的重要工作。杭州科创大走廊产业发展迅速、高端人才集聚、生态环境优越，是国内最富创新活力的发展地区之一。伴随着经济社会发展和人才产业集聚，杭州城西交通需求迅速增长，交通压力不断加大，与主城区沟通不畅、跨区（境）出行不便等问题日益凸显，交通成为制约城西科创大走廊快速发展的重要瓶颈。

为贯彻落实浙江省委、省政府创新发展的重大决策和部署，有效缓解城西科创大走廊交通压力，优化投资环境，支持引领城西科创大走廊加快发展，进一步扩大杭州市开放程度，浙江省交通运输厅会同浙江省发展改革委、杭州市政府，共同编制《杭州城西科创大走廊综合交通规划方案》（以下简称《方案》）。本次规划范围以杭州城西科创产业集聚区物理空间为主体，以城西科创大走廊为核心；规划期限为5年（2016—2020年），远期展望至2030年。

## 二、项目内容

### （一）打造杭州城西综合交通枢纽

依托科创大走廊建设，规划布局杭州城西综合枢纽，既是实现城西内外交通快速转换、综合交通有效整合的必要支撑，也是完善杭州城市综合枢纽体系、带动杭州全面融入全省设区市高速铁路“1小时交通圈”的重要任务。根据杭州铁路总图规划方案，拟在仓前北规划布局杭州铁路西站，构建以铁路西站为核心，铁路（含城市轨道）、陆路（公路、城市道路）、航空、水运等多种运输方式基础设施衔接配套、运输服务无缝对接、管理体制创新有效的杭州第三大综合门户枢纽。

### （二）完善对外交通综合通道布局

（1）干线铁路通道。依托杭州铁路西站枢纽，向北连接商合杭、湖苏沪铁路，向东引入沪杭城际、沪乍杭铁路，向南衔接杭温、杭黄铁路。布局形成城西科创大走廊对外联系上海、江苏、安徽、河南等地区的干线铁路新通道，带动连通更为广阔的城际交通圈。

（2）完善高速公路布局。加快推进杭州绕城高速公路西复线建设，依托杭州绕城高速公路西线、杭长高速、杭徽高速，在规划范围内形成“两纵两横”的高速公路骨架网，全面实现城西科创大走廊 15 min 上高速的目标。

### （三）加快与主城区和东部枢纽的快速通道建设

围绕 30 min 实现浙大科技城、未来科技城、青山湖科技城“三城”之间以及走廊中心至主城区快速连通，重点打造形成融城交通主轴的三条快速通道：“留祥路西延—留祥路”双向六车道高架快速路，“科技大道—文一西路”双向六车道地面快速路，西连临安、东接主城的轨道交通客流集疏通道。

围绕 1 h 通达杭州东站、萧山机场两大门户枢纽。在构建上述三条快速通道的基础上，加快推进紫之隧道、彩虹快速路延伸工程以及地铁 2 号线、地铁 7 号线和地铁 1 号线机场延伸段等工程。

尽快开展城西综合枢纽与杭州东站、萧山机场间直达轨道快线研究，同时开展杭州“三环”线研究。到 2020 年实现地面交通 1 h 通达两大门户枢纽，2022 年全面实现轨道交通 1 h 通达的目标。

### （四）构建高品质的运输服务体系

（1）综合交通。统筹地下、地面、水上、航空等公共交通方式发展，打造形成集城市轨道交通、快速公交（BRT）和有轨电车、常规地面公交、水上巴士和通用航空等多种方式于一体的公共交通综合运输服务体系，全面提升出行服务品质。重点推进市域轨道交通临安线、地铁 5 号线及 3 号线建设；加快快速公交 B6 线、B4 线等线路布设延伸，以及未来科技城有轨电车 1 号线、2 号线实施；推进水运互联互通，逐步开通余杭塘河水上巴士客运线路，适时开通青山航道区间旅游客运。

（2）绿色交通。融合走廊自然生态优势，结合绿地河滩、湿地公园等生态布局，构建线形流畅、体系完善，兼顾多样化和个性化的城市慢道系统；推广绿色“微公交”定制和公共自行车租赁服务，并研究绿色环保新型交通运输工具及方式的应用，打造形成城西科创大走廊绿色交通示范带，实现绿色交通出行（含公交、慢行）比例达 75% 以上。

（3）智慧交通。发挥走廊产业特色和人才优势，充分运用大数据、云平台、物（车）联网和移动支付等现代技术，建成智慧交通管理服务体系。推行公交优先、大数据城市治堵等交通管理模式，并注重智慧交通在新领域的应用推广，强化区域交通精细化管理模式和创新发展水平。

## 三、项目成果特点

### （一）打破交通制约，完善交通网络

目前，区域内缺乏通勤轨道交通，与主城区的交通联系主要依靠“科技大道—文一西路”和“杭徽高速（或 02 省道）—天目山路”两条地面通道实现，且早晚高峰交通拥堵现象突出，既有道路条件难以满足城西科创大走廊与主城区快速联系的需求（据测算，从城西科创产业集聚区管委会至武林门约 1 h）。本次制定的《方案》，提出了完善区域内铁路、公路、航空和城市道路、轨道交通、水运等综合交通运输网络，同时打造形成立体、便捷、通达的城市公共交

通运输服务体系，打破现状一系列交通制约因素，为科创大走廊区域交通发展提供较完善的方案。

### （二）推动枢纽建设，提高出行效率

区域内缺乏大型综合交通枢纽，且距离杭州火车东站、萧山机场等门户枢纽较远，极大影响城西科创大走廊对外商务等出行效率（据测算，从城西科创产业集聚区管委会到杭州东站约为1～1.5 h、到萧山机场约为1.5～2 h），成为制约走廊人才集聚、产业发展的重要瓶颈。《方案》针对上述问题，提出要重点加强杭州西站的建设，以杭州市第三大门户枢纽的建设标准，积极完善大走廊区域对外枢纽联系能力，同时加强与其他两大门户枢纽直接的快速连接，提高出行效率，实现1 h通达杭州东站、萧山机场两大门户枢纽，为市民出行提供便捷、顺畅的交通环境。

### （三）紧密“三城”联系，引领创新发展

根据《方案》，预计到2020年，城西科创大走廊集聚30万创新创业人才、1 000家高新技术企业、1万家科技型中小微企业，是杭州科创人才集聚区，国际人才创新创业的杭州主平台，中国的硅谷。本《方案》的提出，将浙大科技城、未来科技城和青山湖科技城这三大大走廊区域内的大型科技城通过综合交通紧紧地衔接在一起，为引领未来杭州乃至全国的创新发展提供了坚实的交通基础。

## 四、项目实施情况

《方案》于2016年9月完成编制，应用情况较好，涉及的各个重大项目，如杭州城西枢纽工程与杭临绩铁路同步建设、杭州绕城高速西复线工程、留祥路西延工程、文一路和文一西路提升改造工程、天目山路提升改造工程、彩虹快速路延伸工程、通用机场工程等，有效提升了城西科创大走廊区域内的交通体系。同时经济和社会效益也日益体现。在经济上，根据《方案》中的统筹安排，建设资金有更明确的指向性，避免不必要的浪费；在社会效益上，市民交通出行环境日益提升，大大增强了市民出行的幸福感、获得感。

## 五、项目主要参与人员

项目主要参与人员：楼栋、郁伟、周一威、洪奇、吴进。

# 温州市域铁路 S2 线一期工程沿线服务业发展规划研究

温州市经济建设规划院有限公司

扫码查看原文

## 一、项目概况

温州市域铁路 S2 线一期工程（以下简称 S2 线）由北向南途经乐清市、温州市洞头区、龙湾区、瑞安市，涉及温州瓯江口产业集聚区、浙南沿海先进装备制造业集聚区（经开区、瓯飞）等产业功能区，将是温州大都市区沿海区域南北走向的骨干快速联系通道，是构建温州市域铁路网“十”字骨架系统的南北主要干线。加快 S2 线沿线区域开发建设，有利于加速城市东拓步伐、带动城市功能提升、促进产业结构优化、提升土地利用价值。温州市铁路与城市轨道交通建设领导小组办公室委托温州市经济建设规划院有限公司编制《温州市域铁路 S2 线一期工程沿线服务业发展规划研究》（以下简称《研究》）。本《研究》重点明确 S2 线服务业发展定位、空间布局、功能业态、站点类型等内容。本《研究》空间范围为 S2 线沿线区域，重点区域为以站点为中心的 1 000 m 半径空间。

## 二、项目内容

按照温州大都市区一体化发展的思路，坚持 TOD 发展理念，遵循“人跟线走”的要求，发挥轨道交通建设对现代服务业的带动效应，以发展培育“站点经济”、城市综合体、服务业集群为重点，形成珠链式开发格局，打造城市东拓主动脉、都市经济发展轴、产城融合新干线，推动全市服务业快速发展，为全市建设东南沿海服务业重要中心提供支撑。

### （一）项目的功能定位

（1）城市东拓主动脉。整合周边交通基础设施，联动城市轨道交通 S1 线建设，构筑大都市发展“十”字发展构架，推进大都市跨江面海发展，带动中心城区城市空间东拓，城市功能东移，助推全市建设东部增长极，打造大都市城市东拓主动脉。

（2）都市经济发展轴。依托轨道交通建设引导人流、物流、信息流集聚，紧紧围绕东部城镇化发展和先进制造业转型升级，着力培育金融、商务、科技等生产性服务业和商贸、房地产、社区服务等生活性服务业，形成东部都市经济发展轴。

（3）产城融合新干线。依托 S2 线建设，加快沿线城镇化进程，引导区域城镇的分工协作，联动发展温州经济技术开发区、瑞安经济技术开发区、乐清经济技术开发区，推进产业集聚区与城市建设区融合发展，构筑产城融合新干线。

### （二）项目的发展原则

（1）统筹协调、联动发展。按照轨道交通沿线一体化发展思路，大力推进轨道交通沿线综合开发，统筹协调轨道交通与空间拓展、功能提升、产业发展、基础设施关系，推进服务业与制造业协调发展、产业与城市融合发展、各功能区块之间错位发展，形成协调有序、高效集约、联动发展新格局。

（2）整体谋划、分类引导。通过规划引导，整体谋划轨道交通沿线服务业发展功能、业态和模式，科学划分轨道交通沿线站点服务业发展类型，明确发展的功能导向，合理制定不同类型地区的交通衔接、土地综合开发的导则以及相关规划指引，有针对性地引导站点服务业开发。

（3）混合使用、紧凑开发。根据轨道交通站点定位，选择彼此兼容的功能，鼓励土地的混合使用和建筑物用途的多功能化，集约利用站点周边土地，形成紧凑的用地布局，提高土地资源利用效率，建成一批符合 TOD 理念的低碳、宜居、集约、高效的高品质新型空间载体。

（4）集聚资源、创新发展。引导人口和现代服务业向轨道交通沿线集聚发展，根据工业和消费升级、产业跨界融合、科学技术革命等发展新特点，围绕服务东部沿海产业带发展，着力推动服务理念创新、服务模式创新、服务业态创新、技术手段创新等，依靠创新供给促进现代服务业结构调整优化。

（5）政府引导、市场主导。积极转变政府职能，加强政府在城市轨道交通沿线战略研究和规划引导，完善土地、资金、人才等相关支持政策，为企业发展创造良好环境。充分发挥市场在资源配置中的决定性作用，强化企业主体地位，激发企业活力和创造力，引导企业在轨道交通沿线集聚发展现代服务业。

### （三）项目的空间格局

一轴：依托 S2 线建设，完善周边交通基础设施，引导人流、物流、信息流集聚，以站点综合开发为重点，推进沿线站点串珠成链，完善周边生活居住、商业商务等功能布局，联动周边产业集聚区、城镇生活区发展，引导中心城区及区域中心城市东拓、功能东移，打造城市东拓主动脉、都市经济发展轴、产城融合新干线。

两片：主要是乐清片、温瑞片，重点围绕服务周边产业园区，以轨道交通推进产城融合，重点发展服务当地居民和产业工人的生活居住和服务制造业集聚区的生产性服务业，完善相关市政公共服务，协同推进城镇产业发展、人口集聚和功能完善，促进资源优化配置和节约集约利用，探索产业和城镇融合发展的新型城镇化道路，打造产城融合示范区。

三心：主要包括机场站、旭阳路站、人民路站为核心形成的区域商业商务服务中心，着力完善综合交通体系，打造区域交通枢纽；依托交通综合服务功能，高强度推进区域商业、商务服务功能开发；鼓励土地混合利用，建设一批商业综合体，打造区域商业商务中心。

## 三、项目成果特点

（1）课题研究难度大。一是涉及区域范围较广，S2 线串联温州市龙湾区、洞头区、乐清市、瑞安市“两区两市”，全长 62.8 km。二是 S2 线穿越温州市区城郊区域，与国内外大多城市轨道交通穿越市域内的成熟区域不同，因此对温州未来城市产业发展、空间影响、功能转变具有很强不确定性和难以效仿。三是从国内外城市轨道交通运营来看，总体上亏损较多，且对城市空间、产业、功能影响差异较大，在案例借鉴、模式选择、特征对比上难度较大。四是随着当前新的技术和产业革命兴起，新产业、新业态、新技术、新模式不断涌现，网络经济对现代产业冲击不可估量，人们消费习惯发生较大改变，总体上产业发展趋势较难把握，为此对 S2 沿线产业发展研究带来较大不确定性。

（2）课题研究方法新。一是实证研究和理论相结合，本《研究》大量借鉴了国内外城市轻轨发展案例，例如上海、重庆、广州等城市轨道交通沿线产业发展，同时结合区域产业经济发展理论，交通经济理论等理论，通过实证研究和理论相结合，反复论证温州产业发展趋势，分析温州 S2 沿线服务业发展。二是定性分析和定量分析相结合，本《研究》一方面使用 SPSS 等软件定量分析温州未来商业发展规模，同时，结合温州产业发展趋势，客观分析温州服务业重点，通过定性分析和定量分析相结合，较为严谨地论证 S2 沿线服务业发展规模、业态、趋势。三是普遍性与特殊性相结合，本《研究》借鉴大量发展案例搜寻普遍性规律，验证城市轨道交通沿线发展服务业的客观现象，同时结合温州特殊性问题，如温州城市轨道穿越温州市区城郊区域、温州产业发展较为低端等，指导温州 S2 沿线服务业发展。

（3）决策影响程度深。一是由于城市轨道交通对城市空间结构影响较大，容易产生高密度点状放射轴线，为此，温州 S2 沿线对温州城市空间结构影响深远。二是由于城市轨道交通具有运量大、速度快、到点准等特征，故将大大影响未来城市交通组织，推进温州大都市一体化发展。三是城市轨道交通建设，容易诱发周边区域商务、金融、流通、居住等城市功能发展，有利于周边区域服务设施水平提升，这将大大提升城市功能。四是对温州未来城市轨道交通网建设具有重要借鉴意义，即未来温州将形成以城市轨道交通为骨干的城市公共交通系统，为此，研究 S2 沿线服务业发展，对温州未来轨道沿线产业布局具有很强的指导和借鉴意义。

## 四、项目实施情况

本《研究》于 2015 年 10 月启动，历经一整年，主要工作有如下几项：一是实地勘探 S2 线站点周边地理位置、产业发展、区位特征、交通现状、人口分布、城市规划等情况，尤其是对周边产业布局进行深入调研；二是外出考察学习上海、广州、武汉等城市轨道交通沿线服务业发展先发地区，学习产业规划发展经验；三是全面听取了沿线各县市区发展诉求，特别是沿线各县市区在产业发展和布局方面现状及未来规划；四是全面听取了市级部门意见，结合各条线上的发展规划，结合 S2 线发展情况，梳理研究沿线服务业发展规划。

《研究》主要成果包括以下几个方面。

（1）划分站点交通功能定位。结合站点公共交通体系、城市服务中心体系和居住功能体系的作用，将站点分类为交通枢纽型站点、公共中心型站点、社区型站点。

（2）划分站点服务业发展类型。根据轨道交通站点功能定位，结合轨道交通沿线服务业发展业态，将沿线 20 个站点划分为 5 种服务业发展类型，即综合开发型、都市居住型、新市镇服务型、园区配套型、休闲主题型。

（3）明确各站点服务业发展导向。其中包括功能定位及导向、空间开发策略等，结合遥感影像的现状分析、城市发展和产业发展的联动，围绕站点类型划分和片区规划方向，提出各站点服务业发展主要业态和空间开发举措。

## 五、项目主要参与人员

项目主要参与人员：高文芳、郭建东、陈秀益。

# 钱塘江流域防洪规划

浙江省水利水电勘测设计院有限责任公司

扫码查看原文

## 一、项目概况

钱塘江是浙江省第一大河，是浙江的母亲河，芦潮港水闸以上流域面积约 55 491 $km^2$，主流长 609 km，其中浙江省境内面积约 44 467 $km^2$。浙江省境内流域分属杭州、衢州、金华、绍兴、丽水五个设区市，27 个县（市、区）。流域中上游为浙江省的金衢盆地，河口两岸有杭嘉湖平原和萧绍宁平原，是浙江省人口及经济要素聚集地。

为适应经济社会发展需求，有序、高效地治理开发钱塘江。浙江省水利部门先后多次组织专项或综合的干支流查勘和规划工作。在相关规划的指导下，流域内相继兴建了一大批大中型水利水电工程，提高了流域防洪能力，为确保两岸居民的生命财产安全和经济社会健康发展，发挥了巨大作用。2010 年以后，钱塘江流域先后发生了多次局地或流域性洪水，暴露了现有防洪工程中仍然存在的一些薄弱环节。为了更好地指导流域内水利防洪工程建设，处理好水利建设与其他行业建设关系，使水利执法有据可依，需在流域综合规划的指导下，对原防洪规划进行修编，进一步细化防洪布局和工程，提高流域防洪能力，完善防洪减灾体系。

《钱塘江流域防洪规划》（以下简称《规划》）的原则是以人为本、人水和谐，系统治理、综合整治，统筹规划、加强保护，依法管理、强化管控。规划基准年为 2015 年，近期规划水平年为 2025 年，远期规划水平年为 2035 年。规划的近期目标：至 2025 年，基本完成防洪骨干工程建设，重要防洪保护区达到 20 年一遇防洪标准，县级以上城市具备抵御 50 年一遇洪水的能力，进一步完善流域洪水管理措施，洪水管理体系基本建立，流域防洪减灾现代化建设取得明显成效；远期目标：至 2035 年，规划防洪保护区防洪能力全面达标，全面建成布局合理、功能完备的防洪工程体系和管控有序、智能高效的洪水管理体系，高水平实现流域防洪减灾现代化。

## 二、项目内容

流域防洪按照“蓄、防、滞、疏、泄”相结合的原则，上游修建开化、密赛等大中型水库蓄洪，中下游修建堤防防洪，设置部分开口堤和滚水堰滞洪，疏浚、拓宽局部河道；优化新安江、湖南镇、碗窑等大中型水库功能和洪水调度方案。构建完善以新安江、湖南镇、分水江等大型水库为流域骨干的控制性工程，辅以中小型水库、干支流堤防等的流域防洪减灾总体格局。

### （一）《规划》工程措施

（1）衢江上游以湖南镇、白水坑、碗窑、开化、密赛等大中型水库为流域控制性工程。中下游修建堤防，辅以河道综合整治、保留开口堤、江心洲保护等措施，保障衢州、江山、常山、开化、龙游等重要对象的防洪安全。

（2）金华江上游以横锦、南江等大中型水库为流域控制性工程，中下游修建堤防，辅以河道综合整治等措施，保障金华、义乌、东阳等重要对象的防洪安全。

（3）兰江遵循“分级设防，分区设防”的原则，修建堤防，保留部分滚水堰，完善防洪闭合圈建设，并结合衢江上游防洪措施减轻防洪压力。

（4）新安江充分发挥新安江水库的防洪控制作用，完善下游堤防体系，保障建德防洪安全。

（5）富春江电站至之江水文站段充分发挥富春江和分水江等大中型水库的联合调度作用，中下游修建堤防，辅以河道综合整治等措施，保障杭州、富阳、桐庐等重要对象的防洪安全。

### （二）《规划》非工程措施

流域重要大型水库汛限水位如下。

1）新安江水库

主汛期（4 月 15 日—7 月 15 日）防洪限制水位 106.5 m；严格控制汛前水库水位，按国办通〔1996〕9 号文件要求，4—5 月库水位超过 103.0 m、6 月上半月超过 104.0 m、6 月下半月超过 104.5 m 时，电厂应满发运行以控制水位。洪水初期，当库水位达到 104.5 m 及以上，预报一次洪水不泄洪情况下库水位将超过 107.0 m，应及早开闸预泄。

2）富春江水库

防洪限制水位 23.0 m。在遭遇流域性洪水时，严格按省防指颁发的《钱塘江干流洪水调度方案》（2007 年 10 月修订）进行调度，并通过预泄等措施争取尽可能发挥水库的防洪作用，以减轻下游防洪压力。

3）湖南镇水库

主汛期汛限水位 228.0 m（1956 年黄海高程系）。洪水初期，当水库水位达到 226.0 m 及以上，预报一次洪水在不泄洪的情况下库水位将超过 230.5 m 时，应当及时开闸预泄。

4）其他大型水库

碗窑水库汛限水位为 194.24 m。白水坑水库梅汛期汛限水位为 343.80 m，台汛期汛限水位为 348.30 m。沐尘水库全汛限水位为 172.00 m。南江水库梅汛期汛限水位为 204.24 m，台汛期汛限水位为 200.24 m。横锦水库梅汛期汛限水位为 164.00 m，台汛期汛限水位 161.00 m。分水江水利枢纽梅雨期（6 月 1 日—7 月 15 日）汛限水位为 40.00 m，其他时段（4 月 15 日—5 月 31 日和 7 月 16 日—10 月 15 日）汛限水位为 43.50 m，并与富春江水库实施错峰调度。

### （三）流域防洪减灾平台建设

按照政府数字化转型要求，推进流域水旱灾害防御建设。重点加强流域水雨旱情、影像空间数据、流域地理信息等基础数据采集，着力推进视频监控、洪水预警预报系统建设，共同构建感知灵敏、决策智能、服务主动、安全高效的流域防洪减灾平台。

### （四）超标准洪水对策

**1. 加强分级设防与抢险工作**

充分发挥河道的行洪作用和各类水利工程的防洪作用，在确保重点地区、重点防洪工程安全的前提下，视情况采取应急措施，提高防洪应对能力。按照有保有弃、保弃有序的原则，落实分洪措施，加强抗洪抢险工作，最大限度减轻灾害损失。

**2. 加强流域洪水风险管理**

编制钱塘江流域洪水风险图及超标准洪水防御预案。针对流域可能发生的超标准洪水，提出在现有防洪工程体系下最大限度减少洪灾损失的防御方案、对策措施。一旦遭遇超标准洪水，根据洪水预报和防御预案，进行有序撤离，并迅速开展抗洪抢险。

**3. 加强河道堤防巡视与监管**

洪水期间，加强对堤防的巡视，及时组织力量抢险加固。按防洪要求设置的开口堤、滚水堰，不得随意加高、封堵，以保证遇超标准洪水时发挥分洪滞洪作用。

**4. 加强与城乡规划衔接协调**

做好与沿江的城镇、农村建设规划的衔接协调，城镇及重要建筑物（构筑物）应建在高地，地势低洼地区应因地制宜修建避洪台与安全道路。低洼地区应逐步将低地居民迁往高地，尽量避免发生超标准洪水时人员伤亡。

## 三、项目成果特点

### （一）本《规划》是流域防洪保护、调度管理等工作的重要依据

本《规划》在总结以往流域规划治理成效的基础上，结合以往规划成果，全面分析了防洪减灾能力不足、流域综合管理薄弱等流域治理面临的新问题、新情况，以科学发展观为指导，防洪按照“蓄、防、滞、疏、泄”相结合的原则，总体构建与完善以新安江、湖南镇、开化、密赛等大型水库为流域骨干的控制性工程，辅以中小型水库、干支流防洪堤的流域防洪减灾总体格局。本《规划》结合钱塘江流域特点，提出了钱塘江流域内重要控制断面的水位及流量、洪泛区调蓄面积及容积、涉水工程建设严控河段、主要干支流堤防控制坐标等流域监管控制指标，做到“补短板、强监管、走前列”，完善提升流域洪水管理体系。

### （二）编制过程中坚持流域“系统治理”的原则，践行流域“不搞大开发”理念

本《规划》与《钱塘江流域综合规划》、各《城市发展总体规划》等相关规划相衔接，详细梳理新时期、新背景下的经济社会发展新需求，针对当前城市空间大幅扩大，人民防洪安全意识逐步增强的新形势进行了系统整理，依据有关国家规范和上位规划要求，坚持“系统治理”的原则，按照“共抓大保护，不搞大开发”的要求，分区、分级设防，明确流域内每一个防洪保护区的规划防洪标准，因地制宜修建堤防：对城市、开发区、中心镇等保护区修建堤防；对山区、农村的小片农田、零星农居以护岸防冲保护为主；局部河段修建开口堤、滚水堰与控制闸，稳定自然岸线。

### （三）构建钱塘江全流域水利计算模型，辅助流域调度决策

本《规划》构建了钱塘江全流域的水利计算模型，并对流域内重要大中型水库的调度进行分析研究。通过对模型计算分析，优化流域防洪调度方案，明确防洪控制断面和关键预防预警水位等。在2020年新安江水库9孔泄洪调度决策过程中，构建的水利计算模型和制定的水库调度原则得到了验证与实践，为流域防洪调度决策提供了技术支撑。

### （四）开拓水利工程建设新思路，明确流域防洪工程布局

在工程措施方面继续发力，找准以往规划水利工程实施滞后的症结和难点，针对需求和问题找出路，提出了新安江分洪隧洞的规划新思路，为协调水利工程征地移民量大、实施困难的问题提供新的解决思路。明确钱塘江流域需要进一步加强流域水库上蓄能力建设以及中下游河道堤防工程建设，开展中小河流综合治理，发挥流域中分与中滞作用，完善提升流域防洪工程体系。

### （五）《规划》布局了开口提、滚水堰等独创的非常滞洪工程

钱塘江流域坡降大，洪峰急，针对流域洪灾成因主要是流速快的特点，《规划》布局了开口提、滚水堰等独创的非常滞洪工程，通过这种“防冲不防淹”的独特设计，在发生超标准洪水时，可有效地降低流速、削减洪峰，从而减少灾害损失。

### （六）注重非工程措施运用，主动协调人与洪水的关系

在本轮防洪规划编制中，加强了非工程措施的运用，在系统分析的基础上，强化流域防汛指挥系统建设要求，细化流域主要干支流洪水调度指标，明确流域骨干防洪工程调度原则，落实流域洪泛区管控参数，提出流域活动式堰坝管理建议等，从非工程措施方面进一步提升流域防洪减灾能力，推进水旱灾害防御体系建设。

### （七）完善流域管控体系，逐步实现工作重心向“强监管”转移

下一步水利工作的重心将转到“水利工程补短板、水利行业强监管”上来，这是当前和今后一个时期水利改革发展的总基调。按照“水利行业强监管”的要求，本轮规划谋划构建以流域防洪保护区、主要防洪控制断面、洪泛区、严控河段等为主要内容的流域管控体系，推动流域规划从以往的“规划带工程”切实向“规划促管理”转变，完善提升流域洪水管理体系。《规划》首次提出“严控河段”的管控要求，细化洪水调度、洪泛区管理的指标，为流域监管提出明确的管控目标。

## 四、项目实施情况

钱塘江流域水患灾害频繁，一直是浙江省洪水防御的重点。《规划》在编制中分析经济社会发展新形势，衔接新需求，践行“系统治理”的理念。针对部分水利工程实施困难的问题，开拓规划新思路，大胆提出长距离分洪隧洞的思路方案；应对超标准洪水时，通过钱塘江流域特有的开口堤、滚水堰等非常滞洪工程减少灾害损失。同时，坚持工程措施与非工程措施相结合，明确规划管控指标和要求，按照“补短板、强监管”的基调要求规划完善钱塘江流域防洪减灾体系。构建的钱塘江流域水利计算模型和制定的大中型水库调度原则，在2020年新安江水

库9孔泄洪调度决策中，得到了实践与验证，有效确保了流域上下游的防洪安全。本《规划》对于钱塘江流域水资源保护、开发利用及防洪调度管理等具有很强的指导性。

项目情况如图1和图2所示。

图1 新安江水库泄洪

图2 湖南镇水库

## 五、项目主要参与人员

项目主要参与人员：王超、郑雄伟、许继良、马赟杰、张晓文、张瑶兰、周焕、徐弘晨、涂凯、冷东升。

# 钱塘江流域综合规划

浙江省水利水电勘测设计院有限责任公司

扫码查看原文

## 一、项目概况

钱塘江是浙江省第一大河，是浙江的母亲河，芦潮港水闸以上流域面积约 55 491 $km^2$，主流长 609 km，其中浙江省境内面积约 44 467 $km^2$。浙江省境内流域分属杭州、衢州、金华、绍兴、丽水五个设区市，27 个县（市、区）。流域中上游为浙江省的金衢盆地，河口两岸有杭嘉湖平原和萧绍宁平原，是浙江省人口及经济要素聚集地。

《钱塘江流域综合规划》（浙政发〔2000〕23 号文）（以下简称《规划》）是目前钱塘江流域开发、治理、保护和管理的主要依据。经过十多年的组织实施，《规划》推荐的近期工程多数已顺利实施，流域防洪、供水能力得到显著提高，有力地保障和促进了流域经济社会发展。随着浙江省城镇化推进和经济快速发展，流域经济社会状况、水事水情都发生显著变化，浙江省委、省政府关于"两富""两美"现代化浙江建设及"五水共治"重大战略决策，对流域保护、治理、开发和管理提出了新的更高要求，为加强流域系统治理，维护河流健康，促进人与自然和谐相处，更好地支撑经济社会可持续发展，组织编制《规划》。《规划》构筑流域防洪减灾、水资源保障、水资源保护与水生态修复、流域综合管理四大体系，确定流域综合治理格局，制定规划主要控制指标，对全流域系统治理进行全面的部署和安排，是规划期内流域保护、治理、开发和管理的重要依据。

《规划》原则是以人为本、人水和谐，统筹规划、系统治理，立足保障、加强保护，强化约束、综合管理。规划基准年为 2010 年，近期规划水平年为 2020 年，远景展望至 2030 年。《规划》的总体目标是以实现流域水利现代化为目标，进一步健全"上蓄下挡、蓄泄兼筹、分级设防、保弃有序"的流域防洪减灾体系，构筑"水库为主、多源供水、区域平衡、优化配置"的水资源保障体系，构建"严控源头、管治并举、保护优先、良性循环"的水资源保护与水生态修复体系，建立"各方参与、民主协商、共同决策、分工负责"的流域综合管理体系，形成与流域经济社会发展相适应、与涉水行业发展相协调的流域综合治理格局。

## 二、项目内容

### （一）流域管理

结合流域特点，创新流域管理体制与机制，建立"各方参与、民主协商、共同决策、分工负责"的流域议事决策和高效执行机制；围绕促进流域经济发展方式的根本转变，实施最严格水资源管理制度；防洪联合调度制度、水资源统一调配制度、水生态共同保护制度基本建立，逐步形成与流域经济社会发展互相协调和促进、适应流域保护、治理和开发要求的现代化管理体系，为推进流域可持续发展提供保障。

### （二）防汛防台抗旱管理

（1）健全完善防汛防台抗旱责任体系，进一步强化行政首长负责制、落实各级相关部门职责、明确基层防汛责任人，加强落实钱塘江干流洪水调度联席会议和钱塘江河口防汛工作联席会议制度。

（2）完善基层防汛防台组织体系建设和长效管理，实现“组织健全、责任落实、预案实用、预警及时、响应迅速、全民参与、救援有效、保障有力”的运行目标。

（3）健全流域防汛防台抗旱预案体系，根据流域情况及时修订钱塘江干流洪水调度方案和编制重要支流的防汛调度预案，编制水利工程控制运用计划、在建工程安全度汛方案和应急抢险预案。

（4）进一步建设完善预警预报体系，完善水文监测站网建设，健全以大型水库及重要中型水库和水文站等组成的水情通信网络，建立汛期预报、预警和调度指挥系统。

（5）积极推进洪水控制向洪水管理转变，编制钱塘江流域及各县（市、区）洪水风险图，探索推行洪水保险制度，制定流域性超标准洪水防御对策，明确弃守顺序。城乡规划建设应合理确定建基面高程。

（6）逐步建立流域骨干水库与干流梯级电站的联合调度信息系统。

（7）特殊干旱年干旱期，应统筹流域用水，确保城乡居民生活和水生态环境用水，合理安排工业用水，兼顾农业、航运等需要，保证流域供水安全，必要时实行用水限制措施，强化流域水资源统一调度，启用备用水源，最大程度地满足基本生活用水要求。

### （三）水资源管理

（1）完善流域开发与区域用水相协调的水资源管理体制，落实最严格水资源管理制度，制定水资源开发利用总量控制红线，围绕水资源的配置、节约和保护，落实水资源管理考核制度，节水优先，优水优用，优质优价，制定用水效率控制红线。

（2）进一步完善取水许可制度，实行水资源有偿使用制度，健全钱塘江流域水资源监测网络。

（3）探索流域水量分配和初始水权形成机制，逐步建立水权市场和水权交易制度，发挥政府在水资源管理中的主导作用，提升水战略资源的市场化配置能力，深化水价改革，落实水资源保护费用。

（4）把节水放在优先位置，全面推进节水型社会建设，进一步强化用水需求和用水过程管理，促进水资源可持续利用和经济发展方式转变。

### （四）水生态管理

（1）建立水资源保护与水污染防治协作机制，协商解决流域水资源保护与水污染防治的重大事项。

（2）强化水功能区监督管理，以水功能区划为依据，制定水功能区分级管理方案，建立和完善入河排污许可、水功能区水质通报、水源地保护、损害赔偿、责任追究等制度，以水功能区限制纳污为控制要求，引导流域产业结构转型升级。

（3）实行流域水生态补偿机制，坚持“谁污染环境、谁破坏生态谁付费”“谁受益、谁补偿”的原则，完善对源头生态功能区的生态补偿机制，推动区域间建立生态补偿制度。

### （五）水域岸线管理

（1）加强水域管理，加快推进水域划界工作，探索建立水域确权登记制度，形成归属清晰、权责明确、监管有效的自然资源资产产权制度，按照确权划界成果，加强堤线岸线管理，严格控制侵占河道、湖库水域的行为，不得减少调蓄容积，严格采砂管理。

（2）探索建立水域保护专项基金与河道工程修建维护管理费征收制度，提高发电、航运、供水等涉水企业按销售收入或营业收入的缴纳比例。

## 三、项目成果特点

（1）本《规划》是流域保护、治理、开发和管理的重要依据。本《规划》在总结上轮流域规划治理成效的基础上，结合《防洪规划》《水资源规划》等以往规划成果，全面分析了防洪减灾能力不足、水资源及水环境承载能力不足、局部水污染严重、流域综合管理薄弱等流域治理面临的新问题、新情况，以科学发展观为指导，以促进人与自然和谐相处、维护河湖健康、保障水资源可持续利用为主线，对流域水资源开发、利用、节约、保护和防治水害进行了总体部署，确定了流域综合治理格局，制定了规划主要控制指标，对全流域系统治理进行了全面的部署和安排，是规划期内流域保护、治理、开发和管理的重要依据。

（2）编制过程中与各级规划资料协调对接，充分体现综合规划的协调性。本《规划》与《钱塘江流域综合规划》《浙江省主体功能区规划》《浙江省水功能区水环境功能区划分方案》等上位规划进行有机衔接，并与城市发展总体规划、其他行业（航运、交通、农业、旅游）规划等相协调，梳理流域综合规划与专业规划层次，并为专业规划（防洪规划、水资源保护与开发利用规划等）做了初步安排，形成的《规划》文本是综合各方意见、充分协调的成果。

（3）本《规划》构筑流域防洪减灾、水资源保障、水资源保护与水生态修复、流域综合管理四大体系。本《规划》提出防洪减灾、水资源保障、水资源保护与水生态修复、流域综合管理四大体系，明确了建设四大体系的任务、目标和建设内容。四大体系以流域规划工程为基础，以强化流域综合管理为手段，是紧密结合、相互联系的有机整体。

（4）本《规划》更强调指标的控制性和约束性。本《规划》促进由注重工程规划向强化流域管理转变，为了强化流域综合规划的指导性和约束性，按照“可控制、可执行、可落实、可检查”的要求，以促进人与自然和谐相处、维护河湖健康为宗旨，实行最严格的水资源管理制度，进一步明确了水资源开发利用、用水效率控制及流域水功能区限制纳污能力三条“红线”具体的控制性指标；并针对流域特点，提出了建立洪水流量、生态流量、水功能区控制断面管理制度。

（5）本《规划》突出规划实施的可操作性及阶段性。本《规划》在深入研究主体功能区定位和经济社会发展需求的基础上，结合地区特点、开发利用保护情况、水利建设管理及存在的问题，以保护自然生态为前提、以水土资源承载能力和环境容量为基础进行有限有序开发，安排了防洪减灾、水资源保障、流域梯级枢纽工程等三大类共计约627亿元工程项目，其中2020

年前优先安排流域综合治理开发重点工程，合计投资约 363.6 亿元。

## 四、项目实施情况

目前，开化水库（钱江源水库）工程正开展前期工作；“十三五”期间计划新建、加固堤防 480 km；永宁水库、高坪桥水库相继开工建设；新安江水库（千岛湖）引水工程已开工建设，预计 2018 年投入使用；游埠、姚家等梯级枢纽工程也已开工建设。《规划》推荐工程的实施，具有防洪、供水、灌溉、发电等综合效益；同时对土地增值、河道岸线利用，航运条件改善，水生态环境改善等具有重要的促进作用。对提高整个流域的人民生活水平、促进地区乃至浙江省经济社会的可持续、稳定发展具有重要作用。

## 五、项目主要参与人员

项目主要参与人员：陈志刚、王超、周焕、张瑶兰、郑雄伟、陈昌军、张真奇、魏婧、张晓文、李少卿。

# 湖州市乡村振兴战略规划（2018—2022 年）

湖州市发展规划研究院

扫码查看原文

## 一、项目概况

实施乡村振兴战略，是党的十九大作出的重大战略部署，是决胜全面建成小康社会、全面建设社会主义现代化国家的重大历史任务，是做好新时代“三农”工作的总抓手。

湖州在“两山”理念指引下，走出了一条独具特色的乡村振兴之路，在美丽乡村、乡村旅游、乡村治理、乡村改革等方面积累了大量模式、经验，乡村振兴走在了前列。在新起点上，湖州市委、市政府落实高质量发展要求，深入贯彻落实中央、省乡村振兴的决策部署，紧紧围绕践行“两山”理念模范生、样板地的总要求，以继续走在前列作为根本目标，全力推进乡村现代化和全面振兴。为描绘好战略蓝图，科学有序推动乡村产业振兴、人才振兴、文化振兴、生态振兴和组织振兴，发挥“三农”压舱石和增长极作用，全面融入长三角一体化，根据国家《乡村振兴战略规划（2018—2022 年）》《浙江省乡村振兴战略规划（2018—2022 年）》《湖州市国民经济和社会发展第十三个五年规划纲要》《湖州市城市总体规划（2017—2035 年）》《湖州市打造实施乡村振兴战略示范区行动方案》等，湖州市发展规划研究院有限公司编制了《湖州市乡村振兴战略规划（2018—2022 年）》（以下简称《规划》）。

本《规划》按照产业兴旺、生态宜居、乡风文明、治理有效、生活富裕的总要求，对湖州市实施乡村振兴作出战略性谋划，明确目标任务，细化工作重点，部署重大工程、重大行动，强化政策保障，确保乡村振兴战略扎实有序推进、继续走在前列。规划期为 2018—2022 年，以 2017 年为基期，展望到 2050 年。

## 二、项目内容

该项目主要分为四大部分。第一部分为项目的规划背景。一是重大意义：深入践行“两山”理念的内在要求；高质量赶超发展的战略选择；推动“三农”工作走在前列的现实需要；推动城乡融合发展的重大举措。二是振兴基础：湖州美丽乡村走在前列、湖州农业现代化持续领跑、湖州文明风尚广泛传承、湖州善治实践示范引领、湖州农村改革持续深化、湖州城乡差距不断缩小。三是面临形势：从全国看，党的十九大首次提出实施乡村振兴战略，并作为七大战略之一写入党章，在我国“三农”发展进程中具有划时代的意义；从全省看，浙江省是习近平总书记“三农”工作重要论述的发源地，近期浙江省提出了实施乡村产业振兴、新时代美丽乡村建设、乡村文化兴盛、自治法治德治“三治结合”提升、富民惠民等五大行动；从全市看，湖州市已进入高水平全面建成小康社会的决胜期、高质量赶超发展的关键期、农业农村全面发展的加速提档期，要按照浙江省委提出的“当好践行‘两山’理念样板地、模范生”的要求，进一步提高站位、拉高标杆，扬优势、补短板、强弱项，高起点谋划、高标准实施乡村振兴战略，高水平探索“两山”转化实践，高质量完成农业农村现代化各项目标任务，形成可复制可推广经验，推动乡村振兴工作持续引领全省全国。

第二部分为规划总体要求。高举习近平新时代中国特色社会主义思想伟大旗帜，全面贯彻落实党的十九大精神，深刻学习领会习近平总书记对浙江及湖州工作的重要指示精神，按照中央、省委实施乡村振兴战略决策部署，坚持走“绿水青山就是金山银山”之路，围绕城乡融合发展主线，以绿色产业为基、美丽乡村为形、乡风文明为魂、改革创新为径、农民增收为要，全面系统推进乡村产业振兴、人才振兴、文化振兴、生态振兴、组织振兴，全力建设中国特色社会主义乡村振兴先行示范区，奋力开创“三农”高质量发展新局面。坚持把湖州市的乡村振兴放到全省、长三角乃至全国的大格局中来思考和谋划，从全省“四大”建设、长三角一体化、城乡融合发展等战略部署中找准定位、发挥优势、主动作为，全力建设新时代“全域美丽标杆、绿色产业高地、‘两山’转化样板、改革创新先锋、城乡融合典范”。

第三部分为项目实施的具体措施。一是全域统筹优化，构建乡村振兴新格局；二是加快动能转换，高质量发展乡村经济；三是提升内涵品质，建设新时代美丽乡村；四是加强传承弘扬，塑造乡村文明新风尚；五是推广“余村经验”，推进乡村治理现代化；六是聚焦民生改善，全面创造美好新生活；七是创新制度供给，释放城乡融合发展新动力。

第四部分是项目的实施保障。通过加强组织领导、健全推进体系、发挥主体作用、动员社会参与、强化法治保障、强化考核评估六个方面来实现。

## 三、项目成果特点

一是紧扣中央、浙江省精神，落实新要求。紧扣中央、省有关乡村振兴的部署要求，从指导思想、指标谋定、任务落实等各个方面与上位文件、上位规划衔接，确保中央、浙江省的部署在湖州市细化实化。

二是体现湖州特色，谋划新蓝图。围绕全力建设中国特色社会主义乡村振兴先行示范区，提出打造“全域美丽标杆、绿色产业高地、‘两山’转化样板、改革创新先锋、城乡融合典范”五大定位，充分体现湖州特色。

三是注重效果导向，谋划新举措。《规划》提出，实施新时代鱼米之乡、美丽乡村、人文乡村、善治乡村、幸福乡村、乐活乡村“六个乡村”建设，不断把湖州的生态优势转化为发展优势，推动“绿水青山”源源不断地转化为“金山银山”；谋划了5个方面36项指标，增强目标效果导引性。

## 四、项目实施情况

本《规划》已由湖州市委、市政府正式印发实施。自《规划》颁布实施以来，湖州市紧紧围绕建设中国特色社会主义乡村振兴先行示范区总目标，全面落实国家和省级决策部署，结合湖州特色聚力推进，发布全国首个乡村振兴发展指数，打造了乡村振兴的“湖州样本”，走出了乡村振兴的“湖州之路”，成为首批部省共建乡村振兴示范省先行创建市，在全省首次乡村振兴综合评价中位居第1位，部省共建乡村振兴示范省推进会在湖州召开。

该项目已完成实施情况中期评估报告，评估时限为2018年1月—2020年12月。《规划》确定的“产业兴旺、生态宜居、乡风文明、治理有效、生活富裕”5大类共36项主要指标，从前半期（2018—2020年）实施情况来看，共有31项指标达到规划进度要求，1项指标未达到进度要求，其余4项指标未有相关统计数据，总体实现情况良好，基本实现“时间过半、目标过半”的目标要求，为湖州市建设新时代“全域美丽标杆、绿色产业高地、‘两山’转化样板、改革创新先锋、城乡融合典范”奠定了坚实基础。

## 五、项目主要参与人员

项目主要参与人员：王时东、李红伟、朱胜清、杨彦妤、章云云。

# 温岭市海绵城市专项规划

浙江省城乡规划设计研究院

扫码查看原文

## 一、项目概况

### （一）规划背景

“海绵城市”于2013年12月习近平总书记在中央城镇化工作会议上第一次提出，他指出“要建设自然积存、自然渗透、自然净化的‘海绵城市’”。而在2016年8月，浙江省人民政府办公厅发文《浙江省人民政府办公厅关于推进全省海绵城市建设的实施意见》（浙政办发〔2016〕98号），要求以建设“两美”浙江为目标，以新发展理念为引领，切实转变城市规划、建设理念，大力推进海绵城市建设。

温岭市是浙江省洪涝灾害最严重的城市之一，是重度缺水城市，现状V类、劣V类河道监测断面占比超69%，水环境、水生态亟待改善。所以，温岭市亟须编制《温岭市海绵城市专项规划》（以下简称《规划》），将其作为全局性、综合性、系统性的规划。一方面，针对温岭市在水资源、水生态、水安全、水环境问题上的实际需求，突破原有涉及水方面相关规划各有侧重而缺乏系统、全面的局限，使之成为系统综合性涉水规划；另一方面，与温岭市市域总规的空间总体规划协调，从城市总体发展上统筹海绵城市建设，使之成为指导温岭市海绵城市规划建设的纲要性文件，指引水安全保障、水资源利用、水生态修复和水环境整治等，为温岭市海绵城市的建设提供方向，也为下一层次的规划设计提供依据。

### （二）规划范围及思路

规划范围分为了三个层次，市域范围从系统性角度出发，构建水资源利用体系及水环境整治体系；汇水流域范围从汇水流域完整性出发，构建水安全保障体系，中心城区汇水流域范围以山脊线及水系为界，并扩展至温黄平原，东部新区水系自成体系；重点研究范围重点关注水生态体系的构建。

总体思路分为“六步走”——“识别—愿景—构建—指引—保障—启动”，即现状分析、目标定位、体系构建、规划指引、实施保障、近期建设六个方面。

### （三）规划目标

《规划》以城市建设和生态保护为核心，转变城市发展观念，从温岭市长期发展和战略高度出发，将海绵城市建设理念贯穿城市规划、建设与管理的全过程，提出温岭市“水安全保障、水资源充足、水环境改善、水生态良好”的发展战略，推进新老城融合发展，创新海绵城市开发建设模式，建设有温岭特色的创新型海绵城市。

## 二、项目内容

### （一）水安全保障体系

按河道实测资料核算，在原水利防洪规划提出的方案标准下，降雨时老城区河道仍会出现漫堤，故浙江省城乡规划设计研究院与浙江省水利水电勘测设计院有限责任公司共同提出引老城山水入湖漫水库方案，在降低老城区暴雨河道水位的同时，增加城市可供水量。同时提出待建区严控竖向设计，避免出现新涝点，已建区基于防涝模型的方案比选结果，提出包括改造管网、增设泵站、增加调蓄等措施在内的易涝点一对一解决方案。

### （二）水资源保障体系

基于供需平衡计算结果，优先考虑温岭市自身水资源的挖潜，而非外流域引水，一方面充分挖潜自身水资源，另一方面，积极沟通外流域引水事宜，努力变被动为主动。在自身水资源挖潜充分后，根据近远期规划温岭市仍存在缺水问题，规划提出或以水资源承载力定发展，根据近远期可供水量缩小城市近远期发展规模；或是根据近远期缺水量，实施外流域引水工程，即以水资源承载力定发展或按总规发展规模增加外流域引水，供政府决策。

### （三）水环境整治体系

《规划》通过详细计算各类污染源污染物入河量及环境容量，提出各类污染源排放比例，同时提出建设约 30 $hm^2$ 污水厂尾水生态湿地，建设小海绵设施源头，削减雨水污染、农业面源污染，水质方可达标的总体策略，并提出污染控制分项策略。

### （四）水生态修复体系

基于现状年径流总量控制率分析结果，提出分区年径流总量控制率及低影响开发系统构建；计算布置常规低影响开发设施所需面积，将其作为分区建设引导性指标；并为温岭市首次绘制生态岸线现状及规划图。

近期建设规划：基于四大体系构建结论，按老城区问题导向、新城区目标导向原则，划定近期示范区，共 19.5 $km^2$，梳理近期四大类共计 147 个项目建设任务。

## 三、项目成果特点

### （一）体系结构，思路明晰

《规划》提出“摸现状—找问题—提目标”、根据现状与目标的差距定方案的思路，并特别注重现状与目标之间的可达性分析。

### （二）澄清误区，指导实施

首先，理清低影响开发的认识误区，明确低影响设施无法解决城市内涝。其次，东部新区在建设时秉承生态化排水理念，其已建低影响开发设施年径流总量控制率指标均已大大超标，增加其他片区的建设积极性。最后，梳理东部新区每个已建及在建的海绵项目，发现温岭市套用杭州市年径流总量控制率指标，计算结果偏低，海绵设施建设重形式、不重内涵等问题，提出整改意见。

### （三）调查方法，翔实多样

首先，首次开展水环境直接评估，现场踏勘水系30多个点位，记录护岸类型、两侧绿化、颜色、气味、浮萍等信息，并取样对比，对水环境进行直观评估。其次，根据现场踏勘情况，结合卫星影像图、地形图等资料，绘制生态岸线图。

### （四）规划指引，落到实处

按流域划分管控单元，每个分区一图三表，给定海绵建设强制性、引导性指标及不同类型地块建设指标。

### （五）模型技术，保驾护航

建立基于mike flood的二维城市防涝模型，基于零维混合稀释模型及一维水质模型的水环境模型，为规划方案做技术支撑。

### （六）行业交叉，求同存异

《规划》四大体系与水利、环保等专项规划有交叉，《规划》对其进行解读、分析、调整、深化。

## 四、项目实施情况

《规划》于2016年1月4日正式启动，并于2016年12月30日完成编制。《规划》编制完成后，温岭市根据《规划》开展海绵城市建设，在建设效果多点开花的同时，也多次在省住建厅专家组检查中获得好评，东部新区获评“国家新型城镇化标准化试点”，这也是全国唯一海绵标准化试点，2020年4月已顺利通过试点验收。具体实施效果主要包括以下6个方面：①全域推进海绵城市建设；②生态本底得到了最大限度保护；③水安全保障得到了稳步提升；④水资源短缺得到明显缓解；⑤水环境质量得到了明显提升；⑥水生态修复效果进一步凸显；⑦海绵项目示范性得到了体现。

## 五、项目主要参与人员

项目主要参与人员：赵萍、周凌、郝新宇、厉帅、姚新丽、于俊赞、林海波、徐晨辉、赵曼汝、梁增敏。

# 温州市城市供水专项规划（修编）

浙江省城乡规划设计研究院

扫码查看原文

## 一、项目概况

项目服务对接“大拆大整、大建大美”专项行动，更好指导温州市给水工程建设，进一步优化和完善温州市城市供水体系及管网系统。

规划范围分两个层次。第一层次：温州市域范围，包括鹿城、龙湾、瓯海和洞头四个市辖区，瑞安、乐清两个县级市，以及永嘉、平阳、苍南、文成、泰顺五个县，主要对市域范围的水资源协调和供水整体布局统筹研究。第二层次：温州中心城区范围，包括鹿城区、龙湾区、瓯海区三个辖区和洞头北岙街道、东屏街道、元觉街道、霓屿街道，是本次规划的重点区域。

规划期限：近期至 2020 年，中期至 2025 年，远期至 2035 年。

## 二、项目内容

### （一）市域供水规划及水资源平衡

**1. 市域用水需求预测**

预测市域 2020 年需水量为 398 万 $m^3/d$，2035 年需水量为 616 万 $m^3/d$。

**2. 水资源供需平衡**

温州市域 2020 年、2035 年的需水量将达到 398 万 $m^3/d$、616 万 $m^3/d$，而通过相应的水库建设、流域引水等措施，2020 年、2035 年的供水量将达到 490 万 $m^3/d$、682 万 $m^3/d$，总量可以满足用水平衡，同时各个县市也可以达到自身平衡。

近期温州市域层面的用水和需水基本平衡，近期瓯江引水作为备用水源工程推进，中远期瓯江引水作为供水水源。供水的原水通道结合瓯江引水工程生态用水需要协调布局，在后续控制性详细规划中予以落实。

### （二）中心城区用水量预测

温州中心城区规划近期用水量为 122.34 万 $m^3/d$，中期为 158.70 万 $m^3/d$，远期为 204.58 万 $m^3/d$。

### （三）中心城区供水水源规划

**1. 供水水源选择**

近期温州市供水水源为珊溪引水、泽雅水库以及部分中小水库，瓯江翻水站、瓯江引水作为备用水源。中、远期供水水源为珊溪引水、泽雅水库、瓯江引水，瓯江翻水站及中小水库作为备用水源。

**2. 水资源供需平衡**

规划原水情况见表1。

表1 规划原水

单位：万 $m^3/d$

| 名称 | 可供原水量 | | | | 水质类别 | 备注 |
|---|---|---|---|---|---|---|
| | 近期 | 中期 | 远期 | 远景 | | |
| 珊溪引水 | 110 | 110 | 110 | — | Ⅱ～Ⅲ | 市区方向 |
| 泽雅水库 | 22 | 22 | 22 | — | Ⅱ | 多年平均33万 $m^3/d$，最大可供50万 $m^3/d$ |
| 瓯江翻水站 | 备用 | 备用 | 备用 | — | Ⅱ～Ⅲ | 33万 $m^3/d$ |
| 瓯江引水 | 0 | 216 | 216 | — | Ⅲ | — |
| 中小水库 | 9.5 | 备用 | 备用 | — | — | 可供原水量约9.5万 $m^3/d$ |
| 合计 | 141.5 | 348 | 348 | — | — | — |

**3. 原水管渠系统规划**

1）原水管渠

中期（2025年）：①新建瓯海大道（南塘大道—状元水厂）原水管；②根据水厂布局并结合瓯江引水工程配套建设原水管。

远期（2035年）：结合规划道路路网对位于规划地块内的原水管进行迁改。

远景：增设瓯江口水厂原水管。

2）原水泵站

（1）瓯江引水泵站：原水泵站需结合原水输送路由同步进行落实，推荐在陈岙泵站或西向水厂附近选址。

（2）石鼓山泵站：远期石鼓山泵站规模为20万 $m^3/d$，规划用地为0.6 $hm^2$（约合9亩，1亩=666.67 $m^2$）。

## （四）中心城区供水设施规划

**1. 水厂规划方案**

水厂规划方案见表2和表3。

表2 水厂规划方案一（中期新建滨海水厂）

| 水厂名称 | 现有设计规模供水能力（万 $m^3/d$） | 规划设计规模（万 $m^3/d$） | 各规划期建设规模（万 $m^3/d$） | | | | 备注 |
|---|---|---|---|---|---|---|---|
| | | | 近期 | 中期 | 远期 | 远景 | |
| 浦东水厂 | 26 | 26 | 26 | 26 | 26 | 26 | — |

续表

| 水厂名称 | 现有设计规模供水能力（万 $m^3/d$） | 规划设计规模（万 $m^3/d$） | 各规划期建设规模（万 $m^3/d$） | | | | 备注 |
|---|---|---|---|---|---|---|---|
| | | | 近期 | 中期 | 远期 | 远景 | |
| 西山水厂 | 10 | 10 | 10 | 10 | 10 | 10 | — |
| 东向水厂 | 12 | 12 | 12 | 12 | 12 | 12 | — |
| 状元水厂 | 36 | 36 | 36 | 36 | 36 | 36 | — |
| 西向水厂 | 30 | 60 | 30 | 30 | 60 | 60 | 远期扩建 30 万 $m^3/d$ |
| 梧田水厂 | 8 | 8 | 8 | 8 | 8 | 8 | — |
| 石鼓山水厂 | — | 20 | 10 | 10 | 20 | 20 | 在建 10 万 $m^3/d$，远期扩建 10 万 $m^3/d$ |
| 曹坪水厂 | — | 40 | — | — | — | 40 | 远景新建 40 万 $m^3/d$ |
| 瞿溪水厂 | 4 | — | 4 | — | — | — | 中期取消 |
| 坑口塘水厂 | 2.5 | — | 2.5 | — | — | — | 中期取消 |
| 泽雅水厂 | 1.25 | 1.25 | 1.25 | 1.25 | 1.25 | 1.25 | — |
| 藤桥水厂 | 2 | — | 2 | — | — | — | 中期取消 |
| 滨海水厂 | — | 40 | — | 40 | 40 | 40 | 中期新建 40 万 $m^3/d$ |
| 瓯江口水厂 | — | 40 | — | — | — | 40 | 远景新建 40 万 $m^3/d$ |
| 小计 | 131.75 | 293.25 | 141.75 | 173.25 | 213.25 | 293.25 | — |

表 3　水厂规划方案二（中期扩建西向水厂）

| 水厂名称 | 现有设计规模供水能力（万 $m^3/d$） | 规划设计规模（万 $m^3/d$） | 各规划期建设规模（万 $m^3/d$） | | | | 备注 |
|---|---|---|---|---|---|---|---|
| | | | 近期 | 中期 | 远期 | 远景 | |
| 浦东水厂 | 26 | 26 | 26 | 26 | 26 | 26 | — |
| 西山水厂 | 10 | 10 | 10 | 10 | 10 | 10 | — |
| 东向水厂 | 12 | 12 | 12 | 12 | 12 | 12 | — |
| 状元水厂 | 36 | 36 | 36 | 36 | 36 | 36 | — |
| 西向水厂 | 30 | 60 | 30 | 60 | 60 | 60 | 中期扩建 30 万 $m^3/d$ |
| 梧田水厂 | 8 | 8 | 8 | 8 | 8 | 8 | — |
| 石鼓山水厂 | — | 20 | 10 | 10 | 20 | 20 | 在建 10 万 $m^3/d$，远期扩建 10 万 $m^3/d$ |

续表

| 水厂名称 | 现有设计规模供水能力（万 $m^3$/d） | 规划设计规模（万 $m^3$/d） | 各规划期建设规模（万 $m^3$/d） | | | | 备注 |
|---|---|---|---|---|---|---|---|
| | | | 近期 | 中期 | 远期 | 远景 | |
| 曹坪水厂 | — | 40 | — | — | — | 40 | 远景新建 40 万 $m^3$/d |
| 瞿溪水厂 | 4 | — | 4 | — | — | — | 中期取消 |
| 坑口塘水厂 | 2.5 | — | 2.5 | — | — | — | 中期取消 |
| 泽雅水厂 | 1.25 | 1.25 | 1.25 | 1.25 | 1.25 | 1.25 | — |
| 藤桥水厂 | 2 | — | 2 | — | — | — | 中期取消 |
| 滨海水厂 | — | 40 | — | — | 40 | 40 | 远期新建 40 万 $m^3$/d |
| 瓯江口水厂 | — | 40 | — | — | — | 40 | 远景新建 40 万 $m^3$/d |
| 小计 | 131.75 | 293.25 | 141.75 | 163.25 | 213.25 | 293.25 | — |

**2. 供水设施用地控制**

规划新建滨海水厂、瓯江口水厂、曹坪水厂，扩建石鼓山水厂、西向水厂。其中滨海水厂为本次规划的新增水厂。

1）滨海水厂

滨海水厂规模为 40 万 $m^3$/d，水厂用地面积为 15 $hm^2$（约合 225 亩）。推荐选址在滨海大道西侧、马湾大道南侧的元宝山脚下，现状为矿区。原水通道结合瓯江引水工程生态用水协调布局；同时，建议增加备用原水通道，提高供水安全性。

2）瓯江口水厂

瓯江口水厂规模为 40 万 $m^3$/d，按 70 万 $m^3$/d 预留用地，规划用地 15.4 $hm^2$（约合 231 亩）。

3）曹坪水厂

曹坪水厂规模为 40 万 $m^3$/d，用地规模为 15.3 $hm^2$（约合 230 亩）。

4）石鼓山水厂

石鼓山水厂在建规模为 10 万 $m^3$/d，扩建规模为 10 万 $m^3$/d。

5）西向水厂

西向水厂现状规模为 30 万 $m^3$/d，扩建规模为 30 万 $m^3$/d。

## （五）中心城区输配水管网规划

**1. 分片区输配水管网规划**

西片区向仰义、郭瞿方向形成环网，局部高地设置增压泵站。中片近期改造老旧管网，完善七都、仙岩方向干管。东片通过建设干管增加往东输水能力。瓯江口片设置过江主干通道。

**2. 规划加压泵站**

近期新建林里片区加压泵站。中期新建鞋都泵站，确保林里片区两路供水。远期新建瓯江口 2# 泵站，泵站临时借用瓯江口水厂预留用地。

**3. 规划供水系统模拟**

1）水力计算

近期：石鼓山水厂建成，提高了鞋都、仰义地区的水压。西向水厂向东输送的 DN2200 干管提高了东部滨海的水压。瓯江口地区通过瓯江口泵站，使北岙泵站前的水压得到保障。

中期：东部滨海地区的水压状况得到改善。

远期：各处水压均满足要求。

事故平差、消防平差，结果满足要求。

2）水龄计算

按 $T_{max}$=48 h 的可允许最大水龄评价，洞头需要结合北岙泵站进行补氯设置。

按更严格的评价标准 $T_{max}$=48 h 的可允许最大水龄评价，仙岩与天城需要在后续管理中及时清洗管道，防止结垢，减缓余氯的衰减。瓯江口霓屿半岛需结合泵站进行补氯设置，改善瓯江口水质。七都（28 ~ 31 h）、永兴（25 ~ 38 h）、瓯海经开区（30 ~ 33 h），建议后续管理中及时清洗管道，防止结垢，减缓余氯的衰减。在不影响水压的情况下，建议各水厂供水分界线附近必要的连通管可以在平时关闭，应急时打开。

**4. 管材选择**

推荐较大管径（DN1200 以上）管道主要采用钢管、球墨铸铁管、玻璃钢管等；中等管径（DN500 ~ DN1000）管道主要采用球墨铸铁管、钢管等；小管径（DN400 及以下）管道主要采用球墨铸铁管、钢骨架聚乙烯复合管或网孔钢塑管、聚乙烯塑料管。推荐架空管采用钢管。

**5. 管道竖向设计**

一般 DN1400 以下管道管顶覆土控制在 1.0 ~ 1.2 m，DN1600、DN2000 管道加大到 1.4 ~ 1.5 m。

### （六）中心城区中水回用规划

**1. 中水回用用途**

用于道路和绿化的浇洒、城市生活杂用水、市政与建设用水、工业企业的冷却水以及回用于内河（回灌塘河）。

**2. 中水回用量预测**

不同规划期间中水回用量见表 4。

表 4　不同规划期间中水回用量

| 规划期限 | 近期 | 中期 | 远期 |
|---|---|---|---|
| 中水回用量（万 $m^3$/d） | 12.4 | 21.1 | 40.6 |

### （七）节水规划

**1. 节水措施**

（1）工业节水：生产方式节水；生产工艺节水；管理节水。

（2）生活用水节水：运用经济杠杆节约用水；进行节水宣传教育，加强节水观念；推广应用节水器具和设备。

（3）市政环境用水节水：绿化节水技术；发展景观用水循环利用技术；推广游泳池用水循环利用技术；发展机动车洗车节水技术；大力发展免冲洗环保公厕设施和其他节水型公厕技术；重复使用处理过的城市污水。

（4）输配水管网节水：推广使用新型供水管材，改造陈旧的供水管网，降低管网漏失率，减少管网漏失水量；增加、更换并校准管网流量计，精确计量，减少漏失及未计量水量损失。

（5）海水利用：在瓯江口、瓯飞、滨海工业园区，开展利用海水作冲厕用水的试点，取得经验进行全面推广。

（6）推进海绵城市建设：从“源头减排、过程控制、系统治理”着手，综合采用“渗、滞、蓄、净、用、排”等工程技术措施，控制城市雨水径流，实现城市低影响开发（LID）建设。

### （八）近中期建设规划及投资匡算

**1. 近中期建设规划**

近期建设 DN600 ~ DN2000 清水管约 86 km。

中期建设 DN1400 ~ DN3400 原水管约 14 km，建设 DN600 ~ DN1600 清水管约 109 km。新建滨海水厂（或扩建西向水厂）。

**2. 投资匡算**

近期项目总投资约 7.1 亿元，中期项目总投资约 12.4 亿元（按新建滨海水厂匡算）。

## 三、项目成果特点

基于水源、水量、水压、水质的四大目标构建规划体系，科学预测供水规模、适度超前；合理制定系统方案，因地制宜；实现全面统筹、分类引导、整体规划、分期实施。

对于近期东部城区的供水形式问题做了深入研究。因温州市水源在西部、拓展在东部，西水需东送，但大罗山横亘当中，输送原水还是清水需要抉择。通过对水厂选址、水厂分布、原水通道、清水干管、管网水压、供水水质、运行管理、投资费用等多方面比选后，推荐采用东片设厂、原水东送方案，节约投资 1 亿元，这样配水更均匀，避免东部水龄过长。另外，《规划》还对中期两座水厂建设时序问题，进行了四方面比选；对滨海水厂选址，进行三个方案的比选。

## 四、项目实施情况

《温州市城市供水专项规划（修编）》已于 2018 年 7 月 9 日获温州市人民政府批复，在其指引下，温州有石鼓山水厂、滨海水厂、西水东送的原水通道、输配水主干管、供水提升泵站等一大批工程项目顺利开展，温州市的供水将得到更加有力的保障。其中石鼓山水厂已于 2020 年建成通水，温州市供水紧张局面一去不返。104 国道、温瑞大道、龙江路等给水主管已按规划实施完成，管径为 DN2000 ~ DN2400 穿越大罗山的西向水厂输配水干线隧洞全线二次衬砌浇筑完毕，工程已进入冲刺阶段，完工后将为温州东部供水提供重要的通道。待滨海水厂建成后，温州市东部水压状况将得到有效改善，水质也将实现进一步提升。

项目情况如图 1 和图 2 所示。

图 1　石鼓山水厂

图 2　西向水厂输配水干线工程

## 五、项目主要参与人员

项目主要参与人员：赵萍、王永、梁振凯、罗昊进、汤泽和、黄庆帆、钱涟滟、王亮、王逸超、陈立一。

# 宁波市四明山区域发展规划纲要（2016—2020）

宁波国际投资咨询有限公司

扫码查看原文

## 一、项目概况

《宁波市四明山区域发展规划纲要 2016—2020》（以下简称《纲要》）是宁波市“十三五”规划体系中的重要组成部分。

## 二、项目内容

《纲要》除前言外共有 11 个部分，第一部分是发展基础，评估总结了上一轮规划实施成效、存在问题及未来发展形势；第二部分是总体要求，提出了四明山区域发展的指导思想、功能定位、发展导向和发展目标；第三部分是功能区划和空间发展架构，划定了五类环境功能区，提出构建“一区两片多点百村”的空间总体结构；第四部分至第十部分是重点任务，从构筑低碳生态环保体系、打造休闲养生旅游体系、构建高效绿色产业体系、优化镇村规划布局体系、完善基础设施网络体系、健全品质生活保障体系、改革完善制度支撑体系等七大体系，分别提出了 2016—2020 年四明山区域的重点建设任务；第十一部分是保障措施，从组织体系、政策配套、要素保障、监督考核和区域协作等方面提出相应的保障措施。

## 三、项目成果特点

（1）编制工作难度较大。编制区域综合发展规划，既要全面深入了解掌握区域及其经济社会发展基本情况，又要立足基本情况结合当前发展形势和未来发展趋势，明确区域发展总体思路及重点任务等，规划要求高、难度大。一是基层统计制度体系不完善，统计数据资料缺失、不完整现象普遍存在，如何搜集到完整、准确、翔实的基础数据材料难度较大。二是四明山区域范围涉及两区一市及众多镇村，它们立足自身情况对本区域经济社会发展等提出了诸多想法和需求，在规划结构及内容的安排上，既要站在区域发展全局高度统筹谋划又要充分考虑各地实际情况和发展要求，难度较大。三是规划编制既要与上位规划、各专项规划加强对接衔接，又要定期向市政府及市级各部门汇报通报，还要及时与两区一市及乡镇（街道）沟通联系，具体对接工作难度较大。

（2）注重加强对接沟通。《纲要》是宁波市“十三五”规划体系的重要组成部分之一，又是四明山区域“1+5”规划体系的统领之“1”。编制过程中，《纲要》既注重与上位规划的对接，又注重与四明山区域产业发展规划、旅游发展规划、城镇与村庄体系规划、基础设施综合规划、交通规划等 5 个专项规划的衔接，其间与各相关规划编制单位就发展目标、功能定位、空间发展架构、重点任务等进行多次沟通，确保各规划之间保持一致。

（3）总体思路符合要求。四明山区域是宁波市重要的生态功能区和主要的相对后发区域，也是全国著名的革命老区。党的十八大以来，中央明确提出“五位一体”总体布局和“四个全面”战略布局以及“创新、协调、绿色、开放、共享”发展理念，浙江省和宁波市相继提出“两美浙江”“美丽宁波”以及高水平全面建成小康社会等战略决策部署。《纲要》提出的指导思想、功能定位、发展导向、发展目标等总体思路既符合国家、省、市的战略决策部署，又符合四明山区域实际情况和区域未来发展趋势要求。

（4）重点任务全面可行。《纲要》从四明山区域自然生态环境和经济社会发展全局出发，提出七大体系的重点任务，既有水环境保护、森林生态建设等生态环保任务，又有旅游、高山生态农业等产业发展任务，还有镇村规划布局任务和交通、电力通信、垃圾处理等基础设施建设任务，以及社会民生任务和制度支撑保障任务等。这些重点任务的提出，不仅充分考虑了四明山区域的现实情况和实际需要，还广泛征求了市级相关部门、两区一市政府、13个乡镇（街道）以及相关领导、专家的意见建议，可操作性极强。目前四明山区域生态修复、旅游和高山生态农业等产业转型提升、道路交通等基础设施建设、村庄撤并等大多数重点任务以项目的形式顺利推进，实施效果良好。

（5）决策实施影响重大。《纲要》是“十三五”时期四明山区域生态环境保护和经济社会发展的纲领性文件，是编制其他相关专项规划、实施重大工程建设的重要依据。围绕《纲要》提出的发展目标、重点任务等，宁波市政府下一步将考虑从生态修复治理、产业转型升级、民宿经济发展、村庄整治提升、品牌培育发展等领域先行制定更加详细具体的行动计划，推进四明山区域又好又快发展。

## 四、项目实施情况

2017年3月1日，宁波市人民政府办公厅正式印发实施《宁波市四明山区域发展规划纲要（2016—2020）》。在各地各部门的共同努力下，《纲要》目标任务完成良好，项目建设有序推进，生态保护成效显著，休闲旅游提质增效，绿色产业加快转型，基础设施日益完善，镇村品质有效提升，民生福祉持续增进，政策制度更加健全，为“十四五”时期进一步加快四明山区域振兴发展和促进实现共同富裕奠定了坚实基础。

## 五、项目主要参与人员

项目主要参与人员：谢瑜、童雅平、王宁。

# 宁波市“十三五”文化产业发展规划

宁波国际投资咨询有限公司

扫码查看原文

## 一、项目概况

《宁波市“十三五”文化产业发展规划》（以下简称《规划》）明确提出了宁波“十三五”时期文化产业发展的总体思路、目标定位、产业体系和空间布局。

## 二、项目内容

在充分规划宁波文化产业发展条件的基础上，研判文化产业发展趋势，构建了“十三五”时期宁波文化产业发展“2+3+3”的产业体系，确立了“一核、一轴、一带、多中心”的发展格局，梳理形成了一批支撑项目，提出了产业发展的主要任务和保障措施，具有一定的前瞻性和可操作性。

## 三、项目成果特点

（1）《规划》整体思路清晰、结构严谨、切实可行。《规划》紧紧围绕文化产业链关键环节，全面梳理分析宁波文化产业发展的现状和问题，提出了宁波文化产业发展的思路和路径，明确了分阶段分步骤的发展目标、重点领域、产业布局、重点工程和保障措施。

（2）《规划》找准产业定位，发展思路具有创新性和可操作性。《规划》提出以满足人民群众日益增长的文化需求和推动经济发展方式转变为主线，以产业融合和技术创新为主要手段，以建设文化产业功能区为载体，明确文化产业的发展要坚持特色化、差异化，确定了建设国内一流的“创意设计高地”“文化智造基地”“文化旅游热地”三大文化产业目标定位，既接宁波地气，又具有较强的创新性、可操作性和前瞻性。

（3）《规划》明确的产业发展目标可行，发展路径可落地性强。综合考虑了文化产业发展潜力，《规划》大胆提出到2020年宁波文化产业占GDP比重达到8%，旨在努力把宁波市打造成为全国一流的文化产业强市。同时，《规划》以文化产业三大目标定位为基础，提出了宁波市文化产业发展重点领域及实现路径：提升发展高端文化用品制造业、文化创意与设计服务业两大优势产业；壮大发展文化演艺与影视制作业、文化休闲旅游业、现代工艺美术业三大潜力产业；创新发展现代传媒业、文化会展业和文化信息传输服务业三大新兴产业。此外，《规划》对八大产业从技术提升、资源整合、品牌打造、融合发展、要素推动等分别提出了具体举措。

（4）《规划》提出的产业布局因地制宜，对各地具有实际指导意义。《规划》以产业功能区为资源统筹的重要抓手和产业集聚发展的重大平台，紧扣八大文化产业体系和各地区资源禀赋条件，战略性地谋划了 20 个重点文化产业功能区，构建"一核、一轴、一带、多中心"的文化产业空间发展格局。同时，《规划》要求各县（市）区按自身定位和产业链分工，突出重点、适度交叉、协调推进、错位发展，明确 1～2 个重点发展产业，兼顾发展 $N$ 个协调创新产业。

（5）《规划》提出的七大中心任务重点明确，项目谋划切实可行。《规划》围绕文化产业发展的短板，提出了企业主体培育、载体平台搭建、重点项目推进、人才队伍支撑、文化金融提升、文化消费拓展和文化贸易促进七大工程，并紧扣体制机制改革、要素保障、政策扶持、环境营造等主要抓手，明确今后一段时期推进文化产业发展的主要任务和工作。同时，《规划》全面梳理谋划了 196 个文化产业项目，为接下来文化产业项目推进和招商等奠定了良好基础。

（6）《规划》成果应用价值高，取得了较好的社会反响。一方面，《规划》整体可操作性好，应用价值高：在定位目标上，两项指标均达到了"时间过半，任务过半"要求，中期评估显示《规划》通过对文化产业功能区及其周边地区的整合提升，形成了以 20 个文化产业重点功能区为主体的专业化集群式布局，并大大促进了功能区内的产业集聚、平台搭建、政策引导；在项目落地上，中期评估显示《规划》提出的 196 个重点建设项目成为宁波文化产业加速发展和产业招商的重要支撑，中期完成投资达 56.29%。另一方面，《规划》获得多方认可，取得较大社会反响：《规划》获得宁波市发展改革委和宣传部的高度认可，经两部门联合发布后，多家媒体对其进行了相关报道，获得了强烈的社会反响。同时，《规划》前瞻谋划，提出了设立文化产业基金、研究制定专项政策等，是"十三五"时期甚至更长时期内文化产业及其相关领域发展的重要指导性文件。

## 四、项目实施情况

《规划》最后由宁波市发展改革委和市委宣传部联合正式发布，定名为《宁波市"十三五"文化产业发展规划》（甬发改规划〔2016〕518 号）。

## 五、项目主要参与人员

项目主要参与人员：胡滨、方泱泱、王晓燕、李洋、徐智昕、徐琴。

# 宁波石化产业基地总体发展规划（修编）

宁波国际投资咨询有限公司

扫码查看原文

## 一、项目概况

自《宁波石油化工产业基地规划（2008）》编制完成后，宁波石化产业经历了较快的发展，并于2014年被国家列为重点发展的七大石化产业基地之一。作为宁波市支柱产业，产业发展依托的资源要素条件、面临的外部环境均发生了较大变化，如何在经济发展新常态下推动产业更好更快发展是当前亟须考虑的重大问题。为此，宁波市发展改革委委托宁波国际投资咨询有限公司开展规划编制工作。

## 二、项目内容

通过实地调研，与宁波市相关部门和有关园区、企业充分沟通交流，多次召开研讨会，并组织国内权威专家，立足宁波石化产业基地的区位优势及现有产业基础，系统梳理国内外经济形势和产业发展趋势，结合国家发展改革委及省、市有关规划和指导意见、要求，充分考虑基地现有发展条件、资源优势、市场需求等情况，《宁波石化产业基地总体发展规划（修编）》（以下简称《规划》）重新梳理和全面研究了宁波石化产业的发展方向与重点，提出了产业发展定位、目标、主导产业及重点项目，并对基地的总体布局、交通运输、给排水、供电、供热、环保、安全、消防等公用工程及辅助设施进行优化，全面分析了规划实施效果，针对相关制约因素提出了措施建议。

## 三、项目成果特点

### （一）明确规划目标，打造世界一流石化产业基地

《规划》结合我国发展环境的基本特征，适应新的发展形势和要求，切实贯彻创新、协调、绿色、开放、共享的新发展理念，在充分研究国内外石化产业发展趋势和技术、市场等环境的基础上，提出基地的产业发展方向和产业链构成，并对基地的总体布局、交通运输、给排水、供电、供热、环保、安全、消防等各项公用工程及辅助设施进行优化调整。通过统一规划、分步实施、科学布局、联动发展，按照“一体化、大型化、国际化、清洁化”的思路，进一步加快宁波石化产业基地发展，将基地逐步建设成产业特色突出、功能分区明确、项目布局有序、公用设施完善、资源能源节约、生态环境和谐、管理服务高效的世界一流石化产业基地。

### （二）落实国家战略，培育世界级先进制造业集群

2014 年，经国务院审议通过的《石化产业规划布局方案》已将宁波石化产业基地列为七大国家级石化产业基地之一。因此，《宁波石化产业基地总体发展规划（修编）》编制工作，不仅直接关系着宁波市石化产业未来的发展，也直接影响着国家战略的布局和实施，其重要性不言而喻。

**1. 实践“一带一路”倡议的现实举措**

2013 年，习近平总书记提出构建面向 21 世纪的“丝绸之路经济带”和“21 世纪海上丝绸之路”。宁波市是历史上的“海上丝绸之路”的始发港之一，作为首批沿海开放城市，需抢抓第四轮对外开放发展先机，充分利用这个机会推动产业转型升级，构筑陆海统筹、东西互济、南北贯通的开放新格局。

**2. 落实国家经济发展长远战略的要求**

《全国主体功能区规划》指出，长江三角洲地区为国家层面的优化开发区域，该区域的功能定位是长江流域对外开放的门户，我国参与经济全球化的主体区域，有全球影响力的先进制造业基地和现代服务业基地，世界级大城市群，全国科技创新与技术研发基地，全国经济发展的重要引擎，辐射带动长江流域发展的龙头，我国人口集聚最多、创新能力最强、综合实力最强的三大区域之一。宁波市属该区域内重要节点城市，增强宁波市等节点城市的集聚能力，加强城市功能互补，提高整体竞争力，在全省石化行业转型升级过程中将起到十分积极的承载作用。

**3. 完善和延伸石化产业链条并实现区域产业的优势组合**

《规划》重点研究中下游石化深加工产业的发展，科学地确定宁波石化产业升级方向，明确有特色、比较优势的产业结构，积极引导本地石化产业优化布局和承接国内外产业转移，促进宁波市及浙江省相关产业发展，对长江三角洲乃至我国整个东部地区优势产业形成较强的“补链效果”，推进区域经济一体化，打造东部沿海最具综合竞争力和行业影响力的石化产业聚集区。

**4. 宁波市石化产业转型升级的必然选择**

宁波市石化产业经过多年的发展，已成为全市工业经济支柱产业之一。但是，随着产业总体规模不断扩张，日益呈现出区域发展不够均衡、部分园区规划布局不尽合理、资源环境约束压力不断增大、安全环保与社会稳定风险较为突出、整体竞争力亟待增强等主要问题和矛盾，不利于石化产业可持续发展。未来十年，是宁波市由“石化大市”向“石化强市”转变的重要战略机遇期，加快调整优化全市石化产业总体结构，推进石化产业转型升级，既是落实国家区域发展战略的迫切需要，也是落实制造业高质量发展的具体体现。

**5. 培育世界级先进制造业集群的必然选择**

为加快先进制造业发展，推动传统产业优化升级，近年来工业和信息化部提出培育发展若干世界先进制造业产业集群，促进制造业高质量发展。石化产业作为宁波市国民经济的支柱产业，以及宁波市重点打造的“246”万亿级现代产业集群之一，对促进宁波相关产业升级和拉动经济增长具有举足轻重的作用。通过对宁波石化产业总体发展规划的修编，有效厘清新形势、新理念下产业发展总体思路，有利于依托资源禀赋和产业生态，在长三角一体化背景下推动差异化发展，加强产业协同与循环利用，提升安全绿色发展水平，加强技术创新与国际合作，促进产业精细化、高端化，加快培育形成世界级先进制造业产业集群。

### （三）提质增效升级，建设“美丽化工”

**1. 系统梳理现状形势，提出基地规划范围和基础条件**

《规划》从国内外石化产业发展现状及趋势、主要石化产品市场环境以及国内外石化园区发展经验等方面全面分析了宁波石化产业的发展环境，并在充分分析浙江省、宁波市石化产业发展现状的基础上，阐明了宁波石化产业具有的港口、市场、产业基础等发展优势，以及节能减排、环境保护、国际石化产品低成本竞争等挑战，明确了以宁波石化经济技术开发区、宁波大榭开发区、宁波经济技术开发区石化区块为基地规划范围。在此基础上系统梳理了产业发展的基础条件，为产业规划方案的提出提供了依据。

**2. 统筹优化三大片区，“吃干榨尽”贯彻循环经济理念**

《规划》在产业方案、公用工程配套设计过程中贯彻循环经济发展理念，统筹优化基地三大片区的总体布局及公用辅助设施，通过新建高端石化项目延展产业链条，提高附加值，最大程度地将产业源头中各种物质“吃干榨尽”。同时，加强公用辅助设施的片区统筹，充分挖掘现有公用辅助设施潜力，加强公用设施统筹规划，完善基地安全、环保应急措施。通过统筹优化、有效促进，形成“空间布局连续、城市功能互补、产业定位相关、基础设施共享、上下物料互供”的总体设施布局，提升产业发展水平，建设世界一流的循环经济产业基地。

**3. 高屋建瓴系统谋划，切实贯彻高质量发展要求**

《规划》以国家宏观经济政策和产业政策为导向，以实现产业高质量发展为目的，充分利用基地良好产业基础及国内外两种资源，发挥宁波市特有的区位、港口和市场优势，以挖掘基地现有生产要素潜力为前提，以转变发展方式、产业结构调整为主线，结合当今国内外石化工业发展趋势和发展战略，对基地落后产能进行调整，着力调优；从区域协同角度选择高附加值的补链、延链产品，以高技术产品链，构筑高价值链，提升精细化工率。重点发展炼化一体化产品链、多元原料制烯烃、烯烃下游产品链、芳烃深加工产品链、精细化工产品链、聚氨酯深加工产品链等产业链条，谋划炼油乙烯源头及下游关键项目，通过 10 ~ 15 年左右的发展，形成 5 000 万 t 级炼油、700 万 t 级乙烯、300 万 t 级丙烯、800 万 t 级对二甲苯、千万吨级 PTA、120 万 t 级 MDI 生产能力，促进产业高端化、精细化发展，打造布局合理、定位清晰、特色突出、产品门类丰富、分工协作的石化产业集群。

**4. 准确预判资源环境承载，加快推进绿色低碳发展**

为建设发展优质、生态优良、环境优美、人与自然和谐相处的绿色石化基地，《规划》以绿色低碳发展为基本途径，以污染物总量减排为抓手，以能耗指标行业领先为要求，以安全稳定风险防范为着力点，加强绿色产业体系建设，在三大园区循环化改造的基础上，进一步谋划副产物综合利用、资源共享设施建设、能量阶梯利用、关键链接、污染物零排放、产业链延伸等一批项目，同时加强三大片区间的上下链接、联动协调发展。此外，根据规划项目对基地未来污染物排放总量及能源消耗总量进行合理预测，提出污染物治理和能源保障措施；针对石化产业邻避性的特点，对基地未来建设可能存在的安全及社会稳定风险隐患进行先期预判，提出针对性的风险防控防范及化解措施，确保规划项目的实施落地和规划目标的顺利实现。

## 四、项目实施情况

通过前期部门调研、园区 / 企业座谈、专家研讨，宁波国际投资咨询有限公司编制征求意见稿，征求宁波市各职能部门意见建议，并组织召开专家评审会议，形成《规划》正式稿。评审意见认为：《规划》思路清晰，具有创新理念，符合国家石化产业规划布局方案要求，有利于实现浙江省石化产业可持续发展，有利于宁波石化产业基地产业转型升级，对宁波市石化产业发展具有指导意义，对基地石化产业发展方向判定基本准确；《规划》提出的石化产业发展定位、发展目标、战略选择等具有前瞻性和可操作性。

项目情况如图 1 和图 2 所示。

图 1　宁波石化产业基地（镇海片区——宁波石化经济技术开发区）

图 2　宁波石化产业基地（大榭片区——大榭开发区）

## 五、项目主要参与人员

项目主要参与人员：蔡昭军、赵云峰、王金成、张传兴、姚启萍、谢瑜、郑勇建、姜晓春。

# 萧山区森林城市建设总体规划

浙江省森林资源监测中心

扫码查看原文

## 一、项目概况

2016 年 9 月，国家林业局印发了《关于着力开展森林城市建设的指导意见》（林宣发〔2016〕126 号），提出了着力推进森林进城、森林城市质量建设、森林城市文化建设、森林城市示范建设等八项任务。建设森林城市，是加快造林绿化和生态建设的创新实践，是推进林业现代化和生态文明建设的有力抓手。萧山区是杭州都市区东南门户，杭州主城的核心组成部分，正面临着 G20 和亚运会两大历史机遇，站在一个全新的历史起点上，顺势推进省级森林城市创建。项目建设投资 76.24 亿元。

## 二、项目内容

《萧山区森林城市建设总体规划》以下简称《总体规划》从 2016 年 1 月开始编制，当年 11 月完成。首先，在收集萧山区域内的绿地资源、生物多样性等基本资料基础上，进行系统综合评价分析，制定规划编制工作方案；其次，开展外业调查，包括规划布局、绿化现状、G20 绿化提升工程和补充调查等；再次，规划工作征求意见会，与相关部门沟通；最后，组织专家评审。在汲取规划评审会专家意见、优化规划结构基础上最终形成规划成果，整个规划由文本、附表、规划图组成。经杭州市萧山区人民政府批复同意实施。

## 三、项目成果特点

（1）《总体规划》围绕建设“美丽中国杭州样本”“两美”浙江示范区的发展大局，以举办 G20 峰会、亚运会和建设国际化城市为契机，全面提高城市森林生态系统服务功能和民生福祉，突出森林城市建设在生态文明建设中的地位和作用。

（2）调查分析森林城市建设情况，把握森林城市发展轨迹，清晰定位森林城市主题，量身打造森林城市特色，明确建设方向和建设内容。

（3）研究方法具有创新性和先进性。确定大气质量、地表水、空气负离子水平、空气细菌、天然照射贯穿辐射水平等关键因素，并对其进行定性与定量分析，研究评价森林城市生态环境质量，利用空气负离子测量仪对森林城市内的空气正、负离子进行了测量，采用统计工具对数据进行了处理分析。通过调查与收集整理相关资料，将城市内森林资源分为城市绿屏、城区绿地和平原绿化三大类，根据各大类的特点进行定量分析。按照生态学原则，将城区绿地分为公园绿地、附属绿地、生产绿地和防护绿地 4 个类型。

（4）凝练重点工程，具有可操作性。重点工程是全面推进森林城市建设，加速萧山区森林城市创建的重要载体，《总体规划》细致深入地与相关城市绿化建设部门开展了卓有成效对接，尤其是多次征求 G20 钱江世纪城绿化建设指挥部意见，最终形成了国际峰会城市绿化建设、珍贵彩色森林建设、湘湖三期建设、大坞山现代林业示范及生态科普教育基地建设四大重点工程。

（5）对指导新时期全国森林城市建设实践具有示范推广作用。《总体规划》按照《关于着力开展森林城市建设的指导意见》（林宣发〔2016〕126 号）这一新的要求开展深入研究，并且是首个以重大国际峰会为背景提升城市绿化基础设施的建设规划案例，规划成果对各地国家（省级）森林城市根据当地实际创造性地开展具有鲜明地方特色的森林城市建设活动，可以发挥较好的示范带动作用。

## 四、项目实施情况

森林城市是一个城市的“绿色名片”。萧山区借 G20 峰会之势，加快组织实施了一批绿化重点工程，有力推进全区绿化建设步伐。通过全面实施省级森林城市创建，全区新增森林面积 $1.353\times10^{7}\ m^{2}$（约合 2.03 万亩），总面积达 $2.743\times10^{8}\ m^{2}$（约合 41.14 万亩），新增森林覆盖率 1.4 个百分点，达 28.3%；新增平原绿化面积 $5.507\times10^{6}\ m^{2}$（约合 8 260 亩）。具体包括以下几个方面。①强化城市森林建设。投资 22 亿重点打造了集生态休闲、纪念文化、娱乐于一体的综合性钱江世纪公园、杭州国际博览中心空中花园等一批标志性、高品质现代公园，对人民广场、南江公园等 18 个公园进行了整体提升改造。②构筑城市生态绿网。组织打造绿色通道体系，按林路相依、林水相傍要求，重点对市心北路、奔竞大道、机场路、博奥路、金鸡路等 36 条主要城市道路进行打造提升，其中钱江世纪城建成道路景观绿化获 2017 年度浙江省“优秀园林工程”金奖。③着力建设美丽湘湖。在湘湖一期、二期成功建设的基础上，深入实施湘湖三期建设，重点推进湘湖三期南北景观带建设，投入资金 6 600 万元；森林已成为萧山区持续发展的重要资源和最大优势。森林生态功能得到充分发挥，水质不断改善，城区空气负离子平均浓度达到 994 个 $/cm^{3}$，全区空气质量优良天数持续增加。

## 五、项目主要参与人员

项目主要参与人员：汪锦辉、王翔、沈伟东、徐天乐、金久宏。

# 千岛湖森林彩化工程项目

浙江省森林资源监测中心

扫码查看原文

## 一、项目概况

千岛湖森林彩化工程项目是淳安县“十三五”时期完成的重大林业生态工程项目，该工程以改善森林景观效果、提升森林质量为主线，以芒干山治理和针叶林改造为重点，围绕千岛湖淳杨、千汾、进城大道三条景观线，努力营造景观优美、功能完善、结构稳定的森林群落。该项目获得2018—2019年度全国林业优秀工程勘察设计成果一等奖，2018年度全国优秀工程咨询成果奖浙江省优秀工程咨询成果二等奖。

## 二、项目内容

千岛湖森林彩化工程项目分为总体规划文本和分年度设计文本两大部分。总体规划中，围绕千岛湖淳杨、千汾、进城大道三条景观线，对沿线森林面貌、景观因子、旅游活动做了系统分析，构建了“三带游碧水、多彩绣青山”的彩化总体布局，规划了春花迎缤、金山枫红、桔漫千岛、古村香舍、桃源花海、茗竹彩绣、富美下姜、锦绣蓬瀛等八大森林主题景观，以及18处森林景观节点，分年度明确了具体的建设地块，并对营造方式、树种选择、植被类型等内容做了具体规划。在此基础上对习近平同志帮扶的下姜村的森林景观做了专项规划，提出了缤纷入口、醉美雅墅、斑斓凤林3个景观功能区，明确了建设内容，对下姜村绿化美化、乡村振兴具有重要意义。分年度设计文本按照总体规划的思路逐年开展设计工作。

本项目的难点主要体现在以下几个方面。

（1）建设地块的选择：淳安县是浙江省最大林业县，同时又是旅游大县，建设地块围绕湖区照面山及高速入城区域展开，包括千汾线、淳杨线、千黄高速，设计范围的线性长度高达150千米，如何在如此大跨度的范围内，结合现有的旅游资源、特色村庄、景观节点、森林资源现状来选取建设地块是一大难点。项目组通过收集资料、实地调研将规划范围内主要实施地块提取出来，分现状景观提升和新景观打造两个类型，对视域位置、影响度、提升潜力、村民支持度等进行权重设置，并分别打分，最后对所有设计地块进行排序、罗列出三年实施地块。

（2）主题景观的确定：淳安县以生态立县，高度重视生态旅游建设，围绕千汾线、淳杨线两条旅游轴线，打造了一批特色鲜明的园林景观，但总体上山体森林景观还存在缺乏震撼性景观、缺乏季相变化、局部破碎化等问题，如何围绕森林景观提升、壮大旅游产业来设计主题景观是一大难点。项目组通过实地调研、充分挖掘现有森林特色，同时借鉴省内外成功经验，在现有森林资源的基础之上，创新提出8个主题景观、18个景观节点，这是整个规划设计的点睛之笔。

（3）技术措施的设计：本项目建设地块类型非常复杂，从森林类型上看有马尾松林、杉木林、毛竹幼林、橘林、抛荒地、宜林地、破碎地，从土壤类型看有石灰土、紫色土、红壤、黄红壤、潮土，同时坡度、坡向、海拔、林下植被、林下更新情况差异巨大，如何针对不同情况设计不同作业措施是一大难点。项目组前期在外业调查时下足了功夫，设计了专门的外业调查表格，除了常规的两类主要数据外，还加入了作业距离、林下更新情况等因子，同时深入地块内部，拍照片留存，为具体的施工作业措施提供参考。

（4）农户利益关系的协调：建设地块的权属问题非常复杂，若设计思路没有和业主的意愿结合起来，轻者发生设计变更，重者引发社会问题，在具体设计时如何做好与农户利益的衔接是一个难点。项目组在外业调查时要求相关乡镇负责人、相关村书记、主任到场，与他们充分沟通，了解地块权属及种植意愿，并将设计思路与业主进行协商，在获得同意后才将该地块纳入建设范围，避免后期发生矛盾。

## 三、项目成果特点

（1）敢为人先。长期以来林业建设以生态林、用材林、经济林建设为主，景观林建设相对较少，淳安作为浙江省旅游大县，千岛湖蜚声海内外，其森林景观提升其实是历史发展的大趋势，在这个背景下，项目组在明确设计目的基础之上，提出“森林彩化”概念，与淳安“秀水富民、康美千岛”战略高度契合。林业建设存在造价低、见效慢等问题，本项目在维持森林生态功能的基础上，加大了作业强度，提高了用苗规格，综合造林单价远超一般山地造林，景观效果时间呈现大大提前，为森林彩化做了积极探索。本项目投资高、规模大、跨度长、方法新，在全国尚属首次，是全国山地景观造林的一次有益尝试。

（2）规划理念先进。本项目借鉴了国内外彩色森林案例，结合本地特色，创新提出“以绿为基调、以彩为点睛”“做足彩化文章、丰富彩化内容”“凸显景观主题、营造震撼景致”“契合旅游主题、拓展游赏内涵”“借用造景方式、创新造林方法”五大建设理念，并提出“规模造彩”“直接补彩”“间针添彩”“定向育彩”“经济林点彩”五大建设方式，为浙江省其他县市的彩色森林建设提供理论支撑。

（3）设计模式先进。建设地块现状林分布差异巨大，模式设计必须因地制宜、因树施策，在林相改造、人工造林的基础之上结合园林点缀、透景、排列等造景方式来优化传统营造方法，归纳出观叶、观花、观果、保健、经济林彩化等多种设计模式，即有“大而全”、又有“小而精”。

（4）概算方法先进。千岛湖彩化设计由于苗木规格明显大于传统造林用苗，并且工序措施复杂，材料类别多样，传统的以苗木费代替材料费，通过估算各工序单价来测算人机费的方法已经明显不适用，为准确计算投资额度，本项目将《浙江省营造林工程预算定额》（2014年试行版）（该定额相关成果已于2017年5月31日获浙江省科技厅科技成果登记，登记号17059053）与《浙江省园林绿化及仿古建筑工程预算定额》结合使用，大大提高了投资的准确性，其投资精度已经达到了预算的深度，同时与工程造林结合起来，明确了组织措施费、企业管理费、规费、利润、税金等费用，以及监理、招投标等费用，为工程全面建设提供资金依据，其投资计算方式是国内首创。

（5）设计措施先进。传统山地造林以挖穴、栽植、浇水等工序为主，措施相对简单。为最大程度保障造林成效，凸显彩化效果，在具体设计时，结合每个地块的不同情况，分别设计不同措施，如山坳谷底有积水风险的地块要求设计排水沟，汛期水位可能淹没的滩涂地要求用植生袋堆叠，以防被水冲倒等，这些工序对整个项目的效果呈现起到了积极作用，总体来看，千岛湖彩化工序设计先进合理，对优化传统造林工序有深远的促进作用。

## 四、项目实施情况

千岛湖森林彩化项目是淳安县“十三五”时期完成的重大林业生态工程项目，该项目以改善森林景观效果、提升森林质量为主线，努力营造景观优美、功能完善、结构稳定的森林群落。该项目的实施，对于把千岛湖打造成浙江省“省重点功能示范区”和“美丽杭州试验区”具有重要意义。本项目实施期 3 年，共建设彩色森林 $7.739\times10^6\,m^2$（约合 11 609 亩），分 21 个标段，总投资 7 334 万元，工程已于 2019 年 12 月全面竣工，在生态环境、景观改善、社会经济上产生了明显效益，达到了预期目的。目前千岛湖森林彩化工程项目已经成为浙江省森林综合改造的示范样本。

项目情况如图 1 所示。

图 1　项目实景图

## 五、项目主要参与人员

项目主要参与人员：方炎杰、王翔、周天焕、陶晶、叶军槐、陈军、许澄、余爱红、胡来庭、姚鸿文。

# 浙江省金义都市区森林城市群建设规划（2018—2027 年）

浙江省森林资源监测中心

扫码查看原文

## 一、项目概况

近年来，党中央、国务院高度重视森林城市建设，将其纳入国家发展战略层面，进行全面部署和推进建设，规划到 2020 年，建成 6 个国家级森林城市群和 200 个国家森林城市。金华市作为浙中门户，森林城市建设成果显著，已实现省级森林城市建设全覆盖，所辖县（市）在创建国家森林城市中均已获得国家林业和草原局备案，为贯彻“干在实处、走在前列、勇立潮头”的要求，金华市率先开展森林城市群规划建设工作，以期为全省乃至全国森林城市群建设提供经验借鉴。此项目自 2017 年 12 月开始，2018 年 9 月完成。

## 二、项目内容

首先，项目组前往珠三角开展调研，交流森林城市群建设经验；并收集区域绿色本底数据和相关规划，在此基础上，确定指标体系构建专题和规划编制工作方案；其次，开展多部门会谈，研究讨论规划需要解决的重要问题，开展外业调查；且先后召开部门论证会、中期专家咨询会和项目评审会，汲取相关部门、专家意见，优化规划结构，形成规划成果；最后，金华市政府于 2018 年 12 月批复同意实施《浙江省金义都市区森林城市群建设规划（2018—2027 年）》（以下简称《规划》），国家林业和草原局于 2019 年 3 月批准将金义都市区森林城市群列为国家级森林城市群建设试点。该《规划》详细分析了金义都市区森林城市群的建设现状，并在此基础上开展建设条件分析与评价，思路清晰，逻辑紧密，基础扎实。该《规划》创新性地开展了森林城市群建设指标体系构建专题研究和综合评价专题研究，对规划目标、建设内容、重点工程的设置都起到了提纲挈领的作用，分析过程翔实可靠，具有较强的指导意义。《规划》定位“金义一体、绿色引领，城林交融、浙中花园”的森林城市群主题，提出“一带、两屏、三网、多点”的总体布局，具有地域特色，符合地区城市发展需求，可操作性强。

## 三、项目成果特点

《规划》紧密围绕“森林浙江”和“浙江大花园”建设战略，以建设全国首个地级市森林城市群为目标，发挥森林在隔离城市组团并实现与城乡生态空间互联互通的作用，防止地区森林破碎化现象，为浙江省乃至全国森林城市群建设提供可借鉴、可复制、可推广的好经验。

（1）《规划》是贯彻落实中央决策部署的创新举措，具有示范引领全国县级森林城市群建设的重要作用。

（2）调查分析森林城市群建设情况，把握森林城市群发展轨迹，清晰定位森林城市群主题，明确建设方向和建设内容。

（3）开展专题研究，重点解决森林城市群建设指标体系构建和综合评价研究。

（4）研究方法具有科学性、先进性和创新性。

（5）结合区域基础条件，凝练重点工程，具有针对性和可操作性。

（6）对新时代背景下全国森林城市群建设具有示范作用。

## 四、项目实施情况

（1）交出“绿色之网”高分报表。森林城市群建设期间（2017—2021年），全市累计新造林面积 $7.933\times10^7\ m^2$（约合11.9万亩），年平均完成造林面积约 $1.6\times10^7\ m^2$（合2.4万亩）。今年我市新增造林面积 $1.3\times10^7\ m^2$（合1.95万亩）。目前，全市道路水系绿化率达95%，骨干生态廊道建成率达80.6%，人均城乡绿道长度为2.32 km/万人，区域森林覆盖率达61%以上，初步形成了城乡一体、功能健全的森林生态网络。

（2）交出“绿色屏障”高分报表。累计投资385亿元，打造金华江两岸彩色林带335 km、廊道绿道闭合圈363 km，“金彩三江、风华水岸”浙中最美生态走廊风貌初展，项目入选浙江省百个民生发展创新案例。建成各类自然保护地42处，提前完成浙江省委、省政府“至2035年自然保护地面积占国土面积10%以上”要求。

（3）交出“绿色产业”高分报表。建成省级现代林业经济示范区72个，林业企业1 000余家（其中国家级3家、省级36家）。每年举办义乌森博会、中国苗交会等重量级展会。投资21亿元成功打造金华十大名山公园。2021年全市林业总产值超600亿元。

（4）交出“绿色文化”高分报表。建成全国生态文化村（基地）7个、省级生态文化基地45个、自然教育基地8处。2017—2021年，累计投入8 000万元，保护古树名木3 066株，建成古树名木公园105个，实现“投资额度、保护株数、公园个数”三个全省第一。同时，每年开展各类生态科普活动40次以上，举办各类义务植树活动100余次，“植绿、爱绿、护绿”已成为广大市民的自觉行动。

项目情况如图1至图8所示。

图1　东阳市歌山画水公园

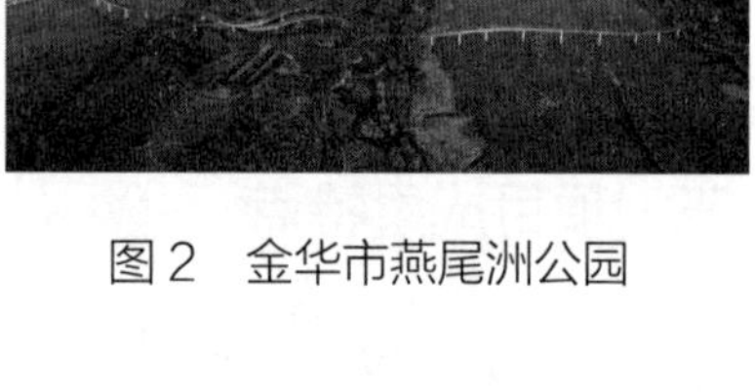

图2　金华市燕尾洲公园

图3 金华市金满湖省级湿地公园

图4 永康江绿化

图5 东阳市画水镇乐湾洲生态廊道

图6 浦阳江生态廊道（乔杉问渠）

图7 磐安文溪廊道——新城区滨水公园和绿道

图8 义乌市义乌江江滨绿廊

## 五、项目主要参与人员

项目主要参与人员：陶晶、翁卫松、王翔、沈剑、汪锦辉、杨绍钦、许澄、姚鸿文、张淮南、商天其。

# 义甬舟开放大通道建设规划

浙江省发展规划研究院

扫码查看原文

## 一、项目概况

义甬舟开放大通道以宁波—舟山、金华—义乌两大开放枢纽为核心，东联海上丝绸之路、西接丝绸之路经济带和长江经济带，是浙江省“十三五”时期规划建设的重大战略平台之一，也是浙江省服务和落实国家“一带一路”倡议和长江经济带战略，助推长三角世界级城市群建设，加快构筑新的增长极的重大战略举措。《浙江省开放型经济发展“十三五”规划》明确指出要加快构建义甬舟和沿海两大开放通道，把义甬舟开放大通道建成国际商贸物流功能突出、国际高端要素资源集聚、城市和产业国际竞争优势明显、开放型经济体制健全的战略性开放大平台。《义甬舟开放大通道建设规划》（以下简称《规划》）被列入浙江省“十三五”重点专项规划。

《义甬舟开放大通道建设规划》编制工作自2016年3月全面启动，共历时9个月。项目组对沿线各市县、海港陆港以及重点开放平台等进行了系统深入的调研，获得大量第一手资料；并多次组织交通、商务、经信等有关部门和行业专家进行研讨。其间，浙江省政府先后召开四次义甬舟开放大通道建设联席会议，项目组及时根据会议精神，征求各部门和有关地市意见，对《规划》进行修改完善。2016年12月5日，浙江省政府第77次常务会议审议并通过了《义甬舟开放大通道建设规划》。

## 二、项目内容

一是基于发展基础、背景形势，提出了建设义甬舟开放大通道的三方面战略意义。具体包括联动宁波、舟山和义乌三个“一带一路”倡议支点城市，发挥好宁波都市圈长江经济带“龙头、龙眼”作用，有利于加快落实国家共建“一带一路”倡议和长江经济带战略；发挥舟山群岛国家级新区、义乌国贸综合改革试点、中国（宁波）跨境电商综合试验区等开放平台和改革试点集成优势，有利于加快构筑开放型经济新体制新格局；提升宁波和金义两大都市区发展能级，吸引高端要素集聚，带动衢州、丽水等周边地区开放发展，有利于加快形成新的增长极。

二是提出义甬舟开放大通道建设的总体思路和战略布局。围绕“两核一带两辐射”的总体战略布局，加强陆海统筹、内外统筹、政企统筹，对内辐射拓展内陆腹地，对外联通共建“一带一路”国家，努力把义甬舟开放大通道建成国际商贸物流功能突出、国际高端要素资源集聚、城市产业和国际竞争优势明显、开放型经济体制健全的战略性开放大平台，成为落实国家“一带一路”倡议和长江经济带战略的重要引擎，浙江经济新的增长极。

三是部署推进六项主要任务。第一，打造内联外畅大交通体系。第二，建立国际商贸物流重要枢纽。第三，推进高能级开放平台建设。第四，培育具有国际竞争力产业集群。第五，提升中心城市国际化发展水平。第六，构建开放发展大协作机制。

四是规划确定重大平台、工程和项目。为了更进一步突出系统性、战略性和牵引性，重点着眼于近期工作，规划确定了六大发展平台、七大工程和一批重大支撑性项目。重大支撑性项目分为交通基础设施互联互通、开放平台、城市国际化、产业转型发展、国际产能合作五大类，涉及总投资近 2 万亿元。

五是细化“四个强化”的规划实施保障。具体包括强化组织领导、强化政策支持、强化改革牵引、强化监督落实，形成体系化、闭环式的规划实施推进格局。

## 三、项目成果特点

一是有开创，对外开放和区域规划有机结合。义甬舟开放大通道建设规划是全国第一个以开放为主题、跨行政区划的省级区域规划。同时，规划着眼国际和区域发展大格局，率先谋划提出“两核一带两辐射”的大通道总体布局。

二是有站位，服务国家大局和浙江开放强省有机结合。在《规划》编制中突出浙江心怀“国之大者”，把服务国家战略放在首要位置，进而提高浙江综合运用国际国内两个市场、两种资源的能力，构筑浙江全面开放新格局，加快形成新的增长极。

三是强改革，将区域开放发展和体制机制创新相结合。一方面，对外要创新开放型经济体制机制，同时发挥好宁波跨境电子商务综合试验区和义乌国际贸易综合改革试点的作用，努力成为制度型开放的先行示范。另一方面，金华—义乌都市区应当对现有“省管县”体制进行创新和突破，推动金华市区和义乌双向聚合发展，合力共建综保区、自贸区、跨境电子商务综合试验区等重大平台，增强双城发展的联动性和协作度。同时，绍兴特别是新昌、嵊州、诸暨等县市要主动融入义甬舟开放大通道建设。

四是强操作，以重大平台、重大产业、重大工程、重大改革、重大政策、重大项目“六个重大”将《规划》落在实处。《规划》系统梳理提出 6 大发展平台、“5+1+4”重大产业体系、7 大示范性工程、4 项重大改革（大通关体制改革、对外贸易改革、义甬舟协同发展机制改革、行政审批制度改革）、金融、财政、要素 3 类配套支持政策，有较强的战略性和可操作性。

## 四、项目实施情况

（1）项目成为义甬舟开放大通道“1+5+5”规划体系的统领性规划，有效指导“十三五”时期义甬舟开放大通道建设，成为浙江省开放主题省级区域规划编制的重要创新实践。

（2）在《规划》编制过程中，规划思路等阶段性成果两次上报浙江省政府有关领导，并得到批示，相关内容被《浙江省国民经济和社会发展第十三个五年规划纲要》《浙江省开放型经济发展“十三五”规划》等吸收采纳。

（3）项目获得 2017 年度全国优秀工程咨询成果奖一等奖、浙江省工程咨询成果奖二等奖。

## 五、项目主要参与人员

项目主要参与人员：朱李鸣、施纪平、陶永亮。

# 浙江省能源发展“十三五”规划

浙江省发展规划研究院

扫码查看原文

## 一、项目概况

《浙江省能源发展“十三五”规划》（以下简称《规划》）是浙江省省级“十三五”规划编制目录确定的重点专项规划之一，是指导浙江省“十三五”及中长期能源发展的重要依据。《规划》编制以党的十八大，十八届三中、四中、五中全会精神和习近平总书记关于能源工作系列重要讲话精神为指导，立足“三个导向”，从实现“五个转变”上进行重点谋划。

## 二、项目内容

本规划从能源保障、能源结构、重大项目建设、能源技术和装备产业、能源综合管理五个方面对“十二五”能源发展成就进行回顾与总结，对“十二五”能源发展存在的困难和问题进行深入分析，对“十三五”能源发展面临的新形势、新要求、新挑战进行展望，并对“十三五”及中长期的能源需求进行总量、结构预测。本规划提出“十三五”时期能源发展的指导思想、基本原则、总体目标、总量、结构及节能减排目标等，提出优化能源发展布局、大力推进能源消费革命等六个方面的重点任务和五个方面的保障措施，并进行规划环境影响评价，提出重大能源项目表。

## 三、项目成果特点

（1）本规划分别通过国家能源局评审和浙江省能源局评审，获得领导和专家好评，相关成果获得省领导批示。

（2）本规划首次对浙江省“十二五”能源发展成就进行了全面总结评价，统一了能源基础数据，构建了数据库。

（3）本规划创新性地对能源需求预测方法进行了改进，首次增加 $PM_{2.5}$ 减排、碳减排、用能成本变动、重大项目用能需求等特色变量。

（4）本规划创新性地提出浙江省“十三五”能源发展的思路和基本原则、发展路径。

（5）本规划创新性地构建了研究与规划衔接、总体规划与专项规划互动、省级规划与国家、市县联动的组织架构和工作模式。

## 四、项目实施情况

本规划于2014年下半年启动编制工作，历时约两年，主要分四个阶段。

第一阶段，规划调研和前期课题研究。在广泛调研、深入研究基础上，完成了"'十三五'时期浙江省能源供求形势和能源基础设施建设研究""加快清洁能源发展促进'两美浙江'建设研究"和"浙江省'十三五'及中长期能源需求预测专题研究"等前期课题。

第二阶段，形成规划思路稿和初稿。在前期课题研究基础上，着手组织规划编制工作。于2015年5月完成了规划思路稿，规划的主要指标征求了省级部门、单位及专家的意见，并与国家能源局进行了初步衔接。7月完成规划初稿，与11个设区市的能源规划进行了衔接。12月14日，将能源规划的有关情况向时任常务副省长作了书面汇报，12月18日向国家能源局作了专题汇报。

第三阶段，广泛征求意见、衔接、专家评审和完善阶段。国家能源局于2016年2月1日书面出具了《关于浙江省能源发展"十三五"规划的衔接意见》（规划司函〔2016〕136号），对浙江省能源消费总量、煤炭消费量、天然气消费量、全社会用电量等几个主要指标提出了衔接意见。根据部门、单位、专家、各市意见及国家能源局的衔接意见，项目组对《规划》进行了多次修改完善，数易其稿，形成了征求意见稿。2016年2月5日，再次书面征求了16个省级部门和单位、11个设区市政府意见，以及省发展改革委相关处室的意见，根据反馈意见再次进行了修改完善。3月25日，组织了专家评审，获得一致通过，并根据专家意见再次进行了修改。4月12日，国家能源局组织专家对《规划》进行了初审，根据初审意见再次修改完善。随后《规划》经浙江省发展改革委主任办公会议和浙江省政府常务会议研究通过。

第四阶段，规划成果由省政府发布，部分成果被国家能源发展"十三五"规划借鉴并应用于省内有关规划等。本规划经省政府常务会议审议通过，由省政府发布（浙政发〔2016〕107号），并通过国家能源局组织的评审，国家能源局批复规划。其中部分成果被国家能源发展"十三五"规划借鉴，且中间成果直接应用于《浙江省国民经济和社会发展第十三个五年规划纲要》（第七章第二节）等。本规划直接指导了《浙江省电力发展"十三五"规划》《浙江省煤炭石油天然气发展"十三五"规划》《浙江省可再生能源发展"十三五"规划》等专项规划以及各市、县（市、区）能源规划编制。该成果为浙江省制定能源、环境等领域的行动计划、政策提供了重要依据，依据该规划，浙江省制定并颁布《浙江省"光伏小康工程"实施方案》《关于实施全省天然气"县县通"专项行动计划的通知》等。

项目情况如图1至图4所示。

## 五、项目主要参与人员

项目主要参与人员：何恒、范玲、陈丽君、马攀、吴洁珍、丁哲澜、俞东芳。

图 1　浙江省首个海上风电场普陀 6 号项目

图 2　浙江省首个液氢储氢加氢站

图 3　国内首座大型民营 LNG 接收站——舟山 LNG 接收站

图 4　杭州瑞银街全国首座“电动汽车充电站微综合体”

# 杭州城西科创大走廊规划

浙江省发展规划研究院

扫码查看原文

## 一、项目概况

《杭州城西科创大走廊规划》（以下简称《规划》）通过全面评估大走廊的发展水平，剖析创新发展存在的问题，从而提出空间走廊构筑、创新链强化、产业链拓展、资本链部署、交通体系打造、服务功能导入及实施保障机制等方面内容。

## 二、项目内容

（1）现状评析方面。从生产力水平、科研能力、创业创新环境、自然生态环境等方面评价取得的成绩，《规划》分析提出科创大走廊是杭州创新资源主要集聚地，依托杭州城西科创产业集聚区的快速建设，已逐渐显现出产城融合发展、创新创业活跃的科技新城雏形。同时提出发展存在的短板，受开发年限、产业类别、区位环境等因素影响，区域工业总产值及服务业营业收入、创业投资等方面与北京中关村、上海张江、武汉东湖等地相比还有较大的差距。区域内重大基础设施还不尽完善，缺乏医疗、文体等大型优质公共服务设施，区域交通规划布局明显滞后，公共交通服务能力薄弱，与主城区快速联系通道不畅，与门户枢纽联系效率不高，缺少大型综合交通枢纽，区域通勤效率低下。区域管理体制亟需理顺，科创大走廊涉及西湖区、余杭区和临安区及相关高校，管理主体较多，较难形成统筹规划、统筹开发、统筹管理的合力。

（2）总体定位方面。深入实施创新驱动发展战略，向创新要红利，向改革要动力，向人才要后劲，加强开放合作，充分发挥浙江大学等知名高校、阿里巴巴等知名企业的发动机作用，推进政府、市场协同发力，推动新技术、新业态、新模式、新产业发展，建成国际水准的创新共同体、国家级科技创新策源地、浙江创新发展的主引擎，努力打造全球领先的信息经济科创中心。同时依托大走廊空间，强化创新链、拓展产业链、部署资本链，推动科技与经济结合、技术与资本联姻、见物与见人并重，实现科技创新由“跟跑”“并跑”向“领跑”跨越发展，打造形成一廊三链的科创大走廊创新创业生态圈。

（3）空间布局方面。聚焦高校、科研院所、特色小镇等创新载体，依托城西优越的生态环境和创新基因发展布局，构建“一带三城多镇”的空间结构，“一带”即东西向联结主要科创节点的科技创新带、快速交通带、科创产业带、品质生活带和绿色生态带，“三城”即浙大科技城、未来科技城、青山湖科技城，“多镇”即大走廊沿线分布的特色小镇和创新区块。

（4）创新链方面。强化需求导向，按照“创新链＋产业链＋资本链”三链融合发展要求，突出浙江大学创新引领作用，加快打造国家级创新平台，强化国际创新联盟，推进技术成果转化，开展知识产权交易等，发挥创新引领作用。

（5）产业链方面。落实“中国制造 2025”和“互联网＋”发展战略，突出高、精、尖的产业发展方向，瞄准世界先进技术，紧紧咬住产业创新，重点培育、引进、转化一批能奠定未来产业发展方向的企业和项目，形成“1 个引领融合 +6 个重点培育”产业体系。

（6）资本链方面。注重渠道活跃，大力发展创业风险投资，积极完善科技金融服务体系，积极借力多层次资本市场，推动培育创新创业融资新模式，构建覆盖创新创业全链条的多层次、多渠道、多元化投融资支撑体系，打造更具活力的创新创业生态系统。

（7）交通体系方面。注重外联内畅，以服务科创大走廊为核心，统筹铁路、公路、水路、航空、城市交通建设，构建以铁路枢纽为核心，以道路网、轨道网、地面公交网为支撑的“一核三网”综合交通体系，实现“15 分钟进入高速网、30 分钟到达杭州主城区中心、1 小时通达杭州东站和萧山国际机场两大门户”的目标。

（8）服务功能方面。以职住平衡、提高服务效率、优化服务品质为导向，重点推进国际化功能服务配套，加强优质省市级公共服务设施覆盖，完善基础性公共服务设施布局，系统性提升整体建设和服务品质，致力打造更加和谐的社会生态系统。

（9）保障机制方面。围绕各类创新主体的需求，提高政府公共服务与企业实际需求的契合度，通过强化针对性的制度供给，实现政府权力的减法、除法换取市场活力的加法、乘法，致力打造更有效率的政务生态系统。

## 三、项目成果特点

针对本次规划工作的难点和复杂性，项目组综合采用了链条式服务、系统分析和最优比较分析、定性分析和定量分析等方法。

（1）链条式服务。参与起草前期上呈省政府的汇报材料，提出若干大走廊建设方案比选，供主要领导决策参考。在主要领导决策的基础上启动《规划》编制工作，及时做好与相关部门、沿线区县的沟通衔接工作，过程和成果环环相扣，充分体现链式特色咨询服务。

（2）系统分析和最优比较相结合。针对科创大走廊的空间范围，《规划》系统整理和分析区域的用地空间、科创资源、产业基础、自然生态等情况，提出了不同的空间方案，对每个空间范围进行客观评价，最终选择最优建议模式。

（3）定性分析和定量分析相结合。除对杭州城西科创大走廊区域发展状况进行定性描述外，《规划》中还涉及对生产力水平、科研实力、发展愿景进行定量评价和设定，形成科创产业发展评价的创新性指标体系。

（4）前瞻性与操作性相结合。《规划》遵循国际对标，提出总体定位、发展路径、总体目标的同时，在大走廊的四至边界、科创政策、交通通达性、要素保障等方面提出可操作的举措和安排。

（5）经验借鉴和实际问题相结合。学习借鉴国内外科创走廊的发展模式，同时结合实际调研，对杭州城西东西向 30 km 大走廊建设中存在的问题，有针对性地重点考虑和解决。

（6）同行评议和专家咨询相结合。借鉴国内科创产业领域兄弟院所的成熟经验，邀请政府政研室、政府咨询委等研究机构专家、高校专家、学者参与课题咨询，集中智慧、用活智慧。

## 四、项目实施情况

本规划对杭州城西科创大走廊各环节建设发挥了积极作用。2016 年 8 月，结合本规划总体内容，浙江省政府召开杭州城西科创大走廊建设动员大会，向社会公开发布实施《杭州城西科创大走廊规划》。本规划作为省政府实施创新驱动发展战略、补齐科技创新第一短板、推动供给侧结构性改革的重要举措，对强化浙江省科技创新、支持人才创业、加快转型升级具有重要意义。

2017 年上半年，杭州市政府根据本规划的主要空间布局、交通体系，有针对性地编制了《杭州城西科创大走廊空间总体规划》《杭州城西科创大走廊综合交通规划》等专项规划。同时，结合本规划对体制、要素、人才等方面提出的要求，杭州市从创新审批体制、专项资金、运行机制、人才服务机制、土地利用管理等多方面给出了具体支持政策。

## 五、项目主要参与人员

项目主要参与人员：周世锋、郭鹏程、苏斯彬、王琳、胡思琪。

# 浙江省“十四五”规划基本思路研究

浙江省发展规划研究院

扫码查看原文

## 一、项目概况

“十四五”规划是全面开启高水平建设社会主义现代化国家新征程、向第二个百年奋斗目标进军的第一个五年规划，意义十分重大。2019 年 6 月，经省政府同意，浙江省发展改革委组织“十四五”规划前期重大课题承担单位公开遴选。浙江省发展规划研究院作为“十四五”规划基本思路研究课题的三家承担单位之一。第一时间由周华富院长率领宏观经济、战略研究、区域发展、产业发展、社会发展、基础设施、城镇发展等七个专业所充分发挥各专业所专业特长，开展了优化省域空间布局、推进大湾区大花园大通道大都市区“四大”建设、现代产业体系发展、服务业高质量发展、人口中长期发展、社会信用体系建设、能源发展、海洋经济发展等 11 项专题研究。在项目研究过程中，浙江省发展规划研究院深入各厅局部门、市县开展前期调研，获得第一手资料；组织召开了浙江“十四五”规划发展面临的主要问题与突破思路等专家研讨会，邀请省咨询委、浙江大学等省内外一流智库的专家学者开展专题研讨、参与专项课题研究的研讨会、咨询会征求意见会，进行多轮迭代完善。最后经省发展改革委组织专家评审修改后形成最终研究成果。

## 二、项目内容

（1）现实基础——高水平全面小康的浙江。主要围绕经济发展、省域治理、文化建设、人民生活、生态环境五个方面阐述了浙江高水平全面建成小康社会的重要成就，指出产业升级不快、创新短板突出、民营经济先发优势弱化、城市化质量偏低、开放平台竞争力不强、优质公共服务供给不足等不平衡、不充分问题，需要在“十四五”时期给予高度重视。

（2）阶段特征——新方位、新机遇、新挑战。一是确立浙江现代化建设的新方位；二是把握好五大战略新机遇；三是应对好五方面严峻挑战。

（3）总体思路——打造高质量增长极，建设高水平先行省。一是提出确立以人为核心的 2035 年现代化浙江建设愿景；二是提出“十四五”时期的一体化打造面向世界的强劲活跃增长极，全面开启以人为核心的现代化浙江建设新征程的“12345”总体构想；三是谋划凸显浙江担当的发展目标：“两个确保一个先行”。

（4）核心任务——践行新发展理念的浙江行动。一是创新发展，加快产业迈向全球价值链中高端；二是协调发展，构筑高质量、一体化的区域城乡发展新格局；三是绿色发展，打造人与自然和谐共生的全球样板；四是开放发展，实施更加主动、双向共赢的国际化发展战略；五是共享发展，提升高质量公共服务的供给能力。

（5）系统保障——若干重点举措。一是率先打造国际一流水平营商环境，以“最多跑一次”改革为引领，坚持所有制中性、竞争中性，聚力打造最优投资环境省、最低营商成本省和最佳政务服务省；二是加快推进省域治理体系和治理能力现代化建设。

## 三、项目成果特点

（1）在对比对标中准确研判“十四五”时期面临的新发展阶段。牢牢把握从高水平全面小康走向高水平推进社会主义现代化的时代要求，从衡量国内、对标国际、比照先进三个维度，运用小康社会建设指标体系、联合国人类发展指数等指标工具比较分析浙江全面建成小康社会建设的完成情况和推进现代化建设的基础水平，深入分析面临的百年未有之大变局这一大背景，运用大数据等新手段对浙江人口深度老龄化等问题进行了研究，准确研判在“十四五”这一新的历史发展阶段浙江所处的新起点、新方位，认清形势、看清短板、找准问题，力求在大变局中开新局、占先机。

（2）战略性地提出面向2035的现代化浙江建设愿景和“十四五”时期经济社会发展“12345”的总体构想。面向2035，瞄准高水平基本实现社会主义现代化和以人为核心的导向，注重“包容性发展”“普惠式发展”，提出在2020年高水平全面建成小康社会基础上再奋斗十五年，努力将浙江打造为全球数字经济创新策源地、全国现代化建设先行区、区域高质量发展新引擎的战略愿景。立足“十四五”，提出“12345”的总体构想，“1”是以高质量发展为第一要务，“2”是紧紧依靠改革与开放两大根本动力，“3”是充分发挥浙江“三个地”的优势，“4”是深入推进大湾区大花园大通道大都市区“四大建设”，“5”是深入践行创新、协调、绿色、开放、共享等新发展理念。

（3）凸显浙江担当，研究提出高质量打造增长极、高水平建设先行省的目标定位。按照一体化打造面向世界的强劲活跃增长极、全面开启高水平现代化浙江建设新征程的总要求，提出要打造社会主义现代化建设先行省，并根据经济、政治、文化、社会、生态“五位一体”总体布局，提出经济高质量发展、市场化改革和开放型经济、城乡文明建设、民生幸福和社会治理、可持续发展五个方面的先行省建设目标。

（4）紧紧围绕贯彻新发展理念进行主要任务的谋篇布局。将践行新发展理念的浙江行动作为“十四五”浙江经济社会发展的核心任务，就创新发展，加快产业迈向全球价值链中高端；协调发展，构筑高质量、一体化的区域城乡发展新格局；绿色发展，打造人与自然和谐共生的全球样板；开放发展，实施更加主动、双向共赢的国际化发展战略；共享发展，提升高质量公共服务的供给能力等方面进行了系统研究。

（5）突出问题导向、目标导向，提出一系列具有创新性、针对性的举措建议。特别是针对重大科技基础设施薄弱、都市区中心城市不强、山区海岛城市萎缩、中美贸易摩擦、开放平台弱、高质量公共服务供给能力不足、老龄人和婴幼儿关怀服务等问题和短板提出了增强硬核科技力量、大力发展新型研发机构、深入都市区一体化、实施“小县大城”战略和县城成长计划，构建“一带一路”和发达国家市场协同，商品贸易和服务贸易、出口和进口并重的双回路，推动产业链全球布局和浙江企业扎根计划，推动自贸试验区“一区多片”，超常规补齐高等教育短板、实施医学高峰计划、健全幼托育服务体系等重要观点。围绕浙江“三个地”和重要窗口担当，提出率先培育世界级产业集群、打造长三角创新发展极、创新“两进两回”城乡融合发展新机制，全面建设“无废城市”和推行生态系统生产总值（Gross Ecosystem Product，GEP）核算、积极参与全球治理等新举措新目标。

（6）突出以改革引领强化发展保障。突出集成化、数字化、系统性、首创性的改革要求，提出深化“最多跑一次”改革、打造“整体智治”数字样板等创新性改革举措。

## 四、项目实施情况

（1）本研究项目具有较强的思想性、富有理论意义和实践意义，较好地达到了研究目标与要求，具有一定的创新性和科学性，研究成果结构严谨规范、逻辑清晰、语言流畅，具有一定的可转化应用性。

（2）本研究项目中的分析和论证为浙江省“十四五”规划编制工作提供了扎实的基础，提出的关于创新发展、协同发展、绿色发展、开放发展、共享发展等重点任务，有相当多的举措建议被浙江省发展改革委起草的《浙江省“十四五”规划基本思路稿》、编制的《浙江省“十四五”规划和二〇三五远景目标纲要》采纳。

（3）项目获 2019 年度浙江省发展规划研究院院优秀咨询成果奖（课题研究类）一等奖；2020 年度全国优秀工程咨询成果二等奖。

## 五、项目主要参与人员

项目主要参与人员：周华富、朱李鸣、施纪平、于蕾、张娜、朗金焕、郑晓峰、柯敏、楼小明、周洲。

# 浙江省诗路文化带发展规划研究

浙江省发展规划研究院

扫码查看原文

## 一、项目概况

2019 年浙江省委、省政府部署实施大湾区大花园大通道大都市区建设，提出要以浙学文化、水系古道为纽带，打造浙东唐诗之路、大运河诗路、钱塘江诗路、瓯江山水诗路等四条诗路。四条诗路形似金文字形“文”，文化之魂深深镌刻在浙江发展的大地上，既是千年优秀历史文化走廊，也是新时代文化生态长廊，形成文化强省建设的形象语言和具象标识。四条诗路的空间范围覆盖全省 11 个地市，体现了浙江的文化之美、生态之美、气韵之美、活力之美，形成全省美美与共的生命体。

《浙江省诗路文化带发展规划研究》（以下简称《研究》）通过“诗”这个点睛之笔，以诗（诗词曲赋）串文（文化），在系统分析浙江诗路文化的历史背景、优势和问题的基础上，围绕浙江诗路文化传承发展的总体思路、空间布局、重点领域以及政策机制开展系统研究，以“文”为统领，打造“一文含四带，十地耀百珠”的诗路文化空间形态，全面系统推进诗路文化带建设，是一项重大创新性研究。新时代推进诗路文化带建设，是承载浙江文化振兴和产业发展的综合平台，是推进人文浙江建设的时代亮点，是美丽大花园建设的诗意灵魂和标志性工程，对打造现代版“富春山居图”，打响“诗画浙江”金名片，建设新时代，全面展示中国特色社会主义制度优越性“重要窗口”具有重要意义。

## 二、项目内容

本研究提出诗路文化带建设要贯穿“一条思路”、梳理“一个理念”、立足“两个要求”、突出“两个特征”、体现“四个力”，把握“四个字”。以诗串文、以路串带，串联浙江文化精华之“链”、诗画山水之“链”、全域发展之“链”，推进优秀传统文化的活化、物化和升华，提出打造传颂浙学深厚底蕴的魅力人文带；串联浙江诗画山水的黄金旅游带；树立“两山”实践标杆的美丽生态带；聚焦高质量发展的富民经济带；推动国际文化交流的合作开放带。高质量建设蕴含“诗心自在、画境天成，浙学精义、东方意蕴”文化精髓的华夏文明弘扬发展示范区，在山水与诗情中绘就现代版“富春山居图”。

（1）贯穿“一条思路”：串珠成链。按照“五幅地图”，以“诗”这个点睛之笔，通过“以诗（诗词曲赋）串文（文化）、以路（水系古道）串带（诗路文化带）”进行谋篇布局。“以诗串文”：按照“文以诗始、文成浙学、学以载道、道引文治”，以“诗”串联各地区域文化，形似金文字形“文”的浙学版图，既表现诗路的审美意象，又体现浙学的智性意蕴。“以路串带”：提出“一环联四带、十地聚百珠”的诗路文化发展空间布局，即一个浙学文化核心环、四条诗路文化带、十个区域文化高地、百个特色文化明珠。

（2）树立“一个理念”：全域大景区塑造。结合“文”的具象形态覆盖全省域特点，将整个省域作为大景区来谋划，率先在长三角乃至全国对优秀传统文化传承创新实行创造性转化，构建省域文化旅游大景区。

（3）立足“两个要求”：原真性和包容性。项目组提出“诗不仅仅是‘诗’，‘诗’体现的是浙学文化；路不仅仅是‘路’，‘路’体现的是发展道路！”立足诗路文化的原真性，尊重历史，尊重文化，符合时代精神，梳理文化浙江的内涵外延、逻辑关系、功能作用、属性形态等，尤其是浙学文化的兼容并蓄、融合创新的特点。

（4）突出“两个特征”：差异性和典型性。根据诗路文化古踪、名山秀川、灵峰异壑、海岛风光等交相辉映的地理特征和文化特质，进一步擦亮优秀传统文化的金名片，提出了“四条诗路”的差异性发展路径、每条诗路的典型性文化主题印象、重点项目和千万级景区（群）培育建设要求。

（5）体现“四个力”：“山水为色，文化为魂”，全面增强诗路文化的历史穿透力、文化吸引力、生活舒张力和自然亲近力，将历史、文化、生活、生态有效融合在一起，在历史穿行和文化渲染中体验诗路的高品质生活和高质量发展，打造具有较高知名度的诗路文化带。

（6）把握“四个字”：一是“文”字，要用优秀文化把诗路串联起来，以文化引领新时代；二是“活”字，要做好优秀传统文化的活化、物化和升华的文章；三是“质”字，要在诗路文化带高质量、竞争力、现代化建设上下功夫；四是“融”字，要促进文化与城镇建设、产业培育、文化旅游融合、研学教育、乡村振兴等融合。

本研究提出以主要水系、古道和现代交通为纽带，打造“一文含四带，十地耀百珠”的诗路文化空间形态。

（1）“一文”——塑造诗路文化具象形态。由大运河、曹娥江、椒江、楠溪江、瓯江、金华江、钱塘江等主要水系、古道和现代交通合围而成，以晋唐以来诗人行迹、水系交通、浙学学脉、名城古镇、遗产风物为主要特征，形似金文字形（“文”）的诗路文化版图，勾勒形成浙江新时代文化生态长廊，千年之“文”之魂深深镌刻在浙江发展的大地上，成为文化强省建设的形象语言和具象符号，丰富了浙学内涵。

（2）“四带”——四条诗路文化带。以具有典型山水形态、诗词篇章的四条诗路作为重点打造的文化带，构成文化强省建设的四条“金丝带”，即大运河诗路文化带、钱塘江诗路文化带、浙东唐诗之路文化带、瓯江山水诗路文化带。

（3）“十地”——十个区域文化高地。以诗路文化带当中区域文化鲜明、经济实力较强、人口空间集聚、辐射带动明显的城镇文化圈为重点，打造十个区域文化高地，即江南运河文化高地、钱江潮涌壮怀地、古越文化高地、海上诗路启航地、宋元婺学文化高地、南孔文化圣地、富春山居诗画胜地、佛道名山文化圣地、中国山水诗发祥地、“两山”生态文化萌发地，形成“以面提线”的效果。

（4）“百珠”——百个特色文化明珠。以诗路文化带中，被历代诗词所传颂、具有鲜明文化主题但又散布在各地的点状区块为重点，打造文博古迹、美丽非遗、名城古镇（村）、山水及海洋文旅、文化创意产业、农耕及工业遗址等六大类百个特色文化“明珠”，形成“百花齐放”格局。

## 三、项目成果特点

开展诗路文化带建设，在全国是率先探索，是创新工作。本研究提出，“诗”不仅仅是诗，“路”不仅仅是路，“诗”体现了浙学文化，“路”体现了发展道路。无论是规划的时代立意、内容文字表达，还是规划的方法创新、工作融合协同等，都跳出“规划论规划、文化论文化”的范畴。

（1）首次开展省域诗路文化大调查和学理研究，梳理出“五幅地图”。开展为期8个月的诗路文化和旅游资源大调查，实地走访40多个市、县，与当地政府和文化人交流600多人次，收集各地诗词资源万余首，其中代表性诗篇1 000余首并将其汇编成册，研究团队梳理出诗人行迹图、水系交通图、浙学学脉图、名城古镇图、遗产风物图 “五幅图”

（2）首次将浙江诗路空间形态提炼为金文字形“文”的具象空间形态。研究发现由水系、古道和现代交通合围而成的诗路主线形似金文字形“文”，是浙江诗路文化的具象标志。以“文”具象标识为核心，提出打造“一文含四带，十地耀百珠”的诗路文化发展格局，即塑造诗路文化具象形态“一文”，建设四条诗路文化带，发展十个区域文化高地，培育百个特色文化明珠。

（3）首次提出全域大景区塑造理念。将整个省域作为大景区来谋划，率先在长三角乃至全国对优秀传统文化传承创新实行创造性转化，构建省域文化旅游大景区。《研究》提出“五个强化”的思路，即强化线路串联、强化服务串联、强化信息串联、强化品牌串联、强化精品淬炼等，提炼“十个文化旅游精品主题”，建设若干条城乡绿道和森林古道等，将历史、文化、生活、生态有效融合在一起，在历史穿行和文化渲染中体验诗路的高品质生活和高质量发展。

（4）首次提出“四条诗路”的主题内涵和差异性发展路径。根据每条诗路特色，提炼其主题内涵和文化印象，浙东唐诗之路以文化名山名人名景名岛等为主要载体，展现“兰亭流觞，天姥留别”的文化印象；大运河诗路以世界文化遗产和江南水乡名城古镇为主要载体，展现“千年古韵，江南丝路”的文化印象；钱塘江诗路以名城名学名江名湖和沿江风光、海潮为主要载体，展现“风雅钱塘，百里画廊”的文化印象；瓯江山水诗路以自然生态山水、文化古村和非遗技艺为主要载体，展现“山水诗源，东南秘境”的文化印象。在此基础上提出诗路文化带的主要建设内容和工程。

（5）充分运用大数据技术支撑诗路文化研究工作。运用手机信令大数据，对诗路沿线各县、市、区和重点旅游景区的游客量和结构特征进行的量化分析，为谋划诗路旅游产品和线路设计提供量化支撑。

## 四、项目实施情况

（1）成果转化为《浙江省诗路文化带发展规划》，由浙江省政府印发实施（浙政发〔2019〕22号）。通过研究使各级部门和地方就文化带建设方向逐步达成共识，带动沿线各地深入挖掘弘扬传统文化，推动文旅产业发展，促进沿线各地特别是山区加快实现经济绿色生态发展。

（2）相关调研报告得到省领导批示。起草的《浙东唐诗之路黄金旅游带建设现状、存在问题及下一步工作建议》（浙江政务信息专报第445期）得到省领导的批示。

（3）成果为诗路文化学理研究提供重要基础。研究成果被省社科联列为“2019 年度省新型智库课题”，项目组撰写的《诗路文化带建设要防止“五个误区”》发表于《浙江经济》，为政府决策提供参考。

（4）多家媒体对规划内容进行了密集报道。2019 年 12 月，浙江省政府新闻办举行《浙江省诗路文化带发展规划》新闻发布会，浙江卫视等主流媒体进行了报道。

## 五、项目主要参与人员

项目主要参与人员：吴红梅、范玲、王晟、丁哲澜、陈烨婷、陈达祎、吴洁珍、钟晓军、林成淼、李思远。

# 项目咨询篇

# 德清县禹越镇污水处理厂及配套管网工程 PPP 项目

东方经纬项目管理有限公司

扫码查看原文

## 一、项目概况

禹越镇位于德清县东南部，东与桐乡市毗邻，南与杭州市余杭区接壤。由于城镇化建设起步较晚，市政基础设施薄弱，特别是污水处理实施落后，工业废水、生活污水的处理形势严峻。

随着禹越镇的发展，污水排放量增大，污水处理厂能力不足和排水设施不完善的问题越来越成为其发展的主要障碍。德清县禹越镇污水处理厂位于禹越镇工业集中区东南角，其中一期工程为已建工程，占地面积为 10 000 $m^3$，二期工程为禹越镇污水处理厂现况围墙内用地，位于污水处理厂一期工程西侧的预留用地内。目前，禹越镇现况污水处理厂规模为 5 000 t/d，已于 2010 年建设，并投入使用，由政府方进行运营管理，服务范围为镇区范围，一期工程服务面积为 64.9 $hm^2$，出水水质执行《城镇污水处理厂污染物排放标准》（GB 18918—2002）中一级标准的 A 级标准，经过调查，目前禹越镇污水厂一期工程运营情况较为不稳定，主要存在如下问题。

（1）目前一期工程一级处理（粗格栅间及进水泵房、细格栅及旋流沉砂池）建设规模为 1.5 万 $m^3$/d，二级处理（初沉池、生物池及深度处理）建设规模为 0.4 万 $m^3$/d 左右。

（2）一期工程建设标准较低，运营维护力量薄弱，造成设备设施老化较快。

（3）深度处理工艺的选择难以适应现状的水质条件，造成出水水质较不稳定，出水不达标现象时有发生。

根据《德清县禹越镇总体规划（2012—2020 年）》要求，扩大现状污水处理厂规模，近期（2020 年）设计规模为 10 000 t/d。项目新征用地面积为 0.849 4 $hm^2$，新增建筑面积为 4 000 $m^2$，建设内容包括粗格栅渠及泵房、细格栅及旋流沉砂池、水解池、二次提升泵房及深床滤紫外消毒渠、储泥池、污泥脱水机房、鼓风机房、配电室及厂平面工程等。出水水质执行（浙环函〔2018〕296 号）文件要求的“浙江标准”，出水水质达到地表水环境质量标准中Ⅳ类水标准。

为了妥善处理禹越镇急剧增加的工业生产污水和人民生活所产生的污水，解决企事业单位污水安全排放的后顾之忧，德清县禹越镇人民政府提出实施德清县禹越镇污水处理厂及配套管网工程 PPP 项目，择优选取社会资本负责污水处理厂一期工程的运营以及二期工程的建设、运营，提供污水处理服务，并进行杭海路、滨江路改造提升工程的建设和运营维护，使集镇污水管与污水处理厂的污水处理管网连通，实现污水处理厂网一体化，以提升禹越镇的雨水污水排放能力和处理能力，更好地发挥禹越镇污水处理厂的社会效益和经济效益。

## 二、项目内容

为了更好地盘活禹越镇污水处理厂一期工程的存量资产，提高污水处理能力，提高污水处理厂的运营水平，充分发挥污水处理厂的环境效益、社会效益和经济效益，拟启动德清县禹越镇污水处理厂及配套管网工程 PPP 项目的建设，以提升禹越镇的污水处理服务水平。鉴于 PPP 模式较传统建设模式具有更高的经济效益（物有所值）和更高的时间效率，能够较好地实现利益共享、风险共担，有效降低项目的整体成本，同时能够转变政府职能，控制政府性债务，本项目拟采用 PPP 模式实施。

本次 PPP 咨询主要包括物有所值评价、财政承受能力论证和实施方案的编制。

### （一）物有所值评价

本项目物有所值评价采用定性评价和定量评价的方法。定性评价由项目本级财政部门（或 PPP 中心）会同行业主管部门组织召开专家组会议，在充分讨论后按评价指标逐项打分，并按照指标权重计算加权平均分，得到评分结果，形成专家组意见，原则上，评分结果在 60 分（含）以上的，通过定性评价；定量评价是在假定采用 PPP 模式与政府传统投资方式产出绩效相同的前提下，通过对 PPP 项目全生命周期内政府方净成本的现值（PPP 值）与公共部门比较值（Public Sector Comparator，PSC）进行比较，判断 PPP 模式能否降低项目全生命周期成本。通过统筹定性评价和定量评价结论，做出物有所值评价结论，以判断本项目是否采用 PPP 模式代替政府传统投资运营方式提供公共服务。

### （二）财政承受能力论证

本项目财政承受能力论证采用定量和定性分析方法，分别进行财政支出能力评估和行业和领域平衡性评估。财政支出能力评估，是根据 PPP 项目预算支出责任评估 PPP 项目实施对当前及今后年度财政支出的影响；行业和领域均衡性评估，是根据 PPP 模式适用的行业和领域范围以及经济社会发展需要和公众对公共服务的需求平衡不同行业和领域的 PPP 项目，防止某一行业和领域的 PPP 项目过于集中。

### （三）实施方案

本项目实施方案的编制，主要从项目概况、风险分配基本框架、项目运作方式、财务测算、交易结构、合同体系、监管架构及采购方式选择等内容的分析，论证本项目建设和运营采取 PPP 模式的可行性和必要性，明确投资者经营期内的投资回报、政府的支出责任和双方的权利义务以及风险分配，为本项目成功采用 PPP 模式进行投资、建设、运营提供理论和现实支持。

考虑到本项目为公共服务项目，并结合禹越镇污水处理厂的实际情况，本项目拟采用 TOT（Transfer-Operate-Transfer，移交 - 经营 - 移交）+BOT（Build-Operate-Transfer，建设 - 经营 - 转让）的运营模式，包括禹越镇污水处理厂一期工程存量资产特许经营权转让、禹越镇污水处理厂二期新建工程和杭海路、滨江路改造提升工程三个子项目。对存量的禹越污水处理厂一期工程采用 TOT 模式实施，新建的禹越镇污水处理厂二期工程和杭海路、滨江路改造提升工程采用 BOT 模式实施。项目合作期限为 30 年（包含建设期）。

（1）德清县禹越镇人民政府作为项目实施机构依法招标选定社会资本，由社会资本 100% 出资成立项目公司。

（2）实施机构与中标社会资本签署 PPP 项目合同，待项目公司成立后，三方签署补充合同。

（3）对存量的禹越镇污水处理厂一期工程采用 TOT 模式实施，对新建的禹越镇污水处理厂二期工程和杭海路、滨江路改造提升工程采用 BOT 模式实施。在项目合作期内，政府将禹越镇污水处理厂一期工程存量资产特许经营权转让给项目公司，由项目公司负责存量资产的运营和维护工作，并负责禹越镇污水处理厂二期工程和杭海路、滨江路改造提升工程的融资、建设、运营、维护和管理。合作期结束后，项目公司将项目所有设施无偿、完好地移交给实施机构或德清县政府指定的其他机构。

## 三、项目成果特点

推广运用 PPP 模式是推进国家治理体系与治理能力现代化的内在要求，是推动政府职能转变、更好地发挥市场配置资源的决定性作用的重要内容，是提升公共服务的供给效率和质量的有效措施；是创新投融资体制改革，拓宽城镇化融资渠道，盘活社会存量资本，激发民间投资活力，形成新的经济增长的主要举措；也是深化财税体制改革，建立现代财政制度，构建中长期财政投资规划，完善财政投入及管理方式，逐步从“补建设”向“补运营”转变，控制政府性债务，缓解财政压力的有效途径。

本次 PPP 咨询为项目成功采用 PPP 模式提供了理论基础和指导方向，其成果特点主要体现在以下几个方面。

### （一）契合国家政策大力鼓励支持社会资本参与市政工程领域建设的大方向

财政部、发展改革委出台诸多文件鼓励社会资本参与市政工程的建设，在财政部《关于公布第四批政府和社会资本合作示范项目名单的通知》（财金〔2018〕8 号）中，有 36 个市政工程 - 污水处理领域的 PPP 项目被作为示范项目公布；在《关于在公共服务领域深入推进政府和社会资本合作工作的通知》（财金〔2016〕90 号）中指出，在能源、交通运输、市政工程、农业、林业、水利、环境保护、保障性安居工程、医疗卫生、养老、教育、科技、文化、体育、旅游等公共服务领域深化 PPP 改革工作；《关于政府参与的污水、垃圾处理项目全面实施 PPP 模式的通知》（财建〔2017〕455 号）文件要求，以全面实施为核心，在污水、垃圾处理领域全方位引入市场机制，推进 PPP 模式应用，对污水和垃圾收集、转运、处理、处置各环节进行系统整合，实现污水处理厂网一体和垃圾处理清洁邻利，有效实施绩效考核和按效付费，通过 PPP 模式提升相关公共服务质量和效率。

本项目作为德清县市政工程 - 污水处理领域的项目，涉及众多国家政策大力鼓励支持的领域，项目的政策支持较好。

### （二）采用 PPP 模式盘活了存量资产

《关于市政公用领域开展政府和社会资本合作项目推介工作的通知》（财建〔2015〕29 号）指出，坚持存量项目为主，重点推进符合条件的存量项目按 PPP 模式改造，对地方政府自建自管的存量项目，可优先考虑按照 PPP 模式转型。国家发展改革委《关于加快运用 PPP 模式盘活基础设施存量资产有关工作的通知》（发改投资〔2017〕1266 号）文件提出，要更好运用

PPP 模式盘活基础设施存量资产，形成良性投资循环。本项目对于存量的污水处理厂采用 TOT 模式实施，择优选取社会资本进行特许经营，提高污水处理厂的运营能力，有效实现存量资产的盘活。

## （三）增强了该项目的公共产品和服务供给能力、提高了供给效率

通过本次 PPP 咨询，为政府增强了公共产品和服务供给能力、提高了供给效率，与社会资本建立了利益共享、风险分担及长期合作关系。

**1. 转换政府职能，减轻财政负担**

本次 PPP 咨询使得实施机构禹越镇人民政府可以从繁重的事务中脱身出来，从过去公共服务的提供者变成监管者的角色，从而保证质量，也可以在财政预算方面减轻政府压力。本项目采用 PPP 模式能缓解政府增量债务。社会资本承担项目融资大部分工作，政府将部分债务转移至社会资本。

**2. 促进了投资主体的多元化**

通过本次 PPP 咨询遴选社会资本来提供资产和服务能为政府部门提供更多的资金和技术，促进了投融资体制改革。同时，社会资本参与项目还能推动在项目设计、施工、运营管理过程等方面的革新，提高办事效率，传播最佳管理理念和经验。

**3. 提供高质量运营服务**

本项目在运营中离不开政府部门的宏观指导、政策支持和关系协调。同时，本项目作为一项民生工程，通过本次 PPP 咨询遴选优秀的社会资本，实现政府部门和社会资本的“强强联合”“取长补短”，充分发挥政府部门和社会资本各自的优势。双方可以形成互利的长期目标，可以以最有效的成本为公众提供高质量的运营服务。

**4. 风险分配更加合理**

PPP 模式遵循“最优承担”原则，即由最有能力处理的一方来承担风险，在 PPP 咨询中实现了风险的分配。同时，由于政府分担一部分风险，使风险分配更合理，减少了社会资本的风险，从而降低了融资难度，提高了项目融资成功的可能性。因此，通过更加合理的分配风险，最终实现风险共担。

## （四）成果前期准备工作充分

本项目作为德清县重大公益性的 PPP 项目，得到了德清县委、县政府的高度重视，已专门成立了 PPP 领导小组，负责重要问题的决策与处理，确保项目顺利推进。另外，县政府将本项目中政府承担的付费责任纳入德清县公共预算支出，为本项目提供财政保障，增加了本项目对社会资本的吸引力。在县政府的统一部署协调下，相关部门开展了大量的前期工作，项目立项、可行性研究等进展顺利，设计等工作稳步推进，确保本项目具备采用 PPP 模式的前提条件。

## （五）该全生命周期整合程度较高，对社会资本具有较强的吸引力

本项目采用投融资、建设、运营一体化的项目运作方式，项目全生命周期整合程度较高，在项目初期就可以实现风险合理分配，减少了社会资本承担的风险。传统的社会公益性项目，原本只限于由政府进行建设运营，采用 PPP 模式为社会资本开通了参与此类项目建设与运营的渠道。

本项目为市政工程 - 污水处理行业 PPP 项目，有其明显的基础性、公益性以及服务性等特点，市场化程度较高，需求长期稳定，投资规模较大；项目具有良好的现金流及收益率，周期适中，项目条件成熟。本项目实行可行性缺口补助模式，投融资风险较小。故项目对社会资本具有较强的吸引力，潜在竞争程度较大。

## 四、项目实施情况

本项目于 2018 年 10 月开始 PPP 咨询工作，2018 年 11 月取得物有所值评价、财政承受能力论证批复（德财建〔2018〕184 号），2018 年 11 月取得实施方案批复（德政函〔2018〕89 号），2019 年 2 月被纳入财政部综合信息平台项目管理库，2019 年 3 月完成社会资本的采购工作，2019 年 4 月完成合同确认谈判并签订 PPP 项目合同，2019 年 4 月 PPP 项目合同经本级人民政府审核通过（德政函〔2019〕24 号），2019 年 5 月项目公司（SPV）成立，开始项目的建设准备工作。目前项目已投产使用。

# 杭州市城市大脑房管系统项目可行性研究报告

东方经纬项目管理有限公司

扫码查看原文

## 一、项目概况

为深入贯彻习近平总书记提出的以信息化推进国家治理体系和治理能力现代化精神，并根据浙江省委常委、杭州市委书记在杭州市打造全国数字经济第一城动员大会上的讲话精神及杭州城市数据大脑规划的工作要求，结合《国务院关于印发新一代人工智能发展规划的通知》（国发〔2017〕35 号）、《国务院关于积极推进“互联网+”行动的指导意见》（国发〔2015〕40 号）、《国务院关于印发“十三五”国家信息化规划的通知》（国发〔2016〕73 号）、《浙江省人民政府办公厅关于印发浙江省深化“互联网＋政务服务”工作方案的通知》（浙政办发〔2017〕22 号）、《浙江省发展改革委、浙江省经信委关于印发浙江省信息化发展“十三五”规划（“数字浙江 2.0”发展规划）的通知》（浙发改规划〔2016〕515 号）、《浙江省公共数据和电子政务管理办法》（浙江省人民政府令第 354 号）及《杭州市人民政府办公厅关于印发杭州市工信经济发展“十三五”规划的通知》（杭政办函〔2016〕136 号）等文件精神指导原则，着眼针对房地产发展带来的问题和现状，利用“互联网思维”、大数据技术和人工智能，通过数据汇聚互通及服务整合，以“以图管房、以房控业、以房管人”为目标，建立“用数据说话、用数据决策、用数据管理、用数据创新”的管理机制，建设对内跨部门数据交换共享、对外数据开放的信息融合体系，创新城市大脑房管业务方面的应用，东方经纬项目管理有限公司提出集房地产行业智慧宏观决策、精准监管、惠民服务为一体的杭州城市大脑房管系统解决方案。

城市大脑房管系统的建设，将进一步摸清家底、厘清行业、把握现状。系统将探索城市大脑的创新应用，为社会治理、城市更新等科学决策提供重要的大数据支撑和科技支撑，助力政府决策“谋而后动”且能“随动而谋”；同时面向百姓，以智慧应用为抓手，不断推出新载体、创造更多便民惠民服务，满足人民群众“住有所居、住有宜居、住有安居、住有乐居”的美好居住需求，并尽快推动杭州模式的城市大脑应用从“盆景”变“风景”。

本项目可行性研究工作自 2019 年 9 月底开始，至 2019 年 10 月中旬完成。东方经纬项目管理有限公司组织专业技术人员成立调研小组，到杭州市住房保障和房产管理局进行调查和对接，充分收集项目的基本情况和相关数据情况，对杭州市现有房管信息情况及发展趋势进行分析，就项目建设的政策、市场需求、目前存在的主要问题和差距、投资估算、效益与评价等方面进行了深入细致的研究，论证了项目建设的可行性和必要性，并最终通过杭州市发展改革委审批。

## 二、项目内容

本项目的建设内容主要包括一个房屋主题库、两个房管平台、五大监管平台和N项惠民服务。

### （一）总体设计框架

杭州城市大脑房管系统采用云计算架构，按照“杭州城市大脑”总体框架，以云服务模式设计平台体系架构。体系架构逻辑上表现为“四层平台架构、两大保障体系”。其中，四层平台架构是网络计算平台、数据资源平台、能力开放平台和应用平台，两大保障体系是组织保障和制度体系、安全保障和运维体系。

系统建立在“杭州城市大脑”提供的基础设施和云计算能力之上，并由“杭州城市大脑”提供数据资源采集接入、存储和计算所需的各种组件和能力。系统以大数据分析和应用为基础，构建服务于政府决策的“五大监管平台”和服务于百姓“美好居住”所需的五大类“*N*项服务”。

### （二）网络架构

杭州城市大脑房管系统充分利用政务外网的网络资源，基于政务云的能力，包括云主机、云安全、云灾备、云存储、云数据库、分布式数据库、分析数据库及大数据计算资源，另外基于城市大脑的数据资源平台、算法平台及计算平台的能力，建设四个区，主要是房管专区、专线接入区、互联网接入区、互联网应用区。

### （三）数据架构

杭州城市大脑房管系统以构建房屋主题库为核心，按照“杭州城市大脑”的顶层设计，打造“一个主题库、四层数据结构、两大保障体系”的数据架构。其中一个库是房屋主题库，包含八大主题域，分别是市场域、房屋域、主体域、资金域、交易域、物业域、保障域、安全域。四层数据是源数据层、元数据层、缓冲数据层和数据仓库。两大保障体系是数据标准体系和数据治理体系。

主题库是建立在“杭州城市大脑”提供的数据资源平台之上，并由“杭州城市大脑”提供服务平台实现数据历史导入与实时数据接入。

## 三、项目成果特点

（1）先进性。系统选型、软硬件设备的配置，所采用的产品和技术均要符合高新技术的潮流。在满足功能的前提下，系统设计具有先进性，并且在今后一段时间内保持一定的先进性。

（2）保密性和安全性。系统必须符合国家的安全标准和要求，以保护内部信息特别是密级信息不被非法访问。城市大脑房管系统设计时应充分考虑系统的安全性问题，建立身份认证、权限认证、彻底屏蔽内外非授权用户的非法访问。

（3）智能化。系统采用的产品和系统本身必须具有智能特征，比如自主编程、记忆功能、主动检测等，必须具有良好而可靠的通信能力和故障自动检测、报警功能等。

（4）网络化。在计算机网络技术高度发展和广为应用的信息社会，设计完成的城市大脑房管系统必须与计算机网络技术相结合，以实现数据共享，适应时代发展和技术进步，满足老百姓的需求。

（5）实用性。我们开发的产品和技术要经得起市场的考验，能满足目前监管和服务的需要而无华而不实之嫌，决不搞盲目投资、浪费资金。

（6）兼容性。城市大脑房管系统是整个城市大脑的一部分，需要与其他部门接轨和共享数据，因此本项目的建设需具有良好的兼容性。

（7）经济性。在满足系统功能及性能要求的前提下，尽量降低未来扩展成本，采用经济实用的技术和设备。

（8）可维护性。设计的城市大脑房管系统的软件产品应该是简单、实用、易操作、易维护。

（9）规范性。控制协议、编解码协议、接口协议、传输协议等应符合相关国家标准、行业标准和生态环境部颁布的技术规范。

（10）具备高度共享、可集成和高可用的先进架构。结合大数据平台的特点和信息技术（Information Technology，IT）行业的经验，采用实用性和具有一定先进性的架构，提高投资的回报率，重点考虑如下架构特点。信息共享：避免信息孤岛，构建面向整个房地产行业的市场监管和服务架构，面向单个应用设计信息架构。可集成性：避免“烟囱效应”，在应用规划和建设中需充分考虑运用标准的数据接口和应用接口。高可用和高性能：采用云化的架构设计，为不同系统制定个性化的高可用和高性能需求，保证系统平稳持续运行。

（11）开放性、标准化、易扩展和可管理的柔性 IT 系统。开放性：采用开放技术，避免使用垄断技术。标准化：遵循被广泛接受的技术标准。易扩展性：拥有通过动态增加 / 减少物理节点线性增加 / 减少计算和存储能力，实现资源的动态分布。可管理性：加强架构的规划和监管，通过采用标准的 IT 架构规范，同时加强信息化部门自身对架构的主导和管理力度，通过良好的架构监控保证房地产大数据平台和应用的可持续性发展。

（12）高安全性和高容错性的系统安全管理。高安全性：大数据平台产品集成了基于角色的用户认证、授权、访问日志和审计功能的安全组件。能够对大数据平台的数据进行加密、脱敏，保障数据安全。高容错性：对数据可配置多个副本存储，避免因某个数据副本故障时，影响平台运行和应用。

（13）建设杭州城市大脑房管系统。通过“3shu”体系，实现从“3fan”到“3jian”：繁，繁在业务种类多流程长，繁在多个部门来回跑（无房证明、社保证明、资金核验），繁在办理程序连环套，繁在办事窗口排长队，繁在收件材料一大堆；泛，泛在信息获得渠道杂乱、无序，泛在登记摇号、选房看房软件供应商市场杂乱，泛在推销广告中介电话多，泛在信息内容真假难于甄别，泛在房贷营销服务混乱无章；烦，烦在无法得到全面对称的客观咨询信息，烦在购房前、中、后的流程指导少，烦在无法获知性价比、无法保证质量维权。

化“繁”为“减”，开发城市级大数据服务平台。借助城市大脑系统建设成果，推进城市大脑房管系统大数据服务，高度协同房管、住建、自然资源、税务、公安、民政等各相关政府部门，从后台到前台，全面实现减资料、减时间、减环节、减流程、减费用，监管、赋能房地产开发企业、房地产经纪机构、评估机构、金融机构、家装企业等第三方服务机构，规范、衔接社会第三方信息发布平台，无缝连接老百姓的购房置业需求。

变“泛”为“简”，打造全息、全域、全线上、高数字仿真的城市级房地产场景式服务平台。“精简信息”操作规范，解决虚假房源泛滥、虚假交易泛滥、虚假中介资质泛滥等问题；实现个人住房信息自助查询，推出住保业务等业务五星网办服务“简化业务”潜移默化；网签系统、资金监管平台信息交互，保障交易安全；房屋使用安全管理信息系统通过 GIS 定位采集，建立健全“一楼一档”房屋安全监管档案，“直观简易”科学治理；通过对不同主体的信用建设改进形成“放管服”模式，推动“简政放权”。

转“烦”为“荐”，探索政企民学共建的综合运营服务。解决企业、老百姓办事烦问题，倒逼优化前端、提升服务，利用“3shu”（数、术、树）支撑模式，探索政企民学四方共建的综合运营服务。数——房管主题库，是指以房屋为基本单元，按照房产大数据的关联性分析，借力整合跨部门（政府数据）跨行业（社会数据）形成全涵盖、多维度、高质量的房屋主题库（八大主题域）。术——两大房管基础平台，是通过全生命周期标准化的数据指标体系建设，构建科学的数据分析模型，来实现对房地产市场主体、客体相关决策指标的综合监测，实现从点到面的研判分析，以把握市场运行情况，预测未来市场运行趋势；建立行业算法平台，通过数据建模技术，构建顶层服务、业务服务及公众服务的场景化应用。树——N 项惠民服务，是化繁为荐的支撑。荐政，赋能政府大数据预警、预测、决策、更新治理；荐企，基于市场监控，从土地、新房、二手房全阶段提供客观判断；荐民，提供房屋全生命周期的信息追溯和基于数据分析的精准推荐的服务体系。

该成果从国家及地区的规划、政策进行分析，根据行业的市场及发展趋势进行项目需求预测，通过翔实的资料调研和现场的考察，采用定量和定性相结合、近期与远期相结合、技术和经济相结合的研究方法，从各个方面对项目的可行性进行深刻的研究，再经过相关职能部门审批，使该成果严谨可靠，成为项目建设的指导性文件，并对项目建设资金的筹措起到重要的作用，实现较好的社会效益、经济效益和环境效益。

## 四、项目实施情况

本项目于 2019 年 9 月 30 日开始可行性研究咨询工作，2019 年 10 月 16 日取得可行性研究报告批复（杭发改审〔2019〕136 号），项目于 2021 年 12 月完成建设，目前项目已运营使用。

## 五、项目主要参与人员

项目主要参与人员：田正良、周永军、李志远、王晓君、肖力、李捷、金浩。

# 山西省汾河中上游山水林田湖草生态保护修复工程试点忻州市静乐县汾河廊道生态保护修复项目

东方经纬项目管理有限公司

扫码查看原文

## 一、项目概况

山西省人民政府高度重视生态环境保护工作，牢记习近平总书记在山西考察时的诸多讲话，把生态文明建设摆在突出位置，在生态环境保护上先行先试、勇闯新路、努力探索出生态文明建设的“山西模式”，先后出台了一系列指导性文件，并制定实施了“生态山西”重大战略。2018 年 10 月 23 日，山西省申报的汾河中上游山水林田湖草生态保护修复工程试点项目，在财政部等部委组织的全国山水林田湖草生态保护修复工程试点竞争性评审会上顺利通过，位列全国 20 个竞评项目中的第 4 名，成功纳入试点范围。静乐县位于汾河流域上游，当地的生态环境对于汾河流域的生态环境影响很大，通过本项目的建设，对汾河廊道进行生态保护修复，能有效改善当地的生态环境，增加当地经济、社会、生态效益。

本项目为山西省汾河中上游山水林田湖草生态保护修复工程试点忻州市静乐县汾河廊道生态保护修复项目，同时本项目和静乐县万辉沟生态保护修复工程项目、静乐县条子沟生态保护修复工程项目、静乐县泉庄沟生态保护修复工程项目、静乐县庆鲁沟生态保护修复工程项目、汾河干流水系修复项目、汾河两岸荒山绿化项目、静乐县岑山造林绿化项目又是忻州市静乐县山水林田湖草生态保护修复工程项目的子项目，项目与项目之间互有关联，本项目对其他子项目起到一个空间串联作用，各个项目一起组成了一个山水林田湖草生命共同体。同时这八个子项目也是山西省汾河中上游山水林田湖草生态保护修复工程的重要组成部分。

## 二、项目内容

本项目北起永安镇村与宁武县交界处，南至静乐县与娄烦县交界处，全长约 41 183 m，用地面积约 190.674 6 $hm^2$，主要建设内容包括道路修复、挡土墙修筑、桥梁工程、绿化补植和配套设施。

### （一）道路修复

道路修复主要对汾河两岸的堤顶路进行改造提升，一般情况下不通车，但需兼顾抗洪抢险车辆的通行，总长度为 41 183 m，宽为 4 m，路面中布置 2 m 宽的彩色沥青路面，分三段实施，其中静乐县与宁武县交界处至永丰街汾河大桥西岸新建堤顶路，全长为 19 073 m；永丰街汾河大桥西岸至润泽大桥西岸现状堤顶路由原有的 3 m 拓宽至 4 m，全长为 3 596 m；润泽大桥东岸至静乐县与娄烦县交界处新建堤顶路，全长 18 514 m。

### （二）挡土墙修筑

挡土墙修筑结合现状分三个区域实施，挡土墙总长度 3 729 m，从北至南分别在静乐县与宁武县交界处至永丰街汾河大桥西岸 K6+350—K6+550、K15+100—K15+400、K15+400—K15+600 范围内修筑挡土墙，修筑长度 566 m；在永丰街汾河大桥西岸至润泽大桥西岸 K0+250—K0+800 范围内修筑挡土墙，修筑长度 534 m；在润泽大桥东岸至静乐县与娄烦县交界处 K1+300—K1+450、K1+450—K1+550、K4+500—K4+650、K4+650—K4+800、K8+500—K8+750、K8+750—K8+900、K12+200—K12+500、K12+700—K13+200、K14+300—K14+600、K15+600—K15+900、K16+050—K16+400、K16+700—K16+900、K16+950—K17+250 范围内修筑挡土墙，修筑长度 2 629 m。挡土墙形式采用生态砌石挡土墙和石笼挡土墙。

### （三）桥梁工程

根据现场实际情况，考虑道路的贯通性，拟在堤顶路与河道相交处建设桥梁和管涵过河，设置 10 座桥梁和 2 座管涵，桥型采用板式桥。其中桥梁总长度为 663 m，管涵总长度为 44 m，桥宽度均为 6 m。

### （四）绿化补植

绿化以保留现状植物为主，在需要之处补植植物。植物分六段进行种植，共补植乔灌木 73 261 株，小灌木及地被 120 353 $m^2$。

### （五）配套设施

配套设施主要为堤顶路上垃圾桶的布置，垃圾桶服务半径为 150 m，共设置 138 个，垃圾桶尺寸为 450 mm × 450 mm × 800 mm。

## 三、项目成果特点

本项目主要通过对静乐县汾河两岸的生态廊道不贯通、生态群落稀疏等问题进行修复，使之起到静乐县汾河两岸生态核心地位的作用，通过生态廊道的形式作为最重要的线性工程和生态工程将静乐县范围内的其他子项目进行空间上的串联，形成一个统一完整的山水林田湖草生命共同体，承担着习近平总书记在考察山西时强调的让汾河“风光美起来”的重任，也是整个静乐县山水林田湖草试点工程的核心和亮点。

### （一）社会效益分析

**1. 项目的建设有利于完善汾河两岸道路建设，提高村民生活质量**

本项目的建设涵盖了汾河沿线的 23 个村庄，对汾河沿线道路、绿化的建设，将有效改善周围的生态体系和配套设施，改善汾河沿线的整体环境和视觉效果，给周边村民提供一个优美、舒适的生活环境。

**2. 项目的建设有利于加快生态文明建设，推动流域水生态环境治理进程**

本项目的实施对山西省水源地保护及汾河水生态修复具有重要作用，有利于从根本上改善生态环境，提高生态承载能力，进一步加快生态文明建设，推动汾河水生态环境的治理进程。

**3. 项目的建设有利于改善投资环境，促进区域经济的可持续发展**

本项目的建设能够进一步优化汾河沿线道路结构，提升道路通行能力，加强村庄的沟通交流；打造一个干净舒适的汾河水生态环境，提升区域对外形象，进而吸引更多的人才、资金、技术，加快区域经济的全面协调可持续发展。

**4. 项目的实施能够达到生态扶贫的整体目标**

本项目的实施，坚持扶贫开发与生态保护并重，通过实施重大生态工程建设、加大生态补偿力度、大力发展生态产业、创新生态扶贫方式等，切实加大对贫困地区、贫困人口的支持力度，推动贫困地区扶贫开发与生态保护相协调、脱贫致富与可持续发展相促进。汾河川国家级湿地公园建设项目推动了汾河川 4 个乡镇、50 个贫困村、2 710 个贫困户、7 824 名贫困人口实现就业增收。本项目以其为依据，采用类比分析法，保守估计可实现 2 乡镇、17 个贫困村、928 个贫困户、2 678 名贫困人口实现就业增收。

## （二）生态效益分析

项目所在地属于温带大陆性季风气候，由于受长时间、大面积、高强度开发矿产资源的影响，导致区域内生态系统退化和损毁严重，直接关系到全省乃至华北地区的生态安全，严重制约了山西生态文明建设与社会经济转型发展。因此，迫切需要找准山西山水林田湖草生态保护修复的核心问题，明确生态保护修复的关键要点，以山水林田湖草生态保护修复工程实施为手段，破解生态环境难题，实现山西生态“格局优化、系统稳定、功能提升”，以及脱贫攻坚和乡村振兴战略。

**1. 促进国家构建“两屏三带”生态安全格局**

汾河中上游地区位于山西生态功能区的核心区，临近我国“两屏三带”生态安全格局中的“黄土高原—川滇生态屏障”，对接“北方放沙带”，不仅是华北平原的生态屏障，还是我国三北防护林体系的重要组成部分、黄河中游地区重要的生态建设区，对阻挡西北寒流和风沙进入华北平原具有重要的控制作用。通过本项目的实施，可为国家“两屏三带”生态安全大格局建设奠定基础，也为构建华北平原生态屏障提供保障。

**2. 改善区域生态环境质量**

本项目的实施将有效解决区域内生态环境难题，建成集“生态友好、环境美丽、功能完善和文化永续”的生命共同体，打造“山青、水绿、林郁、田沃、河美”的生态安全带，使该区域成为华夏文化永续发展的重点区域，达到区域生态“格局优化、系统稳定、功能提升”的目标。

**3. 保护草地生物多样性**

通过本项目的实施，促进区域内群众生产生活环境得到改善和美化，地质地貌得到保护和修复，提高项目区域的生态环境承载力，有效保护和恢复生物多样性。

## （三）经济效益分析

**1. 直接经济效益**

项目实施过程中，施工劳动力可从当地获取。项目进入运营期后，随着汾河沿线生态环境的提升，并依托汾河水系修复工程的建设，以及静乐作为太原后花园的地理优势，有助于项目区开展更加多元的旅游活动，吸引游客参观，其直接收入可以为当地带来一部分经济效益。

**2. 间接经济效益**

项目的建设，使当地人民获得更多经济效益，促进当地社会经济发展，同时改善汾河静乐段内生态环境，提高环境质量，带动周边地区的旅游度假、休闲娱乐等产业发展，加速当地各种基础建设的蓬勃向上，从而为静乐县带来更多的招商引资机遇，加快其他产业调整和持续发展的步伐，为整个静乐县经济发展提供不可替代的推动作用。

## 四、项目实施情况

公司于 2019 年 3 月承接山西省汾河中上游山水林田湖草生态保护修复工程试点忻州市静乐县汾河廊道生态保护修复项目的可行性研究报告的编制工作。在项目的实施过程中，东方经纬项目管理有限公司组织专业技术人员成立调研小组，深入现场、实地调研、长期驻场办公，在艰苦的工作环境和紧张的工作进程中展示了专业技术水平和吃苦耐劳的工作精神，多次赴静乐县委、忻州市委、山西省国土资源厅进行工作汇报，经反复修改论证后，完成可行性研究报告编制工作。

2019 年 6 月 18 日，忻州市汾河中上游山水林田湖草生态保护修复工程试点领导组办公室组织有关专家对《山西省汾河中上游山水林田湖草生态保护修复工程试点忻州市静乐县汾河廊道生态保护修复项目可行性研究报告》进行了评审，7 月 12 日又组织专家组进行复审，认为本报告内容基本齐全，符合相关政策和技术规范要求，予以评审通过。

目前，山西省汾河中上游山水林田湖草生态保护修复工程试点忻州市静乐县汾河廊道生态保护修复项目已建设完成，生态修复和治理成效显著，区域整体环境得到大大改善，水土流失治理率、林草覆盖率、矿山恢复率等指标显著提高。

项目情况如图 1 所示。

图 1　项目效果图

## 五、项目主要参与人员

项目主要参与人员：田正良、周永军、李志远、王晓君、肖力。

# 瓯江路道路及景观改造提升工程项目建议书暨可行性研究报告

温州市工业设计院有限公司

扫码查看原文

## 一、项目概况

2016—2018 年温州市大力实施市区道路综合整治三年行动，正处在“大建大美”的温州，将重点规划建设“两线三片”五大城市亮丽品牌，即瓯江两岸沿线、温瑞塘河沿线、三垟湿地、中央绿轴、历史文化街区。市委、市政府高度重视，加速推进“两线三片”开发建设，为温州再造新优势、再创新辉煌、打造“铁三角”提供强有力的支撑。瓯江两岸沿线是“大建大美”五大城市亮丽品牌建设的“重头戏”，串联起老城区、江心屿、滨江商务区、七都岛、三江商务区、浙南科技城、瓯江口新区、柳白新城等，打造既具有瓯越文化韵味又融有开放活力的沿江都市拓展轴，成为展现温州现代气派、亮丽形象的重要区域和国内城市跨江协同发展的示范性区域。

瓯江路因其独特的景观设计和临江的优势区位，是瓯江南岸连接城市东西方向的次干道，也是彰显温州独特魅力、复兴滨江文化生活的重要窗口，并成了市民休憩游玩的好去处。但自瓯江路建成后，经过几年运行，瓯江路出现了慢行连续性差，道路两头畅通、中段瓶颈突出，立体过街设施缺乏，路面沉降不均、局部破损等问题，这些现状已经不能满足市民日益增长的日常散步休闲、锻炼游憩、舒缓压力的要求。由此瓯江路道路及景观改造提升工程的建设被提上日程。

瓯江路道路及景观改造提升工程为瓯江沿线开发的亮点工程和重点工程，以增加沿江运动文化为宗旨，主要以增加沿江运动文化元素，贯通骑行道、健跑道、漫步道三线，完善沿江公共配套设施，提升沿线休闲舒适度、优化局部道路断面，打通卡口路段、强化滨水空间与历史文脉联系、改造提升码头设施，与“夜游瓯江”相结合，带动旅游人气提升为主要提升要求，实现道路“序化、洁化、亮化、彩化、美化”的总目标。

## 二、项目内容

瓯江路道路及景观改造提升工程位于温州市鹿城区瓯江南岸沿线（香源路至东瓯大桥），建设范围及内容为瓯江南岸沿线西起东瓯大桥，东至香源路，总长 10 km，改造提升内容主要包括市政工程、景观工程、建筑工程、桥梁工程、给排水工程、码头工程等方面。

项目组通过现场踏勘、调阅分析原始工程建设档案及相关资料，提出总体策略：①增加运动文化，将骑行道、健跑道、休闲道贯通全段；②增加沿江配套设施，提升滨水活力与土地价值；③优化道路断面，增加滨水休闲空间；④强化滨水空间与历史文脉联系；⑤拓展码头功能、带动片区人气提升。与建设单位及相关专家从整治提升技术方案、工程造价、施工进度等方面多轮探讨整治提升方案，对项目投资、项目进度、技术可行性等进行多角度比较和论证，确定瓯江路道路及景观改造提升工程的推荐方案。在此基础上编制完成《瓯江路道路及景观改造提升工程项目建议书暨可行性研究报告》初稿，征求设计人员、技术专家及相关部门意见后，对其进行补充完善，然后形成评审稿。由温州市鹿城区发改局邀请相关部门及专家对《瓯江路道路及景观改造提升工程项目建议书暨可行性研究报告》进行评审，根据专家及政府相关部门意见修改完善，最后形成报批稿，并获得温州市发展和改革委员会立项批复。

## 三、项目成果特点

### （一）工程量大而复杂，代表性较强

瓯江路道路及景观改造提升范围为瓯江南岸沿线西起东瓯大桥，东至香源路，总长 10 km，主要工程包括市政工程、景观工程、建筑工程、桥梁工程、给排水工程、码头工程等，实现瓯江南岸沿线三线贯通（漫步道、健跑道、骑行道连续畅通，引领城市健康生活风尚）、交通可达（打通瓶颈， 公交优先，便捷换乘，功能互补）、生态修复（尊重本底，改善生境，促进多样性）、文化重塑（凸显区域历史特色，彰显城市魅力）、活力滨江（打造特色码头，推进瓯江夜游互动，打造都市休闲生活新亮点）、配套完善（提升附属设施，建设智慧城市）的功能。因此，改造提升工程量大而复杂。项目情况如图 1 所示。

图 1　项目实景图

### （二）结合瓯江历史，提出“四定”理念

瓯江两岸有着几千年民风习俗文化的沉淀，诠释着温州人不畏风险敢为人先的创业精神。在项目规划和方案制定上，结合瓯江历史文化和现状，提出“四定”理念：一是“定位”，注重沿江轴线的定位，统一景观和硬件设施的配置，将零散的各个文化节点连接成带，突出它的整体性；二是“定调”，做好江上与岸上的定调，挖掘瓯江海洋文化和南北两岸的地域文化，运用现代的高科技手段来彰显历史的文化元素，突出江上与岸上的协调性；三是“定性”，即自然环境和人文环境的定性，实现地域和民俗的文化、自然环境和人文环境相得益彰，通过城雕、群雕、浮雕和景观小品、碑亭的标线手法，构成好山好水、人杰地灵的美丽画卷，突出它的观赏性；四是“定案”，即长远规划和近期计划的定案，建设过程中实现总体设置和分段实施的结合，先易后难，保质保量，不断推进，不断完善，突出工程的连贯性。

## （三）针对瓯江路现状，提出“一线四核”提升方案

瓯江路道路及景观改造提升工程主要以“思源瓯江，活力外滩”为核心理念，通过“一线四核”空间结构（图 2）的构建，将瓯江路打造成温州都市新名片。

图 2　“一线四核”空间结构

“一线”：以滨江景观空间为载体，通过改造将其打造为滨江景观带、休闲带、旅游带、发展带。“四核”：江心屿码头核心区块——古屿览胜、望江码头核心区块——街区融合、安澜亭码头核心区块——多岸互动、杨府山码头核心区块——都市新光，从而将瓯江路打造成温州都市新名片。

江心屿码头核心区块定位为古屿览胜，通过对郭公山东侧至月光码头区域、星月广场进行整体改造，拓展滨水空间，打造与江心屿历史文化旅游互动的水岸观景区，如图 3 所示。

望江码头核心区块定位为街区融合，通过打造下穿交通，释放上部空间，解决该段瓶颈问题，并将历史街区与瓯江滨水区充分融合，凸显温州古城特色，如图 4 所示。

图 3　江心屿码头节点效果图

图 4　望江码头节点效果图

安澜亭码头核心区块定位为两岸互动，通过改造现有安澜码头，将“三线贯通”与码头建筑完美结合，释放轮渡码头外拥挤的城市空间，打造都市互动新窗口，如图 5 所示。

图 5　安澜亭码头节点效果图

杨府山码头核心区块定位为都市新光，通过提升现有杨府山码头作为“夜游瓯江”项目的母港，并打造游艇码头、亲子餐厅、江山会客厅，聚集瓯江路东段人气，提升滨江商务区活力，如图6所示。

图6 杨府山码头效果图

### （四）提出“三线贯通”，服务全民健身

方案中将全民健身理念和运动休闲元素融入沿江景观带，全线建设城市慢行系统骑行道、健跑道、漫步道，并通过自西向东建设的郭公山、安澜亭、三十六村、上陡门浦四座跨线桥，使得全线贯通。三线贯通沿线根据道路断面的不同，布置方式设计为穿梭树林式、沿江式、沿路式、跨江式。骑行道、健跑道、漫步道“三线贯通”后，瓯江路可实现人车分流，停车场和停车设施布局更加合理，实现道路功能、沿线景观、公共交通等全面提升；此外还增强了沿江运动功能，强化了瓯江南岸景观带的运动、休闲功能。

### （五）多方案比选，提出最优望江码头核心区块方案

在制定望江码头方案时，考虑到此路段靠近温州历史文化街区，项目地理位置较为特殊，根据望江码头核心区块现状，本次可行性研究从对公园及建筑的影响、道路功能、施工期间交通组织、费用、对古树的影响等多维度，对地下通道方案（单层双向四车道）、地面拓宽方案一（车行道往南拓宽）、地面拓宽方案二（拆除十足超市、非机动车北移）等方案进行比选论证，在此基础上提出推荐方案为地下通道方案（单层双向四车道）。

### （六）优化望江路水门头段方案，提高道路通行能力

为缓解沿线交通压力，将周边交通进行梳理，尽可能多地创造通往沿江的连接，把城市活力带到沿江空间。望江路水门头段(安澜亭至解北路口)是贯穿市区北部东西走向的城市大动脉——瓯江路与望江东路的瓶颈路段。随着瓯江路向东延伸至会展中心段以及龙湾状元街道通车，交通流量剧增，交通拥堵情况越来越严重，早晚高峰时该路段常常是车辆排长龙，二三百米的路程需要 10 ~ 15 min 才能通过，交通服务水平达到了 E 级，即处于拥挤状态，已成为市区典型的堵点之一。为缓解该段交通压力，市住建委曾牵头组织，联合多部门，多措并举，综合治理望江路水门头段交通拥堵问题，市交警部门根据道路交通实际也采取了相关措施，但效果不明显。

望江路水门头段交通需求量大，高峰小时交通量约为 2 600 pcu。随着城市发展、滨江商务区开发建设，交通量将继续增大。该路段大型车以公交车为主，货车很少，车辆基本以小汽车

为主（大型车：小型车 =2：8），过境量约占 9 成（过境：到发 =1：9），望江路左转到解放街车辆很少，环城东路左转进入望江路交通量较大，区域内部、公园、码头的到发交通对望江路的直行交通干扰大，水门头等左转车辆与路段车流冲突严重，公交车对道路通行能力影响很大。由于受现状交通出行需求及路网限制，仅通过加强交通管理无法解决本节点交通问题，本次可行性研究通过分析提出望江路水门头段道路拓宽或双向下穿分离过境交通方式，并结合历史街区整体改造，实现望江路全线标准一致，并展现历史街区的独特风貌，呈现温州独有魅力。

### （七）探索沿线业态布局和文化植入，带动片区人气提升

本次可行性研究通过新建 3 000 m$^2$ 瓯江夜游配套服务中心，新建 1 000 m$^2$ 一层建筑与原城投管理房一起作为高端餐饮用房，新建 500 m$^2$ 游艇中心作为温州港集团码头配套使用，新建 2 000 m$^2$ 江心屿码头配套服务用房，其中管理用房面积为 500 m$^2$、商超配套面积为 800 m$^2$、候船廊面积为 700 m$^2$，结合三线贯通，下部改造安澜码头管理用房面积为 400 m$^2$、候船厅面积为 1 000 m$^2$。

沿线布置文化设施，打造沿江文化阵地。在妇女儿童文化中心对面设置青少年教育广场，同时在广场东侧移建一处具有温州本土记忆古建筑（300 m$^2$），即孙诒让纪念馆，展示温州教育文化；望江码头布置便捷搭建的瓯越戏剧舞台，传承历史剧种；郭公山东广场建古代名人雕塑群；惠民路北端院士墙东侧空地建近现代名人雕塑群，改造提升闲置望江码头，融入古码头元素，打造特色文化点；望江路第一排加建建筑中布置温州名小吃，体现温州传统饮食文化，同时亦作为休闲配套使用，在原址重建瓯海关，将其改造为关于古城记忆与沿岸变迁的“瓯居海中”专题博物馆，将原永川路 9 号的永川轮船局旧址修复改造为航运史博物馆等。

### （八）项目国民经济效益好

本项目的国民经济效益好，并且能承受不确定因素造成的投资风险，在不需要群众资金投入的情况下，能带来改善环境、促进全民健身、提升交通便利程度、刺激旅游增加等综合效益和带动当地就业人数增加等经济效益，而项目从政府投资公共事业（市政基础设施）的角度，将提升区域内整体环境，对当地经济社会发展具有重要意义，因此通过对国民经济效益的分析，本项目的建设是可行的。

### （九）项目社会效益显著

本项目属于城市基础设施工程，可有效推动温州城市“大建大美”，打造“两线三片”中的“一江两岸”，有利于交通便利与健康出行，有利于完善宜居生活环境，有利于城市文化与旅游亮点建设。当地人民群众盼望该项目早日完成。因此，项目社会风险很小，具有显著的社会效益。

### （十）项目荣誉

2019 年 8 月，项目获得温州市瓯江杯专项奖。

2019 年 11 月，项目获得 2018 年度浙江省优秀工程咨询成果三等奖。

2021 年 1 月，项目获评温州城区 2020 年度“最佳公园绿地”。

## 四、项目实施情况

瓯江路道路与景观提升工程以功能需求为导向于沿江景观带植入三线功能：在沿江一侧的绿化景观带内，充分利用现有景观平台资源，设置漫步道、健跑道和骑行道。骑行道结合空间条件有沿路式、穿梭树林式、沿江式，连续贯通。健跑道与漫步道与骑行道并行，时分时合，给整个沿河景观注入了活力。在江上打造了夜游项目的母港 1 号码头，对于码头的形式也进行了突破，将其作为整个环境的一部分进行打造。在尊重现状本底的基础上，以较小的景观处理手法体现较大的景观提升和生态效益，同时将整个平台空间景观一体打造，拓展出滨水休闲空间。

瓯江路道路及景观改造提升工程于 2018 年 3 月开工建设，经过为期 9 个月的改造提升，已于 2018 年 12 月顺利完工。配套的沿线建筑立面改造工程、景观绿化改造工程已于 2019 年 10 月顺利完工。

瓯江路经过改造提升后焕然一新、惊艳亮相，项目通过构建“一线四核”的空间结构，实现了道路“序化、洁化、亮化、彩化、美化”的总目标，该工程完成后全面升级了瓯江路整体品质，沿线骑行道、健跑道、漫步道实现了三线贯通，沿线林荫绿道、江景美不胜收，成为瓯江畔一道亮丽的风景线，赢得了温州“最美外滩”的美称，也成了“两线三片”中的一个亮点。项目投用以来，瓯江路欢乐跑、荧光夜跑、大型市民健身走、温州马拉松、温州文旅贺岁嘉年华、光影码头市集等一批有影响力的赛事及活动在此开展，瓯江路沿岸已然成为时下市民和游客休闲观光及健身等活动赛事举办的人气场所之一，深受广大市民好评。

## 五、项目主要参与人员

项目主要参与人员：张引峰、余贞、郑小海、邱王安、薛策、潘澄、黄凯、陈建新、胡琮哲。

# 三峡新能源江苏如东 H6（400 MW）海上风电项目可行性研究报告

中国电建集团华东勘测设计研究院有限公司

扫码查看原文

## 一、项目概况

随着我国海上风电的规模化快速发展，海上风电开发建设由近海向远海发展已成为必然趋势。但远海风电场的电能送出技术难度大、风险大、投资大，项目立项时国内尚没有远海风电场的建设经验。2017 年 6 月，受三峡新能源南通有限公司委托，中国电建集团华东勘测设计研究院有限公司启动三峡新能源江苏如东 H6（400 MW）海上风电项目可行性研究工作，项目输电距离 108 km，是目前我国输电距离最远的海上风电项目。项目可行性研究工作的目标是研究远海风电场电能输送关键技术，提出项目建设技术方案并计算项目经济效益，论证项目技术可行性及经济性。

由于海上输电距离远，本项目配套建设一座海上柔性直流输电工程，它汇集了如东 H6（400 MW）、H8（300 MW）和 H10（400 MW）三个海上风电场共 1 100 MW 的发电量，将这三个海上风电场所发电能汇集后送至陆上。海上柔性直流输电工程包括一座送端海上换流站、一座受端陆上换流站和一回直流电缆线路。柔性直流输电工程电压等级 ±400 kV，输送容量为 1 100 MW，输送距离为海上 99 km、陆上 9 km，共 108 km。海上换流站位于如东县黄沙洋海域，分两层布置，下层布置阀厅，上层布置直流场、换流变、220 kV GIS（Geographic Information System，地理信息系统）、500 kV GIS 等设备，总重 2.2 万 t。陆上换流站位于如东县小洋口开发区，设有换流中心、主控楼、GIS 楼、综合楼、备品备件库等建筑物。海上换流站和陆上换流站之间的连接线路采用一回 ±400 kV 的直流电缆线路，海上段采用 1×1 600 $mm^2$ 的交联聚乙烯海缆，陆上段采用 1×1 600 $mm^2$ 的交联聚乙烯陆缆。陆上换流站出一回 500 kV 架空线，过渡期接入 500 kV 扶海变，远期接入 500 kV 通海变。

本项目是国内第一个海上柔性直流输电工程，也是目前全球规模最大、电压等级最高的海上柔性直流输电工程。由于海上柔性直流输电工程位于电网末端，与大量风电机组合运行的电力系统稳定性是影响系统安全的关键；海上柔性直流输电工程投资大，选用合适的拓扑结构和设备配置是影响工程经济性的关键。由于本项目规模大、电压等级高，带来海上换流站尺寸庞大、重量巨大，海上换流站单体总重超过 2 万 t，需整体运输、整体安装，其结构形式、运输安装技术是项目成败的关键；海上换流站处于海洋环境中，海洋大气具有高湿度、高盐度和重腐蚀性的特点，而换流阀等精密电气设备普遍具有耐腐蚀能力性差但发热量大等特点，因此海上换流站设备耐久性、系统冷却是项目长期可靠运行的关键。

针对项目的系统设计、海上换流站建设等难点，可行性研究阶段对海上柔性直流输电工程进行了专题研究，编制了专题报告，首次提出了 ± 400 kV 伪双极、取消桥臂电抗器、换流阀分极布置的柔直系统方案，提出了分体式导管结构形式、大型电气平台浮托法运输安装、设置正压通风系统和海水冷却系统的海上换流站建设方案。2019 年 2 月，专题报告通过了由李立涅院士组成的专家组的技术评审。

可行性研究报告对项目进行了风电机组选型、布置的优化，风电场年上网电量 123 084 万 kW·h，年等效满负荷小时数 3 077 h，发电收益高于同类项目。对项目进行了经济评价，估算项目总投资 735 060.93 万元，全部投资财务内部收益率为 10.56%（所得税前），资本金财务内部收益率为 16.23%（所得税后），投资回收期为 11.9 年，总投资收益率为 6.92%，项目资本金净利润率为 22.35%。项目具有较好的经济效益。

2018 年 12 月，本项目由江苏省发展改革委核准，2019 年 2 月，可行性研究报告通过水电水利规划设计总院的评审，2019 年 5 月，可行性研究报告收口。2019 年 12 月，项目开工建设，2021 年 10 月，海上柔性直流输电工程建成投运，2021 年 12 月，全部 110 万项目建成投产，工程满负荷运行。

## 二、项目内容

### （一）项目建设条件、限制因素分析

项目建设条件、限制因素分析包括调查项目政策条件，项目周边相关规划、生态红线、生态环境，风能资源、台风、区域地震、海洋水文、鸟类鱼类现状，海底地形，地质条件，现场交通、电力系统等建设条件。对项目的政策符合性，与周边海洋功能区划、港口规划、航道规划等相关规划的相融性进行分析、协调，解决项目政策符合性问题；对项目资源条件进行分析论证，对海洋水文条件进行计算分析，对海底地形、地质条件、现场交通、电力系统等条件进行充分分析，提出项目建设的条件。

### （二）资源分析及发电量优化

资源分析及发电量优化包括对项目风能资源进行细致分析，并对照长系列测风资料进行修正，提出风电场风能资源等级、平均风速和平均风功率密度。对风电场风机选型、布置进行优化，选择技术先进、经济合理的机型，对风机布置进行技术经济比较，提出技术经济最优的风机布置方案和发电量方案。

### （三）风电场技术方案论证

风电场技术方案论证包括对风电场电气接线方案、设备选型、风电场自动控制方案进行技术比较论证，对风电场基础结构、海上升压站、海上集电线路、海上送出线路进行方案论证，提出技术经济相对最优的方案。对风电场施工方案、施工计划进行研究论证，提出先进合理的施工组织设计。

### （四）海上柔性直流输电工程技术方案论证

海上柔直工程技术方案论证，即针对海上柔性直流输电工程系统设计、海上换流站建设两大关键技术，对柔性直流输电工程进行专题研究。具体包括对真双极 / 伪双极的接线方式、对

800 MW/1 100 MW 容量、对 320 kV/400 kV 电压等级进行了专题比较论证，对接地回线、冷却系统、换流站布置等进行了专题研究，提出技术可行、经济合理的系统方案。对海上换流站结构形式、施工方案、冷却系统、正压通风系统进行研究，提出相应的解决方案。

### （五）经济分析

对项目投资进行细致分析，计算项目设备及安装、土建工程、预备费、利息、其他费用等分项投资，计算项目总投资。对项目发电收益、财务支出进行分析，计算项目财务指标。提出项目的经济效益结论。

## 三、项目成果特点

项目立项时国内尚无任何海上柔性直流输电工程的建设经验，海上柔性直流输电技术在国内尚属空白。本项目 ±400 kV 的电压等级、1 100 MW 的输送容量、超 2 万 t 的平台重量，都已超过了目前国外最高水平，其大型柔性直流输电工程系统设计、2 万 t 级海上换流站建设等技术在国际上尚属首次。针对本项目技术难度大、风险大、投资高的特点，项目的技术可行性、经济合理性和风险分析论证，是项目咨询工作的重点。项目创新点如下。

### （一）海上柔性直流输电系统设计

本项目配套建设国内第一座海上柔性直流输电工程，目前海上柔性直流输电技术尚属国内空白。目前国外已建有 9 座海上柔性直流输电工程，最大输电规模 900 MW，最高电压等级 ±320 kV。本项目将是全球规模最大、电压等级最高的海上柔性直流输电工程。

可行性研究期间，建立了海上风电机组、海缆和柔性直流输电系统联合仿真模型，对系统的稳定性、谐振及过电压参数进行了仿真分析，并结合工程投资进行了优化设计，提出了不设金属回线的伪双极接线方案，节省一回海缆，大幅节省工程投资；提出了设置线路电抗器、取消桥臂电抗器的整流方案，在满足电能质量的前提下，大幅减小海上换流站直流室的尺寸，节省了海上换流站的投资；相较于传统的换流阀分相布置方案，提出了适合海上换流站的分级布置方案，使海上换流站结构紧凑，并进一步减小了直流室的尺寸，节省了海上换流站的投资。

### （二）海上换流站建设关键技术

可行性研究期间，针对项目现场的海洋水文、地质特点，为海上换流站结构建立了数值模型和缩尺物理模型，开展了全工况的数值模拟分析，开展了波浪水池和振动台联合的物理模型试验。在国际上首次提出并应用分体式导管架结构技术，这种结构形式具有刚度大、变形小、振动小等特点，可解决了海上换流站设备对结构变形、振动敏感的问题；提出了大型电气平台浮托安装方法，解决了 2 万 t 级大型平台整体运输、海上安装的问题；发明了海上换流站海水冷却系统，用海水作为天然冷源，对换流阀、变压器、空调系统进行散热，解决了海上电气设备的散热问题，在可靠、经济地实现设备散热的同时，避免了设备与空气的直接接触，保证了海上换流站长期可靠运行。

### （三）海上风电场建设关键技术

本项目计划安装 100 台 4 MW 海上风电机组，建设一座 400 MW、220 kV 海上升压站。因为海上风电机组数量众多、总投资大，其结构安全可靠且经济性好是影响项目经济性的关键；海上升压站汇集了 400 MW 风电机组所发的电能，海上升压站的结构可靠性、设备耐久性和经济性，是项目安全可靠运行的关键。

可行性研究期间，根据国内海洋工程施工能力和施工特点，对海上风电机组基础、海上升压站建设技术开展了专题研究。相较于国外传统的有过渡段单桩基础，提出了无过渡段单桩基础的海上风电机组基础形式，提出了无过渡段单桩精确施工技术和桩顶法兰保护技术，实现在单桩基础一次性精确沉桩、取消了过渡段连接，使单桩基础的施工效率大幅提高、投资大幅节省，解决了海上风电场建设经济性问题；发明了海上升压站后插桩导管架技术、正压通风技术、事故油收集装置等技术，解决了海上升压站设备耐久性问题和事故油处理问题，保证了风电场安全可靠运行。

## 四、项目实施情况

2019 年 2 月，项目可行性研究报告通过水电水利规划设计总院的评审，2019 年 5 月，项目取得正式的评审意见，2018 年 12 月，本项目由江苏省发展改革委核准。

2019 年 12 月，项目开工建设，2021 年 10 月，海上柔性直流输电工程建成投运，同月，首批机组并网发电，2021 年 12 月，全部 110 万项目建成投产，工程满负荷运行。

经可行性研究阶段经济分析，估算项目年上网电量 123 084 万 kW·h，年发电收益 104 621 万元。估算项目总投资 735 060.93 万元，全部投资财务内部收益率为 10.56%（所得税前），资本金财务内部收益率为 16.23%（所得税后），投资回收期为 11.9 年，总投资收益率为 6.92%，项目资本金净利润率为 22.35%。项目具有较好的经济效益。

本项目建成后，与同等发电量的火电相比，每年可减少标准煤消耗约 36.9 万 t/a，减少排放二氧化硫（不脱硫）约 8 123 t/a、氮氧化合物 $NO_x$ 约 1.4 万 t/a、烟尘约 3.8 万 t/a，减少排放温室效应气体二氧化碳（$CO_2$）约 92.1 万 t/a，节约淡水约 354.5 万 $m^3$。项目建设具有显著的环境效益。

随着我国近海风能资源的开发，我国海上风电必将向远海发展，柔性直流输电技术将是我国远海风电建设的技术瓶颈。本项目作为国内第一个海上柔性直流输电工程，对我国海上风电向远海发展、突破海上柔性直流输电技术瓶颈有着重要意义。

本项目的建设实现了我国海上柔性直流输电零的突破，为我国海上风电向远海发展奠定技术基础。项目建设规模大，电压等级高，项目的成功建设，打破了国外技术垄断，实现了我国海上柔性直流输电技术的自主知识产权。2022 年 6 月，经李立浧院士组成的专家组鉴定，本项目海上柔性直流输电领域技术处于国际领先水平。

依托本项目的技术研究，中国电建集团华东勘测设计研究院有限公司发表 SCI、EI 论文 6 篇，授权专利 18 项，主编《风电场工程海上换流站设计规范》和《海上风电场工程直流海底电缆选型和敷设技术导则》两部能源行业标准（在编）。本项目可行性研究报告获 2020 年度全国优秀工程咨询成果二等奖、电力行业优秀咨询成果一等奖、浙江省优秀咨询成果二等奖。

项目情况如图 1 至图 5 所示。

图 1　安装过程中的海上换流站
（组块重 2.2 万 t，浮托法安装）

图 2　建成的海上换流站
（规模为 1 100 MW，电压等级为 ±400 kV）

图 3　建成的海上升压站
（规模为 400 MW，整体吊装施工）

图 4　安装过程中的海上风电场
（单机容量为 4 MW，分体吊装）

图 5　建成的海上风电场（100 台 4 MW 风电机组，共 400 MW）

## 五、项目主要参与人员

项目主要参与人员：俞华锋、赵生校、李炜、吕国儿、傅春翔、朱彬彬、吴秀山、蒋欣慰、许峥、杨林刚。

# 临海市城市污水处理厂扩（迁）建工程（一期）项目申请报告

中国电建集团华东勘测设计研究院有限公司

扫码查看原文

## 一、项目概况

临海市城市污水处理厂扩（迁）建厂址位于邵家渡街道吕公岙东北处，位于临海主城区的下游；厂区总征地面积为 130 667 $m^2$（约合 196 亩），其中一期工程征地面积为 80 067 $m^2$（约合 120.1 亩）。工程服务范围包括古城街道、大洋街道、邵家渡街道、东塍镇及汇溪镇等江北区块。总处理规模为 16 万 t/d，其中一期处理规模为 8 万 t/d。

城市化进程远远超出了原有的总体规划，原临海市城市污水厂工程已逐渐成为城市发展的制约因素。经济的飞速发展导致污水量大幅增加，据预测临海市江北区块污水量在 2030 年将达到 16 万 t/d，由于原污水厂的规划用地限制，需要另选厂址按最新预测污水规模新建污水厂，并对原有污水厂进行拆除。临海市城市污水处理厂扩（迁）建一期工程总投资为 22 098.42 万元，其中工程费用为 14 348.56 万元。

## 二、项目内容

污水处理采用“改良 A2/O+ 混凝沉淀过滤”的组合工艺，尾水排放至灵江；污泥经脱水后送垃圾填埋场卫生填埋；除臭采用生物滤池法除臭工艺。污水厂尾水排放执行《城镇污水处理厂污染物排放标准》（GB 18918—2002）一级 A 标准，但为远期提标到地表水准Ⅳ类标准做好充分预留；对污水处理和污泥回流、收集过程中所产生的构筑物内臭气采用密闭负压收集并经过生物滤池除臭后集中排放，确保厂界恶臭污染物达到《城镇污水处理厂污染物排放标准》（GB 18918—2002）二级标准。该工程的建设在大幅削减临海市污染物排放总量，削减排入灵江的污染物总量，改善灵江水质和水环境等方面具有积极的促进作用。

## 三、项目成果特点

### （一）建设污水处理厂工程，符合“十三五”规划和节能减排的国家宏观政策

灵江是台州人民的“母亲河”，系浙江省八大水系之一、台州市第一大水系，其水质的好坏直接影响灵江区域生态环境。目前灵江水质已有个别指标达不到地表水环境质量标准的Ⅲ类水质标准。本项目的建设将有利于灵江水域生态环境保护，有利于推动流域的社会、经济、环

境的可持续发展。

“十三五”期间，CODcr、氮、磷等指标的减排形势依然严峻，作为城市基础设施建设项目，本项目对全面贯彻落实综合减排目标，实现临海市区污染物排放总量控制具有重大贡献。本项目可实现减排量：CODcr 削减约 10 220 t/a，$BOD_5$ 削减约 4 380 t/a，SS 削减约 7 008 t/a，$NH_3$-N 削减约 730 t/a，TN 削减约 730 t/a，TP 削减约 102.2 t/a。

### （二）突破传统设计路线，拓展水务设计工作的新思路

本污水厂出水标准虽然采用一级 A 排放标准，但根据台州地区的要求，本污水厂设计时需充分考虑可能面临的提标到地表水准Ⅳ类标准的进一步改造问题，因此本污水厂污水处理工艺选定和各参数选定至关重要，需要预留足够的提标空间。

本项目申请报告在编制过程中，突破传统的设计思路，首先在分析现有临海市城市污水处理厂（本工程为现有厂的搬迁）运行的基础上，进行国内外类似进水水质的污水处理工艺调研，初步确定污水处理工艺路线和设计参数；并通过试验验证所确定工艺的处理效果。试验结果表明：“改良 A2/O+ 混凝沉淀过滤”的组合工艺处理效率 CODcr 可达到 90% 左右，TN 可达到 70% 左右，处理出水达到高于《城镇污水处理厂污染物排放标准》（GB 18918—2002）一级 A 标准的要求，为下步提标到地表水准Ⅳ类标准预留足够的空间，在完成前两步工作的基础上最终编制完成了本项目申请报告。

评审专家一致认为：申请报告推荐的“改良 A2/O+ 混凝沉淀过滤”组合工艺具有理论、实践和试验研究的基础，作为本项目处理方案是可行的。另外，各工艺参数选定也为出水标准高于一级 A 奠定了基础。

工艺调研确定工艺路线 + 试验研究 + 工程设计也将是以后水务工程设计的发展方向。

### （三）采用先进技术手段，体现污水处理工艺的创新性

改良 A2/O 工艺采用“选择 + 厌氧 + 缺氧 + 好氧”的组合形式，有机物处理效果高且稳定，同时具有良好的脱氮除磷效果。厌氧、缺氧、好氧段单独设置，利于控制各段的溶解氧浓度，保持厌氧、兼氧、好氧微生物所需特殊的生存环境，以保证各段的处理效果。厌氧好氧段交替运行，能抑制丝状菌的繁殖，杜绝污泥膨胀。巧妙的池型设计，利用穿墙泵进行内回流，大大节省了运行能耗和费用。

除臭工艺采用“生物滤池法”除臭工艺，具有投资、运行成本均较低，稳定运行后管理方便的特点。在加盖方式中针对不同池型、跨度、运行和检修要求，采用混凝土盖板、玻璃钢密封罩、玻璃钢拱形盖板、反吊纤维膜加盖等多种组合形式，节省了投资成本、方便了检修、增加了厂区美观。

### （四）通过多方案比选，确定最佳的技术路线

（1）针对不同的工艺方案进行多因素综合比选，从构筑物、主要设备、药剂投加量、能源耗用、直接运行成本、投资和净现值等方面综合考虑方案的优劣，最终确定本项目预处理、生化处理、深度处理、化学除磷及尾水消毒方案。

（2）本项目为山地污水厂，厂区内最大高差达 14 m，周围都是山坡，厂区平整难度大、厂区与周边山坡也较难衔接，因此，本项目厂区平整设计难度非常大。本次厂平设计充分考虑现状复杂地形情况，本着尽量减小厂区外运挖方量、尽量减少厂区污水提升次数和提升高度、尽

量降低厂区周边高边坡高度的原则，通过多方案比选，最终将厂区设置为 14.0 m、10.5 m 和 7.2 m 三个标高平台，将污水厂设计为台地污水厂，从而大大节省了厂区地基处理费用、减小了高边坡高度并降低了工程投资、节约了年运行电费和提升了结构安全性。本项目的厂区平整设计方案受到业主方和与会专家的一致好评。

（3）本项目为山地水厂，场地地貌类型属山前谷地，场地北低南高，高差大。场地需要半挖半填来建污水厂，在这种情况下，常规地基处理技术很难解决基础沉降不均匀的问题。本项目分析了山地水厂沉降不均匀的原因，并对多种处理方式通过调研及数值模拟的手段进行了综合比较，最终按土岩组合地基处理思路，采用加设褥垫方式协调土质地基跟岩质地基的变形差。通过数值模拟计算，确定褥垫层厚度，将沉降差控制在规范要求以内。

另一方面，本项目池体尺寸很大，其中改良 A2/O 生化池长达 142 m。为了计算分析壁面温差对水池的裂缝影响，对结构模型做了如下处理：在壁面温差作用下，对于顶端有约束的变截面池壁的内力，采用结构力学的方法，视顶端约束为赘余约束，并假设温度沿池壁厚度的分布为线性。在此种条件下，采用有限元理论建立结构模型，对壁面温差进行了精确计算，从而指导设计。

### （五）着眼于工程实际，经济评价客观合理

通过对项目投资、成本分析，考察本项目投产后的经济收入、赢利能力以及借款偿还能力，据此判别建设投资的财务可行性。研究在一定的市场、生产能力下，分析项目成本和收益的平衡关系，确定盈亏平衡点。分析、预测财务评价诸因素发生变化时对项目经济评价的影响，从中找出敏感因素，并确定其影响程度。从技术经济的角度阐述了项目投资、收益及风险，为项目决策提供科学依据。

## 四、项目实施情况

（1）临海市城市污水处理厂扩（迁）建工程（一期）能够有效解决临海市江北区块污水处理水量日趋饱和而原城市污水厂的规划用地限制问题，有利于促进临海市经济发展，有助于实现当前节能减排目标，对提高和改善该区域的生态环境也将起到积极的作用。以本项目申请报告为指导的临海市城市污水处理厂扩（迁）建工程（一期）是台州市重点工程，该工程已于 2019 年 3 月建设完成并交付投运，出水水质高于一级 A 标准。此后，临海市城市污水处理厂如预期设想顺利进行提标改造工程，实现出水全部达到台州准Ⅳ类排放标准。

（2）依托本项目的研究及应用，申报的科研课题《城镇污水处理厂稳定达标关键技术研究及工程示范——典型污水处理厂稳定达标工程示范》（浙江省重大科技专项课题，合同编号：2014C03002）和《污水处理厂提标工程关键技术研究及工程应用》，获得“行车式提板刮泥机自适应行走装置”（ZL 2014 2 0384087.2）、“一种转鼓细格栅的双层滤网装置”（ZL 2016 2 0025267.0）、“一种脱氮水解沉淀池”“一种塔式厌氧池污水处理装置”等国家实用新型专利。

（3）本项目通过采用污水处理工艺调研—小试论证—编制项目申请报告的程序确定的技术标准、污水处理工艺路线、污泥处理与处置路线、除臭工艺方案等合理可行，通过多方案的技术经济比选，提出“改良 A2/O+ 混凝沉淀过滤”组合工艺，并通过小试试验进行论证，该组合

工艺在当时的市政污水处理中具有领先性，为污水处理厂提标改造提供借鉴。项目投资控制好，运行成本省，创新科技含量高，是以后水务工程设计的发展方向。

（4）本工程采用先进的处理工艺和合适的设计参数，为污水厂出水提标为地表水准Ⅳ类水预留足够空间的设计思路给目前污水厂设计提供借鉴。

项目情况如图 1 至图 5 所示。

图 1　项目鸟瞰图

图 2　初沉池

图 3　改良 A2/O 生化池

图 4　二沉池

图 5　高密度澄清池

## 五、项目主要参与人员

项目主要参与人员：陶如钧、周文明、陈烨、余浩、遇光禄、郑元格、周华、毛加、赵立佳、翁晓丹等。

# 金沙江白鹤滩水电站可行性研究报告

中国电建集团华东勘测设计研究院有限公司

扫码查看原文

## 一、项目概况

白鹤滩水电站为金沙江下游的第二个梯级电站，坝址位于四川省宁南县和云南省巧家县境内，坝址控制流域面积 43.03 万 $km^2$，占金沙江以上流域面积的 91%，水库总库容 206.27 亿 $m^3$，为多年调节水库。电站装机容量为 16 000 MW，多年平均发电量为 624.43 亿 kW·h，是当今世界在建规模最大、技术难度最高的水电工程之一，是“西电东送”国家重大工程。白鹤滩水电站工程规模巨大，综合技术难度高、移民征地涉及范围大，但不存在制约工程建设的重大不利环境影响，工程建设的环境效益和社会效益显著。

## 二、项目内容

本项目对工程进行了全面的可行性研究，为工程的建设立项和开工建设提供了技术上的保证。白鹤滩水电站前期工作始于 1991 年，在预可行性研究工作基本结束之际，2004 年下半年中国电建集团华东勘测设计研究院有限公司（以下简称华东院）全面展开了可行性研究工作，并于 2016 年 11 月通过审查。可行性研究阶段，深入论证了工程建设必要性，对枢纽建筑物布置和形式、工程地质问题、机电设备和金属结构选型开展了大量科学试验研究和分析，对工程施工方案、建设征地移民安置、环境保护和水土保持方案、经济指标评价进行了充分研究，取得了大量创新性成果，先后完成了 70 余份专题研究报告以及 14 个篇章的可行性研究主报告。重大专项及可行性研究报告通过审查。

## 三、项目成果特点

本项目的多项研究成果处于世界领先地位，解决了一系列工程地质预测和评价、枢纽建筑物设计、机组制造安装等世界性难题，对促进我国高山峡谷地区巨型水电工程设计水平的提高具有十分重大的意义。本项目的成果特点具体如下。

### （一）白鹤滩水电站建设符合国家发展规划和产业政策，项目充分论证了工程建设必要性

本项目论证了工程建设是实现《能源发展“十二五”规划》和《能源发展战略行动计划（2014—2020 年）》的重要支撑，符合在发电、防洪和航运方面的规划要求，促进了长江经济带的建设。

### （二）白鹤滩水电站建设符合电力市场需要，项目研究推荐了电站的主要供电范围

本项目充分研究了华东、华中、南方地区的社会经济和电力市场空间情况，提出了在满足四川、云南两省用电需求的同时，外送华中东四省、华东和广东电网。

### （三）发电效益巨大，经济指标优越，综合效益显著

白鹤滩水电站多年平均发电量为624.43亿kW·h，单位千瓦投资为8 659元/kW，单位电能投资为2.22元/kW·h，上网电价0.355 6元/（kW·h），经济指标优越。白鹤滩水电站建成后可增加下游四个梯级水电站的年发电量24.3亿kW·h，明显改善下游电能质量。水库常年回水区长，库区航运明显改善。

### （四）征地移民安置落实，项目社会适应性好

工程淹没区位于川、滇交界的少数民族混居区，经济基础薄弱，人民生活水平低。通过搬迁和实行开发性移民政策等，保证了人民群众原有生活水平不降低，并且在住房交通、用水用电、医疗教育等方面相比安置前得到改善。工程移民安置规划大纲已由主管部门批复同意。

### （五）白鹤滩水电站技术挑战巨大，通过开展大量技术攻关，研究成果丰硕

**1. 地质灾害和超高边坡勘察与治理设计**

电站地处我国西南山区，近坝区存在多处巨型变形体和特大型泥石流等地质灾害，工程地质条件极为复杂，安全风险突出。华东院基于泥石流和变形体特性研究，研发了与巨型蠕滑变形体处理结合的泥石流生态综合治理技术、与渣场结合的泥石流停淤排清技术、具有多分支特征坡面泥石流分区排导及泥石流高位下泄技术，工程减灾与生态修复效果显著。针对左岸106 m深部强卸荷顺倾边坡，研究了多块体边坡系统稳定性，采取分两期实施的综合措施，实现安全开挖；针对右岸700 m级高陡边坡，创新快速支护与系统支护分级分阶段实施方案，实现快速开挖。

**2. 复杂坝基勘察与处理设计**

坝址工程地质条件复杂，断层及层间、层内错动带发育，性状较差，存在高拱坝坝基首次利用“硬、脆、碎”柱状节理玄武岩开挖易松弛、缓倾角错动带开挖易变形和河床薄层角砾熔岩开挖易破坏等关键技术难题。华东院在大量精细地质勘探、多方法多尺度试验检测、理论—模拟—监测反演等研究基础上，掌握了玄武岩岩体力学特性和松弛演化规律，制定了“厚层保护、灌浆固结、深层锚固、精准爆破”开挖保护措施体系，研发了柱状节理玄武岩筑坝技术，保证了特高拱坝安全。

**3. 非对称特高拱坝设计**

白鹤滩坝址左缓右陡、左弱右强、岩性复杂，地形地质条件不对称性对300 m级坝高、1 650万t水推力特高拱坝的建基面布置、体形结构、拱座稳定、抗震安全及坝身泄洪孔口产生了系统影响。经过专项科研、方案比选和试验验证，选择在左岸顶部设置垫座以减小拱坝体型不对称形，选择了适应性更强的椭圆线型双曲拱坝体形，并在左右岸和河床范围设置扩大基础以改善坝体和坝基变形应力、提高局部安全度，同时采取坝身泄洪孔口不对称布置等设计方案，为复杂条件下特高拱坝建设提供坚实技术支撑。

**4. 枢纽泄洪消能**

枢纽最大泄洪量为42 348 $m^3/s$、泄洪功率达9万MW，在窄河谷中安全平稳地宣泄巨泄量、高水头洪水极具挑战。勘测设计阶段采用多种方法、不同比尺水力学试验深入研究，确定

了坝身设置 6 个无齿坎大差动表孔、7 个不同挑角深孔、分层多股水流空中碰撞、水垫塘消能和岸边设置 3 条泄洪洞的泄洪消能方案，三套泄洪设施运用灵活、互为备用。坝下水垫塘采用世界最大规模的反拱型水垫塘，大型泄洪洞总长超过 6 km，研发“底 + 侧”联合掺气、独立掺气槽洞外补气和进水口横向三支臂闸门等创新技术，确保窄河谷巨量高水头泄洪安全。

**5. 新型建筑材料**

白鹤滩水电站地处干热河谷，昼夜温差大、大风天气多。拱坝体形复杂、孔口多、浇筑仓面大。类似工程使用的中热水泥混凝土在常规温控防裂措施下，白鹤滩大坝防裂安全裕度较低。勘测设计阶段对大坝混凝土骨料进行了全面试验研究和比选，选用 50 km 外的灰岩作为骨料，提高了大坝混凝土的抗裂性能。配合建设单位、生产厂家和科研机构研发了专门的低热水泥混凝土，提出了一整套适应低热水泥混凝土的温控指标和温控措施，降低了温控难度，提高了大坝混凝土抗裂安全度。

**6. 工程防震抗震**

我国地震部门对白鹤滩进行了深入的地震危险性分析和地震动参数研究，白鹤滩坝址地震基本烈度高，拱坝设计地震动参数居 300 m 特高拱坝之首。鉴于白鹤滩工程的重要性，华东院联合多家科研机构，对其主要建筑物，尤其是对拱坝的抗震性能，进行了深入的专门研究。在各种运行条件下，设计、校核、超载地震下的大坝、坝肩和坝身孔口的动力响应，采取平顺大坝结构体形、坝面设置多层抗震钢筋、强化抗力体锚固、提高高应力区大坝混凝土强度、加强坝基坝肩防渗排水等抗震措施，有效地提高了大坝抗震能力。白鹤滩大坝的抗震性能满足规范要求并有相当大的设计安全裕度。

**7. 百万千瓦机组**

白鹤滩水电站的 16 台 100 万 kW 机组全部为中国设计制造，引领世界水电机组迈入百万千瓦级，设计指标大幅超越国内外现有技术标准。华东院对其研制技术条件和试验标准等进行了开创性的全面论证，选定了机组功率、水头和转速等重要参数，在水力和结构设计、关键材料、通风冷却、定子绝缘、大负荷推力轴承等方面取得了重大突破，并研究解决了设备布置、现场加工、大件运输和运行控制等应用问题，其中主厂房的四台 1 300 t 桥式起重机的应用也创下了世界纪录。

**8. 巨型地下工程洞室群勘察设计**

白鹤滩地下洞室群规模巨大，总规模为世界之最，多个单洞尺寸也创下世界纪录。由于白鹤滩高地应力硬脆岩体和软弱错动带影响相互叠加，且洞群效应显著，为围岩稳定控制带来严峻挑战。勘测设计阶段通过大型模拟试验洞、原位渗透变形试验、高精度声波测试、光纤光栅监测等先进手段，全面揭示了岩体多层次力学特性、不连续变形特性、时空联动变形和破坏效应，并通过三维地质模型和数字化综合设计平台精巧布置和体形优选，以保障巨型地下洞室群安全优质高效建设。

**9. 施工组织设计**

白鹤滩水电站地处高山峡谷地区，场地局促、工期紧张，施工组织设计难度大。5 条导流隧洞规模位居世界前列，计划工期比同类项目缩短三分之一；上游围堰高 83 m，相当于一座高土石坝，通过采取经济的复合土工膜和塑性混凝土防渗墙联合防渗，快速建设为大坝建设争取宝贵时间；大坝采取世界最大的缆索起重机群和双层供料平台浇筑，年最大浇筑强度将创同类工程世界纪录；为改善巨型地下洞室群施工通风环境，还创造性地研究和设置了左、右岸地下专用排风洞。白鹤滩水电站的施工组织设计将为高窄峡谷巨型工程施工积累宝贵经验。

**10. 生态环境保护**

本项目深入践行“绿水青山就是金山银山”的生态环境保护设计理念，历时十年完成环境影响评价和水土保持方案研究，已由主管部门批复同意。白鹤滩水电站建设不涉及重大环境敏感区域，不涉及国家Ⅰ、Ⅱ级保护鱼类。工程通过对水库淹没影响区古树名木移栽、植被修复和景观绿化等综合措施，有效降低工程建设对陆生生态的影响；通过建设鱼类过坝设施和增殖站、上游替代生境栖息地修复、下泄水温保障和监测措施，减轻或消除水生生态环境变化带来的影响。工程发电量巨大，每年可减少标煤消耗约 1 980 万 t，减排二氧化碳等废气排放约 5 100 万 t。

## 四、项目实施情况

2016 年 11 月，本项目通过审查，直接推动 2017 年 7 月白鹤滩水电站通过国家核准开工建设。2020 年第四季度，白鹤滩水电站地下厂房、尾水调压室、泄洪洞等地下工程陆续完工，建成了世界上最大规模地下电站洞室群；2020 年年底，白鹤滩水电站十万移民陆续乔迁新居，库区基础设施条件大幅度改善，助力库区贫困县区实现脱贫攻坚；2021 年 4—5 月，白鹤滩水电站下闸蓄水，大坝建设完工，是世界上第一座无缝大坝，打破了“无坝不裂”的行业魔咒；2021 年 6 月，白鹤滩水电站百万千瓦机组顺利完成 72 h 试运行，成为中国第一座成功应用全国产化机组的巨型水电站，引领世界水力发电装备跨入百万千瓦级。从实施效果看，可行性研究勘察成果与实际揭示的符合性高，设计方案合理、未发生重大设计变更，准确地预判了工程重大技术问题，并提前得到了圆满解决，实现了“水平一流、技术创新”的既定目标。2021 年 6 月 28 日，金沙江白鹤滩水电站首批机组安全准点投产发电。

项目情况如图 1 所示。

图 1　项目情况

## 五、项目主要参与人员

项目主要参与人员：张春生、徐建荣、吴关叶、石安池、何世海、翁小康、周垂一、曾昭芳、李胜兵、何明杰。

# 运河亚运公园（原城西公园）可行性研究报告

杭州天恒投资建设管理有限公司

扫码查看原文

## 一、项目概况

杭州已成功申办 2022 年亚运会，本项目属于亚运会的比赛场地之一，将在 2022 年亚运会承办曲棍球和乒乓球两项赛事。本项目作为 2022 年杭州亚运会 53 个竞技场馆之一，是杭州主城区范围内，唯一一个新建场馆、唯一一个民营企业托管运营的场馆，也是仅有的集公园、场馆、商业于一体的综合性场馆。体育设施包括一座 7 500 座“国球中心”（亚运会乒乓球比赛馆）、5 000 座“杭州伞”（亚运会曲棍球比赛场）、15 000 $m^2$ 全民健身中心、2 700 $m^2$ Launch 全媒体中心、20 000 $m^2$ 配套商业峡谷、15 000 $m^2$ 亚运广场、14 000 $m^2$ 人工湖、3.6 km 花神跑道、1.6 km 城市河道、30 000 $m^2$ 主题营地，10 000 $m^2$ 屋顶花境。运河亚运公园秉承科技亚运理念，打造智慧场馆，实现 5G 全覆盖，引入无人驾驶接驳系统。

运河亚运公园（原城西公园）位于杭州市申花单元内，东至学院北路，南至申花路，西至丰潭路，北至留祥路。项目建设单位为杭州市拱墅区城中村改造工程指挥部。本项目主要建设综合类公园，具体包括公园管理建筑、公园其他管理配套用房建筑、公园构筑物、公园绿化、园路及铺装场地、地下停车场、移动通信基站等。项目总建筑面积约为 186 713 $m^2$，其中地上建筑面积约为 48 417 $m^2$（包括公园管理建筑约 1 560 $m^2$，公园其他管理配套用房建筑约 45 441 $m^2$，新增不计容积率构筑物约 1 416 $m^2$），地下建筑约为 138 296 $m^2$。项目总用地面积为 46.777 7 $hm^2$，共涉及 GS0401-01、GS0401-02、GS0401-04、GS0401-05、GS0401-06、GS0401-07、GS0401-08、GS0401-10 八个地块。

根据亚组委对于各运动场地的建设进度要求，本项目需要在 2021 年 3 月前建设完成并投入试运营，因此拱墅区对本项目给予高度重视，已调动区各级部门，重点推动该项目的建设，确保本项目在 2021 年前能保质保量的建设完成。

体育休闲公园已在很多国家得到了推广，国内不少城市也正在积极尝试。以往的城市绿地更多地注重其景观功能而忽视人的真正需求。而以运动为主题的体育休闲公园正是顺应了都市人的实际需求，将绿色景观与运动、趣味有效地结合起来。因此本项目的建设有利于完善申花单元的基础配套设施，优化申花单元的居住生态环境，为居民提供休闲娱乐的场所，进一步推广全民健身。项目建设完成后将成为第 19 届亚运场馆的比赛场地，有助于 19 届亚运会的顺利举办。项目建设可有效改善城市的生态环境，提高城市的居住舒适性，完善城市的基础设施配套，提升居民生活品质，是共建共享与世界名城相媲美的“生活品质之城”的需要。

## 二、项目内容

### （一）项目需求分析和项目定位

**1. 需求分析**

本项目北部高架属于杭州三纵五横快速路网结构性干道，周边现状一个地铁站和规划的四个轨道站点使其可达性良好。项目周边现状商业、教育配套设施较为成熟，但是 3 km 内缺乏规模较大的开放空间，集中性的、专业性的体育设施缺乏。

运河亚运公园（原城西公园）的需求分析预测在近年来拱墅区及杭州市的国民经济发展情况、拱墅区生态文化和体育事业发展现状及规划和 2022 年第 19 届亚运会组委会场馆建设部对于亚运场馆建设要求的基础上，参考拱墅区对于综合公园的需求量要求和亚运会组委会场馆建设部对于场馆建设需求量要求，分析预测了运河亚运公园（原城西公园）的需求规模。

《2022 年第 19 届亚运会杭州市场馆及设施建设实施意见》和《2022 年第 19 届亚运会组委会关于加快 2022 年第 19 届亚运会杭州市场馆及设施建设的实施意见》明确了第一批场馆及设施项目建设任务共 33 个，其中新建场馆 5 个、续建场馆 7 个、改建和改造提升场馆 12 个、临建场馆 7 个、新建亚运村 1 个、利用现有宾馆资源改造提升亚运分村 1 个。同时，落实备用和训练热身场地。竞赛项目设置调整变化后，根据需要明确后续任务。同时，明确了前期工作、工程建设、测试运行等重要的任务节点。

运河亚运公园（原城西公园）属于第一批场馆及设施项目建设任务。其中位于拱墅区的曲棍球馆和乒乓球馆均在本地块内。同时本项目距离亚运村的直线距离约为 14 km，本项目的建设可以满足亚运赛事的需求。

据统计，拱墅区常住人口约为 31.7 万人，目前拱墅区拥有杭州大关游泳健身中心、拱墅区文体中心、拱墅区体育馆游泳中心等大型场馆，但是总体场馆数量偏少，且无曲棍球类场馆，因此远远满足不了日益增长的体育事业发展需求。目前的场所，已经严重影响拱墅区体育事业的发展，更不符合相关文件精神和要求。

同时，本项目也是一个大型的城市公园。城市公园对于城市居民回归自然、进行户外活动而言非常重要。人们在享受飞速发展的科技带来的便利的同时，也越来越多地感受到远离大自然、污染严重、环境喧闹、住房拥挤所带来的一系列困扰。在现代高楼大厦中紧张工作的人们渴望回到自然的怀抱，大自然的宁静、闲适与生趣对都市人来讲是很难得的。而城市公园的建设正是契合了人类这一重返生态乐园需求，恰到好处地提供了供市民休闲娱乐和释放压力的公共场所。城市居民在公园中或散步或游戏或躺或坐陶冶性情，公园文化充分展示了城市生活的闲适美好。城市公园已成为提升城市文明、城市环境和城市形象的重要组成部分。运河亚运公园（原城西公园）的建设可以为周边居民提供一个大型的综合性公园，使得人们在工作之余可以在此放松、休憩。

综上所述，运河亚运公园（原城西公园）的建设是积极响应政府号召，不断满足日益增长的体育文化发展需求和居民休憩、娱乐的需求，因此，运河亚运公园（原城西公园）的建设，是一个利国利民的工程。

**2. 项目定位**

运河亚运公园（原城西公园）是结合亚运赛事建设的大型公园绿地项目，是兼具休闲健身、景观美化、生态提升等功能的精品工程。

## （二）建设方案

### 1. 指导思想

本项目充分利用地形地貌特点与体育公园的功能设计相结合，确定北场（曲棍球场）、南馆（乒乓球馆）的布局概念，通过地形的设计，打造绿色生态峡谷，通过峡谷下穿育英路、北庄河串联起整个运河亚运公园。

南、北公园除了下穿峡谷的联通，还采用飞跨育英路两侧的生态漫步道（人行天桥）联系起来。在空间上丰富了本项目的形态，有效整合了该区域城市慢行体系，构成独具特色的总体印象和公园南北区的可达性。

北庄河、永兴河在公园内，最大范围地保留了原有的走向，同时结合总平面布局，做了局部放大和湿地景观区设计。

通过“体中体”设计概念，将公园、场馆、景观流畅整合。功能定位以提升拱墅区全民健身项目、推动文体消费升级为主要目标，回应市民新的需求，实现公众对参与性、开放性的渴求，将城市设计、公共空间、内外功能协同综合考虑，形成一个多元共享的体育、休闲公园。

### 2. 总体规划方案

运河亚运公园（原城西公园），被育英路分为南北两个园区，每个园区均由四部分组成。南区的功能组成为：南公园、公园管理配套用房（一）、公园管理配套用房（二），南区地下车库（含管理用房）。北区的功能组成为：北公园、体育建筑（临时建筑）、公园管理配套用房（三），北区地下车库（含管理用房）。

出入口设置。人行主要出入口的设置按照地铁站的位置和方向进行设计。公园北区的人行主入口设置在丰潭路上，与地铁 2 号线的虾龙圩站对应；公园南区的人行主入口设置在学院北路和申花路的交叉口，与地铁 5 号线的益乐路站相对应；在育英路南侧设置了与公园峡谷相连接的人行主要出入口。在公园和城市道路相邻的街角位置，河道与城市道路交接的位置，还设置了公园的人行次要出入口。多种角度和形式进入公园，是运河亚运公园（原城西公园）作为一个开放的城市区域级综合公园的亮点和关键。

公园分成南北两个区域。南区的机动车主要出入口设置在申花路和丰潭路；南区地下车库的两个出入口与丰潭路连接；北区的机动车主要出入口设置在学院北路，与地面停车场连接；北区地下车库的两个出入口也与学院北路连接。

交通流线。人行的流线主要是从公园南入口进入，通过南广场与地下室衔接，按照 5% 的坡度下降，穿过育英路和北庄河的底部，再平坡结合缓缓上升至公园北区，到达公园北广场；上述流线为公园的主要园路。其他人行流线，按照公园设计规范执行。公园南北区采用两条人行步道兼自行车专用道，横跨育英路，专用道距育英路面净高 5.5 m。

车行流线设置。公园项目保证平时的人车分流，机动车通过机动车出入口进入公园后，直接进入地面停车场或者下到地下停车库，采用 7 ~ 8 m 宽机动车双向车道，设计为透水沥青面结合广场设计为铺装面。建筑物，四周环通道路结合广场纵坡根据不同室外场地标高放坡过渡，5%≥坡度≥ 0.2%；道路横坡 1.5% ~ 2.5%。为尽量减少机动车对公园内部的影响，只有园区内道路宽度在 7 m 以上的道路，可以让车辆在紧急时进入，满足服务性车辆使用的需求。主要卸货车辆停泊在地面。

景观设计。本项目地理位置优越，北庄河、永兴河穿园而过，环境景观以柔和的大地艺术手法设置低丘缓坡，有机融入公园景观，并结合线性水面隐喻运河文化韵味。场地景观设计以“体现文化、活力互动、湿地打造、提倡节能”为设计宗旨。

峡谷的景观以硬质广场空间为主，沿穿行路径点缀景观绿化；两侧空间采用缓坡微地形和大台阶的处理方式，形成丰富的景观界面；北庄河及育英路的下穿部分结合中岛设计通道立面景观文化墙，引导人流的同时活跃下沉空间的氛围。

公园作为城市绿肺及活动场地，运河亚运公园（原城西公园）由两个标志性的体育场馆驱动，将会成为杭州亚运会的一个壮观的背景。同时，从根本上运河亚运公园（原城西公园）将成为城市区域发展的邻里公园及城市绿肺。它具有丰富的动态变化肌理，为人们提供了众多的城市景观、场地和活动空间。

### （三）绿色建筑设计

根据浙江省人民政府《浙江省绿色建筑管理条例》和《2022 年第 19 届亚运会绿色健康建筑设计导则》（体育场馆和亚运村部分）的要求，本项目新建场馆按照浙江省《绿色建筑设计标准》（DB 33/1092—2016）的相关绿色建筑要求进行设计。综合考虑全寿命期的技术与经济特性，选用有利于促进建筑与环境可持续发展的场地、建筑形式、技术、设备和材料；体现共享、平衡、集成的理念。规划、建筑、结构、给水排水、暖通空调、建筑电气、建筑智能化等各专业在设计各阶段均紧密配合；遵循因地制宜的原则，综合场馆所在地域的气候、资源、生态环境、经济、人文等特点进行设计。综合考虑所在市、区各级体育设施的布局，按照人口集中、交通便利的原则，合理利用自然地形、地貌，并为今后可能的改建和发展留有余地；根据体育设施规模大小，基地至少分别有一面或两面临接城市道路。设计道路有足够的通行宽度，以保证疏散和交通；运用可持续设计方法对场地空间布局与建筑本体进行优化设计，以实现舒适的场地微环境（风热环境、太阳辐射）和场地雨洪管理。

### （四）海绵城市设计

项目内场地路面采用透水沥青和透水铺装；场地内沿道路及建筑周边设置下凹式绿地，收集道路超渗雨水。设计表层储水量通过下渗、蒸发、绿地植物蒸腾作用实现消纳，排空时间按 24 h 设计。路面超渗雨水经路缘石进入下凹式绿地，进口处设置格栅，拦截污染物；设置雨水收集回用系统，收集部分屋面、道路、广场地面径流，经雨水收集处理设备后回用于绿化浇灌、道路和车库地面冲洗。雨水收集水池容积满足 3 d 绿化浇灌及 1 d 道路冲洗和车库冲洗用水量，多余的水量可避开高峰期外排。

## 三、项目成果特点

### （一）咨询工作特点

**1. 论证完整**

本项目可行性研究报告从总论、项目建设背景及必要性、项目选址和建设条件、项目需求分析和项目定位、建设规模与建设内容、建筑方案、环境影响评价、绿色建筑及能耗分析、海绵城市设计、组织、建设管理和实施进度、征地拆迁和土地利用、投资估算与资金筹措、社会评价、社会稳定风险分析、结论与建议这 16 个章节展开。报告基于项目现状，结合近远期规划及亚运会组委会场馆建设部的建设要求，并从项目前期决策、建筑设计、工程招标、工程施工、竣工验收等整个项目生命期的角度来完整分析论证本项目建设的可行性和必要性。

**2. 项目复杂**

本项目为建设综合类公园，具体包括公园管理建筑、公园其他管理配套用房建筑、公园构筑物、公园绿化、园路及铺装场地、地下停车场、移动通信基站等。

项目建设内容涵盖建筑、市政公用工程、生态建设和环境工程等多个专业，同时项目将成为第 19 届亚运场馆的比赛场地，项目建设要求高，项目投资额高，约 29 亿元，因此本项目属于复杂项目。

**3. 分析论证严谨**

本项目论证充分结合规划指标及项目实施方案，采用最新的规范、标准及规划，综合论证项目建设的可行性、必要性、项目选址合理性、规划符合性、项目建设内容和功能定位合理性、项目建设资金合理性、建设资金筹措可靠性以及项目建设的社会效益和经济效益。

**4. 方法先进**

本项目通过项目执行过程中的项目三级复核制度和独立于项目执行之外的项目内核制度集中控制项目质量，通过完善的项目人员考核制度使项目人员充分重视项目质量。

项目三级复核制度：由项目组进行报告编制，后经校对、审核、审定逐级确认咨询报告成果，保证项目质量。

重大疑难问题会审制度：编制过程中发现的重大疑难问题提交专业技术委员会进行专题讨论，必要时邀请有关外部专家共同解决。

### （二）创新点

质量是可行性研究报告的根本，因此本可行性研究报告的质量实施方案及措施为本项目编制的创新点。

杭州天桓投资建设管理有限公司内部已建立起完备的组织结构和清晰的管理流程，并且在具体的可行性研究编制过程中，按照业务准备、业务实施及业务终结三个步骤做好质量把控工作。

业务准备阶段：首先与建设单位沟通项目的申报要求、定位，制定项目的实施方案；然后根据具体项目的情况，搜集可行性研究工作所需的信息资料（如项目地块的现状资料、控制性详细规划的资料、周边地块的规划和建设情况、政府部门的政策变化等），研究并确定项目的质量难点，针对项目做好质量控制计划，落实质量控制责任人及工作流程。

业务实施阶段：项目编制人员按照制定的质量要求编制可行性研究报告，项目负责人、部门负责人对过程中的项目质量进行监督管理，发现存在质量问题之处立刻整改。报告编制完成后进入杭州天桓投资建设管理有限公司的内部审查体系，依次经由项目负责人、部门负责人、总工程师审核、校审，最后修改完成后的成果才作为项目成果，递交给项目建设单位。复杂项目在报告编制完成后召开咨询成果的审定会议，通过审定会议修改完成后的成果作为最终成果。

### （三）应用前景

本可行性研究报告的编制质量把控流程可以应用于大型复杂项目，因此，应用前景较为广阔。

### （四）实用价值

本项目可行性研究报告的编制方法可以保证本项目顺利实施，可以有效把控可行性研究报告编制的进程及质量，项目指令可直接同步下达至项目组各层级，使相应工作规范、统一，问题得以解决，偏差得以修正，项目质量得到严格控制。

## 四、项目实施情况

本项目成果主要过程包括项目调查（对项目及周边地块的基础资料进行调查，具体包括项目地块控规的调查、地块及周边现状的调查、周边地块的规划及实施方案调查、项目审批政策的调查）；项目编制处理及协调（可行性研究报告编制并通过政府部门的审批，在这一过程中需要做好与项目立项相关部门的协调）。本项目已于2018年完成可行性研究报告审批并获得相应批复，目前项目已经竣工。

项目情况如图1至图4所示。

图1　乒乓球馆实景图（日景）

图2　乒乓球馆实景图（夜景）

图3　曲棍球馆实景图（日景）

图4　曲棍球馆实景图（夜景）

## 五、项目主要参与人员

项目主要参与人员：罗维、黎伏军、程彩荣、张燕。

# 滁宁城际铁路（滁州段）工程 PPP 世行贷款项目

建经投资咨询有限公司

扫码查看原文

## 一、项目概况

滁宁城际铁路（滁州段）工程 PPP 世行贷款项目（以下简称项目）线路西起安徽省滁州市高铁滁州站，沿洪武路、丰乐大道、西涧路、龙蟠大道、徽州路、扬子路、G104 走向，止于南京市规划的南京北站。

本项目建设项目总投资估算总额为 1 450 388 万元（其中建设投资估算约 1 330 882 万元，建设期利息为 118 546 万元，铺底流动资金为 960 万元），具体投资额以正式批复的可行性研究报告为准。建设投资包括工程费用、工程建设其他费用、预备费以及车辆购置费。

本项目起自滁州高铁站终至滁州与南京的分界线，线路全长约 46.05 km，其中地下线长 5.69 km，高架线长 40.10 km，地面线长 0.26 km。设站 14 座（含预留滁阳路南站、凤阳北路站、来安南站、相官镇站 4 座），其中地下站 2 座，为龙蟠大道站和市政府站。设车辆段 1 处，停车场 1 处，主变电所 2 座，控制中心 1 处。

本项目预计将于 2018 年 3 月份开工，建设工期 4 年。

## 二、项目内容

### （一）风险分配

风险分配的基本原则如下。

原则一：承担风险的一方应该对该风险具有控制力。

原则二：承担风险的一方能够将该风险合理转移。

原则三：承担风险的一方对于控制该风险有更大的经济利益或动机。

原则四：由该方承担该风险最有效率。

按上述分配原则，主要风险分配结果如下：

（1）政府方主要承担政策风险、土地获取、报批和勘察设计等政治风险。

（2）社会资本方承担项目投融资、建设、运营相关的风险。

（3）双方共同承担法律、利率、通货膨胀及不可抗力等风险。

### （二）运作模式

（1）运作方式：BOT，即建设 - 运营 - 移交。

（2）主要工作内容分工如下。

政府方：土地规划报批、征地拆迁、监理招标、勘察设计。

社会资本方：投融资、建设、运营维护及移交。

（3）合作期限：30 年（采用“4+26”——建设期 4 年 + 运营期 26 年）。

（4）土地获取方式：土地使用权由政府方以划拨的方式取得。政府授予社会资本方使用项目土地的权利。政府取得土地使用权过程中发生的各项费用由政府方垫付，后期由项目公司承担，纳入项目总投资。

（5）资产权属：合作期内项目公司仅享有本项目及其附属设施的使用权和收益权。

### （三）交易结构

（1）项目资本金比例：20%。

（2）股权比例：政府方占比 20%，社会资本方占比 80%。

（3）分红方式：政府出资方按股权比例参与利润分红。

（4）融资方式：项目公司为融资主体，自主融资。

（5）融资担保：本项目预计来自世界银行的贷款总额为 102 150 万元（15 000 万美元），该部分贷款由政府方进行担保。其余部分政府方不提供担保。

（6）政府方股权回收：政府方出资的股权在项目移交时由项目公司返还给政府方。

（7）前期费用安排：本项目的前期工作包括由政府方负责的工作与由项目公司负责的工作，其中政府方负责的工作有工程可行性研究编制、PPP 咨询、勘察设计、征地拆迁、监理招标等，上述费用以固定价形式列入项目总投资中。其余由项目公司负责的前期工作费用以控制价为上限价进行报价，以中标社会资本填报值为准。

### （四）回报机制

（1）付费机制：可行性缺口补助。

（2）付费方式：按绩效考核付费。

（3）付费资金来源：滁州市财政预算。

（4）付费资金保障：支出责任将列入跨年度财政预算和中长期财政规划。

（5）缺口补助支付方式采用等额本息法。

（6）绩效考核分别从客流、运行、设备、安全、服务、成本控制 6 个一级指标来进行评价，同时对每个一级指标进行细化，共计 29 个二级考核指标。

绩效考核的方法包括常规考核和临时考核，常规考核每运营年度进行一次，临时考核每两次的间隔时间应不短于 30 日。

绩效考核结果处理方式见表 1。

表 1　绩效考核结果处理方式

| 序号 | 常规考核结果 $M$ | 处理方式 |
|---|---|---|
| 1 | 90 分 $<M\leqslant$ 100 分 | 奖励项目公司 100 万元 |
| 2 | 80 分 $<M\leqslant$ 90 分 | 不做惩奖 |
| 3 | 70 分 $<M\leqslant$ 80 分 | 处罚项目公司 50 万元 |

续表

| 序号 | 常规考核结果 $M$ | 处理方式 |
|---|---|---|
| 4 | 60 分 $<M \leq 70$ 分 | 处罚项目公司 100 万元 |
| 5 | $M < 60$ 分 | 要求项目公司限期整改，并处罚项目公司 200 万元 |

（7）支付方式如下。缺口补助在计划运营期内每个运营年度末由滁州市财政局或实施机构支付一次，第一次支付时间为竣工验收合格之日（签发竣工证书之日）起算第 12 个月的 25 日前，之后的每次支付时间为每年同月的 25 日前，最后一次支付时间为运营期截止日后 10 个工作日内。

支付方式需根据完工情况做出调整：实际总建设期小于 4 年时，运营期保持 26 年不调整的情况下提前开始。如因项目公司原因导致实际总建设期超过 4 年，合作期 30 年不调整，运营期保持 26 年不调整的情况下向后顺延，但每延期一天需对项目公司处以 100 万元罚款或提取等额履约保证金；如因政府方原因或不可抗力原因导致建设期延长的，建设期相应顺延，运营期可保持 26 年不调整的情况下向后顺延。

（8）价格调整方案如下。

①建设投资进行人工、主要材料（具体以采购文件为准）的价格调整，建设期平均价格相较于基期价格波动幅度超过 5% 的部分进行调差。

②建设期利息中标价随建设投资的变化同比例调整，建设投资以中标结果确定的建设投资为基准值，如因政府方原因导致建设期延长，政府方应给予相应补偿，补偿方式如下：计划建设期末已完成的建设投资额按中标年投资回报率开始单利计息，未完成的建设投资按月核算投资额，并在月末开始按中标年投资回报率单利计息，并于项目完成竣工验收 30 日内支付，投资额以第三方审计结果为准。

③付费公式中的年投资回报率根据贷款基准利率变化进行调价，调整方式如下：若最新公布的 5 年以上贷款基准利率相较基准年（采购文件发布之日所在的自然年）波动幅度超过 10%，需按“调价后的年投资回报率 = 中标年投资回报率 +（运营年度内的 1 月 1 日前中国人民银行最新公布的 5 年以上贷款基准利率 - 采购文件发出之日前中国人民银行最新公布的 5 年以上贷款基准利率）” 进行调价；每次调价后用于计算缺口补助值的建设项目投资需要扣除按等额本息还款方式计算出的已还建设成本，再重新计算缺口补助值。

若未来中国人民银行不再发布五年以上贷款基准利率，年投资回报率则按照届时国家对该等投资回报率出台的相关规定或类似标准确定；若无相关规定或类似标准的，年投资回报率由双方在不违反法律法规和 PPP 项目合同约定的情形下，另行协商确定。

④社会资本投标时，项目公司销项税税率按 11% 计算，运营期内，如政府方支付缺口补助时，税率发生变化或有税收优惠，增加或减免的税费在当期缺口补助时补足或扣回。

⑤运营成本在运营期内将根据物价波动情况（居民消费价格指数 CPI）进行调整。

### （五）采购方式

（1）社会资本方采购方式：公开招标。

（2）资格预审评审方法：合格制。

（3）联合体的考虑：接受联合体。

（4）采购的评审方式：综合评分法。

（5）社会资本竞标标的：各年缺口补助值累计折现值。

在投标报价时，社会资本方需填报以下辅助报价内容：工程费用下浮率、工程建设其他费用、建设期利息、各年运营成本、年投资回报率、各年使用者付费收入，用于计算各年缺口补助值。

## （六）物有所值评价

### 1. 物有所值评价框架

物有所值评价是判断是否采用PPP模式代替政府传统投资运营模式提供公共服务的一种评价方法。假设两种采购模式的效果相同，则比较投入的多少判断哪种模式更能实现物有所值；假设两种采购模式的投入相同，则比较所获得的效果好坏判断哪种模式更物有所值。

物有所值评价包括定性评价和定量评价，现阶段以定性评价为主。根据《政府和社会资本合作项目物有所值评价指引（试行）》文件中第六条规定：定性分析重点关注采用PPP模式与采用政府传统采购模式相比能否增加公共供给、优化风险分配、提高效率、促进创新和公平竞争、有效落实政府采购政策等。

### 2. 定性评价

本项目定性评价指标包括六个基本指标与三个补充指标。基本指标包括全生命周期整合程度、风险识别与分配、绩效导向与鼓励创新、潜在竞争程度、政府机构能力、可融资性；补充指标选取了项目规模大小、预期使用寿命长短、全生命周期成本测算准确。六项基本指标的权重之和为80%，三项补充指标的权重之和为20%。

根据《关于印发〈PPP物有所值评价指引（试行）〉的通知》（财金〔2015〕167号）的规定，项目本级财政部门会同行业主管部门根据专家组意见，做出定性评价结论。原则上，评分结果在60分（含）以上的，通过定性评价；否则，未通过定性评价。

### 3. 定量评价

定量评价是在假定采用PPP模式与政府传统投资方式产出绩效相同的前提下，通过对PPP项目全生命周期内政府方净成本的现值（PPP）与公共部门比较值（PSC）进行比较，判断PPP模式能否降低项目全生命周期成本。

PPP值小于或等于PSC值的，认定为通过定量评价；PPP值大于PSC值的，认定为未通过定量评价。

本项目计算得到全生命周期内股权投资、运营补贴、风险承担和配套投入等各项财政支出责任的现值——PPP值为733 122万元。参照项目的建设和运营维护净成本、竞争性中立调整值、项目全部风险成本三项费用之和的现值——PSC值为878 098万元。

经比较，PSC值大于PPP值，本项目通过物有所值定量评价。

## （七）财政承受能力论证

### 1. 财政支出能力评估

财政支出能力评估，是根据PPP项目的财政支出责任，评估PPP项目实施对当前及今后年度财政支出的影响。

本项目全生命周期财政支出责任总计为1 372 702万元（未折现），各年平均支出责任为

52 796 万元。其中股权投资支出约为 58 016 万元，运营补贴支出约为 1 230 510 万元，风险承担支出约为 80 777 万元，配套投入支出约为 3 400 万元。

滁州市一般公共预算支出按照 8% 的年增长率预测。

经计算，本项目实施后，各年度全市范围内 PPP 项目累计的支付责任占一般公共预算支出比例小于 7.65%，平均值为 3.03%。因此，具备相应的财政支出能力。

**2. 行业和领域平衡性评估**

行业和领域均衡性评估，是根据 PPP 模式适用的行业和领域范围，以及经济社会发展需要和公众对公共服务的需求，平衡不同行业和领域 PPP 项目，防止某一行业和领域 PPP 项目过于集中。

滁州市的 PPP 项目发展现状为呈多领域共同发展的态势，发展较为均衡。

**3. 财政承受能力论证结论**

根据现有材料分析测算，滁州市财政具有足够承受能力，财政承受能力论证结论为论证通过，项目适宜采用 PPP 模式。

## 三、项目成果特点

本项目的建设，将加强皖江城市带与长三角联系强化区域路网建设，加快推进滁宁同城化发展，提升滁州城市品质，推动地方及沿线经济发展，促进滁州城市目标实现，构建多层次综合交通走廊，同时对完善南京与滁州地区综合交通网络、优化运输结构、适应交通量增长都具有重要意义。

本项目属于具有使用付费收入的准经营性项目，适合与社会资本方合作，以发挥其主观能动性。本项目在采用初步实施方案的基础上，编写物有所值评价报告和财政承受能力论证报告。在“两评”的基础上，结合政府财政承受能力，本项目合作期设为 30 年，其中建设期为 4 年，运营期为 26 年。在此基础上完善风险分配、运作方式、交易结构、边界条件等 PPP 模式中重要的内容，项目结构完整，内部逻辑结构清晰。

本项目咨询服务始终坚持以创新为指导原则，从融资、建设、管理、发展等多方面寻求突破，希望将本项目打造成城际轨道交通的样板项目。同时通过借鉴世界银行的经验，实践融资结构优化，为国内 PPP 模式发展提供经验，咨询过程及成果具有标杆意义。

## 四、项目实施情况

在实施机构的配合下，建经投资咨询有限公司充分发挥“专业的人做专业的事”的精神，秉持合法合规、求真务实的服务原则，替政府方出谋划策，完成了本项目初步实施方案、投资分析、财政承受能力论证报告、物有所值评价报告的编制，并且为相关单位申请世界银行贷款提供全方位咨询服务。本项目于 2018 年 12 月进行了公开招标，目前项目处于执行阶段，正逐步完成建设施工的关键进度节点。

项目情况如图 1 和图 2 所示。

图 1　项目沿线墩身

图 2　项目现场鸟瞰图

## 五、项目主要参与人员

项目主要参与人员：阎佳熹、王国彦、张崎、郑清祥、陈周慧、王佳怡。

# 鳌江干流治理平阳县水头段防洪工程可行性研究

温州市水利电力勘测设计院有限公司

扫码查看原文

## 一、项目概况

本项目位于平阳县水头镇，水头镇地处平阳县中西部，鳌江干流中游，西北靠山，东部为平原丘陵，地势西高东低，现状建成区一般地面高程约 8 m。鳌江干流自西向东靠过镇区，镇区北侧有凤卧溪在乞儿寨处汇入，溪流集雨面积约 38.5 $km^2$，10 年一遇洪峰为 353 $m^3/s$，20 年一遇洪峰为 417 $m^3/s$。

水头段防洪工程是整个鳌江流域干流治理的重要组成部分，项目建设是流域防洪规划工程的具体落实，是适应当地社会经济发展和城镇建设的需要，其主要任务是以防洪排涝为主，兼顾改善水环境。在本流域上游岳溪水库与河道型水库尚未建设情况下，通过本项目建设，平阳县水头镇区的防洪标准将从现状不足 2 年一遇提高到 10 年一遇（远期当岳溪等水库或南湖分洪工程建成后达到 20 年一遇），最终使水头镇段防洪能力达到 20 年一遇，内部排涝能力达到 10 年一遇，从而真正改变水头镇一年多遇的涝灾现状，为当地社会经济乃至整个平阳县、整个鳌江流域社会经济发展提供一个安全的水利平台；同时工程建成后，水利设施布局及路线明确，为今后水利工程管理及城镇建设提供了依据，也便于城镇的合理规划及有序建设。

## 二、项目内容

### （一）工程总体布局

结合鳌江流域防洪规划、本项目可行性研究阶段研究及二维数模、物模等研究结论，并依据可行性研究阶段审查与批复意见，确定鳌江干流治理平阳县水头段防洪总体布局为：“北分南挡”总布局。

1）“北分”部分

针对凤卧溪泄水控制，一种思路是拓宽建堤，提高河道行洪能力，使洪水归槽；另一种思路是采取分洪隧洞等分洪措施将洪水直接引入鳌江主河道，不再进入城区。

分洪标准为 20 年一遇，设计分洪流量为 417 $m^3/s$。

“北分”布局主要为凤卧溪分洪工程，主要建设内容包括在凤卧溪上新建九龙岱闸，新开凤蒲河与蒲尖山隧洞。

（1）九龙岱闸工程：凤卧溪分洪工程建成后，为控制 20 年一遇洪水进入城区，在凤卧溪下游乞儿寨山脚处建一座水闸，闸宽 2 m × 8 m。日常生态调水开启，以补充城区一定量的生态环境用水，平时结合蒲尖山闸对闸前湖泊进行综合蓄水调度；汛期关闭，将凤卧溪洪水引入分洪工程。

（2）分洪工程设计标准 20 年一遇，设计流量为 417 $m^3/s$，进口位于水头镇西北侧蒲山村竹林脚，出口位于蒲潭尾（蒲潭堰下游约 860 m 处），接主河道，线路总长 2 562 m。其中进口段新开河道—凤蒲河，河宽 60 m；蒲尖山隧洞为平行两条，洞长 1 870 m，断面形式为无压城门洞型，断面尺寸 15 m×11 m。同时为了实际调度需要，在分洪洞进口设蒲尖山闸，闸宽 2 m×15 m，液压式启闭。凤卧溪分洪工程基本线路为：凤卧溪→凤蒲河→蒲尖山闸→蒲尖山隧洞→鳌江主河道。

2）“南挡”部分

针对上游鳌江洪水控制，根据实际地形及洪水控制等条件，在流域规划中提出建顺溪水库、岳溪水库及蒲潭垟河道型水库建设的方案，通过水库防洪库容的预留及洪水的合理调度，控制上游埭头处最大洪峰不超过洪峰 1 950 $m^3/s$，从而减小水头段主流洪水，降低主流水位及高水位持续时间。

南挡堤防标准为 20 年一遇，近期达到 10 年一遇设防标准。

“南挡”布局主要为鳌江干流主河道拓宽工程、新建章岙水闸、中后闸等配合水头镇区排涝的闸泵工程。

（1）鳌江干流主河道拓宽工程。由于现状鳌江河床浅窄，排洪能力低，故提出自龙岩至显桥段进行鳌江干流主河道拓宽方案，自龙岩蒲潭尾以下东经龙岩、麻园，向北经河头、小南桥，截断詹家埠弯道至显桥，主河道总长约 8.361 km，河宽 120 m，北岸（左岸）近城区侧建 20 年一遇防洪堤，南岸护坡至现状地面高程，后侧为小南行洪道(其中近岸侧 50 m 为特别控制区)，面积约 2.9 $km^2$。工程沿线鳌江主河道规模均不足，需进一步拓宽。

（2）为将洪水引入水头段鳌江干流南汊主河道，同时避免鳌江干流南汊河道洪水倒灌进入城区，在南北汊主河道交接处上下游分别建章岙闸、中后闸，闸宽分别为 3 m×6 m、4 m×8 m，北汊河道调整成为水头镇内河。两座水闸均日常开启，以补充城区一定量的生态环境用水；汛期当内河水位低于外江水位时关闭，当外江水位低于内河水位时开启以排内部涝水。

### （二）水头镇区段排涝总体布局

水头镇区段排涝标准为 10 年一遇，结合防洪工程，相应新建章岙闸、鸣溪闸、中后闸泵、上小南闸泵与下小南闸泵等闸泵工程及内河鸣溪新开河等工程。

**1. 闸泵工程**

结合小范围排涝及生态用水要求，堤防沿线共布置 3 座水闸，共 18 m，具体布置如下。

（1）溪心片与鳌江河道连通处各布置 1 座水闸，其规模为 5 m。

（2）在鳌江詹家埠裁弯取直段，结合内部排涝，上小南处设置 1 座 2 m×4 m 宽水闸，下小南处设置 1 座 2 m×4 m 宽水闸。

（3）排涝泵站工程：为进一步降低老镇区涝水位，并能在外江高水位时适当抢排，在鳌江南北汊河道汇合处，即小南处，设 25 $m^3/s$ 中后排涝泵站（与中后闸联合布置）。结合区域排涝计算，现在水头老镇区东侧径川东路范围已建区域地势较低且河道规模过小，故在临鳌江处布置泵站强排以减少受淹时间，其设计流量为 10 $m^3/s$（与上小南闸联合布置）。

**2. 河道工程**

堤防闭合后，为使制革基地内鸣溪与小南排涝出口相连通，在鸣溪至小南闸泵段新建堤防后侧开挖新河道，即鸣溪新开河。

## （三）工程主要建筑物

### 1. 蒲尖山分洪隧洞等建筑物

蒲尖山分洪隧洞采用城门洞形：洞宽 15 m，高 10 m，其中下部直墙高 5 m，顶拱高 5 m，顶拱半径 8.125 m，圆心角 134.8°。

### 2. 鳌江干流堤防及护岸等建筑物

下面根据两岸堤防建设情况分为如下七段进行断面选型阐述。

1）龙岩—防洪一号大桥段（桩号 STZ0-711.8 ~ STZ0+000）

该段属地质 A 区，地质条件较好，利用现状地面夯实，本段为新建堤防，外侧为高滩，堤防结构采用斜坡式；迎水侧坡度 1∶3.0，背水侧坡度 1∶2.5，堤脚大方脚埋至 5.8 m 高程，堤顶宽度为 6.0 m，路面结构为 0.2 m 厚 C25 混凝土路面；堤顶高程为 12.5 m；右岸为滞洪区，故该段右岸堤防堤顶高程要和上游地面高程接顺。其中南汉主河道左岸章岙闸上游 STZ0-711.8 ~ STZ0-411.8 设 300 m 宽开口堤，故该段背水侧及迎水侧面层采用 C25 混凝土护面，同时在背水侧增设雷诺护垫。保留左滩，右滩可结合实际需求适当疏浚，切除 70 m 左右。

2）防洪一号大桥—麻园大桥段（桩号 ST0+278 ~ ST1+358）

该段属地质 A 区，地质条件较好，利用现状地面夯实，由于本段左岸新建堤防外侧已建有堤防，考虑充分利用老堤结构，仅拆除老堤 5.8 m 高程以上部分结构，下部结构作为防冲体，新建堤防结构采用斜坡式；迎水侧坡度 1∶3.0，背水侧坡度 1∶2.5，堤顶宽度为 6.0 m，路面结构为 0.2 m 厚 C25 混凝土路面；堤顶高程为 12.5 m；右岸为滞洪区，故该段右岸堤防堤顶高程要和上游地面高程接顺新建护坡；护岸结构推荐采用斜坡式。护坡结构采用 1∶3.0 二级斜坡布置，上级坡面采用加筋防冲毯护面至 7.3 m 高程 3 m 宽 0.2 m 厚 C25 混凝土螺母块（植草）平台，下级坡面采用 0.2 m 厚 C25 混凝土螺母块（植草）护面，底设开挖面整平夯实，坡脚前设置 1.0 m × 1.0 m C25 埋石混凝土大方脚，外侧抛石；坡顶基本同现状地面高程。

3）麻园大桥—小南桥段（桩号 ST1+358 ~ ST3+370）

该段属地质 B 区，其左岸部分段已建 5 年一遇堤防，长 1 592.7 m，左岸堤防加高加固长 1 326.8 m，左岸新建溢流堰 300 m，总长 1 626.8 m；加高加固部分在老堤 5.0 m 宽的堤顶迎水侧直接设置 C25 混凝土挡墙以抬高挡水标准；推荐加固段采用“L”形结构，混凝土挡墙高 3.4 m，堤顶高程为 12.2 m，墙后回填沙砾石夯实，堤顶采用 0.2 m 厚 C25 混凝土路面加固；背水侧回填土方护坡，坡度 1∶2.5，坡面草皮护坡；右岸新建护坡 1 942.5 m（河道向右岸拓宽，现状护坡全部改建）；右岸为滞洪区，故该段右岸堤防堤顶高程考虑和上游地面高程接顺新建护坡；护岸结构推荐采用斜坡式。护坡结构采用 1∶3.0 二级斜坡布置，上级坡面采用加筋防冲毯护面至 7.3 m 高程 3 m 宽 0.2 m 厚 C25 混凝土螺母块（植草）平台，下级坡面采用 0.2 m 厚 C25 混凝土螺母块（植草）护面，底设开挖面整平夯实，坡脚前设置 1.0 m × 1.0 m C25 埋石混凝土大方脚，外侧抛石；坡顶基本同现状地面高程。其中中后闸上游桩号 STZ2+616.5 ~ STZ2+916.5 设 300 m 宽开口堤，堤防结构采用斜坡式，仅将该段背水侧及迎水侧面层改为 C25 混凝土护面，同时在背水侧增设雷诺护垫。堤脚大方脚埋至 3.8 m 高程，试验提出可保留左岸部分滩地，切滩量 56%，减少疏浚量约 6.3 万 $m^3$。

4）小南桥—小南二桥段（桩号 ST3+370 ~ ST3+991）

该段属地质 B 区，现状河道宽约 50 m，为全面提高水头镇的设防标准，河道需拓宽至 120 m。其左岸需新建 20 年一遇堤防，长 593.8 m；新建堤防结构采用方案一混合式，迎水侧为直立式挡墙 + 斜坡式，坡度 1∶2.5，背水侧坡度 1∶2.5，堤顶宽度为 6.0 m，路面结构为 0.2 m 厚 C20 混凝土路面，堤顶高程为 11.0 m、堤脚 2.5 m 高程混凝土护坦及预抛石平台；右岸新建护坡 744 m，右岸为滞洪区，故该段右岸堤防堤顶高程考虑和上游地面高程接顺新建护坡；护岸结构推荐采用方案二斜坡式。护坡结构采用 1∶3.0 二级斜坡布置，上级坡面采用加筋防冲毯护面至 7.2 m 高程 3 m 宽 0.2 m 厚 C25 混凝土螺母块（植草）平台，下级坡面采用 0.2 m 厚 C25 混凝土螺母块（植草）护面，底设开挖面整平夯实，坡脚前设置 1.0 m × 1.0 m C25 埋石混凝土大方脚，外侧抛石；坡顶基本同现状地面高程。

5）小南二桥—下小南段（桩号 ST3+991 ~ ST4+167.4）

该段属地质 B 区，河段总长 0.176 km，其桩号为 ST3+991 ~ ST4+167.4。现状河道宽约 50 m，为全面提高水头镇的设防标准，河道需拓宽至 120 m。其左岸需新建 20 年一遇堤防，长 191.3 m；新建堤防结构采用混合式，迎水侧为直立式挡墙 + 斜坡式，坡度 1∶2.5，背水侧坡度 1∶2.5，堤顶宽度为 6.0 m，路面结构为 0.2 m 厚 C20 混凝土路面，堤顶高程为 10.9~11.0 m，堤脚 2.5 m 高程混凝土护坦及预抛石平台。其中桩号 STZ3+697 ~ STZ3+827 段堤身坐落于老河道中间，综合考虑堤身稳定及软弱地基的影响，该段堤防结构采用空箱式结构；右岸新建护坡 161.3 m，右岸为滞洪区，故该段右岸堤防堤顶高程考虑和上游地面高程接顺新建护坡；护岸结构推荐采用斜坡式。护坡结构采用 1∶3.0 二级斜坡布置，上级坡面采用加筋防冲毯护面至 7.2 m 高程 3 m 宽 0.2 m 厚 C25 混凝土螺母块（植草）平台，下级坡面采用 0.2 m 厚 C25 混凝土螺母块（植草）护面，底设开挖面整平夯实，坡脚前设置 1.0 m × 1.0 m C25 埋石混凝土大方脚，外侧抛石；坡顶基本同现状地面高程。

6）下小南—凤岩段（桩号 ST4+167.4 ~ 桩号 ST5+500）

该段属地质 B 区，河段总长 1.333 km，其桩号为 ST4+167.4 ~ ST5+500。该段为鳌江老河道裁弯取直、新开挖河段。控制河道宽度 120 m，左岸新建 20 年一遇堤防，长 1 375.1 m；新建堤防结构采用混合式，迎水侧为直立式挡墙 + 斜坡式，坡度 1∶2.5，背水侧坡度 1∶2.5，堤顶宽度为 6.0 m，路面结构为 0.2 m 厚 C20 混凝土路面，堤顶高程为 10.9 m，堤脚 2.5 m 高程混凝土护坦及预抛石平台；另桩号 STZ4+253.7 ~ STZ4+820、桩号 STZ4+910 ~ STZ5+162 范围堤段由于软弱夹层的影响，断面结构难以满足稳定要求，故对 4.9 m 高程以下进行地基处理，采用 $\phi$500 水泥搅拌桩，搅拌桩间距分别为 1.5 m，处理宽度分别为 8 m，桩底高程分别为 −7.5 m、−9.5 m。其中桩号 STZ4+835 ~ STZ4+900 段堤身坐落于老河道中间，综合考虑堤身稳定及软弱地基的影响，该段堤防结构采用空箱式结构。右岸为滞洪区，故该段右岸堤防堤顶高程考虑和上游地面高程接顺，新建护坡长 1 290.0 m；护岸结构推荐采用斜坡式。护坡结构采用 1∶3.0 一级斜坡布置，下坡面采用 0.2 m 厚 C25 混凝土螺母块（植草）护面，4.5 m 高程以上坡面采用加筋防冲毯护面，底设开挖面整平夯实，坡脚前设置 1.0 m × 1.0 m C25 埋石混凝土大方脚，外侧抛石；坡顶基本同现状地面高程。

7）凤岩—显桥段（桩号 ST5+500 ~ ST8+361.4）

该段属地质 B 区、C 区，河段总长 2.681 km，其桩号为 ST5+500 ~ ST8+361.4，河道基本顺老河道进行两岸拓宽至 120 m。终至显桥，左岸新建 20 年一遇堤防 2 623.6 m；新建堤防结构采用混合式，迎水侧为直立式挡墙＋斜坡式，斜坡坡度1：3.0，背水侧坡度1：2.5，堤顶宽度为6.0 m，路面结构为0.2 m厚C20混凝土路面，堤顶高程为9.9~10.9 m，堤脚2.5 m高程混凝土护坦及预抛石平台；桩号STZ6+926.6 ~ STZ7+699.1范围堤段由于软弱夹层的影响，断面结构难以满足稳定要求，故分别对4.9 m高程挡墙基础以下进行地基处理，采用$\phi$500水泥搅拌桩，搅拌桩间距为1.5 m，处理宽度分别为8 m，桩底高程分别为−7.5 m、−9.5 m。其中桩号STZ5+215 ~ STZ6+000段堤身部分坐落于老河道中间，综合考虑堤身稳定、软弱地基的影响，该段堤防结构采用空箱式结构。右岸穿清江大桥至南湖，新建护坡3 073.6 m，右岸为滞洪区，故该段右岸堤防堤顶高程考虑和上游地面高程接顺，护岸结构推荐采用斜坡式。护坡结构采用1：3.0一级斜坡布置，4.5 m高程以上坡面采用加筋防冲毯护面，下坡面采用0.2 m厚C25混凝土螺母块（植草）护面，底设开挖面整平夯实，坡脚前设置1.0 m×1.0 m C25埋石混凝土大方脚，外侧抛石；坡顶基本同现状地面高程。试验建议可切除1/2左右滩地，设计也可根据土石料需求及投资等各项因素综合考虑实施。

**3. 各水闸等建筑物**

（1）蒲尖山闸主要建筑物布置。蒲尖山闸布置于进洞口管理小区内，管理小区建筑物包括控制闸、人行桥及启闭机房，均布置在二隧洞之间的分流岛上。为了能与分流岛相接，两侧各设一座人行拱桥。水闸主要建筑物包括：上游铺盖段、闸室段和下游消能防冲段。

（2）九龙岱闸主要建筑物布置。九龙岱闸为开敞式水闸，共2孔，单孔净宽8.0 m。水闸主要建筑物包括：上游护底段、闸室段、下游消能防冲段、九龙岱过水堰坝和滨水公园。

（3）章岙闸主要建筑物布置。章岙闸为开敞式水闸，共3孔，单孔净宽6.0 m。水闸主要建筑物包括：上游消能防冲段、闸室段、下游消能防冲段和章岙溢流堰坝。

（4）鸣溪闸主要建筑物布置。鸣溪闸为开敞式水闸，共1孔，单孔净宽5.0 m。水闸主要建筑物包括：上游消能防冲段、闸室段和下游消能防冲段。

（5）中后闸主要建筑物布置。中后闸为开敞式水闸，共4孔，单孔净宽8.0 m。水闸主要建筑物包括：上游防冲铺盖段、闸室段和下游消能防冲段。

（6）上小南闸主要建筑物布置。上小南闸为开敞式水闸，共2孔，单孔净宽4.0 m。水闸主要建筑物包括：上游消能防冲段、闸室段和下游消能防冲段。

（7）下小南闸主要建筑物布置。下小南闸为开敞式水闸，共2孔，单孔净宽4.0 m。水闸主要建筑物包括：上游消能防冲段、闸室段和下游消能防冲段。

（8）中后排涝泵站方案设计。排涝泵站主要包括泵站厂房（主厂房和副厂房）、进水池及拦污栅、外排管道、外排箱涵等建筑物。

（9）上小南排涝泵站方案设计。上小南排涝泵站主要包括泵站厂房（主厂房和副厂房）、进水池及拦污栅、外排管道、外排箱涵等建筑物。

## 三、项目成果特点

### （一）研究与设计并驾齐驱

在本工程设计过程中，采用平面二维数学模型、河道整体物理模型及局部水工模型等多种研究手段，对鳌江干流治理水头段防洪工程开展了河道规模论证、上下游影响分析、方案布置优化、蒲尖山隧洞出口布置优化、堤脚冲刷试验、河道回淤影响分析等一系列研究，并在设计中结合数模、物模成果进行了优化。

### （二）大型排水隧洞在防洪体系中优化应用

本工程涉及新建 2 条蒲尖山隧洞，洞宽 15 m，是大型排水隧洞在防洪体系中应用的新尝试，通过优化隧洞形式、结构方案，实现了工程功能安全有效发挥。

### （三）合理布局避免大量拆迁

本工程在线路布置上，综合考虑现场实际、功能要求及规划布局，针对鳌江主河道堤线、分洪隧洞轴线、闸泵选址等在比选时优先考虑征地及移民因素，避免了大量拆迁工作。

### （四）融入全生命周期管理

本工程通过水平台管理的建设，统筹项目前期、建设期、运行期三个阶段的管理重点和需求，实现水雨情自动监测，覆盖视频图像监控，提升工情自动监测，建立水利工程全生命周期管理体系。

### （五）水利与景观深入融合

本工程在鳌江主河道堤防迎水侧、背水侧以及中后闸站厂区等区域营造了各具风格的植物景观，形成季相变化丰富、地区特色显著、生态效益良好的自然式植物群落。

## 四、项目实施情况

鳌江干流治理平阳县水头段防洪工程施工分为 4 个标段，分别于 2020 年 11 月 10 日、2021 年 6 月 30 日、2021 年 7 月 15 日和 2022 年 1 月 18 日召开 1 标段、2 标段、3 标段和 4 标段完工验收会议，顺利通过。各标段具体施工内容及实施情况见表 1。

表 1　鳌江干流治理平阳县水头段防洪工程实施完成情况表

| 序号 | 标段 | 施工内容 | 开工时间 | 完工时间 | 投入使用时间 |
|---|---|---|---|---|---|
| 1 | 1 标 | 蒲尖山隧洞、凤蒲新开河道、蒲尖山闸、九龙岱水闸 | 2017 年 3 月 1 日 | 2020 年 8 月 31 日 | 2020 年 11 月 10 日 |
| 2 | 2 标 | 河道堤防（桩号 ST0+000～ST3+000）、章岙闸堰、鸣溪闸 | 2018 年 1 月 10 日 | 2020 年 9 月 15 日 | 2021 年 6 月 30 日 |
| 3 | 3 标 | 河道堤防（桩号 ST3+000～ST4+600）、中后闸站、上小南闸泵 | 2018 年 1 月 10 日 | 2021 年 3 月 20 日 | 2021 年 7 月 15 日 |

续表

| 序号 | 标段 | 施工内容 | 开工时间 | 完工时间 | 投入使用时间 |
|---|---|---|---|---|---|
| 4 | 4标 | 河道开挖及两岸堤防（桩号ST4+600～ST8+361.4）、下小南闸 | 2018年5月20日 | 2021年1月30日 | 2022年1月18日 |

项目情况如图1所示。

图1　项目情况

## 五、项目主要参与人员

项目主要参与人员：余玉龙、孙永义、陈青青、吴道合、陈开谱、杨国伟、周慧芬、程挺蝉、陈剑。

# 中国京杭大运河博物院（暂名）可行性研究报告

杭州市工程咨询中心有限公司

扫码查看原文

## 一、项目概况

中国大运河是中国古代创造的一项伟大工程，传承着中华民族的悠久历史和文明，2014 年被成功列入“世界文化遗产名录”。习近平总书记非常重视大运河的文化保护传承，在 2017 年 6 月做出了“大运河是祖先留给我们的宝贵遗产，是流动的文化，要统筹保护好、传承好、利用好”的批示。杭州市委、市政府高度重视大运河的文化保护传承利用，2018 年 11 月制定的《杭州市全面推进文化兴盛行动实施方案（2018—2022 年）》中明确指出要利用好大运河世界遗产的综合带动效应，加快推进大运河文化带建设，建设一批具有大运河文化特色的地标建筑。杭州市运河综合保护开发建设集团有限责任公司为贯彻落实国家、省、市文件精神，对大运河的文化保护传承利用做了大量工作，先后开展了《中国京杭大运河博物馆文化综合体预可行性研究报告》的编制、以“中国京杭大运河博物馆”的项目名称纳入 2019 年政府投资项目前期计划（第三批）、公开向全球进行京杭大运河博物院概念方案征集（最终由 2001 年普利兹克奖获得者的赫尔佐格和德梅隆中标）、中国京杭大运河博物院（暂名）选址暨控规局部调整论证、以“中国京杭大运河博物院（暂名）”的项目名称列入 2020 年第一批政府投资项目建设计划等工作，其间项目名称从“中国京杭大运河博物馆文化综合体”演变为“中国京杭大运河博物院（暂名）”。

项目建设是承接大运河文化带建设，构建运河文化传承体系的需要；是打造运河文化交流平台，深入挖掘运河文化内涵的需要；是抢占运河文化制高点，打造世界名城的需要；是建设区域文化新地标，开发大城北的需要。项目的功能目标是将中国京杭大运河博物院（暂名）打造为融合运河文化保护、传承和利用功能，兼具文化教育、文化会展、文化创意、旅游休闲等多种文化功能的国家级运河专题博物馆和国际文化交流平台，杭州大城北的文化地标，国内一流、世界领先的旅游打卡目的地。

项目建设内容包括博物馆和运河国际文化交流中心用房，及其配套地下停车库和增配公共停车库、室外工程等；项目总用地面积为 57 102 $m^2$；总建筑面积为 177 504 $m^2$，其中地上建筑面积为 107 900 $m^2$、地下建筑面积为 69 604 $m^2$，包含博物馆面积为 57 000 $m^2$、运河国际文化交流中心面积为 57 200 $m^2$、配套地下停车库面积为 54 334 $m^2$、增配公共停车库面积为 8 970 $m^2$。

## 二、项目内容

### （一）设计原则

项目设计原则是完善公共服务配套设施、提高人民群众生活品质，按照统一规划、整体设计、集约建设、节约土地的指导思想，遵守“经济、社会和环境”效益兼顾原则，打造综合性公共文化设施；总平面布局的交通流线达以便捷、顺畅、实用为原则，功能分区明确，区块衔接良好，以方便人民群众参观、娱乐、休憩等；按照现代化博物馆和会展馆标准建设，保证设施施工及运营安全。

## （二）设计理念

项目设计理念是映照大运河的博物馆。设计灵感由大运河水道而生，如同水墨一笔，书写着新城市和新人文景观的起点，其内的博物馆功能体现了京杭大运河的中国人文和自然景观中的重要地位，在这里，大运河和讲述它故事的博物馆互相映照。博物馆的外立面映在运河水上，而此时，运河水也渲染着博物馆的立面。“依山面水”是中国几千年来对人与建筑及其自然环境和谐统一的经验总结。运河国际文化交流中心面水而建，与城相连，且呈“山”形。博物馆自身成为基地的中心，其下通透的景观确保大运河与城市之间毫无障碍的完美交汇，将运河遗产与城市新景编织起来。

## （三）总平面布置

项目地块用地近似于等腰梯形，在总平面布置上充分考虑和京杭大运河及相邻地块的退让与亲和关系。以博物馆自身为基地的中心，利用柱子和南北两个椭圆形大玻璃体，将博物馆高高抬起；最大程度减少落地元素，形成一种新型的市民空间，为额外的功能和使用提供了可能，同时确保了公共空间在视觉上和实体上的通透性。博物馆平面中间留出椭圆形空间；面朝运河，高耸的塔楼以山的抽象形式坐落在椭圆形空间东侧靠近新的城市主干道，主要布置运河国际文化交流中心。在建筑与城市道路之间设置的入口广场，改善建筑与城市道路的紧迫感，并为人们提供交通和休息场所，同时也较好地解决了地块和城市交通之间的衔接关系。地下分为 2 个单体，分别位于南侧一期地块内和二期地块地上主体建筑投影范围内。其中一期地下单体用于布置地下公共机动车车库和部分博物馆库房（用于先期征集藏品的存放），二期地下单体用于布置配套地下停车库、部分博物馆库房和部分运河文化国际交流中心的船舶、桥梁展示区等。一期地下单体建筑外围周长约为 310 m，二期地下单体建筑外围周长约为 825 m。

## （四）建筑平面布置

建筑平面布置地上部分呈等腰梯形，并在中间留出椭圆形空间，空间内填充“山”形建筑，最终形成“外环”和“内环”两个单体。外环布置博物馆，内环布置运河国际文化交流中心。外环通过柱子将整个博物馆抬升至 14 m 高，并设置 2 层，使总高达到 32 m，外环博物馆屋顶布置为空中花园。地下部分南侧单体两层均布置地下公共机动车车库和部分博物馆库房（用于先期征集藏品的存放）。北侧地下单体两层布置配套地下停车库、部分博物馆库房和部分运河文化国际交流中心的船舶、桥梁展示区等。

## （五）建筑流线组织

博物馆观众出入口与藏品、展品进出口分开设置；通过合理组织人流、车流、物流，确保藏品、展品的运输线路和装卸场地安全、隐蔽，且不受观众活动的干扰。运河国际文化交流中心设置独立的出入口门厅，与博物馆出入口门厅分开，避免不同人流互相交叉。

### （六）建筑竖向设计

建筑公区分设独立的垂直交通系统，共设置 8 部 2 层客梯、2 部 4 层客梯、7 部 15 层客梯、1 部 5 层货梯和 28 部扶梯。在层高设计上，根据功能使用要求，地下二层为 4 m，地下一层为 8 m；外环挑空为 12 m，一层层高为 4.8 m，二层层高为 9.5 m；内环建筑高度不大于 60 m（地块建筑高度分区控制，局部地标建筑不大于 70 m），设置 15 层，平均单层层高为 4 m。

### （七）建筑立面设计

（1）博物馆立面上外层采用超大幅浇铸玻璃来展现映水效果，让人联想到波光粼粼的水面，放大了运河的自然美；运河的水、河畔的树和杭州的天空都映在博物馆水晶般的表皮上，以自然环境为画笔渲染建筑立面。优雅弯曲的玻璃立面使得庞大而丰富的博物院体量显得轻盈、透亮。

（2）塔楼在外立面采用石材幕墙系统，山形塔楼立面材料如同山一般敦实，而大型开窗将塔楼体内的生机活力散射到城市中。南北两侧底层纱一般的玻璃幕墙像帘幕一样围绕着运河国际文化交流中心配套功能区，在不破坏广场视觉连续性的情况下提供了物理和声学上的分隔，创造了一个看与被看的活动场所。

（3）博物馆的立面与山形塔楼立面并峙，互相协调、补充，以精美的细部来刻画其充满文化气息的内涵，并裱衬其现代时尚的品质。

## 三、项目成果特点

### （一）项目需求分析方法具有创新性和先进性

对需求规模的论证是政府投资项目可行性研究的核心内容之一，目前国家和地方层面均未出台关于博物馆和文化交流场所的建设标准，项目在缺少标准参考的情况下，独辟蹊径，在适度超前意识指引下，采用多维度分析法确定博物馆需求规模，同时在功能布局策划基础上，结合选址地块规划指标和博物馆规模，确定运河国际文化交流中心的需求规模。多维度分析法从不同角度开展规模测算，能够避免单一方法带来的局限性，使项目规模确定更为合理，对同类项目具有借鉴意义。

### （二）项目选址合理，对区域发展具有很强的带动作用

杭州主城区日新月异，东面打造“城东智造大走廊”，南面打造“两轴、四片”中央商务区，西面打造“城西科创大走廊”，独独北面开发相对滞后。为此从全市角度考虑出发，在杭州大城北区域选址建设本项目，能够为区域开发建设注入新的活力。

### （三）项目可行性研究是国际大师作品的“前研后拓”

项目可行性研究的中期成果是确定项目选址、功能定位、业态及相应规模，在此基础上，进行项目概念方案的全球征集，最终由赫尔佐格和德梅隆（首都鸟巢设计师之一，被公认为国际大师）中标。一方面，本项目中期成果为国际大师创作提供了可靠的条件；另一方面，为满足决策要求，本项目对概念方案进行细化，形成可行性研究所需的建设方案，进行可行性论证。

### （四）项目建设方案研究具有很大的难度

概念方案震撼的外观设计效果，迫使项目采用大跨度钢结构、大面积异形玻璃外立面等探索性技术和材料，这给建设方案研究带来很大的难度，不得不采用结构建模、多方调研、广泛征询专家意见等手段反复论证。

### （五）项目实施计划设计巧妙，兼顾各方利益

因项目已纳入浙江省大运河国家文化公园建设计划，为配合国家文化公园启动建设同时兼顾与国外设计单位协调进度，项目实施划分成两期（同步投入使用），其中一期实施地下公共机动车车库和部分博物馆库房（用于先期征集藏品的存放），二期实施博物馆和运河文化国际交流中心用房，及其配套地下停车库、室外工程等建设内容。

### （六）投资估算客观，风险分析切合实际

项目玻璃外立面工程材料特殊，市场上无成品可供选择，需要联合玻璃制造单位，通过研发、试制才有可能获得，这一特性可能导致外立面产品价格与可行性研究阶段报价产生较大差异，引起玻璃外立面投资估算精度下降。项目投资估算中明确了这一不确定因素，这为后续投资调整留出必要空间。项目风险调查全面、风险因素识别完整、风险估计客观、提出的防范化解措施具有针对性，为业主和投资主管部门决策提供了客观的判断基础。

## 四、项目实施情况

项目可行性研究从 2019 年 5 月开始至 2020 年 6 月完成，在对项目建设必要性分析的基础上，从建设合理性和可行性角度进行充分的研究论证，主要内容如下。

（1）广泛调研、充分征询意见。在收集、审阅相关资料的基础上，先后到行业主管部门、拱墅区人民政府、中国京杭大运河博物馆、北京华翰文化遗产博物馆研究院、扬州中国大运河博物馆等单位进行调研，听取各方意见，其间还召开多轮专家论证会，对项目功能定位进行充分研究，最终确定项目功能目标。

（2）精心策划、多维度需求分析。对博物馆和运河国际文化交流中心功能区块进行策划，内容紧扣项目功能目标。在规模确定上，分别从预估藏品数量、预估观众年客流量、类比大运河沿线城市已开工建设的博物馆规模、杭州城市能级等多维度进行分析，确定博物馆需求规模。

（3）深度交流、细化概念方案。在项目可行性研究需求分析所确定的规模基础上，业主单位通过全球招标形式，确定采用瑞士赫尔佐格和德梅隆建筑事务所的概念方案。概念方案震撼的外观设计效果，需要应用大量新技术、新材料才能实现，为此与业主单位一起，克服新冠疫情和空间距离的影响，通过多种形式的交流，在充分理解概念方案后，将其细化为可行性研究阶段的建设方案。

（4）全面分析、精准估算投资。为了保障博物馆展厅长达 253 m 展示空间的舒适性，采用了超长建筑无缝设计，这对建筑结构提出很高的要求，为此专门搭建了结构模型，便于精准估算用钢量；项目外立面采用异形玻璃构件，而市场并无同类产品，为此在询价潜在生产厂家基础上，邀请专家进行论证，提升投资估算的准确性。

项目可行性研究报告于2020年6月28日获得杭州市发展改革委批复。项目一期工程于2020年11月取得建设工程规划许可证（杭规建准字〔2020〕第2235号），2020年12月开工。项目二期工程于2021年11月取得建设工程施工许可证（编号330105202112300101），2022年1月开工。

项目情况如图1至图5所示。

图1　项目鸟瞰图

图2　项目运河侧立面图

图3　项目空中花园

图4　项目外环内部效果图

图5　项目立面效果图（夜景）

## 五、项目主要参与人员

项目主要参与人员：蔡建海、朱晓琳、俞超、梁芳、王隆祥、朱紫烨。

# 中广核福建平潭大练 300 MW 海上风电项目可行性研究

中国能源建设集团浙江省电力设计院有限公司

扫码查看原文

## 一、项目概况

2015 年 6 月，中国能源建设集团浙江省电力设计院有限公司受中广核（福建）风力发电有限公司委托，开展平潭大练海上风电场项目可行性研究设计工作，于 2016 年 4 月完成可研报告，容量为 300 MW（60 台 5 MW 风机），并分别于 2016 年 5 月、2016 年 9 月通过专家组审查，取得审查意见，于 2016 年 10 月完成可行性研究报告收口。2016 年 11 月，平潭大练海上风电场项目获得福建省发展和改革委员会的核准。中广核福建平潭大练 300 MW 海上风电项目位于平潭大练、小练东北侧及白青东北侧，场址分 A、B、C 三块区域，规划总装机规模为 300 MW，涉海面积约 31.3 $km^2$，拟安装 60 台单机容量为 5 MW 的风电机组，以 12 回 35 kV 海底电缆接入大练 220 kV 升压站，再升压后以 1 回 220 kV 出线接至平潭电网的 220 kV 竹屿变电站。

风机基础主要为钢管桩 - 承台基础和大直径单桩基础，持力层埋深较浅区域采用带钢护筒嵌岩灌注桩 - 承台基础。针对钢管桩 - 承台基础与带钢护筒嵌岩灌注桩 - 承台基础拟采用陆域整体组装、大型船只整体吊装；针对大直径单桩基础推荐采用自升式平台分体式安装。风电场工程建设总工期为 36 个月。本项目年上网电量约 97 801.93 万 kW·h，等效满负荷小时数为 3 260 h，按平均含税上网电价为 0.850 0 元 /（kW·h），测算本工程资本金财务内部收益率 17.63%（税后）。

## 二、项目内容

《中华人民共和国国民经济和社会发展第十三个五年规划纲要》中提出在“十三五”期间，非化石能源占一次能源消费比重达到 15%。单位国内生产总值能源消耗降低 15%，单位国内生产总值二氧化碳排放降低 18%。主要污染物排放总量显著减少，化学需氧量、氨氮排放分别减少 10%，二氧化硫、氮氧化物排放分别减少 15%的目标。而风力发电，作为可再生能源发电中最重要的组成之一，对上述目标的实现，具有重要作用。

《福建省国民经济和社会发展第十三个五年规划纲要》提出：“二、大力发展新能源和可再生能源。有序发展风电等非化石能源和可再生能源，打造清洁能源发展示范省份。稳步推动陆上风电规模化开发和管理，积极推进一批海上风电项目建设，力争到 2020 年全省风电装机规模比 2015 年翻一番。”

根据《福建省海上风电场工程规划》，福建省海上风电场分阶段发展目标为2020年达到200万kW。平潭地区共规划有平潭大练（300 MW）、平潭草屿（150 MW）、平潭海坛海峡（100 MW）三个规划场址，另规划平潭长江澳（200 MW）、平潭离岛（100 MW）为储备场址。本工程的开发建设符合福建省海上风电场发展规划的要求。

本项目的实施积极推进福建省海上风电的发展，其规划装机规模为300 MW，加快实现福建省乃至全国海上风电的装机容量目标，对提高可再生能源在能源消费结构中比例起到积极的推动作用。作为可再生能源项目，具有较好的示范意义，其目标与规划一致。

## 三、项目成果特点

### （一）报告对本海上风电场建设的必要性进行了充分研究

**1. 满足地区能源结构优化要求**

福建电网基本由火电组成，目前网内主要电厂均为燃煤电厂，电源结构形式单一，发电用煤需求量大。由于本省产煤能力有限，每年的发电用煤基本需区外来煤解决。一方面，随着经济的发展，远景需用电负荷、电量将持续增长，发电用煤需求量将更大。另一方面，燃煤电厂在消耗煤炭资源的同时，还产生了大量的$SO_2$、$CO_2$、CO、$NO_x$、烟尘等污染环境和造成温室效应的有害气体，对环境和生态造成不利的影响。

积极开发利用福建省较为丰富的海上风力资源，大力发展风力发电，替代一部分矿物能源，对于降低福建省的局部地区的煤炭消耗、缓解环境污染和交通运输压力、改善电源结构等具有非常积极的意义，是发展循环经济、建设节约型社会的具体体现，是福建省能源发展战略的重要组成部分。

**2. 风电建设对其他产业的促进作用**

风电场的开发建设将促进风电产业链快速发展，推动国产风机制造业在产品研发、行业管理、能力建设上日趋发展和完善。2013年3月国家发展改革委颁布了《产业结构调整指导目录》，新增的“海上风电机组技术开发与设备制造”和“海上风电场建设与设备制造”，为海上风电产业发展打下了坚实的基础。

随着国家风电发展目标的逐步推进，风机及配套企业纷纷在地方落户建厂，利用风电发展提供的市场机遇发展设备制造业。风电场建设可以增加当地财政收入，推动经济发展，提供就业机会，对地方经济社会发展有较好的促进作用。

### （二）报告对厂址条件及具备的优势进行了充分分析

我国内陆风能资源较为丰富的区域主要集中在“三北”地区，但这些地区的电网系统相对薄弱，随着风电的规模化发展，大规模风电并网对电能质量和电力系统安全运行的影响正在显现。近年来，风电弃风限电现象严重，2012年全国弃风电量达到200亿kW·h，弃风率达到20%；2013年弃风电量仍达到162亿kW·h，弃风率10.7%。我国“三北”地区陆上风电的发展遇到了较大瓶颈，而我国东部沿海地区电网系统较发达，电力市场消纳能力强，电力需求空间大，海上风能资源也较丰富，因此，现阶段积极开发本海上风电场优势较明显。

（1）风能资源丰富，具有很好的开发价值。根据对风电场南侧海上测风塔测风资料的分析，风电场区域 90 m 轮毂高度处年平均风速为 9.46 m/s，风能资源丰富，具备开发建设大型海上风电场的资源条件。

（2）项目本身规模相对火电厂较小，不会对电网稳定产生较大影响，建成后可补充电网的电力缺口，满足当地的用电需求。

（3）风电场的建设周期短，投入发电运行快，发挥效益早，同时可增加当地财政收入，推动经济发展，提供就业机会。

（4）风电作为清洁能源，不排放任何有害气体，对环境保护有利。

（5）本项目可促进我国风电设备先进制造业的发展，加快福建省海上风机设备本地化和产业化以及相关产业发展，另外，通过该项目的建设及运行，为该区域海上风电产业的发展积累宝贵经验。

（6）与陆上风电场相比，海上风电场以其风资源优越、环保、节约土地、规模大、距离用电负荷近等优势，越来越受到发达国家的重视，英国、丹麦、德国等国家已将海上风电场建设列为今后大规模风电发展的重点。

综上所述，本项目的开发建设能有效地促进地方经济，带动风电产业链的发展，具有良好的社会效益和环境效益，对于改善当地电网的电源结构，促进福建省完成节能减排目标，推动福建省风电事业的发展，开发可再生能源有着积极的意义。

### （三）报告对本项目存在的难点进行了充分论证

平潭大练 300 MW 海上风电项目是目前国内乃至世界建设难度最大的海上风电项目，与普通海上风电场工程相比存在以下难点。

**难点一：海床地质条件极为复杂**

工程区域地形起伏大 ( 水深在 8 ~ 35 m)，覆盖层厚度差异性极大（典型项目强风化花岗岩层顶埋深为 1.0 ~ 45.0 m，中风化花岗岩层顶埋深为 7.9 至 >65.12 m），桩基持力层埋深差异非常大，岩石强度差异大（饱和单轴抗压强度 71.1 MPa 至 >123.4 MPa），局部分布孤石，嵌岩深度大、岩石强度差异大带来施工机具选择困难。

**难点二：气象条件恶劣，台风频发**

福建海域是我国台风等气象灾害最严重的地区之一，1949—2014 年进入福建海域的热带气旋共 229 个，年平均 3.47 个。

本项目轮毂高度五十年一遇最大风速为 47.8 m/s，极大风速 66.9 m/s。台风等极端气象条件，严重威胁风机设备及基础的安全。

**难点三：海洋水文条件恶劣**

本场区位于台湾海峡，极端高、低潮位差达 8.69 m；极端高水位下 50 年一遇最大波高 $H_{max}$ 达 14.21 m，$H_{1\%}$ 波高达 10.76 m；海床冲淤剧烈，潮流冲刷形成三个深槽。极端恶劣的海洋水文条件给风机基础及海底电缆的施工、保护带来极大挑战。

**难点四：施工窗口期短，基础选型面临挑战**

福建海域受风浪影响大，施工窗口期短，每年 11 月—次年 3 月风浪较大，不适宜海上施工，夏季又受台风影响，年施工窗口期仅约 120 天左右。因此基础的选型需要考虑施工窗口期因素。

**难点五：风电场场址面积狭小，风机排布密集**

本风电场装机容量为 300 MW，场区被冲刷槽及航道分割成三块区域，风电场可利用区域不足 30 $km^2$，每 10 万 kW 涉海面积不足 10 $km^2$，风机排布紧密，尾流影响大；且局部区域受海岛山地地形影响湍流较大，给风机安全运行带来极大挑战。

**难点六：风电机组大型化**

从提高项目整体效益及节约用海的角度看，近海风电场逐渐采用大机组已成为一种趋势。前期项目广泛采用 4 MW、5.0 MW 的机组，后继将逐渐被 5.5 MW、6 MW、6.7 MW 甚至 8 MW 所替代，机组大型化往往带来基础风机载荷较大程度的增加，这对基础设计带来更大的挑战。

因此，该风电场设计难度与施工难度都非常大，一种基础形式很难满足整个风电场。风机基础包含大直径单桩基础、钢管桩—承台基础和带钢护筒嵌岩灌注桩—承台基础。针对钢管桩—承台基础与带钢护筒嵌岩灌注桩—承台基础拟采用陆域整体组装、大型船只整体吊装；针对大直径单桩基础推荐采用自升式平台分体式安装。

### （四）报告对机组选型进行了充分比选

在选择风电机组时，要结合电网公司对风电场接入电网的技术要求、风电场风力资源、各机型的技术成熟性、安装运输等条件综合比较。本场区属于热带气旋影响较频繁区域，且存在正面直接登陆的可能性，计算五十年一遇最大风速为 47.8 m/s，极大风速 66.9 m/s，应选择 IEC Ⅰ类机组或经抗台风特殊设计的 S 级风电机组。

工程海域粗糙度低，海面上风的湍流强度低，没有复杂地形对气流产生影响，机组的疲劳荷载相对较小。根据场区观测资料测算，当风速为（$15 \pm 0.5$）m/s 时，30 m 以上各高度湍流强度为 0.061 ~ 0.079，湍流强度较小，因此，本场区适宜选用 IEC C 级及以上等级风电机组。

综上所述，平潭大练海上风电场项目适宜采用 IEC Ⅰ C 级及具有抗台风加强设计的 S 级风电机组，同时由于风电场位于福建海域，所选风电机组需具有良好的抗台风、防盐雾、防潮、防腐、防雷暴等性能。

### （五）报告提出了资源节约的有效措施

**1. 充分利用风能资源**

通过风能资源评估与模拟计算，本风电场场址风能资源具备规模开发价值。本工程利用风能发电，直接将风能转换为电能。此技术已经较成熟，可投入建设，并且在发电过程中不消耗一次能源，既节能又环保，是符合国家重点鼓励、重点支持的领域。

风电场使用的是清洁的风能，自身主要的耗能为风机自用电、升压站主要附属设施用电及输电线路的损耗等。通过合理的风机选型、微观选址、合理地选择集电线路的电压等级、优化集电线路的走向、加强管理、建立健全资源节约机制等方式，可以有效地节约能源的使用，在有限的场地条件下使风电场优良的风力资源得到更有效的开发利用。

**2. 节约用海（地）**

与陆上风电场相比，海上风电场具有风力资源优越、环保、节约土地、规模大、距离用电负荷近等优势。本工程遵循有效利用风力资源，又要合理、节约用海用地，减少征地拆迁的原则进行选址。本项目风电场区内无养殖活动存在，风机建设不占用任何养殖区。采用大容量的风电机组进行布置，在有限的地形范围内，做到了最大容量，充分利用了现有的海域资源。通过对风电场的风机布置进行合理优化，在满足风机安全性的前提下，尽量减小风机间距，既节约了成本，又提高了海域使用率，在有限的场地条件下使风电场优良的风力资源得到更有效的利用。

陆上升压站占地类型为旱地、灌木林地和农村道路，不涉及沿海基干林带及其他保护目标，无拆迁及移民安置问题。升压变电站和运行管理中心结合在升压站一处，且升压站内建构筑物布局紧凑合理，节约了永久用地。根据村镇与项目单位的协商意见，进站道路采取与村镇共建共用方式，基本不经过村庄，改造现有村道较少，减少了对当地生产、生活的影响，同时充分利用地形，避免高挖深填，节约了交通工程用地，这样既节约了宝贵的土地资源、避免了重复投资建设，又减少了对当地资源的浪费及对环境造成的影响。风电机组堆放、拼装场用地按每次供货 5 台风电机组考虑，且风力发电机组施工安装的技术趋于成熟，施工经验累积丰富，所需机组堆放、拼装场地面积减小，节约了施工临时用地。

综上所述，拟建项目用海用地符合资源节约、集约和有效使用海域及土地的要求。

### （六）报告提出了能源节约的有效措施

本项目在工艺环节、辅助系统、各个设备均采取合理、有效的节能措施，本报告提出了有关生产工艺、主要用能工艺和设备、配电系统、暖通系统的节能措施，如所有的节能措施落实到位，均能有效地降低能源消耗，减少废气、废水排放，尤其是减少对煤炭资源的消耗和各类污染物的排放量，对生态环境的保护起到一定作用。

客观分析，本项目为新能源项目，其输入能源为风能，不消耗化石能源，耗电量有限，且几乎全部来源于自发电能（仅在全场风力发电机组停运时，为了维持风电场电气设备的运行，需要从电网消耗的电量约 $79.85\times10^4$ kW·h 由电网供电，对当地电力供应影响较小）。本项目建成后，每年上网电量为 97 801.93 万 kW·h，按火力发电标煤耗 315 g/（kW·h）计算，每年可节约标煤约 30.81 万 t，每年可以减少排放温室效应气体 $CO_2$ 约 90.00 万 t、$SO_2$ 约 455.43t、$NO_x$ 约 416.67 t、烟尘约 87.21 t，此外每年还可节约用水约 135.66 万 $m^3$，并减少相应的废水排放和温排水。可见风电场建设有十分显著的环境效益，可以促进地区节能指标的完成。

### （七）报告对项目的经济性进行了详细分析

本风电项目装机容量为 300 MW，正常年份年平均上网电量为 97 801.93 万 kW·h，年等效利用满负荷小时 3 260 h。财务评价采用动态分析，按现行财会制度和税收法规进行测算，本项目的项目投资财务内部收益率为 8.45%（税后），财务净现值为 68 156 万元（$I_c$=7%）；项目资本金财务内部收益率为 17.63%（税后），项目资本金财务净现值为 72 107 万元（$I_c$=10%），项目投资回收期为 11.70 年，总投资收益率为 6.58%，项目资本金净利润率为 19.61%。经济指标较好，说明本项目具有一定的盈利能力，因此，本方案在经济上是可行的。

## 四、项目实施情况

2016 年 5 月 6 日，福建省政府投资项目评审中心在平潭主持召开《平潭大练 300 MW 海上风电项目可行性研究报告》（以下简称《可研报告》）评估会议。2016 年 9 月 18 日，福建省政府投资项目评审中心在福州主持召开《可研报告》（修改版）专家论证会，完成可行性研究审查，2016 年 10 月可行性研究收口。

审批（核准）单位为福建省发展和改革委员会，批准文号为闽发改网能源函〔2016〕182 号，批准文件标题为《福建省发展和改革委员会关于平潭大练海上风电场项目核准的复函》。

审批（核准）意见摘要：《可研报告》（修改版）章节完整，技术资料较为丰富，图纸清晰，内容和深度基本符合《海上风电场工程可行性研究报告编制规程》的要求。本风电场风能资源具有很高的开发价值，风功率密度等级为 6 级，风电场建设条件较好，开发建设本项目对于改善能源结构、减轻环境污染、促进当地经济发展等具有重要的意义，符合我国能源可持续发展战略的要求，开发建设本风电场是必要的。

项目情况如图 1 至图 3 所示。

图 1　总平面布置效果图

图 2　风机安装施工航拍图

图 3　风机实景图

## 五、项目主要参与人员

项目主要参与人员：沈又幸、吴建国、李琪、袁勤勇、黄建武、黄开长、顾裕兵、汤旅军、李涛、赵树林。

# 500 kV 舟山与大陆第二联网通道输变电工程可行性研究

中国能源建设集团浙江省电力设计院有限公司

扫码查看原文

## 一、项目概况

2011 年 6 月 30 日，浙江舟山群岛新区正式由国务院批准设立（国函〔2011〕77 号，国务院关于同意设立浙江舟山群岛新区的批复）。舟山群岛新区是我国首个以海洋经济为主题的国家战略层面新区，是对接“一带一路”，打造开放大平台的重要举措，是落实 G20 峰会杭州共识、参与建设开放型世界经济的重要载体，具有特殊重要的战略意义。随着舟山群岛新区的快速发展，舟山电网负荷必将呈现快速增长的态势，这对舟山地区的可靠供电提出了更高的要求，也为舟山带来了千载难逢的发展机遇。

本工程投产前，舟山电网与陆地仅通过 2 回 220 kV+2 回 110 kV 线路联网，受进时输送限额仅为 32 万 kW，外送时输送限额仅为 26 万 kW，远不能满足舟山电网快速增长的负荷需求。同时，舟山电网属于终端电网，是浙江电网中唯一未覆盖 500 kV 网架的地级市，舟山与陆地的联网方式以及本地电网网架相对薄弱，供电可靠性得不到充分保障，这已经成为舟山地区大规模新能源发展的“瓶颈”，舟山海岛能源保障体系尚不完善。另外，现有舟山与陆地联网 2 回 220 kV 线路大部分路径处于同一线路走廊，且相当长路径处于山区和台风带上，受自然灾害影响较大，安全可靠水平较低，对电网安全稳定运行造成了极大的威胁。

## 二、项目内容

本工程采用世界首创的中国制造 500 kV 交联聚乙烯海缆，建设两座 380 m 世界第一高度输电高塔。本期建设 3 回 500 kV 联网线路，其中舟山 500 kV 联网工程（第二联网通道部分）建设 1 回 500 kV 海缆架空混合线路（远景 2 回），舟山 500 kV 联网工程（第一联网通道部分）建设 2 回 500 kV 全架空线路，并配套建设 500 kV 舟山变电站、镇海变电站、北仑—句章 500 kV 线路双开口环入镇海变线路等。

### （一）500 kV 舟山变电站

远景规模，主变：4 × 100 万 kV·A，500 kV 出线 8 回，2 回至镇海，2 回至春晓（舟南），2 回至舟山电厂，2 回预留备用。220 kV 出线 16 回。本期规模：2 × 100 万 kV·A 主变，500 kV 出线 3 回，1 回至镇海，2 回至春晓。220 kV 出线 10 回。

### （二）500 kV 镇海变电站

远景规模，主变：4 × 100 万 kV·A，500 kV 出线 8 回，2 回至北仑电厂，2 回至舟山，2 回至句章，2 回预留备用。220 kV 出线 16 回。本期规模：1 × 100 万 kV·A 主变，500 kV 出线 5 回，2 回至北仑电厂，2 回至句章，1 回至舟山。220 kV 出线 8 回。

### （三）500 kV 北仑—句章线∏入镇海变线路

将北仑—句章 2 回 500 kV 线路双开口 ∏ 入镇海变电站接入系统，新建线路 4 × 12+2 × 0.7+2 × 0.7 km。新建线路导线截面按 4 × 630 $mm^2$ 考虑。

### （四）镇海—舟山 500 kV 输电线路

线路全长约 2 × 52.5 km，其中大跨越线路长 2 × 9.5 km，普通线路 2 × 26 km，除金塘岛—舟山本岛段约 13 km 线路与规划的金塘—舟山 220 kV 双回线路按同塔四回路架设，其余均按同塔双回路架设，500 kV 导线截面按 4 × 300 $mm^2$ 考虑；海缆长 2 × 17 km，本期按 1 回海底电缆建设，海缆截面按 1 800 $mm^2$ 考虑。

## 三、项目成果特点

（1）本工程的建设符合舟山群岛新区的战略发展及能源格局。舟山市是一个群岛型地级市。2013 年起舟山群岛新区建设全面推进，已开展三年行动计划，计划 2013—2015 年投资 3 000 亿元加快推进群岛新区基础设施建设。同时，建设舟山国际绿色石化基地是浙江省委、省政府立足国际视野、打造“21 世纪海上丝绸之路”重要节点的具体举措。舟山国际绿色石化基地项目最终将形成世界级大型、综合、现代的石化产业基地。围绕舟山群岛新区的战略定位，未来舟山能源发展将重点打造“一区、二岛、四基地”的能源格局，舟山群岛新区将成为全国的清洁能源示范区，并将积极打造国际能源物流岛和清洁能源示范岛。

舟山群岛新区地处海岛，能源供求具有高度的外向依赖性。相对一次常规能源，舟山群岛新区具有大量的可再生能源资源，如风能、海洋能、生物质能、太阳能等。而舟山电网的联网方式与电网结构显然已经不能与舟山群岛新区的发展战略和能源结构相匹配。

本工程的建设是确保舟山群岛新区电力安全可靠供应及能源安全发展的坚实基础，符合舟山群岛新区的战略发展及能源格局。本工程以 500 kV 联网线路为依托，以输送清洁能源为主导，是服务范围广、配置能力强、安全可靠性高、绿色低碳的能源配置平台。

（2）紧密结合周边电网发展建设情况，注重与近远期电网规划衔接，对工程方案进行多方案论证比较。本工程在紧密结合周边电网发展建设情况，详细分析近远期电网规划的基础上，对联网方案进行充分的论证分析，通过多项专题论证研究，结合新建联网通道线路路径、线路架设方式、电压等级选择、原有通道升压时序、地方规划影响等方面进行了多方案经济技术比较，并充分考虑地方政府的意见，本工程选择的联网通道路径是唯一路径方案，并且从供电可靠性角度考虑舟山与陆地必须通过 500 kV 电压等级联网方可满足舟山电网的供电需求。同时，本工程对联网建设方式进行了全架空方案（海中立塔）和架空海缆混合方案的经济技术比较，从满足供用电水平的角度看，两个方案均能够满足舟山电网的供用电需求，但是由于全架空方案投资巨大，较海缆方案工程总投资高约 100 亿元，经济性较差，本工程考虑架空海缆混合方案，能够满足工程相关的技术要求。

（3）积极响应国家高端制造业发展战略，工程首次应用了国产 500 kV 交联聚乙烯海缆，对国内高端制造业起到引领示范作用。目前 500 kV 变电站、架空输电线路等设计建设技术已经非常成熟，完全可以满足本工程的需求。500 kV 海缆的使用在国内已有实际工程（海南联网），但是其海缆采用国外进口且为充油海缆（输送能力较低不能满足本工程的供电要求），国内尚无 500 kV 国产海缆的投运工程。

工程积极响应国家高端制造业发展战略，采用世界首创的中国制造 500 kV 交联聚乙烯海缆，建设两座 380 m 的世界第一高度输电高塔，刷新两项世界纪录，对国内高端制造业起到引领示范作用。本工程充分考虑工程投产时序、运行维护、海域敏感性、设备供货、经济性等因素，通过相关计算分析，考虑海缆输送容量的分布特性，论证海缆截面与形式，选择 1 800 $mm^2$ 截面的 500 kV 交联聚乙烯海缆作为工程建设方案，大大降低工程造价（和海中立塔方案相比节约投资近百亿元）。采用高电压等级、大容量的海底电缆，对多项关键技术进行创新研究，一方面能够依托实际工程，有效整合相关资源，大力研发高电压等级、大容量的海底电缆制造技术，为工程建设提供支撑；另一方面，能够为今后的相关研究提供关键技术储备和实际运行经验，对国内高端制造业起到引领示范的作用。本工程中西堠门跨越耐张段长 4.2 km，跨距 2 656 m，为 500 kV 与 220 kV 混压四回路跨越段。为满足相关技术要求，西堠门大跨越在大风速海岛区域采用超高跨越塔，2 基跨越塔高度达到 380 m，为世界输电线路第一高塔。本工程设计中较好地解决了杆塔高、风速大、横担长、导线张力大、主材规格大、钢管混凝土灌注高度高、法兰盘径大、节点球径大等技术难题，在多项关键设计技术方面进行创新研究，为工程建设奠定坚实的基础。

（4）深入调研勘察陆地与海洋环境，积极与相关部门沟通协调，优化选择线路路径。认真贯彻国家建设的各项方针政策，在线路路径选择时对运行安全、经济合理、施工便利等因素进行全面考虑，综合比较。本工程为使通道利用一体化，线路整体考虑尽量沿舟山连岛大桥附近走线，海缆段考虑与连岛大桥距离控制在 1 km 外，陆上跨越段根据《浙江省高速公路运行管理办法》要求，线路塔基基础边缘考虑与大桥围栏保持 30 m 以上距离；同时考虑到地方规划及已有设施影响，局部路径经多方案比选，最终形成本工程路径的推荐方案。本工程中海缆路由涉及多个相关利益方，海缆路由海域海底管线较多，本工程充分考虑海洋环境，以与海洋功能区划相兼容、不对各海洋功能区造成较大影响为原则，积极与相关利益方沟通协调，以经济技术手段进行多方案比较，最终明确本工程的海缆路由方案。同时，本工程考虑与近远景规划相衔接，考虑尽量节约线路廊道占地范围，金塘岛—舟山本岛段约 13 km 线路与规划的金塘—舟山 220 kV 双回线路按同塔混压四回路架设，最大限度地节约土地，优化选择线路路径。

（5）工程建设尽量减少土地资源占用，适应规划和景观的要求。在选站、选线过程中，对舟山变 2 个站址、镇海变 3 个站址均进行了实地踏勘。根据调查研究。本工程设计从站址的用地性质、环境保护评价、主变运输、建设时效等多方面综合考虑比较后，推荐桐子山站址为舟山 500 kV 变电站的站址，泥螺山围垦区站址为镇海 500 kV 变电站的站址。

工程设计过程中充分贯彻了节约用地的原则。舟山变电站位于舟山本岛西北部，舟山群岛为岛屿型城市，土地资源稀缺；镇海变电站位于泥螺山围垦区，土地为海中新填方的土地，土地资源稀缺。本工程结合国家建设资源节约型、环境友好型社会的奋斗目标，舟山变电站的 500 kV 配电装置采用 HGIS 设备、220 kV 配电装置采用 GIS 设备，较常规设备减少用地约 35 593 $m^2$

（约合 53.39 亩）；镇海变电站的 500 kV 配电装置采用 GIS 设备、220 kV 配电装置采用 GIS 设备，较常规设备减少用地约 32 920 $m^2$（约合 49.39 亩）。

（6）按照国家政策，积极采取节能措施和节约集约用地措施，以最少的土地资源达到工程建设要求。按照国家发展改革委发改投资〔2006〕2787 号文要求，对本工程在可行性研究阶段进行节能的设计和评估，本项工程设计主要遵循如下原则：贯彻“安全可靠，经济适用，符合国情”的电力建设方针，在保证安全可靠的前提下，对系统方案进行比较和优化，采用成熟的先进技术，减少工程量，降低工程造价。变电专业进行选站时，注意深入实际、调查研究，注意尽量节约土地资源，保护生态环境。线路路径和站址选择进行多方案比较，同时取得地方政府和相关部门的原则协议，避免和防止以后阶段工作可能出现的颠覆性因素。

总平面布置和配电装置：优化总平面布置，减小变电站占地面积，以最少的土地资源达到变电站建设要求。

计算机监控系统：由计算机监控系统完成对全站设备的监控，不设常规控制屏和模拟屏。变电站内数据统一采集处理，站内监控后台与远动设备信息资源共享。全站仅配置一套公用的卫星对时系统，主机冗余配置。提高变电站自动化水平，推行无人值班或少人值班。

电气二次线：整体考虑控制、保护、远动和通信等二次设备的布置，合并通信机房、远动机房、继电器室布置。

直流系统：交流不停电电源（UPS）系统不自带蓄电池组，直流电源由站用直流系统统一提供。

电缆设施：采用 35 kV 保护下放布置，继电器室不设电缆夹层。

线路走廊：为节约线路走廊，本工程采用同塔双回路塔及同塔四回路塔，本期新建输电线路路径已经充分考虑了后续线路的接入问题，避免了工程建设的浪费，减少了线路运行长度，减少了工程建设对当地规划的影响。

## 四、项目实施情况

工程可行性研究报告编制工作从 2014 年 7 月开始，经过设计人员不懈努力，于 2015 年 12 月完成，通过了电力规划设计总院的评审，并取得了浙江省发展和改革委员会关于项目核准的文件。本工程可行性研究报告根据《电力系统安全稳定导则》及《电力安全事故应急处置和调查处理条例》，结合舟山电网的实际情况，通过数十项专题论证研究，从联网电压等级选择、联网方式分析、联网路径情况等多方面考虑，对舟山电网与陆地电网的各种联网方案进行论证分析，提出了舟山与陆地远景通过 4 回 500 kV 线路联网的方案，并对联网线路的建设方式进行研究，通过对海缆方案和海中立塔架空线方案进行充分的经济技术比较，最终明确了舟山 500 kV 联网工程（第二联网通道部分）线路建设方案按海缆架空混合方案考虑。本期按照“方便实施、投资节约”的原则，建设 3 回 500 kV 联网线路，其中舟山 500 kV 联网工程（第二联网通道部分）按敷设 1 回 500 kV 海缆联网线路考虑（远景 2 回），舟山 500 kV 联网工程（第一联网通道部分）考虑将原 2 回 220 kV 联网线路升压改造为 2 回 500 kV 联网线路，并同步建设 500 kV 舟山变电站、镇海变电站、北仑电厂—句章 500 kV 线路双开口环入镇海变线路等。本工程可行性研究报告结合浙江、舟山电网实际情况，提出了多种建设实施方案，注重与近远期电网规划衔接，并详细分析了各个方案的特点和实施中需面临的问题，为后续工作的开展提供了翔实的依据，该项目已建成投产。

项目情况如图 1 至图 4 所示。

图 1　500 kV 威远变电站

图 2　500 kV 洛迦变电站

图 3　西堠门大跨越

图 4　500 kV 交联聚乙烯海缆敷设

## 五、项目主要参与人员

项目主要参与人员：高志林、彭明伟、钱锋、宁康红、丁晓宇、陈宏伟、陈慧芬、陈洁、张谦、周啸波。

# 国家医疗保障局医疗保障信息平台可行性研究报告

华信咨询设计研究院有限公司

扫码查看原文

## 一、项目概况

医疗保障关系人民群众健康福祉，涉及社会和谐稳定及国家长治久安，医疗保障事业发展意义重大。2018 年 5 月 31 日，国家医疗保障局正式挂牌成立，是我国医保体制顶层设计的重大变革体现之一，意味着医保制度职责、职能和功能在组织架构上的重新定位。为执行落实党中央、国务院医疗保障制度改革措施，形成全国医保“一盘棋”统筹建设格局，构建标准全国统一、数据两级集中、平台两级部署、网络全面覆盖的信息化体系，提升我国医疗保障治理和公共服务能力，国家医疗保障局于 2018 年 9 月正式启动医疗保障信息平台可行性研究报告（以下简称可研报告）编制工作，并委托华信咨询设计研究院有限公司（以下简称华信设计）开展可行性研究和报告编制工作。

项目可研报告于 2019 年 2 月获得国家发展改革委批复，批复总投资为 3.17 亿元，全部来自中央预算内投资。基于项目方案，2019 年 6 月国家医保局印发《医疗保障信息平台建设指南》，指导和规范省市医疗保障信息化建设，按照标准全国统一、数据两级集中、平台分级部署、网络全面覆盖的医疗保障信息化建设要求，依托省级平台与国家平台之间的协作联通，初步实现“大服务”、规范高效“大经办”、智能精准“大治理”、融合共享“大协作”、在线可用“大数据”、安全可靠“大支撑”的医疗保障信息化建设目标。本项目总建设周期为 18 个月。

## 二、项目内容

根据全国医保“一盘棋”统筹建设目标要求，构建标准规范体系、信息资源规划与数据库、业务应用系统、应用支撑平台、基础设施等建设方案，14 个业务子系统合计梳理 278 个一级功能、1 163 个二级功能，覆盖 13 亿参保人，系统接口数量超过 20 个。咨询过程中完成政府、医院、药企等 50 余人次的访谈调研，成果沟通超 15 次，累计与全国医保业务骨干讨论上千人次，各项方案通过充分的技术论证和专家评审，最终形成可研报告。

在开展咨询服务过程中，重点解决的难点、难题如下。

### （一）规范先行，统一标准

从国家层面对数据库结构、数据字典、数据归集和数据转换标准进行了统一，实现了全国范围内的医保数据规范统一，对后续信息采集、资源整合、数据共享提供有力技术支撑，既开通了标准格式统一的信息数据直通车，又打通了信息的高速路，数据交换共享畅通无阻。

医疗保障信息平台标准规范构成，涵盖表 1 中的多个方面。

表 1　标准规范分类统计

| 标准规范分册 | 标准体系构成 | 标准规范名称 |
|---|---|---|
| 一 | 总体标准 | 标准体系 |
| | | 项目术语 |
| | | 主题词表 |
| | | 工作指南 |
| 二 | 应用系统建设标准 | — |
| 三 | 应用支撑平台标准 | 总体框架 |
| | | 数据交换 |
| | | 应用开发 |
| | | 流程控制 |
| 四 | 数据交换标准 | 数据交换格式 |
| 五 | 网络标准 | 广域网建设规范 |
| | | 局域网建设规范 |
| | | 网络管理指南 |
| 六 | 安全标准 | 网络安全防护体系建设要求 |
| | | 网络安全评估要求 |
| | | 网络与应用系统安全审计要求 |
| | | 应用系统的授权与访问控制策略 |
| | | 应用系统关键数据安全技术要求 |
| | | 系统容灾备份建设要求 |
| | | 安全管理要求 |
| | | 重大突发事件应急管理指南 |
| 七 | 项目管理标准 | 信息系统建设过程管理 |
| | | 软件工程文档编制规范 |
| | | 应用系统集成测试规范 |
| | | 应用系统验收流程管理 |
| | | 售后服务管理规范 |
| | | 系统实施与运行管理规范 |

续表

| 标准规范分册 | 标准体系构成 | 标准规范名称 |
|---|---|---|
| 八 | 医保业务类标准 | 疾病与诊断编码 |
| | | 手术操作与代码 |
| | | 药品编码 |
| | | 诊疗项目编码 |
| | | 耗材编码 |
| | | 基本医疗保险门慢、门特病种目录 |
| | | 医疗保险病种结算目录 |
| | | 医疗保险日间手术、日间治疗病种目录 |
| 九 | 定点医药机构及人员标准 | 医疗保险定点医疗机构、定点零售药店编码标准 |
| | | 医疗保险执业医师编码标准 |
| | | 医疗保险执业药师编码标准 |
| | | 医疗保险执业护士编码标准 |
| 十 | 医疗保险经办人员机构类标准 | 医疗保险经办人员编码标准 |
| | | 医疗保险经办机构编码标准 |
| 十一 | 电子病历类标准 | 医疗保险住院病案首页数据元标准 |
| 十二 | 设施管理规范 | 信息网络中心机房服务器系统管理办法 |
| 十三 | 运维管理规范 | 电子设备机房系统工程监理规范 |

### （二）构建面向服务的需求分析体系

依托广泛业务调研和讨论，基于 UML-Smart SOA 形成科学的应用系统需求分析体系，辅助咨询服务团队准确、高效地梳理医保业务，快速准确地梳理出国家子系统，并细化应用层服务，梳理出通用业务支撑组件，最终完成 14 个系统、278 个一级功能模块、1 163 个二级功能模块方案编制。需求分析模型如图 1 所示。

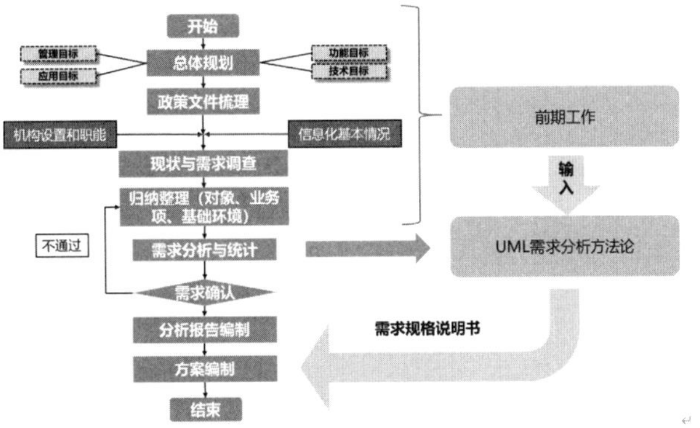


图 1　需求分析模型

需求调研采用“访谈 + 引导 + 确认”的调研方法，第一阶段访谈时搜集初步资料并编写调研提纲，之后进行访谈并记录访谈内容；第二阶段梳理用户角色和工作流程，分析目标、痛点及流程，确认优化的业务流程；第三阶段则是角色确认，业务流程和业务场景、权限、数据、数据类别等的确认。

进行业务分析时，对分析流程体系进行创新，通过引入软件工程的设计思维和辅助工具，实现从需求调研到交付的全过程流程化、标准化，创新地完成可研报告编制。

**1. 基于 UML 用例模型建立业务模型**

利用“用例”的“目标导向”特性，可以通过一个“顶层用例”来完善工作流程的规划与设计。先通过前面梳理出来的以功能目标为导向的一级功能用例，梳理出各个功能用例之间的调用关系，从而建立起系统的顶层业务模型，最终梳理出医保业务全景图，如图 2 所示。

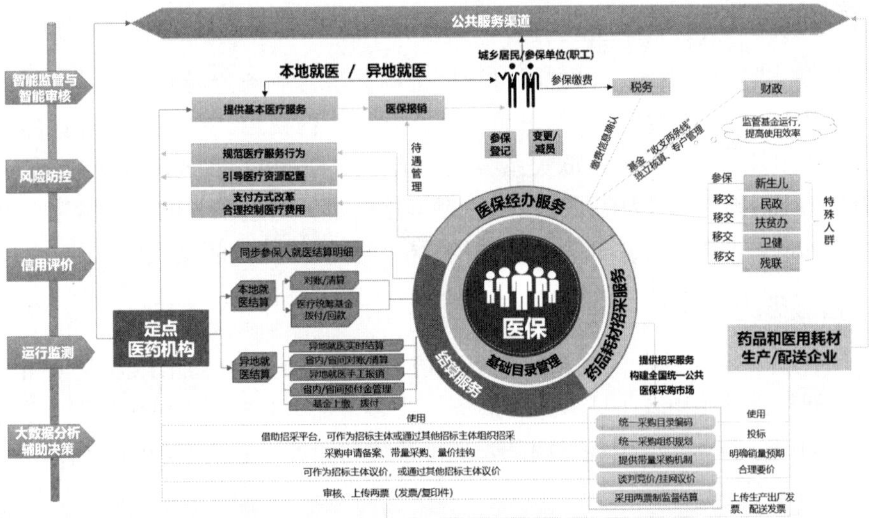


图 2　医保业务全景图

**2. 基于 Smart SOA 思想细化业务功能**

基于前面梳理出的一级业务模型基础，对系统的一级业务做进一步细化，梳理出更细颗粒度的业务——“二级业务”，即对应下面的“二级功能”，支撑细粒度的医保业务理解。基于 Smart SOA 细化业务功能示例见表 2。

表 2　基于 Smart SOA 细化业务功能示例

| 一级功能 | 二级功能 | 说明 |
|---|---|---|
| 消息推送和文件服务 | 消息推送 | 提供针对本级工作人员的业务系统消息提醒和相关文件推送服务 |
| | 文件服务 | |
| 邮件服务管理 | 邮件发送 | 通过邮件服务，为本级工作人员和省级医保工作人员提供信件、单据、资料等电子信息的传递服务 |
| | 邮件接收 | |
| | 邮件归档 | |
| 统一工作流程管理 | 统一工作流程管理 | 提供面向本级工作人员和下一级系统工作人员的体系内部工作流程的控制与监管 |

**3. 基于 UML 绘制业务流程图**

分解出来的“二级业务”对应的“二级功能”，通过业务的“大方向”进行重构，即利用 UML 建模分析中的活动图梳理出系统中每个一级子系统所对应的业务流程图。绘制的业务流程图如图 3 所示。

最终通过上述分析，由业务目标分析出系统业务需求、系统信息资源需求、系统性能指标需求。

### （三）应用先进的技术架构

为破除“烟囱式”应用系统，做到医保数据全局共享、业务全局打通，技术架构设计时，咨询服务团队提出确定一个“统一”的思想，基于全局架构视角，将所有医疗保障的系统视为一个系统，由多个组件以及彼此的关联关系组成，结合技术分析与比选进行架构演进。

医疗保障平台技术架构运用微服务架构 + 虚拟化技术，通过服务的方式解耦、屏蔽业务变化。基于资源池形成可伸缩的计算能力，能够进行横向扩展，使性能呈线性提升。

### （四）中台服务的引入

为了应对医保快速变化的业务需求、业务系统之间复杂的交互需求以及避免相当应用功能的重复建设，在架构设计中引入了业务中台服务。业务系统与业务中心对照如图 4 所示。

以招采业务为例，药品和医用耗材招采管理子系统与业务中心关系如图 5 所示。

## 三、项目成果特点

本项目重点加强顶层设计、统一业务标准、打造基础平台、做好数据汇集、强化协同共享，通过建设全国统一的国家医疗保障信息平台，形成全国医保“一盘棋”建设和运行格局，统一了数据标准和应用架构，不断提高国家医保治理能力和服务水平，支撑消解新常态下我国医疗保障领域重点、难点、热点问题，为构建更公平、更可持续的医疗保障体系，积极推进医保医疗、医药“三医联动”，助力提高医改整体效能和实施健康中国战略提供信息化支撑。

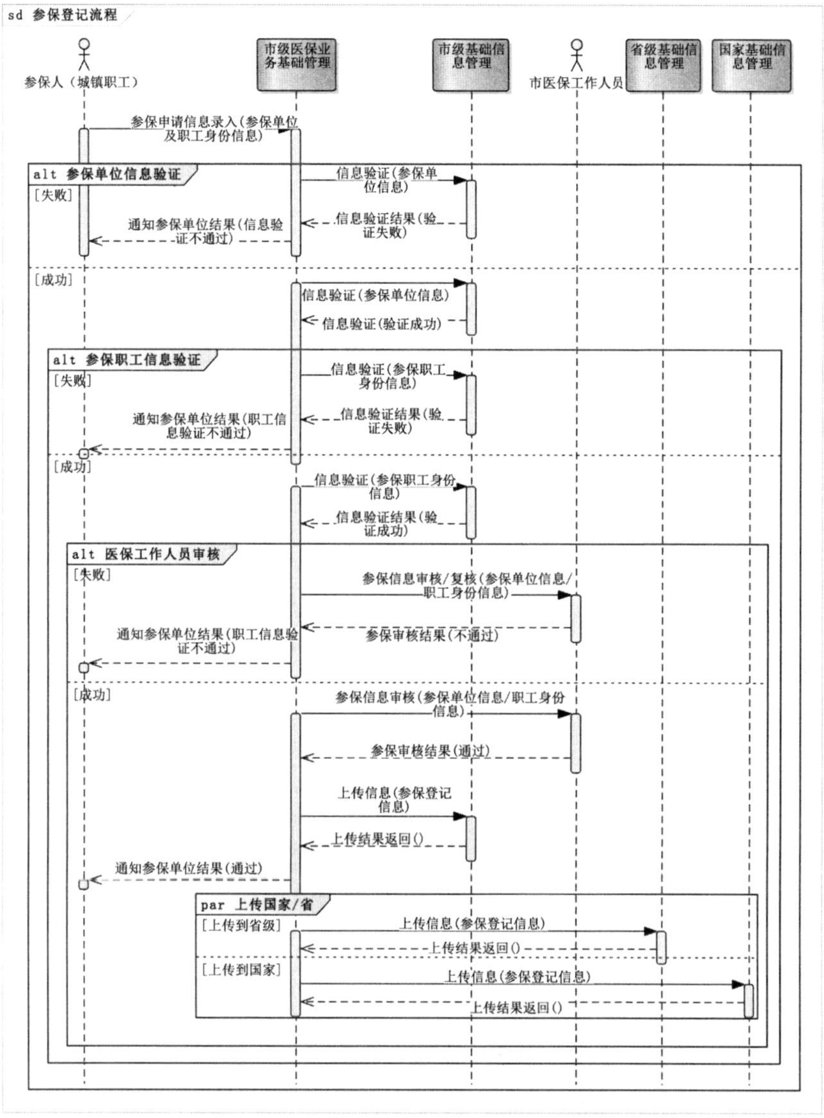


图 3　UML 序列图建立业务模型示例

## 四、项目实施情况

国家医保局对可研报告高度认可，从终稿形成到 2020 年 8 月为止，国家医疗保障信息平台建设推进会议召开数十次，明确医疗保障信息平台由局部试点阶段进入全面实施阶段。从启动会到目前为止发布了 15 项全国统一的医保信息业务编码标准，完成了 14 个子系统的设计开发，联通了国家医疗保障局到省市县级医保部门的核心骨干网络，为平台运行奠定了坚实基础。

2020 年 10 月完成平台主体建设，为建成纵向贯通、横向联通、内外互通、生态融通的全国统一医保信息平台奠定坚实基础，目前已完成全部批复内容建设，软件方面包含 14 个应用子系统、2 个中台；硬件及基础设施方面包含 2 个数据中心、1 个监控中心。

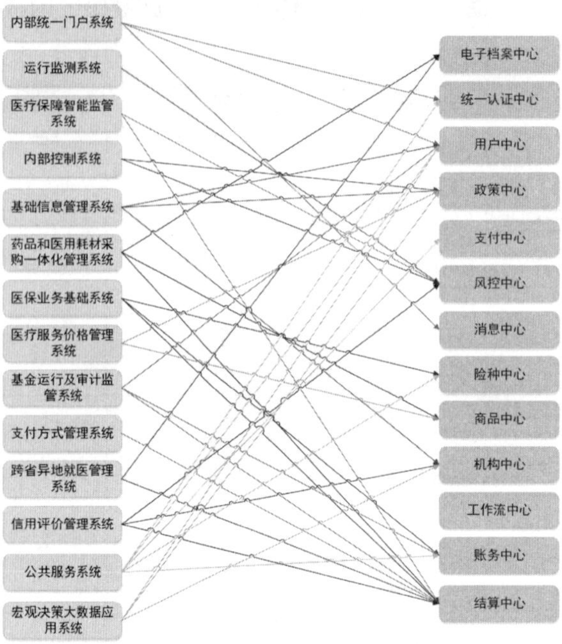


图 4　业务系统与业务中心关系对照示例

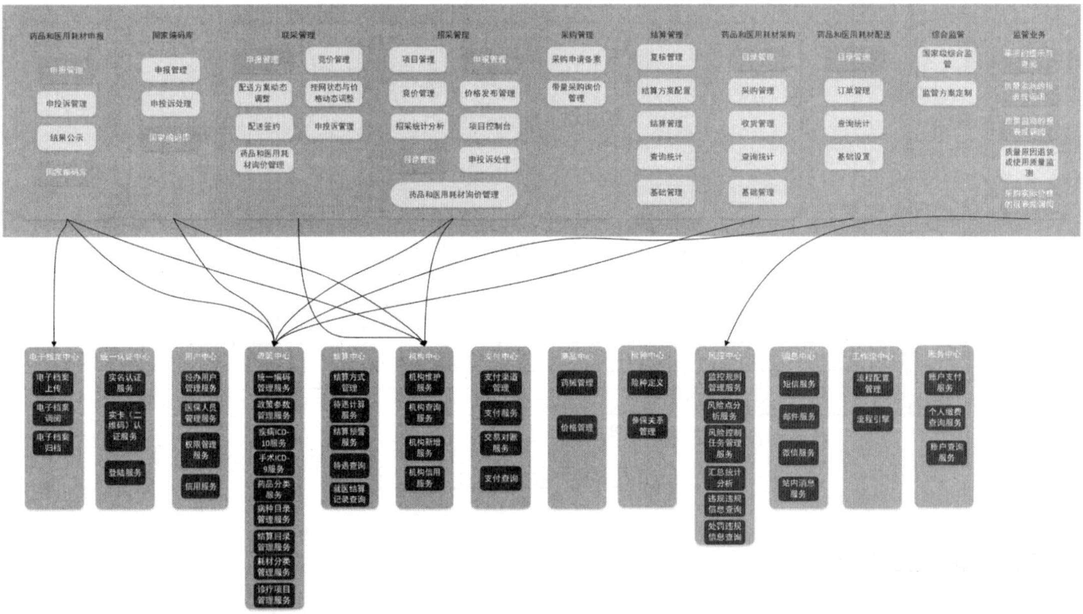


图 5　招采管理子系统与业务中心关系图

## 五、项目主要参与人员

项目主要参与人员：章建聪、王辉、金敏玉、欧伯盛、林鑫岑、祝好杰、孙盛乐、梁鲭、杨麟。

# 甘肃金昌紫金云大数据产业园区规划及数据中心一期工程可行性研究报告

华信咨询设计研究院有限公司

扫码查看原文

## 一、项目概况

随着经济社会信息化日臻成熟，移动互联网、云计算和物联网等新一代信息技术获得广泛应用，数据增长速度越来越快，数据类型越来越丰富，大数据的价值日渐凸显，成为影响全球经济新兴领域。我国大数据、云计算相关政策、项目、技术和应用等逐步进入实际落地阶段。各有关部门和地方政府的重视程度逐步升级，相关政策措施和规划方案处于高密度发展时期。国务院发布的《关于促进信息消费扩大内需的若干意见》《国家新型城镇化规划（2014—2020年）》等政策文件，强调信息服务的重要性，指出要加大对信息产业的政策支持力度，并且我国西北部大型大数据中心尚为空白，有很大的发展潜力。

在此背景下，以《西部大开发“十二五”规划》《国务院关于积极推进“互联网+”行动的指导意见》等政策为指导，制定了“甘肃金昌紫金云大数据产业园区规划及数据中心一期工程可行性研究报告”。本次可行性研究深入分析了甘肃金昌“紫金云”大数据园区基础条件，并制定了大数据园区的发展思路、原则及目标。同时，对于大数据园区的产业布局、运营模式、保障措施进行全面定位。本次规划内容体现了新时期、新环境下甘肃金昌紫金云大数据园区的重点建设场景，突出了前瞻性、指导性和可执行性。

本研究从2015年4月启动，内容多，时间紧，难度高。首先，明确规划的工作内容、规划提纲、重点和难点等关键内容，制定各专业详细的工作计划表，定期提交周报，加强对规划关键环节的质量管控，保证规划工作能够顺利开展。各专业编制人员对各自负责的部分进行深入的调研和访谈工作，充分了解甘肃金昌的现状并且进行深入的分析工作，充分结合地方资源及产业基础，提出适合金昌紫金云大数据中心建设的科学规划及产业布局。针对规划中的各项产业布局、运营模式、保障措施与客户和相关部门进行专项讨论研究，明确方向和目标，保证规划结果的准确性。本研究经过多次讨论和修改，在2015年9月底完成规划报告，2016年底完成一期数据中心可行性报告编制，2017年1月完成可行性研究报告评审，获得了客户、专家、各部门的高度认可，甘肃金昌紫金云大数据产业规划具有时代创新精神，对互联网+、云计算、大数据等新兴领域有着切实的指导意义。

项目于2015年4月启动，于2017年1月底完成项目专家论证评审。

## 二、项目内容

### （一）规划框架及关键成果

甘肃紫金云大数据产业规划框架如图 1 所示。

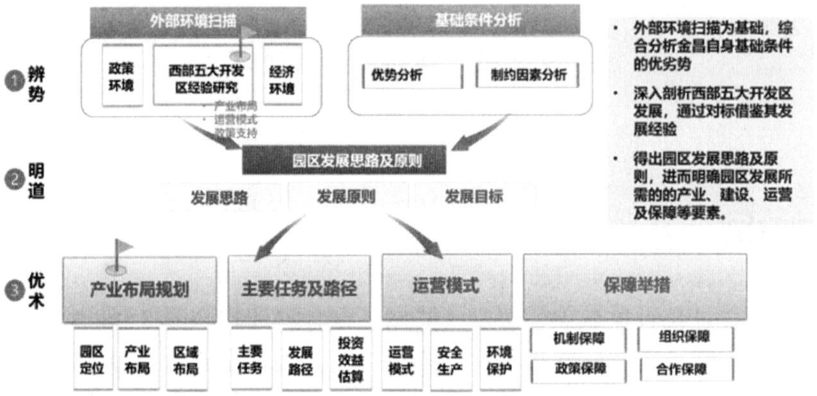


图 1　甘肃紫金云大数据产业规划框架

本规划主要包括外部环境扫描、基础条件分析、园区发展思路及原则、产业布局规划、主要任务及路径、运营模式、保障举措等内容，结合甘肃金昌的天然资源禀赋优势及产业发展特点，提出“158”的发展思路及重点，以数据中心建设为龙头，加快研发协同、互联网 +、云计算、大数据、外包服务五大产业带的集聚发展，重点打造数据中心基地、大数据基地等八大基地，努力将金昌“紫金云”大数据园区打造成具有全国较大影响力的互联网 + 孵化示范区，使之成为西部信息经济腾飞的新马达，开创“镍矿经济 + 数据经济”双轮驱动的新金昌时代，如图 2 所示。

图 2　甘肃紫金云大数据产业发展思路“158”

### （二）可行性研究报告框架及关键成果

一期数据中心以满足甘肃省政务市场需求为第一目标，同时挖掘省内重点制造业、医疗行业、教育行业、金融等行业市场；在此基础上，进一步拓展全国互联网数据中心（Internet Data Center，IDC）业务，以大型互联网企业为首要发展目标，重点寻求在制造、金融等对 IDC 业务需求较大的行业突破。一期数据中心主要通过收取基础资源租赁费、销售 IDC 基础业务获得收益。紫金云一期可行性研究报告框架及关键结论如图 3 所示。

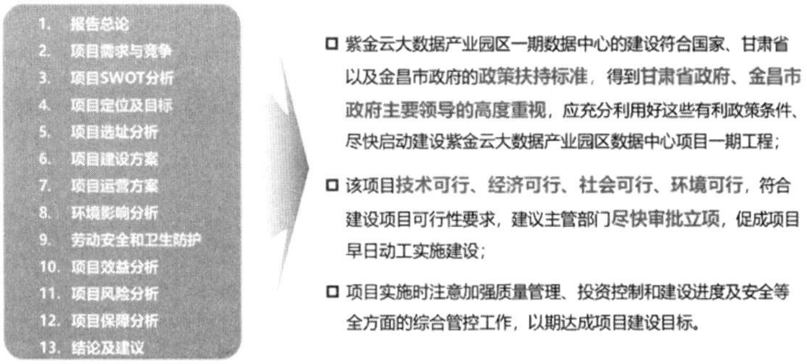


图 3　紫金云一期可行性研究报告框架及关键结论

## 三、项目成果特点

（1）充分考虑甘肃金昌地理位置、基础设施等资源禀赋特点，合理规划园区数据中心建设及配套产业布局。充分调研并分析甘肃金昌的基础资源的优势，例如气候条件、自然灾害等相关基础资源条件，拥有得天独厚的优势资源，如太阳能、风能等。同时，金昌可以成为连接欧亚大陆的战略桥梁，处于中国丝绸之路经济带甘肃黄金段中部。其市政交通非常完善，其铁路、公路、航线均四通八达。信息化方面基础扎实，与中国电信、移动、联通携手并进，提供优质网络质量。本规划结合金昌紫金云在资源方面的优势，对金昌紫金云大数据园区制定了合理且超前的规划布局方案，重点围绕园区定位、产业布局、园区功能布局、园区发展策略及路径等方面进行详细规划。

（2）构建数据中心需求预测模型，有效指导园区内数据中心中长期布局。在大数据产业规划中重点采用行业趋势类比法进行数据中心中长期需求预测，而在一期数据中心可行性研究中为提高预测的精确度和准确性，则采用细分市场份额法和重点客户调研法，对一期数据中心的潜在需求主体进行分类预测，最终确定一期数据中心合理的建设规模区间。数据中心预测方法对比分析如图 4 所示。

| 方法名称 | 方法内容 | 影响因素 | 方法比较 | 适用场景 |
|---|---|---|---|---|
| 行业趋势类比法 | 数据中心需求以现有机架数量为基础，按照行业平均的增速来计算未来的数据中心扩容需求 | 行业增速 | 影响因素相对单一，但精确度较低，预测结果说服力较低 | 适合于数据中心扩容的模糊需求预测 |
| 细分市场份额法 | 分别预测目标行业或者区域的数据中心需求和可获取的份额，叠加形成数据中心的建设需求 | 典型行业或者区域需求现状、未来需求增速、可获取的份额等参数 | 所需要的影响因素很多，数据可获取难度较大，结果说服力强 | 适合于大型数据中心需求规模的预测 |
| 重点客户调研法 | 对典型客户未来数据中心需求进行摸底调研，结合典型客户原有占比情况类推获取未来的数据中心需求总量 | 典型客户未来需求量、现有典型客户的数据中心需求占比等 | 开展工作难度较大，客户对未来需求的判断难度也较大，预测结果说服力较强 | 适合于未来客户相对明确，数据中心规模不大的场景 |
| 典型客户流量预测转换法 | 对典型客户的业务流量未来增长趋势判断为基准来转换判断未来数据中心的需求 | 典型客户业务流量现状、业务流量增速判断、业务流量和数据中心的转化比例 | 业务流量和数据中心的转化比例数据较难获取 | 适合于典型客户相对明确的数据中心需求预测 |

图 4　数据中心预测方法对比分析

（3）取义“聚宝盆之数据金环”，创新性提出“一心、四轴、八基地”的园区布局理念。园区整体设计理念为“聚宝盆之数据金环，聚宝盆集八方资源，数字金环传大数据”。整体园区设计结构为“一心、四轴、八基地”。“一心”代表紫金云大数据的中心空间，是中国西部地区、“一带一路”上的网络门户；“四轴”代表大数据产业轴、文化轴及两条景观轴；“八基地”代表数据中心基地、研发协同基地、外包服务基地、互联网＋基地 、大数据服务基地、展示体验基地、离岸数据基地、电商物流基地。具象的空间造型融合“天圆地方”的传统理念，以传统合院建筑为载体，轴线将八大基地相互串联，以数据中心基地为“核心”，统领园区内的四轴八基地，同时各个基地又各自围合，形成可分可合的功能边界。

（4）创新性提出以建设数据中心建设为着力点，大力推进产业凝聚及发展，协同发展的产业布局思路。在园区总体定位上，规划创新提出一个输出地、五个中心、八大示范区的总体发展目标，以数据中心产业带为核心，逐步形成五大核心产业带，并逐步从“资源、服务输出”型大数据园区向“产品、服务、技术输出”型大数据园区转型。“一个输出地”为面向中、西亚，承载内陆口岸经济、离岸经济，具有较高安全等级的国际数据中心及云计算服务主要输出地。“五个中心”为立足省内，面向全国，以数据中心集群为基础，努力成为全国规模聚集型数据中心之一，是西部区域数据中心重要节点的承载中心，国内最大的聚集型灾备数据中心，全国有色金属循环经济产业链信息化建设的IT、应用和数据承载中心，全省政府、大中型国有企业信息化建设的IT、应用和数据承载中心，全省工业互联网＋、物联网、智慧城市应用的数据承载中心。“八大示范（孵化）区”为依托金昌优势资源及园区内五大产业集群，打造全国型绿色能源应用示范区、“工业互联网＋经济”示范区、“两化融合”示范区、“离岸经济”示范区、三大循环利用技术示范区（有色、能源、数据）、大数据应用交易示范区等。

在产业发展布局上，规划提出以数据中心建设为龙头，加快研发协同、互联网＋、云计算、大数据、外包服务五大产业带的集聚发展，重点打造数据中心基地、大数据基地等八大基地，努力将金昌“紫金云”大数据园区打造成具有全国较大影响力的互联网＋孵化示范区的策略。首先是以数据中心集群服务为核心，吸引国内外企业进驻园区，打造全国西北部最大的数据中心聚集点。其次是两翼，一翼通过集群效应及各种信息化平台，助力传统产业转型升级；二翼以数据中心建设为依托，做大云计算、智慧城市、大数据等相关产业，打造国内具有较大影响力的互联网＋孵化示范基地。最后是努力打造数据中心、研发协同、互联网＋、电商物流、大数据服务、展示体验、外包服务、离岸数据八大基地。

在产业发展模式上，规划创新提出鼓励金昌传统优势产业上下游产业聚集，推动传统优势产业的技术转型升级。鼓励云计算、大数据、智慧城市等战略性新兴产业链上下游的合作，快速形成产业聚集效应。加强云计算、大数据、智慧城市产业与资本市场的融合。联合省内外相关产业链上下游企业与相关大专院校、科研院所，共同推动金昌市的传统技术升级和互联网化转型。规划探索提出要加强总包模式、公司化运营、众包模式在园区项目投资、建设运营环节的创新应用，加快云计算、大数据等领域的龙头企业入驻。加大人才引入政策倾斜力度，加快云计算、大数据等产业链管理型人才、创新型人才、技术服务型人才的引入及培养。积极探索适合金昌模式的省内、省间跨区域协同机制，为大数据园区持续良性发展奠定良好基础。

（5）结合“丝绸之路经济带”政策，助力将大数据中心推向国际市场。充分利用国家西部大开发及“一带一路”倡议，以“丝绸之路经济带”甘肃段建设为契机，重点加快与走出去中国企业和走进来相关国家企业开展合作，进而确保数据中心的规模性和国际影响力，实现金昌作为“国家的聚宝盆，祖国的金娃娃”的内涵升级，开创“镍矿经济＋数据经济”双轮驱动的新金昌时代，助力甘肃省成为“丝绸之路经济带”互联网的重要通道和面向中西亚、中东欧及蒙古的通信枢纽和区域信息汇集中心。

（6）根据调研及实际情况，明确数据中心未来发展方向及建设路径、建设内容、投资预算，为后续项目建设提供借鉴，其实用性及可落地性强，可行性研究及规划获得政府、专家、学者一致认可。产业规划重点针对数据中心的发展规模、商业模式、重点客户等进行详细分析和论证，提出可操作的数据中心建设、运营路径，同时对未来可能发生的每期投资及收入组成进行详细测算，对于业主推动园区一期、二期、三期建设具有较强的指导意义。同时通过与外省可比园区的对标，重点形成了园区资源保障方面的详细对标材料，并针对性地制定适合甘肃金昌本地的财税、土地、网络、电力、水利、资金、创新、人才等方面的政策保障举措，这部分举措建议对政府扶持数据中心产业，推动本地数字经济转型具有较强的指导意义。规划成果获得甘肃省电力投资集团有限责任公司、工信部、中国数据中心、中国电信等的专家学者的一致认可，并得到了甘肃省政府、甘肃金昌市政府的高度认可。

## 四、项目实施情况

甘肃紫金云大数据产业园三期总投资 88 亿元，其中数据中心投资 66 亿元，努力将其建成具有全国影响力的数据园区，目前已经写入了国家规划。项目主要完成紫金云大数据产业园园区发展思路及原则的制定；明确园区整体发展目标及定位、重点产业内涵；制定重点产业的发展策略、明确园区发展路径，重点对一阶段重点工程方案进行明确；结合园区经验，研究并总结园区重点业务的运营模式；提炼总结园区发展的政策、人力、财政等保障需求；产业规划成果于 2015 年通过甘肃省工信部组织的专家评审并完成政府发文。针对第一期数据中心建设，形成相对详尽的可行性研究报告，客户已经顺利注册大数据运营公司，目前一期数据中心已完成竣工验收。甘肃金昌紫金云大数据产业规划及一期数据中心可行性研究报告获得 2017 年度浙江省优秀工程咨询成果奖一等奖、2018 年度全国优秀工程咨询成果一等奖。

### （一）为甘肃金昌大数据产业发展指明方向

本规划对产业背景的分析全面准确，依据充分，符合国家战略、地方产业政策和互联网信息产业发展要求。通过对金昌建设云计算大数据产业的资源基础条件优劣势及与其他产业园区的比较分析，对项目建设的必要性、可行性进行了充分论证。本规划通过打造“紫金云”大数据产业园区，为金昌市主动拥抱“大数据”和“互联网 +”，主动站到互联网风口，抢抓互联网信息时代的投资机遇助力。通过“数据”重构金昌未来，为实现金昌城市转型、工业升级和产业创新融合描绘发展蓝图。

### （二）为甘肃金昌大数据产业提出了差异化定位和适配的对策建议

本规划对园区产业建设的总体思路、发展目标路径、主要任务、保障措施和运营模式进行了详细规划。初步提出了“一心、四轴、八基地”的产业布局，并进行了合理的空间布局和未来产业项目的具体描述。特别是提出了打造全国最安全的数据灾备金库、离岸数据中心和工业互联网等超前理念。

### （三）为甘肃金昌大数据产业发展迈出坚实步伐

在甘肃金昌大数据产业规划指引下，编制一期数据中心可行性研究报告，对一期建设规模经济性、技术方案先进性等进行充分论证，为甘肃金昌大数据产业发展迈出坚实步伐奠定扎实的分析基础。

## 五、项目主要参与人员

项目主要参与人员：朱敏、李莺、赵豆豆、洪亮、连超、左兵、赵学健、孙玥。

# 杭州西站枢纽站房区域综合配套设施及疏解通道项目可行性研究报告

中国联合工程有限公司

扫码查看原文

## 一、项目概况

2017 年 7 月 7 日，中国国家铁路集团有限公司（以下简称国铁）和浙江省政府联合批复了《杭州铁路枢纽规划》（2016—2030 年）。根据该规划，远期杭州将有 11 条高铁线路和 6 座主要高铁客运站，通达 9 个方向，实现市域高铁全覆盖，从而形成“一轴两翼双十字双环六客站”的铁路枢纽总体布局。“六客站”指的就是 6 座高铁站，目前已建成的有杭州东站、杭州站、杭州南站（提升改造），另外三座新建的是杭州西站、江东站、萧山机场站。杭州西站枢纽是新一轮《杭州铁路枢纽规划》（2016—2030 年）的核心项目，是“轨道上的长三角”节点工程，是 2022 年杭州亚运会的配套项目，是方便群众出行、完善现代综合交通体系的民心工程。

杭州正处于“后峰会，前亚运”的机遇时期，开启了建设世界名城的征程。为保障相应配套设施接轨城市国际化，根据《杭州市综合交通发展“十三五”规划》，稳步推进铁路交通建设，打造杭州至浙江省各设区市高铁“1 小时交通圈”，提升杭州的省域门户地位。通过新增杭州西站、机场站、改造杭州站，提升杭州南站，优化存量货运设施的布局，形成“一轴两翼”的枢纽布局，建立起分工定位明确、与杭州城市空间较为适应、与城市发展较为协调、对城市规划公共中心体系的形成有较好促进作用的铁路枢纽体系。

本项目为杭州西站枢纽站房区域综合配套设施及疏散通道项目，是杭州西站枢纽的重要组成部分，是杭州西站枢纽正常建设和运营的必要保障。项目的实施有利于加快杭州现代化高质量综合交通体系的建设，构建便捷顺畅的城市交通网络，促进浙江省“1 小时交通圈”的形成；有利于促进区域协调发展，提升城市功能和形象，加快“品质杭州”“美丽杭州”的建设。

本项目研究范围为杭州西站枢纽，包含站房工程、综合配套设施等内容，自上而下分为九层，分别为高架夹层（31.1 m）、高架候车层（24.1 m）、站台层（14.5 m）、6 m 夹层（6 m）、地面出站层（±0 m）、地下夹层（−4.9 m）、地铁站厅层（−9.2 m）、地铁站台层（−17 m）和预留南北通道层（−28 m），由国铁和地方共同投资。本项目投资范围为高架夹层（31.1 m）至地铁站厅层（−9.2 m）范围内的地方投资部分，具体包括高架旅服夹层城市联系通廊、景观庭院、云谷（部分），高架候车层落客车道、四个象限匝道和车道，6 m 夹层配套管理用房、6 m 广场（东西两侧）及汽车库，地面出站层城市通廊、背廊、车库候车区、汽车库、跨下沉庭院桥及地面景观广场与停车场（咽喉区），地下夹层汽车库、综合管廊、设备用房，地铁站厅层汽车库、配套管理用房、避难走道、下沉庭院及其他地下空间等。

杭州西站枢纽设计原则为立足“国际视野，高点定位”，坚持“大 TOD”（Transit-

Oriented Development，以公共交通为导向的开发）发展、“站城一体、综合配套、三生融合”的理念，力求实现交通枢纽与城市建设、产业发展的紧密融合，打造综合交通示范点、科创走廊会客厅、绿水青山园中站、世界名城新名片。

根据研究范围及投资界面，本项目建设内容包括综合交通换乘设施、停车服务设施、公共空间及联系通道等。项目总用地面积约 267 548 $m^2$（约合 401.322 亩），用地面积均在湖杭铁路用地红线内。总建筑面积为 336 050 $m^2$，其中，地上建筑面积为 146 250 $m^2$，地下建筑面积为 189 800 $m^2$。

项目总投资约 40 亿元，其中工程费用约 32 亿元。

## 二、项目内容

### （一）设计原则

（1）以人为本的交通流线：充分利用铁路站台下部空间，集中设置公交、大巴、网约车、出租车、社会车辆等换乘空间，各种交通方式无缝衔接，形成以人为本、多维一体的交通组织。两个铁路站场中间拉开形成“云谷”，打造高效的中央进站系统，来自地铁等的大量客流可以通过中央进站系统直达高架层，与高架匝道进站旅客共享东西两侧腰部进站广厅，缩短旅客流线，提高进站效率。

（2）独特韵味的空间形象：四向立面设计，空中花园连廊，营造独特的江南韵味。高架候车厅宽敞明亮，无柱空间面宽 78 m（比杭州东站增加 10 m），北向直面吴山、寡山两山公园（待命名），营造绿水青山园中站的意境。站房中间云谷引入自然光线直达地铁站厅层，创造明亮的舒适环境和明确的方位导向。云谷联通东西广场，与传统的南北向立面共同形成四向立面。

（3）站城一体的功能布局。车站功能与地方配套垂直叠加，既节约集约用地，又增加复合功能，站中有城，城中有站，创造良好的公共空间和文化体验。高架式站场提高了城市地面南北向的连通性，同时通过 6 m 城市服务设施层和空中花园连廊，营造站城融合良好的慢行体验。在站房南侧设置具“云门”意向的建筑（概念方案待进一步优化），它既是城市的门户，又是枢纽和城市联系的纽带，规划设置公共空间和服务设施、长三角科创展示中心、良渚文化展示等功能。

### （二）总平面布置图

杭州西站枢纽采用线上候车模式，高架候车室位于站场正上方，南侧布置了“云门”，北侧布置了侧式站房。东西两侧（门斗以外）高架设落客车道，东侧地面设置停车库综合配套设施及广场景观。

### （三）建筑

杭州西站枢纽站房区域以“多维一体的交通组织，理性而充分的综合开发，既有江南气质又具未来感的城市空间”为设计理念，打造“站城一体”、城市未来生活的典范区为目标。结合整体“云之城”的理念，将站房综合体设计融入整体环境考虑，站房与城市综合体多层次多维度的建立联系，将站融于城，将城合于站，打造站城高度融合的超级 TOD。建立火车站与余杭塘河，以及寡山、吴山“看”与“被看”的相互关系，形成“呼应山水，沟通南北”的自然生态格局。

站房部分设计以打造云端站房的设计概念，提出“云谷”“云门”的核心理念。通过“云谷”解决站与城复杂的交通组织，打造中央快速进站系统；通过“云门”将站与城的功能更好地融合起来。

项目整体以“云”的形象出现，形成既统一又鲜明的整体造型。“云”既呼应了杭州独有的山水格局，又象征了城西科创大走廊的科技精神，结合空中首层、云中花园，塑造独特的具有未来感的城市空间形象。

## 三、项目成果特点

### （一）项目投资界面及建设内容复杂，投资额巨大

杭州西站枢纽，包含站房工程、综合配套设施等内容，自上而下分为九层，分别为高架夹层（31.1 m）、高架候车层（24.1 m）、站台层（14.5 m）、6 m 夹层（6 m）、地面出站层（±0 m）、地下夹层（−4.9 m）、地铁站厅层（−9.2 m）、地铁站台层（−17 m）和预留南北通道层（−28 m），由国铁和地方共同投资。本项目投资范围为高架夹层（31.1 m）至地铁站厅层（−9.2 m）范围内的地方投资部分，投资建设内容包括综合交通换乘设施、停车服务设施、公共空间（管理用房、配套用房等）及联系通道等，与国铁投资建设内容密切相连、站房各层均有分布，需充分研究清楚投资界面、工程界面，才能明确项目建设内容，从而确保投资估算的准确性。地铁站厅层内容为地铁项目，故项目相关投资需在国铁、地铁之间分摊。项目总投资约 40 亿元，其中工程费用约 32 亿元，投资额巨大。

### （二）项目背景及相关规划研究充分

项目从社会区域背景、高铁发展背景、区域发展规划和杭州西站枢纽规划建设情况等方面充分研究项目建设背景及条件，从保证杭州西站枢纽正常运营和发展，杭州进入亚运模式，完善交通线网及城市服务功能，实施“拥江发展”战略，加快杭州城市发展等方面论证项目实施的必要性。

### （三）需求分析和建设规模预测多种方法相结合，论证充分

以杭州西站枢纽定位为基础，从铁路客流、城市客流、投资界面划分等多角度分别预测相关建设内容的规模，加和汇总得出项目总体设施规模需求量，即针对不同需求产生的建设内容，采用不同的预测方法，多方法相结合，灵活运用，论证充分。通过对社会客运量、铁路客运量以及西站客流量的预测，确定铁路客流所需的公交车库、长途车库、出租车库和私家车库的面积，以及配套管理用房面积。通过城市规划功能用房规模及站房联通需求预测配套停车规模及配套通廊规模等。通过国铁站房方案投资界面划分明确相关配套设施规模，如站房四个象限匝道及车道等。

### （四）国民经济评价论证全面、充分

本项目为基础设施类项目，社会效益为主，采用国民经济评价法进行项目经济可行性评价。项目效益包括直接效益、资产余值和间接效益。直接效益主要为停车费收入、充电桩收入、广告收入、配套管理用房效益等。停车收费参照杭州东站收费标准，充电桩收入参照杭州

市相关收费标准，长途、公交、出租等公用设施收益按回收成本并考虑一定的合理利润为条件测算，配套用房参照周边类似功能市场租金，广告收入参照城站、东站等显示屏广告租金收费模式预测。间接效益主要考虑周边土地增值效益，以规划高铁新城范围为界考虑。不同功能收入预测方法合理可行。项目国民经济评价论证全面、充分。

### （五）社会稳定风险分析充分

本项目为重大投资项目，需进行社会稳定风险分析。从项目主要风险分析、社会稳定风险防范措施、结论分析社会稳定风险，从项目建设合法性、合理性、可行性、可控性评估项目风险。根据项目建设内容及项目选址情况，项目主要风险为拆迁安置方案不合理不公平引发的风险、项目建设对环境影响引发的风险、项目不文明不科学施工引发的风险，通过采取合理防范措施，本项目各主要风险因素均为较小风险以下，风险等级为低风险且可控。

本项目为杭州市重点项目，本可行性研究报告为其投资决策参考依据，在投资决策过程中发挥重要作用，对后续投资控制产生重要影响。

## 四、项目实施情况

在接受项目咨询委托后，即成立项目组，并通过与建设单位、西站枢纽站房设计单位、规划单位等相关单位座谈研讨、现场踏勘、文献收集等方式开展基础调研工作；项目组针对项目重点难点进行讨论研究，如需求规模的确定、投资界面的划分等，在国铁投资界面研究的基础上与建设单位充分沟通；报告编制过程中与建设单位、西站枢纽站房设计单位、规划单位等相关单位保持密切联系，充分听取意见；报告提交审批部门审查前，充分与审批部门和评估单位沟通，评审会后充分吸收评审专家组意见及评估单位意见，修改完善后报批稿顺利获得杭州市发展改革委批复。

本项目可行性研究报告于 2019 年 10 月 28 日获得杭州市发展和改革委员会批复后，项目实施由铁路部门代建。项目已进入建设阶段，站房内装修完成 85%，候车层吊顶施工完成，地面石材铺贴完成，同步推进站房消防验收、城市配套智能化等工作。

本项目建成后，将有效提高杭州市与其他长三角城市及全国城市交通的连接度和通达度，提高杭州的运输能力，推动整个环杭州湾地区的经济发展。同时，在杭州“后峰会，前亚运”的历史时期，项目的建设全面提升了交通基础设施水平，对亚运会的举办意义重大。本项目的实施具有良好的社会效益和经济效益，主要体现在以下几个方面。

### （一）改善市民出行条件，保障西站正常运营

目前，杭州西部地区基础设施、相关配套工作相对落后，尤其是铁路建设。随着杭州城西科创大走廊的建设，人才集聚城西，对便利出行的需求巨大，项目的建设改善了这一区域市民的出行条件。同时，本项目作为杭州西站综合交通枢纽的配套工程，为杭州西站的正常运营、旅客及车辆安全提供了保障。

### （二）完善当地基础设施建设，促进城市可持续发展

本项目的建设将对杭州市的总体规划起推动示范作用，通过本项目的实施，完善了当地基础设施，改善了城市环境和市容景观，同时提高了城市的综合功能，对推动城市化进程产生积

极的作用，有利于城市的可持续发展。

### （三）增加区域就业机会，提高居民收入

项目建成后，将拉动投资和消费，增加商业网点，有利于进一步吸引投资，吸引高新技术企业等入驻，实现城西科创大走廊建设目标，推动杭州市经济增长，从而改善就业环境，解决部分就业问题，增加居民收入。同时在建设过程中将增大对建筑企业及建筑材料的需求，促进当地建筑业及建材行业的发展，为社会创造大量的就业机会，带动间接的就业岗位。

### （四）推动区域相关行业发展，增加城市积聚力

本项目的建设，带动了建筑业、交通服务业及其他相关行业的发展，促进了各项消费。具体来说，由于杭州市良好的区位优势，随着项目建设投资环境的逐步改善，项目建成将有助于吸纳优秀企业入驻，引来各类投资经营活动，从而推动相关行业的发展，进一步提高城市人口聚集力和承载力。

### （五）改善区域投资环境，提升区域投资价值，促进区域社会经济发展

本项目的实施，大大改善了杭州城西的对外交通条件，有利于加快所在区域的开发建设以及对外交流，促进对外合作，改善区域投资环境，提升区域投资价值，从而吸引企业投资，加快区域社会经济发展。

项目情况如图 1 所示。

图 1　项目情况

## 五、项目主要参与人员

项目主要参与人员：张玲、朱红玉、吴清萍、姚鉴伟、叶李花、刘听、尹丽丽、施军、吴晨曦、白虎伟。

# 中国电科院武汉科研基地搬迁改造项目可行性研究报告

中国联合工程有限公司

扫码查看原文

## 一、项目概况

本项目以筑造国际领先的特高压大电流计量与试验基地为目标，建设有国家高压计量实验室、电力电缆实验室、互感器实验室、机电联合实验室 4 座具有国际先进水平的实验室，配套建设电缆户外试验场、互感器户外试验场、综合服务楼、食堂、后勤服务楼等。总建筑面积为 69 966.66 $m^2$。本项目的中国电力科学研究院（以下简称中国电科院）武汉科研基地是从原鲁巷院区搬迁到武汉未来科技城，武汉未来科技城位于武汉东南部东湖国家自主创新示范区内，区域交通便利，规划配套设施齐备，区位优势显著。

随着“新基建”特高压电网建设提速、“数字国网”战略的推进、核电建设重启、第三代智慧变电站的推广、共建“一带一路”国家的电力建设，中国电科院武汉分院各项业务持续增长，新业务增长点不断涌现，现有院区面积严重制约其发展。当前武汉分院鲁巷院区周边已成为武汉市核心商圈，土地性质已由科研用地变更为商业用地，政府不再允许新增任何建筑，鲁巷院区场地已无拓展空间，场地严重不足，被迫在其他区域租用社会场地。由于武汉地铁施工、220 kV 变电站建设，政府不断征用鲁巷院区土地，可用面积进一步被缩减 30%，环境日趋恶化，多部门混用办公场地，挤占公共走道搭建临时工作台；部分产品被迫占用户外公共道路调试及组装，研发试验场地简陋不堪，严重影响生产效率。

本项目难点是规划建设有 5 座特 / 超高压实验大厅。为突破实验大厅设计难点，为提高建设方案的可实施性和顺利开展后续工作，项目组调研了国内多座特高压实验大厅，对总平面布置、实验大厅电磁屏蔽工程、实验电源系统、特高压实验系统接地、高大空间结构、智慧院区工程、空调系统冷热源、能源综合利用、建筑外立面用材等十余项重难点技术开展了专项论证。对建设需求、产能及效益预测、场地规划、建设规模、消防安全、绿色节能环保、劳动安全卫生、项目建设实施计划、投资估算、风险分析、经济分析和评价等进行全面分析，深入论证项目设立的必要性、可行性及实施方案。报告全面分析了中国电科院武汉分院计量及检测业务的市场需求，确定了合理建设规模；提出了先进、可靠、经济的工程设计方案，对整个项目进行分项的投资估算，并进行静态和动态的经济分析。

中国电科院武汉科研基地搬迁项目切实解决了企业生产经营场地严重不足的问题，显著提升了企业试验检测能力及效率，助推中国电力科学研究院的技术进步和电力产业的发展，提升了企业自主创新能力，满足输变电行业建设发展、巩固提升核心业务、服务国网公司的需要。

## 二、项目内容

省级电科院、输变电设备制造企业、大学等机构的高压实验室，其空间尺度通常较小、电磁屏蔽效能在 50 ~ 70 dB。而中国电科院武汉分院是特高压电网科研检测领域的排头兵，一直“走在前列、勇立潮头”，其检测的产品也是国内等级最高的产品，武汉分院搬迁改造项目建设的高压实验室性能指标，包括空间尺度、电磁屏蔽效能、接地性能等，均要确保国内一流地位，不仅要高于省级、企业级实验室，还要高于现有鲁巷院区实验室。

因武汉分院检测的主要设备为 500 kV、± 800 kV 高压交联聚乙烯陆缆及海缆、1 000 kV 特高压变电站、换流站用交直流互感器，并对工频电压发生器、冲击发生器、直流发生器提供检定校准等工作。

因特（超）高压电力设备应用场合极其重要，对产品性能要求极高，要求非常低的局放值，是局部放电测量中最难测试的产品。如果实验大厅建成后屏蔽指标达不到，局部放电量的测试会被外界电磁场严重干扰，导致测试结果失真，进而导致无法有效鉴定产品的品质、影响电网安全稳定运行。

互感器实验大厅净空尺寸长 80 m× 宽 5 m× 高 40 m，为国内规模最大互感器大厅，屏蔽效能≥ 70 dB；超高压电缆大厅长 50 m× 宽 50 m× 高 30 m，电磁屏蔽效能≥ 80 dB；高压计量大厅长 60 m× 宽 42 m× 高 30 m，温度 10 ~ 30 ℃、湿度≤ 60%。上述高压实验大厅均为国内一流水平。

项目借武汉市东湖示范区建设改造、中国电科院武汉分院搬迁之机，整合资源，在武汉未来科技城建设武汉科研基地，新建电力电缆实验室、互感器实验室、机电联合实验室、国家高压计量实验室 4 个主要实验室。提高计量、检测试验核心业务能力，将武汉分院建设成国际领先的高电压大电流计量与测试基地。保持中国电科院计量、检测技术处于国内和国际同行的领先地位，实现中国电科院建设具有卓越竞争力的世界一流电力科研机构的战略目标。

通过国内外电力行业计量、检测、技术服务、科研开发、科技成果转让等需求状况和需求预测及对国内竞争对手的分析，利用国家电网有限公司的影响、中国电科院的技术优势和武汉分院的地域市场优势，电力计量、检测相关服务的国内市场前景广阔；借助巨大的跨境电网建设，国际市场有较大发展空间。项目产品以技术服务为主、定位合理，产能及效益预测与市场需求相符。

建成后的实验大厅，对电网公司、各省电力科学研究院、各省质监计量院、大学的电气学院，以及众多的变压器、互感器、电缆等制造企业，建设同类型高压实验大厅具有重要参考价值。

电科院武汉科研基地面向社会提供权威专业的计量检测及咨询服务，对外发布国家及行业技术标准、期刊，开展面向公众的科普展示、技术培训，对保障电网安全运行、确保电能计量准确度、有效降低用户能耗水平，推动社会向绿色、清洁、低碳方向发展具有重要意义。

## 三、项目成果特点

### （一）新建国际领先的高压计量实验室，应用先进技术，显著提升计量检定能力

国家高压计量实验室是本项目的重要组成部分。经过充分需求分析、调研比选，确定了工艺布置方案。对比现状，搬迁改造后的实验室试验能力显著提升、空间环境改善，新增适用于特高压的工频发生器、冲击发生器、直流高压发生器、试验电源等设备，大幅提升基准电源供电能力及电能质量，改善基准实验室水冷设施，采取防电磁干扰、防震动、恒温恒湿、防尘、降低接地电阻等技术措施，提升工频电流、电压基标准装置的技术水平，确保工频大电流比例基准装置电流比例量程达到（5～60 000）A/5 A，误差不大于 $10^{-6}$。计量大厅由目前的 500 kV 提升至 1 000 kV，全面覆盖工频、直流、冲击三大高电压领域计量基准标准，完成我国高电压计量溯源体系的建设。国家计量实验室作为全国高电压、大电流量值溯源的源头实验室，测量范围、测量精度、检定试验能力为国内最高水平，整体技术达到国际领先水平。

### （二）新建国际领先的检测实验室，应用先进技术，显著提升试验检测能力

电缆实验室、互感器实验室、机电联合实验室是本项目的重要组成部分。

电缆实验室：高压电缆实验大厅、中低压电缆实验大厅、户外试验场皆为国内规模最大。相比现状，增设直流电缆形式试验和预鉴定试验场，加强了直流电缆、海底电缆的检测能力，试验能力显著提升。具备 500 kV 交流电缆、±800 kV 直流电缆、海缆陆缆全覆盖的国内一流、国际先进的试验检测能力。

互感器实验室：国内规模最大、检测能力最强的互感器形式评价实验室，并建有国内首个电子式互感器户外试验场，同时开拓直流互感器、新型配网传感器等检测业务。

机电联合实验室：由现有的避雷器、电容器、带电作业工器具、绝缘子实验室整合优化而成，并拓展至全金属化膜用电容器、超级电容器、新型过电压防护装置、绝缘斗臂车、超自洁涂料等新兴领域。

武汉分院搬迁后将成为国际领先的试验测试基地，更有力地支撑我国电力事业的发展。

### （三）厂址选择合理、总体布局科学，既满足实验需要，又营造绿色优雅的科研环境

项目前期，积极对接政府部门，明确规划要求，考虑方便超（特）高压海缆卷盘等大件运输，对多个可选厂址进行实地踏勘、综合比较筛选。

依据场地条件，结合总体规划，在保证分区明确、满足实验功能的前提下，力求营造环境优雅、景观融通的空间环境。通过多方案比选，确定了“一核、一环、三点、四个片区”的总体布局，围绕中央核心绿地布置电力电缆、互感器、机电联合、国家高压计量四座实验室及公共服务区等建筑，形成绿色人文的空间景观环境共享。区域交通组织秉承人、货分流理念，人流围绕四大实验室和综合服务楼组成的环形流线，有效缩短各实验室和公共服务区的距离。

### （四）可行性分析全面，工程技术方案先进合理，项目社会效益及经济效益明显

报告全面分析了计量及检测业务的市场需求，确定了合理的建设规模，提出了先进适用的工程方案，进行了分项投资估算及静态动态经济分析，对多种技术方案进行了充分的技术经济

比选。为提高建设方案的可实施性，落实各项建设条件，调研了现有院区及国内多座实验大厅，开展了十余项重难点专题论证，确保武汉基地达到国内一流、国际领先水平。

武汉院区面向社会提供权威的检测计量服务，编制国家及行业标准，开展面向公众的科教培训，社会效益显著。搬迁项目有利于优化武汉东湖国家创新示范区的产业结构，增加城乡就业岗位，促进地方经济发展方式转变，具有显著的社会效益及经济效益。

## 四、项目实施情况

本项目可行性研究报告于 2019 年 8 月完成，2019 年 9 月通过国网经济技术研究院有限公司审查，10 月获得国家电网有限公司的批复。

中国电科院武汉科研基地搬迁改造项目 2020 年 8 月签订了初步设计、施工图设计工程设计合同，2020 年 10 月通过地方规划审批，取得建设工程规划许可证。施工图设计分两批进行：2020 年 12 月，第一批设计单体建筑（综合服务楼、食堂、地下车库、总配及实验室、后勤服务楼等建筑）的施工图设计通过了施工图设计文件联合审查；2021 年 10 月，第二批设计单体建筑（国家高压计量实验室、电力电缆实验室、互感器实验室、机电联合实验室等建筑）的施工图设计通过了施工图设计文件联合审查。

项目施工分两个标段进行，施工标段一为第一批设计单体建筑，施工标段二为第二批设计单体建筑。截至 2022 年 7 月已完成施工标段一的综合服务楼、总配及实验室主体结构、地下车库的基坑支护施工，施工标段二的试桩工作。本项目预计 2023 年年底竣工。

项目情况如图 1 至图 5 所示。

图 1　新基地鸟瞰图

图 2　电力电缆实验室透视图

图 3　互感器实验室透视图

图 4　机电联合实验室透视图

图5　国家高压计量实验室透视图

## 五、项目主要参与人员

项目主要参与人员：江友钿、赵亮、许伟民、任立君、郑志山、胡捷、沈晓霖、欧阳红星、宋铁锁、邵建美。

# 宜昌三峡保税物流中心工程可行性研究报告

中国联合工程有限公司

扫码查看原文

## 一、项目概况

依托黄金水道推动长江经济带发展，打造中国经济新支撑带，是党中央、国务院审时度势，谋划中国经济新棋局做出的既利当前又惠长远的重大战略决策。为加快宜昌市物流业发展，完善城市产业结构，更好地为企业提供系统服务，宜昌市人民政府决定在猇亭区设立宜昌三峡保税物流中心，项目由宜昌三峡鑫物保税物流有限公司承担。该项目纳入了湖北省运管物流“十三五”规划重点项目库，是湖北自贸区宜昌片区核心项目。项目的建设，符合国家长江经济带开放开发战略的要求，有利于“宜新欧”国际新通道格局的建设，优化沿江产业转型升级，有利于打造多式联运综合交通体系，对促进宜昌经济社会可持续发展具有重要作用。

宜昌历来是重要的商品物资集散地，物流业在其经济发展中一直占据着相当重要的位置。随着西部大开发战略与中部崛起战略的逐步推进，尤其是西部重庆等城市经济发展水平的不断提升，形成大量翻坝物流汇集宜昌。宜昌市外向型经济发展迅速，外贸规模不断扩大。随着外贸规模不断扩大，货物的物流处理量将大幅增加。

本项目距离云池新港 2 km，将建设物流信息中心对接云池新港及云池新港综合水运口岸，为水运进出港货物提供第一公里和最后一公里的集散服务，同时对接国内主要港口，提供公水联运服务。项目距离紫云铁路云池站 2 km，对接紫云铁路，为铁路运输货物提供第一公里和最后一公里的集散服务，同时为水铁联运物资提供接驳服务，助推云池物流园区打造公铁水多式联运物流园区，最大程度发挥长江航运的运力。

项目战略发展目标为充分发挥项目区位优势，对接水运、航空、铁路，发展以国际物流、物流信息交易、多式联运为核心，以进口保税、出口监管、物流信息交易、仓储配送、快递分拨、多式联运为基本功能，实现国际与国内、长途与短途、分拨与配送、进港与疏港等转运方式的快速对接，高效整合“国际 + 国内”物流资源，构筑现代物流综合服务平台，打造鄂西国际物流发展的新标杆！

## 二、项目内容

本项目总体架构为“一个中心、两大平台、四大区域”。一个中心：物流信息交易中心。两大平台：跨境电商及国际采购平台和综合物流服务平台。四大区域：保税物流区、海关监管区、汽修区和综合办公区。

本项目货运量预测综合考虑分析宜昌历年货运历史数据与主要国民经济指标的关系，采用回归分析、增长率法、弹性系数法等预测方法，综合定性分析与定量预测，测算规划年度宜昌公路货物运输量。结合项目实际以及项目信息平台影响力，测算通过项目物流信息平台组织货运量占宜昌道路货运组织量的比例和项目完成宜昌道路货运适站量的比例，确定项目生产能力。经对目标市场分析，项目处理货类以快运货运、集装箱拼箱货、仓储配送为主，按 1.25 换算系数，项目换算吞吐量为 600 万 t，为一级汽车货运站（场）。

项目用地位于宜昌市猇亭区方家岗村，拟用地面积 203 053 $m^2$（约合 304.58 亩），地块东临猇亭大道，西接金岭路，南侧为民富路，北侧为民强路。用地距离云池深水港公路 2 km，距离三峡机场公路 6 km，距离宜昌东站约 16 km。场地周边道路市政管线已基本敷设完成。项目用地地质条件良好，场地大部较为平坦。项目依托港口、公路、铁路、航空等综合交通优势，具有较大的发展潜力。

项目规划总建筑面积 73 271 $m^2$，其中各类仓库 52 866 $m^2$、综合信息服务中心 17 265 $m^2$、汽修中心等配套用房 3 140 $m^2$。另建设堆场面积为 9 000 $m^2$、停车场面积为 30 200 $m^2$。根据项目生产运行需求，将用地划分为仓储配送区、综合办公区、保税仓储区、零担仓储区、停车区、汽修区。项目规划两个方案进行比选论证，设计总图布局注重满足生产流程要求与节约用地的统一：厂区交通按人货分流，进出分向原则进行设计；总图方案考虑海关监管要求，留足发展空间，同时园区安全、消防、环保等设施，也都按国家标准进行配备。工艺设计按海关监管和跨境电商业务要求，精心筹划，合理布局，既考虑近期要求，又照顾长远发展。仓库设计预留设备自动化布局的技术要求，既考虑平面功能，也考虑空间利用。

根据本项目建设内容、工程量大小、建设难易程度以及施工条件等情况，在各项工作进展顺利的情况下，本项目计划建设工期为 18 个月，即从 2016 年 1 月开始建设，2017 年 6 月全部建成。

## 三、项目成果特点

### （一）项目调研工作扎实，准确把握宏观政策和行业发展趋势

本项目组通过对国家区域发展战略、行业发展政策以及对外开放、区域开发等政策的积极响应和对行业发展现状和发展趋势了解分析，做到对项目需求特点和发展趋势精准把握；考察学习了杭州保税物流中心（B 型）、武汉东湖综合保税区以及项目直接服务对象（宜昌猇亭区、宜昌经济开发区、枝江、当阳等地的外向型生产企业、外贸企业等），了解同行业类似项目运作现状，分析其优缺点，为本项目打下扎实的基础；通过对现场实地调研，深入了解和分析项目的发展需求，做到深入结合实际，为后续工作奠定坚实基础。

### （二）数据分析科学深入，准确分析市场需求

由于本项目为宜昌发展外向型经济的基本设施，也是鄂西首个保税物流项目，准确分析项目的需求、确定项目规模对其有着极为重要的意义。项目组从宏观和微观两方面、定性和定量两个维度入手，宏观从重点区域社会经济、货运量发展特点和发展趋势测算项目的适站量，微观则从项目的直接需求进行分析，两者相结合，最终确定项目的吞吐量及建设规模，并结合项目运营特点，为总平面布局、物流系统平面布局、设备能力计算、自动化程度等要素的设计提

供依据，从而准确分析项目业务需求。

### （三）项目地址选择方案经济合理，运输组织方式先进合理

项目选址符合宜昌城市总体规划，且充分考虑了外贸物流的业务特点，结合宜昌毗邻长江黄金水道优势（靠近云池港和疏港铁路云池站），合理组织公、铁、水多种运输方式，做到无缝衔接，极大程度通过“多式联运”方式降低宜昌外贸企业的物流成本。项目地块位于宜昌市猇亭区方家岗村，用地面积为 203 053 $m^2$（约合 304.58 亩），交通便捷，区位优势明显，城市公用设施配套完备，适合保税物流中心的建设，选址合理。

### （四）总体布局科学合理，符合规划和发展要求

在本项目前期，与业主一起对本项目总体布局方案进行综合论证，从通关作业便捷性、人员工作舒适性、通风日照、对内交通组织、对外交通影响等方面进行分析，确定本方案。本项目建设规模能够满足新建宜昌保税物流中心设计能力——吞吐量 600 万 t（一级汽车货运站场）的需求，总体布局体现了功能分区合理、对内对外交通组织通畅、人流物流分流、大车小车流线分离、工程综合成本合理、沿街立面美观、配套设施齐全的原则，对城市交通影响最小化。

### （五）信息系统功能先进

本项目在信息系统构架上除了物流信息发布系统、信息查询系统、车辆管理系统、司机和车辆诚信认证系统、保安监控系统外，还融合了包括国际物流、报关报检、全球定位系统（Global Positioning System，GPS）、车辆跟踪系统等。

### （六）投资估算准确，财务评价合理，经济效益显著

报告根据设备和材料价格变化，对项目投资估算和效益测算及时进行调整，整个报告的投资估算准确，财务评价合理，综合经济效益显著。本项目在运营模式上做了建议，从而开拓了收费盈利项目，全部投资内部收益率达到 7.4%，财务可行。

此外，宜昌三峡保税物流中心的建设，将有力推动宜昌市、鄂西以及三峡地区外向型经济快速发展，对进一步完善城市功能、改善投资环境、提高城市综合竞争力，加快中西部地区经济发展具有重大意义。一方面，会产生直接经济效益，另一方面，对宜昌市、鄂西以及三峡地区乃至整个中西部地区的进出口贸易、社会发展都会产生积极的影响。社会效益显著。

## 四、项目实施情况

宜昌三峡保税物流中心项目是“市级战略、区级实施”的重点项目，是湖北自贸区宜昌片区的核心区和起步区。2016 年 3 月，项目启动。2016 年 6 月 3 日，宜昌市发展改革委、物流局组织相关部门专家和行业专家对本可行性研究报告进行了评审，与会专家对本可研报告进行了肯定，并提出了宝贵意见。2016 年 6 月 16 日，宜昌市发展改革委对本可行性研究报告进行了批复。

目前，项目已建成并封关运营。2021 年，完成监管货值 23.06 亿元，同比增长 67.3%；全年入区集装箱 6 323 标箱，同比增长 136%；新增企业 47 家，累计 225 家外贸企业入中心开展业务。“十四五”期间，三峡保税物流中心将充分发挥区域性平台功能优势，积极融入宜昌“六

城五中心”建设和“宜荆荆恩”城市群一体化发展，大力实施招商引贸、外贸回归工程，促进本地外贸企业回流，吸引一批“买全国、卖全球”贸易落户宜昌，推动宜昌三峡保税物流中心主要经济指标迈向全国同类区域第一方阵。

项目情况如图 1 至图 3 所示。

图 1　鸟瞰图

图 2　总图

图 3　卡口实景图

## 五、项目主要参与人员

项目主要参与人员：郑继华、刘淑红、黄兆烈、杨路、魏炜、李津宇。

# 昆明市五华区垃圾焚烧发电厂异地重建项目可行性研究报告

中国联合工程有限公司

扫码查看原文

## 一、项目概况

本项目建设单位为昆明鑫兴泽环境资源产业有限公司。项目位于昆明市五华区西翥街道大凹村，建设规模为日处理生活垃圾 2 250 t，主要包括 3 台 750 t/d 机械炉排焚烧炉和余热锅炉，2 套 N25MW 凝汽式汽轮发电机组（发电机容量为 30 MW），主要服务范围为昆明市五华区（云南省政府驻所地）及附近城区。

原昆明市五华区垃圾焚烧发电厂是云南省第一座大型垃圾焚烧发电厂，根据云南省委省政府的决议，实施五华垃圾焚烧发电厂异地重建项目既是进一步改善五华西北片区环境空气质量的重要举措，也是提升云南省阜外心血管病医院和云南泛亚国际心血管病医院周边环境质量的重要工作。本次异地重建项目被列入云南省、昆明市及五华区三级政府重点督办建设项目，也是迄今为止大西南云贵地区规模最大、投资最多、建设标准最高的生活垃圾焚烧发电厂。

## 二、项目内容

本项目可行性研究报告通过比较分析及论证，原五华区垃圾焚烧发电厂所处地理位置已和片区规划及产业定位不相适应，且采用的循环流化床焚烧工艺已不能适应最新环保要求，本项目拟采用先进成熟的机械炉排炉垃圾焚烧处理技术，按照大西南云贵地区规模最大、投资最多、建设标准最高的要求进行异地重建，是解决昆明市生活垃圾出路，实现生活垃圾减量化、无害化和资源化处理的最佳选择，可以大幅改善和提升当地环境质量状况，以达到资源循环利用的目的，杜绝因生活垃圾填埋处理对土壤、地下水、空气造成污染。

## 三、项目成果特点

本项目在垃圾库创新设计、建筑设计融入古滇民族特色、结构设计克服强震与断层威胁、克服成群溶洞强烈发育重大威胁、百米高边坡设计、四百米高落差取水工程设计、核心焚烧及烟气处理工艺路线、渗滤液处理零排放等诸多方面均有技术创新，并已获得 2 项专利。

### （一）主厂房垃圾库创新设计

现有的采用炉排炉工艺的垃圾焚烧发电厂，入炉焚烧的垃圾都没有经过破碎处理，一些焚烧厂因为各种原因对大件垃圾焚烧效果不理想，导致焚烧锅炉和出渣设备运行不理想，运行时经常有不能充分燃烧的大树根等大件垃圾堵住锅炉出渣口，同时锅炉焚烧垃圾效率较低，发电量较少，经济性较差。

为克服现有技术中存在的上述不足，本项目创新设计一种结构设计合理的垃圾焚烧厂具有破碎和分选功能的垃圾库，能在一个垃圾库内同时实现垃圾破碎和为焚烧炉给料的功能。相比现有炉排炉焚烧项目垃圾库的单一功能，本项目在同一个垃圾库内同时具有垃圾破碎和为焚烧炉给料功能，厂房占地面积小，且工艺简单，运行安全可靠，能大幅提高焚烧锅炉的燃烧效果，也能有效改善焚烧炉的出渣效果，提高垃圾的燃尽率，减少炉渣等衍生固体废物产生量，改善生活垃圾的“减量化、无害化、资源化”处理问题。

2018 年 12 月获得授权“垃圾焚烧厂具有破碎功能的垃圾库”实用新型专利（专利号：ZL201820598139.4），2020 年 6 月获得授权“垃圾焚烧厂具有垃圾分选功能的垃圾库”实用新型专利（专利号：ZL201921306914.5）。

### （二）建筑设计融入古滇民族特色

本项目建筑设计方案充分考虑昆明当地的民族文化特色及场地周围环境，本着“文化是民族的血脉，是后世的精神家园”的初衷，采用“古滇文化、七彩云南”的建筑风格，主厂房正立面采用具有古滇文化特色的斜坡屋顶来统一主厂房的各个功能体块，主厂房的背景——垃圾卸车间、垃圾库、锅炉间及尾气处理间采用灰白色竖向条纹的彩钢板，而升压站、汽机间、除氧间及办公楼功能体块随屋檐交叉起伏，互为咬合，辅以浅灰色横线波纹的彩钢板，结合立面竖向的玻璃幕墙、高低错落的层层挑檐、虚实变化的光影效果，从形式上迎合了场地的周边环境，也契合了昆明当地的文化特色。烟囱高 120 m，采用现浇钢筋混凝土外筒加钢内筒结构体系，辅以与主厂房统一的檐口、相同的色调，从而展现整个厂区简洁、优雅和大气的外立面形象。

### （三）结构设计克服强震与断层威胁

本项目所在地昆明地区抗震设防烈度为 8 度第三组，设计基本地震加速度值为 0.20$g$，为地壳次不稳定地区。厂址处于普渡河—滇池断裂带西侧，区域受多期次构造运动的影响，地台基底断裂复合，新生断裂进一步发育，形成了复杂的构造形迹，区域主要以近南北向经向构造体系（普渡河断裂、黑龙潭—官渡断裂及罗茨—易门断裂）为主，部分北西向断裂（富民—呈贡断裂）。其中，黑龙潭—官渡断层从厂址东侧穿过，距离厂址红线仅数百米。

为克服地震和断层对项目建设的影响，本项目先后完成了《专项水文地质调查报告》《建设工程场地断层影响评价报告》《地质灾害危险性评估报告》《岩土工程地质报告》等专项论证工作。面对高烈度场地及断层的威胁，结构设计多次对方案进行讨论和优化，精心设计，圆满完成后续设计工作，并完成施工图审查和抗震专项审查工作。

### （四）克服成群溶洞强烈发育重大威胁

厂址所在地为构造侵蚀溶蚀中山斜坡地貌与构造侵蚀溶蚀中山沟谷两种微地貌形态。设计最初阶段，《场地岩土工程初步勘察报告》《场地物探报告》《地质灾害危险性评估报告》等多个报告并未揭示地表有落水洞、漏斗、大溶洞等不良地质现象分布，仅在食堂西侧坡脚处发现一处溶洞。

《岩土工程详细勘察报告》进一步揭示，为进一步查明场地地基土中岩溶发育情况，共布设两条高密度电阻率法物探线，1 号物探线 2 130 m 标高以上存在 6 个岩溶异常区；2 号物探线 2 150 m 标高以上存在 3 个岩溶异常区，最大厚度约 17 m。边坡钻孔共 191 个钻孔中，27 个孔揭露溶洞，大多见软塑状黏土充填，少量为空洞无充填，钻孔岩芯溶蚀现象普遍，场地内见多处岩溶洼地及溶洞口。根据钻探、物探综合分析，拟建场地整平标高以下岩溶中等发育，岩溶对场地整体稳定影响不大，但对建筑基础影响较大。

项目在打桩施工过程中，在主厂房核心区域，包括垃圾坑、汽机间，发现了大量的溶洞，并且一些溶洞深不见底，项目建设因此停滞。

项目桩基施工马上暂停，对设计图纸明确的 520 根桩，立即进行一桩一孔施工勘察工作。本次探溶专项钻孔过程中，钻孔见洞隙率 45%。其中 10 个网架基础锚杆桩基施工勘察钻孔均为揭露溶洞，汽机间 12 个桩基施工勘察钻孔中 8 个钻孔均揭露溶洞，勘探范围岩溶强烈发育，线岩溶率 15%。溶洞主要集中分布于汽机间南侧和西部引风机位置，其中汽机间南侧呈东西向展布，宽 14 m 左右；引风机位置呈南北向展布，宽 10 m 左右。从钻孔分析，其他区域存在岩溶塌陷。汽机间南侧发育顶标高在 2 190 m 左右，底标高在 2 158 m 左右，勘探深度范围内发育深度相对高差 32 m 左右。其中以汽机间东南侧规模最大，洞高近 30 m，且为空洞。汽机间东南侧发育洞高近 30 m 的空洞，顶板岩体厚度 3 m 左右，地面极易塌陷，场地稳定性差，塌陷可能性大，可能塌陷将直接威胁地面建构筑物安全，危险性大；存在现状岩溶塌陷区域，地基处置不当极易造成不均匀沉降危害；地基土揭露溶洞桩基，可能造成基础沉降危害。勘探区域溶洞、容槽发育，基岩面起伏大，地基属不均匀地基，引发建筑基础不均匀沉降下沉的可能性大；勘探范围揭露溶洞对工程均有不同程度负面影响，其中以汽机间南侧影响最为严重，直接影响场地稳定。地基土中溶洞成群分布，局部洞径较大，场地不稳定，不能直接作为建筑物地基。

中国联合工程有限公司与各方讨论并充分论证后，提出对探明汽机间东南侧大空洞进行混凝土填筑，进行充填注浆，避免地面大面积塌陷；对平面布置进行适当调整，避开溶洞强烈发育区（大空洞区），对桩基础持力层进行地基加固处理或增大桩长；采用桩基础持力层加固，选用高压旋喷注浆或静压注浆工艺；对于除尘器南侧揭露溶洞为独立溶洞，采用梁、板、拱等跨越方式处理。

历经艰难的工作，设计数易其稿，并专项施工，终于克服了的成群溶洞强烈发育对项目建设的巨大威胁。

### （五）百米高边坡论证与设计

本项目厂区所在区域为山地地形，本项目位于云南螳螂川支流小河上游近分水岭地带，属构造侵蚀溶蚀中山地貌。项目区东部、北部及南部属中山斜坡，地形起伏非常大，海拔高程处于 2 160 ~ 2 323 m，相对高差约 163 m，地形非常复杂，厂区周边密布永久性农保地，且边坡治理工程难度很大。建设红线范围内总体东高西低，用地范围内地形起伏较大，大部分地段地形坡度在 5°~ 15° ，四周坡脚或沟侧地段坡度大于 25° 。经综合论证，本项目采用台阶式布置形式。

经过方案论证和设计优化，场地经过土方平衡，将在建设区四周均形成挖、填边坡，东西侧为挖方边坡、南北侧为填方边坡。边坡周边环境较复杂，1 号、2 号填方边坡岩体类型为填方土质边坡，填方边坡总长约 915 m；1 号挖方边坡岩体类型为岩质边坡，2 号挖方边坡岩体类型为第四系坡残积土质边坡，边坡长约 640 m。

经过稳定性验算，提出了边坡治理方案：填方边坡采用重力式挡土墙进行支挡，采用强风化白云岩及以下岩层作为挡土墙基础持力层，部分采用“抗滑桩 + 桩间挡板支挡”的治理方案；挖方边坡采用“重力式挡土墙 + 坡面喷锚护坡”的处理方案，坡脚设置挡土墙，进行适当放坡后坡面采用喷锚护坡。边坡治理后，为项目建设创造了较好的场地建设条件。

### （六）四百米高落差取水工程论证与设计

本项目生产用水取自龙庆河，它是普渡河的一级支流，金沙江二级支流，输水管道止点位于本项目净水池。泵站输水管道起点高程为 1 808.10 m，终点高程为 2 192.50 m。设计引水流量为 214.35 $m^3$/h，日引水流量为 5 144 $m^3$/d，年引水量为 171 万 $m^3$，采用泵站提水，设计扬程 423 m，水泵采用自平衡多级离心泵，2 用 1 备。

取水工程内容主要涉及泵站枢纽、输水管道建设。泵站枢纽由沉沙池、拦河溢流堰、进水渠、前池、进水池、泵站（厂房、变电站等）组成。工程取水为全年度取水，取水方式采用拦河溢流堰正面冲沙，侧向取水。输水管道接输水泵站出水口，为同等规格的两根管道，无缝防腐钢管，管径 DN273。采用并排布置，净距 0.8 m，镇墩间距不大于 50 m，起点段、陡坡段、转弯段适当加密，单管长度 1.845 km，共计 3.69 km。

### （七）采用先进的机械炉排垃圾焚烧技术

本项目选择技术先进、运行稳定可靠、维护方便的机械炉排炉焚烧技术，其对垃圾适应性强，更能够适应国内垃圾水分、热值的特性，且完全不用掺煤燃烧，并确保垃圾完全燃烧，烟气污染物可控制在先进水平。

机械炉排炉采用层状燃烧技术，其对垃圾的预处理要求不高，焚烧过程实现“三 T”（即 Time 停留时间、Temperature 燃烧温度、Turbulence 湍流度）全要素，降低焚烧残渣的热灼减率、提高焚烧去除率和焚烧效率，降低二噁英的排放，满足环保要求。

### （八）采用先进的烟气净化技术

本项目采用“SNCR 炉内脱硝（氨水）+ 半干法脱酸 + 活性炭吸附 + 干法喷射 + 布袋除尘”烟气净化干法处理工艺，处理后的烟气可以达到《生活垃圾焚烧处理污染控制标准》（GB 18485—2014）的要求，实际设计优于欧盟烟气排放标准（2010/76/EC）。

对于 $NO_x$ 的控制，通过对比分析，采用焚烧控制（降低焚烧区域的温度、降低 $O_2$ 浓度、创造反应条件使 $NO_x$ 还原为 $N_2$）选择非催化还原法（SNCR）技术。通过技术经济性对比，选择氨水作为脱硝还原剂。

对于酸性气体的去除，通过对干法、半干法和湿法三种脱酸工艺路线详细列表比较，本项目选择“旋转喷雾半干法 + 干法喷射”脱酸工艺。

对于重金属及二噁英类的控制，通过详细列表对比，采用“活性炭喷射 + 布袋除尘”作为本项目的重金属及二噁英去除工艺，满足国家及欧盟最新环保标准。

### （九）垃圾渗滤液处理合格后回用零排放

本项目产生的废污水主要包括垃圾渗滤液、冲洗废水、生活污水以及雨季的初期雨水等。本项目建设一座处理能力为 800 $m^3$/d 的大型垃圾渗滤液处理站，采用“预处理 +UASB 厌氧反应

器 +MBR 生化处理系统 +NF 纳滤膜 + RO 膜”的处理工艺对垃圾渗滤液等废污水进行处理，工艺中的每个环节都是已经验证的成熟技术，具有良好的保障性。垃圾渗滤液等废污水经处理系统处理后的出水水质可达到《城市污水再生利用 工业用水水质》（GB/T 19923—2005）中敞开式循环冷却水系统补充水要求，作为工业水补水，不外排；垃圾渗滤液处理系统的反渗透浓水作为焚烧厂内石灰浆制备用水，无外排。

### （十）采用先进的飞灰处理技术

对于垃圾焚烧产生的飞灰，通过对熔融固化技术、水泥固化技术、化学药剂稳定化技术、湿式化学处理技术和水泥稳定剂固化等技术的详细对比分析及论证，本项目采用“飞灰 + 螯合剂 + 水”的稳定化处理工艺，达到《危险废物鉴别标准 浸出毒性鉴别》（GB 5085.3—2007）和《生活垃圾填埋场污染控制标准》（GB 16889—2008）的要求，采用袋装形式运输至垃圾填埋场进行安全填埋处置。

### （十一）节能效益显著

本工程利用垃圾焚烧发电，在正常运行情况下，每年可处理生活垃圾 82.125 万 t，扣除焚烧工程所需的厂用电量后，年可外供电 $2.952\ 6\times10^{8}$ kW·h，折合节约标准煤为 9.30 万 t。本工程全厂供电标煤耗 610.0 g/（kW·h），全厂热效率 23.43%。项目采用各项节能措施后，厂用电率可从普通垃圾焚烧发电厂的 20% 降低到 13% 左右。

## 四、项目实施情况

本项目于 2017 年 9 月 25 日取得昆明市发展改革委核准批复，2018 年 8 月正式开工建设，2020 年 3 月 11 日，2 台汽轮发电机组并网并全部通过 96 h 试运行，2020 年 5 月 15 日正式建成投产。2020 年 6 月 30 日，运行 12 年的老厂完成使命，正式关停，昆明城区垃圾焚烧工作平稳过渡至焕然一新的异地重建新厂，新厂日处理垃圾为 2 250 t，日平均可售电 $9\times10^{5}$ kW·h。

本项目建成后，可以每天入炉焚烧处理 2 250 t。目前高峰期日进厂生活垃圾达到 3 000 t。本工程利用垃圾焚烧发电，在额定运行工况下，每年可处理生活垃圾约 82.125 万 t，扣除焚烧工程所需的厂用电量后，年可外供电 $2.952\ 6\times10^{8}$ kW·h，折合节约标准煤为 9.30 万 t。本工程 2 台 25 MW 的汽轮发电机组，全年发电量 3.48 亿 kW·h，年供电量 2.96 亿 kW·h，平均每吨垃圾供电量约为 360 kW·h，社会效益非常明显。本项目投资内部收益率为 11.62%，项目资本金内部收益率为 16.55%，投资回收期为 9.54 年，总投资收益率为 11.56%，资本金净利润率为 25.01%，经济效益非常可观。

本项目克服选址艰难、并数易其址的不利条件，面对厂址位于高原山顶 8 度地震区且岩溶高度发育、山体百米高差、厂区周边密布永久性农保地的极端复杂地形，克服重重困难，从异地重建项目的实际和规划条件出发，对主体设计方案进行了充分论证和比较，提出了符合大型垃圾焚烧发电异地重建项目的建设目标及云南当地特色的方案设计思路，多角度、全方位进行总体统筹考虑，详细论证，精心设计，为项目工程建设打下了坚实的基础。

本项目可行性研究报告获得 2018 年度中国机械工业优秀工程咨询勘察设计奖工程咨询一等奖，全国优秀工程咨询成果奖三等奖。

项目情况如图 1 所示。

图 1　项目实景图

## 五、项目主要参与人员

项目主要参与人员：梁伍一、赵光杰、冯志翔、石靖、吴伟接。

# 南浔南太湖热电联产项目可行性研究报告

中国联合工程有限公司

扫码查看原文

## 一、项目概况

本项目是国内第一个完整的以煤为锅炉主要燃料的节能环保型热电联产去工业化旅游项目。中国联合工程有限公司对项目园区造景与设备生产采取了融合设计，项目整体建筑风格采用具有南浔当地特色的新中式。对项目总平面布置，各个建构筑物立面效果、建筑用材等均进行了总体规划，并引进厂区景观专项设计、景观照明专项设计、二次精装修设计，对厂区游览通道、绿化、水系、照明、噪声治理等均进行了总体规划。同时为契合去工业化旅游项目要求，中国联合工程有限公司对多个工艺系统进行了创新优化设计，多项设计为国内热电行业首创。

## 二、项目内容

项目配置 13.7 MPa（G）、540 ℃高温超高压的 130 t/h 循环流化床锅炉 2 台、90 t/h 循环流化床锅炉 1 台、配额定出力 12 MW 抽汽背压式汽轮机 2 台（发电机额定功率 2×15 MW）。设计热负荷：中压蒸汽（3.2 MPa 表压）最大热负荷为 120 t/h，平均热负荷为 113.0 t/h，最小热负荷为 91 t/h；低压蒸汽（1.27 MPa 表压）最大热负荷为 80 t/h，平均热负荷为 69 t/h，最小热负荷为 54 t/h。按照浙江省发展改革委批复的《湖州市区集中供热规划（2014—2020 年）》，将南浔区划分为 3 个区块：临沪工业区及周边区块、东南部区块和西部区块。其中临沪工业区及周边区块规划建设天然气热电联产工程，东南部区块由湖州协鑫环保热电有限公司供热，而西部区块包括和孚镇、菱湖镇、石淙镇和千金镇，现有及规划发展主要有生物医药产业、精细化工产业、新型纺织产业等产业，热负荷需求较大，尚无集中供热企业，规划建设一个热源点。项目建设地点为湖州南浔区和孚镇重兆村汇源路 1 号。通过本项目的建设，取代分散小锅炉供热而实现集中供热，减少污染物排放，改善环境质量。

## 三、项目成果特点

### （一）首次采用全地下垂直提升输煤系统

本项目输煤码头到厂区干煤棚距离近 100 m，为了防止输煤栈桥对整体景观的影响，减少厂区环境粉尘污染和噪声污染，设计首次采用封闭式半地下廊道和垂直提升的输煤系统方案，穿越 2 800 m$^2$ 人工湖底，廊道最深处接近 −6 m，利用假山游步道进行装饰，极大提升了全厂整体建筑立面效果。工艺设计采用一体化干煤棚、裙带式输煤皮带、系统容错等创新工艺，在建筑、结构、消防等方面利用多种先进技术，确保输煤系统运行情况良好，为国内热电项目首创。

### （二）首次应用景观喷泉循环冷却水系统

常规自然冷却塔和机械冷却塔造价高，景观效果差，水汽污染严重，为了防止循环水冷却系统破坏厂区景观，设计结合周边水利地形，打造了全厂环形水系及近 2 800 $m^2$ 人工湖，构建了全厂立体游步道系统，采用景观喷泉冷却系统，利用循环水回水余压营造人工瀑布，兼具循环水冷却功能和水域景观效果，系统冷却效果良好，为国内热电项目首创。

### （三）打造“无可视工艺管线”的热电园区

以工匠精神和精细化设计，厂区供热管道以及其他管道采用局部地下敷设，地上部分利用假山游步道围墙装饰遮挡方案，主厂房 A 排柱外不设工艺管道，实现厂区视野内没有供热管线，提升了厂区整体景观效果，为国内热电项目首创。

### （四）实现“去工业化”建筑设计方案

由中国联合工程有限公司程泰宁院士团队主创南浔特色的新中式建筑外立面方案，锅炉间、脱硫塔、烟囱、灰库、渣库、除盐水箱立面紧身封闭装饰处理，结构设计内部无支撑体系，所有建筑采用内排水方案并提供外墙面划线专项设计，提升建筑立面效果。设置参观通道、能源环保教育展厅并进行全厂室内外照明专项设计，提升整个项目尤其在夜间的观感。建设能源环保教育基地，提升整体景观效果，为国内热电项目首创。

### （五）精心比选机组方案

根据对热负荷的整理和分析，得出在本热电厂工程建成时，全厂设计热负荷预计为：1.27 MPa 蒸汽最大热负荷为 80 t/h，平均热负荷为 69 t/h，最小热负荷为 54 t/h；3.20 MPa 蒸汽最大热负荷为 120 t/h，平均热负荷为 113 t/h，最小热负荷为 91 t/h。本项目所选用的供热机组装机方案有两种方案可供选择：方案（a）2 台 12 MW 抽背式汽轮发电机组；方案（b）1 台 25 MW 抽背式汽轮发电机组。

两个方案在功能上都可以满足项目的供热要求，热负荷的波动均可通过抽背式机组进汽高压调节阀来调节。由于方案（b）为 1 台 25 MW 抽背式汽轮发电机组，其优点是投资较小，占地面积较小，缺点是在运行方面灵活性较差，当汽机发生故障或正常检修时，汽机供热负荷为零，所有热负荷通过减温减压器供给，这样会导致热经济性较差和全厂热效率降低，且不利于分期建设，而方案（a）除投资略微增加外，其优点是运行灵活、可靠，当任一台汽机发生故障或正常检修时，另一台汽机满负荷运行能提供 100 t/h 的热负荷，另外，方案（a）有利于在热负荷增加之前两台 CB12 机组可分期建设，因此，选择方案 (a) 作为本项目的方案。

本项目根据热负荷调查情况，拟规划建设 2 台 12 MW 高温超高压抽汽背压式汽轮发电机组。根据热平衡计算，平均热负荷工况时，要求锅炉产汽量为 260 t/h；最大热负荷工况时，要求锅炉产汽量为 286 t/h；最低热负荷工况时，要求锅炉产汽量为 213 t/h。本项目为工业园区集中供热，园区无其他供热气源，要求热电厂 1 台容量最大的锅炉停用时，其余锅炉出力应满足热用户连续生产所需的生产用汽量。

根据汽机配置方案，本项目锅炉采用高温超高压的锅炉参数。

根据热负荷需要及供热参数要求，本工程可选择的锅炉容量方案有两个：方案一，2 台 130 t/h+1 台 90 t/h 锅炉；方案二，2 台 220 t/h 锅炉。

方案一锅炉单价较低，总投资较小。正常热负荷时，3 台锅炉同时运行，全厂锅炉负荷率为 75%；当 90 t/h 锅炉停止运行时，2 台 130 t/h 锅炉满负荷运行，单炉负荷率为 100%；当一台 130 t/h 锅炉停止运行时，90 t/h 锅炉和另一台 130 t/h 锅炉均满负荷运行，高加和汽动泵切除，减少自用汽约 45 t/h，满足安全运行，单炉负荷率为 100%；最大热负荷时，3 台锅炉同时运行，全厂锅炉负荷率为 82%，当最大的一台 130 t/h 锅炉停止运行时，通过高加和汽动泵切除减少自用汽约 45 t/h，同时锅炉超负荷运行 110% 能满足安全运行；最低热负荷时，全厂锅炉负荷率为 60%，当最大的一台 130 t/h 锅炉停止运行时，其余两台炉额定负荷运行，满足锅炉安全经济运行。

方案二锅炉数量和辅机数量较小，占地面积较小，但是由于锅炉单价较高，总投资较大。正常热负荷时，全厂锅炉负荷率为 60%，锅炉 1 用 1 备，单炉负荷率为 118%，对锅炉超负荷要求较高；最低热负荷时，全厂锅炉负荷率为 50%。

从以上两方案比较可知，虽然方案一的锅炉数量和辅机数量较多，占地面积较大，但是锅炉负荷率较高，设备的利用率较好，运行灵活。因此，本项目选用 2 台 130 t/h+1 台 90 t/h 高温超高压的锅炉配置方案。

## （六）采用烟气“超净排放”技术

使用高效低污染高温超高压循环流化床锅炉，同步采用“炉内石灰石脱硫 + 石灰石 / 石膏湿法脱硫”的两级脱硫技术。石灰石 - 石膏法脱硫技术是用石灰石的乳浊液为吸收剂吸收烟气中的 $SO_2$，是目前世界上应用最广泛，技术最为成熟的脱硫技术。该法技术适应性强，对煤种变化、负荷变化、脱硫率变化均具有较强的适应性，运行可靠，脱硫效率高（>95%，最高可达 99%），运行费用相对较低，吸收剂石灰石价廉易得，脱硫副产物石膏可以综合利用。同步配套建设“SNCR+SCR”的两级脱硝技术，选择性催化还原法（SCR）是指在催化剂的作用下，利用还原剂 “有选择性”地还原烟气中的 $NO_x$，工作温度范围在 300 ~ 420 ℃，$NH_3/NO_x$ 的比值在 0.8 ~ 1.2，$NH_3$ 泄漏在体积分数 $3 \times 10^{-6}$ 以下。SCR 脱硝技术的脱硝效率最高可达 90%，对锅炉负荷的适应性强，技术成熟，应用范围广泛。同步采用“电袋除尘 + 湿式静电除尘”的两级除尘技术，可实现系统出口烟尘浓度≤ 5 mg/Nm³。

综合采用以上措施，烟气污染物排放达到或部分优于超净排放标准，实现“绿水青山就是金山银山”的环保发展理念。

## （七）节能高效，实现区域高质量发展

### 1. 合理选配机炉

本项目选用高温超高压参数的循环流化床锅炉，提高燃烧效率。同时选用高温超高压参数的背压式汽轮发电机组，使全厂的热效率大大提高。采用高转速（6 512 r/min） 汽轮机。高转速汽轮机相比常规转速汽轮机的优点是提高转速后的汽轮机在尺寸、 体积、 重量均可减小。这不仅使制造成本降低，同时使汽轮机的内效率提高，发电量增加，工厂建设成本和运行成本降低。

### 2. 合理设计汽水热力系统

设置轴封加热器、连续排污扩容器、定期排污扩容器及高压除氧器，以回收汽水热量及质

量，充分利用热能，达到节能的目的；简化疏水系统设计，减少疏水阀门设置，以降低疏水系统的泄漏量。

**3. 合理配置辅助设备**

本项目在设备配备上将选用效率高、符合国家节能规定的产品；在选用电机驱动设备入水泵、风机等时，合理配置设备出力，避免大马拉小车，降低厂用电率，提高设备使用寿命；对200 kW以上电动机采用6 kV高压电动机，减少辅助设备能量损耗；对引风机，一次风机配用高压变频控制，二次风机配用低压变频控制，以尽可能降低能耗。

**4. 节水措施**

为节约能源，本项目对水资源尽可能地采用一水多用、废水综合利用的措施，主要节水措施为：①加强水务管理设计，选择节水工艺，实行分质供水；②给水泵轴承冷却水、其他泵冷却水回用，作为冷却水补水；③除灰、除渣系统用水全部采用复用水；④冷却塔内装设轻型塑料除水器，降低冷却塔风吹损失；⑤发电机组辅助机械设备采用闭式循环冷却水系统，提高循环使用率，减少工业水消耗量，降低工业水系统能耗；⑥选择节水型卫生洁具，以节约生活用水，生活给水各用水点设置流量计量装置以进行计量；⑦各用水系统装设完备的阀门和计量表计，以加强对各用水点的用水和排水水量、水质的监控、监测等；⑧设置汽机旁路、疏水扩容器等，尽可能回收工质；⑨各种废、污水经处理合格后综合利用或重复使用。

**5. 有效的保温措施**

本项目对所有热力设备、管道及其附件，如锅炉设备、汽轮机、除氧器、连续排污扩容器、定期排污扩容器、各级汽、水管道及其阀门附件、热风道等均进行符合有关规定的保温，以减少散热损失。

**6. 节约材料与建筑节能措施**

本项目建筑设计将通过选择最佳的建筑平面主朝向、减小建筑体型系数、组合功能相近建筑、控制合理的窗墙面积比和遮阳系数等方式进行设计优化，从而节约建筑原材料使用量，达到节能和节约建筑材料的目的。另一方面，工艺专业也将进一步优化设计，使设备布置更合理、紧凑，充分利用室内空间，合理缩减主厂房及辅助车间的面积和体积，降低建筑材料的用量。

本项目的辅助、附属建筑设计按照《公共建筑节能设计标准》（GB 50189—2015）有关规定进行建筑节能设计，并积极使用新型节能建筑材料，主要措施为：①屋面敷设具有良好的保温隔热性能的材料；②门窗拟尽量选用热工性能好的型材和中空玻璃；③辅助车间重点采用保温墙体，取代传统的实心黏土砖并做好构造设计，提高门窗的气密性。

**7. 其他节能措施**

（1）配电房的设置将尽可能地安排在负荷中心附近位置，供电线路设计将考虑选用合适的线径，尽量缩短供电线路的路径，做到节能又节材，以减少输电线路的供电损耗。

（2）设置功率因数自动补偿装置，保证企业的用电功率因数达到0.95以上，并结合车间内部的大负荷电力设备，安装就地功率因数补偿装置，按照“分级补偿，就地平衡，分散补偿与集中补偿相结合，以分散为主”的原则，合理布局补偿位置和补偿容量，通过无功补偿，可使补偿点以前的线路中通过的无功电流减小，既可增加线路的供电能力，又可有效地减少企业内部供用电系统输电线路的无功损耗，提高企业的电能利用效率。

（3）合理进行土建设计。土建设计将根据地址勘探资料，采用合理的基础及结构形式，尽量利用原有基础进行改造；新建建筑物设计充分考虑自然采光和通风，尽量减少人工照明和机械通风。

（4）合理进行烟风道设计。管道流速选择范围符合国内的现行规范，并验算相应地压降在风机允许范围内；对烟、风煤粉管道布置进行优化，减少局部阻力损失，使风机压头低，轴功率低，节约电耗；在管道设计中采用空气动力特性良好的气流分布均匀管件及布置方式。

通过上述各种节能措施，项目单位供热标准煤耗约为 39.380 kgce/GJ，单位供电标准煤耗约为 187 gce/（kW·h），全厂热效率为 81.157%，优于浙江省《热电联产能效能耗限额及计算方法》的相关要求和标准，为地区高质量发展提供了强有力的保障。

## 四、项目实施情况

项目咨询工作从 2015 年 6 月开始，于 2015 年 11 月完成。咨询团队首先调研总结了项目供热现状、供热范围、热负荷特性及供热参数，确定了设计热负荷及项目主要工艺流程。再结合本项目的定位和建设方的意见，多次讨论研究后确定了本项目的技术方案。后期则根据项目取得的环评、能评等批复意见和相关行业规范，编制完成可行性研究报告。又根据专家会审意见修改完成本阶段咨询工作。施工图设计时间为 2016 年 3 月—2017 年 4 月，项目竣工验收时间为 2018 年 12 月。项目实际运行两年多时间，实际统计内部收益率达到 18%，总投资收益率达到 16.43%，资本金净利润率 23.44%。项目达产后产值约 3 亿元，大大超过设计预期，产生了良好的经济效益和社会效益。

项目情况如图 1 和图 2 所示。

图 1　项目鸟瞰图

图 2　景观步道系统图

## 五、项目主要参与人员

项目主要参与人员：徐宏、王海东、徐雪莹、蒋超群、权龙杰、蒋向东、刘延进、方华、吴琛。

# 开化根缘小镇基础设施建设项目可行性研究报告

中国联合工程有限公司

扫码查看原文

## 一、项目概况

浙江省特色小镇规划建设工作联席会议办公室于 2015 年 6 月 1 日出台浙特镇办〔2015〕2 号文件，将开化县根缘小镇列入浙江省 37 个第一批省级特色小镇创建名单之中。根缘小镇立足浙江历史经典产业开化根雕的传承和发展，依托开化根宫佛国 5A 级景区，以根雕文化产业为核心，为实现根雕产业与休闲旅游、国学文化、传统技艺、电子商务、根雕金融的融合发展，加快推进开化特色文化产业集聚发展，全力打造集全国根雕乃至木雕之大成的根艺之城。通过提炼开化根雕及延伸文化的基本脉络，系统展现根宫佛国文化旅游区的文脉传承与民俗魅力，依托钱江源旅游度假区，形成以文化、旅游、产业、生态相辅相成的融合根雕产业、游览观光、餐饮住宿、演艺娱乐、文化体验、度假养生、禅茶静修等服务内容于一体的，具有强大品牌张力和文化诉求的中国根雕文化休闲旅游产业小镇。

## 二、项目内容

本项目主要包括市政道路新建或改造、服务性地块的基础设施建设、沿街景观的改造提升等三大内容，通过基础设施及配套项目的建设，完善区域路网结构，改善交通通行条件，提升小镇周边生态旅游、居住环境，从而进一步促进根缘小镇的全面建设，并推动地方社会经济的发展。

项目建设单位为开化县根宫佛国文化旅游区管委会（开化县根缘建设发展有限公司），项目总体可分为七项建设内容。

### （一）外环线（G205 国道—城华线）工程

外环线为城市支路，大致南北方向，北起 G205 国道，南至城华线，总长度约 4.714 km，红线宽度 18 m，含长 310 m、净空 13 m × 5 m 单孔双向两车道隧道，包含道路、桥涵、隧道、给排水、电力电信等配套管线，以及沿线现状桃坑溪改造及公墓停车场的建设。

### （二）G205 国道提升改造工程

G205 国道现状为一级公路，宽约 17 m 左右，双向四车道布置且设硬路肩，在根缘小镇规划范围纵向偏东侧穿过，是小镇内部最为重要的交通干道，根宫佛国文化旅游区的现有景点及根缘小镇的规划地块多依 G205 国道而建。随着根宫佛国文化旅游区的名声彰显，来此游玩的游客与日俱增，就近进行交通转换和较多的慢行需求越来越难以满足，而根缘小镇远期地块建设完成后，也必然要求 G205 国道转换服务功能为集散地块交通、方便内部交通出行。现状 G205

国道下未设置系统的给排水管线等其他管线系统，不能有效为沿线地块的开发建设及运营提供配套服务。因此，根据控规，为转变 G205 国道的交通功能，更有效地为小镇建设、运营提供各种交通、管线等市政配套服务，本项目对现状 G205 国道进行改造。本次改造 G205 国道大致南北方向，南起灵山寺，北至桃溪村，改造总长度约 3.383 km，宽度为 36 m。现状 G205 国道采取多块简支梁桥（石井岭立交桥）上跨桃下线（规划芹南路），为避免桥梁拆迁重建，在桥梁平面线位及布置上利用现状老桥作为机动车行道部分，两侧采取分幅拼宽的方式设置人行道、非机动车道等慢行系统。另外，为方便芹南路、G205 国道及周边地块尤其是小镇南入口的交通联系，在芹南路与 G205 国道设置南、北辅道。本工程包含道路、桥涵、给排水、电力电信、交通设施、绿化景观等配套设施的建设。

### （三）临时停车场工程

临时停车场位于根缘小镇的东南侧、现状 G205 国道与芹北路交叉口西南侧，东接 G205 国道，项目用地远期规划为度假村二期，近期建设为临时停车场，用地控制面积约 9 536 $m^2$，共计 197 个车位，包含停车通道、停车位、绿化景观、停车管理系统、排水系统及环卫设施等配套设施。

### （四）根宫佛国南入口改造工程

根宫佛国文化风景区是衢州唯一一家 5A 级景区，根缘小镇正是依托根宫佛国文化风景区进行打造，目前景区无游客集散广场，南入口狭小局促，且毗邻 G205 国道，未形成有效缓冲带，存在安全隐患，从安全和美学角度，都有待改进。项目南临桃下线、东临 G205 国道、东接芹北路芹南路、西邻八面山，位于根宫佛国文化风景区的南大门区域，交通便利，可进入性良好，项目规划用地面积为 42 806 $m^2$。

由于存在地形高差，设计采用 G205 国道为基础标高来打造整个广场综合体，而位于其下方的芹南路，实为综合体的下穿通道。如何将此区域打造成为敞亮明快、富有活力的地下空间，将是设计中的一个重点。项目组将整个地下空间在靠近芹南路两侧设计为两层，其他区域设计为一层；在下穿芹南路上设计了三个采光井，将自然光引进地下空间。同时，拟在夜间通过光影打造美轮美奂的星空天街，在天街两侧引入餐饮、购物、休闲、娱乐等多重业态，打造别有风情的商业休闲街区，将其建设成根宫佛国文化旅游区南大门旅游集散中心和新一代的“游客服务中心，休闲购物天堂”，建设内容包含入口广场的配置、建筑、地下停车场等。

### （五）北大门入口广场基础设施建设

北大门入口广场是游客北入根缘小镇必经之处，两条主要道路的交点，其地理位置承上启下，项目的开发对根宫佛国文化风景区的发展至关重要。项目位于桃溪村青山头，其南依山体，隔 G205 国道与青山加油站相望，北到城市支路，是由北到根宫佛国景区的必经之处。北入口依托于现状优良的山水条件进行建设，以山体为背景，建筑为骨架，水体为纽带，开敞的广场空间，把对游客的集散与服务功能，在建筑中体现。大唐风格的建筑，雄伟大气，而桃坑溪从游客服务用房下面穿流而过又不失江南建筑的风情。项目用地面积为 80 758 $m^2$，含生态停车场及游客服务中心、广场。

### （六）根街源道基础设施建设

依托于醉根文化与根宫佛国文化品牌，根雕艺术品逐渐走向市场化，根雕从十几年前的不受重视到如今成为收藏市场的新宠，但是长江三角洲地区缺乏一个专业的根雕交流的场所，迫切需要在根缘小镇建设集根雕艺术品展示与交易为一体的街道市场。项目位于桃溪路西侧，G205国道东侧，南至芹北路，北至廉租小区，与开化市贸易市场隔路相望。根街源道通过组团式、围合的中式院落式设计，使这种新中式风格的庭院既保留了传统文化，又体现了时代特色；新中式风格常使用传统的造园手法、运用中国传统韵味的色彩、中国传统的图案符号、植物空间的营造等来打造具有中国韵味的现代景观空间。闹中取静，乱中得安，中式庭院，是自然胜景与匠人之心的完美结合。同时庭院式的布局有利于根雕艺术品的展示与交流。用地面积约53 835 $m^2$（不含建筑），含地下停车库、广场景观及桃坑溪的景观整治。

### （七）沿街环境改造工程

沿街环境改造工程包括廉租小区建筑立面改造、开化贸易市场环境整治、小棚坞景观带整治、小棚坞农居房立面改造等。

开化根缘小镇基础设施建设项目依托根宫佛国文化风景区进行建设，对全面推动根缘小镇的建设具有重要意义。本项目的实施有助于深化开化县委县政府提出的打造“生态开化、国家公园”的目标。

## 三、项目成果特点

### （一）研究方法具有突出的创新性

（1）定性与定量相结合：在定性分析的基础上充分运用定量的方法研究说明每个专项专题，如将定量分析和定性分析结合预测道路交通流量，完成市政道路设计；结合物价及运输成本的定性及定量分析进行国民经济评价；在规划及现状条件下对服务性基础设施架构定性分析后定量实现其配套服务功能的规模。

（2）宏观与微观及近期与长远相结合：通过在不同时间尺度和不同空间尺度上采取最优化方法研究有关问题，如服务性地块基础设施配套的总体布局方案，对燃油消耗问题则根据道路条件、车辆特性、交通状况等因素的变化选择最合适的条件进行节能分析。

（3）经济与技术相结合：不仅考查各研究方案技术上的可行性，更要测算其投资效益，分析其经济上的可行性，以保证方案最佳的经济效益。

综合上述方法，对比不同方案的优劣及抵抗风险的能力，项目实现了前瞻性和可操作性的结合与统一，所提出的定性与定量评价方法是研究的一大创新点。

### （二）涵盖专业内容宽泛，工程规模大

本项目不仅包括市政道路的新建及改造，还涉及服务性地块如南北入口、根街源道等基础设施工程的建设，另外还囊括了沿街环境提升、生态停车场等建设内容，主要专业工种包括市政道路、桥隧、给排水、电气、建筑结构、河道整治、建筑立面改造及绿化景观工程等。

### （三）市政路桥隧水各专业协同设计

本项目涵盖市政道路工程设计既要考虑道路两侧的地块开发和交通出行需要，还要统筹考虑方案的合理性和经济性。外环线路线穿越山体丘陵路段，多方位比选了深挖路堑和隧道方案

的优劣性，并优化了隧道线位和结构形式设计；G205 国道提升改造在既有公路通行条件下完成规划管线、慢行交通系统及绿化景观带的配置。

### （四）工程方案设计反辅规划设计

本项目的建设是全面推动根源小镇建设的前提基础。总体设计必须统筹考虑小镇建设目标。市政道路方案的选择，有利于规划调整路网结构，完善小镇乃至整个县区的路网布局，使之更好地为沿线地块开发服务。道路设计中更注重区域总体布局的调整和协调，弥补了规划的不足。

### （五）设计注重山水生态原生性和文化传承性

该成果从各个方面探讨了基础设施配套项目建设与特色小镇、“生态开化、国家公园”建设目标的契合度。

该研究多方位比选了市政道路路线、标高、桥隧等方案的优劣性，设计方案响应了开化生态山水发展理念，避免了高填深挖，且在隧道出入口及一般挖方路段进行植草覆绿等生态措施，使开化县城市化进程低影响开发，保护了沿线的青山绿水。

小镇入口的提升改造、区域环境的提升治理结合根宫佛国文化风景区的建设思路，体现了开化根雕艺术的传承和发展。

同时该研究把促进经济社会发展与生态环境保护有机结合起来，有效预防和治理随着经济社会发展而出现的环境破坏，实现环境保护与经济发展相协调、生态良性循环、把根缘小镇建成开化县城市化进程中的绿色生态小镇。

### （六）道路设计坚持以人为本

从安全通行和使用便利角度出发，坚持“以人为本”原则，道路方案设计充分考虑非机动车路权和行人的公共空间，在道路一般路段配合创建无障碍设施的要求，同步建设方便残疾人、老年人和弱势群体服务的工程配套设施，妥善考虑沿线人行道与周边区块开发利用的安排；隧道路段内设置充分照明，并考虑人非共面等交通安全设施。城市家具设计及环境整治中注重道路和周边环境的相互协调、统一的原则，提取其中特殊的景观元素，把开化当地的山、水、根雕、钱江源等地方文化元素融入现代设计中。

## 四、项目实施情况

2015 年 10 月，受开化县根缘建设发展有限公司的委托，项目组开始编制《开化根缘小镇基础设施建设项目可行性研究报告》，报告对项目背景进行分析，通过对规划和现状解读，阐述该项目的必要性和可行性，并对各分项工程技术方案做了详细的论证。通过项目建设的国民经济评价、对环境影响、节能和社会稳定风险等的评估，为项目实施提供依据。

2016 年 4 月 12 日，开化县发展和改革局对该项目可行性研究报告批复。

### （一）外环线（G205 国道—城华线）工程

2017 年 10 月，受开化县县根宫佛国文化旅游区管委会的委托，项目组开始编制《开化根缘小镇基础设施及配套项目外环线市政道路工程可行性研究报告》，对项目背景进行分析，通过对规划和现状解读，阐述项目的必要性和可行性，并对项目的工程技术方案做了详细的论证。

通过项目建设的国民经济评价和对环境影响等的评估，为项目实施提供依据。

2017 年 10 月，开化县发展和改革局主持对本工程的可行性研究报告进行了会议审查，并顺利通过了审查，于 11 月 2 日取得该项目的可行性研究报告的批复。

本工程于 2017 年 11 月 15 日取得初步设计及概算批复，并于 2017 年 11 月 30 日取得衢州市建筑工程施工图审查中心出具的图审合格版施工图。

2017 年 12 月，本工程开始正式施工，历经 20 个月时间，项目于 2019 年 8 月完成竣工验收，并投入使用。

### （二）G205 国道提升改造工程

本工程正处于方案设计研究阶段。

### （三）临时停车场工程

本工程已完成后续施工图设计，并于 2016 年启动使用。

### （四）根宫佛国南入口改造工程

仅对本项目提供可行性研究咨询服务，由其他建筑设计公司完成后续设计，目前已竣工使用。

### （五）北大门入口广场基础设施建设

仅对本项目提供可行性研究咨询服务，由其他建筑设计公司完成后续设计，目前已竣工使用。

### （六）根街源道基础设施建设

仅对本项目提供可行性研究咨询服务，并未参与项目后续实施。

### （七）沿街环境改造工程

仅对本项目提供可行性研究咨询服务，并未参与项目后续实施。

项目情况如图 1 和图 2 所示。

图 1　根街源道透视效果图

图 2　廉租小区建筑立面改造效果图

## 五、项目主要参与人员

项目主要参与人员：阮铁锋、徐叶明、奚健、高登繁、陈勤、何晓刚、方浩、诸文江、高毅、洪文武。

# 哈电集团（秦皇岛）重型装备有限公司第四代先进核电装备——高温气冷堆蒸汽发生器、回热器与试验本体工艺开发及产品制造项目资金申请报告

中国联合工程有限公司

扫码查看原文

## 一、项目概况

近年来，高温气冷堆技术受到了国际广泛关注，尤其在新一代先进核能系统的概念提出后，美国、日本、欧洲都已经在加紧研发高温气冷堆。要继续巩固这一领域的优势地位，并成为领跑者，高温气冷堆产业化显得尤为重要。高温气冷堆 200 MW 示范电站 2006 年被确立为国家科技重大专项，高温气冷堆创新技术的实现，有赖于关键设备和系统的设计、加工与制造。高温气冷堆核电示范工程中设备国产化率达到了 93.4%，其中蒸汽发生器和压力容器是最关键的设备，哈电集团（秦皇岛）重型装备有限公司承担蒸汽发生器国家重大科技专项，上海电气核电设备有限公司承担反应堆压力容器国家重大科技专项。

在此背景下，哈电集团（秦皇岛）重型装备有限公司实施高温气冷堆蒸汽发生器、回热器与试验本体工艺开发及产品制造项目。

## 二、项目内容

项目利用哈电集团（秦皇岛）重型装备有限公司现有重型核电厂房和核电常规岛辅机厂房的车间场地及部分设备，新增关键制造设备，用于高温堆蒸发器、回热器和试验本体的关键制造工艺的研究开发及产品研制，主要建设内容为：①新增高温堆换热管对接焊机、全位置内孔窄间隙自动非熔化极惰性气体钨极保护焊（Tungsten Inert Gas Welding，TIG）焊机、多功能自动 TIG 焊机、高温堆蒸发器内件装焊及测试系统、数控镗铣床、中频电磁感应热处理设备等 47 台 / 套设备；②根据产品的制造要求，对重型核电厂房及核电常规岛辅机厂房进行局部工艺布局调整（包括新增固定设备安装及基础施工），并对新增设备配套的动力设施进行改造。

本项目制造场地主要利用重型核电厂房和辅机厂房。产品制造除以上的需攻关的关键生产工艺环节外，其余生产工艺利用现有的制造技术及厂房现有的工艺装备进行。

### （一）重型核电厂房

利用重型核电厂房备料跨、轻型跨、中型跨及 9MeV 探伤室、热处理炉、喷丸室等生产辅助设施，完成承压壳体的制作、管板、法兰、接管等机械加工以及产品表面后处理等工作。

（1）备料跨下料区域（壳体备料）：采用原有数控火焰切割机、刨边机完成板材的下料及纵缝坡口加工。

（2）轻型跨筒节制作区域（壳体卷制、焊接、堆焊）：采用原有的重型卷板机、油压机、窄间隙焊接系统完成壳体的卷制及焊接。

（3）堆焊区域：新增多功能自动 TIG 焊接设备，并利用原有的带极堆焊机、变位机、焊接操作系统，完成法兰、筒体、管板、接管等堆焊。

（4）中型跨机加工区域（筒体、管板、法兰等机械加工）：新增数控落地镗铣床，完成筒体接管开孔、法兰端面及螺栓孔以及异性零件精密机加工等；利用原有双柱立式车床、单柱立式车床完成筒体、封头环缝坡口加工、管板、法兰机加工以及锻件筒体内壁加工等；利用原有数控三轴深孔钻完成管板深孔钻。

（5）生产辅助设施：利用原有探伤室及热处理炉完成焊缝的无损检测和热处理；利用原有的喷丸室完成产品的表面处理。

### （二）辅机厂房

利用辅机厂房的轻型车间和重型车间及探伤室、热处理炉等生产辅助设施，完成换热内件的制作以及蒸汽发生器的总装等工作。

（1）轻型跨东侧区域：作为内件筒体（镍基合金及不锈钢）制作场地，利用原有的数控火焰 / 等离子切割机、剪板机、刨边机、三辊卷板机、半自动氩弧焊机等，调整工艺布局，用于原材料的存放、内件筒体的备料和卷制、纵缝焊接等。

（2）中型跨东侧区域：作为换热内件制作及总装场地，利用原有半自动氩弧焊机以及焊接辅助设备完成内件筒体的环缝焊接和装配；新增管子切断机、管端坡口加工机、换热管对接焊机、对接返修加工机、换热管对接焊缝热处理设备、全位置镍基合金内环缝自动 TIG 焊接系统、蒸发器内件装焊及测试系统、手动泵、电动双梁桥式起重机等设备和工装，利用原有的水压试验台，完成换热管对接、穿管、管子管板焊接、换热内件与承压壳体套装、总装焊接、水压试验等工作。

（3）生产辅助设施：利用原有 Ir192 探伤室及热处理炉完成焊缝的无损检测和热处理。

在项目建成后，达到年产 2 套 200 MW 高温气冷堆蒸发器（4 台）的能力。

## 三、项目成果特点

通过本项目的实施，对全球首台高温气冷堆蒸汽发生器进行研制，掌握并优化了换热管对接焊工艺、管板加工、管子 - 管板胀焊及检测技术、管板与管箱组件全位置自动 TIG 焊接工艺、狭小空间复杂形状连接管布管设计及工艺优化、换热管防腐技术、特殊结构超声波检验技术、大开孔法兰外圆内椭孔加工及马鞍形坡口加工等多项关键工艺技术，均在全球首台高温气冷堆蒸汽发生器产品上得到了成功应用，推动了我国高温气冷堆示范工程的自主化进程。

高温气冷堆是现有堆型中工作温度最高的堆型，它除了能发电外，还可实现热电联产，为石油热采、炼化、煤气化、海水淡化和城市供暖等提供所需热量。

### （一）高温气冷堆未来市场前景：石化耦合

《石化产业规划布局方案（修订版）》指出，新建炼油项目按照炼化一体化年加工能力达到 1 500 万 t 及以上，新建乙烯装置年生产能力达到 100 万 t 及以上。石化产业作为我国国民经济的支柱性产业，进入了大型化、一体化、园区化的新时代。在“双碳”背景下，石化产业作为煤炭消耗和 $CO_2$ 排放大户，后续的发展正面临严峻的挑战。中核集团已委托石油和化学工业规划院完成《高温堆与石化耦合的可行性研究》，以我国沿海 22 家石化园区发展到规划规模测算。

蒸汽：总需求量达 13.5 万 t/h，需 75 台 600 MW 级高温堆的供热。电力：总电耗约 4 000 万 kW，需 67 台 600 MW 高温堆。氢气：我国氢气消费总量约 2 800 万 t（约 3 164 亿 $m^3$），其中化工用氢占比接近 98.5%。海水淡化：石化基地均位于沿海、孤岛等，均有海水淡化需要。供热制冷：厂区及周边供热制冷。上述能源需求与高温堆“氢、汽、水、热、电”产品高度契合。

### （二）高温气冷堆未来市场前景：火电原址复用——火电发展趋势

目前我国 30 万 kW 及以下火电机组装机容量约 3.64 亿 kW，占总装机容量的 40.51%。在“双碳”背景下，关停 30 万 kW 及以下火电机组已成为大趋势，高温气冷堆在火电厂址复用方面具有广阔的市场前景。

### （三）高温气冷堆未来市场前景：内陆核电——可行性

根据《小型核动力厂非居住区和规划限制区划分原则与要求（征求意见稿）》，高温堆厂址可以更加靠近用户，环境友好性强，更适合内陆建设。因其环境友好，无高放废液、无须安全生产用水，规划限制区小，非居住区小，场外应急最小化。

### （四）高温气冷堆未来市场前景：核能制氢——“双碳”目标实现的重要选择

氢能作为高效、低碳的二次能源，降低对传统能源的依赖：交通、分布式能源（建筑、应急）、天然气掺氢燃烧，国家发展改革委正在牵头制定氢能中长期发展规划；20 多个省份、涉及近 50 个市发布或正在编制氢能专项规划和推广补贴政策；超过三分之一央企已在制氢、储氢、加氢、用氢等全产业链布局。

2030 年，我国氢气年需求量约 3 500 万 t，产业链产值 3 万亿元；2050 年，我国氢气年需求量约 6 000 万 t，产业链产值 12 万亿元，可再生能源制氢（绿氢）为主要来源。

热化学制氢能够完全消除碳排放，热利用效率高、技术先进，研发处于世界领先地位，仍处于研发阶段，相关产业配套技术支撑不够，短期内达到产业化规模难度较大；生物质制氢作为高温气冷堆制氢过渡阶段的选择，可实现大规模、低成本制备氢气，满足全周期碳平衡，环保上中性，技术上虽然仍有研发需求，但总体相对成熟，国内相关产业链有支撑；蒸汽重整制氢和电解水制氢，应抓住目前氢能政策和市场机遇，加快高温气冷堆制氢产业化进展。

未来高温堆将在“氢、汽、水、热、电”综合利用的产业群发挥重要作用，高温气冷堆技术拓宽了核能利用的边界，在一定时期内必将成为与压水堆并举的核电主力军，是实现国家“双碳”目标的重要途径。

高温气冷堆技术在中国是安全性最高、最接近商业化的第四代核电技术已成事实，而在“双碳”目标以及核能和平利用新一轮变革下，高温气冷堆的产业市场版图正在徐徐打开。

## 四、项目实施情况

哈电集团（秦皇岛）重型装备有限公司承担了高温气冷堆 SG 重大专项，完成了 200 MW 山东高温气冷堆示范电站 2 台 SG，其厂房改造投资 1 亿元，专用设备投资 4 000 万元，并在此基础上，2021 年中标中核集团山东辛安 CX 项目 12 台 SG 中的 8 台。

世界第一个模块式高温气冷堆的工业示范电站，即华能山东石岛湾 20 万 kW 级高温气冷堆核电站示范工程，含两个热功率为 250 MWt 的反应堆模块。2020 年 10 月 19 日，全球首座高温气冷堆核电示范工程首堆一回路冷态功能试验一次成功。2020 年 11 月 3 日， 2 号堆一回路系统冷态功能试验顺利完成后，1 号堆一回路系统冷态功能试验再次顺利完成，各项指标均达到设计要求，标志着我国拥有了自主知识产权的第一座高温气冷堆示范电站，也是世界上第一座安全性更高的第四代核能、模块式商用规模示范电站，兼具科研性、工程性和商业化的三重特征。高温气冷堆技术在中国是最接近商业化、安全性最高的核电技术已成事实。

在新一轮的核电发展大潮以及“一带一路”倡议、“走出去”等政策的利好下，高温气冷堆作为我国四代反应堆研发、建设的佼佼者，它未来的商业推广已成必然之势。

从高温气冷堆发展态势来看，中国的领先地位逐渐形成。随着华能石岛湾项目的顺利推进，目前已有新加坡、瑞士、沙特等国家表示，愿意在高温气冷堆核电站建设成功之后向中国购买该技术。这意味着，在第四代高温气冷堆核电技术的“安全高效”原则渐显成效下，我国由核电技术引进国变成技术输出国也将成为可能。

项目情况如图 1 和图 2 所示。

图 1 项目鸟瞰图

图 2 哈电核岛厂房外观图

## 五、项目主要参与人员

项目主要参与人员：赵红兵、宓红烈、盛伟、陈才兵、马王哲、陈文勋、毛呈龙、杨杰、高安津。

# 浙江师范大学行知学院迁建工程可行性研究报告

中国联合工程有限公司

扫码查看原文

## 一、项目概况

浙江师范大学行知学院选址于浙江省兰溪市上华街道区域，规划南二路以南、迎宾大道以东、临近杭金衢高速公路兰溪出口。浙江师范大学行知学院是1999年8月经浙江省政府批准，并于2004年11月被教育部确认的一所综合性全日制本科独立学院。本项目的实施符合独立学院创办的相关政策，符合浙江省发展教育事业的要求，有利于浙江省“科教兴省”战略的实施。

根据2013年12月4日浙江师范大学和兰溪市现代教育发展有限公司签订的《合作共建“浙江师范大学行知学院”协议书》以及《浙江省教育厅、浙江省发展和改革委员会、浙江省财政厅关于浙江师范大学行知学院规范设置方案的批复》，同意浙江师范大学与兰溪市现代教育发展有限公司合作举办浙江师范大学行知学院，以核定的全日制在校生8 000人规模建设，占地面积为53.305 $hm^2$（约合799.575亩）。项目总建设面积为296 064 $m^2$，其中，新建教室、图书馆、实验室、行政用房、风雨操场、学生宿舍、学生及教工食堂、生活附属用房等校舍建设面积为240 000 $m^2$，架空层建筑面积为56 064.3 $m^2$。新建室外体育运动场地为40 000 $m^2$。校园规划以“学知若溪，德行如兰”为核心理念。“学知若溪”意即学习求知像溪水般长流不懈，“德行如兰”意即行为道德像兰花般高洁致远，规划核心理念也恰恰与地域和学院的名称不谋而合，兰溪自古“三江五溪”，也是中国兰花之乡，以兰花、溪流作为建筑元素、景观载体，不仅契合兰溪特有的地域文脉，而且由兰花引申德行高尚，由溪流引申学知不辍，与学校的办学目标完全统一。

## 二、项目内容

校园总体规划布局采用“一环两轴三区一中心”形成校园总体架构，三区为教学实训区、学生生活区、体育活动区；一中心为学校的核心建筑图书馆；一环为校园内连接各功能区块的主要道路，环路连接南、西、北出入口；两轴为南入口经如兰大道延伸至图书馆的校园景观主轴以及西入口经若溪大道延伸至图书馆的另一校园景观主轴。各功能区采用聚合与分散相结合的规划理念，运用理性序列与感性空间交织的形态，形成花园中的大学、大学中的花园。同时组团群吸收兰溪古村落的规划特点，形成以各组团相对独立但又相互联系的空间架构，各组团整体浸润在校园远山近水的绿化景观中。校园建筑整体采用现代简中书院风格，在简洁大气的同时，采用黑白灰淡雅的基本色调，辅以木色点缀，提炼兰溪当地传统建筑的特色，以现代材料演绎传统意蕴，打造真正根植于兰溪这片土地的书院建筑群。图书馆及会堂考虑功能联系，相邻设置，在造型上合为一体，作为学校的标志性建筑。将其设在校区中心，毗邻中心水体，形成整个公园式校园景观的视觉中心。教学实训区布置在校区南部，分设在如兰大道的两侧。建筑群体以组团模式构架，实现文脉传承。组团间联系紧密又相对独立，注重塑造多重学习交往共享空间。学生生活区布置在校区东北，与北侧服务性入口联系紧密。学生宿舍群体临河布局，环境优美，宜学宜居。食堂分设南北两处，与后勤服务中心结合，与教学住宿两部分均能紧密联系。体育活动区设在校区西北，将综合体育馆沿运动场地设置，与图书馆、科研孵化与国际交流中心共同形成高低错落、节奏变化的主干道城市界面，同时便于对社会开放。

## 三、项目成果特点

### （一）项目的建设能够满足并促进高等教育的发展

浙江师范大学行知学院现有专兼职教师 470 余人，在校生 8 500 余人，已初具规模。目前使用的是浙江师范大学西校区，师大本部原本在各类教学资源方面并不宽松，随着行知学院的发展，其迫切需要有独立的教学、科研、行政办公用房以及生活配套用房。根据“教育部 26 号令”的规定，独立学院应占地不少于 333 333.3 $m^2$（约合 500 亩）。现有学院用地不符合该要求。

我国高等教育已实现从精英教育向大众化教育的转变。面对高等教育规模的不断扩大，为了缓解预算内高等教育经费的严重不足，适当调整高等教育经费的分担结构显得尤为重要。独立学院在遵守高等教育的准公共产品性质的基础上，逐步提高高等教育的收费标准，也就是说提高了受教育者个人的分担比重，相应降低了高等教育经费中由财政分担的比例，从而在等量财政投入下有效扩大高等教育规模，提高入学率。同时浙江省是经济大省，随着经济的快速发展，加大了对高层次人才的需求，也增强了人们对高等教育的需求和支付能力，但浙江省的高等教育发展水平相对滞后。独立学院的产生及发展，大大促进了浙江省高等教育的发展。

浙江师范大学行知学院作为浙江省独立学院的一分子，为浙江省高等教育的发展作出了重要贡献。同时，本项目的建设可以为行知学院向特色鲜明、综合性、高水平的教学型学院发展，以及浙江省高等教育事业的发展创造必要的硬件设施。

### （二）项目的建设为培养高层次人才提供保障，有利于浙江省“科教兴省”战略的实施

我国高等教育的快速发展使得公办高校的潜力已经得到充分发挥，许多高校处于超负荷运转状态。然而，加快高等教育的发展又面临教育经费投入滞后、优质教育资源短缺的巨大难题。同时，社会各阶层和团体手中大量充足、闲散的资金也急需找到新的投资热点和经济增长点。

浙江师范大学行知学院新校区的建设充分利用了一部分社会资金和闲置的办学资源，并进一步挖掘了高等学校师资的潜力，可以为更多人接受高等教育提供更好的硬件设施，依托浙江师范大学优质的教育资源，提高了浙江师范大学行知学院的办学实力和综合竞争力，可以为社会输出大量的经、管、法、文、艺、理、工等专业的高层次人才。本项目的实施，可以充分利用和共享浙江师范大学教学资源办学，提高现有教育资源利用率，保证独立学院高等教育的质量；又可以通过引入合作方吸收社会资金，为学院的发展提供资金支持，改善办学条件，吸引更多生源，促进浙江省高等教育事业的发展，有利于满足浙江省经济社会发展对高等教育的多

样化需求，有利于浙江省“科教兴省”战略的实施，更好地服务于浙江社会经济建设。

### （三）项目建设有利于促进所在地产业发展，带动当地就业

浙江师范大学行知学院新校区的建设，可以推动兰溪市的产业结构升级、空间的拓展，通过资源共享拉动兰溪的经济结构变革，实现跨越式发展。以科研创新带动兰溪产业升级，发展高新技术产业和未来的替代产业，培育新的经济增长点，增强城市的整体经济活力，提高兰溪市的社会影响力。

同时，由于浙江师范大学行知学院的入驻，需要大量的相关配套服务产业，可为当地创造大量的商机和就业机会。项目建设期需要吸纳大批建筑工人，开学后还需要大批工作人员，可以带动当地的就业，还可以通过带动周边土地升值和提高城市内在品质形象来吸引住宅、商业服务等方面的投资。

### （四）通过生源分析，确定办学规模

项目通过对学校生源现状及新校区生源分析，主要包括招生来源和近几年招生规模，得知浙江师范大学行知学院全日制本科生规模已经达到 7 353 人，如包括专升本生规模已超过 8 000 人，且近年来行知学院的实际录取数有 2 次超过计划招生数，说明行知学院的生源是比较充足的。从而确定近几年来浙江师范大学行知学院的实际录取情况良好，生源充足。兰溪新校区建成后，其生源能够得到保证。以此确定在校生规模为 8 000 人，符合浙江师范大学行知学院的教育资源状况，能够促进浙江省高等教育事业的发展。

### （五）可行性分析全面，工程技术方案合理

可行性研究报告全面分析了浙江师范大学行知学院的需求，定量和定性相结合，在充分阐述项目基础数据的基础上，定量分析了近几年学院生源情况及预测数据，为合理确定办学规模寻求依据；通过对项目选址的综合分析，通过实地考察、深入洽谈、认真对比，根据办学规模提出了先进、可靠、经济、合理的工程设计方案；并充分考虑节能、环境保护及安全措施，对项目能耗进行定量计算，有利于更好地节约能源。在工程技术方案中，运用中国联合工程有限公司多年的工程设计技术、建设经验，总图布置合理，功能分区完善，交通流线清晰，景观环境优美，总体设计经济适用。对项目进行风险分析时，对近期和远期的建设期及运营期风险进行综合分析，切合实际。

综上所述，本项目作为项目的前期工作的重要研究成果，对下一步项目的实施具有指导意义，可操作性强。

## 四、项目实施情况

2015 年 4 月，受兰溪市现代教育发展有限公司的委托，中国联合工程有限公司进行了《浙江师范大学行知学院迁建工程可行性研究报告》的编制工作。该项目为兰溪市重点工程项目，计划于 2017 年投入适用，时间紧、任务重，需要在短时间内协调各主管部门、行业部门及相关配套设施部门，项目难度较大。

项目团队的咨询、设计人员秉承高度的职业精神、认真负责的工作态度，从生源规模分析、建设规模论证、方案优化等全方位对项目进行了项目的工程可行性分析，为下一步初步设

计和施工图设计打下了良好的基础。

该项目可行性研究报告于 2015 年 8 月 7 日经浙江省发展和改革委员会批复，于 2017 年 10 月建设完成并交付浙江师范大学行知学院投入使用。

项目情况如图 1 至图 4 所示。

图 1　鸟瞰图

图 2　教学楼

图 3　图书馆

图 4　体育馆

## 五、项目主要参与人员

项目主要参与人员：张玲、朱红玉、郭晔、叶李花、吴清萍、白虎伟、姚鉴伟。

# 遂昌县环城南路二期工程（南外环路—园丁路、下南门路—东桥路）可行性研究报告

中国联合工程有限公司

扫码查看原文

## 一、项目概况

遂昌县位于浙西南，钱塘江、瓯江上游，东倚武义、松阳，南邻龙泉，西接江山和福建浦城，北与衢江、龙游、婺城相连。全县总面积约 2 539 km$^2$，总人口约 23.1 万人，辖 7 镇 11 乡、203 个行政村、7 个城市社区。遂昌县中心城区总体规划已基本明确，但由于老城区用地资源紧张，拓展余地小，为适应城市建设新形势，遂昌县委、县政府结合本县实际，提出了“树框架、建县城、重山水、创精品”的城市建设发展思路，城区面貌即将焕然一新，环城南路周边将成为开发的重要区块。环城南路建成后，将承担起区域交通向外辐射的主要任务，沟通区域交通与外界交通的交通联系；有利于完善区域交通网络骨架，方便周边道路交通的出行转换；将更进一步完备遂昌县“两环、三隧、六射”的交通框架系统，并将极大推进成屏溪南岸的城市化进程。

以《遂昌县中心城区总体规划》为依据，本次研究的环城南路二期主要位于遂昌县中心城区外围西南侧和东北侧，位于凯恩路综合服务轴南侧，主要包括南溪单元中的吴乐街区和南门街区。环城南路不仅起着沟通县城内区域交通的作用，更承担着区域交通向外辐射及过境交通的主要任务，加强区域交通与外界公路的交通联系。

环城南路二期工程建设单位为遂昌县城市建设发展有限公司，项目分为两段实施：源口段南起南外环路，北至园丁路；叶坦段南起下南门路，北至东桥路。道路等级为城市主干道，全长约 2.06 km，道路一般路段红线宽度为 24 m。

本工程全线征地约 78 503.7 m$^2$（约合 117.9 亩），拆迁房屋 18 栋，建筑总面积为 1 528.6 m$^2$。道路沿线设置桥梁 1 座（近南溪侧栈桥 260 m），隧道 1 处（西线 1 040 m，东线 1 054 m）。

## 二、项目内容

本项目咨询包括环城南路工程二期（南外环路—园丁路、下南门路—东桥路）范围内的道路工程、桥梁工程、隧道工程、给水工程、雨水工程、污水工程、管线综合、交通设施及绿化市政配套等专业，研究内容包含项目的必要性、可行性、工程估算以及结论建议等。

## 三、项目成果特点

环城南路二期工程具有诸多特点：一是项目沿线地质复杂，征地拆迁政策处理干扰繁多，

路桥隧水电各专业协同设计，整体线位要充分考虑沿线地块开发，平衡道路和桥梁、隧道的线形指标；二是隧道形式多变、结构复杂，设置了小净距隧道和分离式长隧道，展线困难段采用小净距隧道，洞口局部浅埋偏压，隧道结构受力复杂，支护、衬砌和防排水设计要求高；三是路基边坡防护形式多样复杂，有抗滑桩防护、喷锚覆绿和锚杆挡墙防护、重力式挡墙和缓坡率法组合防护等。

本咨询研究充分考虑上述项目特点，采用多种研究方法，创新性解决工程中多专业复杂问题，突出体现在如下五个方面的全方位研究。

### （一）研究方法具有突出的创新性

（1）定性与定量相结合：在定性分析的基础上充分运用定量的方法研究说明每个专题，如将定量分析和定性结分析隧道结构设计结合预测道路交通流量，结合物价及运输成本的定性及定量分析进行国民经济评价。

（2）宏观与微观及近期与长远相结合：通过在不同时间尺度和不同空间尺度上采取最优化方法研究有关问题，如对燃油消耗问题则根据道路条件、车辆特性、交通状况等因素的变化选择最合适的条件进行节能分析。

（3）经济与技术相结合：不仅考查各研究方法技术上的可行性，更要测算其投资效益，分析其经济上的可行性，以保证方案最佳的经济效益。

综合上述方法，对比不同方案的优劣及抵抗风险的能力，项目实现了前瞻性和可操作性的结合与统一，所提出的定性与定量评价方法是研究的一大创新点。

### （二）路桥隧水各专业协同设计

环城南路隧道不同于一般公路隧道，较多的综合管线增加了工程复杂性，而且地质情况差、覆土浅等，需要道路、桥梁、隧道、给排水和电气等专业协同设计。

本次研究拟对环城南路二期分南外环路—园丁路段和下南门路—东桥路段两段研究。南外环路—园丁路段南侧三中地块、农居点安置房以及和西侧南溪三角地块地势平整，东侧主要以山地丘陵为主，道路选线及道路纵断控制对地块开发布局、工程造价控制等影响较大，且需结合近期南溪绿道线位进行综合考虑，绿道远期布置于环城南路临溪侧的人非共面板块上，经南外环路处辅道沿南溪通行。

该路段沿南溪走向，东侧为山体，根据相关资料，该段与南溪绿道走向重合，受南溪及山体限制，绿道及环城南路无分开设置的空间，绿道宜结合环城南路断面综合设置，应考虑一定的慢行系统空间。另外，部分路段规划红线与现状驳岸及规划河道驳坎有冲突，宜采用路桥结合方式进行处理。

断面布置为：5.0 m（人非共面道）+ 6.75 m（车行道）+ 0.5 m（隔离墩）+ 9.25 m（车行道）+ 2.5 m（人行道）= 24 m。

南溪路段由于沿着南溪驳岸走向，道路横断面的设计应结合远期的南溪河道规划，考虑生态性与亲水性，并与下游已建堤防相衔接。本次设计建议采用较为经济合理坡率法，坡面可采用浆砌块石护面。并在后期根据提供的详细的南溪水文资料及河道规划资料对驳坎做多方案比较设计。

环城南路二期工程既要考虑道路两侧的地块开发和交通出行，还要统筹考虑方案的合理性和经济性。因为路线穿越丘陵路段，所以多方位比选了深挖路堑和隧道方案的优劣性，并优化了隧道线位和结构形式设计。

下南门路—东桥路路段主要以穿越山体丘陵为主，且需接顺正在施工的东桥路，考虑到对山体环境的保护及减少拆迁等因素，路段可选线形较少，比选隧道施工可行性方案，本路段全线采用穿山隧道连接南门街区与叶坦街区，该段设置 1 000 m 以上长度的隧道服务于过境交通，按规范要求禁止行人及非机动车通行，应在首末端即下南门路和东桥路路口做好交通管制。

本路段两端下南门路和东桥路断面和竖向标高都已确定，设计方案确定为下南门路整体式道路过渡到小净距隧道，之后分东西线分离式隧道后，与东桥路接顺。单洞断面布置为：2.0 m（检修道或应急通道）+ 8.0 m（车行道）+ 0.5 m（侧向宽度）= 10.5 m。

### （三）道路设计反哺规划设计

环城南路是遂昌外环大交通的主构架道路，两侧地块开发围绕环城南路展开。环城南路的设计必须满足县区交通需求，便于土地出让和开发。道路线位和标高经过多次方案比选，因地制宜地布局道路平面，有利于规划调整路网结构，完善整个县区的路网布局，使之更好地为沿线地块服务。

考虑南侧三中地块和农居点的土地出让开发，南外环路—园丁路段道路平面走向相较规划路线东移，原南环路交叉口最大东移约 50 m；同时考虑南溪现状河岸线和规划河岸线，对原线形进行了局部节点调整。道路起点处与远期环城南路西线（三期）衔接，沿线分别与园丁路、下南门路平面相交，设计终点位置与东桥路接顺。

南外环路—园丁路段与规划绿道线位重合，因此本段设计需结合绿道统筹设计。现状绿道和路侧景观引水管道已经施工完成，为了衔接三中地块和吴乐畈地块的景观水系，道路纵断设计对标高进行整体抬升，满足景观水系的重力流活水效果。绿道远期布置于环城南路临溪侧的人非共面板块上，从环城南路一路向南经南外环路处辅道沿南溪而设。

道路设计中更注重区域总体布局的调整和协调，弥补了规划的不足。

### （四）设计注重山水生态原生性

该成果从各个方面探讨环城南路设计存在问题和解决方案，有助于提供城市外围环城道路，特别是山地型城市道路的设计模式。

该研究多方位比选了路线、标高、桥隧等方案的优劣性，隧道群的设计方案响应了遂昌生态山水发展理念，避免了深大开挖，且在隧道出入口及一般挖方路段进行植草覆绿等生态措施，使遂昌县城市化进程低影响开发，保护了遂昌的青山绿水。

该研究把促进经济社会发展与环境保护有机结合起来，有效预防和治理随着经济社会发展而出现的环境破坏，实现环境保护与经济发展协调，生态良性循环、把环城南路建成遂昌县城市化进程中的生态绿色道路。

道路横断面设计既要满足道路交通运输要求，又要满足生活服务交通功能，同时还考虑了城市景观的需求，为区域发展完善创造条件。

沥青路面具有噪声低、振动小、无反光、无接缝、施工铺筑进度快、相对开放交通早、维修养护快捷等特点，根据生态环保要求和当地城市道路通常采用的结构，本次道路均采用沥青路面。

### （五）道路设计坚持以人为本

从安全通行和使用便利角度出发，坚持“以人为本”的原则，道路方案设计中充分考虑了非机动车路权和行人的公共空间，在道路一般路段配合创建无障碍设施的要求，同步建设方便残疾人、老年人和弱势群体服务的工程配套设施，妥善考虑沿线人行道与周边区块开发利用的安排；隧道路段内设置充分照明，并考虑人非共面等交通安全设施。城市家具设计中注重道路和周边环境的相互协调、统一的原则，提取其中特殊的景观元素，把遂昌当地的山、水、金等文化元素融入现代设计中。

建立无障碍环境，不仅为残疾人、老年人参与社会生活提供必要的安全和方便，同时也给伤病患者和携带重大物品者带来便利，是造福社会的举措。

人行道铺装设计及侧石选用在形式上做到简洁、有序、富有节奏韵律变换，同时与道路两侧的地块性质相契合，人行道铺装用料及侧石均选用当地盛产的遂昌红花岗岩，一方面可以提升周边居民的生活品质，又能较好地与车行道沥青路面铺装相衔接，达到色彩的稳重与协调。

在人行道内部设置垃圾箱（亭），每间隔 150 ~ 200 m 设置一处。居民密集处可适当加密。公交车站反映了一个城市的发展水平，在贴合环境的前提下，公交车站以美观、实用为主，并附带多种智能设施。

## 四、项目实施情况

2015 年 12 月，受遂昌县城市建设发展有限公司的委托，中国联合工程有限公司开始编制《遂昌县环城南路二期工程（南外环路—园丁路、下南门路—东桥路）可行性研究报告》，报告对项目背景进行了分析，通过对规划和现状解读，阐述了该项目的必要性和可行性，并对项目的工程技术方案做了详细的论证。通过项目建设的国民经济评价和对环境影响等的评估，为项目实施提供依据。

2016 年 6 月，遂昌县发展和改革局主持对本工程的可行性研究报告进行了会议审查，并顺利通过了审查，于 9 月 2 日取得了该项目的可行性研究报告的批复。

本工程于 2016 年 11 月 30 日取得初步设计及概算批复，并于 2017 年 2 月 8 日取得丽水市建筑工程施工图审查中心出具的图审合格版施工图。

2017 年 12 月，本工程开始正式施工，历经 3 年时间，项目于 2021 年 1 月 14 日完成竣工验收，并投入使用。该项目荣获 2022 年度浙江省和杭州市勘察设计行业优秀成果市政类一等奖。

本项目采用建筑信息模型（BIM）三维技术，深入研究全线地形和高程，对深挖路堑和隧道方案全方位比选，并对桥隧连接部位进行细部分析，形成了三维设计的技术体系；采用先进 GTS 软件电算分析模拟隧道结构的整体受力，并与理论计算、经验判断比较分析；隧道内采用复合式沥青路面，并采用 SMA 阻燃沥青提高安全性；长隧道内洞顶采用新型防火涂料，洞壁装修采用水泥纤维板进行降噪处理，提升城市山岭隧道的安全和品质。

环城南路的建成形如一道纽带，大大加强了南岸与县城之间的沟通，使南岸地块交通与中心城区的交通联系更为方便、快捷。环城南路是道路周边地块内的一条交通要道，极大加强了覆船路、水厂路、上南门路、下南门口、县职中、大毛头新村及区域内其他规划道路之间的沟通联系，使得周围地块区域优势明显增强。

项目建设完善了遂昌县“两环、三隧、六射”的外环交通框架系统，带动了沿线地块的开发建设，并极大推动了中心城区的城市化进程。

分离式长隧道实景如图 1 和图 2 所示。

图 1 分离式长隧道洞口实景图

图 2 分离式长隧道洞内实景图

## 五、项目主要参与人员

项目主要参与人员：高登繁、阮铁锋、范亮平、奚健、徐叶明、孙海明、吕乐燕、何晓刚、傅国宁、徐少华。

# 正大青春宝（德清）药业有限公司年产 15 亿袋（片、粒）固体制剂及 1.4 亿支中药物提取注射剂项目成果

浙江省天正设计工程有限公司

扫码查看原文

## 一、项目概况

正大青春宝（德清）药业有限公司为正大青春宝药业有限公司的全资子公司。本项目拟建场地位于德清经济开发区（高新区）的东部，二期生物医药产业园区地块内、武洛公路旁。整个场地呈不规则多边形，其东西面宽约 248 m，南北进深约在 243 ~ 282 m 变化，用地红线总面积为 69 812 $m^2$（约合 104.72 亩）。

本项目新建的建、构筑物主要有以下各项：前处理车间、提取车间、制剂车间、高架自动仓库、综合楼、生活楼、门卫一、门卫二（采购成品门房后安装）、酒精罐区、污水处理站、事故污水收集池、甲类仓库、生产缓冲水池及泵房以及配套的道路、围墙、试验中药种植区、绿化、室外管架及地下管网等。

考虑厂区的建设用地现状并结合周围环境，本项目整个厂区按功能或建筑主体分为厂前区、生产及仓储区、辅助区、生活及试验中药种植区等几大区块。

厂前区位于厂区南部的中间位置、紧邻厂外的珍珠街（A 号路）及隔路相望的青春宝公司二期预留用地布置，该区域主要由综合楼（包括行政办公、实验及检测、底层架空停车等功能）、楼前小面积的铺装绿化场地、小汽车室外临时停放场地和门卫一等组成。

生产及仓储区是厂区的主要功能区块，位于厂区的中部和东部，其面积约占整个厂区面积的五分之三，一条宽为 9 m 的南北走向道路将该区域划分成东大西小的两个地块，其中东侧地块由南至北布置高架自动仓库和前处理车间，这两幢建筑的装卸区相邻，集中布置在该区域的东北角，其北侧紧邻厂区货运出入口、门卫二和厂外的龙山路（E 号路）；西侧地块则由南至北布置制剂车间和提取车间。生产及仓储区的各建筑布置，充分考虑了生产中物料由前处理车间向提取车间、制剂车间、高架自动仓库依次传送的工艺流程要求。

辅助区位于厂区的西侧，该区域的用地轮廓呈南北进深较大、东西面宽很窄的条带状，主要由自南至北依次布置的事故污水收集池、污水处理站（含固废处理间等，由业主委托有资质的专业单位进行处理工艺设计）、甲类仓库和地埋式酒精罐区等组成。

生活及试验中药种植区位于厂区的北侧，该区域的用地轮廓呈南北进深很窄、东西面宽较宽的条带状，主要由自东至西依次布置的试验中药种植区、生产缓冲水池及泵房、生活楼等组成。生活及试验中药种植区的南侧设置密植绿篱或低矮透空的内部分隔围墙，以便与厂区内其

他功能区块相隔离，形成一个相对独立的区域。

项目情况如图 1 和图 2 所示。

图 1　园区鸟瞰图

图 2　园区实景图

## 二、项目内容

本项目主要功能单体为饮片前处理车间、提取车间、制剂车间、综合仓库，最终制剂产品的剂型为颗粒剂和片剂及注射剂原液，产品具有科技含量高、附加值高、产品竞争性强、低消耗、低污染等特点。

生产路线如下。

注射剂提取物：中药原药→饮片工艺处理→提取→干燥→浓缩→浸膏存储。

固体制剂：中药原药→饮片工艺处理→提取→干燥→浓缩→整粒→总混→压片→铝塑包装→外包装→入库。

本项目生产路线均采用成熟的工艺路线，为了保证生产工艺的先进性、改善操作环境和保证产品质量，结合新时代企业发展的需要，在本项目中将大量采用先进设备，实现生产自动化、信息化、数字化需要：在前处理工序将重点实现连续化，提取工序实现信息化和自动化，制剂生产工序实现智能化，整体建设将达到国内先进水平。在制药装备方面，本项目选用的主要设备如一步制粒机、混合机、颗粒包装机、压片机、胶囊填充机等设备均选用国内领先的设备，这些设备联动性能强，密闭性好，减少物料裸露的环节，具有高效、优质、低耗、安全、操作方便以及对环境污染少等特点，完全符合《药品生产质量管理规范》（Good Manufacturing Practice of Medical Products，GMP）的要求。

## 三、项目成果特点

本项目设计目标为在生产工序中实现“机器换人”，各工序均采用国内领先的自动化联动设备，生产线先进性具体如下。

### （一）中药材前处理车间

引进了成熟的成套连续生产线，生产数据上传给 SCADA 系统进行记录和实时监控，改变了原有单机或完全人工的生产模式。

正大青春宝（德清）药业有限公司前处理车间的草类滚筒干洗挑拣装箱线、根茎类干洗挑拣破碎装箱线、果实类干洗挑拣装箱线，分别适用于草类药材、根茎类药材、果实类药材的人工解包、切断、滚筒筛分干洗、人工挑拣、人工辅助定量装箱等处理工艺。该生产线与原料库、净药材库的物流系统有机衔接，原料库物流系统送料到生产线进料端进料，净药材库物流系统将生产线生产出的药材装箱并送入净药材库。该生产线能将中药材加工成符合工艺要求的规格，具有加工处理能力高、生产自动化程度高、设计制造符合新版 GMP 相关要求的特点。全自动前处理 GMP 生产线如图 3 所示。

图 3　全自动前处理 GMP 生产线实景图

## （二）中药提取车间

中药提取车间采用全自动管道输送，灌体贮存的加工方式，采用集散控制系统（Distributed Control System，DCS）进行自动化监控，生产线实现密闭化和自动化，DCS 共涉及监控和控制点位 12 000 余个，是目前控制点位最多的中药提取项目之一。全自动提取车间实景如图 4 所示。

图 4　全自动提取车间实景图

## （三）制剂车间

制剂车间购置了国际领先的自动化设备，内外包装高度连线生产，大大减少了操作人员，并运用了无人搬运车（Automated Guided Vehicle，AGV）智能转运半成品，实现了以机器换人，并且通过部署 SCADA 系统，将设备运行的数据实时上传到中央控制机房并在大屏上进行展示，使整个制剂过程完全实现透明化操作。

## （四）高架仓库及自动物流转运系统

高架仓库拥有 9 000 个货位，通过仓储管理系统（Warehouse Management System，WMS）和仓库控制系统（Warehouse Control System，WCS）的配合，控制码垛手、堆垛机、穿梭车、升降台、输送带等设备，实现原材料、辅材、产成品入出库的全程自动化操作，并通过件箱自动输送线或无人小车与各生产车间连接，实现内部物流的高度自动化。

### （五）信息化管理系统

整个工厂部署了全范围的 SCADA 和物料追溯系统，通过信息化软件，结合自动化装备、传送系统和控制系统，按照生产工艺在无人（或少人）干预的情况下，以规定的程序或指令自动完成产品制造过程，并使用智能传感器、设备可编程逻辑控制器（Programmable Logic Controller，PLC）、条码等，对制造过程产生的数据和物料流向进行采集和记录，实现对生产全过程的智能监控与调度。工厂设置智能化数据平台及分析平台，及时收集数据，对接大数据时代智能分析、质量控制及智能制造。

## 四、项目实施情况

项目建设分以下两个阶段进行。

（1）项目前期准备阶段：该阶段主要工作是项目立项、可行性研究报告的编制、审批以及资金募集。

（2）项目实施阶段：主要包括方案设计、施工图设计、设备采购、土建施工、安装工程、试车运行等几个步骤。

从敏感性分析可以看出，销价涨跌及经营成本变动对企业的收益影响较为敏感，但该项目投资具有一定的抗风险能力。从技术经济指标、盈亏平衡分析可以看出，本项目具有一定的营利性，税后财务内部收益率为 23.69%，高于基准收益率。

正大青春宝药业有限公司是一家以中药为主体的现代化制药企业，经过多年发展已经成为国内医药行业的佼佼者。正大青春宝（德清）新建项目的实施有着十分显著的社会效益和经济效益。正大青春宝有着多年的制剂生产经验，本项目颗粒剂、片剂、胶囊剂的生产工艺成熟可靠。本项目产品在国内市场中有较强的竞争力。本项目的生产规模是根据国内市场情况及公司的实际情况确定，产品有较稳定的市场。因此其设计规模合理可行。项目实施后对企业产生良好的经济效益。本项目建成投产后，投资利税率为 44.93%，项目盈亏平衡点为 69.61%，全投资预计 6.34 年可收回。从上述的财务经济分析结果看出，该项目建成投产后具有良好的获利能力，产品利润高，抗风险能力较强，经济效益较好，因此，本项目在经济上是可行的。

本项目的三废治理措施及安全设施落实达标，项目建设未对周围环境产生不良影响，劳动安全、卫生有保障。

本项目获 2018 年年度浙江省优秀工程咨询成果奖三等奖。

## 五、项目主要参与人员

项目主要参与人员：多兆明、陈康麟、万强、牟苏嫣、郑飞宏、王玉松、周锋、谢雨东、夏晓寒、方鹏迪。

# 湖州加怡新市热电有限公司 15 MW 热电机组扩建项目成果

浙江省天正设计工程有限公司

扫码查看原文

## 一、项目概况

湖州加怡新市热电有限公司（以下简称公司）成立于 1995 年，位于古运河河畔的新市镇急水桥南岸。占地面积约 50 000 $m^2$，现有职工 101 人，主要承担工业区内 58 家工厂集中供热任务。公司目前规模为 2 炉 2 机，即 1 台 60 t/h 及 1 台 90 t/h 高温高压循环流化床锅炉；1 台 B6-8.83/0.98 和 1 台 B9-8.83/0.98 背压式汽轮发电机组。总额定蒸发量为 150 t/h，平均供汽负荷为 78.1 t/h，发电机组容量 15 MW。

热电厂周围，同时存在许多分散的导热油锅炉，根据相关政策，这些锅炉都将被取缔，这些企业，已经向电厂申请供热，他们的供汽要求，高压均为 2.8 MPa 的饱和蒸汽，低压均为 0.7 MPa 的饱和蒸汽，现有机组，不能满足热用户的要求。

厂区现有 1 台 90 t/h 和 1 台 60 t/h 高温高压循环流化床锅炉，同时配置 1 台 B9 和 1 台 B6 高温高压汽轮发电机组，由于场地的限制，园区用热负荷增加过快等原因，使得热电厂始终没有备用锅炉，不符合热电厂的配置要求。机组在运行中，若发生故障，则对外供热就不能得到保障，为了解决此问题，本期新建 2 台 130 t/h 高温高压循环流化床锅炉，同时新增 1 台 CB15 抽汽背压式高温高压汽轮发电机组，能够更安全稳定地对外供热，可以吸纳更多的热用户，扩大供热范围，实现较大范围内的集中供热。

用大容量的锅炉代替分散小锅炉供热，提高了热效率，减少了煤耗量，也即减少了污染物的排放量。采用循环流化床燃煤技术，采用石灰石 - 石膏法脱硫，脱硫效率可达 98% 以上，$SO_2$ 排放浓度低于 35 mg/$Nm^3$，能大幅度减少烟气中 $SO_2$ 的排放。采用高效布袋除尘设备，脱硫后烟气增加湿式电除尘器，使烟气中含尘量低于 5mg/$Nm^3$，满足国家排放标准。锅炉采用先进的低氮燃烧技术，采用 SNCR+SCR 技术方案，用氨水作为还原剂，对燃烧产生的烟气进行脱硝。使烟气中 $NO_x$ 低于 50 mg/$Nm^3$，大幅度减少烟气中 $NO_x$ 的排放。各企业采用低压工业炉供热，热效率较低，能源浪费严重。而采用热电联产、集中供热，锅炉热效率可以达到 90% 以上，供电标煤耗率在 166 g/（kW·h），供热标煤耗 40.48 kg/GJ，远低于国内 200 MW 发电机组的供电标煤耗率（同时低于浙江省地方标准热电联产能效能耗限额准入值的要求）。

全厂年节约标煤量为 33 840 t，按照节约 1 t 标煤＝减排 2.46 t $CO_2$ + 减排 5.75 kg $NO_x$ + 减排 15.9 kg $SO_2$+ 减排 3.8 kg 烟尘测算，可减少 $CO_2$ 排放约 83 246 t，减少 $SO_2$ 排放约 538 t，减少 $NO_x$ 排放约 195 t，减少烟尘排放约 129 t。由此可大大减少地方经济发展对环境的影响，供热的环保性能大大提高。

## 二、项目内容

根据热电厂的热负荷情况，并按“以热定电、热电联供”的原则，针对热负荷具有一定的波动性的特点，本工程设计方案：2 台 130 t/h 高温高压循环流化床锅炉 +1 台 CB15-8.83/3.2/0.98 抽汽背压式汽轮发电机组。

### （一）厂址及总平面布置

公司位于德清县新市镇急水桥南岸，始建于 1995 年，公司占地面积约 5 $km^2$。本次 15 MW 热电联产扩建项目拟建在原厂南面已征土地上。

根据公司对热电厂区总体布局的设想要求，考虑热电联产项目的用地特点，结合生产工艺和各设施的功能要求，结合厂址自然条件特点，并考虑电厂出线、供汽母管走向等条件的要求，进行了总平面布置，简要叙述如下：本项目位于整个厂区的南面，建筑单体主要由脱硫综合楼、主车间、点火油泵房及油罐、循环水池、门卫及地磅组成。主车间布置在整个场地的中部，干煤棚布置在已有煤棚南面；脱硫综合楼在主车间的西面；点火油泵房及油罐布置在主车间的西南角；循环水池建设在现有中温中压锅炉后；门卫及地磅结合货运出入口布置在主厂房东面。

### （二）主厂房布置

主厂房采用汽机间、锅炉间、除氧煤仓间三列式平行布置方式。

汽机间跨距为 15 m，运转层标高为 8 m，轨顶标高和屋架下弦分别为 14.6 m 和 17.6 m。汽机间运转层上方设置 25/5 t 慢速双钩桥式起重机 1 台，供机组检修之用。汽轮发电机组为小岛式双层横向布置。机组中心线距 A 排柱轴线距离为 6.9 m。底层布置有交流启动油泵、交流润滑油泵、直流事故油泵、发电机空气冷却器以及分别用于过滤冷油器和空气冷却器冷却水进水滤水器等。机头底层与运转层之间设有标高为 3.8 m 的机头平台，机头平台布置有 1 台汽封加热器、1 台汽轮发电机组的润滑油箱和 1 台高压加热器。

锅炉间跨距为 28 m，总长为 47 m，运转层标高为 8 m。锅炉房为半露天布置，即底层为室内布置，运转层为露天大平台，每台炉顶设一顶棚。锅炉间底层布置有一次风机、二次风机、冷渣器，室外布置布袋除尘器、石灰石 - 石膏脱硫装置、引风机、烟囱、定期排污扩容器等。

除氧煤仓间跨距为 9 m，共设有 6 层。底层设有高、低压配电室，4.5 m 层为管道及电缆夹层；8 m 层为运转层，布置机炉热控室、主蒸汽母管和给水操作台、取样冷却器间、锅炉加药间等；12.5 m 层为管道夹层；15 m 层为除氧层，布置有除氧器、连续排污扩容器、炉前给煤机等；27.5 m 层为煤仓层。

汽机间与锅炉间之间在底层设有联系通道。在主厂房北端设有与各层相通的室外消防楼梯。

### （三）建筑及结构

本项目涉及的厂房（仓库）生产类别均为丙类、丁类，耐火等级均为二级。主厂房采用全现浇钢筋混凝土框架结构及排架结构，局部为钢结构要求涂防火涂料以达到二级耐火等级。厂房及主要设备的基础采用桩基。

## （四）电气部分

### 1. 电气主接线

（1）升压站 35 kV 系统为单母线分段，其中新电 3121 线接入 35 kV Ⅰ段母线，加怡 3125 线接入 35 kV Ⅱ段母线，母线间设有母线分段开关。现有 1# 主变（8 MV·A）和 2# 主变（16 MV·A）接入 35 kV Ⅰ段，35 kV Ⅱ段目前空余，用于接入本期 3# 主变（20 MV·A）。

本期扩建后现有的 6 MW 和 9 MW 发电机通过新电 3121 线上网，扩建的 15 MW 发电机通过加怡 3125 线上网。

（2）升压站 6 kV 系统为单母线三分段，目前为发电机母线与高压厂用电母线合并考虑，母线间设母线分段开关，按发电机和主变进行分段，每段均接入一台发电机和一台主变，本期维持单母线三分段结构，将 6 kV Ⅲ段所有开关柜整体替换，满足 3# 发电机及主变扩容后载流量。

由于升压站空间限制，本期在新建主厂房增设两段 6 kV 厂用高压段，用于新增两台锅炉的高压厂用电负荷接入。

（3）本期后系统运行方式：35 kV 和 6 kV 所有母线均处于分列运行方式，仅在故障状态时，在校核短路电流影响后可进行短时倒闸操作。

### 2. 站址规划

（1）电厂现设有独立的升压站一座，升压站包括控制楼和配电设施楼两幢建筑，两楼中间为主变场地。

配电设施楼为二层建筑，一层为 6 kV 配电设备间和高压变频器室，二层为 35 kV 配电设备间。控制楼为三层建筑，一层为办公室，二层为电缆夹层，三层为电气中央控制室。主变场地为户外露天布置。

现有升压站 35 kV 进出线均为架空线，主变 6 kV 侧采用高压母线桥连接。6 kV 馈线均采用电缆连接。

本期升压站部分改造均在原址进行，新增高压配电设备包括电厂厂用高压设备均布置在升压站中。

（2）扩建的 3# 主变设置在现有 3# 主变场地，35 kV 侧采用电缆主变高压桩，主变 6 kV 侧采用 2×（TMY-100×8）高压铜排母线桥连接。

本期 6 kV Ⅲ段所有开关柜原地整体替换，以满足 3# 发电机及主变扩容后载流量。

（3）由于升压站空间限制，本期在新建主厂房增设两段 6 kV 厂用高压段，用于新增两台锅炉的高压厂用电负荷接入。新增的高压变频器也布置在新建主厂房内。

新建主厂房底层同时设置厂用低压配电室，布置厂用变压器和低压开关柜。

（4）升压站与电厂新建主厂房的连接均采用电缆连接，电缆沿厂区电缆桥架敷设。

### 3. 厂用电系统

项目因大量厂用风机、水泵采用高压电机设备，厂用电系统采用两种电压等级，高压采用 6 kV，低压采用 380/220 V。

6 kV 厂用母线采用单母线分段，按炉分段，母线间设联络开关。

400 V 厂用母线亦按炉分段，采用单母线分段。设置两台 1 600 kV·A 低压厂用变压器，主要用于两台锅炉的低压厂用电负荷。采用新设两台厂变互为备用的形式。在低压联络开关设置备用电源自动投入装置，作为双电源切换供电。

新增的脱硫变压器分别接入本期 6 kV 厂用母线。

6 kV 系统采用中性点不接地方式；380 V 系统采用中性点直接接地方式（TN-S）。

### （五）化学水处理系统

化水站、循环水站的水源取自净化后的运河水。

根据原水水质、锅炉减温器形式、补给水率及给水水质要求，预处理系统采用：反应混凝沉淀＋全自动 FA 净水器 + 活性炭过滤吸附。

除盐水系统采用：多介质过滤器 + 超滤 + 反渗透设备 + 混床。

混床系统化水处理水量约为 3 × 70 t/h。

### （六）自动化水平及控制室布置

本项目采用集散控制系统（DCS）进行控制。控制系统的操作员站为冗余分散布置，在集控室有工程师站、锅炉汽机操作员站，及就地有化水操作员站。

控制系统的控制器和 I/O 站也通过冗余通信分散布置，实现全厂统一的实时冗余数据库，锅炉—汽机发电机组、循环水泵等辅机都通过控制器或 I/O 站的远程就地布置，实现一体化控制。

在本项目中电气专业厂用电部分的安全控制由 DCS 完成，其中包括了工艺设备的电气联锁、电气的电量信号等。

二次仪表除设备自带的以外，原则上不再配置。机组保护联锁与控制逻辑在 DCS 中实现，通过冗余过程控制站和冗余 I/O 等配置可以保证系统的可靠性。

本设计控制室设在主厂房除氧间，面积约为 180 $m^2$。

另设锅炉点火现场盘、汽机机旁仪表盘。

### （七）环境保护

#### 1. 大气污染物治理

本期工程排出的大气污染物主要是烟尘、二氧化硫及氮氧化物。环保治理措施如下。

（1）本工程选用低氮燃烧循环流化床锅炉，其炉温严格控制在 870 ~ 950 ℃，在该炉温下燃烧产生的 $NO_x$，一般可以控制在 150 mg/$Nm^3$ 以下，采用选择性催化还原（Selective Catalytic Reduction，SCR）和脱硝技术即选择性非催化还原（Selective Non-Catalytic Reduction， SNCR）相结合的方式，能满足国家有关标准的要求。

（2）锅炉烟气采用石灰石 - 石膏法进行炉外脱硫，脱硫效率可达 98% 以上。

（3）选用除尘效率较高的布袋除尘器，脱硫装置后加装湿式电除尘装置。

#### 2. 灰、渣治理

布袋除尘器收集的飞灰通过每个电场下各灰斗所设的小仓泵送至厂区飞灰库，用密封罐车运至厂外综合利用。

本工程锅炉的底渣经冷渣机冷却后采用机械出渣输往渣库，然后装车外运综合利用。

#### 3. 废水治理

1）生活污水处理

生活粪便污水经化粪池处理后会同生活废水由一期新建污水管网输送至废水处理厂，受污染的生产废水尽量回用，多余部分送污水处理厂处理；雨水排入河道。

2）工业废水处理

（1）锅炉的排污分为连续排污和定期排污。连续排污扩容器布置在除氧层，排污水经膨胀后，二次蒸汽进入除氧器，排污水接至定期排污扩容器。定期排污的二次蒸汽将排空，排污水经冷却池冷却至 40 ℃后排入厂区排水系统。

（2）化学水处理采用除盐水系统，再生的酸碱废水排入中和池，通过压缩空气的搅拌使中和池废水的 Ph 值达到 6 ~ 9 后综合利用，排入市政污水管网。

## 三、项目成果特点

我国既是能源消耗大国，也是能源缺乏的国家，国家鼓励节约能源，提倡集中供热、热电联产。

可行性研究报告是在确定建设项目之前具有决定性意义的工作，通过对项目市场、技术、财务工程、经济和环境等方面进行精确系统、完备无遗的分析，完成包括市场和销售、规模和产品、厂址、原辅料供应、工艺技术、设备选择、人员组织、实施计划、投资与成本，效益及风险等的计算、论证和评价，选定最佳方案，为业主的决策提供科学依据。

对于热电项目开展可行性研究报告工作，能够贯彻科学发展观，落实节约资源、保护环境的基本国策，加快建设节约型社会，促进科学合理利用能源，促进经济社会的可持续发展，并为政府部门的监察、决策和审批管理等提供依据。

本项目是热电联产、集中供热的节能环保项目。项目采用先进成熟的循环流化床锅炉和抽汽背压式汽轮发电机组技术。烟气处理采用 SNCR + SCR 组合法脱硝工艺 + 布袋除尘器 + 烟气石灰石 - 石膏湿法脱硫 + 湿式电除尘器等治理措施后，烟气排放达到超净排放标准，控制系统采用 DCS。项目在安全、环保、节能、职业卫生防护措施等方面均严格遵守国家和地方法律法规和标准规范。

为了做好该项目的可行性研究报告工作，项目组严格按照《热电联产项目可行性研究技术规定》和四部委计基础〔2000〕1268 号《关于发展热电联产的规定》等法律法规的要求进行编写，对当地的社会经济发展情况，用热需求情况，能源供应、消费等情况进行充分调研，搜集了大量一手资料。对项目工艺进行研究，分析用能环节和设计热负荷的合理性，对于热电站的汽水平衡、燃料平衡进行认真核算，提出安全可靠、合理可行的工程建设方案，真正做到项目方案合理可行，技术经济合理，节能措施完善。

本项目可行性研究报告数据翔实、计算合理有据，采用专业热工软件进行计算，计算结果准确可信。可行性研究报告的编制分专业多人参加，严格按照《热电联产项目可行性研究技术规定》和浙江省的相关规定进行，章节完整，条理清楚，并加入多个数据表格，整体编制质量较好，在评审会上得到了专家好评，顺利通过评审，并获得湖州市经信委的批复，有利于业主下一步的工作，达到了可行性研究报告的目的。

## 四、项目实施情况

本项目可行性研究报告于 2015 年 12 月编制完成，于 2016 年 3 月在湖州市经济和信息化委员会组织的专家评审会上获得通过，于 2016 年 5 月获得湖州市经信委的批复。

在完成可行性研究报告后，浙江省天正设计工程有限公司顺利承接该项目的施工图设计工作，并按期完成施工图设计工作，施工图纸质量高、出图快，及时满足业主订货、招投标和施工管理的需要，并对项目进行了良好的现场服务工作，保障了施工进度，赢得了客户信任和满意。

项目的具体实施分为两期进行：一期是一炉一机于 2017 年 6 月完成全部施工图设计，于 2018 年 3 月首台锅炉点火成功，2018 年 8 月全部完工，建成投产；二期一炉于 2020 年完成设计，2021 年全面建成投产，均达到一次开车成功。

项目各项指标均达到设计预期，达到业主建设要求，满足了热用户的用热需求，用能、安全、环保等各项指标均达标通过验收。

本项目的建成，为业主能够提供更加广泛的供热提供了保障，热用户持续扩大，取得了良好的经济效益和社会效益，也为湖州地区的经济发展和环保事业及节能减排提供了有力支持。

项目情况如图 1 和图 2 所示。

图 1　项目效果图（二期）

图 2　130 t/h CFB 炉施工现场

## 五、项目主要参与人员

项目主要参与人员：常涛、陈佳、陈恭毅、叶养忠、葛景春、叶纷飞、陈政、褚建根。

# 上海中化科技有限公司反渗透膜（RO）一期项目成果

浙江省天正设计工程有限公司

扫码查看原文

## 一、项目概况

中化膜材料业务拟引进全球领先的反渗透（Reverse Osmosis，RO）膜材料生产成套技术、专业的技术团队，建设国际一流的膜材料生产基地，实现 RO 膜全过程生产的国产化。该产品市场前景良好，符合我国现行的传统技术升级、消费升级的国情，对打破少数发达国家垄断高端膜材料生产和技术有重要的意义。

在需求面向效果服务的导向下，膜行业被确立为我国战略性新兴产业。本产品为高附加值产品项目，顺应当前及今后反渗透膜市场需求、行业技术领先和整合的形势要求，符合国家产业技术政策。本项目的建设对高端 RO 膜材料赶超国际先进水平，占领国内国际市场，发展并提升我国膜材料行业具有重大意义。

中化集团拟在象山经济开发区建立国际一流的 RO 膜生产基地，不再在反渗透膜材料上受制于人，占领具有主导地位的反渗透膜领域，闯出一片属于国人的天地。

本项目建设地位于象山县象山经济开发区城东工业区内，东邻国和压铸和大通机电；南面为万隆路，隔路为项目二期建设用地和久久药材有限公司；西面为环港公路，隔路为规划用地；北面为景观河道。

象山县象山经济开发区城东工业园，距离中心城区约 1.5 km，距离高速入口仅 15 min 车程。交通条件优越。距宁波约 0.5 h 车程、距上海约 2.5 h 车程，距宁波栎社国际机场约 50 km，距宁波—舟山港约 40 km，属于宁波大都市滨海新区。甬台温高速复线于 2018 年年底正式通车，城际铁路及象山港二通道已列入省级规划，基本形成象山至宁波快速交通格局。

气象：宁波市象山县地处宁波市南部，属于北亚热带湿润季风气候，温暖湿润，雨量充沛，光照强，四季分明。冬季受蒙古高气压控制，盛行西北风，以晴冷干燥天气为主，是本区低温少雨季节；春末夏初为过渡时期，副热带季风开始影响本区，气旋活动频繁，冷暖空气交替，空气湿润，阴雨绵绵，俗称“梅雨季节”；夏秋 7—9 月受太平洋副热带高气压控制，天气晴热少雨，且常有热带风暴侵入，带来大风、暴雨等灾害性天气。

气温：其地处浙江省东南沿海。气温受冷暖气团交替控制和杭州湾海水调节，冬暖夏凉，气候温暖湿润，据庵东气象站 1954—2015 年资料统计，多年平均气温为 16 ℃，月均气温以 7 月份最高，为 28.2 ℃，1 月份最低，为 4.0 ℃。极端最高温度为 40.5 ℃，极端最低气温为 -9.3℃，无霜期一般为 230 ~ 240 d。

日照：其全年平均日照为 2 038.4 h，最多是 1963 年，为 2 399 h，最少是 1954 年，为 1 546.1 h。

风向、风速：本地区平时多吹季风，每年 11 月至次年 2 月为偏北风，且多大风，4—7 月为偏南风，8 月起又逐渐向北偏转，7—9 月是台风活动频繁的季节，其中 8—9 月为最多。台风登陆最大瞬时风速为 28 m/s。

地质、地震：本项目拟建设场地属于丽水—宁波隆起带 ( Ⅲ 8)、新昌—定海隆断束 ( Ⅳ 7)。其下伏基岩岩性主要为侏罗系下统熔结凝灰岩，埋藏深度最浅为 35 m，最深大于 80 m，根据宁波 1∶50 000 区域地质图，拟建场地在区域构造上处于较大级别断裂构造带间相对较稳定的地块，大的断裂构造不发育且无新构造运动形成的活动性断裂通过，钻探揭示地层未发现地层错动现象，区域稳定性相对较好。本项目拟建场地位于宁波市象山县大徐镇，场地基本地震动峰值加速度为 0.05g。厂前区场地类别为Ⅲ类，特征周期为 0.45 s；生产区场地类别为Ⅳ类，特征周期为 0.65 s。抗震设防烈度均为 6 度，场地设计地震分组均为第一组。

本项目的建设规模为年产 22 万支反渗透膜。

## 二、项目内容

本项目建设地点位于象山县经济开发区城东工业区内，根据供地情况，分为 2 个区域进行布置，分别为 9 600 $m^2$（合 14.4 亩）的厂前区和占地 72 600 $m^2$（108.9 亩）的生产区。总平面设计充分考虑项目用地情况、周边场地条件、功能分区合理、近远期发展等因素进行总体布局。

本项目包括制膜车间、生产车间、DMF 精制、DMF 罐组及泵区、原料及成品仓库、消防泵房、循环水塔及水池、危险品仓库、固废间、动力车间、质检楼、生产辅助中心、锅炉房、蓄热式热力焚化炉（Regenerative Thermal Oxidizer，RTO）、门卫室一、污水处理区、事故应急池、综合楼、食堂、门卫室二。

### （一）地块划分

**1. 厂前区地块**

厂前区包括综合楼及食堂，两者在外观上采用饰面构件连接，在风格上采用现代科技风，凸显先进创新的企业形象。

在平面布置上，综合楼、食堂形成一个半围合形，中部广场设置景观水池等设施，提升办公环境条件。

厂前区面向环港公路设置一个出入口，与位于其东南侧的生产区之间有一条排洪河道及绿化带分隔，为便于人员来往及管理，在两个地块之间的河道上修建一座桥梁。

**2. 生产区地块**

生产区地块主要包括主车间区、仓储区、动力辅助区以及三废处理区。

主车间区包括生产车间、制膜车间、DMF 精制、DMF 罐组及泵区（生产配套罐组）。车间区主要集中在地块中部。

仓储区主要由原料及成品仓库和危险品仓库组成，靠近地块南侧物流口布置，避免外部车辆过于深入厂区，提高生产安全性。

动力辅助区布置于地块西侧，既靠近厂前区又临近生产负荷中心，包括动力车间、消防泵房、循环水塔及水池、生产辅助中心和质检楼为项目提供公用工程配套、消防水保障、运行数据监控及质量检验等功能。

三废处理区位于用地东侧偏北位置，主要包括RTO系统、污水处理系统等，为项目处理污水、固废及废气。

生产区地块共设置3个对外出入口及1个联系厂前区的出入口。南侧用地中部设置物流出入口，用地东南角及东北角设置应急出入口，西北角出入口连通厂前区。人员出入主要通过厂前区出入口。

为减少外部因素对本厂区的影响，同时兼顾临街立面的美观性，厂区四周沿路沿河设置透空围墙，与其他厂区相接处设置实体围墙。

绿化能调节气候，提高湿度，减弱噪声，滞阻尘埃，美化环境及改善劳动条件。本项目设计在生产管理区入口广场处设置景观水池，并对生产管理区建筑物周边进行集中绿化，提升区域形象。对于生产区，主要沿围墙内侧，道路两边设绿化带；建筑物四周种植草皮和一些抗性好的灌木；在车间附近，种植具有防火作用的不含油脂性和无飞花扬絮的树种，并不得妨碍消防车操作。重点加强厂区西侧沿环港公路的绿化带的美化及防护型设计。树种选择：首选常绿、少虫害、生长快树种；建筑物四周植常绿草皮及多水分、少油脂、不产生飞扬飘絮的树木，减少裸露地面；管理区可种植树姿美观，季节变化丰富、多层次的植物。

### （二）三废治理及环境保护

废气：本项目制膜车间产生的有组织工艺废气主要分为两部分：一部分为含DMF尾气及部分DMF酸性气体，主要来自聚砜涂布、凝胶槽以及部分工艺放空等，通过厂区管道统一输送至RTO中的活性炭吸附装置进行处理，处理达标后高空排放。另一部分为含溶剂油尾气及部分溶剂油酸性尾气，主要来自RO膜片生产的烘箱尾气以及部分工艺放空等，统一输送至RTO进行焚烧处理后达标排放。

本项目生产车间有组织工艺废气主要为聚氨酯胶黏剂和环氧胶黏剂吸风罩尾气，输送至RTO中的活性炭吸附装置进行处理，处理达标后高空排放。

本项目DMF罐组泵区有组织工艺废气主要为DMF埋地储罐呼出DMF废气，输送至RTO中的活性炭吸附装置进行处理，处理达标后高空排放。

废水：本项目生产过程产生的废水主要分为两部分：一部分是4%DMF废水，主要来自凝胶槽和清洗槽，这些废水收集后去DMF精制装置进行DMF回收；另一部分是其他污水（主要为含柠檬酸、次氯酸钠、甘油等稀污水），统一由厂区管网送至污水处理站，经处理后送入工业园区污水处理厂。

固废：不合格产品、边角料、报废元件及废包装袋等统一外售综合利用；聚砜固化物及污水站污泥等一般固废委托宁波大地化工环保有限公司处置；精馏残液、废活性炭、废化学品容器等危险固废委托宁波大地化工环保有限公司处置；生活垃圾由环卫部门进行外运。

本项目的建设虽在生产过程中会对周围环境造成一定的影响，但通过推行清洁生产和有效的污染防治对策，其对环境的影响将得以控制，且不会对周围环境造成明显的不利影响。

### （三）公用工程配套情况

本项目用电由园区110 kV岩山变电所引入单路10 kV进线。在动力车间设置10/0.4 kV高低压配电室，并在动力车间设置2 500 kV·A干式变压器2台，供全厂用电设备。为保证厂区消防负荷用电、应急照明、正压风机、事故风机、不间断电源（Uninterruptible Power Supply,

UPS）等重要负荷可靠性，在动力车间设 500 kW 柴油发电机 1 台。

本项目设置循环水站，循环水站主要由冷却塔、循环水泵、全自动加药装置等组成。本期工程各车间的循环水供回水从循环水站。

本项目纯水系统设在厂区的动力车间。本系统采用市政自来水作为水源，自来水经过滤后，经过二级反渗透处理后存于纯水罐，供厂区生产用。

本项目冷冻站设置在动力车间，向各使用点提供工艺用 -15/-10 ℃冷冻水系统；提供空调用 7/12 ℃冷冻水系统。

本项目在动力车间设置无油螺杆空压机（一开一备）。该空压机配套微热再生干燥器、高效油水粉尘过滤器，后分为两路：一路进入压缩空气储气罐，一路去制氮机制备氮气。

本项目在动力车间的消防泵房及水池设置 850 $m^3$ 水池两座，供整个厂区的消防用水。

本工程位于宁波市象山县城东工业园，园区内已设有消防中心，设施、装备先进，本工程消防可依托园区消防站及本工程厂区内的消防设施共同施救。

本项目不涉及重点监管危险化工工艺、不涉及重大危险源。本工程所采用的预防、控制、减少事故影响的安全设施，能够满足安全生产的要求，可达到生产装置运行平稳、集散控制系统（DCS）运行可靠、各仪表及联锁装置安全可靠，其安全设施水平在国内同类行业中属于先进水平。

本项目主要采用 DCS 作为基本过程控制系统，对生产过程中温度、压力、流量及液位等关键参数实现自动控制，重要参数实行监视及报警，同时能在 DCS 操作站显示流程图、趋势图、数据一览、报警一览等画面并打印报表。本工程的监控中心位于生产辅助中心控制室，所有的视频信号汇聚后传输至此进行显示与控制。

## 三、项目成果特点

### （一）选择合理先进的设备

本项目要做 RO 膜的全过程生产，最关键的是生产技术细部的要求。为了确保产品质量达到国际先进水平，主要设备采用国外先进设备，有利于产品在国际国内市场处于竞争优势。

### （二）安全措施完备

本项目充分考虑生产过程可能的危险因素，分别设置安全措施。设置危险品仓库存放危险介质，做好可燃气体探测设施；设置尾气处理设施 RTO、污水处理设施等，满足三废达标排放，保护环境；考虑厂区的排水排洪。以保证项目的后续建设顺畅。

本项目中关键的制膜、卷膜设备均为进口设备，设备投资所占比重较大，通过对国外类似工厂的有关资料及国外设备厂家的相关资料分析后，客观翔实地估算了项目设备投资，并根据我司多年来从事膜材料咨询和设计经验、工程建设实践，结合项目所在地海涂、沿海等周边环境的特点，充分地对配套辅助设施投资进行测算，本项目估算总投资为 97 870 万元。

通过调查，充分了解项目建设地工业园区对该类项目的入园优惠补助政策，为项目建设及运营提供有力支持。技术经济测算中对固定资产投资、产品价格、经营成本及产品产量等在 ±10% 变化范围内对经济效益影响进行了单因素敏感性分析，较全面地预测项目可能存在的经济风险，并给出相关风险提示，为国家主管部门及建设方提供决策依据。

## 四、项目实施情况

本项目已经获得中化国际的批准，2018年在象山经济开发区投资建设，建设单位为中化（宁波）润沃膜科技有限公司，现已经完成建设。绿白蓝浑然一体的美丽花园厂区已经成为园区和中化集团的示范。

项目情况如图1至图5所示。

图1　鸟瞰图

图2　综合楼实景图

图3　DMF精制单元实景图

图4　质检楼实景图

图5　厂区实景图

## 五、项目主要参与人员

项目主要参与人员：周宏、吴晓军、王占龙、史峰、吴寅州。

# 年产 3 万 t 动力电池三元前驱体新材料项目可行性研究报告

浙江省天正设计工程有限公司

扫码查看原文

## 一、项目概况

本项目为浙江华友浦项新能源材料有限公司年产 3 万 t 动力电池三元前驱体新材料项目，位于桐乡经济开发区新能源产业区内，外部运输条件比较优越，公路交通网络发达。本项目将在红线范围内建设生产车间，主要用于生产 NCM622、NCM811 两种系列产品，NCM622 规模为 17 500 t/a（其中一期建设规模为 12 500 t/a），NCM811 规模为 12 500 t/a（其中一期建设规模为 2 500 t/a），总规模为 30 000 t/a，联产硫酸钠为 50 000 t/a（其中一期建设规模为 25 000 t/a）。

## 二、项目内容

本项目研究范围包括用地红线范围内的前驱体厂房、储罐区、原料高架库、甲类罐区、液氧罐区、环保工程、公用工程、管理设施和总图工程等，包含总图、工艺、外管道、给排水、电气、消防、控制、土建等专业。本项目一期建设期为 2018 年 10 月—2019 年 10 月，二期建设期为 2019 年 10 月—2020 年 10 月；同时在一期阶段与第三方公司合作建设深冷空分装置一套，由第三方公司负责出资建设、管理、运营等，空分装置能力为 $9\ 000\times10^4$ $Nm^3/a$，最大小时产量为 10 800 $Nm^3$。本可行性研究报告将从市场条件、工艺方案、环境保护、技经分析等方面论证本项目的可行性。

### （一）市场条件

因三元材料具有成本低、容量高、安全性能好等优异性能，其在小型锂离子电池中（手机电池、数码产品、小型动力锂离子电池）需求应用逐渐增长，而在动力锂离子电池市场则呈井喷式发展。

作为新能源汽车三大核心部件之一的动力电池，因其较高的技术复杂性和较高的成本占比，既获得了行业高速发展所带来的巨大红利，也在一定程度上成为新能源汽车产业走向大规模普及的一个关键因素。我国电动汽车也逐渐从技术路线之争逐渐过渡为从使用者需求角度出发，2013 年 9 月，财政部、科技部、工信部、发展改革委等联合发布《关于继续开展新能源汽车推广应用工作的通知》亦按照纯电续航里程（乘用车）和电池容量（专用车）确定补贴金额，多元材料凭借高能量密度和低成本在电动汽车上的应用接受程度进一步增加。国际品牌新能源汽车主要使用多元材料体系，国内各大车企和动力锂电厂商也不断加速研发和使用多元材料体系的动力锂离子电池。从 2015 年来看，商用车主要采用磷酸铁锂，而乘用车超过 70% 采用三元材料。

动力锂离子电池不断扩大的应用前景和政策重点扶持使得其需求不断增长，吸引了越来越多的企业投入该领域。三星 SDI 和 LG 化学等国际巨头纷纷追加数亿美元投资增设锂电工厂来争夺市场；比亚迪、天津力神和比克电池等市场先行者逐步突破国外技术垄断，实现国产动力锂电的生产。尽管如此，一些动力锂电企业依然宣称产品供不应求，产能严重不足。

### （二）产业政策

新能源汽车已经成为节能环保大战略的重要组成部分。从《国务院关于印发节能与新能源汽车产业发展规划（2012—2020 年）的通知》（国发〔2012〕22 号），到《国务院办公厅关于加快新能源汽车推广应用的指导意见》（国办发〔2014〕35 号）、《中国 2013—2015 年继续推进新能源汽车补贴政策》和《关于免征新能源汽车车辆购置税的公告》等，国家针对新能源汽车的政策越来越具体，而锂离子电池是新能源汽车发展中最为核心的环节，是国家重点支持发展的产业。依据《产业结构调整指导目录》（2013 年）鼓励类第十六条 6 项和第十九条 17 项，本项目生产的三元前驱体新材料是动力型三元正极材料的重要组成部分，属于鼓励类产业。

本项目产品符合工信部近期发布的有色行业《产业关键共性技术发展指南（2015 年）》中有色金属行业优先发展的关键共性技术 14 项中的第 9 项“长寿命高比容量锂离子电池正极材料镍钴铝酸锂的制备及应用技术”；依据《国务院关于印发节能与新能源汽车产业发展规划（2012—2020 年）的通知》（国发〔2012〕22 号）和《国务院办公厅关于加快新能源汽车推广应用的指导意见》（国办发〔2014〕35 号）的有关要求，三元材料将是新能源汽车电池的重要材料之一。《中共中央关于制定国民经济和社会发展第十三个五年规划的建议》明确指出，支持新能源新兴产业发展，构建新型制造体系，促进节能与新能源汽车产业发展壮大，实施新能源汽车推广计划，提高电动车产业化水平。国务院 2015 年发布的《中国制造 2025》，把新能源汽车领域作为重点领域来发展，明确指出要继续支持电动汽车发展，提升动力电池核心技术的工程化和产业化能力，形成从关键零部件到整车的完整工业体系和创新体系，推动自主品牌节能与新能源汽车同国际先进水平接轨。

### （三）竞争优势

本项目依托浙江华友钴业股份有限公司的专有技术。

浙江华友钴业股份有限公司（以下简称华友钴业）是钴行业的领先企业，也是国家级高新技术企业，建有完整的科技创新体系；华友钴业是中国最大的钴产品供应商，产销规模位居世界前列，公司已建立覆盖国内外市场的销售网络，与业内主要的下游客户建立了稳定的合作关系。华友钴业拥有领先的资源优势，已在刚果（金）主要矿产区建立了从原料供应、钴铜湿法冶炼、火法冶炼及选矿的钴铜资源开发体系，有效地保障了国内制造基地的原料供应。华友钴业建立了 ISO 9001、ISO 14001、OHSAS 18001、GB/T 19022、GB/T 15496、AQ/T 9006“六合一”管理体系，在项目建设和生产管理领域具有丰富的经验。

华友钴业拥有三元前驱体合成专有技术，掌握了 NCM523/211、NCM622、NCM811 和 NCA（O）等多款产品的核心制造技术，工程转化能力强，其在合成前驱体技术和工艺装备上的优势，是产品基本性能和品质优越的保证。华友钴业拥有世界先进的钴、镍、铜综合提取工艺、装备和生产系统，并拥有先进的前驱体材料合成工艺技术和装备，以及电池正极材料高温合成技术；拥有正极材料制备的关键工艺及装备的专有技术。

华友钴业的研发团队，不仅拥有国内外的三元前驱体及正极高级技术专家多名和一批博士、硕士，还配置了专用的小试、中试、大试装置，以及专业测试分析装置。通过几年的研发和技术攻关，已成功开发了客户定制产品——三元前驱体多款，并申请专利多项，见表1。

表1　专利信息

| 序号 | 专利号 | 名称 |
| --- | --- | --- |
| 1 | 201510988534.4 | 一种超大粒径镍钴铝氧化物的制备方法 |
| 2 | 10-2006-0099914 | 锂二元电池用正极活物质的制造方法及包含锂二元电池 |
| 3 | 10-2008-0101663 | 锂二元电池用正极及包含的锂二元电池 |
| 4 | 10-2009-0101004 | 锂电池用锂锰复合氧化物的制造方法，并且根据此方法制造锂 - 镍 - 钴 - 锰复合氧化物及包含的锂二元电池 |
| 5 | 10-2013-0098951 | 尖晶石构造的锂复合氧化物及制造方法 |
| 6 | 10-2016-0155628 | 锂钛复合氧化物制造方法及包含的锂二元电池 |
| 7 | 10-2016-0171847 | 浓度梯形度对立前驱体合成用分批式共沉反应装置和合成方法 |
| 8 | 10-2017-0178836 | 锂二元电池用正极前驱体制造方法，锂二元电池用正极及制造方法 |
| 9 | 10-1760490-00-00 | 前驱体制造装置及制造方法 |

### （四）项目所在地的政策支持

（1）自项目公司获利年度起，对项目公司所上缴的税收（所得税和增值税）给予部分返还奖励。

（2）项目公司高管及具有副高（含）以上职称的员工缴纳的个人所得税，根据当地财政收入情况给予奖励。

（3）项目在报批过程中需要缴纳的城市基础设施配套费给予优惠。

（4）在完成相应的义务后，当地政府承诺自项目投产后，给予项目公司一定的补助。

综上所述，本项目顺应了国家宏观产业政策，响应了市场急切的需求，较好结合了企业自身优势，在促进企业加速发展的同时，能够为地方经济做出相应的贡献。因此，本项目具备建设的必要性。

## 三、项目成果特点

### （一）产业政策利好，符合国家发展规划

本项目属于国家发展改革委发布的《产业结构调整指导目录》（2013年）中鼓励类第十六条6项和第十九条17项规定的鼓励类产业，是动力型三元正极材料的重要组成部分，属于节能

环保大战略（新能源汽车领域）的重要组成部分；本项目位于桐乡经济开发区新能源产业区内，符合园区产业发展规划。国务院 2015 年发布的《中国制造 2025》，把新能源汽车领域作为重点领域来发展，明确指出要继续支持电动汽车发展，提升动力电池核心技术的工程化和产业化能力，形成从关键零部件到整车的完整工业体系和创新体系，推动自主品牌节能与新能源汽车同国际先进水平接轨。

### （二）自有技术产权，创新体系完整

本项目采用华友钴业自有专有技术，通过几年的研发和技术攻关，已成功开发了客户定制产品——三元前驱体多款，并申请专利多项。工艺技术水平先进，处于国内行业顶尖水平。

### （三）市场预测准确，前景广阔

通过对三元材料国内外市场发展现状的收集与分析，图文并茂，针对三元材料市场前景的论述翔实、可靠。

### （四）总平面布置合理，上下游考虑充分

本项目总平面布置跨越市政道路（不可变更），巧妙地利用一期、二期建设的方式进行规划，同时在一期建设区域内考虑全厂办公区域，区域划分明确、合理；与年产 3 万 t 动力电池三元正极材料项目毗邻建设，两个项目互为上下游关系，部分设施公用，充分利用土地，产业链较为完整。

### （五）工艺技术方案先进，工艺数据完整

本项目工艺技术先进，解决了多元素共沉淀的技术难题，能够准确控制基体材料的粒度、球形度、密度及晶型大小，达到良好的电化学性能；在基体半成品环节研发、运用良好的纯化技术和除铁技术，材料的基体金属异物达到≤ 50 ppb 的超低值，大大提升了电性能、降低了内阻，提高了安全性。本项目制备的三元前驱体新材料产品在保持克容量 0.1C 不低于 180 mA·h/g 的前提下，压实密度进一步提高，并具有较高的循环性能。同时因产品具有小的表面积，而且较好地解决了材料胀气问题，所以提高了产品的安全性能。

### （六）各专业技术方案深入，指导性强

本项目可行性研究报告中对工艺、建筑、结构、给排水、消防、电气、暖通、自控等专业方案进行了详细阐述，工艺物料平衡，数据详尽，各专业方案设计合理，对后续设计工作具有很强的指导作用。

### （七）三废治理明确，绿色环保

通过对本项目建设地现场环境的分析，结合本项目工艺技术方案与工艺物料衡算，三废处理数据清晰、明确，给出的治理措施方案合理、可行，对后续环境预评价报告编制工作的开展夯实了基础。

### （八）能耗控制合理，节能节水

本项目采用了合成工艺，过滤洗涤技术等，同时还采用大型化节能装备，利用新型高效的供配电设备措施。全面使用集散控制系统（DCS）进行生产操作控制，在各生产车间设 DCS 工

作站，对工艺过程进行全流程控制，提高了生产效能，节能效果明显。同时还进行了系统绝热设计优化、供变电系统的优化等设计，能耗控制指标低于项目建设地“十三五”节能控制指标，达到节能企业申报标准，能耗水平达到国内先进水平。

### （九）技经分析数据翔实，真实可靠

本项目采用《中国石油化工集团公司石油化工项目可行性研究投资估算编制办法（试行）》（中国石化咨〔2006〕203号）进行投资估算编制，估算数据翔实、准确，同时利用《建设项目经济评价方法与参数（第三版）》（发改投资〔2006〕1325号）进行财务评价与风险分析，分析过程完整，结论数据真实、可靠。

## 四、项目实施情况

项目已建设完成，并通过竣工验收。项目情况如图1和图2所示。

图1　项目现场施工图

图2　项目建成效果图

## 五、项目主要参与人员

项目主要参与人员：吴晓军、裘炎、史峰、薛济朋、施冯杰、丁思超、陈帅、吴寅州、盛江、章伟江。

# 溧阳至宁德国家高速公路（G4012）文成至泰顺段工程可行性研究

浙江数智交院科技股份有限公司

扫码查看原文

## 一、项目概况

溧阳至宁德国家高速公路（G4012）文成至泰顺段工程是《国家公路网规划 2013 年—2030 年》中 G4012 国家高速溧阳至宁德国家高速公路在浙江省境内的最后一段，接福建省福安至寿宁高速公路，也是《浙江省公路交通规划（2003—2020）》中“两纵两横十八连三绕三通道”中的“一连”龙（游）丽（水）温（州）高速公路的重要组成部分。

溧阳至宁德国家高速公路（G4012）文成至泰顺段是浙江省全面推进大通道建设的十大重大标志性工程之一，是实现浙闽互联互通、进一步消除省级“断头路”、瓶颈路的关键性工程，是浙江省实现“陆域县县通高速”的最后一公里，是进一步贯彻落实浙江省委、省政府加快补齐交通基础设施短板的战略部署、深入实施“1210”交通强省行动、强化省市交通合作共建的具体举措，是加快“长三角一体化”国家战略的关键性工程。

## 二、项目内容

根据公路等级选用原则和地形条件，从建设必要性、技术可行性、经济合理性、实施可能性、通行能力分析、服务水平评价等方面综合研究，根据部颁《公路工程技术标准》（JTG B01—2014）的有关规定，本项目采用双向四车道高速公路标准，设计速度为 80 km/h，路基宽度为 25.5 m。

本项目起点为文成枢纽，连接溧阳至宁德国家高速公路景宁至文成段和龙丽温高速公路文成至瑞安段，终点与福建省福安至寿宁高速公路（以下简称福寿高速公路）相接。

路线基本走向为：路线起于文成枢纽往泰顺方向，路线经文成县金垟乡、巨屿镇、珊溪镇、仰山乡，进入泰顺县新浦镇、筱村镇、罗阳镇，至浙闽交界的友谊桥附近，顺接福建的福寿高速公路。

本项目按双向四车道高速公路标准设计，设计速度为 80 km/h，推荐方案路线总长为 57.59 km，总金额估算为 109.94 亿元。

全线共布设互通立交 5 处，服务区 1 处（与新浦互通合建）。互通平均间距为 13.8 km，最大间距为 19.23 km，最小间距为 5.8 km。

全线设桥梁为 11.73 km/32 座，其中特大桥为 1 910 m/2 座，大桥为 9 575 m/27 座，中小桥为 160 m/2 座，分离式立交为 85 m/1 座，桥梁占比 20.4%，通道、涵洞 67 道；共设隧道为

37.65 km/15 座，其中特长隧道为 6 454.5 m/2，长隧道为 16 906 m/9，中短隧道为 2 645 m/4 座，隧道占比 45.2%；桥隧总长为 37.65 km，占路线总长的 65.4%。

全线土石挖方 693.9 万 $m^3$，填方为 461.6 万 $m^3$；全线共征用土地约 339.6 万 $m^2$（约合 5 093.9 亩），其中耕地约 134.4 万 $m^2$（约合 2 016.2 亩）、林地约 193.1 万 $m^2$（约合 2 896.1 亩）、安置用地约 4.7 万 $m^2$（约合 70.9 亩），其他用地约 7.4 万 $m^2$（合 110.4 亩）。

沿线设置较为完善的安全设施、服务设施和交通管理设施，全线设管理中心 1 处（与龙丽温高速公路文成至瑞安合建），服务区 1 处，养护工区 1 处，匝道收费站 4 处，主线收费站 1 处，隧道管理站 2 处，交警 / 路政管理用房各 1 处，超限检查站 1 处。

## 三、项目成果特点

本项目是目前浙江省内地形条件最为困难和复杂的高速公路，且具有沿线自然环境优美、生态环保要求高等特点，要求遵循深入贯彻、充分研究、详细调查、协调解决、突破思路、适应环境等设计原则，具有典型代表性和先进性，可为类似工程的可行性研究提供借鉴。

### （一）研究方法具有先进性和创新性

本项目位于浙南山区（被称为浙江的西藏），属于典型的山区高速公路，路线平均海拔高，高差大（连续抬升，设计标高从 60 ~ 550 m），存在多处连续长大纵坡路段，受浙东南大断裂带的影响，线位多次跨越深切沟谷，受峡谷区阵风和山区团雾影响大，桥隧结构物布设、工程规模受沿线地质、地形条件影响大，为确保路线走廊可行、工程造价合理，可行性研究阶段开展了地质灾害评估、气象专题研究、雾对高速公路影响研究、连续长下坡路段交通安全评估等大量的专题研究工作。针对项目特点，设计引进澳大利亚旷达选线软件（Trimble）结合 Global Mapper 三维数字模型进行大范围的自动筛选选线，同时采用无人机对全线进行拍摄，对路线走廊进行反复比选，全线的比较比例超过 100%；除局部方案比选外，还进行了不同走廊的同深度比较；对沿线跨越沟谷的特大跨径桥梁、特长隧道等进行了详细的分析研究，以期全面、系统地反映本项目的可行性。

### （二）研究工作难度大

本项目经过的文成、泰顺均属于浙江省南部山区，沿线地形起伏大，峡谷路段，人迹罕至，地表植被茂密，通行和通视条件极差，高山深谷发育，是目前浙江省内地形条件最困难的高速公路；本项目是横贯浙南山区的一条高速公路，文成、泰顺也是浙江省还未通高速公路的最后两个陆域县，经济发展相对滞后，被列入欠发达县市区；本项目扶贫效益明显，社会关注度极高。同时本项目是整体路网贯通的关键节点，起点文成枢纽连接龙丽温高速文瑞段以及 G4012 景宁至文成段，终点顺接福建省福寿高速公路，作为几条高速公路连通节段，对充分发挥路网整体效益起到关键作用。如何合理选择路线走廊带、规避潜在的地质灾害风险、降低跨越深谷段桥梁和山岭特长隧道规模、减少路基高填深挖、平衡土石方工程量和降低对环境的破坏（部分路段位于温州市 900 万人的饮用水源——珊溪水库库区），环保要求极高；如何合理均衡路线平纵面指标、集约利用土地（控制对永久农田的占用）、协调环境影响，如何合理布局沿线互通的设置和方案，点线面有机结合，最大限度带动沿线乡镇经济发展等一系列问题，是可行性研究阶段的重点和难点。

### （三）交通量分析具有特殊性，合理选定建设标准和规模

本项目位于温州文成、泰顺的西南部山区，具有鲜明的山区高速公路特点，而现状没有完整的道路资源，现状交通的形式主要以区间为主，因此预测时除考虑了诱增交通量、转移交通量之外，还根据两县发展规划考虑了周边居民的出行要求以及沿线城镇远期发展的要求；同时本项目是浙西南和福建紧密相连的山区大通道，在国防以及沿海辐射至山区之间具有重要的联通作用，其沟通了沈海高速公路、长深高速公路等一系列国家路网主干，具有较强的分流和分担作用。

通过分析计算，选定本工程建设标准和规模，采用双向四车道高速公路标准建设，设计速度为 80 km/h，路基宽度为 25.5 m。

### （四）坚持绿色发展理念，选定合理建设方案

在方案选定过程中，依据地形地貌进行反复比选，充分考虑地形地质的差异性，对涉及跨越深切沟谷、水库路段等重点结构物的位置进行不同走廊的比选，提出不同情况下的方案，使之适应地形、安全环保、征地节约、造价合理、可实施性强。同时针对路线部分路段位于温州市饮用水源——珊溪水库库区的特点，重点对靠近饮用水源路段线位进行生态选线，对水源地保护区等生态敏感点进行合理避绕。

### （五）结构选用合理，并与周围环境相协调

本项目经过区域地形起伏较大、地貌单元多、地质差异性大，填挖交错频繁，有山前平原区、丘陵、坡地、深切沟壑区、水库等，在不同的地形、地质条件下选用不同的处理方式和桥梁、隧道、路基结构形式是确保工程安全、降低工程造价的关键因素，本项目主要采用形式美观、适应不同要求的桥梁及路基形式来满足工程实际需要，同时通过桥型选择来增加建筑景观美景，深入贯彻国家绿色公路以及浙江省景区化高速公路要求，通过山区一般路段主要采用常规 T 梁结构、跨越深切沟谷采用大跨径连续刚构方案、跨越水库采用拱桥等形式，选择安全实用、经济美观的结构方案，并与沿线环境相协调。隧道根据地形条件选用不同的洞口形式进行比较。同时结构的选择还考虑了后期材料运输、临时场地、施工临时便道设置的实施难度和可行性，确保工程合理可行，工程造价可控。

### （六）深度重视跨深沟谷大跨高墩桥梁研究

本项目桥梁比重较高，高墩大跨径桥梁有多座，典型如洪溪特大桥（图 1），如采用主跨 265 m 预应力混凝土矮塔斜拉桥，墩高达到 120 m 以上，为浙江省目前为止同类型桥梁中最高的桥墩。设计阶段合理选择桥型方案，精细化进行结构设计。如何保证结构的安全、耐久，选择合适的方案均是本项目研究的重点及难点。

图 1　洪溪特大桥

### （七）复杂山区特长隧道群实施技术难度大

本项目隧道区位于浙江省南部山区，具有沿线地形起伏大，地质构造及不良地质发育、生态环境保护要求高的特点，隧道前期研究方案结合场地条件、设计标准、隧道规模以及施工方案等综合拟定，重点处理好不良地质地段的勘察、软弱围岩支护的设计与施工、隧道防排水等问题，在确保工程质量与工程安全的前提下尽可能优化工程方案，以达到降低工程造价、保护自然环境以及美观适用的目的。

### （八）复杂地形条件下互通选址及技术研究

由于处于山岭区，路线与被交路设置互通的空间狭小，如南浦溪互通（新浦互通）、筱村互通等，设置条件非常局促，需跨过溪流或需增设较长的连接线；文成枢纽主体则基本在泗溪及支流区域狭窄地形内布设。由于隧道众多，部分互通或枢纽距离隧道洞口过近，互通在平面及立面设计上受到很大限制，对工程造价影响很大。根据实际地形、选择合理的互通位置和交叉形式，既满足通行要求，又符合地形地貌特点，同时兼顾经济性，是本项目研究的难点之一。

### （九）充分重视公路与沿线环境协调的问题

在路线布设中尽量保护好沿线的森林、农田、水利等各种资源，研究过程中认真处理公路、河道与居住区以及沿线复杂的地形地质问题。

路线布设避开村镇、工厂、学校等人口稠密区，大范围地采用曲线为主的线形，采用隧道等结构物措施，从而基本绕避了村庄，大幅度地减少了拆迁及对沿线居民的干扰。路线与村庄和学校能保持一定的距离，距离居民区较近地段则设置声屏障，以减少噪声和废气污染通过村庄、果园、人员活动密集区，尽量减小纵坡，全线控制最大纵坡 4.02%，以最大限度地减少汽车尾气的污染。

设计注重路基边坡的生态修复，以“社会、经济、生态综合效益最大化”为目标，采用“人工修复—自然融入—演变为天然边坡”的技术路线，最大程度地恢复边坡生态系统并使之和谐融入周边自然环境，同时保护沿线水体环境、降低噪声、废气污染，形成高速便捷、生态和谐、环境良好、景观自然的交通走廊带。

### （十）充分重视土石方及水土保持问题

取弃土首先考虑选择耕作条件差、产量低的耕地或废弃地块，并结合当地城镇发展规划。根据美丽公路的设计理念，采取了如下措施：①对弃土场堆填区域进行覆绿，坡面采用植草，顶面采用耕植土覆盖后植草绿化；②为防止水流引起的水土流失，在弃土场上方设置排水边沟，在有冲沟区块设置地下渗沟；③为确保弃土场堆体稳定，在坡脚设置挡土墙。

## 四、项目实施情况

溧阳至宁德国家高速公路（G4012）文成至泰顺段于 2015 年完成工程可行性研究报告；于 2016 年 6 月获得国家发展和改革委员会批复。

2017 年 12 月，溧阳至宁德国家高速公路（G4012）文成至泰顺段全面开工建设，由于工程可行性研究报告内容分析透彻，方案合理，评审顺利，加快了工程项目前期进度，取得了良好的社会效益。

按照可行性研究报告的规模，对项目的国民经济进行测算，国民经济内部收益率 11.29%；经济净现值 354 506.7 万元；经济效益费用比 1.53；经济投资回收期为 19 年，具有良好的社会经济效益。

本项目沟通溧阳至宁德高速公路景宁至文成段、龙丽温高速公路文成至瑞安段和福建省福安至寿宁高速公路，以及沿线的文成县金垟乡、巨屿镇、珊溪镇、仰山乡，泰顺县新浦镇、筱村镇、罗阳镇，将加强上述区域的联系，积极促进沿线乡镇的建设和发展，带动其他如旅游等相关产业的发展，从而产生宏观经济效益。项目的建设为沿线地区经济发展提供了良好的交通运输环境，其快速、便捷的特点有助于沿线地区生产要素和商品的快速流通，实现各种资源的优化配置；同时也促进所经山区的旅游资源大开发，对加快欠发达地区的社会经济发展具有重大意义，也是对革命老区（新四军及浙东游击队主要活动区）发展的重大扶持。

## 五、项目主要参与人员

项目主要参与人员：胡嘉平、戴显荣、施轶峰、马越峰、高宝、徐祖恩、王耀、单君、刘蛟、俞华标。

# 浙江省宁波—舟山港六横公路大桥工程可行性研究

浙江数智交院科技股份有限公司

扫码查看原文

## 一、项目概况

本项目位于浙江省舟山群岛南部片区，区域的六横和梅山拥有丰富的港口和岸线资源，六横与佛渡之间的双屿港是历史上的著名的国际贸易大港。根据《宁波—舟山港总体规划（2012—2030年）》，六横港区和梅山港区分别是世界第一大港宁波—舟山港的四大核心发展区之一，六横岛定位为“长三角地区有影响力的临港工业基地、港口物流基地，国际化和现代化的港口宜居城市”，梅山岛拥有浙江省唯一的保税港区。但受制于陆域集疏运通道的缺失，六横和梅山港区仅能通过“水水中转”或低等级道路运输的方式实现货物转运，这对两者的发展和宁波—舟山港的一体化产生了严重的制约，极大地阻碍了宁波—舟山港全面打造国家重要的区域性资源配置中心的重要愿景。

鉴于本项目的重大意义，浙江省宁波—舟山港六横公路大桥工程被纳入了《浙江省综合交通运输发展“十三五”规划》，是规划中的重要疏港公路，也是《宁波—舟山港综合集疏运网络规划》中的重点建设项目。本项目的实施将舟山南翼岛群与宁波连接，将会极大地促进六横港区及综合性临港产业基地全方位、高起点、多元化的发展，同时直接沟通了六横和梅山港区，形成以梅山保税港区为中心、六横港区和春晓开发区为两翼的对外开放格局，并通过高速路网沟通穿山港区及宁波—舟山港其他核心区，大大提高了宁波—舟山港的一体化程度。本项目对进一步贯彻落实“一带一路”倡议和长三角区域一体化发展国家战略，建设“重要窗口”、推进浙江省“四大建设”的重大项目，进一步落实“交通强省”建设决策部署，推进浙江舟山群岛新区和浙江海洋经济发展示范区建设，完善宁波—舟山港海陆联动集疏运网络具有重大的意义。因此，加快本项目的建设十分必要和迫切。

## 二、项目内容

本项目起点在六横岛西南侧，穿越小郭巨围垦区后，设置主跨为1 708 m的特大桥跨越双屿门航道（通航3.5万t级散货船），在佛渡岛设置佛渡互通，设置主跨为756 m和主跨为400 m的特大桥跨越青龙门航道（1号航道通航5万t级散货船，2号航道通航5 000 t级集装箱船）。设置梅山互通联络梅山保税港区，设置昆亭枢纽与象山湾疏港高速连接，在终点设置枢纽与穿山疏港高速和规划杭甬复线二期连接。项目设计时速为100 km/h，起点至梅山互通按双向四车道高速公路设计，梅山互通至终点按双向六车道高速公路设计。

项目路线全长约30 km。全线桥梁总长为27.6 km/14座，其中海域桥梁长约16 km。全线共设隧道长约 545 m/1 座，互通立交 5 处（含预留昆亭枢纽）、管理中心 1 处、停车区 1 处、养护工区 1 处、匝道收费站 2 处、主线收费站 1 处、交警 / 路政管理用房各 1 处、超限检查站 1 处。

## 三、项目成果特点

### （一）交通量预测方法

由于本项目区域主要港口、保税区的快速发展，六横临港产业区、梅山开发区、春晓开发区的发展规划，以及交通现状和发展趋势的复杂性，为保证交通量预测的科学性和准确性，本项目专项开展了交通量预测专题研究，从国家的长三角地区区域规划、浙江海洋经济发展示范区规划、宁波—舟山港总体规划等总体规划入手，以区域的交通起止点（OD）调查数据为基础，在诱增交通量预测中，从一般诱增、六横临港工业园区、梅山保税港区及春晓开发区产业布局等多方面论证诱增交通量；在转移交通量预测中，根据水、公、铁多种交通运输方式的特点，结合区域交通路网规划，深入分析预测区域内宁波舟山港的核心港区六横港、梅山港等港口向公路、城市路网的转移交通量；在交通量分配中，综合考虑区域水、公、铁及城市交通规划，采用用户均衡法分配交通量。

通过交通量分析，合理地确定了本项目的设计标准，合理地选择了互通和枢纽的位置，明确了互通和枢纽的形式。

### （二）路线及方案选择的计算机动画技术

本项目区域有海洋、围垦、平原、丘陵等多种地貌，港口、保税区、经济开发区等多个行政单元，航道、公路、城市道路、规划铁路等多种交通通道，永久农田、山林、山塘等多种土地类型，为了保证项目选线的科学性、结构方案的合理性，项目组在研究过程中采用无人机进行了全线航拍，并采用计算机动画（CG）将线位和结构物方案与航拍实景融合，将传统的“静态”选线转化为“动态”选线。通过 CG 技术，“真实”展现了项目建成后对于相关区域的影响，确保了设计方案的合理性。

### （三）跨海通道方案的合理选择

本项目佛渡至梅山线位总长在 6 km 以上，且跨越青龙门 1 号（通航 5 万 t 级散货船）、2 号（通航 5 000 t 级集装箱船）航道，毗邻梅山保税港作业区。佛渡至梅山可采用跨海桥梁和海底隧道两种方案，两种方案在对周边环境影响、建设难度、投资规模、后期维护方面各有优势。为确保方案科学合理，项目组通过《六横梅山疏港公路—佛渡至梅山跨海工程方案：跨海大桥、海底隧道》专题研究对海底隧道方案和全桥梁方案展开了同等深度的研究比选。在报告中，对桥隧方案的经济性、建设方案、后期管养和维护、对区域海域环境的影响进行了充分分析。经过综合比较，隧道方案除在天气适应性和航道保护方面略有利外，其余方面均处于劣势，桥梁方案具有明显优势。项目组邀请中国国际工程咨询有限公司和交通运输部专家对桥梁和隧道方案进行咨询论证，最终确定了桥梁方案。

### （四）超大跨径桥梁设计技术

经过深入的方案研究和比选，本项目跨越双屿门航道（通航 3.5 万 t 级散货船）采用主跨为 1 708 m 的双塔钢箱梁悬索桥，跨越青龙门航道（1 号航道通航 5 万 t 级散货船，2 号航道通航 5 000 t 级集装箱船）分别采用主跨为 756 m 双塔钢箱梁斜拉桥和主跨为 400 m 的独塔钢箱梁斜拉桥 + 连续梁组合结构方案。双屿门特大桥跨径位居世界前列，其颤振检验风速达 83.1 m/s，位居国内首位，给大桥的设计带来了巨大的挑战。为保证方案的可行性，项目组联合同济大学对大桥的主梁形式、结构抗风性能进行了研究，并开展了节段模型的风洞试验，联合西南交通大学对锚碇基础进行了三维地质模型及稳定性研究。相关研究确保了方案的可实施性，并保证了造价的精确。在青龙门 1 号桥和 2 号桥的结构设计中，为保证全桥景观效果，对青龙门 1 号桥和 2 号桥进行了总体设计，在保证结构安全可靠的基础上，确保结构和谐美观。

本工程可行性研究对上述大桥的研究达到了初步设计的深度，并对相关关键技术展开了预研究，为后续顺利实施奠定坚实的基础。

### （五）贯彻工业化思想，塑造绿色品质工程

本项目海上桥梁除通航主桥外，海中引桥全长约 12.638 km，占海中桥梁总长的 77.28%。尽管引桥单位长度内的难度和造价均小于通航孔桥，但是由于其规模大，部分引桥桥位处水深较深，大桥的投资规模和施工工期很大程度上是由其控制的，海中引桥的技术难度也由此产生。本工程可行性研究以践行品质工程为指导，贯彻“标准化、工厂化、预制化、大型化和装配化”的设计理念，通过对非通航孔桥的建设条件进行深入分析，对不同的桥型方案、施工方案、结构形式进行分析研究，分区域因地制宜地采用了 40 m 箱梁和 75 m 的节段预制拼装箱梁。桥梁工业化思想有效减少了现场作业量，保护了现场海域环境，充分提升了建设质量和建造效率。同时带动交通行业的产业升级，将传统“土木”施工，转换为工业“制造”。

### （六）海域防撞系统的系统设计

本项目佛渡至梅山线位总长约 7 km，跨越 5 万 t 级和 5 000 t 级航道，同时毗邻梅山保税港作业区，船撞风险高。为保证结构建设和运营安全，项目组委托上海船舶运输科学研究所开展船舶撞击力标准研究，以合理地确定船撞范围、设防船型和船撞力，在此基础上，利用项目组《非通航孔桥区船撞综合防控关键技术研究》的成果，对大桥开展了主动防撞（技术防撞）和被动防撞（物理防撞）双重保护设计。

### （七）优化咨询工作模式，提升咨询服务专业性与统筹性

本项目采用了工程可行性研究 + 关键支撑性专题研究的工程可行性研究模式，由项目组牵头进行项目咨询统筹协调管理，委托开展二十余项专题研究，全力协助建设方开展各项工作的报批报建和组织管理任务，保障工程各节点工作顺利推进，提升各阶段间工作或阶段中各单项咨询服务工作间的协调管理，以更好实现工程任务目标。

### （八）投资估算精确

本项目海域桥梁规模大，建设条件复杂，建设难度极高，为保证项目的可实施性，本工程平行性研究开展了施组方案的研究和设计工作，设计提供了全线海域桥梁的临时工程布置和数量。同时，本工程可行性研究相关方案设计基本达到初步设计深度，为投资估算的准确性提供了坚实的保障。本项目建设里程约 30 km，其中海域路线长约 16 km。

可行性研究就投资与效益进行国民经济敏感性分析，在效益减少和费用增加等各种不利因

素组合的情况下，分析了±10%的条件下，项目总投资和效益的变化，工程可行性研究报告客观预测项目可能存在的经济风险，为业主和国家主管部门的决策提供了客观的判断基础，也为项目的适时推进提供准确依据。

由于工程可行性研究报告内容完整、分析透彻、论证严谨、方案合理、评审顺利，加快了工程项目前期进度，为项目的后续实施奠定了坚实的基础，取得了良好的社会效益。本项目被纳入《浙江省综合交通运输发展“十三五”规划》和《宁波—舟山港综合集疏运网络规划》，是规划中的重点建设项目。2020年，本项目又被列入《浙江省推进高水平交通强省基础设施建设三年行动计划（2020—2022年）》，是计划中的重点工程。在后续初步设计和施工图设计中，均采用了工程可行性研究推荐的技术标准、工程规模，基本沿用了工程可行性研究推荐的路线、互通、桥梁结构和隧道方案。

## 四、项目实施情况

本项目前期研究始于2006年。2013年3月，国家发展改革委批复了“浙江省宁波—舟山港六横公路大桥”项目建议书，同年，在征询宁波市和舟山市人民政府意见的基础上，开展了工程可行性研究报告及各专题的编制工作。由于项目区域港口岸线资源宝贵，区域路网条件复杂，桥位方案对路线的总体走向、总体方案和投资规模有着重要的影响，因此项目组在对工程可行性研究的重难点内容进行详细规划的基础上，组织各专业人员，对全线进行了详细的踏勘，同时使用无人机进行了全线的航拍，制作了项目全线的实景结合动画，从而详细展现了项目建设后的“未来”影像，可以更加“真切”地研究项目与周边环境的关系。

在工程可行性研究过程中，项目组多次征求沿线规划、国土、交通、港航、海事、乡镇等政府部门的意见和建议。由于本项目沿线建设条件复杂、工程规模巨大，受限因素多，以及受国家、地方相关规划的影响，且包含多座世界级桥梁，为了保证研究的科学性和合理性，项目组提前谋划，在预工程可行性研究期间先后委托开展了二十余项专题研究，为工程可行性研究奠定了坚实的基础。鉴于项目的巨大难度和复杂性，在研究过程中，行业主管部门以及业主单位多次邀请交通运输部以及国内著名专家进行咨询，最终工程可行性研究于2017年2月获得浙江省发展改革委《省发改委关于宁波舟山港六横公路大桥工程可行性研究报告批复的函》（浙发改函〔2017〕33号）批复。

在工程可行性研究批复后，浙江数智交院科技股份有限公司中标本项目勘察设计工作。考虑到宁波—舟山港的一体化，以及甬舟一体化和“共同富裕”建设目标，浙江省人民政府、浙江省交通运输厅均把本项目作为重点推进项目之一。

2020年6月，工程初步设计获浙江省发展改革委《关于宁波舟山港六横公路大桥工程初步设计批复的函》（浙发改项字〔2020〕108号）批复。根据浙江省人民政府安排，项目分两期开工，其中一期工程为梅山互通至柴桥枢纽段，二期工程为干岩互通至梅山互通段。

2020年10月，一期工程施工图设计获浙江省交通运输厅《浙江省交通运输厅关于宁波舟山港六横公路大桥一期工程（梅山互通至柴桥枢纽段）施工图设计的审查意见》（浙交许〔2020〕101号）批复，并于2020年12月开工建设。

2022年6月27日，二期工程施工图设计获得浙江省交通运输厅《浙江省交通运输厅关于宁波舟山港六横公路大桥二期工程（干岩互通至梅山互通段）土建施工图设计的审查意见》（浙交许〔2022〕5000131号）批复，并2022年10月开工建设。

项目情况如图1至图4所示。

图1　工程可行性研究阶段海域桥梁（双屿门大桥和青龙门大桥）大鸟瞰图

图2　工程可行性研究阶段双屿门大桥效果图

图3　工程可行性研究阶段起点干岩互通高架及主线收费站（接规划双塘作业区）图

图4　工程可行性研究阶段梅山互通（通过盐田大道接梅山保税港区）图

## 五、项目主要参与人员

项目主要参与人员：王昌将、戴显荣、李磊、陈向阳、俞华标、马越峰、王晓阳、胡嘉平、何佳玮、刘吉奇。

# 浙北高等级航道网集装箱运输通道建设工程项目建议书

浙江数智交院科技股份有限公司

扫码查看原文

## 一、项目概况

浙江省内河水运基础建设紧紧围绕“水运复兴行动计划”“五水共治”发展战略，以高等级内河航道网建设为主线，浙北地区已基本形成以Ⅲ、Ⅳ级航道为骨干的高等级航道网。

集装箱运输是内河运输一个新的经济增长点，内河集装箱运输的低碳、高效、节约优势非常明显。内河集装箱运输的发展，促进了内河船舶向大型化、高效能化、绿色环保化升级换代，促进了大宗物资的裸装运输向封闭式集装箱运输发展，促进了内河码头建设及营运向绿色环保低碳发展。

随着浙江省产业转型升级的深入推进，浙江省内河集装箱迅速发展。截至 2015 年年末，全省拥有内河集装箱运力 77 艘、3 256 标箱，平均船舶吨位为 42.28 标箱，有 7 家码头公司、13 家内河航运企业开展内河集装箱运输，主要集中在杭嘉湖地区，浙北地区已建成安吉川达物流、长兴捷通物流、湖州鑫达物流、嘉兴内河国际集装箱码头等多个内河集装箱码头，嘉兴港的乍浦港区、独山港区也建了集装箱泊位。浙北内河集装箱吞吐量从 2010 年约 2 687 标箱到 2015 年的 37 万标箱，实现了从无到有的突破，并展现出强劲的发展势头和广阔的市场前景。

浙北内河集装箱主要沿长湖申线（湖州内河港）、京杭运河及杭申线（杭州、嘉兴内河港）进入黄浦江，内贸集装箱接驳港区为外高桥、宜东码头等，外贸集装箱在共青码头由水上巴士运抵洋山港；另外部分内河集装箱沿乍嘉苏线进入嘉兴港乍浦港区海河联运码头，再经内支线驳运至宁波舟山港出海。

浙北地区水网密布，跨航桥梁众多，部分桥梁通航净高较低，受其影响，大部分航道仅能通航 2 层集装箱船舶，规模效益难以有效发挥，制约了浙江省内河集装箱运输的发展。如杭平申线，虽已按三级航道标准在建设，但仍有多座保留桥梁未达到标准，因此加快浙北高等级航道网集装箱集疏运通道建设，补齐短板，推动综合交通发展，形成拉动浙江省经济增长的新动力已迫在眉睫。

## 二、项目内容

### （一）首次提出航道网上建设集装箱运输通道并对其必要性进行充分论证

本项目建议书分析了内河集装箱运输快速发展的现状及趋势和目前浙北高等级航道网受限于部分桥梁净高不足导致三层集装箱通行受限之间的矛盾，论证了构筑内河集装箱运输主通道是进一步发挥水运的比较优势、完善浙江省综合交通运输体系和江海河联运系统的需要，同时将本项目提高到贯彻落实“一带一路”倡议和长江经济带战略的高度，随着区域经济一体化进程加快和经济快速发展，浙江、江苏、上海等两省一市的经济联系更加密切，对运输的需求日益强劲，通过三角洲地区航道网的运输量持续增长。内河航运与流域经济进入了互为依存、互相促进的良性循环，内河航运已成为推进区域经济一体化、发挥整体优势的重要支撑。实施本工程有助于打造覆盖长三角、辐射长江经济带、服务“一带一路”的港口经济圈，促进浙江省经济转型升级。

同时，浙江省委十三届八次全会提出建成高水平全面建成小康社会的宏伟目标，谋划实施万亿综合交通工程，深入推进现代交通五大建设“大港口、大路网、大航空、大水运、大物流”，高标准构建支撑都市经济、海洋经济、开放经济、美丽经济发展的四大交通走廊，加快形成水陆空多元立体、互联互通、安全便捷、绿色智能的现代综合交通体系。本项目建议书充分论证了项目实施的必要性和迫切性，论证有理有据，为项目立项创造了有利条件。

### （二）通过运量及运输经济性分析，在航道网中优选最佳的通道线路

本项目建议书在运输现状和腹地经济发展趋势分析的基础上，采用定性与定量相结合的分析方法，预测了近中远期浙北内河集装箱运量，预测方法合理，结论可信。通过现场调查、资料分析等手段，分析了集装箱公路运输和内河运输费用组成，推算出三层集装箱水路运输的费用，再围绕嘉兴港、宁波舟山港等目的港进行经济性分析。《浙江省海洋港口发展“十三五”规划》提出统筹发展铁路、公路、管道、航空、内河等各种运输方式，依托浙江省综合交通运输网络，以服务宁波舟山港为龙头，打造便捷联通嘉兴港、台州港、温州港和义乌陆港四大港，辐射浙江内河港口和内陆无水港的港口集疏运体系。基于以上情况，本项目建议书提出以Ⅲ、Ⅳ级航道建设为重点，完善航道布局，改善等级结构，提高通过能力，拓展服务范围，发展海河联运，对接沿海港口物流，加快高等级航道网建设，加快构建畅通、高效、平安、绿色的现代化内河水运体系，到 2020 年，基本完成规划的 20 条骨干航道建设，形成“北提升、南畅通、东通海、西振兴”的内河航道格局。本工程涉及的京杭运河、杭甬运河、杭平申线、杭申线、长湖申线、长湖申线西延、湖嘉申线、东宗线、杭湖锡线、钱塘江等均为浙江省骨干航道的组成部分。本工程的建设实施正是积极实施“内河水运复兴行动计划”的需要。

### （三）注重资源节约，结合 3 层集装箱船舶通行主要受限于通航净高的特点，合理确定建设标准及规模

由于各条航道的通航等级各不相同，通航尺度差异较大，给本项目拆建标准的确定带来了一定困难。对此，本项目建议书提出“远近结合、先通后畅”的改建原则，注重资源节约，紧紧抓住集装箱船舶通行主要受限于通航净高的特点，将净高达到 7 m 及以上的桥梁、部分现状良好且基本不影响三层集装箱船舶通行的桥梁予以保留，最终确定纳入本项目改建的桥梁为 42 座。航道方面对没有达到Ⅳ级航道标准的乍嘉苏线连接嘉兴港的 9.5 km 航道，按Ⅲ级标准进行改造。改造完成后本工程能在原来航道基础上通航 3 层集装箱船舶，显著提升浙北内河集装箱集疏运能力，引导船舶动力结构调整，加快推进内河运输方式转变，促进内河水运散改集的发展进程，从而推动以内河集装箱为代表的现代水运转型发展，这是推进“内河水运复兴行动计划”和水运转型升级的示范举措。

### （四）促进浙江进经济可持续发展，打造节能环保的绿色交通体系

浙江省位于我国沿海与长江经济带的T形交汇口，兼具海洋与内河高度发达的水上优势，是传统的水运大省。浙江省沿海与内河尚未真正形成联运机制，水运对经济贡献功效的提升空间巨大。内河集装箱运输是以内河水运为手段的集装箱运输方式，具有高效、经济、环保、绿色等特点，是一种绿色、安全的运输方式。内河集装箱运输的发展，促进了内河船舶向大型化、高效能化、绿色环保化升级换代，促进了大宗物资的裸装运输向封闭式集装箱运输发展，促进了内河码头向绿色环保低碳发展。本工程沟通了钱塘江中上游地区与浙江沿海地区，将沿海港口与内河港口有机衔接，对于优化沿海港口集疏运方式，促进港口及临港工业可持续发展，改善港口城市及区域交通环境，提升城市生活品质，引领产业沿河布局，推动产业转型发展，促进区域经济可持续增长，提升水运经济功效具有重要意义。

## 三、项目成果特点

### （一）细致研究建设方案，积极采用新技术、新材料、新工艺

（1）护岸因地制宜采用新建与加固相结合，尽可能保留已建的护岸和绿化，积极应用U型钢板桩加固、劈离块护面等新工艺、新材料，护岸设计注重生态性。

（2）围绕国家政策，在诸多大型城市桥梁中积极推广应用钢桥，降低主桥结构高度，方便居民进出，取得良好的社会效益。

（3）对海盐大桥等5座规模较大、结构状况良好的桥梁推荐采用原桥顶升方案，最大限度地利用原桥结构，节约项目投资约2.9亿元，缩短施工周期，减少周围干扰。

（4）对重要节点桥梁，如沪杭高速长山河大桥，针对极其复杂的地形情况，推荐将主桥连续梁改为钢结构桥、引桥无须改造的方案，最大限度地减少改造范围，节约工程费用，缩短高速改道时间。

### （二）对投资进行有效控制

项目投资估算为61.9亿元，估算编制原则和方法符合国家有关规定。通过详细计算各项工程量、征迁量，分析价格水平，按规范、定额测算工程造价，内容全面，投资估算合理可信。

### （三）经济及社会效益显著，实用价值突出

项目实施后浙北主干航道可通航3层集装箱船舶，平均运费可由原来的1.50元/（TEU·km）降低至1.04元/（TEU·km），同时将吸引大量原公路运输转为内河水运运输，按2035年预测运量330万TEU计算，每年可节约运费约8.86亿元，经济效益突出，同时相比公路运输可减少$CO_2$排放量约63.88万t，节能环保效益明显，且工程建成后，将构筑浙北内河集装箱运输主通道，加速海河联运发展，提升水运效益，促进绿色交通和经济可持续发展。本项目国民经济评价各项指标较好，实用价值突出。

## 四、项目实施情况

2015 年 12 月，项目组开展了现场踏勘、基础资料收集调查等工作。

2016 年 5 月，经过与沿线各港区、地市管理部门以及浙江省港航局多次座谈，项目组提出初步建设方案等工作前提条件。

2016 年 9 月，项目组编制完成了项目建议书和预可行性研究报告，并通过了浙江省交通运输厅主持的评审。

2016 年 11 月 30 日，本项目建议书获《浙江省发展和改革委员会文件政府投资项目受理通知书》（浙发改办交通受理〔2016〕37 号）。

## 五、项目主要参与人员

项目主要参与人员：吴德兴、李志峰、程巍华、赵汛舟、刘冲、沈先荣、杨扬。

# 温州市鹿城区山福镇乡村振兴示范带基础配套工程可行性研究报告

浙江国宏工程咨询有限公司

扫码查看原文

## 一、项目概况

本项目是温州市响应国家、省乡村振兴号召实施的百条示范带之一。随着浙江省乡村示范带建设的展开，温州各县市也相继发布乡村示范带建设实施方案，按照“全市统一领导、西部统筹规划、山海协作发展、区域自主开发”的总体要求，坚持以生态为本底、休闲为内涵、产业为基础、文化为灵魂，全面实施生态大保护、休闲旅游品质、生态休闲农业发展、美丽乡村升级、交通发展基础等工程，着力提升人民生活质量。2019 年温州市确定实施的示范带，山福镇名列其中，此次建设的山福镇“文韵山水、养生福地”示范带也是鹿城区重点打造的乡村振兴示范带。在此背景下，鹿城区山福镇人民政府特委托浙江国宏工程咨询有限公司编制山福镇乡村振兴示范带基础配套工程项目可行性研究报告。

本项目建设是国家乡村振兴战略驱动下，坚持农业农村优先发展，进一步推进山福农业农村现代化的重要发展机遇；是在紧扣“生态”主线，践行“两山战略”，打响山福生态、文化品牌的关键举措；是进一步促进休闲旅游消费，做大做强山福旅游产业，打造新常态下山福新经济增长点的有效途径。

项目建设思路：通过完善基础设施，改善沿线景观；挖掘旅游资源，增加沿线活力；将产业植入示范带，增加农民收入；在沿线建设用地紧缺的情况，提升示范带基础设施；改变示范带上资源低小散的状况，对沿线资源进行整合形成规模效应。力争经过四年努力，山福镇乡村振兴建设取得决定性进展：城乡融合发展的体制机制全面完善，农业现代化、农村现代化、乡村治理体系和治理能力现代化基本实现，美丽乡村全面建成，乡风文明程度显著提高，乡村治理更加完善，农业强、农村美、农民富全面实现。

## 二、项目内容

山福镇“文韵山水、养心福地”乡村振兴示范带位于温州市鹿城区西北部山福镇，起始于山福镇横山村，途径金岙村、驿头村、双潮村、终于夏嘉村，全程 15 km。根据《温州西部生态休闲产业带发展规划鹿城区实施方案》及《山福镇“文韵山水 • 养生福地”乡村振兴示范带发展规划》，山福镇乡村振兴按照“一心两区”建设导向依据“一轴一心一核五区”的空间布局，采用“一区一廊一团一业”的空间模式，实行一次规划、分步分期实施。

本项目乡村振兴示范带基础配套工程重点是 5 个村的景观改造提升、330 国道鹿城段景观提升、5 个村与 330 国道强弱电迁改及驿头村污水管道整治工程。

### （一）示范带沿线村的定位和思路

为了准确把握示范带总体定位和发展思路，为基础设施建设指明方向，对沿线几个重点村进行了定位和布局研究。

**1. 金岙村**

1）总体定位

融合温州地区民俗文化展示的现实需要，立足金岙村良好的农业自然景观资源和优美的山水环境优势，以“旅游 +”作为金岙村乡村振兴的第一要务，以金岙谷度假综合体为核心引爆，以民俗文化为主题，充分融合金岙村的名称内涵与特色要素，通过特色文化的植入与个性 IP 的设计，改善乡村环境，丰富休闲产品， 激活旅游功能，提升度假品质，打造集民俗文化品鉴、养生休闲度假、乡野亲子游乐、农旅文创体验等多功能于一体的温州民俗文化展示基地、合家欢亲子民俗村。

2）空间布局

根据上位规划及金岙村现状空间肌理，将金岙村旅游空间架构划分为“一心一轴一环两区多点”。“一心”是旅游综合服务中心，“一轴”是村庄综合发展轴线，“一环”是农旅文创游览环线，“两片”是绿韵乡野区、文韵乡村区。

**2. 驿头村**

1）总体定位

基于沿驿头溪核心空间的资源特征与需求，考虑将原有 200 m 廊连接，串联起村里的重要区域和景点，建构一个有文化活力、有市场运营、从传统元素到现代元素丰富多变的“长廊”，使这个千年古驿再现生机。

2）功能分区与项目策划

根据驿头乡村振兴目标定位，该方案包括“千米长廊”打造、生态格局基础梳理、驿山古渠水网恢复、欧式风情街改造、环境改造提升、专项设计及植被设计等内容。其中“千米长廊”作为贯穿全村的链接纽带，从圣旨亭起点，沿驿头溪两岸延伸至瓯江村入口，总长 1 300 m，构成九阁两门。近期实施千米长廊一期，长约 750 m，起点为大鹏廊桥，终点为旌门（理学文化景观群）；其中“让平阁”到“文化中心桥”为钢结构，330 m 长、2 m 宽，共 660 $m^2$；木结构廊为 420 m 长，3.5 m 宽，1 470 $m^2$。

**3. 双潮村**

1）总体定位

通过一条荫水印象 + 九大旅游吸引物的提升，将双潮村打造成山福镇乡村振兴示范带的商业中心、集散中心和旅游区块的引擎，成为艺术化的现代乡村景观。

2）功能分区

一个荫溪印象 + 两个风情村、三大“燕子主题”核心景点、民俗街、农家乐街、文创街与民俗街九大旅游吸引物。

**4. 夏嘉村**

1）总体定位

重品位、高颜值、可互动、能运营、有收益的侨乡；建立一个合理、健康的生态环境。

2）空间结构

根据夏嘉溪空间规划，该村大概可分为“一带两片多点”的空间格局。“一带”是指夏嘉溪一带；“两片”是指两片邻里空间；“多点”是指村上客厅、百草温室长廊、百草园、观赏圈养场、文化礼堂、村民活动中心。

**5. 西坑村**

1）总体定位

加强基础设施建设，丰富旅游产品体系，健全景区经营管理，全面提升环境与服务质量、完善景观质量、提高游客满意度，推动西坑村旅游向智能化、特色化、品牌化、标准化发展，打造“3 A 级景区村、浙西南红色旅游核心节点、红色秘密交通特色村、乡村慢生活古村落”。

2）功能分区

总体形成“一心一轴两区”的空间格局。“一心”是旅游综合服务中心；“一轴”是沿西龙溪景观主轴；“两区”是生态乡村体验区和古村文化休闲区。

## （二）项目编制采取的措施

**1. 深入调查研究，摸清示范带资源和现状**

乡村振兴示范带旅游资源主要分布在金岙、驿头、双潮和夏嘉等区域，主要分为生态类资源和文化类资源两类。

（1）自然景观资源：瓯江由东至西贯穿整个示范带，西龙溪溯荫溪而上，途径双潮、朱下、茅洋、西坑四村，全长 11 km，拥有驿头大鹏山景区、双潮植物园、东坑白鹿奢乡景区等自然景观。

（2）田园资源：乡村田园生态资源丰富，风光突出，拥有双潮雅西生态农庄、夏嘉村百亩板栗基地、百亩水果种植基地、杨梅基地、油茶基地等。

（3）文化类资源：主要有码头文化、侨乡文化、程朱理学文化、红色文化等。

（4）经济社会：山福镇是鹿城区人口最少的乡镇，随着近几年休闲农业的发展，山福镇相继出现了雅西农庄和白鹿奢乡等以休闲农业和民宿为主的产业。

**2. 以示范带资源为基础，谋划乡村振兴“亮点”**

项目组在调查资源现状的基础上，积极谋划山福镇乡村振兴示范带的发展“亮点”，以“亮点”带产业，以“亮点”带项目，以“亮点”促发展。根据资源现状，项目组认为山福镇乡村振兴示范带具备以下“亮点”：党建引领、乡贤反哺、民心聚合、产业融合。

**3. 通过示范带“亮点”，谋划产业类型**

产业的发展是乡村振兴示范带的生命，产业的选择既要立足山福镇各个乡村自身特点和资源，又要符合乡村振兴的发展方向和市场导向。根据以上原则，我们对示范带上各个乡村的产业进行了初步谋划。

横山村：建设横山老街景区，大力发展休闲旅游服务业，通过“休闲旅游 +”，实现横山村产业升级。

金岙村：发展乡村休闲度假产业，促进农旅融合，结合金岙村美丽乡村样板村的建设，打造集休闲农业、亲子游乐、乡村度假于一体的亲子休闲度假组团。

驿头村：以驿头营盘山山地公园和大鹏山景区为景观吸引核，以驿头溪两岸文化休闲、乡村休闲项目为休闲集聚区，在村庄的连片农田和林地规模种植荸荠、瓯柑、高山杨梅、大棚蔬菜，并通过文化延伸、文化创意深化农特产品的加工体验，发展创意农业、休闲农业、智慧农业，打造农业种植区、农业景观区、农产品加工体验区，驿头文化体验区，形成产业发展带，并完善村居环境和服务配套，打造田园综合体。

双潮村：以溪南老街和荫溪周边田园景观为旅游核心吸引，发展休闲观光、农创文创和旅游服务业，带动双潮村产业优化升级。

夏嘉村：引进东瓯药王谷核心项目，大力发展文化＋康养＋旅游，实现产业三轮驱动式发展。

**4. 科学谋划产业项目，通过产业项目之间的关联性实现示范带“串点成线”“以线带面”**

在产业定位的基础上，项目组谋划了一批项目，通过项目带动开发，促发展，增加收入。在产业方面，提出“农业＋旅游”“农业＋康养”“旅游＋文化”“旅游＋商贸”“农业＋亲子”“农业＋运动健康”“农业＋旅游＋生态人居”。对每个产业类型的项目进行梳理并在示范带上进行很好的串联。

**5. 科学谋划基础设施配套项目，提升示范带层次**

本次可行性研究报告在产业类型和产业项目的基础上，积极谋划基础设施项目，包括5个村的景观改造提升（立面改造、道路提升、环境治理等）、沿线330国道景观提升、5个村线路“上改下”以及污水整理工程。通过配套基础设施建设，为示范带的提升和后续发展提供保障。

## 三、项目成果特点

（1）以示范带目标为导向的研究路径：报告采取目标导向的研究路径。以温州市和鹿城区对山福镇乡村振兴示范带的要求和标准，提出打造的目标和功能定位。针对目标，调查资源现状。并对产业带的开发理念、战略要点、产业定位进行分析，围绕基础设施建设内容、建设方案、投资估算进行合理科学地分析测算。

（2）运用各类咨询模型工具科学分析：在编制现状分析中采用SWOT分析方法。在示范带建设社会评价方面，采用社会评价逻辑框架分析法。

（3）提出创新乡村振兴示范带土地利用方式：部分景观提升和农旅项目，在国家政策允许范围内进行流转使用。其他基础设施项目以改造提升为主，不再另行征地。

## 四、项目实施情况

### （一）项目成功入围温州市首批启动建设的乡村示范带

由于项目在功能定位、产业选择、项目选择、基础设施建设方面优势明显，成功入选温州市首批启动建设的乡村振兴示范带，成为其他乡村示范带建设的“示范”和“典型”。温州市及鹿城区有关领导多次指示要立足长远，做好乡村示范带建设。强化资金保障，财政要尽快明确项目配套资金，搞好基础设施建设，加快山福镇乡村振兴示范带建设。

### （二）谋划的产业项目已经成功招商并启动建设

可行性研究报告谋划的产业项目，部分工程已经完成招商落地并建设完成，如驿头田园综合体、雅西生态农庄、西坑红色教育、教育营地、研学旅行基地等已经投入使用。

项目情况如图 1 和图 2 所示。

图 1　西坑村

图 2　山福镇

## 五、项目主要参与人员

项目主要参与人员：陈艳、李友爱、张朝国、戴宠丝、徐伊静。

# 大陈岛海洋旅游综合开发项目

五洲工程顾问集团有限公司

扫码查看原文

## 一、项目概况

大陈岛海洋旅游综合开发项目位于台州市椒江区大陈镇，主要包括对上大陈岛和下大陈岛两个岛屿及区域内的重要景点、整体风貌进行提升改造。大陈岛是台州列岛 106 个岛礁中的主岛，分上、下大陈岛，总面积为 11.89 km$^2$，以奇礁兀立、高山阔海的海岛自然风光著称，系省级海岛森林公园。本项目总用地面积为 $1.07\times10^6$ m$^2$（约合 1 605.2 亩），其中新增用地为 $1.465\times10^5$ m$^2$（约合 219.82 亩），需占用海域面积约 10 400 m$^2$（合 15.6 亩）。

## 二、项目内容

根据大陈岛海洋旅游综合开发项目总体规划，其主要建设内容如下。

### （一）大陈岛青垦文化纪念馆建设工程

项目用地面积为 4 280 m$^2$，以“海螺”为母体并将其抽象成“号角”作为建筑形态语言，展现海岛地域特色，弘扬和传承伟大的垦荒精神。室内展陈运用全息投影等方式再现当年历史事件、传奇故事及垦荒场景。

### （二）大陈岛旅游观光专线配套设施项目

项目总占地面积为 5 202 m$^2$，投放 30 辆新能源景区旅游观光车，服务海岛交通。新建沿线站亭，完成候车亭的改建，新建二级维保站场地以及辅助设施用房，对岛上重要路段进行绿化美化及安全设施改造提升。

### （三）大陈岛智慧旅游暨创 5A 景区信息化工程

项目主要包括上大陈以及下大陈岛两个岛屿主要景区及相关区域的信息化建设，力争在大陈岛建立起智慧旅游应用体系，使椒江智慧旅游达到国内领先、国际一流水平。项目分两期实施：一期工程是在大陈核心景区、上、下大陈码头建设游步道沿线监控、音响、检票闸机、WiFi 覆盖等智能系统，二期工程是在帽羽砂、垦荒纪念碑等景点实施智能系统建设。

### （四）大陈岛蓝色生态海湾修复工程

项目拟在上大陈丁沟头、下大陈梅花湾西侧、下大陈土地堂等区域修建、铺设总长约 1 000 m、宽 150 m 的人工沙滩，修复整治海岸线 2 km，将其打造成为海岛特色旅游景点。此外，项目拟对中咀进行疏浚。新建游艇浮码头工程，新建护岸工程，新建景观桥一座以及检修平台一个。

大陈综合码头概念图如图 1 所示。

### （五）大陈岛青垦文化旧址公园改造工程

项目采用公园建设的手法，以大陈垦荒历史为主线，真实反映当年垦荒场景。项目用地面积约 9.4 万 $m^2$，将对青少年宫、友谊俱乐部、游客中心、中国垦荒史记馆、部分民居等建筑进行改造，对规划范围内景观进行美化提升。

### （六）大陈岛两岸乡情文化公园

项目以两岸乡情为主题打造“国家级海峡两岸交流合作基地”，使之成为下大陈岛旅游先期开发的重要组成部分以及促进两岸经济及文化交流的前沿平台。项目规划占地面积为 62 074 $m^2$，包括大陈老街、鱼师庙、两岸乡情陈列馆以及抗战纪念碑四个分区的建设。人防应急保障训练中心两岸乡情陈列馆效果图如图 2 所示。

图 1　大陈综合码头概念图

图 2　人防应急保障训练中心两岸乡情陈列馆效果图

### （七）大陈岛纪念馆展陈工程

项目总建筑面积为 4 935 $m^2$，展厅建筑面积为 4 066 $m^2$，主要包括台胞文史馆、青少年宫、友谊俱乐部、中国垦荒史记馆、蒋经国旧居以及两岸文化交流乡情馆等展馆内的陈列展览工程，不包括展品的征集、修复和运输以及展品的后期维护。

### （八）大陈岛大小浦民宿休闲区改造工程

项目为大陈岛大小浦民宿休闲区，现状位于查普门小峡谷半山腰，现台州市椒江旅游集团有限公司对该处物业进行收购并对原经营单位进行补偿。大小浦民宿休闲区占地面积为 30 220 $m^2$，总建筑面积为 12 171.95 $m^2$。

### （九）大陈岛九曲花街工程

项目以“九曲花街”为主题，计划建设集住宿、餐饮、娱乐等为一体的游客生活服务区。项目主要建设内容包括九曲花街、民俗风情街、山中小筑树屋、绿野仙踪休闲点、林栖花隐休闲点、观海平台、花海观景栈道和天空花海摄影平台等。项目规划总用地面积约 58 000 $m^2$（合 87 亩），总建筑面积约 18 000 $m^2$。

### （十）大陈岛亮化工程

大陈岛亮化工程以“寻梦梅花湾”为主题，完成大陈岛梅花湾区块的夜景灯光打造，展现小镇形象，传播历史文化，凸显小镇特色，汇聚内外人气，重新塑造大陈岛夜间形象，使本地居民乐在其中，外地游客流连忘返。项目整体生态亮化面积为 20 676 $m^2$。

### （十一）梅花湾核心功能区改造工程

项目对梅花湾核心区块交通流线、商业流线进行重新规划，核心区 D 级危房进行拆除重建，部分建筑立面修缮，包括中石化区块和大沙头、房管房区域沿街房屋的立面改造，新建高线公园等配套设施。梅花湾核心功能区改造示意图如图 3 所示。

图 3　梅花湾核心功能区改造示意图

### （十二）乌沙头旅游公共服务设施建设项目

乌沙头旅游公共服务设施位于上大陈岛上岙里村，紧邻乌沙头景区。项目规划用地约 40 000 $m^2$（合 60 亩），总建筑面积为 11 200 $m^2$，利用拟建场地现有建筑进行改造和新建，其中改造房屋建筑面积为 1 700 $m^2$、拆建房屋建筑面积为 4 500 $m^2$、新建房屋建筑面积为 5 000 $m^2$。

### （十三）青垦纪念馆配套设施项目

项目位于青垦纪念馆西南侧，项目用地面积约 39 067 $m^2$（约合 58.6 亩），由 A、B 两个地块组成，其中 A 地块用地面积为 7 333 $m^2$（约合 11 亩），B 地块用地面积为 31 733 $m^2$（约合 47.6 亩），规划总建筑面积为 8 000 $m^2$，主要建设内容为垦荒文化培训教室、食堂、宿舍、行政管理用房和室外配套设施等。

### （十四）大陈岛核心景区改造工程

项目总占地面积为 657 261 $m^2$（约合 985.89 亩），总建筑面积为 13 680 $m^2$，包括新建乌沙头景区、扩建甲午岩景区和大陈岛游客服务中心改造工程三大块内容。

## 三、项目成果特点

项目依托区域的海岛、原汁原味的渔村风情、军事文化遗址以及森林植被景观，彰显军事文化、垦荒文化和民俗文化的独特海岛文化内涵与优良的生态环境，打造集海岛休闲度假、海岛风情旅游、军事主题体验于一体的海岛旅游度假目的地。因此项目组通过广泛收集资料，了解国家相关政策及旅游业发展新趋势，分析预测旅游市场环境，提出浙江海洋大游线。根据市场需求趋势，结合项目调研和 SWOT 分析，挖掘文化卖点和创新资源开发，创建智慧旅游，细分及定位项目客源市场，力求项目市场规模预测更为合理、财务评价更加可靠，有利于投资风险管理。重视生态开发，提出切实可行的环境保护、水土保持、节能节水等措施，为项目的顺利实施奠定了坚实的基础。

### （一）着眼于“两个大陈”建设、实现乡村振兴的需要，为项目建设决策提供科学依据

20 世纪以来，大陈岛发展以渔业为主，近年来随着渔业资源衰退，渔民转产转业困难。大陈岛生态环境对工业的承载力有限，发展工业基础薄弱，站在科学角度分析，大陈岛真正的优势和潜力是旅游，未来引领大陈走向全省、全国、抢占发展制高点的产业在旅游。项目组围绕习近平总书记“两个大陈”的重要指示，重点分析大陈岛的政治、历史、文化、自然资源优势，通过旅游资源开发转化为经济优势，推动基础设施建设，靓化海岛乡村风貌，促进渔民转产转业，为乡村振兴注入生机和活力；论证项目建设必要性，为决策提供科学依据。

### （二）采用科学研究方法，细分及定位客源市场，确定项目开发策略

项目组通过旅游市场环境和区域市场竞合格局研究，剖析市场需求趋势，得出海岛旅游“3S”—“3 N”—“3 C”的变化过程。通过项目调研，深挖大陈岛本地原生文化内涵，以 SWOT 分析，提出重点定位海岛观光旅游、海洋休闲度假、红色文化旅游、民俗风情旅游、台湾大陈寻根五大细分市场，并明确重点巩固、重点突破、重点拓展目标定位，形成以“国家级中心渔港 + 省级森林公园 + 省海钓基地 + 垦荒精神 + 最美海岛风光 + 大陈岛海洋文化”为核心旅游吸引物，将大陈岛打造成为集青垦文化、岛礁览胜、海岛文化休闲、海洋运动娱乐、军事文化体验、渔家风情、养生度假、金融产业创新、商务会议等功能于一体的海岛型国际休闲旅游度假区、国家海洋文化旅游示范区、全国垦荒精神教育创业基地、海峡两岸交流合作基地和浙江生态休闲渔业示范区。

### （三）迎合“互联网 +”时代，打造“智慧海岛”度假模式

科技释放旅游魅力，项目组通过对智慧旅游模式研究，结合项目发展规划，提出 5 大基础设施、1 大基础平台、20 个应用系统建设，完善大陈岛的智慧公共服务体系，引入智能化健康监测管理设备，提供无缝式度假养生服务，引领“智慧海岛、健康度假”新业态。

### （四）践行“两山理论”，以可持续发展理念指导生态开发方案

严格遵循海洋保护法与自然保护区条例，提出切实可行的生态保护措施，对遭破坏的生态环境进行修复，并构建海岛清洁能源系统与自循环系统。通过统筹海岛保护、开发与建设，推动海岛资源合理利用与有效保护，实现海岛及其周边海域生态系统保护和海岛经济社会协调发展。

### （五）投资及财务评价合理客观，风险分析切合实际

项目组将项目分解为 14 个子项目，依据定额、方法参数等系列计价规则分别进行合理估算，并明确贷款计划，以利于资金安排；观察分析项目区域旅游收入来源及水平，结合项目市场规模预测，合理预测本项目收入情况，使财务评价更为可靠；进一步进行社会评价、项目风险评价，为业主和国家主管部门的决策提供客观的判断基础。

### （六）项目建设可以获得明显的政治效益、社会效益和经济效益

项目开发充分发挥大陈岛与台湾省“地缘相近、血缘相亲、文缘相承、商缘相通”的独到优势，以“两岸乡情”为主题打造“国家级海峡两岸交流基地”，助力祖国和平统一，实现中国梦。“大陈岛垦荒精神”与“红船精神”一脉相承，项目开发将大力弘扬大陈岛垦荒精神，扩大垦荒精神的传播面和影响力，打造中国红色旅游第一岛，并依托台州市“一带一路”经济建设的桥头堡功能，全面对接“海上丝绸之路”战略，发展海洋经济，引领大陈旅游产业国际化发展，高水平谱写实现“两个一百年”奋斗目标。

## 四、项目实施情况

大陈岛综合旅游开发项目于 2018 年 6 月 18 日完成可行性研究批复（椒发改投〔2018〕156 号），同年被列入省“大花园”建设行动计划，台州市委、市政府大力推进台州大湾区建设，大陈岛成为三湾联动的重要节点。目前，已成功创建省级海洋经济示范岛。

大陈岛秉承垦荒精神，抓住契机，推动红色教育和绿色生态融合发展，掀起开发新热潮。截至目前，大陈岛垦荒碑景区提升工程青垦文化纪念馆、青垦文化旧址公园、军事文化博物馆等投入使用。大陈岛坚持旅游和生态并重，全面践行“绿水青山就是金山银山”理论，垃圾处理中心、海岛植被恢复、污水零排放、乌沙头景区游步道边坡防护等工程均投入使用；甲午岩、乌沙头景区建成对外开放，实施滨海生态廊道工程、砂质岸线修复，梅花湾亲水栈道、甲午岩浪通门景区提升工程、乌沙头景区道路工程等一批重点项目已完成。除此之外，两岸乡情文化公园一期、大陈岛旅游观光车交通配套设施投入使用；上、下大陈村集体民宿、印象餐厅建成对外开放。大陈岛在重点工程项目的推动下，生机勃勃、欣欣向荣，让海岛旅游发展插上了腾飞的翅膀。

## 五、项目主要参与人员

项目主要参与人员：王洪磊、胡珀、黄吴聪、张亦芳、郑晓、杨娟、梁俊青、杨华、刘莉莉、陈笑音。

# 国家毒品实验室浙江分中心可行性研究报告

五洲工程顾问集团有限公司

扫码查看原文

## 一、项目概况

当前，全球毒情正发生深刻复杂的变化，特别是以芬太尼类物质为代表的新型毒品来势凶猛，已在一些国家大规模流行滥用，造成大量人员死亡，引发严重社会问题。中国政府坚持人类命运共同体的理念，以负责任大国的态度，积极参与全球毒品问题治理。开展国家毒品实验区域分中心建设，是党中央、国务院做好芬太尼类物质整类列管工作部署的重要举措。2019 年 2 月，习近平总书记主持召开中央政治局常委会会议审议通过《芬太尼类物质整类列管实施方案》，决定建立国家毒品实验室和北京、浙江、广东、四川、陕西五个分中心，其中，浙江分中心辐射华东区域。此后，国家禁毒委员会副主任、公安部党委委员、反恐专员刘跃进在国家毒品实验室及区域分中心建设推进会上强调，要学习贯彻习近平总书记重要指示精神，认真落实芬太尼类物质整类列管措施，加快推进国家毒品实验室和北京、浙江、广东、四川、陕西 5 个分中心建设，在 3 年内建成一个规模覆盖全国、功能贴近实战、运转及时高效、水平国际一流的毒品实验室体系，为打击整治芬太尼类物质犯罪等新型毒品犯罪提供有力技术支撑。

国家毒品实验室是完善我国禁毒基础设施，提高禁毒工作效率的需要；是保障人民群众健康安全，维护社会稳定和谐的需要；是响应国家禁毒政策，奋力夺取新时代禁毒人民战争新胜利的需要；是推动浙江省禁毒工作体系化、规范化治理的需要；是实验技术与大数据结合，打造智慧禁毒系统的需要。

国家毒品实验室浙江分中心是中央“一个部中心、五个区域分中心”战略布局的重要一环。分中心结合华东地区实际禁毒工作，着眼“国内顶尖、国际一流”和“高水平建设”的目标定位，科学设计运行机制，全面提升禁毒科技化、智能化、信息化水平，为芬太尼类等新型毒品管控、监测提供技术支撑，为打击查处毒品违法犯罪鉴定提供法律依据，为毒情评估监测预警和禁毒成效评价提供科学依据。

## 二、项目内容

项目选址在浙江警察学院内，对现有的技侦楼进行重新设计，按照国家毒品实验室功能使用要求进行装修改造，主要设置实验区（含常量毒品检验、微量毒品检验、人体生物检材毒品检验、环境样品及易制毒化学品检验、特种试验区）、数据中心区（含数据处理、情报研判中心区）、综合业务区、地下辅助用房等。本项目改造方案主要包括建筑外立面、室内、屋面、地下室改造，结构加固，电梯更换，设施环保化，配备实验室所需基础工艺设备等内容。

本项目采用投资决策综合性咨询，服务内容包括项目建议书、可行性研究报告、环境影响评价报告、方案设计、BIM 以及实验室仪器设备购置申报书等。

### （一）收集资料、现场踏勘

通过广泛收集资料，访谈缉毒人员、实验室工作人员等相关人员，深入了解项目建设背景、意义、宏观目标，确定项目具体目标，现场踏勘浙江警察学院技侦培训楼、校内环境、学校周边环境，深入调研技侦培训楼的结构、功能、供水、供电等现状情况。

### （二）走访同类毒品实验室

前往北京、广东、陕西、四川毒品实验室，就各毒品实验室的规模、功能分区、空间布局、仪器设备、实验室管理系统等方面开展实地调研，根据调研结果，结合国家毒品实验室浙江分中心实际情况，预测项目建设规模，并进一步分析论证技侦培训楼规模的符合性。

### （三）项目建设及可行性研究报告

项目建设及可行性研究报告主要从项目总论、建设背景与必要性、需求分析与建设规模、选址与建设条件、建设方案、实验室定位及任务、实验室智能化系统、绿色节能、劳动安全卫生消安、组织机构与人力资源配置、实施进度、投资估算与资金筹措、效益分析、社会评价、社会稳定风险分析、研究结论与建议等分析论述。

### （四）方案设计

方案设计主要从设计依据、设计构思、功能布局、公用、辅助及周边配套主要材料用量、工艺设计、主要设备选型、绿色建筑、生态环境保护、建筑技术经济指标、抗震人防等内容进行研究，并经过专家论证、审核、比较。

### （五）环境影响评价

环境影响评价收集项目环境评价所需的气象、水文、地质及相关资料，调查与了解项目工艺、污染环节及项目所在地环境现状，分析与评价项目环境保护可行性。

运用的理论方法及模型主要包括逻辑框架法、类推预测法、宏观环境（PEST）分析法、层次分析法与模糊综合评价法、BIM+GIS 模型。

## 三、项目成果特点

### （一）项目建设方案复杂

（1）国家毒品实验室功能、系统多样，功能分区、交通流线、废气流线、新风流线设计要求高，空调系统、实验室系统、毒品预警监测上报和发布监测预警数据系统配置复杂，专业化程度高。项目建设，要专业划分常量毒品检验、微量毒品检验、人体生物检材毒品检验、特种试验区等功能区，合理组织交通流线，科学配建空调系统、实验室系统等。

（2）在满足生产工艺和设备安装要求的总前提下，对建筑改造必须严格按照现行的建筑规范、标准和工艺实施，既要考虑建筑自身条件，又要考虑科研生产特殊需求，部分区域还需要进行加固处理，并要做好与周边建筑性能及基础配套的协调。因此，改造设计需要全面统筹考虑各方需求和影响，设计方案极其复杂。

## （二）现状建筑具有局限性

现状技侦楼建于2008年，钢筋混凝土结构，楼面活荷载2 $kN/m^2$，地上7层，地下1层，标准层高为3.2 m。现状建筑改造为毒品实验室，从建筑本身来讲，其建筑、结构、消防等各方面不能满足现行建筑规范；从建筑使用功能上来讲，其结构布局、水、暖、电、动力设计与国家毒品实验室科研需要的新工艺、新设备的使用要求之间存在差距。具体主要有以下局限。

（1）交通流线问题。现状建筑只有两台电梯，无法满足工作人员、各类毒品样品流线的相互独立。

（2）层高限制。实验室对送排风要求较高，需要新增较多送排风管道，而现状建筑2～6层梁底净高仅为2.4～2.5 m，技术处理难度大。

（3）结构荷载不满足。建筑主体结构为钢筋混凝土框架结构、预应力混凝土管桩基础，根据标准规范，现状结构荷载不能满足毒品实验室的使用要求。

（4）气瓶室、集中供气问题。实验室日常运行需要氮气、氢气、氩气等5种气体，气体供应设计要兼顾安全性与经济性。

（5）新风机、排风机、废气处理等设备安置问题。建筑屋顶荷载低，空间小，无法满足实验室新风机、排风机、废气处理等设备的安置。

## （三）项目主要创新实践方法

### 1. 采用“1+*N*”模式，实现投资项目“1”的整合和“*N*”个专项咨询的融合

本项目采用“1+*N*”模式，即“可行性研究＋专项评价评估”模式，不仅承担传统可行性研究，还承担对可行性研究形成支撑的环评专项咨询，并涵盖方案设计、BIM设计等，重点在于将各专项有机整合，着眼于建设项目的投资决策，全面提升咨询服务的标准、能力、理念。

### 2. 打造“BIM+GIS”应用闭环，将建筑设计与生态环境完美融合

项目采用“BIM+GIS”信息化技术手段，BIM主要用于建筑内部的信息管理和三维可视化管理，通过模型的统一化、标准化，将各个专业进行协同；GIS主要用于建筑外信息管理，包括土地、基础设施、道路、绿化等，以体量的方式存在。BIM与GIS集成应用是数据、系统和应用的多维集成，能发挥各自技术优势，从而实现基于空间真实位置、真实环境的设计，将建筑设计与生态环境完美融合。

### 3. 采用层次分析法与模糊综合评价法，构建项目投资决策评价体系

本次结合毒品实验室项目特点，参照相关建设标准和文件，采用层次分析法与模糊综合评价法，从项目选址、功能分区、装修改造（含结构改造、空调及通风等系统、气体管路系统、智能化系统等）、仪器设备选购、投资规模及环评单项咨询等方面合理性进行分析论证，从而构建项目投资决策评价指标体系。

### 4. 注重理论与实践相结合，提升投资决策科学化水平

《关于推进全过程工程咨询服务发展的指导意见》（发改投资规〔2019〕515号）中提出“为增强政府投资决策科学性，提高政府投资效益，政府投资项目要优先采取综合性咨询服务方式。”同年，五洲工程顾问集团有限公司受国家发展改革委投资司委托，参与《投资决策综合性咨询服务技术标准》研究起草工作，本次正是对投资决策综合性咨询服务进行的实践摸

索。通过对项目定位、可行性研究、环评、方案设计等决策工作的实践，充分发挥了投资决策环节的统领作用，将碎片化的投资决策咨询服务深度融合，提升投资决策科学化水平。

**5. 精细化毒品防控工作，打造智能实验数字管理平台**

针对禁毒工作的实际需要，浙江分中心建立省、市、县、乡镇（街道）、村居（重点区域）五级污水毒情数字化监测体系。依托地理信息系统、大数据、物联网等技术，运用科技手段对毒情进行综合评估、预警、溯源、研判，为浙江省毒情现状、制毒风险研判和毒情预警、溯源打击、警力调配、禁毒管理、提前预防等禁毒各方面工作提供技术支撑。同时智能化记录毒品的全要素信息，构建毒品档案管理体系，针对毒品的各维度信息建立分析模型，为新型涉毒物品检测标准的制定提供数据支撑。

## 四、项目实施情况

目前，项目已建设完成并揭牌成立，标志着国家毒品实验室体系建设取得了重大进展，标志着浙江分中心建设发展迈上了新台阶。

### （一）经济效益

毒品吞噬着人类财富，严重危害“人”这一核心生产力，直接制约社会生产力发展。此外，吸毒还容易诱发走私、抢劫、盗窃等违法犯罪行为，影响社会稳定。项目建成后，禁毒、缉毒工作的开展能有效预防、控制和减少毒品需求，保护劳动生产力，维护社会稳定，促进生产和经济发展。

### （二）社会效益

国家毒品实验室浙江分中心的成立，有助于浙江和整个华东区域全面提升禁毒科技化、智能化、信息化水平，为芬太尼类等新型毒品管控、监测提供技术支撑，同时将更好地担负起常规毒品案件检验鉴定、易制毒化学品检验、吸毒毛发检验、环境污水毒情监测评估、案件关联串并、支撑防范预警、成瘾机理研究等方面任务。

### （三）政治效益

项目建设为案件诉讼提供技术支持，为禁毒部门确定毒品来源提供信息，提升禁毒工作效率和实战水平，为毒情评估监测预警和禁毒成效评价提供科学依据，为浙江以及华东地区、全国乃至全球毒品治理提供强大技术支持，有利于维护社会稳定，保障人民群众安全，有利于增强我国在禁毒领域的影响力和话语权，提高我国国际地位。

### （四）推广应用价值

**1. 投资决策综合性咨询**

全过程工程咨询包括投资决策综合性咨询和工程建设全过程咨询，其目的是强化项目全生命周期管理，有效促进项目信息的完整流动，减少项目管理的脱节现象。投资决策综合性咨询会较好地弥补目前可行性研究报告编制的不足，解决工程咨询服务“碎片化”问题，促进投资决策科学化。此外，投资决策综合性咨询有助于审批部门实现“一本报告，并联审批”，实现深化投融资体制改革、优化营商环境、促进投资高质量发展的目的。

**2. BIM+GIS**

BIM 与 GIS 的整合可应用于智慧城市管理的许多方面，同时在工程的全生命周期中皆有应用机会。在建筑物规划设计时，BIM 和 GIS 的整合通常被用来做建筑物的选址、能源设计等。将 BIM 与 GIS 用于投资决策阶段，能够增强决策论证的协调性，真正发挥投资决策环节的统领作用。

**3. 智慧禁毒**

依托信息化建设，浙江分中心正积极打造全省“1+5+*N*”（即国家毒品实验室浙江分中心 + 杭州、宁波、温州、金华、台州 + 各县市区）毒品实验技术网络，探索实现毒情数据分析研判、涉毒行为预警方法、毒品滥用评估手段、涉毒风险防范策略、毒情监测预警体系建设，推动数据资源共享，形成全省“一张网”。

## 五、项目主要参与人员

项目主要参与人员：王洪磊、陈笑音、梁俊青、阙天楠、赵坚、杨娟、张亦芳、刘莉莉。

# 溧阳至宁德国家高速公路浙江省淳安段工程可行性研究报告

杭州市交通规划设计研究院有限公司

扫码查看原文

## 一、项目概况

溧阳至宁德国家高速公路浙江省淳安段（千岛湖至黄山高速公路淳安段工程）起点接杭新景高速公路千岛湖支线，终点衔接千黄高速安徽段后连接至杭徽高速公路，是 G4012 溧阳至宁德高速公路的组成部分，是浙皖两省、杭黄两市沟通联系的重要通道，同时也符合两省、两市高速公路建设发展规划。

本项目是国家高速公路网 G4012 溧阳至宁德联络线的重要组成部分，是浙皖两省、杭黄两市沟通联系的重要通道，同时也符合两省、两市高速公路建设发展规划。项目的建设，对于打通高速公路“断头路”，完善高速公路路网体系，落实城乡统筹发展，促进浙江海洋经济向浙江西部及内陆省份的辐射作用，打造名山名湖名城黄金旅游线，促进淳安沿线产业区块的形成和经济社会发展等均具有十分重要和深远的意义。本项目的实施，是打通高速公路“断头路”，完善高速公路路网体系，提升路网服务水平与整体功能的需要；是促进旅游可持续发展，形成杭州—千岛湖—黄山旅游环线的需要；是增强长三角地区经济辐射能力，加强安徽省与浙江省经济合作的需要；是改善淳安县交通环境、促进区域内经济发展的需要；是推进城乡统筹，构建城乡区域一体化发展格局的需要；是浙江海洋经济向浙江西部及内陆省份辐射的需要。

## 二、项目内容

本项目采用交通运输部《公路工程技术标准》（JTG B01—2014）中，双向四车道高速公路工程技术标准，设计速度为 80 km/h，路基宽度为 25.5 m，其中中间带为 3.0 m，行车道宽为 2×2×3.75 m，硬路肩宽为 2×3.0 m，土路肩宽为 2×0.75 m；路面设计荷载采用 BZZ-100，桥涵设计汽车荷载等级采用公路 - Ⅰ级。

路线起点接杭新景高速千岛湖支线的终点，桩号为 K0+000，终点拟定在浙江省与安徽省交界的塔岭附近，左线终点桩号为 K53+084（右线终点桩号为 K53+128）。路线主要控制点有青溪新城、进贤湾旅游度假区、汪宅、宋村乡及威坪镇。沿线主要经过千岛湖镇、左口乡、汪宅、金峰乡、宋村乡、威坪镇等 6 个重点村镇。路线起点接杭新景高速千岛湖支线的终点，起点处设置千岛湖互通与 S306 省道衔接，路线向北利用青溪新城经五路通道布线，设连续隧道穿越生坑隧道、雷王坞隧道、宋家至湖坑隧道，随后路线分别设置湖坑村大桥与临岐线大桥依次跨越 S305 省道，千岛湖临岐航道（Ⅴ级），折向西北，经过安龙、东盛坞、汪宅，在汪宅处设置互通与汪汪线相接，后经前中岭隧道后折向西南，沿山谷布线，经蒋岭脚、泽峰庄，穿燕岩山隧道后，以中短隧道、桥梁、路基结合的方式沿千威线走廊带布线，在宋村乡设互通一处，之后路线跨越千岛湖云常线航道（Ⅶ级航道），以隧道形式穿越山头湾。在威坪镇设互通一处，之后路线在山谷展线，并跨越千岛湖双屏线航道（Ⅵ级航道），沿威坪镇伊畈工业园区东侧布线，跨越千岛湖岭方线航道（Ⅶ级航道）后，在 CK50+450 设置主线收费站，经株林村以隧道形式进入安徽省境内，路线全长为 53.084 km。

推荐方案 K+C 线路线全长为 53.084 km，工程总投资约 99.53 亿元，平均每千米造价约为 1.87 亿元。全线路基填方约 1 372.2 万 $m^3$，挖方约 1 249.2 万 $m^3$，利用隧道方约 286.58 万 $m^3$，弃方约 356.1 万 $m^3$（含隧道弃渣 192.6 万 $m^3$），路基排水及防护工程约 38.6 万 $m^3$，沥青混凝土路面为 43.0 万 $m^2$；全线桥梁长为 7.97 km/21 座（均为大桥、特大桥），分离立交长为 4.31 km/12 座，隧道总长为 22.52 km/28 座（其中长隧道 7 座，中短隧道 21 座），桥梁分离隧道合计长度为 34.80 km，约占路线总长的 65.56%；互通式立体交叉 5 处，分离式立体交叉 12 处，通道 8 道，涵洞 60 道；收费站 6 处（其中互通收费站 5 处，主线收费站 1 处），停车区 1 处，养护区 1 处；连接线 1 条（汪宅互通连接线 5.0 km）；拆迁建筑物 133 255 $m^2$，征用土地 265 $hm^2$（约合 3 975 亩）。

## 三、项目成果特点

### （一）总体设计思路清晰、研究重点难点明确

本工程总体设计思路清晰，即以满足国家及省市相关行业标准及规范为前提，以工程项目范围现场情况调查为基础，以国家及浙江省高速路网规划为依据进行总体设计。

本研究的重点难点如下。

（1）合理确定技术标准。受地形、地质及周围自然环境影响，若采用高的技术标准，势必会带来更大的破坏和工程投资，若标准过低，则不能满足道路功能需求，故准确预测交通量，合理确定技术标准是本工程可行性研究的重点。

（2）路线方案选择难度大。项目位于千岛湖国家级旅游景区，地形、地质条件复杂，路线方案的选择需要满足高速公路线形指标要求、减少公路对周边环境及千岛湖水源的影响，同时还需要考虑路线方案的经济性，因此，如何选择合理的路线方案进行全方面比选，充分体现“地形选线、地质选线、安全选线、环保与景观选线”是本工程可行性研究的重点和难点。

（3）互通布设及方案研究复杂。根据当地道路网和区域现状及规划，合理布设落地互通，且互通大多处于山谷、库湾区，互通方案的选择受周边山体以及库湾深水区限制，空间局促，互通形式的选择对工程投资影响大，故确定互通位置和基本形式、控制项目投资规模是本工程可行性研究重点。

（4）环境保护、水资源保护要求高。公路设计必须注重环境保护，首先在路线平纵面设计中要减少大填大挖，其次设计要注重细节。千岛湖为水源保护区，沿湖路线对水资源有一定影响，公路设计需采取相应的措施，将公路建设、运营中对湖水的影响降低到最小的程度。

（5）合理布设桥梁构造物，将“宁桥勿填、宁曲勿直”的设计理念彻底贯彻到工程可行性

研究过程中。同时，根据工程条件特点有针对性地进行桥梁方案设计，满足不同环境的要求。另外，需贯彻响应设计、施工“标准化、工厂化、预制化、规模化”的要求。

（6）景观设计要求高。项目位于千岛湖国家级旅游景区，要注重公路沿线景观设计，在满足公路行车安全舒适的前提下，提升公路的景观效果，包括边坡的绿化方案、边沟的处理、桥型结构的选择、隧道洞口的建筑造型以及停车区景观的设计等。

### （二）全面融入生态环保设计理念

本项目有近 50% 的路段位于千岛湖景区，为了使整个工程完美地融入周围景观之中，在路线、路基、桥梁、隧道、排水等各个环节的设计中始终贯彻“安全、生态、舒适、和谐”的理念，创造出一种公路与人文景观、自然景观协调融合的生态模式。

路线设计：坚持地形选线、环保选线、安全选线、布景选线和效益选线，路线顺势而为、线形连贯、自然流畅、接近自然、融入自然，对全线环境影响降到最低程度，营造自然和谐的公路交通环境。

路基设计：最大限度地减少圬工砌体，并考虑与绿化设计相结合，边坡尽量采用植物生态防护，以达到边坡防护与自然景观协调的公路景观效果。

桥梁设计：桥梁的总体布置与结构选型贴近自然，充分与环境协调，与周围山川、沟谷等自然景观成比例。

隧道设计：隧道洞门的设计充分考虑“早进洞晚出洞”及“融于自然”的设计理念，充分考虑与隧道周边的植被、山形相结合。

排水设计：千岛湖水源为国家一级水体，为了防止水源污染，在急流槽（排水沟）末端设置油水分离池，避免油污水直接进入千岛湖库区。

### （三）社会与经济效益显著

G4012 溧阳至宁德高速公路是国家高速公路网东西向横线 G40 上海至西安高速公路的重要联络线之一，它北接 G4011 扬州至溧阳高速公路、南连国家高速公路网南北向纵线 G15 沈阳至海口高速公路，将溧阳、宁国、绩溪、歙县、建德、龙游、云和、泰顺、福安等地区通过高速公路整体连接起来，是纵贯江苏、安徽、浙江、福建四省的重要交通通道。

本项目是 G4012 溧阳至宁德高速公路的组成部分，已经列入交通运输部创建绿色公路（第二批）示范工程名单，千黄高速公路是浙皖两省、杭黄两市沟通联系的重要通道，同时也符合两省两市高速公路建设发展规划。本项目的建设，对于联通既有高速公路，搭接“断头路”，完善区域高速公路路网体系，构建“杭州—千岛湖—黄山”黄金旅游线，打造名山名湖名城黄金旅游线，促进浙江海洋经济与内陆省份经济的辐射对接，促进沿线产业区块的形成和经济社会发展等都具有十分重要和深远的意义。

### （四）项目研究及设计创新点多

（1）将千黄高速公路创建成为与自然环境融为一体的交通运输部“绿色公路”建设示范工程，打造成为浙江省最美“旅游公路”典型示范工程。

（2）按照交通运输部、省交通运输厅和市交通运输局打造“品质工程”的新理念，以“建好、管好、护好、营运好”为目标，通过建立和完善工程建设与运营管理机制，实现高水平的“安全耐久、舒适美观、生态和谐、服务优质”的总体要求，促进交通运输事业的健康可持续发展。

（3）运营期水环境安全保障技术。千黄高速全线位于新安江淳安饮用水源二级保护区内，沿线水环境极为敏感，水质保护要求极高，危化品运输事故环境风险突出。高速公路运营期水环境安全保障技术体系建立至关重要。

（4）安全舒适型隧道照明光环境管控技术。千黄高速公路隧道里程占比高，本技术基于亮度和色温双指标可控隧道 LED 照明灯具，研究开发洞内外光环境亮度和色温双指标协调控制的隧道 LED 照明新技术，改善隧道照明光环境，提升驾驶员在隧道内行车的安全性和舒适性，创建安全舒适和节能高效“两型”隧道 LED 照明示范工程。

（5）停车区雨污水处置与循环利用新技术。针对千黄高速停车区污水处理达标要求高和节假日峰值交通流量大的特点，研究选取水力停留时间短、处理效率高、抗冲击负荷能力强、运行维护简便、电耗低、占地面积小的污水处理新材料新技术，解决常规污水处理工艺抗冲击负荷能力差、水力停留时间长、处理水质不稳定、维护管理专业要求高等问题，尤其解决节假日小汽车免费通行期间的千黄高速公路停车区污水处理难题。

（6）隧道群运营安全保障技术。本项目桥隧里程占比超过 77%，运营安全风险高，应急救援与交通组织难度大，因此，研究建立千黄高速公路隧道群动态风险评估和预警分级方法，提出隧道群路段突发事件条件的应急救援与处置方法，解决节假日大交通流条件下隧道群运营风险动态评估、风险分级和成套安全保障技术体系。

（7）基于融合度的公路景观设计技术。为了建设高品质的黄金旅游线路，保护沿线旅游资源，让公路辐射的地区能保持景观的连贯性，创造精炼流畅的公路景观，需最大限度融合公路景观与周围自然环境景观，以景观融合度理论为基础，从工程自身协调、与自然环境融合、与人文环境融合等三个方面及公路工程的不同分项工程层面构建公路景观融合度指标框架，主要开展公路自身线形与构造物的协调设计、公路与自然环境的融合设计、公路与人文环境的融合设计等方面的技术研究。

## 四、项目实施情况

可行性研究工程从 2011 年 6 月开始，于 2016 年 7 月完成。2013 年 3 月，完成该工程可行性研究报告（送审稿）。2013 年 3 月底，浙江省交通运输厅在杭州淳安县主持召开了工程可行性研究报告的预审会。2016 年 1 月中旬，浙江省交通运输厅与安徽省交通运输厅在杭州就本项目进行了沟通协商。浙皖两省交通运输厅都同意维持 2011 年签订的《省际路线衔接协议》，省界的接点位置保持不变。2016 年 7 月 3—6 日，受国家发展改革委委托，北京交科公路勘察设计研究院有限公司组织开展了千岛湖至黄山高速公路淳安段（G4012 溧阳至宁德高速公路淳安段）现场调研工作。2016 年 7 月，根据现场调研会专家组意见，对报告有关内容进行必要的补充和完善，形成工程可行性研究报告（报批稿）。项目于 2017 年 12 月开工建设，于 2020 年 12 月建成通车。

项目情况如图 1 至图 3 所示。

图 1　燕山大桥

图 2　宋村互通

图 3　千岛湖互通

## 五、项目主要参与人员

项目主要参与人员：宋法宝、陈自辉、吉文金、朱勇骏、吕浩、梁斌、周翔。

# 临金高速公路临安至建德段工程可行性研究报告

杭州市交通规划设计研究院有限公司

扫码查看原文

## 一、项目概况

临金高速公路（临安至金华高速公路）是《长三角都市圈高速公路网规划方案》“十横、七纵”路网布局中的“一纵”，宁金高速公路的浙江段是《浙江省公路水路交通建设规划纲要（2003—2020年）》“两纵、两横、十八连、三绕、三通道”公路主骨架规划中的“一连”，也是《浙江省综合交通运输发展“十三五”规划》中将要构建的“三纵四横、对角贯通”综合交通网络中加快建设的项目之一。

临金高速起点与宁金高速公路安徽段相接，可沟通宣广、申苏浙皖等高速公路；浙江省境内连接杭徽、杭新景、杭金衢及金丽温高速公路。它的建设将为浙中西南地区、安徽东南地区和江苏省西部之间形成一条快速通道，加强长三角对周边地区的经济辐射；同时，对完善长三角和浙皖两省高速公路网络，促进临安、桐庐、建德兰溪等沿线区域的经济发展，充分发挥临安、瑶琳、富春江及双龙洞等沿线旅游资源，提升区域交通服务等具有十分重要的意义。

本项目临金高速公路临安至建德段工程是临金高速的重要组成部分，项目起点接宁金高速安徽段，现已建成通车，终点与杭新景高速公路相交，项目符合《长江三角洲地区区域规划》和《浙江省综合交通运输发展“十三五”规划》，同时是浙皖两省、杭宣两市沟通联系的重要通道，也符合两省、两市高速公路建设发展规划，项目建设是必要且迫切的。

本项目重点及难点：①打造生态文明示范公路，节约耕地资源，建设任务重；②地形复杂，控制因素多，路线方案选择难度大；③填挖交错频繁，废弃方大、土石方纵向调配困难；④沿线结构物比重大，造价控制难度大；⑤特长、长隧道设计、施工复杂；⑥贯彻“全寿命周期成本”理念，合理控制建设成本。

## 二、项目内容

（1）根据长三角都市圈、浙江省及沿线市（县）公路网规划，重点对杭州的临安、桐庐、建德的经济社会及现有相关公路的现状进行调查研究，并对存在的问题进行分析，提出本项目建设的必要性。

（2）交通量和运输量的发展预测，着重研究项目所在地区的经济特征，运输结构特点以及它与公路运输的关系，对现有及规划的相关道路进行专门的交通起止点（OD）分析，并根据历年来公路交通量发展与经济发展的相关性，预测将来项目可能发生的交通量。

（3）根据本项目在路网中的地位、所在地区地形类别及有关条件，论证确定本项目功能，结合交通量预测的结果和相关规划，拟定适合本项目的技术标准。

（4）对本项目的自然地理条件、社会环境、筑路材料来源及运输条件作进一步分析，考虑城镇及路网的规划以及本项目的特点，拟定可行的线位方案进行比选、论证，提出路线推荐方案，并初步确定工程规模。

（5）对本项目的自然地理条件、社会环境、建筑材料的来源及运输条件等进行深入分析，初步确定材料单价。根据各方案的基本设计资料，估算工程数量及征、拆迁工程量，按交通运输部颁的《公路工程基本建设项目投资估算编制办法》进行深入分析并对建设费用进行估算。

（6）根据本项目建设条件、工程规模，结合以往工程经验提出实施方案，并初步拟定建设工期。

（7）根据国家发展改革委和交通运输部有关文件规定，作国民经济评价和财务评价，并进行敏感性分析，对建设项目进行可行性论证和风险评估。

（8）分析项目征地对当地土地利用的影响。

（9）根据工程所处位置及填、挖等工程数量，分析工程所处的环境以及对沿线社会环境和生态环境的影响，提出环境保护的对策和措施。

（10）根据现有公路状况计算建设本工程的节能数量。

（11）评估分析项目的社会影响和实施风险，重点对社会稳定风险进行分析，进一步论证项目建设的可行性。

（12）提出本项目存在的主要问题及解决问题的建议。

## 三、项目成果特点

（1）合理布置线位走向和结构物设置，减少对沿线土地资源的占用。由于项目处于浙西北山区路段，当地地形以山地丘陵为主，平地资源有限。为解决项目公路用地和沿线乡镇城镇用地的矛盾，减少耕地占用，本项目在规划线位阶段就与当地政府多轮对接，结合规划和国土部门意见，采用“近城不进城”的原则，利用山地地形合理布置线位，提高全线桥隧等构造物比例（结构物比例达65%），并对互通、服务区等占地面积较大的设施进行合并设计（全线两处服务区和一处停车区均采用与就近互通合建的模式）。

（2）线位布设及规划设计过程中注重生态融合，践行“两山”理念。根据“绿水青山就是金山银山”生态环保理念，首先在线位走廊选择上就将一些重要的旅游风景区及水源保护地作为重要控制因素进行避让，如临安英公水库、桐庐瑶琳仙境旅游区等；其次，在设计过程中精细化考虑，合理制定路线高程，增加隧道规模，减少对现状山体的开挖，保护现有植被体系不被破坏；最后，在以往常规设计的基础上，增加绿化景观专项设计内容，对一些人工迹象明显的混凝土圬工结构进行绿化景观修饰（采用生态挡墙等）。

（3）设计标准化、工业化、精细化。以绿色集约为导向，全面提升设计水平。一是通过合理优化归并，对全线桥梁上下部结构进行归类统一，提高模板利用率，减少施工成本，进一步推动山区高速公路工业化。二是以设计精细化确保结构耐久、合理控制造价。对岩溶发育路段桥梁采取“逐桩钻孔”补勘、定方案，确保岩溶桩基设计精准；强化隧道洞口、桥台锥坡精细化设计，线位精细化调整，优化“削山皮”挖方路段支护设计。

（4）线位走廊的布置多靠近当地的各乡镇，有效带动沿线乡镇经济。项目处于浙西北部，沿线经济相对落后，全线长为 85 km，共设置了 9 处互通出口，串联起临安於潜、潜川镇，桐庐分水、瑶琳、横村镇，建德乾潭等几个重要乡镇，且这 9 处互通出口的位置都经过多次研究讨论，距离核心镇区距离基本控制在 2 km 左右，最远不超过 4 km。大大方便了百姓的出行，对沿线社会经济的发展起到了积极的作用。

## 四、项目实施情况

2015 年 11 月 25 日，受杭州市交通运输局委托，开展本项目的工程可行性研究；2015 年 12 月 15 日，至桐庐县交通运输局与各部门和沿线乡镇进行座谈，并进行现场踏勘；2015 年 12 月 22 日，与临安各部门和沿线乡镇进行了座谈，并进行现场踏勘。2016 年 3 月，完成工程可行性研究送审稿编制；2016 年 4 月，杭州市交通运输局在桐庐县召开本项目的工程可行性研究内审会，根据内审意见对工程可行性研究报告进行调整完善，于 2016 年 5 月底完成出版；2016 年 8 月 10—12 日，浙江省交通运输厅在杭州召开本项目工程可行性研究评审会，根据专家组咨询意见和各专题组意见，对报告进行修改完善。2017 年 9 月 11—13 日受，浙江省发展改革委委托，中国国际工程咨询有限公司在杭州召开本项目工程可行性研究咨询评估会，按评估意见，对原工程可行性研究报告进行补充完善。2019 年 3 月，项目由政府投资调整为经营性收费公路，对工程可行性研究报告进行相应调整，并出版。

项目情况如图 1 至图 4 所示。

图 1　临金高速公路效果图

图 2　临金高速公路建德至金华段工程隧道出口效果图

图 3　施工现场图

图 4　临金高速公路俯瞰图

## 五、项目主要参与人员

项目主要参与人员：陈自辉、胡亚琴、周焕星、顾侃、周润翔、贾灵杰、赵海江、唐翔、金莉莉、濮辉铭。

# 余杭区崇贤至老余杭连接线（高架）工程可行性研究报告

杭州市交通规划设计研究院有限公司

扫码查看原文

## 一、项目概况

余杭区位于浙江省北部，东望上海、南接杭州、北连湖州，西靠临安，区位优势明显。余杭区山清水秀，景色宜人，历史悠久，人文荟萃，素有“鱼米之乡、文化之邦”的美誉。作为三面拱卫杭州中心城区的重要门户，余杭区交通便利，宣杭铁路、沪杭铁路、杭宁高铁、104 国道、320 国道、杭宁高速公路、沪杭高速公路等多条高速穿境而过，京杭运河航道也贯通全区。凭借其独特的区位优势，余杭区经济持续快速发展。虽然余杭境内对外的路网已较为完善，但现状区内部道路网存在通达性高而畅通性低的问题，缺少主副间、区域间快速骨架道路，良渚成为余杭区东西向交通瓶颈，直接影响余杭区未来交通的发展。

本项目的建设是快速融入杭州都市圈路网建设的需要；是完善余杭区中西部路网布局，提升道路服务质量和品质的需要；是“三城三镇”互联互通，促进余杭区城镇建设步伐，推进城乡统筹发展的需要；是保护余杭区域内产业孵化器发展的需要；是促进余杭区旅游业发展的需要。目前余杭区临平副城与良渚组团、瓶窑组团、余杭组团之间的沟通主要依靠疏港大道（104 国道）—东西大道（320 国道）走廊带，现状疏港大道（104 国道）、东西大道（320 国道）大部分路段为双向 6 车道，一级公路（兼顾城市道路功能），但东西大道（320 国道）局部路段仅为双向 2 车道的二级公路。随着过境车流量不断增加，以及受密集的沿线道路交叉制约，现状道路已经渐渐不能满足各组团与临平副城之间车辆快速到达、快速通过的要求。远期将影响临平副城与各组团之间快速对接的功能，对区域社会经济的发展造成阻滞。对现状疏港大道（104 国道余杭崇贤至良渚段）以及东西大道（320 国道余杭良渚至老余杭段）的改建，符合《浙江省综合交通运输发展“十三五”规划》《杭州市综合交通发展“十三五”规划》《余杭区总体规划》《余杭区综合交通发展规划》《余杭区交通“十三五”发展规划》。

余杭区崇贤至老余杭连接线（高架）工程为国道老路改建项目，沿疏港大道（104 国道）和东西大道（320 国道）走廊，起点位于崇贤街道与杭州主城区衔接部，现状疏港大道与秋石北路延伸交叉口，与秋石快速路余杭段疏港互通相接，由东向西沿疏港大道和东西大道前进，途径崇贤、塘栖、仁和、良渚、瓶窑、仓前、未来科技城、余杭街道，终点止于现状东西大道规划城南路交叉口。本项目拟采用设计速度为 80 km/h 的双向六车道一级公路标准建设，高架宽度为 26.5 m。项目全长约 34 km，工程内容基本为高架桥及高架桥配套设施，桥梁长度为 33.822 km，占用土地面积为 898 667 $m^2$（约合 1 348 亩），新增用地面积为 202 867 $m^2$（约合 304.3 亩），拆迁房屋面积约为 92 424 $m^2$。

## 二、项目内容

本项目的改建方案为对现状道路进行拓宽后再在其上新建高架桥。根据前期与业主及各主管部门沟通协调并结合实际，本项目划分为两个项目分别立项审批：其中全线高架桥部分划分为一个项目，项目名称为《余杭区崇贤至老余杭连接线（高架）工程》，此项目由余杭区区内立项审批；地面拓宽及匝道互通部分划分为一个项目，项目名称为《104 国道余杭崇贤至良渚段、320 国道余杭良渚至老余杭段改建工程》，此项目由浙江省进行立项审批。本次工程可行性研究报告为余杭区崇贤至老余杭连接线（高架）工程可行性研究报告，研究内容为全线高架桥部分。

### （一）项目起点

根据项目前期研究成果，本项目起点位于崇贤街道与杭州主城区衔接部，现状疏港大道（104 国道）与秋石北路延伸交叉口，与秋石快速路余杭段疏港互通相接。

疏港互通节点位于临平与杭州主城区交界位置，无论是与杭州主城区的快速通道路网还是临平“三路一环”快速通道路网都能无缝对接。考虑到本项目是串联余杭“一副三组团”以及连接城西科创大走廊、城东智造大走廊的快速通道，该节点无论是从符合规划功能定位、沿线影响乡镇情况还是直接受益人口来看都是比较合适的，且在前期方案研究征求余杭区当地政府意见时，其也强烈要求采用该节点作为本项目的起点，另外本项目方案设计评审会专家组意见原则赞同疏港互通节点作为本项目起点。

项目起点与秋石快速路疏港互通相接，原疏港互通为全互通形式，疏港公路与秋石快速路接线相交位置采用全定向匝道的形式，使得转向交通快速通过。该互通节点为 4 层结构。疏港互通接线疏港大道预留跳水平台，定向匝道在疏港公路交叉口以西落地。

为使本项目与“三路一环”快速通道路网快速连接，同时也减少对在建工程的影响，避免重复建设带来的浪费，本次设计仅对现状疏港西侧的落地匝道段部分抬升后与本项目主线高架连接，中间预留跳水平台，用于远期主线向规划的永玄快速路延伸预留。

### （二）京杭运河节点

根据线位走向，项目东西向穿越京杭运河节点。现状疏港公路在京杭运河路段是设置了京杭运河特大桥的，主跨（60 m+105 m+60 m）上跨京杭大运河航道（桥位附近是崇贤港区和鸦雀漾码头），下穿运营的杭宁高铁（40 m+72 m+40 m 预留桥孔），再上跨运营的杭宁高速。改建控制因素有杭宁高铁、京杭运河航道（规划Ⅲ级航道）、崇贤港、鸦雀漾码头、220 kV 高压铁塔等。

针对该节点本方案考虑了以下三种改建方案。

方案 1：现状老桥两侧拼宽，快速路和地面道路共用老桥。

现状疏港大道桥梁宽度为 36 m，但受上跨的杭宁高铁桥墩两侧限制（最小距离为 6 m 左右），无法按照标准断面进行拼宽改建，改建宽度暂按 47 m 考虑（两侧各拼宽 5.5 m）。

优点：工程造价较低，用地面积较省。

缺点：①断面宽度只能保证双向十车道断面，必须压缩地面道路车道数（快速路 6 车道，地面道路 4 车道）和非机动车道宽度，机非混行，通行能力下降，容易造成拥堵；②距离高铁桥墩距离较近（不足 1 m），设计方案评审通过铁路主管部门评审难度较大，施工期间施工控制要求较高；③现状疏港大道跨越京杭大运河的桥梁两侧紧挨着鸦雀漾码头和崇贤港区，航道通行繁忙，若需对该桥进行拼宽改建，通航论证和港航主管部门评审通过难度较大；④由于快速路和地面道路共用老桥，在老桥前后桥头需要各设置一段距离的上下两层交通流合并段，地面道路宽度最小保证双向十车道以上，交通组织难度较大。

方案 2：保留现状老桥用于地面道路交通，快速路新辟线位。

由于无法从运营高铁线路上跨越，且现状老桥受码头、航道及高铁桥墩限制，建议维持现状老桥不变，用于地面道路交通流使用，快速路利用杭宁高铁其他桥孔新辟线位绕行。新辟线位根据鸦雀漾码头、崇贤港区及航道位置布置，尽量远离港区码头，减少对航道通行的影响。

优点：①断面车道数和通行能力与其他路段一致，不会成为交通瓶颈路段；②距离高铁桥墩相对较远（30 m 左右），设计方案评审通过铁路主管部门评审可能性相对较大；③线位走向远离鸦雀漾码头和崇贤港区，对码头及航道通行影响相对较小；④快速路和地面道路的交通转换和组织不受新辟线位的影响。

缺点：①工程造价较高，用地面积较多；②为不影响现有航道，新建桥梁不能在运河中设墩，桥梁跨径较大。

方案 3：保留现状老桥，再在老桥走廊带上两侧各新建一座新桥。

由于现状桥梁受杭宁高铁桥墩两侧限制，拼宽余地有限。建议在现状疏港大道老桥两侧各新建一座新桥从杭宁高铁左右两跨中穿越。

优点：①断面车道数和通行能力与其他路段一致，不会成为交通瓶颈路段；②由于新建桥梁与老桥在同一走廊带上，对航道通行影响较小；③对周边土地影响较小，利于周边土地的规划发展；④对两侧建筑拆迁较小，较单侧新建桥梁造价较省。

缺点：①线位侵占了码头范围且距离内河管理处大楼较近，通过港航主管部门评审难度较大；②距离杭宁高铁桥墩较近，设计方案评审通过铁路主管部门评审难度较大。

经上述分析，南侧新辟线位方案虽然造价较高，但其对高铁桥梁、航道及沿线码头影响较小，且交通组织转换难度较小。因此，综合考虑各因素后，推荐南侧新辟线位方案。

### （三）留祥路西延火车西站节点

本项目与规划的留祥路西延工程交叉，设置留祥路枢纽互通，在该节点东南侧规划杭州火车西站。由于与火车西站距离较近，且本项目与留祥路西延均为上下两层的快速通道，因此该节点互通的平面位置、竖向高程、互通规模都与火车西站的具体位置、站点高程及进站轨道如何布置有较大关联。

## 三、项目成果特点

本项目可行性研究报告分析论证严谨性高，建设必要性的论述客观、全面；交通量分析及预测方法采用“四阶段法”，且交通起止点（OD）表数据全面，分析方法严谨，预测结果准确；技术标准确定依据充足，根据本项目的功能、地位及交通量预测结果，采用设计速度为 80 km/h 的双向六车道一级公路标准建设，高架宽度为 26.5 m；建设方案内容齐全，各专业内容完整；投资估算的编制严格按照部颁《公路基本建设项目投资估算编制办法》《公路工程估算指标》等规范；土地指标严格按照《公路工程项目建设用地指标》标准执行；环境影响分析、节能评价、社会评价、风险分析等内容分析思路严谨，内容全面。

本项目可行性研究报告结论和建议合理，在工程可行性研究评审会上得到肯定。在项目的推进中，可行性研究报告及图表被充分运用到各专项评估、后续设计阶段、各项重要会议以及与余杭区东西向快速通道相关的其他项目中。

## 四、项目实施情况

杭州市交通规划设计研究院有限公司于 2017 年 2 月 13 日中标《余杭区东西向快速通道工程可行性研究报告编制服务》后立即开展工程可行性研究工作，经过多角度、多层面的深入研究与反复论证，最终于 2017 年 8 月取得本项目的工程可行性研究批复，又于 2017 年 9 月取得关于调整余杭区崇贤至老余杭连接线（高架）工程可行性研究报告有关内容的批复，并正式完成本项目工程可行性研究。项目于 2018 年开工建设，于 2021 年 8 月建成通车。

项目情况如图 1 至图 5 所示。

图 1　G104 互通效果图

图 2　勾仁大道互通效果图

图 3　瓶仓大道互通效果图

图 4　崇贤互通效果图

图 5　G104 疏港互通效果图

## 五、项目主要参与人员

项目主要参与人员：顾侃、方志杨、唐翔、应海见、贾灵杰、李一森、蔡臻。

# 钱塘江治理工程衢州市本级衢江治理二期工程可行性研究

浙江九州治水科技股份有限公司

扫码查看原文

## 一、项目概况

神奇山水，名城衢州，位于钱塘江南源常山港和上游支流江山港的汇合口，衢江起始段两岸，是浙江省重要的生态屏障。经过衢州城防一期、二期、三期、四期及市本级衢江治理一期工程等项目建设，衢州主城区及西区干堤基本闭合并形成有效的防洪体系。但由于现状常山港和江山港汇合口百家塘片尚无防洪闭合保护圈，压潮堤未达到规划防洪标准，上万、上圩头、馒头山无防洪设施，且局部坡脚冲刷严重，洪涝灾害损失严重；鸡鸣堤现有护岸局部破损严重，存在安全隐患；江滨南段堤及落马桥堤现状“硬化、白化”现象较严重，项目范围与衢州“田园城市”格局不相协调。2015 年，衢州市积极响应“五水共治”号召，提出对以上河段进行治理。

## 二、项目内容

本工程以防洪为主任务，兼顾排涝和改善水生态环境。通过加高加固堤岸、退堤切滩固脚、堤坡绿化美化、新建排涝闸站等整治措施，使保护区的防洪标准提高到规划标准，消除内涝，同时在沿岸营造出一条亮丽的风景线。工程共 10 段，新建及加固堤防护岸为 33.15 km。其中新建 50 年一遇堤防为 8.62 km，加固 50 年一遇堤防为 4.52 km。新建 20 年一遇堤防为 1.80 km，加固 20 年一遇堤防为 2.67 km，新建 10 年一遇堤防为 3.85 km，加固护岸为 6.38 km，新建护岸为 5.31 km。新建排涝闸站 7 座，总装机 5 055 kW。堤防和闸站具体情况详见表 1 和表 2。

表 1 堤防护岸建设基本情况

| 序号 | 堤防名称 | 长度（km） | 堤防 | | | 护岸 | |
|---|---|---|---|---|---|---|---|
| | | | 防洪标准 | 加固堤防（km） | 新建堤防（km） | 加固护岸（km） | 新建护岸（km） |
| 1 | 百家塘堤 | 8.62 | 50 年 | 0 | 8.62 | 0 | 0 |
| 2 | 严家圩堤 | 3.85 | 10 年一遇<br>开口堤 | 0 | 3.85 | 0 | 0 |
| 3 | 压潮堤 | 2.67 | 20 年 | 2.67 | 0 | 0 | 0 |

续表

| 序号 | 堤防名称 | 长度（km） | 堤防 | | | 护岸 | |
|---|---|---|---|---|---|---|---|
| | | | 防洪标准 | 加固堤防（km） | 新建堤防（km） | 加固护岸（km） | 新建护岸（km） |
| 4 | 馒头山护岸 | 0.79 | 护岸 | 0 | 0 | 0.79 | 0 |
| 5 | 江滨南段堤 | 1.74 | 50年 | 1.74 | 0 | 0 | 0 |
| 6 | 落马桥堤 | 2.78 | 50年 | 2.78 | 0 | 0 | 0 |
| 7 | 鸡鸣护岸 | 5.59 | 护岸 | 0 | 0 | 5.59 | 0 |
| 8 | 官田堤 | 1.80 | 20年一遇开口堤 | 0 | 1.80 | 0 | 0 |
| 9 | 上万护岸 | 3.36 | 护岸 | 0 | 0 | 0 | 3.36 |
| 10 | 上圩头护岸 | 1.95 | 护岸 | 0 | 0 | 0 | 1.95 |
| | 合计 | 33.15 | | 7.19 | 14.27 | 6.38 | 5.31 |

表2　排涝闸站规模

| 序号 | 区域 | 排水面积（$km^2$） | 泵排流量（$m^3/s$） | 装机容量（kW） |
|---|---|---|---|---|
| 1 | 孙姜 | 0.614 | 2.3 | 3×75 |
| 2 | 百家塘 | 2.000 | 7.6 | 3×200 |
| 3 | 上圩头 | 2.198 | 8.3 | 3×220 |
| 4 | 方家 | 2.039 | 10.0 | 3×220 |
| 5 | 双水桥 | 2.80 | 8.8 | 3×220 |
| 6 | 落马桥 | 11.87 | 28.0 | 3×400 |
| 7 | 压潮 | 10.58 | 26.1 | 3×350 |
| 合计 | | 32.101 | 91.1 | 5 055 |

## （一）工程布置

### 1. 堤线布置

堤线布置遵循堤线与河势流向相适应，与大洪水的主流大致平行的原则，力求平顺，以顺水流。结合现有堤防设施、地形、防洪抢险、维护管理等因素，并根据城市总体规划，综合考虑上下游、左右岸的关系，统筹兼顾，局部服从全局的原则进行。

（1）根据《钱塘江流域综合规划修编》：常山港最小控制堤距为270 m；江山港最小控制堤距为200 m；衢江最小控制堤距为350 m。各堤线布置采用宜宽则宽原则。

（2）城市总规要求衢江、常山港、江山港、乌溪江两岸各设置宽度为 50 m 以上的生态绿带，石梁溪、庙源溪两岸各设置宽度为 20 m 以上的生态绿带。城区、镇区和其他居民点内部分可适当缩窄，其中中心城区按绿线规划控制宽度执行。本次设计将生态绿带放置在堤防坡面上。

**2. 工程总体布置**

本工程包含 10 段堤防及护岸，分别为百家塘堤、严家圩堤、压潮堤、馒头山护岸、江滨南段堤、落马桥堤、鸡鸣护岸、官田堤、上万护岸、上圩头护岸。各堤段总体布置如下。

百家塘堤：新建堤防 8.62 km，该堤防退堤 51 ~ 158 m，并在堤顶设置 1 6 m 宽道路，并新建 4 座排涝闸站。

严家圩堤：新建堤防 3.85 km，该堤段整体退堤约 50 m，并在堤顶设置 24 m 宽环岛道路，洲尾设置开口，开口宽度为 131 m。

压潮堤：改造堤防 1.57 km，新建亲水步道 1.10 km，基本沿老岸线布置，在堤顶设置 10.9 m 宽道路接至规划路网。为与馒头山慢行通道连通，自皂角渡口沿山体新建 3 m 宽栈桥，经孙姜大桥下连通至馒头山，在压潮溪出口新建 1 座排涝闸站，在皂角渡口处新建 1 处 1 孔 3×3 m 排涝涵闸。

馒头山护岸：长度 0.79 km，改造护岸长 0.56 km，新建慢行绿道 0.23 km，对现有江心洲进行植物护坡。

江滨南段堤：改造堤防 1.74 km，在该段堤防现有挡墙外侧布置亲水平台和植物护坡，新建 1 座排涝闸站。

落马桥堤：改造堤防 2.78 km，仅对该段未建段续建，对已建段堤防迎水坡进行生态化改造，新建 1 座排涝闸站。

鸡鸣护岸：加固护岸 5.59 km，沿老岸线布置，新建部分亲水平台，新建岸顶通道。

官田堤：新建堤防 1.80 km，基本沿老岸线布置，在枧头村处新建 1 处 2 孔 4×4 m 排涝涵闸，末端 160 m 范围设置开口，开口净宽度为 50 m。

上万护岸：新建护岸 3.36 km，基本沿老岸线布置，加固改造灌溉机埠 1 座。

上圩头护岸：新建护岸 1.95 km，基本沿老岸线布置，加固改造灌溉机埠 3 座。

**3. 各堤防护岸断面选择**

依据节约投资、堤防生态性、外形美观、堤防和城镇总体规划相协调的原则进行断面形式选择。综合考虑各种因素以及结合实际情况，百家塘堤、严家圩堤、压潮堤、馒头山护岸和上万护岸推荐采用仿自然生态型缓坡式；江滨南段堤、落马桥堤、鸡鸣护岸均为老堤加固，堤型维持原堤型不变；官田堤采用复合式断面形式，上圩头护岸采用斜坡式和复合式两种断面形式。

**4. 滩地治理**

滩地治理设计的基本原则是因地制宜，适地种树，多采用耐淹、耐冲树种；以地方性树种为主，外来适应树种为辅；重视植物多样性，常绿树种与落叶树种搭配，速生树种与慢生树种相结合，乔木、灌木、草本相结合，满足不同季节的景观要求。

乔木、灌木及草皮种植原则及比例如下：迎水坡 10 年一遇洪水位以下以草皮为主，10 年一遇洪水位以上至堤顶以草皮、地被及乔木为主，局部点缀乔灌木。

### （二）工程征地及移民安置

工程建设征地范围涉及衢州市白云街道、信安街道、双港街道、航埠镇、廿里镇等5个街道（镇）共20个行政村。工程需永久征收土地为188.69万$m^2$（约合2 830.40亩），其中耕地为57.11万$m^2$（合856.65亩），园地为96.01万$m^2$（约合1 440.17亩），其他农用地为2.13万$m^2$（约合31.99亩），林地为580 $m^2$（合0.87亩），建设用地为10.97万$m^2$（约合164.48亩），未利用地为22.42万$m^2$（合336.24亩）。临时占地为5.05万$m^2$（约合75.80亩）。征地标准按片区综合价补偿，征地补偿费为4.17亿元。

拆迁房屋面积为11.28万$m^2$；拆迁安置人口为336户1 176人；生产安置人口为2 344人。房屋拆迁安置采用货币补偿的方式执行，拆迁安置补偿费为4.99亿元。

本项目是防洪除涝工程，属于以社会效益为主、公益性较强的甲类项目，项目建设资金筹措方案为：争取省以上财政补助与地方财政自筹的方式。

## 三、项目成果特点

### （一）工程治理需求突出，契合城市总体定位和发展方向

开展衢州市本级衢江治理二期工程的可行性研究工作，是钱塘江流域综合治理的重点工作之一，本工程建成后，能使保护区防洪排涝能力达到规划要求。本项目可行性研究工作遵循《钱塘江流域综合规划》和《衢州市城市总体规划》等要求，全面分析、研究防洪安全存在的主要问题，又紧紧围绕“严家圩城市休闲运动中心”定位定制了科学的城市堤防工程任务、规模和方案，在保障防洪安全的基础上，建设丰富多彩、钱塘江源头特色的生态滨水“公共开放空间”，打造城市水利特色亮点工程。

### （二）治理理念先进，助力严家圩“城市休闲运动中心”建设

本项目可行性研究方案紧紧围绕严家圩“城市休闲运动中心”的定位，堤防建设与城市规划建设相融合，与区域定位目标相匹配，在保障严家圩防洪安全的基础上，结合衢江水系河势流态、保护区不同区块定位和功能，对沿江滨水生态岸坡进行功能区划分，做到安全工程隐蔽化、生态措施本土化，同时结合防洪工程检查维护和市民休闲运动的需要，布置了沿江亲水设施、埠头码头、绿道网等功能性配套设施，恢复河滩地和河湾湿地，以城市生态水利工程建设强力助推衢州“水生态文明城市”建设和严家圩“城市休闲运动中心”建设。

### （三）注重河流生态保护，助力“田园城市”建设

本项目可行性研究方案重视通过保护及修复自然湿地、滩地，维持河流的自然生态性，共谱人、水、鱼、鸟和谐共处的美好篇章。保护馒头山和上万段的原有湿地、滩地资源，通过种植水杉、芒草和水生植物来净化水质，进而改善水环境，同时营造微湿地环境，构筑“鱼类乐园，鸟类天堂”。保留百家塘堤江山港段上犹如珠串排列的众多天然小河滩，维持河流的自然形态，进而留住河流自然美丽的田园风光。保护河滩、湿地面积总计达15.33万$m^2$（约合230亩）。

### （四）构建多样岸线和公共空间，促进城市绿色发展

本项目可行性研究方案因地制宜构建形态各异、变化多样的滨水驳岸及亲水空间，大大提升整个城市的宜居品味，并吸引人流，带动城市经济和文化价值的延伸。本项目可行性研究方案岸线种类主要分为以下三种：①城市休闲岸线，通过建设平缓的生态植物护坡和游步道，结合挑台、平台广场道、小型游船码头等，丰富河流岸线变化及亲水活动空间，如严家圩、百家塘部分河段、馒头山、上万、上圩头及官田段；②美化垂直居住型岸线，通过保留原有挡墙，辅以具有层次感的植物措施来“软化”岸线，解决岸线的单调感和增加河岸生态效果，如江滨南段堤及落马桥堤；③自然生态型岸线则以尽量多保留原有树木植被为原则，对河岸以局部修复为主，只用简单的叠石进行坡脚防冲处理，辅以本地植物措施，岸线高低起伏，错落有致，体现了郊野自然生态特色，如百家塘部分河段、压潮堤、鸡鸣堤。

### （五）治理措施具有创新性和先进性

对江滨南段堤及落马桥堤现有直立式挡墙采用“软包硬”的生态改造措施，增加生态性。同时，在迎水侧采用钢筋笼填石，有效地解决堤脚防冲的问题，填石缝隙也成了水生动物的栖息场所。

在严家圩堤支汊上采用气体浮动闸门方式修建活动挡水坝，一方面营造“碧湖一片”的自然景观，另一方面可以有效减少因塔底电站发电水位变动对该段水面景观的影响，且活动坝可以消除新建堰坝的阻水问题。

在上万护岸中采用了一种新型柔性结构——生态格网绿滨垫，其具有很强的适应地基变形能力，且能使水中的悬移物和淤泥得以沉淀于填石缝中，从而有利于自然植物的生长，逐步恢复原有的生态环境。

本项目可行性研究方案中采用先进的闸站远程调度系统提升区域信息化水平，实现工程防洪排涝及改善生态环境等综合利用的目标。

## 四、项目实施情况

2017 年 8 月 18 日，浙江九州治水科技股份有限公司完成工程可行性研究报告（送审稿）。2017 年 9 月 13 日，浙江省发展改革委在杭州组织召开审查会，并顺利通过审查。2017 年 11 月 21 日，浙江省发展改革委以《省发改委关于衢州市本级衢江治理二期工程初步设计报告的批复》（浙发改设计〔2017〕100 号）批复同意报告相关内容。

衢州市本级衢江治理二期工程共 10 段堤防护岸，其中百家塘堤、压潮堤、江滨南段堤、严家圩堤、馒头山护岸、鸡鸣护岸共 6 段，由市本级实施，官田堤、落马桥堤、上万护岸、上圩头护岸共 4 段，由柯城区实施。截至 2022 年 6 月，市本级实施 6 段中，江滨南段堤、鸡鸣护岸、百家塘堤（九润公馆至叶家大桥段、孙姜大桥至双港大桥段、麻车里大桥至双港大桥段）已完工验收，完成堤防护岸长度为 11.01 km，压潮堤及百家塘堤（南村段）正在施工，堤防长度为 3.62 km；百家塘堤（皂角段）完成施工图编制，正开展施工招标工作，堤防长度为 2.2 km；严家圩堤、馒头山护岸两段因核心圈层方案未定，施工图编制工作暂时搁置，堤防护岸长度为 4.59 km。柯城区负责实施的上万护岸、上圩头护岸、官田堤已基本完成主体工程建设，堤防护岸长度为 7.44 km，落马桥堤因周边区块规划调整暂停施工，堤防长度为 2.99 km。

项目实施后，衢州市城防的防洪能力均到达规划设防标准，保障了人民生命和财产安全。仿自然生态缓坡堤坡整治，使堤岸更加自然、生态、亲水、便民；同时改善了水环境，提升了堤后地块价值，促进了国民经济发展；也为衢州市民提供了良好的休闲娱乐场所，社会、经济、环境效益显著。2019 年 5 月 7 日，百家塘堤（孙姜大桥至双港大桥）段堤后一号、二号地块拍卖成交，其中一号地块成交价为 12.44 亿元，二号地块成交价为 12.50 亿元。

项目情况如图 1 和图 2 所示。

图 1 百家塘堤孙姜大桥至双港大桥段实景图

图 2 百家塘堤麻车里大桥至双港大桥段实景图

## 五、项目主要参与人员

项目主要参与人员：石向荣、廖双明、陈力、陈为民、占桂泉、吕达伟、刘澎、游圆、李玫、朱奇波。

# 衢州市柯城区常山港治理工程可行性研究

浙江九州治水科技股份有限公司

扫码查看原文

## 一、项目概况

根据全国、全省统一部署，按照“创新、协调、绿色、开放、共享”发展理念，全面贯彻全国水利工作会议“水利工程补短板、水利行业强监管”的水利改革发展总基调，落实浙江省“补短板、强监管、走前列，推进水利高质量发展”的水利改革发展总要求，衢州市柯城区开始了衢州市柯城区常山港治理工程的前期工作。目前，已列入浙江省重大水利项目建设规划、浙江省“五水共治”防洪水实施方案，同时被列入浙江省 2019 年度省重点建设项目名单。

项目位于衢江上游常山港流域，始于柯城区、常山县交界处，终于航埠镇万川村，工程任务以防洪为主，结合排涝、改善生态环境等综合利用。工程建成可提高航埠镇防洪能力至 20 年一遇、排涝能力至 10 年一遇，形成防洪闭合圈；同时可改善沿江两岸水生态环境，对保障当地人民群众生命财产安全，促进区域经济可持续发展具有重要作用。

## 二、项目内容

项目主要由新建改建堤防护岸、改造排涝渠道、整治排涝内河、新建排涝闸（涵）、新建水文自动测报系统等组成。其中新建加固 10 段堤防和护岸约 24 km；改造排涝渠道 13.7 km，整治内河 3.5 km；新建桥梁 3 座（恢复交通）、排水闸 6 座、水文自动测报系统，使保护区的防洪标准提高到规划标准，消除内涝，保护面积为 18.65 $km^2$，保护人口为 3.60 万人，同时在沿岸营造出一条亮丽的风景线。本项目航埠堤（北淤、彭村、河西段）和河东堤按 20 年一遇防洪标准设防，堤防级别为 4 级，堤防上的排水闸等建筑物防洪标准为 20 年一遇。护岸，排涝渠道、排涝内河等级别为 5 级，堤防及排涝渠道上的排水闸等建筑物为 5 级设计，排涝标准为 10 年一遇，最大 24 h 暴雨 24 h 排出。工程建设内容详见表 1。

表 1　浙江省衢州市柯城区常山港治理工程汇总

| 序号 | 堤防名称 | 所在位置 | 堤防长度（km） | 防洪标准 |
|---|---|---|---|---|
| 一 | 堤防、护岸 | | | |
| 1 | 航埠堤北淤段 | 常山港右岸，柯城常山交界 G320 国道至彭村 | 5,45 | 20 年一遇 |
| 2 | 北淤护岸 | 常山港右岸，北一村至北二村 | 3.23 | 护岸 |

续表

| 序号 | 堤防名称 | 所在位置 | 堤防长度（km） | 防洪标准 |
|---|---|---|---|---|
| 3 | 航埠堤彭村段 | 常山港右岸，彭村至航埠大桥 | 1.96 | 20年一遇 |
| 4 | 航埠堤河西段 | 常山港右岸，航埠大桥至恒丰电站 | 1.3 | 20年一遇 |
| 5 | 官田堤 | 常山港右岸，恒丰电站与下游官田堤衔接 | 1.57 | 20年一遇 |
| 6 | 万川护岸 | 常山港右岸，官田堤至百家塘堤段 | 1.7 | 护岸 |
| 7 | 沟溪口护岸 | 常山港左岸，柯城常山交界至大俱源高速桥 | 2.18 | 护岸 |
| 8 | 高塘护岸 | 常山港左岸，大俱源高速桥至沟溪航埠交界 | 3.15 | 护岸 |
| 9 | 严村护岸 | 常山港左岸，沟溪航埠交界至航埠大桥 | 2.22 | 护岸 |
| 10 | 河东堤 | 常山港左岸，航埠大桥至恒丰电站 | 1.2 | 20年一遇 |
|  | 合计 | 10段 | 23.96 |  |
| 二 | 排涝渠道 |  | 渠道长度（km） | |
| 1 | 墩头排渠 | 凤山峡水库下游，沿G320至下游墩头闸 | 3.1 | |
| 2 | 航埠大排渠 | 航埠工业园区南侧 | 3.8 | |
| 3 | 河西排渠 | 航埠工业园区至航埠排水闸 | 1.9 | |
| 4 | 枧头排渠 | 航埠工业园区至下游出口 | 2.8 | |
| 5 | 灌排生态渠道 | 恒丰电站上游至枧头排渠 | 2.1 | |
|  | 合计 | 4条 | 13.7 | |
| 三 | 排涝内河 | 恒丰电站上游至下缪村旁常山港 | 3.5 | |
|  | 合计 | 1条 | 3.5 | |
| 四 | 排水闸 |  | 6座 | |
| 1 | 墩头排水闸 | 航埠堤北淤段HBY3+850 | 3孔3×3.0 m | |
| 2 | 墩后排水闸 | 航埠堤北淤段HBY4+685 | 1孔3×3.0 m | |
| 3 | 集镇排水闸 | 河西堤HHX0+538 | 1孔5×3.0 m | |
| 4 | 航埠排水闸 | 官田堤GTG0+100 | 2孔3×3.0 m | |
| 5 | 排渠渠首节制闸 | 航埠大排渠首 | 1孔4×3.0 m | |
| 6 | 排渠枧头节制闸 | 枧头排渠首 | 2孔3×3.0 m | |
|  | 合计 | 6座 |  | |
| 五 | 桥梁工程 |  |  | |
| 1 | 古河道河口桥 | 1座，净跨205 m，宽8 m | 新建，公路桥 | |

续表

| 序号 | 堤防名称 | 所在位置 | 堤防长度（km） | 防洪标准 |
|---|---|---|---|---|
| 2 | 古河道北淤桥 | 1 座，净跨 285 m，宽 16 m | 新建，公路景观桥 | |
| 3 | 古河道北墩桥 | 1 座，净跨 285 m，宽 16 m | 新建，公路桥 | |
| | 合计 | 3 座 | | |

航埠堤北淤段、北淤护岸采用复合式断面和仿自然生态型缓坡式；航埠堤彭村段、河西段、官田堤为老堤加固改造，维持原堤型不变；沟溪口护岸采用复合式断面和仿自然生态型缓坡式；万川护岸、高塘护岸、严村护岸、河东堤采用复合式断面。

## 三、项目成果特点

### （一）完善防洪体系、满足城市发展的需求

项目以防洪、排涝为主，结合改善生态环境等综合利用，工程建成后可提高航埠集镇防洪标准至 20 年一遇，完善常山港流域柯城区段防洪能力和区域排涝能力，保障人民的生命财产安全；可改善沿江两岸生态环境和亲水性，提升沿岸居民生活品质和城市品位，为城市的发展创造良好的基础条件。

### （二）治理模式创新设计

本项目根据河道的上下游、左右岸、城区、乡镇、农村等不同区域特点，结合河道自身优势和两岸的发展需求，通过综合治理，在保障防洪排涝安全的基础上，做好保护修复生态环境、彰显河流人文历史、提升河岸景观品味，建设具有柯城常山港独特韵味的秀丽河川公园——“风情水道、古埠星城”，使常山港柯城段成为生态廊道和具有区域特色的社会经济发展产业带，惠利民生。

### （三）科学利用河滩资源

本项目所在河段为山区性河道，洪水暴涨暴落，大片滩地洪水淹没时间短。本工程设计提出建设自然河岸湿地景观，营造动植物栖息场所；在水位变动区，利用多样化水生植物固岸，修复河流生境；在岸坡上主要种植根系发达、维护成本低的禾本科、草本科植物，固坡，恢复河岸野趣与生机。同时通过蓝田湖湿地建设，沟溪、严村、毛家等滩地滩林修复，保护生物多样性，营造滩、林、洲、潭等多样化生态空间。

### （四）遵循经济合理的方案比选原则

咨询工作在拟定堤线布置、堤型、施工导流等方案时，均以遵循经济合理为原则，进行多方案的论证比选。

（1）堤线布置比选：报告中针对各堤段所处的地形、周边特点等综合条件，分别初拟了多种堤线布置方案，对各方案防洪影响合理性进行了充分的分析论述，对工程保护面积、征地拆

迁影响大小等进行比选，通过多方案的综合比选，推荐合理堤线布置方案。

工程恢复北淤 2.2 km 古河道，河宽 70～110 m，新增分洪能力 1 400 $m^3/s$。相比沿原河岸布置防洪堤，减少房屋拆迁面积约 7 000 $m^2$，且充分利用古河道参与行洪，解决了常山港主河道行洪面积不足的问题，同时可重塑古河道河段平面形态。通过古河道恢复及墩头窑、河东段拓宽退堤，增加行洪断面，降低航埠镇区洪水位，大大缓解常山港沿岸的防洪压力。

（2）堤型方案比选：根据各堤段所处河段的地形地质条件，从河岸稳定、征地拆迁量等方面考虑，同时结合施工条件、生态环境及景观需求、工程造价等因素，分别对各堤段的堤型进行了多方案比选，所选堤型方案经济合理，且与城市景观相协调。

### （五）深入挖掘营造河流文化元素，人文融合打造文化长廊

把沿线优越自然环境和丰富的文化元素深度融合，开展人文景观化改造。以河东古埠为核心，融合汉、北魏、隋唐、宋、清时期水运文化元素，建设 5 座仿古埠头，重现航埠水岸人家及航运昌达的繁荣景象。

## 四、项目实施情况

2018 年 11 月，编制完成《浙江省衢州市柯城区常山港治理工程初步设计报告》（送审稿）；2019 年 3 月，完成《浙江省衢州市柯城区常山港治理工程初步设计报告》（报批稿）；2019 年 5 月 30 日，浙江省发展改革委以浙发改设计〔2019〕28 号文批复了《衢州市柯城区常山港治理工程初步设计报告》，工程概算总投资为 94 806 万元，工程建设期为 48 个月，项目法人为衢州田园开发有限公司。

根据项目施工形象进度情况分析，①堤防护岸部分：防洪堤完成 22.607 km，完成比例 92.88%。②排涝渠道部分：墩头排渠已完成 30%；河西排渠计划在 2022 年实施完成。③排涝内河部分：引水管管道段 1.5 km 全部完工，内河渠道段 2 km 已完成 80%。④航埠排涝闸站部分：水工、金结部分已完工并通过试运行，管理房完成主体工程。⑤排水闸部分：墩头、墩后、彭村排水闸已完工。⑥桥梁部分：北淤桥、北墩桥已完工并已临时通车。

项目实施后，提高了航埠镇集镇排涝能力；新增的景观节点，不仅能提高沿线航埠镇、沟溪乡、双港街道的防洪能力，改善河道生态环境；同时能展现水运发展历史，使文化在两岸沉淀，展示水利智慧遗产，重现航埠水岸人家及航运昌达的繁荣景象，打造具有不同水文化、水韵味的秀丽河川公园，在三衢大地上构筑成一段段靓丽的“美丽河湖”风景线，促进柯城诗画风光带建设及乡镇社会经济发展。

项目情况如图 1 至图 6 所示。

## 五、项目主要参与人员

项目主要参与人员：石向荣、翁小华、陈为民、孔庆琳、王建俊、吕达伟、陈瑜、陈力、李玫、刘澎。

图 1　河东堤

图 2　严村护岸

图 3　高塘护岸

图 4　沟溪口护岸

图 5　航埠集镇段

图 6　航埠堤河西段

# 526国道嵊泗段改建工程

舟山市交通规划设计院

扫码查看原文

## 一、项目概况

526国道嵊泗段改建工程为泗礁本岛环岛公路、滨海公路、美丽公路。作为526国道嵊泗连接线的重要组成部分，对嵊泗本岛的主要公路进行梳理，通过开辟新路线，改造原有公路等一系列措施，建成一条串联城镇居民聚集区、交通枢纽、产业功能规划区和旅游景区的环岛通道，加强嵊泗县水陆交通衔接，提升区域路网服务水平，促进地区相关产业和旅游业的发展。同时本项目也是“十三五”交通重点项目，其建设符合浙江省补齐“交通基础设施”短板和“5411”综合交通发展战略要求，对加强岛际交通联系，带动嵊泗县开发建设，加快舟山群岛新区建设和海洋经济发展均具有重要意义。

项目以“建设海岛特色美丽公路”为主线，现状道路问题把握准确、因地制宜思路清晰明确、提升改造方案明确可行，较为符合嵊泗县海岛特色交通运输发展实际，具有较好的可实施性和落地性。

## 二、项目内容

（1）对区域内现状道路进行调查，分析存在的主要问题以及本项目在区域内综合运输网中的功能和定位，提出本项目建设的必要性。

（2）交通量的分析和预测，通过预测泗礁本岛未来年出行总量，按照岛内行政划分及路网节点划分交通小区，选择合适的交通量分配模型进行路网分配，从而得出本项目路网各道路未来年交通量。

（3）根据项目所在地区地形类别及有关条件，选用合适的技术标准。

（4）对本项目的自然地理条件、社会环境、筑路材料来源及运输条件作进一步分析，考虑城镇及路网的规划以及本项目的特点，拟定可行改建方案。

（5）按路线拟订方案计算主要工程数量及征用土地、拆迁建筑物数量，按部颁《公路工程基本建设项目投资估算编制办法》等进行工程投资估算。

（6）根据建设条件、工程规模及现有公路状况提出实施方案，确定合理工期。

（7）对投资估算进行分析，作出国民经济评价，并就本项目承受风险的能力进行敏感性分析，进一步论证项目建设的可行性和必要性。

（8）评估项目征地对当地土地利用的影响。

（9）评估工程所处的环境以及对沿线社会环境和生态环境的影响，提出环境保护的对策和措施。

（10）根据现有公路状况计算建设本工程的节能数量。

（11）评估项目的社会影响和实施风险，进一步论证项目建设的可行性。

（12）归纳提出本项目存在的主要问题及解决问题的建议、办法。

## 三、项目成果特点

### （一）海岛公路依山傍海，道路蜿蜒曲折，山海特色风景优美；但道路等级较低，提升改造难度较大

本项目进行部分道路提升改造，既要有效提升道路等级指标，提高道路行车舒适性及安全性，同时还要最大限度保留沿线原有景观风貌，不能对现状自然环境及居民生产生活产生过大影响，主要措施为：①道路外侧增设悬挑路基、悬挑挡墙等构造设计，有效增加道路宽度；②对道路内侧山体进行适当开挖，增大转弯半径及视距，同时及时进行坡面稳定及复绿工作；③在道路功能方面增加游步道、景观步道功能，道路沿线有条件路段增设景观休息驿站、停车场等服务设施；④道路穿越渔业修养区路段，为避免渔业修养作业对道路通行的干扰，积极进行晒场场地补偿，利用地形与场地高差将渔业修养作业区与道路路基有效分离，同时能够保留沿线传统渔业民俗景观风貌。

### （二）地形地质复杂，工程方案比选难度大

（1）在本项目中心渔港大桥上跨渔港围垦区，围垦场地地质尚未完全稳定，经测定还在沉降稳定阶段。通过开展三维非线性有限元分析，模拟陆域回填和桥梁施工全过程，研究嵊泗中心渔港南港区陆域回填作用下防波堤与桥梁桩基的相互作用机理和变形规律，同时考虑塑料排水板处理区域内排水板的加速排水作用，开展有限元分析研究其等效渗透系数。根据分析结果，陆域回填引起的桩顶部横桥向位移最大，对桥墩桩基产生横向水平剪切和桩顶位移影响。结合类似工程建设经验，在设计时通过受力计算增加桩基直径和配筋抵抗土体水平剪切，施工过程中针对护岸地基处理的区域设置双层钢护筒隔离滑动土体，同时加强施工及工后监测。

（2）滩涂软土路段，从技术、经济及工期等方面对各种方案进行比选，在不同路段选取最合适的软基处理措施。考虑到海水盐质及潮汐流动影响，传统搅拌桩软基处理工艺不适用于海岛滩涂路段，因此管桩方案、浅层换填方案、化学固化方案比选难度较大，应从技术、经济、施工运输条件等方面综合论证。

（3）本项目桥梁均为跨海桥梁，受海浪影响，本项目从建设投资、受力分析、景观造型、施工条件、养护运营等方面进行比选，选择最合适的桥梁结构类型。尤其是在施工期间，临时栈桥的搭设及墩柱施工需考虑当地台风、海浪影响。

（4）嵊泗作为旅游产业发达的海岛，对景观要求很高。本项目通过桥梁亮化、设置观景平台、景观绿化等措施，打造具有海岛风情的美丽公路。

### （三）深度挖掘海岛公路特质，提升道路交通功能，完善交通服务设施，结合岛际交通出行特点，充分展示山、海、渔、船特色风

嵊泗海岛的交通特点与内陆地区差别较大，目前嵊泗本岛对外尚无陆路连接，岛上车辆以本

地注册车辆为主，旅游季节部分外地车辆通过轮渡上岛，岛上交通车辆基本保持在5 000～6 000辆。区域交通特点为车辆交通量偏小，岛内基本无高峰拥堵现象，居民出行以非机动车或步行为主。道路发展与城镇布局、产业分布、旅游景点息息相关。嵊泗岛内公路特点鲜明，公路沿线依山傍海，风景优美，渔民文化特色鲜明，但道路等级总体偏低，道路宽度平纵线型指标较差，部分路段行车舒适性较差，提升改造的潜力较大。

### （四）综合分析各种因素，结合项目特点，择优选用合适的咨询评价方法

本工程可行性研究报告涉及内容较多，需要综合分析各种因素，结合项目特点，择优选用合适的咨询评价方法。

社会经济发展定量预测采用三次指数平滑模型、一元线性回归法、指数模型法、灰色系统GM（1，1）法和生长曲线回归法等多种预测模型进行分析对比，经过拟合检验，最终决定采用三次指数平滑模型进行预测。

交通量预测采用交通起止（OD）调查方法，首先预测泗礁本岛未来年出行总量，按照岛内行政区域划分及路网节点划分交通小区，进行各小区OD量预测，选择合适的交通量分配模型进行路网分配，从而得出本项目路网各道路未来年交通量。

国民经济效益评价以国家发展改革委和建设部发布的《建设项目经济评价方法与参数》（第三版）计算本项目国民经济费用与效益。评价的指标为净现值、内部收益率、效益成本比以及经济投资回收期。

项目建成后的油耗节约效益的计算采用“有无比较法”，无此项目时的汽车燃油与建设此项目后新老路汽油燃料消耗之差即为油耗节约量。公路建设项目的燃油节约主要包括：①公路晋级节约；②公路缩短里程节约；③原有道路减少拥挤节约。

风险识别利用改进的专家调查法和实地观察法，采用层次分析理论，对本项目存在的各类风险进行识别。

风险评估方法采用专家评估法，咨询了舟山市交通规则设计院专家及参与项目区域现有公路建设管理的相关负责人，共计20人。

### （五）落实可持续发展，以全新的环保理念拟定项目方案

在宏观上，本项目对改善沿线社会经济发展环境、交通环境和生态环境都具有重要的积极意义；但是在微观上，项目建设产生的拆迁工程、项目运营后对周围的声环境、海洋环境、大气环境等产生一定影响。通过科学论证，在本项目设计、施工和运营阶段采用适当的工程措施是可以将对环境的影响控制在最低限度内。

### （六）响应浙江省补齐“交通基础设施”短板和“5411”综合交通发展战略要求，为项目建设决策提供科学依据

本项咨询工作响应浙江省补齐“交通基础设施”短板和“5411”综合交通发展战略要求，调研分析区域内的道路现状、分析预测未来的交通量，对本项目的自然地理条件、社会环境、筑路材料来源及运输条件作进一步分析，考虑城镇及路网的规划以及本项目的特点，拟定可行改建方案并确定合理工期。

## 四、项目实施情况

2016 年 5 月，项目组根据初步拟定的线位方案进行现场调查，征求主管部门意见，并搜集项目所在地的水文地质资料以及项目影响区域总体规划、交通规划等相关资料；2016 年 10 月，完成线位方案论证工作。项目组紧紧围绕项目的建设必要性、技术可行性、经济合理性、实施可行性，对项目影响区的路线走向、建设规模、技术标准、经济效益等进行综合分析和研究；最终于 2017 年 6 月完成了本项目可行性研究报告的编制；2016 年 6 月 27—28 日，舟山市发展改革委和舟山市交通运输局联合组织召开了本项目报告评审会，根据专家组意见，舟山市交通规划设计院进一步修改完善了相关内容，形成报批稿。

本项目至 2022 年 7 月为止，已完成路基、路面的 90%，桥梁的 90%，隧道的 95%，交通安全设施等附属设施的 70%。

项目情况如图 1 至图 4 所示。

图 1　青沙渔港段路港结合效果图

图 2　小菜园沿海段堤路结合效果图

图 3　小菜园高架效果图

图 4　中心渔港高架效果图

## 五、项目主要参与人员

项目主要参与人员：干岳良、刘保拴、王荣、许纯、李涌、郑建军、乐永华、陈林、王长辉。

# 台州医院新院区项目

台州市经济建设规划院有限公司

扫码查看原文

## 一、项目概况

随着台州市全面建设小康社会步伐的加快，人们生活水平的迅速提高，人民群众日益增长的医疗需求与医疗资源不足矛盾日益突出。台州医院位于临海市古城西北区块，作为台州市医疗业务服务领域的龙头，近年来到医院寻求治疗的人数不断增加，致使医院长期超负荷运转。由于医院地处临海市老城区和古城保护范围内，周边民房密度高，拆迁难度大；三个出入口周边交通压力非常大，经常出现严重拥堵；内部功能规划布局无法与业务发展同步，各功能区布局欠合理、功能区块作用难发挥、业务用房严重不足等问题，直接影响院内人流、物流等系统，导致病人就诊不方便、医院工作效率低下，并存在消防安全隐患。为了拓展台州医院发展空间，满足人民群众不断增长的医疗卫生服务需求，促进台州卫生事业发展，台州恩泽医疗中心（集团）提出建设台州医院新院区项目（以下简称项目）。同时，本项目被多个规划（《台州市国民经济和社会发展第十三个五年规划纲要》《台州市重大建设项目“十三五”规划》《台州市卫生和计划生育事业发展“十三五”规划》《临海市国民经济和社会发展第十三个五年规划纲要》等）列为重大建设项目。

项目的必要性体现在，项目的建设是适应台州市经济社会不断发展的需要，是满足人民群众不断增长的医疗卫生服务需求的需要，是适应现代医院模式转化的需要。项目选址于临海市大洋东渡路东侧、大洋路北侧、东港路西侧地块。总用地面积为 213 778 $m^2$（约合 320.7 亩），其中规划建设用地面积为 162 007 $m^2$（约合 243.0 亩），代征道路绿化用地面积为 32 547 $m^2$（约合 48.8 亩），河道保护带面积为 19 224 $m^2$（约合 28.8 亩）。其中一期用地面积为 186 723 $m^2$（约合 280.1 亩），其中规划建设用地面积为 136 452 $m^2$（约合 204.7 亩），代征道路用地面积为 32 520 $m^2$（约合 48.8 亩），河道保护带面积为 17 751 $m^2$（约合 26.6 亩）。项目地块紧临城市道路，交通便捷，城市基础设施完善，建设地块平坦规整，属地质灾害不易发生地区，项目范围内无重要矿产资源，建设用地性质为医院用地，项目选址符合《临海市域总体规划（2007—2020）》和《临海市城区土地利用总体规划》要求。另外，项目选址地的自然条件、经济社会条件比较优越，道路交通、给排水、电力、通信等基础设施配套条件比较理想，为项目建设提供了良好的外部条件。

## 二、项目内容

台州医院新院区总体按三级甲等综合医院建设标准设计，规划床位 2 300 张，总建筑面积为

355 000 m$^2$，其中地上建筑面积为 275 400 m$^2$，地下建筑面积为 79 600 m$^2$，主要建筑包括 2# 医疗综合楼、1# 宿舍楼、3# 能源综合楼、4# 医疗综合楼、5# 感染楼、6# 教研楼、7# 体育综合楼等，并配套建设地下室和室外公用工程。

项目计划按照“一次规划、分期供地、分阶段实施”的总体思路，分二期建设，其中一期工程供地 186 723 m$^2$（280.1 亩），总建筑面积为 208 610 m$^2$，地上建筑面积为 160 130 m$^2$，地下建筑面积为 48 480 m$^2$，主要建设 2# 医疗综合楼、1# 宿舍楼、3# 能源综合楼，拟开放床位 1 000 张；二期工程总建筑面积为 146 390 m$^2$，地上建筑面积为 115 270 m$^2$，地下建筑面积为 31 120 m$^2$，主要建设 4# 医疗综合楼、5# 感染楼、6# 教研楼、7# 体育综合楼，拟开放床位 1 300 张。

台州医院新院区屹立在城市的交叉点，医院主入口面南侧河道，辅助入口面向西侧，在强调医院开放感的同时，突出可识别性、生态成长的医院的全新理念。总图布局体现中国传统文化围合和对称的空间概念，中心是连接一期、二期十字形轴线的生态绿色广场，体现新院区务实的可持续发展的理念和生态医院的主题思想。

按照各类建筑的主要功能划分为医疗区、生活区、能源配套综合区、教研区。其中：医疗区位于地块中心，贯穿南北，四座病房大楼通过围合和对称成口字形布局，构建十字形生态绿色广场，通过自由与开放空间的结合，展开功能轴和发展轴，将门诊、急诊、医技、住院等不同功能的单体建筑结合在一起；生活区位于地块东南侧，集中布置 1# 宿舍楼、7# 体育综合馆等设施，与主体建筑分开；能源配套综合区位于地块东侧，设置集能源、洗衣房、垃圾收集站、物业管理用房等配套设施为一体的 3# 能源综合楼；教研区位于地块东北侧，设置 5# 感染楼和 6# 教研楼。

项目一期与二期的主入口分别设在南侧与西侧，避免了大型医院的人流与物流的集中，各个入口通过弧形延伸的曲线展示迎接的姿态。将现在的台州恩泽医疗中心定位为 1.0 版，本项目一期工程定位为 2.0 版、二期工程定位为 3.0 版，打造可以成长的医院。在恩泽医疗中心 1.0 版的实际使用与运营评价的基础之上，通过继承与发展，打造成长的 2.0 版和 3.0 版医院。而医疗技术与医疗系统将会随着时代的发展而不断进步，由于一期、二期可以分开施工，二期建设不会受到原有建筑的限制和影响。

## 三、项目成果特点

### （一）可行性研究方法具有创新性和先进性

**1. 整体与分期**

由于项目整体建设规模较大，一步建设到位很难实施，而分期建设的医疗工艺流程容易被割裂，前后期衔接可能出现问题。可行性研究工作针对这个问题，提出“一次规划、分期供地、分阶段实施”的总体思路来进行工程建设，通过继承与发展，做到既重视整体功能规划、又重视分期实施及衔接。

**2. 设计新颖，有连续性**

医院一期与二期主楼皆为 L 形布局，通过采用口字形布局，体现作为大型医院的整体感与统一感，形成强烈的竖向感和凝聚力，限定出了坚实的体量，诠释沉稳大气的风格，绽放这座健康城存在的安心感和诗意。

在建筑中央布置绿色走廊的中庭，为作为大型建筑的医院导入自然光线，营造舒适宜人，易于辨识的患者动线及候诊空间，为一期和二期工程建设赋予连续性，打造成长的2.0版和3.0版医院。

### （二）需求分析预测具有前瞻性

通过调研，在对台州市医疗结构与医疗现状、居民人口状况等情况调查分析的基础上，综合考虑多方面因素，采用定性分析和定量分析相结合的方法进行分析预测。通过定性分析医院服务辐射范围，利用相关数据定量分析预测台州市及临海市医疗卫生事业的发展趋势及项目辐射范围内的床位需求，确认项目建设规模。分析内容较全面并具有一定的前瞻性，能够为技术标准确定及工程方案提供科学依据。

### （三）工程技术方案合理可行

项目以《综合医院建设标准》（建标110—2008）、《浙江省医疗机构建设项目用地控制指标》（试行）和《临海市域总体规划（2007—2020）》等为依据，建设一所设计新颖、布置合理、配套完善、环境优美、富有地方特色的三级甲等综合医院。项目总体规划设置床位2 300张，规划总用地面积为213 778 $m^2$，总建筑面积为355 000 $m^2$（包括地下建筑面积79 600 $m^2$）。通过与相关规划与设计标准对比分析，医院床位设置、门急诊量设计、用地面积、地上和地下建筑面积、容积率、绿地率等指标均符合相关规定。另外，可行性研究针对医院不同建筑物的特点提出了合理可行的建筑方案、结构方案、给排水方案、供配电方案、弱电方案、通风与空调方案、医疗用气方案、燃气方案。

### （四）投资估算精确，财务分析切合实际

结合医院建设的特点，根据国家及浙江省投资估算依据并结合多年来有关医院建设的经济技术指标数据，精确估算医院各项工程的建设费用。

可行性研究就医院经营收入、经营成本、建设投资等因素变化对经济效益的影响进行了敏感性分析，分析了这些因素变化在 ±10%和 ±5%的条件下，项目内部收益率的变化，客观预测了项目可能存在的风险，为业主和主管部门的决策提供了客观的判断基础。

### （五）可行性研究内容完善

除了项目背景与建设必要性、需求分析预测、建设规划与工程技术方案、投资估算与资金筹措、财务评价等重点外，本报告还对项目的建设条件、节能、环境影响、消防、安全、组织管理、实施进度等内容进行了深入分析，提出了科学合理的环保、节能、消防安全措施。另外，报告内容还包括社会影响分析、风险分析等，阐明了工程建设的社会效益和各类风险，并总结了社会评价结论，提出了相关风险应对措施。

## 四、项目实施情况

项目可行性研究工作从2016年2月开始，至2016年10月完成。根据项目情况成立编制小组，制订编制计划，对项目区域进行实地调查，并搜集相关资料，分析当地医疗资源情况，确

定项目的建设规模及建设标准，结合地区建设条件以及经济社会发展状况确定项目的各项技术指标，对项目的工程技术方案、环境影响、节能、消防、安全、投资、财务、社会效益、风险等进行深入细致的研究。

项目一期工程于2018年7月1日正式动工，2019年12月主楼结顶，2021年启动、完成全面装饰工程。2021年12月29日，浙江省台州医院新院区正式启用由消化内科、神经内科、泌尿外科、骨科等学科为主的两个病区，为老百姓提供系统化健康医疗服务。

台州医院新院区是恩泽发展史上一个新的里程碑，它的建设理念传承了百年恩泽的医学人文精神，不管是在建筑的美学上，还是在医疗功能、疗愈环境的设计上，新院区都不同于传统的医院：它把最好的空间、最好的视野、最充足的阳光都留给患者；重视保护患者隐私，尽量纾解他们的情绪，给他们以温馨舒适的就医体验。

项目情况如图1至图3所示。

图1 台州医院新院区效果图

图2 台州医院新院区实景图

图3 台州医院新院区内部实景图

## 五、项目主要参与人员

项目主要参与人员：路昭、戴喜华、冯煊。

# 温州奥林匹克体育中心——主体育场二期建设工程项目建议书和可行性研究报告

温州市经济建设规划院有限公司

扫码查看原文

## 一、项目概况

温州奥林匹克体育中心——主体育场二期建设工程（以下简称温州奥体中心）位于龙湾区行政中心区南侧，温州市永强北片区奥林匹克单元，该单元包含奥林匹克体育中心主体育场和综合体育馆、温州体育运动学校永中校区等。根据温州市人民政府专题会议纪要〔2013〕185号（温州市人民政府办公室2013年12月2日）要求，奥体中心“一次规划、分步实施”。其中，温州奥体中心主体育场项目分两期建设：一期工程主要建设综合体育馆，已经于2012年初步设计批复并开工建设，于2017年建成投用；二期工程主要建设体育场及室外田径训练场。温州奥体中心主体育场建成后，将具备举办全国综合性运动会、国际单项赛事、国际性商业比赛的能力（特别是能借杭州筹办2022年亚运会之机，具备承办亚运会的相关赛事的条件和能力）；能满足竞技比赛、业余训练、全民健身、文体娱乐、旅游休闲、商贸会展等多层次需求，成为一个开放性、环境优美的绿色体育公园。

温州奥体中心在2005年提出开展前期工作，并编制完成了项目建议书，由于项目选址论证、用地规模调整和其他客观原因，一直未能立项并开展下一步前期工作。2010年8月，受业主单位——温州体育发展投资集团有限公司委托，温州市经济建设规划院有限公司开始重新编制项目建议书、可行性研究报告。经多次专题研究，并召开部门论证会确定项目建设规模，为可行性研究奠定了基础。

温州奥体中心位于奥体中心北侧奥林匹克单元A-01地块内，规划分两期建设，一期用地面积为84 825 m$^2$（约合127.24亩），主要建设综合体育馆；二期用地位于A-01地块的西侧，东面为奥体一期工程用地及奥体一路，南面为西扎河，西面为环山东路，北面为变电所及永定路（原镇标路）。二期总用地面积约228 435 m$^2$（约合342.7亩），其中净建设用地面积为211 973 m$^2$（约合318.0亩），代征道路面积为16 462 m$^2$（约合24.7亩，为奥体一路、四路和五路），主要建设奥体中心主体育场。

温州奥体中心选址在龙湾区行政中心区南侧，东至龙海路（高新大道）、南至城北路、西至环山东路，北至永定路。项目所在地距温州市区14公里，距龙湾行政中心区1.4 km，距温州永强机场4 km，其东侧为龙湾永中街道，东南角为省级文物保护单位永昌堡，西侧为温州生态园，地理及交通区位优势明显。

主体育场二期建设工程主要建设一个5万座主体育场、配套室外标准400 m田径训练场及其他配套室外工程。

## 二、项目内容

本项目的功能定位为具备承办全国运动会、全国城市运动会、全国体育大会等综合性运动会主会场、亚运会分会场、国际单项赛事、国际性商业比赛及中超等国内职业联赛的能力；能满足竞技体育比赛、业余训练、群众健身、文化娱乐、旅游休闲、商贸会展的一体化需求；成为一个开放性的、环境优美的体育公园。

根据浙江省发展计划委员会、省国土厅、省体育局《关于印发浙江省体育设施建设项目用地控制指标（试行）的通知》（浙土资发〔2003〕96 号）的文件要求，体育场单位用地面积应控制在 4.5 $m^2$/ 座以内。主体育场二期建设工程总用地面积约 228 435 $m^2$，其中净建设用地面积约 211 973 $m^2$，代征道路面积约 16 462 $m^2$。方案一座席 5 万座，单位用地面积为 4.2 $m^2$/ 座，符合建设用地标准。

根据温州奥体中心的功能定位，以及考虑其为杭州 2022 年亚运会的分会场，温州奥体中心体育场等级应为甲级，体育场座席规模应在 5 ~ 6 万座。

经过对 5 万座、6 万座体育场方案的比选，本可行性研究报告提出主体育场二期现状用地能满足 5 万座、6 万座建设方案，并根据浙江省内城市的场馆建设情况、功能定位及目标赛事要求，并结合方案比选，建议温州奥体中心主体育场二期座席规模设 5 万座、地上建筑面积按 7 万 $m^2$ 规划，主要建设内容包括运动员用房、竞赛用房、媒体用房、技术用房、贵宾用房、观众用房、比赛大厅、设备机房、楼梯间、电梯厅、走道等公共交通用房在内的甲级体育场一座、公建配套设施、室外标准 400 m 田径训练场一座以及配套室外设施等。两个体育场方案的赛事期间机动车停放需通过周边的公共停车场共同解决，达到节约投资的目的。作为杭州 2022 年亚运会分会场，温州奥体中心应再配备相应的运动员公寓、赛事中心、媒体中心。下一步，需要再深入研究上述功能用房的安排和配置。方案示意图如图 1 和图 2 所示。

图 1　5 万座体育场总平面示意图

图 2　6 万座体育场总平面示意图

## 三、项目成果特点

### （一）项目建设意义重大，社会影响广泛

建设温州奥体中心是浙江省打造“文化大省”，温州市打造省内“体育强市”和体育现代化“领跑城市”、积极申办全国城市运动会的必要条件之一，也是温州实现“三生融合、幸福温州”，构建“现代化国际性大都市”战略目标的重大工程。人民群众对本项目的建设抱有很大期待，社会影响广泛。

奥体二期工程是温州奥体中心的主体建筑，也是最核心的建设内容，单体建筑规模达 7 万 $m^2$，投资达 10 亿元。本项目已经获温州市发展改革委审批立项。

### （二）研究工作有很大难度

温州奥体中心是温州市历年来最大的体育类项目，项目用地面积、建筑规模都很巨大，项目涉及河道、拆迁、高压线缆等问题，牵涉的部门多，需要沟通协调的事项多，加上大型体育建筑的特殊性，使得本项目研究工作具有很大的难度。

### （三）建设规模测算合理可行

根据《体育建筑设计规范》（JGJ 31—2003）、《城市建筑工程停车场（库）设置规则和配建标准》（DB 33/1021—2005）测算本项目建设规模，合理可行。

### （四）项目建设方案翔实可行

根据体育建筑的工艺特点、体育赛事的要求，从建筑设计、结构设计、给排水工程、电气工程、暖通工程、智能化系统等方面提出了详尽的建设方案。

### （五）投资估算准确详尽，具有可操作性

根据项目的场地现状、建设规模、建设方案，结合类似项目的实际经验，对项目的投资进行准确详尽的测算，具有可操作性。

### （六）本项目具有示范效应

本项目是温州市经济建设规划院有限公司编制的第一个大型室外体育场馆项目，收集了很多宝贵的资料，如大量的体育场馆方案资料、造价指标，体育工艺设计资料等，积累了丰富的经验，为将来编制同类项目提供了示范样板。

本项目前期工程可行性研究报告完成后，平阳县体育中心体育场、瓯海区体育中心体育场项目组纷纷到业主单位和温州市经济建设规划院有限公司学习、取经，本项目成为温州市体育场项目的示范工程，并为温州市打造龙湾奥体小镇奠定了扎实的基础。

## 四、项目实施情况

温州奥体中心在 2005 年提出开展前期工作，并编制完成了项目建议书，由于项目选址论证、用地规模调整和其他客观原因，一直未能立项并开展下一步前期工作。2010 年 8 月，受业主单位——温州体育发展投资集团有限公司委托，温州市经济建设规划院有限公司开始重新编

制项目建议书、可行性研究报告。

温州市经济建设规划院有限公司联合国内知名的体育建筑设计集团——悉地国际（原中建国际设计顾问有限公司）对温州奥体中心主体育场二期工程建设规模进行技术论证，并重点就体育场的座席规模进行经济技术方案比选，由温州市经济建设规划院有限公司形成《温州奥体中心主体育场二期工程规模论证报告》报温州市发展改革委、温州市人民政府，经发展改革委牵头论证并同意温州市经济建设规划院有限公司的推荐方案。在此基础上，继而形成了项目可行性研究报告。

以温州市政府领导批示精神为依据，按照《温州市体育事业及体育产业发展“十三五”规划》和《温州市永强北片区奥林匹克单元（0577-WZ-YB-07）控制性详细规划修改》，对项目建设的必要性及项目方案的功能、经济性等方面进行初步分析比较，根据国家有关规定、以本项目定位、赛事目标要求和用地条件为基础，并结合《温州奥体中心主体育场工程及温州体育运动学校永中校区工程概念性设计国际征集任务书》及悉地国际有限公司中标方案《温州奥体中心主体育场工程及温州体育运动学校永中校区工程概念性设计》，进行多方案建设规模的比选，初步确定合理的建设规模和投资估算。同时，就建设条件、主要工程量、工程投资、建设资金来源、招投标方案、社会经济效益等方面进行定性和定量的具体分析计算，提出若干投资建议，为项目的下一阶段工作提供决策依据。

项目组在项目建设规模确定、功能用房的配置、机动车泊位的设置数量、体育工艺要求、建筑造价控制等多个环节与相关部门反复沟通，既能保证项目的高定位、高标准，又能确保政府投资项目的造价控制，几易其稿后形成送审稿，并于 2016 年 7 月通过专家评审。

本项目最终采纳本可行性研究报告推荐的 5 万座的建设规模，于 2019 年 3 月开工建设，2021 年 9 月通过竣工验收，即将迎来杭州亚运会的有关赛事。

## 五、项目主要参与人员

项目主要参与人员：李磊跃、张琛、戴宠丝、章勇。

# 平阳县垃圾焚烧发电厂二期扩建 PPP 项目财政承受能力论证报告

德邻联合工程有限公司

扫码查看原文

## 一、项目概况

根据项目整体规划，平阳县垃圾焚烧发电厂二期扩建 PPP 项目位于平阳县鳌江镇钱仓社区东江村平阳县生活垃圾焚烧发电项目一期工程厂区内。拟新建垃圾焚烧处理厂 1 座，建设内容为 1 × 750 t/d 机械炉排式焚烧炉 +75 t/h 余热蒸汽锅炉 +1 × 18 MW 凝汽式汽轮发电机组及主体建筑、其他配套生产、生活设施。

浙江省平阳县垃圾焚烧发电厂设计总处理规模为 1 350 t/d，其中一期工程为 600 t/d，二期工程为 750 t/d。浙江省平阳县垃圾焚烧发电厂一期工程（即本项目一期工程）于 2010 年 12 月 1 日开工建设，2012 年 7 月 10 日建成投产。一期工程的建设规模为日处理生活垃圾 600 t，配置 2 台 300 t/d 炉排焚烧炉和 1 台 12 MW 凝汽式汽轮发电机组。根据一期工程的实际运行数据，在具有良好的社会效益和环保效益的前提下，其实现了一定的经济效益。

随着项目所在服务区内生活垃圾产生量的不断增加，以及入厂垃圾热值的持续升高，现有一期工程的处理规模已无法满足城市发展的需要。经过调研，拟在项目一期工程厂址处实施本工程，拟新扩建规模为日处理生活垃圾 750 t。

## 二、项目内容

根据项目可行性研究报告，本项目与一期工程部分建设和运营设施存在交集，需对一期工程部分设施进行拆除重建及技改，具体如下。

（1）涉及拆除重建（新建后共用）设施有：一期工程中的宿舍区、食堂、会议室、工业及消防水池、净水站、门卫室。

（2）涉及共用设施有：一期工程市政给水设施、一期工程备用电源、一期工程垃圾运输坡道，一期中央控制室、电子设备间，一期工程工程师站、值长站（包括打印机台），一期工程地磅，一期对外环保教育展示厅，一期工程除盐水系统（本项目增加 1 套 10 t/h 的除盐水系统，与一期工程共用），淘汰一期工程的混床、与二期工程共用。

（3）共用运营维护人员：在一期工程的基础上，新增员工总编制为 40 人。

（4）二期工程的施工道路需使用一期工程已有道路，并根据需要设置场内施工运输道路。施工用水、用电需从一期工程的供水、供电系统中接入。一期厂区空地可用来堆放施工材料，同时亦作为施工安装的临时用地。

项目技术方案如下。

（1）焚烧工艺方案：根据建设部、生态环境部、科技部关于发布《城市生活垃圾处理及污染防治技术政策》的通知，“垃圾焚烧目前宜采用以炉排炉为基础的成熟技术，审慎采用其他型的焚烧炉。禁止使用不能达到控制标准的焚烧炉”。同时，考虑到焚烧的垃圾具有高水分、低热值的特点，以及通过多种技术经济方案的比较，本项目推荐采用国内先进的、技术成熟的机械炉排炉，单处理能力为 750 t/d。

（2）余热利用工艺方案：垃圾焚烧产生的高温烟气，通过配套的余热锅炉（采用中温中压 450 ℃，4.0 MPa 的余热锅炉）吸收产生的蒸汽进行发电，汽轮发电机组系统选用一台 18 MW 凝汽式汽轮发电机组。

（3）烟气净化处理工艺方案：垃圾焚烧线烟气净化处理系统采用技术成熟的“SNCR + 旋转喷雾反应塔半干法 + 消石灰喷射干法 + 活性炭喷射 + 布袋除尘器 + SCR”组合工艺，其烟气排放指标达到《生活垃圾焚烧污染控制标准》（GB 18485—2014）。

（4）污水处理方案：本厂区供水水源为梅溪河水、平阳县引供水工程水源和市政给水管网三种，梅溪河水经过净化处理之后供给生产用水，考虑地表水供水可能受海潮的影响，把平阳县引供水工程水源作为工业用水的备用水源。生活用水直接接自市政给水管网。

项目取水水源为梅溪河水，一期工程已建有取水设施（一、二期共用）。一期工程厂区已引入市政自来水管，本工程生活用水接自原有生活水管道，水量水压可满足要求。

本项目区域排水采用“雨污分流、清污分流、污污分流”的原则，设置 2 套污水处理系统。焚烧厂内产生的渗滤液、高浓度冲洗废水等进入污水处理站，采用“预处理 + 厌氧反应器 + 膜生物反应器（MBR）+ NF + RO”的组合工艺，出水达到《城市污水再生利用工业用水》（GB/T 19923—2005）规定水质标准后回用于冷却塔。项目产生的生活污水、地面冲洗水、初期雨水等低浓度废水进入低浓度污水处理站，采用“调节池 + MBR + 消毒池”的组合工艺，出水达到《城市污水再生利用城市杂用水水质》（GB/T 18920—2002）的城市绿化、道路清扫标准。

（5）灰渣处理方案：本项目焚烧炉底部排出的炉渣，达到《生活垃圾焚烧污染控制标准》（GB 18485—2014），按一般固体废弃物处理，外运综合利用。垃圾焚烧飞灰在厂内飞灰固化车间采用水泥 / 螯合剂稳定化处理后，满足《生活垃圾填埋场污染控制标准》（GB 16889—2008）中的要求，送往填埋场进行安全处置。

为保证本项目做到整体功能完整、技术先进、运行可靠、维修方便、保护环境、安全卫生、资源利用、经济合理、管理科学，项目方案设计采用“机械炉排炉 + 中温中压余热蒸汽锅炉 + 凝汽式汽轮发电机组 + 烟气净化 + 炉渣综合利用和飞灰稳定固化填埋”的工艺技术，流程如图 1 所示。

平阳县垃圾焚烧发电厂二期扩建 PPP 项目拟新建垃圾焚烧处理生产线 1 条，设计垃圾处理能力为日处理生活垃圾 750 t；并配置 1 台中温中压余热蒸汽锅炉及配套汽轮发电机组，余热蒸汽锅炉蒸发量为 75 t/h，汽轮发电机组为 18 MW 凝汽式机组。

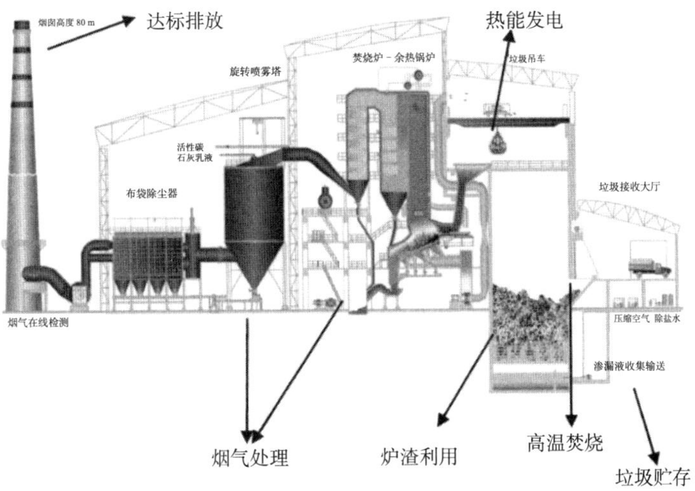


图 1　垃圾焚烧发电工艺流程示意图

## 三、项目成果特点

### （一）垃圾现状与未来产量预测

**1. 生活垃圾管理现状分析**

为解决平阳县生活垃圾处置问题，使生活垃圾无害化、减量化、资源化，平阳县建设局根据平阳县域环境卫生专项规划，平阳县生活垃圾以卫生填埋 + 焚烧的综合处理方式处置。目前已有一座位于鳌江镇东江村的生活垃圾焚烧发电厂（一期工程）在运行，生活垃圾处理规模为 600 t/d。另外在县域中部及西部分别建设中部生活垃圾卫生填埋场、西部生活垃圾填埋场，目前尚未建成。规划由县环卫部门对县域范围内收集的生活垃圾统筹安排，科学分流，保证生活垃圾焚烧发电厂正常运行。

**2. 生活垃圾收集、清运规划**

1）垃圾收运

根据平阳县域环境卫生专项规划总结如下。

（1）近期。县城居民垃圾基本袋装收集，垃圾袋装后投入垃圾容器内，条件不具备的地方直接倒入垃圾桶。逐步实行垃圾分类收集，今后一两年试点推行，近期垃圾分类收集率达到 30%。垃圾主要通过压缩转运站为主，条件允许的地方配以少量的压缩收集，旅游景点生活垃圾的收集以压缩车直收直运。

平阳县中心城区、东部平原各镇镇域、其他各乡镇镇区垃圾采用各地分类收集，定时定点统一收集，集中运输，集中送平阳县生活垃圾焚烧发电厂处理，焚烧厂因容量负荷限制以及故障时的生活垃圾、焚烧厂的焚烧飞灰送平阳县垃圾填埋场进行最终处置。

山区农村以分类、堆肥为主，回收可利用成分、堆肥后其余成分送焚烧厂及填埋场处理。

（2）远期。县城居民垃圾完全实现袋装收集，基本实现垃圾分类投放，垃圾分类收集率达到 80%；大件垃圾采取申报收集，一般采用电话申报方式。在地块紧张的情况下，启用活动式转运站，小车接大车的转运方式。

平阳县垃圾首先经分类收集后，将可回收部分再回收利用，将不可回收部分集中送平阳县生活垃圾焚烧发电厂处理，焚烧厂因容量负荷限制以及故障时的生活垃圾、焚烧厂的焚烧飞灰送平阳县垃圾填埋场进行最终处置，在规划期末，整个县域内形成回收、焚烧、卫生填埋为一体的垃圾处理体系。

2）垃圾转运

平阳县域环境卫生专项规划生活垃圾转运站部分指出：根据预测的各镇区的远期垃圾转运量，结合各个乡镇片区的人口、用地、布局等多种因素，规划布置垃圾转运站并确定各个垃圾转运站的规模、用地、服务区域、服务半径，新建垃圾转运站基本采用压缩式，以提高运输效率，对原来的直接堆放式转运方式逐步改造。垃圾转运系数按 1.13 ~ 2.8 考虑，即垃圾转运站规模确定为转运量的 1.3 ~ 2.8 倍，垃圾量较大时一般取值小些，垃圾量较小时一般取值大些，同时考虑建设用地面积分布等因素综合确定垃圾转运站规模。服务半径基本按照小型机动车收运方式确定，基本在 2 ~ 4 km 的范围内。

**3. 生活垃圾产生量及预测**

影响生活垃圾产生量的主要因素是城市人口和人日均垃圾的排放系数，人日均垃圾排放系数又受到生活燃料、生活水平及垃圾回收利用水平等因素的制约。从国内现状来看，人口的增加依然是生活垃圾产生量增长的主导因素。

随着居民生活水平的提高，人均垃圾的产生量理论上应逐年增加，但另一方面由于居民环保意识的增强、垃圾收费制度的实施，人均垃圾的产生量将趋于稳定。根据平阳县和温州市其他地区的特性估算，城镇人口人均垃圾产生量约在 1.2 kg/d，农村人口垃圾产生量约在 0.6 kg/d。

平阳县的垃圾收运体系不完善，垃圾收运率有待于进一步提高。随着社会主义新农村建设，农村垃圾收集率将逐步提高，到 2015 年，城镇人口垃圾收集率已达到 100%，农村垃圾收集率已达到 80% 左右。

平阳县 2017 年、2018 年、2019 年、2020 年（运行第一年）垃圾产生量分别将达到 967 t/d、1 081 t/d、1 159 t/d、1 237 t/d。

城市生活垃圾的产生量和组成是城市建设和管理的基础性资料，是生活垃圾处理工程的重要设计依据。垃圾产生量不仅随经济发展水平而异，而且受能源、生活习惯、季节和气候等变化的影响。

平阳县现有生活垃圾焚烧发电项目一期工程，日处理生活垃圾为 600 t，垃圾处理量已经饱和且大部分设施处于超负荷运行状态，这就导致了垃圾处理设施服务周期的缩短和污染治理难度的加大；未来生活垃圾处理能力缺口还将继续加大，如果不新建设施，已不能满足平阳县垃圾无害化处理增量需求。平阳县生活垃圾焚烧发电厂二期扩建 PPP 项目的建设，将对其起到极其重要的作用。

## 四、项目实施情况

针对本工程的特点及重难点，本项目全生命周期过程的财政支出责任主要包括股权投资、运营补贴、风险承担、配套投入等。

（1）股权投资支出责任。本项目由中选社会资本全资组建项目公司，政府方不出资。在项目建设期内，政府方不承担股权投资支出责任。

（2）运营补贴支出责任。本项目的回报机制为“可行性缺口补助”。可行性缺口补助是指使用者付费不足以满足社会资本或项目公司成本回收和合理回报，而由政府方以财政补贴等形式给予社会资本或项目公司的经济补助。在项目运营期内，政府方承担可行性缺口补助支出责任。

（3）风险承担支出责任。本项目涉及各类潜在风险，按照风险分配优化、风险收益对等和风险可控等原则，由最有能力消除、控制或降低风险的一方承担风险。在《PPP 项目合同》中需具体明确项目风险的分配，使政府方和社会资本间合理分配项目风险。根据类似项目经验和相关法律法规，建设项目设计、建造、财务和运营维护等商业风险由社会资本承担；本级法律、政策变更风险、财政承受能力风险、社会资本采购风险、基本供应量不足等风险由政府方承担；非本级政府可控的法律及税收风险、利率变动风险、通货膨胀风险、不利地质条件风险、公众反对及不可抗力等风险由双方合理共担。

（4）配套投入支出责任。经项目组评价人员本着独立、客观、公正、科学的原则，对委托评价的平阳县垃圾焚烧发电厂二期扩建 PPP 项目（即本报告所述评价对象）进行了论证，对本项目今后各年度财政支出责任与该年度可用于 PPP 项目的财政支出进行对比，得出每年的财政支出责任远远低于一般公共预算支出；所以认定政府财政支出能力较强，得到 PPP 项目财政承受能力论证结果为“通过论证”。项目适宜采用 PPP 模式。通过论证的项目，财政部门在编制年度预算和中期财政规划时，需将项目财政支出责任纳入预算统筹安排。

项目情况如图 2 和图 3 所示。

图 2　项目整体效果图

图 3　项目鸟瞰图

## 五、项目主要参与人员

项目主要参与人员：李廷、王辰栋、任海、吴敏、赵科嘉、陈翟飞、所璐、胡光春。

# 湖州南太湖新区长东总部经济园区路网及综合管廊工程可行性研究

中设科欣设计集团有限公司

扫码查看原文

## 一、项目概况

本项目位于湖州市南太湖新区长东片区，长东片区北滨太湖、东至大钱港、南至三环北路、西至长兜港，总用地面积为 23.3 $km^2$。该区域是浙江省大湾区建设战略中南太湖新区建设的启动区，是提升中心城市能级的核心区，是引领湖州未来发展的主平台。该项目的实施对于南太湖新区路网结构的完善具有重要意义，为后期的开发提供必要的基础设施支撑，加快推动南太湖新区的发展。本项目的综合管廊为湖州市首批实施的综合管廊，其实施对满足民生基本需求和提高城市综合承载力发挥着重要作用。

本项目主要包括路基与路面工程、桥梁工程、给排水工程、综合管廊工程、交通工程、照明工程、绿化工程。新建道路 9 条，道路总长约 14 000 m，新建综合管廊 2 850 m，桥梁 18 座。道路等级为城市支路，设计时速为 30 km/h。综合管廊采用单舱，舱内敷设 10 kV 电力管、综合通信管、给水管及预留管位。长东路段综合管廊设置在道路南侧，总长 2 850 m，综合舱尺寸为 $B \times H$=3.6 m × 3.2 m。①闵家桥路：路宽 25 m，设计全长 1 697.110 m，双向四车道，桥梁 4 座。②长东路：路宽 25 m，设计全长 2 945.859 m，双向四车道，桥梁 4 座；综合管廊长 2 850 m。③宣家港路：路宽 25 m，设计全长 1 543.445 m，双向四车道，桥梁 1 座。④宿渎港路：路宽 25 m，设计全长 1 731.494 m，双向四车道，桥梁 4 座。⑤杨渎桥路：路宽 25 m，设计全长 1 286.884 m，双向四车道，桥梁 1 座。⑥紫云路：路宽 25 m，设计全长 1 661.403 m，双向四车道，桥梁 2 座。⑦支路七：路宽 25 m，设计全长 804.846 m，双向四车道；⑧徐家湾路：路宽 25 m，设计全长 1 265.585 m，双向四车道，桥梁 2 座。⑨滨湖高中配套道路：路宽 25/40 m，设计全长 1 040.259 m，双向四车道。

本项目存在以下重点、难点：①软基处理方式的选择；②桥头路基处理方案的选择；③因地制宜选用路基填料；④重载交通下路面结构方案研究；⑤沥青混凝土路面结构选型及混合料配合比研究；⑥桥梁结构耐久性问题；⑦综合管廊的建设；⑧综合管廊的防渗治漏。本项目地下综合管廊系统实施统一规划、统一设计、统一建设和管理，是保障城市运行的重要基础设施和“生命线”。它不仅能解决城市交通拥堵问题，还极大方便了电力、通信、供排水等市政设施的维护和检修。此外，该系统还具有一定的防震减灾作用，对满足民生基本需求和提高城市综合承载力发挥着重要作用。

针对本项目的重难点，保证工程的经济效益、社会效益和环境效益相结合。设计中结合本工程特点，因地制宜地采用技术先进、安全可靠的新工艺、新技术、新设备、新材料，使其建设成技术先进、经济适用的具有明显经济效益和显著社会效益的工程。

## 二、项目内容

长东片区规划形成五横三纵的骨干道路系统，与高速公路、国道有效衔接。同时设置高效便捷的支路系统，作为干路系统的补充，提升内部交通效率。本项目是落实湖州市南太湖新区总体规划的需要，有利于完善区域内交通网，提高分区服务功能，推动区域发展。本项目作为片区支路，承担片区内部交通的集散及出入任务，并分担部分交通流量，补充干路网之不足，同时对道路两侧区域的居民或者顾客提供服务功能，主要包括：①提供适宜的生活空间；②提供车辆的停驻空间；③提供必需的公共空间；④提高土地的经济价值。因此本项目定位为以服务功能为主、兼具交通集散功能的区域重要支路。

### （一）软基处理方式的选择

本项目沿线部分场地存在深厚软基路段，地质条件较差，对路基不均匀沉降有较大影响，且易造成路基开裂以致失稳。因此根据本项目特点分析了几种不同软土地基的处理设计方案。

（1）塑料排水板＋堆载预压：表面铺设碎石垫层，打设塑料排水板形成水平、垂直向贯通的排水通道，改善地基的排水条件；同时在已填土面以上增加预压荷载，相比使用期的结构层荷载和行车荷载，形成超载预压。板厚 100 mm，宽 4.5 mm，间距 $a$=1.5 m，堆载预压期为 12 个月。

（2）堆载预压：利用路堤自重加载预压，并采用超过设计荷载的预压量进行预压，缩短预压时间。预压高度为 2～2.5 m，预压期为 12～18 个月。

（3）水泥搅拌桩：水泥搅拌桩作为一种复合地基，通过置换加固淤泥、桩及桩间土共同作用，提高地基承载力，减少沉降量。桩长 10 m，桩径 $d$=0.5 m，间距 $a$=1.5 m。

结合本路段的地质情况、造价比较及软件计算结果，本项目采用水泥搅拌桩处理软基。

### （二）桥头路基处理方案的选择

由于本项目道路沿线地质条件较差，存在大范围软土地基路段，为保证桥头路堤的稳定性，减小路堤沉降，以减小桥头跳车现象，本次设计拟采用以下材料进行桥头路基回填。

（1）级配碎石：施工工艺简单成熟，材料购买便捷，材料稳定性较好，易于压实。但是自重大，产生的桥头沉降也会更大。

（2）泡沫混凝土：具有轻质、施工工期较短、固化后可自立的优点。可有效地减少台背的工后沉降和不均匀沉降，但是前期成本较高。

（3）固化粉煤灰：具有轻质、减小工后沉降优点。但是粉煤灰作为粉性材料，扬尘性大、渗透性大、容易对道路沿线环境及村民生活造成影响。

（4）EPS 轻质路堤（聚苯乙烯泡沫）：具有轻质、耐压、耐水等优良工程特性，但是造价高昂。

综上所述，本次设计桥头采用泡沫混凝土进行回填。

### （三）桥梁结构耐久性设计问题

混凝土耐久性方面存在问题主要表现为某些部位的混凝土开裂、钢筋锈蚀，混凝土钢筋保护层太薄，混凝土抗水、有害离子渗透性及抗碳化差等。

桥梁腐蚀病害预防措施：桥梁的防腐应从两方面入手，一是提高钢筋的混凝土保护层质量，阻止氯离子和水分对混凝土的侵蚀，延长混凝土的碳化时间，进而防止钢筋锈蚀；二是注重桥梁防水和防氯离子侵蚀。

### （四）生态保护和节能问题

施工时，路基取土、弃土应做到规范化；尽可能占用废弃地，少占农田；施工人员集中的生活污水不得随地倾倒，以防流入取水点；含有害物质的材料堆放点要远离水源地，并需有防雨措施，工程废料不得随意倾倒，要及时处理和运走；施工机械、运输车辆的清洗水，应经隔油沉沙池处理后排放；合理确定照明标准和进行照明方案选优；使用“三遥”路灯开关控制系统；使用高效节能灯具。

## 三、项目成果特点

### （一）因地制宜选用路基填料

本项目填方量大，项目区路基填料来源较困难，根据项目区域开发的情况及湖州地区的宕渣资源情况，考虑采用片区建筑物地下室、金山湖开挖的土方掺灰，并与宕渣做比选，从经济适用的角度考虑合理选择填料。

宕渣的特点：施工质量不易控制，施工进度快，造价为 112 元 /m³，宕渣需要开采，易造成国土资源流失，破坏生态环境，且湖州地区宕渣来源较困难。

石灰土的特点：施工质量较好，施工进度较慢，造价为 65 元 /m³，利用当地开挖土方，可减少弃方，有利于保护生态环境。

本地区含有较厚的淤泥质黏土，若是含水量较大的淤泥质黏土，需要先对其进行晾晒，晾晒过程中要用挖掘机、推土机进行翻晒，以加快水分的蒸发，当含水量达到要求时进行掺灰以改善其性质。

### （二）重载交通下路面结构方案研究

由于重载交通作用下，沥青路面过早出现损坏问题，已成为我国道路建设发展的突出矛盾，不但影响路面的耐久性，也给行车安全带来极大的隐患。如何从结构、材料、工艺入手解决路面早期损坏问题，形成我国重交通沥青路面的修筑技术，保证路面在使用寿命内的使用功能，降低道路的全寿命成本，既是贯彻落实科学发展观的实际行动，也是在交通行业建立资源节约型社会的必然要求。

（1）对路网内交通量进行进一步的分析，根据实际车辆轴载进行结构设计和厚度计算。

（2）加强路面材料的调查和试验，特别是沥青面层骨料的调查和试验，结构设计与材料设计紧密结合。

（3）加强路面损坏机理的分析研究。

（4）在路面方案的选择上，牢固树立全寿命周期成本的新理念，选择具有长寿命的路面结构，并统筹考虑前期建设成本和后期养护费用。

### （三）沥青混凝土路面结构选型及混合料配合比研究

根据当地资料，本项目所在区域年降水量（大于 1 000 mm）较大，沥青混凝土路面结构选型及混合料配合比研究需要重点解决雨季防滑、水损害和重载破坏等早期损害的技术难题。

（1）在进行沥青混凝土路面混合料配合比设计时对沥青面层的上面层推荐采用 SBS 改性沥青路面结构，下面层采用 AC-20C 沥青混凝土，具体选择某层的矿料级配时，要考虑混合料的不透水性、高温强度及其稳定性，对表层混合料还要考虑增加抗滑性的要求。

（2）严格要求路面用材，包括使用优质沥青、沥青改性剂，优选表面抗滑层的碎石骨料，并要求骨料与沥青的黏附等级不低于 5 级，保证路面材料的质量和沥青混凝土的均匀性。

（3）根据项目所处地域及气候特征，合理确定沥青混合料的沥青用量及设计集料级配曲线。

### （四）综合管廊的防渗止漏

本项目位于太湖畔，地下水位较高，综合管廊的防水问题是一个技术难点。虽然一定数量的地下水侵入管廊不至于产生严重后果，但会增加排水设施的启动次数，同时会增加综合管廊内空气的湿度，降低综合管廊内管线和监控设施的工作寿命。

综合管廊的防渗止漏设计原则是“放、排、截、堵相结合，刚柔并济，因地制宜，综合治理”。

（1）控制变形：综合管廊工程一般情况下采用整体现浇钢筋混凝土结构形式。尽可能增加每节箱涵的分节长度，减少变形缝的数量，一般采用 25 m 长的分节长度，在节与节之间设置变形缝，同时，在变形缝缝间设置剪力键，以减少相对沉降，保证沉降差不大于 30 mm，确保变形缝的水密性。

（2）做好细部构造防水：变形缝、施工缝、通风口、投料口、出线井等部位，是渗漏设防的重点部位。

①底板防水：底板下预铺防水卷材，并设置外贴式橡胶止水带；底板中间设置中埋式止水带；底板内表面涂刷水性渗透结晶型涂料。

②侧墙和顶板防水：侧墙和顶板外侧涂刷水泥基渗透结晶型防水涂料防水层 + 外贴式橡胶止水带；中间设置中埋式止水带；内表面水性渗透结晶型涂料。

③施工缝也是防渗治漏的一个薄弱部位，因而应尽可能减少施工缝的设置数量。

④为各种管廊进出综合管廊而设置的出线井预留孔也是防渗止漏的关键。

## 四、项目实施情况

本项目已经在施工阶段，预计 2024 年完成工程验收。

本工程的实施结合地块的开发建设，将改善周边居住区的环境质量，这是当地居民的迫切要求；同时现代城市各类业态的发展，需要便捷的交通条件来增强其可达性和地段经济价值。作为民生类公益性项目，本项目是本区域可持续发展的根本要求，其实施将提高交通、基础设施的服务水平，改善城市综合功能布局，提升城市形象和品位。综上分析，本项目的实施不会对周边环境和市民生活产生较大的不利影响，反而其建成能实现社会效益和经济效益的互补共赢。因此，本项目的实施是可行的。

根据对本项目的国民经济费用和效益分析计算，国民经济评价结果如下：经济净现值为 99 347.10 万元，经济内部收益率为 13.49%，经济效益费用比为 1.08，经济投资回收期为 15.88 年。可以看到，经济内部收益率大于国家规定的社会贴现率 8%，因此，本项目是可行的。

项目情况如图 1 至图 3 所示。

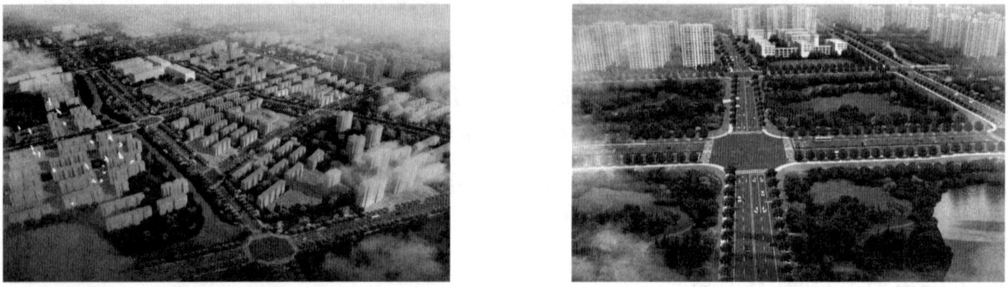

图 1　路网鸟瞰图

图 2　长东路管廊交叉效果图

图 3　长东路综合管廊效果图

## 五、项目主要参与人员

项目主要参与人员：余晓栋、吴飞飞、谢海林、朱剑、汪亚军、黄峰、马国平、石峻杰、黄锦。

# 湖州市城市规划展览馆新建项目（建安工程）可行性研究报告

湖州市发展规划研究院

扫码查看原文

## 一、项目概况

城市规划展览馆作为综合展示城市建设和形象的重要窗口，是阳光规划、公众参与的重要载体，将集中体现一座城市的地域特征、历史文脉、规划导向和建筑特色。习近平总书记在武汉、北京、舟山、杭州考察时，专门走访当地的规划展览馆，听解说、观专题片、看沙盘模型，强调“城市规划在城市发展中起着重要引领作用，考察一个城市首先看规划”。纵观全国各地城市对规划展览馆都十分重视，省建设厅对各设区地级市规划展览馆建设也有明确要求，浙江各地级市也都已相继建成各自的城市规划展览馆，湖州市自上届政府已经开始积极筹划建设城市规划展览馆，并经多次比选，几经选址，多次论证。

最近几年，湖州市城乡建设面貌日新月异，规划建设管理成果精彩纷呈，成功申请国家历史文化名城、被列为国家首批生态文明先行示范区、即将召开的中央城市工作会议湖州将作为交流发言单位，加之2018年湖州市将举办省运会、湖州是2022年杭州亚运会的副会场等重大活动接二连三，“美丽湖州”在各种媒体的出镜率明显增多。建设湖州市城市规划展览馆，对充分展现湖州市城市发展成果，搭建对外集中展示平台，全面彰显现代化生态型滨湖大城市英姿，显得非常迫切、尤为必要。

工程拟选址于湖州市仁皇山分区同心路与垄山北路交叉口西南侧地块。项目净用地面积为10 000 $m^2$（合15亩）。项目计划2016年8月动工建设，2018年12月底全面竣工并投入使用。根据本工程项目特点、工程量、筹资方式以及组织管理能力、前期工作进展等情况，初步确定本工程建设期为28个月。

本项目的建设，可以弥补湖州市无规划展览馆和大型规划展览交流活动的缺憾，满足群众了解城市变迁和发展的需求，同时建成后也将成为湖州市一个重要景观和亮点，对于体现新时期湖州市的城市规划建设水平、树立湖州市城市形象、提升城市品位和档次，完善城市功能以及“阳光”规划都将起到重要的作用。因此，项目的建设是十分必要的。

本项目选址区域位置优越，交通条件上佳，市政及配套设施完善，能满足展览馆选址的有关要求，同时体现湖州城市的江南地域特色，使城市展览馆与奥体湿地公园实现完美衔接、相得益彰，充分展示了湖州城市文化内涵与特色及浓厚的现代气息，符合湖州建设现代化生态型滨湖大城市的发展要求。

项目建设规模参考周边地市展览馆规模，结合湖州市实际需求和地块现状情况确定，规模适当，建设内容和功能设置能满足需求，建设方案符合功能定位要求，即打造独具本土特色精品建筑、创建绿色生态建筑典范。

项目的建设对改善湖州城市形象、推动和促进湖州城市规划发展具有重要作用，是展现城市建设和形象的重要窗口，可较大幅度地提升湖州市的知名度和竞争力。通过举办大型的规划展览活动，可促进湖州市对外经济技术和文化交流，带动交通、旅游、住宿等相关产业的发展。

综上，无论是从湖州经济社会和城市发展战略出发，还是从完善城市规划设施、促进城市规划发展的角度来看，湖州中心城市都亟需建设一个能够承办高标准规划展览活动、能够展示城市特点和风貌的大型规划展览设施。

## 二、项目内容

湖州市城市规划展览馆建设内容主要包括建安工程和布展工程两部分。其中，建安工程主要包括新建展览用房和附属用房，总建筑面积为 15 300 $m^2$（展览用房建筑面积为 8 000 $m^2$，附属用房建筑面积为 2 300 $m^2$，地下室建筑面积为 5 000 $m^2$）；布展工程主要是对场馆进行合理布展设计，增设相关多媒体配套设施，包括基础装修、美工展陈、艺术展项、总规模型等，布展面积为 8 000 $m^2$。本项目拟先行实施建安工程部分，布展工程部分待方案考虑成熟后再行实施。

### （一）工程方案

**1. 方案比选**

为充分体现民意，湖州市规划局委托美国帕金斯威尔建筑设计事务所和清华大学建筑设计研究院有限公司，开展城市规划展览馆的概念方案设计。经推敲比选，共有两套设计方案邀请市民进行投票。

方案一：“水丝带”

“水丝带”从水元素中汲取灵感，因为水是湖州市最显著的特点。展览馆分为一大一小两个单体建筑，通过廊道连接，展馆呈水滴状。将水流柔美的视觉质感融入建筑形态当中，运用流动水波纹的建筑外观来彰显城市的过去、现在与将来，诠释湖州独特的地域特色。“用‘水’的象征意义，也是暗喻湖州人民既有善良谦和的外在，也有坚韧不拔的意志与决心。”

方案二：“叶•绿动”

“叶•绿动”为一组建筑群，由规划展览馆统领，配以文化和商业设施，如同数颗圆润精美的珍珠散落玉盘，又像大大小小的“漾”自然分布，凸显湖州的山水风貌及生态特色。规划馆的屋顶，如一片漂浮的樟叶，指向弁山和太湖；一片开阔的“树”状观景平台从地面缓缓升起，常年向公众免费开放，从这里可以眺望长田漾湿地公园。“叶•绿动”是市民休闲健身和举办多种公共文化活动的载体。

考虑资源共享、场馆布置、地域特色，结合民意调查结果，最终确定采用方案一。

**2. 设计构思**

湖州市城市规划展览馆将在和谐的可持续发展环境当中，成为综合展示城市新型发展建设、独特城市形象和绿色生态景观的重要窗口，作为阳光规划和公共参与的重要载体。因此，方案力求体现以下几点：①简洁现代的设计；②信息透明化的公共场所；③拥有卓越品质 + 健康材料的项目；④与自然相互结合，拓展自然视野。

通过对区域位置的分析，将本项目定位为进入奥体中心主体公园的门户，连接自然与城市喧嚣的桥梁，融合传统文化与现代元素的载体，它体现的是古韵、新风与自然。

**3. 建筑设计**

在满足群众参观游览基础上，着重强调建筑物的现代感，并与周围景观相连贯，视觉上相互映衬。由于受场地面积限制，而城市规划展览功能需较多大空间，故主要在两个功能体块中垂直向依次布置，南侧建筑自下而上分别为展览用房、附属用房等。展馆内部将设置主开放展区，专门用于展示城市规划互动模型，并配以 LED 巨幕。市民置身其中，可以了解湖州市的历史和未来城市规划情况。同时，充分引入自然光线，让市民可以观赏到室外的自然景观。展览馆内部功能布局灵活，通过两个既相对独立又融为一体的建筑体，满足展览展示、互动和会议的多功能需求。

场馆一层中部为主入口门厅，进入门厅后向北为规划馆主展区，向南为临展公示区、会议厅和管理辅助用房。北侧 VIP 入口旁设有贵宾休息室。主展区室内展场从序厅、历史展区开始进入各主题展区后，上自动扶梯进入二层沙盘展示空间，环绕通高两层的城市沙盘模型参观，观众和贵宾观看 LED 屏播放的影片后到达数字沙盘区和 4D 影院，通过自动扶梯向下回到序厅，离开主展区。

**4. 竖向设计**

根据规划条件、方案布局特点和周边道路情况，场地设计现设定相对标高 ±0.00，相当于绝对标高 4.6 m，室内外高差 0.3 m。

根据规划条件、方案布局特点和周边道路情况，场地设计现设定相对标高 ±0.00，相当于绝对标高 4.6 m，室内外高差 0.3 m。

城市展览建筑地下一层，地上主体二层，建筑总高度为 21.8 m（至顶面）。北楼建筑地下室层高为 3.9 m，地上一至二层层高分别为 6.0 m、9.0 m；南侧建筑地上一至二层层高分别为 6.0 m、4.5 m；门厅部分层高为 9.0 m。

**5. 立面和造型**

立面和造型强化在建筑外观上接近自然的状态，从湖州市最为显要的元素——水，汲取灵感，将水的视觉质感赋予到建筑形体之中，以水波纹似的建筑形态象征性地表现这座城市的过去、现在和未来。建筑外部入口大厅处采用 9 m 高的玻璃肋玻璃幕墙提供通透的空间视野。北楼和南楼采用极具特色的金属板幕墙与条形玻璃幕墙的结合让建筑产生律动的感觉和水波的形态，又宛若缎带般延伸至各层。建筑外部的材料色彩通过中庭连接至室内，使建筑室内外融为一体。

**6. 结构设计**

为确保建筑群结构体系合理、安全，城市展览馆建筑拟采用现浇钢筋混凝土框架结构体系，框架抗震等级为四级。砖基础砌体采用 MU15 混凝土实心砖，多层填充墙墙体拟采用 MU5.0 以上煤矸石烧结多孔砖，大地下室填充墙拟采用 MU10 混凝土多孔砖；钢筋采用 HRB400 级钢筋、HPB300 钢筋；混凝土强度等级采用 C35，地下室外墙、底板、顶板有覆土部分均采用防水混凝土，抗渗等级为 P6。

**7. 建筑节能**

项目以满足国家《绿色建筑评价标准》（GB/T 50378—2014）“三星级”为设计目标。具体节能措施如下。

（1）建筑墙体采用内外保温隔热形式，外墙采用200厚蒸压砂加气混凝土砌块（B07）A5.0+30厚无机轻集料保温砂浆Ⅱ型+20厚无机轻集料保温砂浆Ⅰ型。

（2）屋面为倒置式屋面，保温层采用120厚挤塑聚苯板保温。

（3）门窗采用隔热金属型材窗框6 mm中透光Low-E +12 A+6 mm透明。

（4）可再生能源、新能源、余热废热利用拟采用土壤源热泵、地表水水源热泵。

（5）充分利用建筑物顶部的构件以减少夏季强烈日照而降低空调冷负荷；适度引入日光以减少电力照明，从而降低电负荷；建筑设计中充分考虑利用自然采光和通风，以降低能耗；采用国内成熟的节能技术，包括新型墙体材料及隔热、隔音、门窗体系等均考虑节能要求。

（6）空调系统按单元划分，在满足不同区域的使用功能的要求下，力求尽量降低能耗。各空调设施均设置变频器，使风机能够动态跟踪所需风量的变化，节约能耗。

（7）对各种动力设备的选型，变压器等配电装置全部采用国家推荐的节能型设备；各种照明灯具均采用节能灯具，尽可能降低能耗。

（8）本项目采用节水型工艺和设备，提高水资源利用率，降低资源无效消耗。供水系统采用优质供水管材，严格控制和防止供水系统渗漏现象的发生。卫生间的洗手池、便器采用节水型卫生洁具及配水件。道路、绿化等浇洒用水尽量利用附近河水或经过二级处理用水。

项目选址于奥体公园东北角，其用地性质为居住用地，根据抄告单精神，建议尽快将地块用地性质调整为展览用地，使其与奥体公园联成一体。按照当前汽车发展状况，在满足浙江省停车位指标标准的前提下，建议在场馆周边区域增配一定量的公共停车位，并在举办大型规划展览、招商等活动时协调周边单位停车场地的使用问题；在场区附近设置公交车停车站点，解决观众的公共交通出行问题；根据工程周边为大面积水域状况，设计过程中充分考虑各项完备的安全措施，以保障入园人员安全。本项目属纯公益性质，社会效益显著。为了避免增加政府财政负担，使项目能够可持续运营，建议在项目设计方案中，充分考虑场馆组织各类活动的需要，并尽早深入研究探讨湖州市城市规划展览馆今后的运营管理机制，尽可能引入市场化机制，提高运营效率。

## 三、项目成果特点

本报告通过分析项目建设背景、必要性、建设条件、工程方案、投资估算、绿色节能、社会效益等，对工程进行技术可靠性、经济合理性及实施可能性的方案论证，以体现新时期湖州市城市规划建设水平、树立湖州市城市形象、提升城市品位和档次，完善城市功能以及实现“阳光”规划。同时，该项目以满足国家《绿色建筑评价标准》（GB/T 50378—2014）“三星级”为设计目标，有利于促进绿色建筑发展。

### （一）项目建设必要、城市功能完善

报告从展现城市建设和形象的重要窗口、了解城市规划发展的迫切需求、展现当代科技、推行“阳光”规划、打造青少年科普教育场所等方面对项目的必要性进行阐述，通过分析，认为本工程的建设可以弥补湖州市无规划展览馆和大型规划展览交流活动的缺憾，满足群众了解城市变迁和发展的需求，同时建成后也将成为湖州市一个重要景观和亮点，对于体现新时期湖州市的城市规划建设水平、树立湖州市城市形象、提升城市品位和档次，完善城市功能以及

“阳光”规划都将起到重要的作用。

### （二）建设规模恰当、满足实际需求

报告根据收集的全省 11 个地市（除湖州外）各自城市展览馆的建设规模和投资情况，并对部分城市展览馆的目标定位、展厅布局等进行合理阐述，结合实际需求和地块现状，确定建设规模，满足实际需求。

### （三）方案征询民意、流线组织清晰

为充分体现民意，项目业主经推敲比选，选用“水丝带”“叶·绿动”两套设计方案邀请市民进行投票。考虑到资源共享、场馆布置、地域特色，结合民意调查结果，最终确定采用“水丝带”方案。

主展区室内展场从序厅、历史展区进入各主题展区后，上自动扶梯进入二层沙盘展示空间，环绕通高两层的城市沙盘模型参观，观众和贵宾观看 LED 屏播放的影片后到达数字沙盘区和 4D 影院，通过自动扶梯向下回到序厅，离开主展区。整个交通组织有序，清晰明了。

### （四）造型体现特色、环保措施完备

在立面造型上，强化在建筑外观上接近自然的状态，从湖州市最为显要的元素——水，汲取灵感，将水的视觉质感赋予到建筑形体之中，以水波纹似的建筑形态象征性地表现这座城市的过去、现在和未来。

同时，报告通过对区域环境现状、污染因素、保护措施进行分析，认为项目符合总体规划和产业政策，符合清洁生产、总量控制和达标排放的原则，其施工期和营运期各污染物均能够得到有效控制并达标排放，运营期间不会改变所在地的环境质量水平和环境功能，从环保角度看，本项目的建设营运是可行的。

### （五）绿建方案可行、节能效果明显

本项目是按照绿色建筑三星级设计评价标识标准指导设计的建设项目。设计采用最切合实际的绿色建筑设计方案，涉及大量的生态、环保、节能技术，充分利用可再生资源，降低建筑能耗，使得该项目的资源、能源消耗量低于普通公共建筑的消耗量，为社会节约大量的资源，并减少污染物的排放。项目建设对湖州市建设生态文明先行示范区和打造绿色生态城起到积极引领作用。

### （六）投资估算合理、社会效益显著

湖州市城市规划展览馆项目作为代建制工程项目，在投资决策阶段，应根据当地造价信息和国家有关规定，准确进行投资估算。项目组在充分了解周边建筑建设投资的基础上，做好投资项目论证，根据设计方案和使用功能，做好各项费用的估算，力求准确无误。

另外，报告通过项目建设对所在地区社会影响分析、互适性分析和社会风险分析，认为项目的建设对改善湖州城市形象、推动和促进湖州城市规划发展具有重要作用，是展现城市建设和形象的重要窗口，可较大幅度地提升湖州市的知名度和竞争力，促进湖州市对外经济技术和文化交流，带动交通、旅游、住宿等相关产业的发展。项目社会效益显著。

## 四、项目实施情况

湖州市城市规划展览馆土建部分实际于2016年10月正式开工建设。历时4年多，土建+室内布展全部完工，于2021年5月4日正式对外开馆。

馆内分上下两层，由八个展区（光影湖州、记忆湖州、幸福湖州、畅达湖州、示范湖州、梦想湖州、臻美湖州和智慧湖州）、两个互动体验区及一个沉浸式影院组成。整个展馆的核心是以城市广场为设计灵感的城市总体规划秀场，它是以1∶1 000的比例制作的湖州市区及周边总体规划布局模型，观众可以通过影片并结合沙盘，系统了解湖州的城市设计和未来规划。

湖州市城市规划展览馆集历史人文、当前发展和未来蓝图于一体，不仅是一扇展示城市的窗口，更是一座具有湖州精神和性格的城市客厅，还是一座让百姓可沉浸式体验的市民乐园，集中展示了湖州城市发展脉络与新时代新图景，不断吸引着各地市民前来参观游览。

本项目已获得湖州市发展改革委湖发改审批〔2016〕132号文件批准。

项目情况如图1和图2所示。

图1　项目鸟瞰图

图2　项目效果图

## 五、项目主要参与人员

项目主要参与人员：计春笑、吴树佳、沈雅萍、周邦辉、赖凌锋。

# 湖州市城乡供水一体化乡镇配水管网改造工程

湖州市发展规划研究院

扫码查看原文

## 一、项目概况

随着湖州市城乡供水一体化工程的启动，区域间的供水干管已逐步完善；而区域内乡镇水厂以下的乡镇配水管网尚未改善。乡镇配水管网建设年代较早、管网管径较小、老化破损严重、水压较低，群众对此反映强烈。鉴于以上情况，根据湖州市人民政府《关于推进市本级城乡供水一体化工作的方案》的相关要求，实施湖州市城乡供水一体化乡镇配水管网改造工程。

本次乡镇配水管网改造的区域包括吴兴区、南浔区各乡镇以及中心城区部分尚未集中统一供水的村，其中，吴兴区包括东林镇、八里店镇、埭溪镇；南浔区包括南浔镇区、开发区、练市镇、双林镇、菱湖镇、和孚镇、千金镇、石淙镇、旧馆镇、善琏镇；中心城区（包括仁皇山、滨湖、杨家埠、康山、环渚、龙溪、道场等街道乡镇）部分尚未集中统一供水的 72 个村。本次改造主要是对配水管网进行升级改造，并对农户按一户一表进行改造。其中，二级配水管网改造（主管网 D100 及以上）1 201 km；三级配水管网改造（支管网 D100 以下）4 919 km；一户一表改造覆盖 167 261 户；并对部分乡镇水厂配水站进行改造。

## 二、项目内容

本次改造的配水管网属区内配水管网，其职能是为各片区内部分配用水。管网起于各配水站或乡镇水厂，末端为各用户。乡镇水厂配水管网大多建设于 20 世纪 90 年代末，主要供应乡镇集镇周围的生活用水。由于缺乏整体的规划，管网覆盖率小，布置零乱且多为枝状，管材参差不齐，供水安全性较差。近年来，虽然也进行了一些管网改造，但多数仅是对小部分区域的小修小补，对整个配水管网没有起到决定性作用，区域内的配水管网还是存在着许多问题，如老化管道漏失严重、部分管道管径偏小等。

针对乡镇水厂配水管网的情况，提出如下解决方案：①对于原采用的水泥管、镀锌管等已陈旧破损管全部更换为 PE 管或者球墨铸铁管等；②根据各分区用水量情况，对部分管径偏小的供水主管更换为直径较大的管，并考虑当地未来发展的需要；③根据工程实际情况，以及各区域的用水分布情况，配水管道按单管布置，并与周边管道连接成环，以提高供水保证率；④新建管道走向和位置根据各乡镇规划要求，尽可能沿现有道路或规划道路敷设，以利施工和维护；⑤对翻新且使用良好的管道，尽量予以保留和利用。

### （一）配水站建设方案

根据各镇供水范围的需水量以及水压情况等，建设配套配水站。各配水站内设清水池、吸水井、二级泵房、变压器室、加氯间、附属用房和机修间及仓库等。

### （二）输水管道及配水管网改造设计

**1. 设计原则**

（1）应保证水厂的出水安全输送至用户。根据工程实际情况，给水管道按单管布置，与周边管道连接成环，以提高供水保证率。

（2）管径应按最高日、最高时用水量进行水力计算。

（3）输水管线选择经济合理的线路，尽量做到线路短、起伏小、土石方工程量少、减少跨（穿）越障碍次数，并应考虑近远期结合和分期实施的可能。

（4）管道走向和位置应符合规划要求，并尽可能沿现有道路或规划道路敷设，以利施工和维护。

（5）配水干管尽可能布置在大的用水片区，以减少配水支管的数量。

（6）在给水管道的低洼且靠近排放水体处设泄水设施；在管道的隆起点，过河架空管桥上设自动排气设施。

（7）从经济性和安全性综合考虑，选择实用的给水管材，使其在整个供水系统中能够发挥其应有的作用。

（8）原则上实行一户一表的模式，便于管理。

**2. 管材的选择**

输配水管网工程管材的研究、比较和选择对节省投资、方便施工、安全运行意义重大。目前我国生产使用较多、适用于较小口径输水管材主要有钢管（SP）、球墨铸铁管（DIP）、聚乙烯管（PE）。本次设计建议在输水管道直埋段采用球墨铸铁管；配水管网 DN300 及以上选用球墨铸铁管，DN300 以下选用 PE 管；在跨越河道等障碍物段选用钢管。

### （三）管网设计

管道平面位置：管道均采用单排管布置，敷设于村级公路一侧绿化带下，无绿化带的道路敷设于一侧慢车道下，距路边线 1.5 m。具体位置可根据道路已建管道位置进行调整。道路交叉口管道按照需要预留接水点。主管两侧村户地块预留管道接口。

管道纵向位置：管道沿道路纵坡尽可能水平设置，覆土深度≥ 1.0 m，纵坡局部埋深发生变化处采用配件过渡。

（1）管径：根据已建管道原有管径进行翻新，并采用城市用水分类指标法和室外消防用水量校核管径，局部路段管径放大一级。

（2）水力设计：给水管道采用压力流管道计算，设计流速为 0.9 ~ 1.2 m/s。

（3）施工方式：管道沿途需穿越公路和河塘处，采用牵引管施工或者管廊，其他直埋路段采用开槽埋管施工。

### （四）施工方法

**1. 一般施工方法**

根据本工程的情况，输水管道主要沿现有各道路一侧人行道或者绿化带下布设，施工条件相对比较好，地基一般为平原区软土沉积类型，为淤泥质黏土粉土等，地下水位较高。一般地段可采用分段开槽施工。挖掘管沟时，应考虑回填取土方便，充分利用原有土砂。沟槽较深、土质松散时，应在沟旁设钢板桩防护，以免塌方。

**2. 沟槽地基处理**

采用开槽埋管施工时，沟槽地基及基础的处理是关系管道安全的重要因素之一，地基基础的处理方式应根据管道材质、刚度、其适应地基变形能力要求以及地基土工程力学性质等因素综合考虑。一般地段，可不作基础处理，可以采用未经扰动的良质素土基础，土基密实度≥0.90；如遇地基较差、承载力低、不均匀沉降的淤泥土，应根据具体情况采用砂基础或者混凝土基础。

**3. 管道回填**

基础及沟槽回填：基础采用未经扰动的良质素土基础，土基密实度≥0.9。沟槽回填采用素土或级配碎石分层回填夯实，具体做法及回填密实度按《给水排水管道工程施工及验收规范》（GB 50268—2008）执行。

### （五）附属构筑物

（1）阀门井。交叉路口和街坊支管设置控制闸阀，给水管起点和终点处各设置检修阀门一个。阀门采用立式闸阀。

（2）排气阀、排泥阀。给水管道于道路最高点设置自动排气阀。管道最低点和河道边低洼处设置排泥阀。

（3）支墩。管道三通和转弯处设置支墩保护。

### （六）管道验收

管道施工和水压试验等验收过程，应严格执行国家有关给水排水工程施工与验收规范。管道使用前须严格消毒，细菌指标合格后方可正式投入使用。

## 三、项目成果特点

（1）项目范围大，涉及面广。本项目涉及湖州市中心城区吴兴区、南浔区 13 个乡镇，以及市本级 72 个村，涉及 167 261 户村民。

（2）项目充分体现民生、民意。本项目研究的是城乡供水一体化中的供水末端，也就是最后一公里问题，直接关系到千家万户的饮用水安全问题，一直为群众所盼。

（3）项目情况异常复杂。由于各种原因，各乡镇现有供水模式、体制和管理制度各不相同；现状乡镇大多以各集镇小水厂为中心分散独立供水；乡镇小水厂体制和产权多种多样，理顺从原各乡镇小水厂局部供水改为市水务集团集中统一供水工作难度大；湖州市各区城乡供水改革一直没有顺利解决。

（4）研究方法具有创新性和先进性。通过对项目现状存在问题的分析研究，常规的研究方法难以解决乡镇现状供水产权不清晰、权益复杂等问题；本次改造通过深入群众，了解各方的意见和建议，及时反馈给各级政府，最后达成市水务集团和各区级政府和乡镇按比例筹资、市财政补贴、市水务集团统一实施的解决方案，顺利解决矛盾。本次研究方法主要采取的是充分听取各利益相关方的意见，及时同各级政府沟通，以达到共赢，充分体现为群众办实事的精神。

（5）项目提出的实施方案可操作性强。根据现有乡镇管网和水厂等具体情况，提出对现有乡镇水厂进行产权协议转让，统一收归国有；并对这些小水厂进行适当改造，作为整个供水环节中的配水站使用；对原有破损老旧管道加以改造，对部分已改造的管道加以利用；有效解决现状供水问题；同时又能保证农村供水的安全，又能节约投资。

（6）项目社会效益特别显著。目前，该项目已经全部完成，已解决了约 50 万农村群众的饮用水问题；使农村居民也享受与城市居民同等的“一户一宅一表”，城乡供水实现“同网同价同服务”。项目得到群众的一致好评，称其为真正造福地方百姓的“民心工程”。

## 四、项目实施情况

作为湖州市城乡供水一体化项目的重要组成部分，乡镇配水管网改造工程自 2016 年启动以来，一直备受公众关注。至 2018 年 10 月，该项目建设已基本完成，共改造二三级管网约 6 120 km，完成户表改造约 16 万只。至此，城乡供水一体化范围内的乡镇水厂都已由水务集团并网供水。

项目实施过程中，针对该工程点多、线长、面广的特点，湖州市水务集团公司负责指导、监督管理工作，并调配人力、物力、财力，组织成立了南浔、练市、双林、菱湖、埭溪、中心城区六个片区项目部，由它们负责具体组织实施。设计单位因地制宜，专门编制了《乡镇配水管网改造实施手册》，统一施工及验收标准。该项目投入了 11 个施工单位，并由 5 个监理单位负责监督管理，从人员力量、技术力量、管理力量等方面确保工程质量及安全，公司还委托专业的第三方测绘单位对已建管网设施进行测绘并录入已建立的湖州给水管网地理信息平台。从市水务集团获悉，为了更好地实施并管理该项目，他们组织乡镇管理人员及施工人员参加了 PE 管热熔连接技术培训、乡镇配水管网改造项目工程管理培训、地理信息及智慧水务平台业务培训，并举办了乡镇工程管理人员工程管理业务知识竞赛，大大提升了施工人员及管理人员的业务技术水平；同时，组织技术部门组建项目督检组按月对每个片区进行质量安全进度检查，按时保质完成供水管网改造工程，推动城乡供水一体化。

## 五、项目主要参与人员

项目主要参与人员：赖凌锋、周邦辉、沈雅萍、李红伟、吴树佳、计春笑、杨彦妤、王时东、朱胜清。

# 浙江海昌药业股份有限公司年产 850 t 碘造影剂项目

浙江美阳国际工程设计有限公司

扫码查看原文

## 一、项目概况

浙江海昌药业股份有限公司（以下简称海昌药业）创立于 2006 年，海昌药业位于中国东南部最具活力的化学原料药生产基地——浙江省台州市，致力于开发 X-CT 非离子碘造影剂、核磁共振造影剂、心血管类、降血糖类等原料药。

海昌药业选址在玉环市滨港工业城内。该地块无矿藏，从未发生地质灾害。土地使用性质为二类工业用地（M2）。该项目土地位于待置换用地区内，符合土地利用总体规划和城市建设规划。

## 二、项目内容

本项目在浙江台州玉环市滨港工业城内征地 49 767 $m^2$（约合 74.65 亩），投资 2.7 亿元，新建合成车间 1 ~ 合成车间 4 及辅助生产装置，实施年产 850 t 碘造影剂项目（包括 250 t/a 碘海醇、150 t/a 碘佛醇、100 t/a 碘克沙醇、150 t/a 碘普罗胺、150 t/a 碘帕醇和 50 t/a 碘比醇）。

## 三、项目成果特点

### （一）符合国家医药行业“十三五”规划要求，积极推进企业产业升级

浙江美阳国际工程设计有限公司在咨询中切实贯彻国家相关产业政策和发展规划，分析论证项目的政策符合性和行业准入性。随着中国医药市场规模的增长，短期内特色化学原料药将出现供不应求局面。国内特色原料药（API）产业开始走出低谷期，其质量达到国际制药工艺水平，环境、职业健康、安全管理体系（EHS）符合规范的 API 车间将成为战略性资源。国内领先制药企业原料药工厂（车间）投资步伐加快，传统原料药向特色原料药升级将是产业趋势之一，高端特色原料药供应商将成为制剂竞争创新和产业升级的稀缺资源。本项目的碘造影剂属于高端绿色合成特色原料药，属于《产业结构调整指导目录》（2011 年本）（2013 年修正）中的鼓励类项目——“原料药生产节能降耗减排技术”。

### （二）有利于丰富碘造影剂系列产品线，适应全球不同地区使用习惯

根据 Newport Premium 数据库统计，碘海醇与碘帕醇为全球最畅销的 X 射线造影剂，且以碘海醇为首的几大主要 X 射线造影剂均显示出了良好的发展势头。虽然碘海醇、碘帕醇、碘克

沙醇、碘佛醇及碘普罗胺等X射线造影剂在药品疗效、作用机理等方面有一定相似之处，具有一定竞争关系，但由于存在各厂家品牌知名度不同、产品品质差异、是否获得当地市场准入资格等因素，上述药品之间不存在完全的替代关系，且产品线的丰富也为不同国家和地区提供了多种选择，有利于适应不同地区的用药习惯。

### （三）采用先进可靠的技术，先进的工艺设备，满足生产质量要求

浙江美阳国际工程设计有限公司在咨询工作中充分运用以往原料药设计中的丰富经验，采用先进的设计理念，在生产技术以及设备的选用中给予企业建设性的意见。本项目生产线按照《药品生产质量管理规范（2010修订）》的要求建设，生产设备大多采用国内一流厂家生产的先进设备，产品的装备水平达到国际水平和国内领先水平。

### （四）根据企业资金使用情况，合理安排建设进度和达产比例，保障投资效益

咨询工作从提高投资效益、规避风险的角度出发，根据企业资金使用情况，合理安排建设进度和达产比例，通过论证投资估算的合理性和财务的可行性，对企业投资决策起到具体的指导性作用。

### （五）项目对医药产业发展起示范性作用，取得明显的社会效益和经济效益

咨询工作从以人为本的角度出发，全面关注投资建设对所涉及人群的生活、生产、教育、发展等方面所产生的影响。

本项目生产工艺选用了相对清洁先进的工艺路线，在源头减少三废污染物的产生量；使用电能、蒸汽等清洁能源；生产设备自动化、管道化、密闭化；采用真空干燥机、“二合一”或下出料离心机等；车间内真空设备均使用环保型喷射真空机组，并配置多级冷凝回收装置，对放空口废气进行收集、冷凝回用后再排入废气处理总管。采用先进的设备后，厂内无组织废气产生点位及跑冒滴漏减少，溶剂回收率增加，三废排放降低。

本项目所需的原辅材料、包装材料、专用制药设备等品种多、数量大，本项目的实施将带动一大批相关行业（化工原料、制药设备、包装材料）或企业的生产和发展。同时，本项目的实施提供了丰富的就业机会，对国民经济发展和扩大外贸也将起到相应的带动作用。

## 四、项目实施情况

本项目于2016年10月开始设计，2017年7月完成施工图设计，2018年12月完成土建施工，2020年7月完成内部安装并顺利投产。

（1）节能减排效果：本项目主要工艺设备均选用国内先进设备，各项能耗指标均高于国内同行业先进水平。

（2）环保达标水平：本项目采取清洁生产措施，废水、废气排放标准均优于国家排放标准，实现社会效益、经济效益、环境效益的统一。

（3）项目经济效益：本项目年销售收入为82 051万元，年利润总额为16 931万元，具有良好的经济效益。

（4）项目社会效益：本项目的投产大大缓解了国内市场对碘造影剂类药物的用药压力，同时提供了丰富的就业机会，对国民经济发展和扩大外贸也起到相应的带动作用。

项目情况如图 1 至图 4 所示。

图 1　项目鸟瞰图

图 2　海昌药业大门

图 3　海昌药业办公楼大厅

图 4　海昌药业办公、质检、食堂综合楼

## 五、项目主要参与人员

项目主要参与人员：胡巧青、林执绚、肖鹏、洪波、刘宇辉、崔涛、黄伟、劳美丽、金晓望、胡发振。

# 浙江省优秀工程咨询成果案例集

## （2017—2022）

## 下　册

桑文力　主编
浙江省工程咨询行业协会　编

天津大学出版社
TIANJIN UNIVERSITY PRESS

**图书在版编目(CIP)数据**

浙江省优秀工程咨询成果案例集：2017—2022. 下册 / 桑文力主编；浙江省工程咨询行业协会编. 天津：天津大学出版社，2024. 2. -- ISBN 978-7-5618-7654-1

Ⅰ. F427.55

中国国家版本馆CIP数据核字第2024XON955号

ZHEJIANG SHENG YOUXIU GONGCHENG ZIXUN CHENGGUO ANLI JI（2017—2022） XIACE

| | |
|---|---|
| **出版发行** | 天津大学出版社 |
| **地　　址** | 天津市卫津路92号天津大学内（邮编：300072） |
| **电　　话** | 发行部：022-27403647 |
| **网　　址** | www.tjupress.com.cn |
| **印　　刷** | 天津午阳印刷股份有限公司 |
| **经　　销** | 全国各地新华书店 |
| **开　　本** | 787mm×1092mm　1/16 |
| **印　　张** | 44.5 |
| **字　　数** | 1230千 |
| **版　　次** | 2024年2月第1版 |
| **印　　次** | 2024年2月第1次 |
| **定　　价** | 169元（上下册） |

## 《浙江省优秀工程咨询成果案例集（2017—2022）》编审委员会

# 序　言

党的十八大以来，浙江省在习近平新时代中国特色社会主义思想指引下，持续深入实施“八八战略”，坚持一张蓝图绘到底，一任接着一任干，推动之江大地发生了系统性、整体性的精彩蝶变。在这一过程中，浙江省工程咨询行业牢牢铭记习近平总书记的要求，坚持“四个面向”，以与时俱进的精神、革故鼎新的勇气、坚韧不拔的定力，充分发挥对投资科学决策、规范实施和优化供给结构的关键性作用，为浙江省主动融入国家发展战略，以“两个先行”打造“重要窗口”，奋力谱写中国式现代化浙江篇章作出了积极、重要的贡献。

在持续服务国家和省重大战略决策、重大和基础性产业发展、重大工程建设过程中，浙江省工程咨询行业不断深化行业关键领域改革与创新，工程咨询理念不断升华，整体水平持续提高，涌现出一批如“钱江隧道及接线工程”“曹娥江枢纽工程”“舟山多端柔性直流输电示范工程”“金沙江白鹤滩水电站工程”“浙江省诗路文化带发展规划研究”“绍兴鲁迅故里及周边区域有机更新规划咨询”等具有代表性的优秀工程咨询成果。

为进一步弘扬新时代工程咨询从业者敬业奉献、严谨笃实、精益求精、臻于卓越的宝贵精神，展示浙江省工程咨询行业的良好风貌，激发推动行业高质量发展的热情和力量，提升浙江省工程咨询业的知名度和影响力，浙江省工程咨询行业协会组织力量编纂了《浙江省优秀工程咨询成果案例集（2017—2022）》，供广大工程咨询同行参阅学习。

本书遴选了2017—2022年由浙江省工程咨询行业协会成员单位承担完成的150余个优秀工程咨询成果案例。这些案例或是曾经获得浙江省优秀工程咨询成果奖（原）、全国优秀工程咨询成果奖、菲迪克工程项目奖，或是浙江省全过程工程咨询典型实践案例，或是具有典型意义的工程咨询相关课题或研究成果。全书分为规划咨询篇、项目咨询篇、评估咨询篇、全过程工程咨询篇和其他篇等五个篇章，并附部分工程咨询单位简介。

“十四五”时期正处于“两个一百年”奋斗目标的历史交汇期，随着国家投融资体制改革、行政审批制度改革和行业咨询服务供给侧结构性改革的不断深入，工程咨询业迎来了前所未有的发展机遇期。浙江省工程咨询行业协会将继续全力发挥政府与行业的桥梁纽带作用，提升综合服务能力，创新服务手段，与会员单位和广大工程咨询单位和从业者携手同行，持续为浙江省经济社会高质量发展蓄势聚能，以新气象新作为推动高质量发展取得新成效。

2023年12月

# 特别鸣谢

浙江省工程咨询行业协会全过程工程咨询专业委员会

浙江省工程咨询行业协会评估咨询专业委员会

浙江省工程咨询行业协会规划咨询专业委员会

# 目　录

## 下　册


浙江华海制药科技有限公司制药科技产业园一期工程…… 341
浙江尚科生物医药有限公司生物酶系列产品及化学药物产业化基地一期工程建设项目…… 344
绿谷（上海）医药科技有限公司上海绿谷糖药物生产基地可行性研究报告…… 347
温岭市天然气主干管线及场站工程项申报告咨询成果介绍…… 350
浙江省现代水利示范区（德清洛舍）工程可行性研究报告…… 354
S333（49 省道）永嘉桥下至桥头段改建工程可行性研究报告 …… 359
衢州市沿江公路工程可行性研究报告…… 364
205 国道开化县音坑至华埠段改建工程可行性研究报告 …… 369
中国科学院大学宁波华美医院（宁波市第二医院）医疗综合大楼建设项目项目建议书…… 373
良渚博物院陈列改造工程可行性研究报告…… 378
瑞安马屿 LNG 气化站工程项目建议书及可行性研究报告 …… 382
垃圾焚烧技术与装备国家工程实验室建设项目资金申请报告…… 385
宁波甬港 500 kV 输变电工程可行性研究 …… 389
浙江杭州建德 500 kV 输变电工程可行性研究 …… 394
浙西南网架优化加强工程可行性研究…… 399


### 评估咨询篇


新建铁路湖州至杭州西至杭黄铁路连接线工程社会稳定风险评估报告…… 407
杭州市城市快速轨道交通三期建设规划（2017—2022 年）社会稳定风险评估报告 …… 411
杭州绕城高速公路西复线两阶段初步设计、初步设计概算…… 415
溧阳至宁德高速公路（G4012）浙江景宁至文成段两阶段初步设计、施工图设计初审报告 … 419
瓯江北口大桥初步设计、施工图设计初审报告…… 424
浙江省文成至泰顺（浙闽界）公路两阶段初步设计初审报告…… 428
建德至江山公路衢州市横路至航埠段公路工程社会稳定风险评估…… 433
浙能绍兴滨海热电厂二期扩建工程项目后评价报告…… 437
文一路（紫金港立交—荆长大道）提升改造工程社会稳定风险评估报告…… 441
杭州市青年路（博奥路）过江隧道工程可行性研究报告评估报告…… 444
“十二五”期间湖北省宜昌市棚户区改造项目后评价报告…… 447
浙江省工程实验室（研究中心）建设及运行情况评估报告…… 451

## 全过程工程咨询篇

宁波“三路一桥”PPP 项目东外环路快速化改造工程…………………………………… 457
温州市鹿城区瓯江绕城高速至卧旗山段海塘和瓯江路西延（江滨路 A 线西段）道路工程 PPP 项目……………………………………………………………………………………………… 460
浙江省之江文化中心建设工程………………………………………………………………… 463
深圳歌剧院全过程工程咨询项目……………………………………………………………… 467
深圳大学西丽校区建设工程（二期）项目…………………………………………………… 470
中法航空大学设计采购施工（EPC）工程总承包项目 ……………………………………… 477
深圳市新华医院等项目群全过程工程咨询Ⅰ标项目………………………………………… 481
荷一路过江通道工程项目……………………………………………………………………… 489
沙北未来社区全过程工程咨询项目…………………………………………………………… 493
台州椒江心海社区项目………………………………………………………………………… 497
镇海中学台州分校项目………………………………………………………………………… 502
衢州市文化艺术中心和便民服务中心项目…………………………………………………… 506
富春湾大道二期 EPC 工程总承包工程项目 ………………………………………………… 511
衢州市九华大道隧道（二期）与紫薇路隧道工程项目……………………………………… 514
海盐县人民医院迁建工程（暂名）…………………………………………………………… 518
皇岗口岸重建全过程工程咨询项目…………………………………………………………… 522
台州国际博览中心项目………………………………………………………………………… 528
浙大邵逸夫医院绍兴院区项目………………………………………………………………… 533
萍乡创投科技产业园（萍乡经济技术开发区数字产业基地一期）项目…………………… 538
结网综合区块安置房全过程工程咨询项目…………………………………………………… 541
余杭区规划展示馆全过程工程咨询项目……………………………………………………… 545

## 其他篇

华东地区风光储蓄协调运行研究……………………………………………………………… 551
城市水环境治理理论与实践…………………………………………………………………… 555
浙江省温州市珊溪水利枢纽水生态补偿试点实施方案研究………………………………… 559
浙江省“十四五”及中长期电力发展战略研究……………………………………………… 565
**LONGVIEW** 电厂收购技术尽调报告…………………………………………………………… 569
舟山多端柔性直流输电示范工程……………………………………………………………… 574
浙江省首批未来社区创建试点杭州、宁波、台州等 4 个试点实施方案研究……………… 578
浙江省“四好农村路”标准体系研究………………………………………………………… 582
钱江通道及接线工程…………………………………………………………………………… 586
杭州市 2015 公共出行调查项目 ……………………………………………………………… 590
杭州市公共交通模型体系建设（一期）……………………………………………………… 594
浙江省节水行动实施方案编制及技术支撑服务……………………………………………… 599
浙江省高效节水灌溉工程总体建设方案……………………………………………………… 603

曹娥江大闸枢纽工程……607
乐清市餐厨可再生资源利用中心 PPP 项目实施方案……611
温州市南部副中心综合交通一体化研究……614
加强杭州湾、象山港、三门湾、台州湾、乐清湾、瓯江口等保护和开发研究报告……618
浙江省制造业核心竞争力评价研究……620
浙江省交通投资集团轨道交通高端装备制造发展研究……624
杭绍台铁路国家 PPP 示范项目投融资方案研究……627
浙江省空间规划试点……631
浙江省资源环境承载能力监测预警研究报告……635
浙江省推进长三角区域一体化发展行动方案……639

## 单位简介

德邻联合工程有限公司……645
东方经纬项目管理有限公司……646
国家林业和草原局华东调查规划院……647
杭州城投建设有限公司……648
杭州市城乡建设设计院股份有限公司……649
杭州市工程咨询中心有限公司……650
杭州市交通规划设计研究院有限公司……651
杭州天恒投资建设管理有限公司……652
湖州市发展规划研究院……653
华汇工程设计集团股份有限公司……654
华信咨询设计研究院有限公司……655
建经投资咨询有限公司……656
宁波国际投资咨询有限公司……657
衢州市交通设计有限公司……658
台州市经济建设规划院有限公司……659
温州市工业设计院有限公司……660
温州市交通规划设计研究院有限公司……661
温州市经济建设规划院有限公司……662
温州市水利电力勘测设计院有限公司……663
五洲工程顾问集团有限公司……664
耀华建设管理有限公司……665
浙江城建煤气热电设计院股份有限公司……666
浙江大学城乡规划设计研究院有限公司……667
浙江大学建筑设计研究院有限公司……668
浙江公路水运工程咨询集团有限公司……669
浙江国宏工程咨询有限公司……670
浙江九州治水科技股份有限公司……671

浙江美阳国际工程设计有限公司…… 672
浙江省城乡规划设计研究院…… 673
浙江省发展规划研究院…… 674
浙江省森林资源监测中心（浙江省林业调查规划设计院）…… 675
浙江省水利河口研究院（浙江省海洋规划设计研究院）…… 676
浙江省水利水电勘测设计院有限责任公司…… 677
浙江省天正设计工程有限公司…… 678
浙江数智交院科技股份有限公司…… 679
浙江中水工程技术有限公司…… 680
中国电建集团华东勘测设计研究院有限公司…… 681
中国联合工程有限公司…… 682
中国能源建设集团浙江省电力设计院有限公司…… 683
中设科欣设计集团有限公司…… 684
舟山市交通规划设计院…… 685
浙江华云电力工程设计咨询有限公司…… 686
浙江江南工程管理股份有限公司…… 687
浙江求是工程咨询监理有限公司…… 688

# 浙江华海制药科技有限公司制药科技产业园一期工程

浙江美阳国际工程设计有限公司

扫码查看原文

## 一、项目概况

本项目建设单位浙江华海制药科技有限公司位于浙江省台州市临海市江南街道江南大道 21 号，经营范围为药品研发、制造，货物及技术进出口，是浙江华海药业股份有限公司（以下简称华海药业）的全资子公司。华海药业创立于 1989 年，是一家集医药制剂和原料药为一体的现代制药企业，2003 年在上交所上市，并在美国和上海、杭州、江苏等地设有 20 多家分（子）公司。

根据华海药业“十三五”规划，为了完善和扩大制剂产业链，加快产业升级步伐，进一步推进和深化国际化发展战略，计划在临海医药小镇规划用地约 800 000 $m^2$（合 1 200 亩）建设华海药业制药科技产业园，一次规划分期实施。产业园由高端制剂、创新药、新型抗生素、抗肿瘤、高致敏、合资项目六大板块构成，生产固体制剂、小容量注射剂与输液、冻干粉针、无菌分装粉针、滴眼剂、软胶囊、口服液、气雾剂（固粉吸纳盒）、膜制剂、擦剂、软膏剂等剂型产品，适用于生产普通类、长效类、溶液类、混悬类、乳化剂类、缓释类、控释类等品种。项目建成后将成为区域医药特色中心，形成行业集聚效应，极大地促进地方和国家医药行业的发展。

## 二、项目内容

该项目建设用地在临海江南南部区块的医药小镇内。该地块建厂条件齐全，交通便利，本项目已经定于临海江南南部区块的医药小镇内，无其他方案比选。本项目一期工程规划用地面积为 495 830 $m^2$（合 743.745 亩），计划在 2017—2021 年投资 50.2 亿元建设高端制剂、创新药和新型抗生素制剂项目，同时建设公用工程及配套工程、行政办公中心、检验中心、研发中心、高端制剂中心、中试中心等。

## 三、项目成果特点

### （一）符合国家及地方医药行业“十三五”规划要求，积极响应省级产业园建设的要求

在咨询工作中切实贯彻国家相关产业政策和发展规划，分析论证项目的政策符合性。根据国家及浙江省医药发展规划，华海药业将持续加快产业升级，完善和扩大原料药和制剂两大产业链，进一步推进和深化医药国际化发展战略。同时，顺应省级产业园建设的总体要求，以及

临海市积极筹划产业园建设的迫切需要，并根据华海药业“十三·五”规划，新建华海药业制药科技产业园。

### （二）有利于企业丰富产品种类，积极布局高端制剂和创新制剂

在市场资料的收集、分类、筛选中坚持客观、科学、全面的原则，并认真开展对市场的战略性研究，分析建设规模和产品方案的合理性。华海药业建设产业园，未来将重点发展脂质体、脂微球、纳米制剂和 PEG 化制剂等新型注射给药系统。产业园由高端制剂、创新药、新型抗生素、抗肿瘤、高致敏、合资项目六大板块构成，生产固体制剂、小容量注射剂与输液、冻干粉针、无菌分装粉针、滴眼剂、气雾剂（固粉吸纳盒）、膜制剂、擦剂、软膏剂等剂型产品。项目建成后将成为区域医药特色中心，形成行业集聚效应，促进地方和国家医药行业的发展。

### （三）发挥技术创新优势，提高我国成品药在国际市场的竞争力

咨询工作对企业现有技术力量进行了分析，从企业竞争力分析了本项目实施的可能性和优势。华海药业作为国家重点高新技术企业和创新型试点企业，在美国和上海、临海均设有研发平台，有效实现信息、人才、技术等资源的互动与整合，稳固构筑华海冲顶科技前沿的雄厚实力，无论从行业地位、技术创新优势，还是从市场开拓优势上均极具竞争力。华海药业在国内制剂领域取得三个“第一”：第一家制剂产品取得美国新药简略申请（ANDA）文号；第一家制剂生产线通过美国食品药品监督管理局（FDA）认证；第一家也是唯一一家实现制剂产品规模化出口欧美高端市场。这些将有力地给本项目提供技术支持。

### （四）采用先进可靠的技术，先进的工艺设备，满足生产质量要求

在咨询工作中充分运用以往类似项目设计中的丰富经验，采用先进的设计理念，在生产技术以及设备的选用中给予企业建设性的意见。本项目制剂生产采用国际先进技术，部分剂型为非常规的剂型。设备采用国内外先进设备，部分关键设备考虑进口国际上较为先进的设备。生产系统采用先进的企业资源管理系统（SAP）进行管理，物料的采购、验收、入库、检测及放行采用仓库管理系统（WMS）进行管理，生产过程通过制造执行系统（MES）进行管理，所有生产数据通过 MES 进行实时在线的采集、整理和记录并形成最终的电子批记录（eBPR），保证对每批物料和产品都能进行追踪，100% 保证了产品质量。

### （五）根据企业资金使用情况，合理安排建设进度和达产比例，保障投资效益

咨询工作从提高投资效益、规避风险的角度出发，根据企业资金使用情况，合理安排建设进度和达产比例，通过论证投资估算的合理性和财务的可行性，避免出现由于前期工作不扎实导致的超工期、超投资等严重影响投资效益的情况。

### （六）项目对医药产业发展起示范性作用，取得明显的社会效益和经济效益

咨询工作全面关注投资建设对所涉及人群的生活、生产、教育、发展等方面所产生的影响。项目实施单位具备制剂研发、生产国际化经验，在高端制剂与新剂型的研发方面、仿制药的生物等效性试验方面、制剂产业化建设方面均接轨国际标准。项目产品均为新药与首仿药、重大仿制药，将推进国内同行业整体研发、制备水平的全面提升。项目实施后可以加快国产药

替代进口药物，降低人民群众医疗费用，符合国家医改政策。通过华海药业建设制药科技产业园，对于临海市打造大健康产业链，积极响应“中国制造 2025”，推动临海经济转型升级，打造全省乃至全国有影响力的产业基地具有重要意义。

## 四、项目实施情况

本项目被列为浙江省重点工程建设项目。项目已经完成施工图设计，进入实施阶段，一期工程大部分建筑土建工程已经基本完工，项目公用工程配套设施，包括质检中心、锅炉房、变配电所、废水处理等已经安装调试完成，第一个生产车间的包装生产线已经安装完成。2022 年 7 月，正进行年产 60 亿片固体制剂生产线的净化安装。

项目情况如图 1 至图 3 所示。

图 1　厂区鸟瞰图

图 2　研发楼效果图

图 3　车间立面图

## 五、项目主要参与人员

项目主要参与人员：吴蓉、洪波、肖鹏、赵晓旭、崔涛、黄伟、殷晓瑾、黄领、金晓望、肖莉。

# 浙江尚科生物医药有限公司生物酶系列产品及化学药物产业化基地一期工程建设项目

浙江美阳国际工程设计有限公司

扫码查看原文

## 一、项目概况

浙江尚科生物医药有限公司（以下简称浙江尚科）全资控股的子公司为尚科生物医药（上海）有限公司（以下简称尚科生物）。尚科生物成立于2007年，总部坐落在上海浦东张江高科技园区南区——国际医学园区内，致力于最前沿的绿色制药领域的研究与开发，以绿色生物技术引领化学制药行业的发展，为制药行业提供新颖的产品及高品质的服务，是上海市高新技术产业，也是上海市“专、精、特、新”企业。浙江尚科收购浙江苏泊尔制药有限公司（以下简称苏泊尔制药），进行强强联合，优势互补，积极推进从原料药到制剂纵向一体化的产业升级战略，形成完善的企业产业链和资源链，实施生物酶系列产品及化学药物产业化基地建设项目，建立生物酶制剂及化学药制剂生产基地。

本项目为新征用地，厂址位于绍兴市滨海新城江滨区内。滨海新城江滨区位于环杭州湾南岸中间地带，北起钱塘江，西南至曹娥江，东到嘉绍高速公路和沥海镇界，交通便利，区位优势明显，是浙江省接轨上海、扩大开放的先导区域和主力区域，是绍兴大城市框架的重要组成部分，是实施“城市北进、沿江开发”战略的具体内容。

本项目厂区总用地面积为15.304 1 $hm^2$（约合229.56亩），一期用地面积为11.980 08 $hm^2$（约合179.70亩），位于滨海新城江滨区近期开发核心区主要发展八大区块中的高端化学品制剂区块。厂区南侧为云帆道，隔路为绍兴雅泰药业有限公司，东侧、西侧、北侧均为规划用地。

## 二、项目内容

本项目计划三年建成年产27.36亿片（粒）固体制剂、2 600万瓶冻干粉针、5 000万支小容量注射剂、3 000万袋大容量注射剂、117.05 t酶产品、401.24 t原料药的生产规模，同时建设公用工程及配套工程、行政办公中心、检验中心、仓储中心等。产品生产符合美国食品药品监督管理局（FDA）、欧盟动态药品生产管理规范（cGMP）及我国药品生产质量管理规范（GMP）的要求，符合企业的发展规模和市场预测，产品今后能够远销国内外市场。

## 三、项目成果特点

### （一）符合行业和地区“十三五”规划要求，积极响应省健康产业要求

咨询工作中根据行业和浙江省、绍兴市等“十三五”规划要求，分析论证项目的政策符合性，顺应大健康时代发展趋势，把握浙江省万亿级健康产业培育机遇，以生物医药为引领，积极响应浙江省健康产业的发展需求。

### （二）企业强强联合，积极推进原料药到制级纵向一体化的产业升级

苏泊尔制药是一家通过国家GMP、澳大利亚治疗用品管理局（TGA）、美国FDA、欧洲药品质量管理局（EDQM）认证要求的高标准原料药生产商。公司在抗厌氧菌药物、抗高血压药物、抗抑郁药物、多肽药物研发生产上具备技术优势，已形成从研究、生产到销售的独具特色的产品链。尚科生物作为中国绿色制药领域的领军企业，是国内最早从事生物酶的开发和应用研究的公司之一，拥有国内最早建立也是最大的生物酶库，在整合化学合成和生物转化方面拥有独一无二的技术和实力。双方强强联合，优势互补，积极推进从原料药到制剂纵向一体化的产业升级战略，实施生物酶系列产品及化学药物产业化基地建设项目，建立生物酶制剂及化学药制剂生产基地。

### （三）发挥技术创新优势，产品品种丰富，市场前景广阔

本项目的重点产品生物酶和辅酶NAD系列产品是尚科生物长达8年积累的研发结果，是企业从技术研发走向产业化，将研发成果转化为经济效益和社会效益的必然要求。特别是，辅酶NADH的产品功效已经被欧美社会广泛传播和承认，整个欧美市场对辅酶NADH的需求量很大，被国外誉为“不老神药”，当前全球范围内仅有两家供应商。另外，还有其他多肽类药物、抗凝类药物等也具有广阔的市场前景。

### （四）采用绿色生产工艺和先进的工艺设备，满足环保安全的要求

在咨询工作中充分运用以往类似项目设计中积累的丰富经验，采用先进的设计理念，在生产技术以及设备的选用中给予企业建设性的意见。制剂生产采用国际先进技术，设备采用国际一流设备。生物药选取绿色环保、污染小的发酵工艺，生产中采用全自动控制，产品产量高，后加工工艺简单，化学药选取反应步骤少、反应条件简单、物料环境友好的工艺。

### （五）根据企业资金使用情况，合理安排建设进度和达产比例，保障投资效益

咨询工作从提高投资效益、规避风险的角度出发，根据企业资金使用情况，合理安排建设进度和达产比例，通过论证投资估算的合理性和财务的可行性，避免出现由于前期工作不扎实导致的超工期、超投资等严重影响投资效益的情况。

### （六）项目对医药产业发展起示范性作用，取得明显的社会和经济效益

本项目在举国践行“创新、协调、绿色、开放、共享”的新发展理念的大背景下，以尚科生物与苏泊尔制药整合为契机，结合公司产业链延伸与市场需求，充分发挥公司现有制剂、特色生物酶及特色原料药技术优势，提升品种竞争优势，完善产业链，推动企业转型升级。项目的实施为浙江省打造健康产业、扶持生物医药创新发展奠定了坚实的基础。

## 四、项目实施情况

截至 2022 年 7 月，项目已经完成施工图设计，进入施工阶段，建筑土建工程已经基本完工，正在进行车间内部的设备和管道安装。

项目情况如图 1 和图 2 所示。

图 1　项目鸟瞰图

图 2　办公楼效果图

## 五、项目主要参与人员

项目主要参与人员：吴蓉、赵晓旭、肖鹏、洪波、林执绚、黄领、金晓望、崔涛、黄伟、孙秋里。

# 绿谷（上海）医药科技有限公司上海绿谷糖药物生产基地可行性研究报告

浙江美阳国际工程设计有限公司

扫码查看原文

## 一、项目概况

绿谷（上海）医药科技有限公司是由上海绿谷制药有限公司（以下简称绿谷制药）于2018年10月12日全额出资成立的独立子公司。绿谷制药成立于1997年，是集研发、生产、销售为一体的综合性制药企业；自成立之日起，就秉承“只做人类最期盼的药物”这一使命，与中国科学院上海药物研究所（以下简称中科院上海所）形成战略合作伙伴，坚持走自主创新道路；绿谷专注于脑健康药物研发，并兼顾心脑血管、肿瘤与代谢等疾病领域。

GV-971作为第一款拥有完全自主知识产权、采用全新理论治疗阿尔茨海默病的创新药物，将为全球阿尔茨海默病患者带来治疗希望。项目落地上海张江的上海国际医学园，该地块为成熟的投资区块，用地符合土地利用总体规划和开发区建设规划，土地性质为工业用地，土地用途为建设用地。符合国家及医药行业的规划要求。本项目用地区域不在地质灾害易发区，无压覆矿床情况。厂区用地面积为25 099 $m^2$（约合37.65亩）。本项目新建建筑物占地面积为12 437 $m^2$，建筑面积为47 393 $m^2$。

## 二、项目内容

本项目计划五年建成年产60亿粒GV-971的生产规模，同时建设公用工程及配套工程、检验中心、仓储中心等。产品生产符合美国食品药品监督管理局（FDA）、欧盟动态药品生产管理规范（cGMP）及我国药品生产质量管理规范（GMP）的要求，符合企业的发展规模和市场预测。

## 三、项目成果特点

### （一）产品自主研发，拥有自主知识产权，是国内外首款采用全新机理的原研药物

绿谷制药拥有世界领先的糖类药物研发技术，多年来打造了糖类药物研发平台，建立了世界上最大的糖类药物化合物库，并在糖化学、糖生物学和慢性复杂性疾病机理探索方面，取得国际领先的一系列创新成果。绿谷制药与中科院上海所合作研发的糖类药物——GV-971颠覆了阿尔茨海默病一直以来的研发理念，实现了理论创新，是全球首款采用全新机理，用于治疗阿

尔兹海默病的原研药物。“GV-971”打破了全球该领域长期无新药上市的局面，并于2019年获得国家药品监督管理局的上市批准。

### （二）符合行业“十三五”规划要求，积极响应我国医药行业创新要求

咨询工作中切实贯彻国家产业政策和发展规划，分析论证项目的政策符合性。项目产品符合国家提出的“拥有自主知识产权的新药开发和生产，满足我国重大、多发性疾病防治需求的通用名药物首次开发和生产”产业政策，积极响应了国家提倡的科技进步的发展理念。

### （三）项目土地紧张，提出了集约用地的需求

项目落地张江科学城的核心——上海国际医学园，用地规模仅为25 099 $m^2$（约合37.65亩）。咨询工作根据产品的生产规模和土地规模，确定了生产、仓储、公用工程等集中设置在一栋综合建筑内，提高了土地利用率，同时也满足了企业的生产需求。

### （四）采用先进可靠的技术，先进的工艺设备，满足生产质量要求

在咨询工作中充分运用以往类似项目设计中积累的丰富经验，采用先进的设计理念，在生产技术以及设备的选用中给予企业建设性意见。制剂生产采用国际先进技术，设备采用国际一流设备。如：生产采用先进的企业资源管理系统（SAP），物料的采购、验收、入库、检测及放行采用仓库管理系统（WMS），生产过程采用制造执行系统（MES）。所有生产数据通过MES进行实时在线的采集、整理和记录，并形成最终的电子批记录（eBPR），以保证对每批物料和产品都能进行追踪，100%保证了产品质量。

### （五）根据企业资金使用情况，合理安排建设进度和达产比例，保障投资效益

咨询工作从提高投资效益、规避风险的角度出发，根据企业资金使用情况，合理安排建设进度和达产比例，通过论证投资估算的合理性和财务的可行性，避免出现由于前期工作不扎实导致的超工期、超投资等严重影响投资效益的情况。

### （六）项目对医药产业发展起示范性作用，取得明显的社会效益和经济效益

“GV-971”作为全球17年来唯一一个研发成功的阿尔茨海默病治疗药物，在张江实现产业化生产，将进一步丰富张江创新驱动发展的内涵，有力提升张江生物医药产业能级，打造糖类药物科学的研发高地，不仅为上海科学城的战略发展提供了重要支撑，也为医药行业发展发挥了标杆作用。

## 四、项目实施情况

该项目已经完成施工图设计，正在进行土建施工，2022年下半年进行车间的内部安装。项目情况如图1至图3所示。

图 1 项目鸟瞰图

图 2 项目北立面

图 3 项目南立面

## 五、项目主要参与人员

项目主要参与人员：吴蓉、秦朝燕、肖鹏、林执绚、崔涛、胡发振、黄伟、殷晓瑾、黄领、陈宽洋。

# 温岭市天然气主干管线及场站工程项申报告咨询成果介绍

浙江城建煤气热电设计院有限公司

扫码查看原文

## 一、项目概况

温岭市天然气主干管线及场站工程位于温岭市，是城市燃气基础设施建设项目，供气辐射温岭市主要乡镇。项目统筹设计，分期建设。一期建设内容为温岭西门站（供气规模为 100 000 Nm$^3$/h）、大溪高中压调压站（供气规模为 30 000 Nm$^3$/h）、主城区横峰高中压调压站（供气规模为 60 000 Nm$^3$/h）、新河高中压调压站（供气规模为 10 000 Nm$^3$/h）、温岭加气母站（供气规模为 60 000 Nm$^3$/d）及配套后方设施，电力线路，站外取水管道，DN600 mm 主干管线约 27 km，西门站 - 分输站连接线 0.2 km 以及 CNG 母站 - 横峰调压站连接线 0.5 km 等，于 2019 年 5 月顺利通过竣工验收。项目二期建设内容为箬横高中压调压站（供气规模为 20 000 Nm$^3$/h）、松门高中压调压站（供气规模为 20 000 Nm$^3$/h）及配套后方设施，电力线路，站外取水管道，DN400 mm 主干管线约 17 km 等。项目的建成运营，为温岭市提供了稳定的管输气源，改变了其条块状的供气格局。

## 二、项目内容

### （一）天然气主干管线工程

本项目建设的温岭市市域天然气主干管线（次高压管道），线路全长约 44 km。管线起于大溪镇花金村温岭西门站，主要沿大石松一级公路（X807），经横峰街道、城北街道、城东街道、新河镇、箬横镇，最终到达松门镇淋头村松门高中调压站。沿线主要地形地貌为平原，局部为丘陵，地表主要为林地、绿化带、农田、菜地、鱼塘和荒地。部分镇区周边沿线厂房较多，线路长约 44 km，设计压力为 1.6 MPa，其中管径为 DN600 mm，长度约 27 km，管径为 DN400 mm，长度约 17 km，设计输气量为 $4.7 \times 10^8$ m$^3$/a。

### （二）场站工程

本项目由管道工程和场站工程组成。管道工程从温岭市大溪镇花金村西门站开始沿大石松一级公路从西向东敷设至松门镇，途中经过大溪镇、主城区、新河镇、箬横镇，设计年供气能力 4.7 亿 Nm$^3$，总投资为 2.4 亿元。管道工程约为 44 km 1.6 MPa 次高压管道，包含 27 km D610 管道和 17 km D406.4 管道，临时用地面积为 685 400 m$^2$（合 1 028.1 亩）。场站工程包括 1 座温岭西门站，5 座高中压调压站，1 座 CNG 母站，共 7 座场站，永久性用地面积约 19 067 m$^2$（约合 28.6 亩）。

## 三、项目成果特点

### （一）技术先进

根据沿线现有及规划建构筑物情况，多方案比较确定管道路由；针对沿线建筑人口密度，针对性选择管道强度设计系数；根据地表形态、地质条件，灵活采用合理敷设方式。根据用气负荷分布和土地供应条件，合理进行调压站布局。场站工程总图分区明确，工艺流程合理、设备安全可靠、控制先进智能。埋地管线采用外防腐 3PE 涂层和阴极联合保护，确保防腐有效性。

主干管线：采取较小设计强度系数、提高管材等级、局部加大壁厚、3PE 外防腐层和电防腐联合保护等手段，确保管道本质安全。

场站工艺：采用先计量后调压的方式，减小涡轮流量计口径以方便采购，同时可降低流量计成本；主体设备采用撬装形式，设施布局紧凑、集约、美观。

自动控制：采用智能化程度较高的数据采集与监视控制（SCADA）系统，对场站和管道的压力、流量、温度等参数进行实时采集、监视和控制。同时选用可靠性高、维护方便、先进适宜的自动化软、硬件，确保项目安全、高效、平稳运行，达到“无人值守”的水平。

### （二）项目有很大难度

由于项目沿线地形复杂，水网纵横，而且土地资源紧张，本次设计在可行性研究推荐线路方案的基础上，通过现场实地踏勘，结合地形、地貌、工程地质条件、交通、沿线城镇的现状和发展规划，站场具体位置，以及输气工艺要求的工况条件，本着以管道安全为主，节省工程投资和方便维护管理及近年来管道建设的新理念，在原有线路走向方案的基础上进行了优化比选，通过关键技术来克服困难。

对如良山段、大溪车站段、甬台温铁路西侧段、城北街道山洋段与铁场段五段难点路线，报告提出推荐路由和比选路由，分别在施工难度、成本效益、安全性等方面分析了两条路线的优缺点，综合考虑利弊，给出推荐路线。

如横峰高中压调压站选址于一个半岛型地块，三面水域围绕，越站截断阀位于岛型陆地，宽度只有约 40 m，特殊的地理位置对进出站管道的设计造成很大困扰。经过多方案比较，最终选择了管道定向钻穿越水域进入站区，再在场地内开挖截断管道进行连接的方案。由于离河道太近，截断阀处管道埋深达 4.27 m，只能采用加长杆技术将操作机构引至地面进行气液联动控制。

再如在大溪工业园区，由于各种条件限制，有一处 800 m 长的管道定向钻穿越，正好与 104 国道有一处交汇点。根据公路部门要求，公路下方的燃气管道必须加装套管。如果采用定向钻全程套管的方案，投资大，施工困难，也不安全。最终采用了新技术“局部套管”方案，在预制管道的特定位置先做好套管并进行固定，然后通过 GPS 定位将套管和主管一起准确回拖到 104 国道下方。

### （三）市场分析具有前瞻性

根据浙江省能源发展和结构调整的目标，结合温岭市省级生态市建设、城市空间布局、产业结构、经济社会发展目标和节能减排要求，按照国家《天然气利用政策》和《浙江省大气污染防治行动计划（2013—2017 年）》相关要求，确定本项目市场对象为温岭市民用（含居民、公服和楼宇分布式）、工业、汽车。根据《温岭市天然气利用工程可行性研究报告》，对温岭市域居民、公建、工业、汽车的用气量测算，温岭市域 2015 年天然气需求量为 $8.7\times10^7$ Nm$^3$/a，2020 年天然气需求量为 $4.7\times10^8$ Nm$^3$/a，市场发展空间较大。

### （四）节能效果优异

（1）项目设备选用原则主要从设备先进性、节能性、可靠性及投资经济性等方面进行考虑，符合国家强制性标准和相关要求，主要生产设备采用国外进口设备，节能效果较为明显，能源利用率较高。项目建设在设计中较为全面地考虑了能源管理体系和计量体系的建立，用能管理符合浙江省地方标准《用能单位能源计量管理要求》（DB 33/656—2013）的相关要求。

（2）项目采用的工艺技术和生产设备先进、成熟，节能措施合理可行；项目用能结构合理，供应有保障。本项目是清洁能源工程，符合我国能源结构调整的政策。站内工艺设施的设计、运行采取先进合理的技术、节约了电能及水资源。供配电系统设计合理，通过科学管理和合理组织生产，实现供配电及用电设备的经济运行。项目消耗的工质为电、水和天然气，年用电量为 20 万 kW·h，年用水量约 1 万 t，年用天然气约为 4 万 Nm$^3$，所有耗能折合标煤约 78.5 t，低于同类项目的生产耗能指标。项目的建设对温岭市调整产品结构、降低能源消耗都起到很好的拉动作用。

（3）项目万元工业增加值能耗低于温岭市工业企业“十二五”末能耗控制目标值。本项目实施后对温岭市节能目标任务的完成有积极作用。

### （五）投资估算精确，综合效益优异

#### 1. 经济效益

项目全部投资内部收益率为 10.51%，高于基准收益率 8%，投资回收期为 10.9 年。管输气的接通，降低了当地居民、工商用户的用气成本，也提升了燃气经营企业的效益。

#### 2. 社会效益

项目建成后，天然气覆盖全市除坞根镇、滨海镇外的广大地区，为约 50 万居民、600 户工商业用户提供气源，推动居民气化率提升到 45%。同时天然气年消费量快速增长，由接通前一年的 5 000 万 Nm$^3$ 增长至接通后的 8 000 万 Nm$^3$。本项目作为一项民生工程，有力保障当地能源安全，拉动产业发展，促进经济增长，增加地方税收。

#### 3. 环境效益

项目利用清洁高效的天然气替代了大量煤炭，每年可实现减排 9.5 万 t 二氧化碳，1 270 t 硫化物，635 t 氮化物。项目投产后有效改善大气环境，助力创建绿色城市。

### （六）结合实际情况，设备选择合理

本项目技术难度大，生产及辅助系统要求高。为达到工艺生产技术要求，分析了业主多年使用国内外设备的运行情况，对国内外设备的性能、特点、价格进行了综合技术经济指标比较，在综合评价的基础上优化设计。为确保产品质量达到国际先进水平，主要设备及公用设施部分采用国外进口设备，并采用部分国内优质设备，保证生产连续稳定运行。

### （七）项目申请报告采用的多项技术具有创新性

**1. GPS 定位拖拉管道创新技术**

管道穿（跨）越铁路、公路、河流等工程，外部设置套管，且出入土点受空间限制情况下，采用该技术，可解决相应难题且施工相对精准。

**2. 埋地阀门长杆控制技术**

该技术可保证埋地管道的敷设标高，在地形空间受限的情况下，发挥其作用。

**3. 先计量后调压技术**

天然气处理量较大时，采用本工艺技术，可大大缩小计量仪表的规格口径，经济实用。

### （八）环境保护措施完备

由于本工程管道经过的大部分地区属典型的亚热带季风气候区，且山区植被茂密，地表植物众多，为了保护生态环境，防止水土流失，使管道建设完成后的地表恢复能与周围环境相适应，本工程的管道水工构筑物设计、渣场覆绿等在施工中采用一种新型环保材料——“生态袋”，以替代传统的浆砌石或混凝土。

## 四、项目实施情况

项目于 2016 年 12 月完成施工图设计，2017 年 1 月完成施工图审查，2017 年 2 月正式开工建设，2019 年 1 月通过竣工验收。获 2017 年浙江省优秀工程咨询成果二等奖、2020 年浙江省勘察设计行业优秀勘察设计市政公用工程类一等奖、2020 年度杭州市建设工程西湖杯（优秀勘察设计）一等奖，并推荐至 2021 年工程勘察、建筑设计行业和市政公用工程优秀勘察设计奖 - 市政公用工程设计项目。

项目情况如图 1 和图 2 所示。

图 1　横峰高中压调压站实景图

图 2　大溪站实景图

## 五、项目主要参与人员

项目主要参与人员：韩勇、吴克文、徐笑蓉、胡培健、谭朝尹、张越峰、徐雷、黄超君、水润苗、熊再银。

# 浙江省现代水利示范区（德清洛舍）工程可行性研究报告

浙江中水工程技术有限公司

扫码查看原文

## 一、项目概况

浙江省现代水利示范区（德清洛舍）位于德清县北部洛舍镇，规划面积为 10.8 $km^2$，坐拥德清第二大湖洛舍漾，怀抱美丽的国家生态村张陆湾村，区内有导流港东大堤、洛舍大闸、泵站与纵横成网的灌排渠道，水利元素丰实。依托示范区现状禀赋，本报告贯彻落实习近平总书记“节水优先、空间均衡、系统治理、两手发力”新时期治水方针，立足高起点、高品位、高标准，深化提升“水利让生活更美好”的主题，将示范区划分为四大分区，分别是农业生产区——智水惠农、产业升级区——洛水琴韵、美丽乡村区——和美家园、精致小镇区——水润古镇，明确各分区布局和建设内容。

针对示范区现有的水利元素，本报告确定工程任务和工程规模，谋划标准化圩区、洛舍漾及周边水系综合整治、高效节水灌溉、水土保护示范园和水利科技推广等五大类项目，总投资 3.22 亿元，建设工期 24 个月。示范区打造水土保持科普园、智能节水灌溉示范园、自动化防洪排涝示范园、信息化水资源管理示范园、生态河湖展示园、水情教育园、江南水乡风情园、运行管理中心等“七园一中心”，探索政府、企业、农民共建共管共享的运行机制，打通“绿水青山就是金山银山”的水利通道，为浙江省乃至全国水利现代化建设提供“德清样板”。

截至目前，示范区已基本建成，政府、企业共同出资的运管公司已经成立，已获得了国家标准化管理委员会颁发的国家节水灌溉标准化示范区，国家水土保持科技示范园、国家水利风景区和国家水情教育基地也都已创建成功。

## 二、项目内容

2017 年 5 月 2 日，浙江省水利厅以浙水函〔2017〕161 号《关于建设浙江省现代水利示范区（德清洛舍）的复函》，同意建设浙江省现代水利示范区（德清洛舍）。2017 年 8 月，浙江中水工程技术有限公司编制完成《浙江省现代水利示范区（德清洛舍）工程可行性研究报告》，在咨询服务过程中主要碰到了下列难题，都予以完美解决。

难题一：作为浙江省唯一一个先行探索实践两山理论、新时期治水方针的水利现代化示范区，其规划设计在浙江省乃至全国无先例可借鉴。

解决方法：本报告作为示范区建设的纲领性文件，编制过程中得到了水利部和浙江省水利厅的高度重视，中国水利水电科学研究院成立由院士带领的专家团队，给予技术指导和科学研究；浙江省水利厅专门组织了 3 次由厅各处室负责人参加的“神仙会”，探讨和研究方案；由分管厅长带队的专家指导组建立了全过程跟踪指导的工作对接机制。项目组会同德清县水利局有关同志，用心解读上情——以党和国家大政方针为指引，谋求高起点，策划新立意，创造新成绩；贴心了解下情——以德清经济社会发展需求为导向，以德清水利现状为基础，举措切实可行，行之有效；虚心借鉴外情——博采国内外水利之众长，扩大眼界，学习先进，打造全省乃至全国水利现代化及高质量发展的标杆。

本报告确定将示范区划分为四大分区，分别是农业生产区——智水惠农、产业升级区——洛水琴韵、美丽乡村区——和美家园、精致小镇区——水润古镇，明确建设内容包括标准化圩区、洛舍漾及周边水系综合整治、高效节水灌溉、水土保护示范园和水利科技推广等五大类项目。

难题二：如何将洛舍漾及周边水系打造成洛舍人民的幸福河。

解决方法：（1）明确提出编制《浙江省现代水利示范区（德清洛舍）水域保护规划》，要求示范区内所有河漾进行划界，并通过视频、卫星遥感等技术加强水域动态监控。

（2）明确提出按照“河畅、水清、岸绿、景美、人和”的要求，结合张陆湾村美丽乡村精品示范村创建及洛舍小城镇环境综合整治，采用清淤疏浚、生态护岸、生态修复等多种措施来开展洛舍漾及周边水系综合整治。

（3）提出建设水文化景观点 5 处，其以洛水琴韵为核心，在洛水湿地上建设生态河湖文化展示基地，辅以三里塘漾、弄里港及洛龙河三家村段等小型文化节点。

（4）规划创建国家级水利风景区和国家级水情教育基地。

洛水琴韵实景如图 1 所示。

图 1　洛水琴韵实景图

难题三：如何建设具有杭嘉湖平原区特色的高效节水灌溉系统。

解决方法：（1）针对示范区内作物主要是水稻的特点，本报告经方案比较，选择低压管道灌溉方案，灌溉保证率可达到 95%，水利用系数不低于 0.90。

（2）在低压管道灌溉基础上选择其中 266 667 $m^2$（约合 400 亩），设计建设智能化灌溉，通过农作物水肥需求信息的实时感知和智慧决策，实现精准灌溉和品质灌溉。

（3）结合以张陆湾村农田、虾塘等农业区块产业结构调整为基础，按照现代高效农业、生态体验农业等发展要求，打造集农业生产、农事体验、田园观光等于一体的休闲农业示范项目。

（4）目前示范区已获得国家标准化管理委员会颁发的国家节水灌溉标准化示范区。

智能化灌溉监控中心实景如图 2 所示。

图2 智能化灌溉监控中心实景图

难题四：如何建设展示杭嘉湖平原河网及低丘岗地特点的水土保持科技示范园（以下简称水保园）。

解决方法：（1）以“科普、宣传、示范”为主题，以“杭嘉湖平原河网及低丘岗地水土保持治理技术展示”为定位，将水保园划分为生态水保林功能区、生态种植结合经果林示范区、坡地水保治理示范区、水保特色植物展示区、水保宣传教育文化功能区和水保科研教育区。

（2）生态水保林功能区、生态种植结合经果林示范区、坡地水保治理示范区、水保特色植物展示区设计展示38种河岸、边坡、矿山水土流失治理技术方式。

（3）水保宣传教育文化功能区设计通过水土流失演示系统、水土保持宣传标牌、水保馆等展示生态文明理念与水土保持的重要意义。

（4）水保科研教育区设计建设径流小区监测实验站（针对坡地茶园、石坎茶园、竹园等3个不同区块，实时监测降雨后各区块内水量、水质、水土流失等情况）；清洁小流域监测实验（在小流域进、出口断面布设监测点，研究天然湿地对水质净化的作用）；绿色屋顶实验站；建设水土保持科普馆，馆内集实物模型及电子设备于一体，集中展示水土流失的成因、类型及危害，突出介绍浙江、德清水土保持工作的发展历程、主要成果等。

难题五：如何建设平原区特点的标准化圩区。

解决方法：本报告提出的标准化圩区工程由圩堤加固、闸站工程、水闸改造及水系沟通等组成，通过建设可使洛东圩防洪标准提升至20年一遇、排涝标准提升至10年一遇。设计圩区防洪排涝自动化控制系统，通过工情、水雨情监测和闸站远程自动化控制建立自动化防洪排涝系统，同时建立起全域的实时视频监控系统及广播预警显示系统，全面掌握水利工程实时情况。

难题六：如何结合区域特色开展水利科技推广。

解决方法：本报告以圩区防洪排涝提升、河漾综合整治、高效节水灌溉、水土保持示范等重点项目为抓手，开展现代水利科技推广与应用，设计推广自动化运行管理技术4项（双向潜水贯流泵、排涝泵站自动控制系统、一体化智能灌溉泵站、加筋低压管道），水生态治理技术8项（混凝土生态砌块、高强度塑钢组合板桩生态护岸、小型净化槽一体化处理设施、去富营养化水生态系统集成技术、“食藻虫”引导生态修复技术、微纳米曝气—固化微生物水生态修复技术、农业面源污染处理技术、河湖库塘淤积情况综合分析检测技术）。

难度七：如何实现水利信息化驱动水利现代化。

解决方法：水利信息化是水利现代化的基础和重要标志，本报告提出打造浙江省现代水利示范区标准化信息运行管理平台，其功能模块主要包括“一张图”、八大应用和两个支撑，共计 11 个功能点。其中“一张图”服务是进行园区业务管理的基础，对示范区的地形地貌、河漾水系、闸泵站等场景再现，支持静态信息和动态信息的融合，实现对园区各个站点、设施的查看，同时可以在三维仿真场景下进行漫游以了解整个园区的概况。八大应用涵盖了各子园区监管需求，梳理出河漾监管、水资源监管、闸站运行管理、智能灌溉、水土保持、安防管理、公众服务以及档案管理等园区重点关注的业务，数据管理和运维管理是管理平台综合运行的支撑保障。通过大屏、电脑、移动终端等多种终端平台，开展河漾监管、水资源监管、闸泵运行管理、智能灌溉、水土科普、安防管理、公众服务、档案管理等各类业务，实现面向整个示范区的“强监管”，面向公众的“重服务”，达到“减人增效”的目的，如图 3 所示。

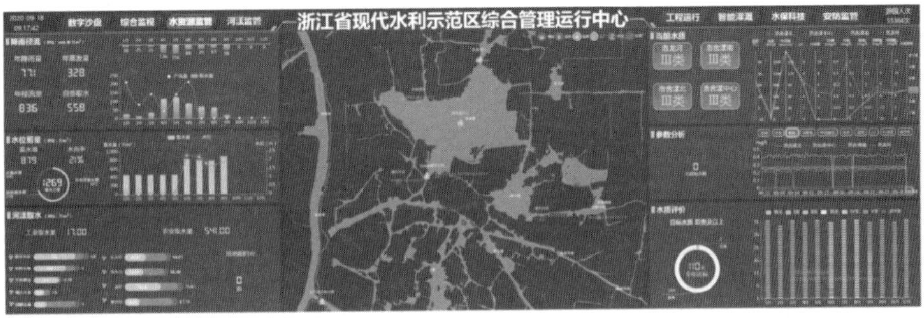


图 3　示范区大脑、智慧管河

## 三、项目成果特点

（1）浙江省现代水利示范区（德清洛舍）作为浙江省唯一一个先行探索实践两山理论、新时期治水方针的水利现代化示范区，其规划设计无先例可借鉴。本报告作为示范区建设的纲领性文件，用心解读上情、贴心了解下情、虚心借鉴外情，创造性地提出了示范区的建设理念与目标、总体布局、建设内容等，有效地指导了示范区的建设。

（2）本报告设计了如何将洛舍漾及周边水系打造成洛舍人民幸福河的路径，高效指导了后续湖漾综合整治，目前洛舍漾已获得浙江省级美丽河湖。

（3）本报告设计了如何建设具有杭嘉湖平原区特色的高效节水灌溉系统，目前整个示范区已建成高效节水灌溉系统，其中张陆湾村区域依托智能化灌溉系统，已建成集农业生产、农事体验、田园观光等于一体的休闲农业示范项目。

（4）本报告设计出如何建设杭嘉湖平原河网及低丘岗地特点的水土保持科技示范园的路径，有效指导了后续水保园设计与建设。

（5）本报告提出了如何建设平原区特点的标准化圩区，有效指导了后续设计与建设，目前洛东圩标准化圩区已经建成，洪旱无虞。

（6）本报告提出开展 12 项水利科技推广，目前已完成应用。

（7）本报告提出建设浙江省现代水利示范区标准化信息运行管理平台，目前管理平台已投入运行，运行状况优良。

## 四、项目实施情况

浙江省现代水利示范区（德清洛舍）已经建设成一个水利基础设施完备、水利工程管理智能高效、水资源节约集约利用、水生态环境优美和谐、水文化传承彰显的现代水利示范区，助推德清高质量发展，同时也为浙江省水利“重要窗口”建设贡献力量。

截至目前，示范区已获得国家标准化管理委员会颁发的国家节水灌溉标准化示范区，是河海大学、浙江水利水电学院科研基地，也是浙江生态文明干部学院现场教学基地、德清县河（湖）长制教学实践基地、德清县中小学研学试验教育基地。

多位水利部领导和浙江省水利厅领导莅临示范区现场指导，并给予充分的肯定和赞赏。

《人民日报》等各方媒体对示范区进行了多次专题报道。其中新华每日电讯 2020 年 6 月在头版以《空中俯瞰“水情馆”》，人民日报 2020 年 6 月在要闻版以《水情馆里听水情》报道了示范区的建设。

2020 年暑假，湖州日报小记者团，德清实验小学、舞阳小学、洛舍中心学校、武康中学等中小学生、少先队员接踵来到示范区，示范区已成为人们识水、亲水、爱水、护水的第二课堂。

## 五、项目主要参与人员

项目主要参与人员：胡煜彬、吴党中、毕忠飞、黄坚、杨凤、翁小波、张淑萍、庄丽金、洪飞阳、邹战军。

# S333（49 省道）永嘉桥下至桥头段改建工程可行性研究报告

温州市交通规划设计研究院有限公司

扫码查看原文

## 一、项目概况

项目位于温州市永嘉县境内，是永嘉县南部的东西向交通主干道，直接影响区为瓯江北岸的桥下、桥头两镇；现状老路等级低、交通量大、街道化严重，交通拥堵状况突出，道路急需改扩建以增加通行能力。本项目的建设是推进我省交通“5411”发展战略、打造“畅通浙江”、实施温州综合交通“十三五”规划，完善区域交通运输网络的需要；是永嘉响应温州大都市区发展战略、对接温州中心城市“跨江”发展，完善永嘉县经济发展和城市总体布局，辐射带动县域周边乡镇经济发展的需要；更是开发旅游资源、将旅游转化为产业优势的需要。

## 二、项目内容

项目起点位于永嘉县桥下镇陆岙村温州瓯江大桥西北侧，沿现有 S333 省道向西北布线，在梅岙与旧路偏离，经岙底、下斜、坦头、路礁村后沿桥下镇南侧规划道路向西继续布线，至垟塆村设隧道穿过下白山进入白下村，然后经过白下、洛溪、岙底村沿老路单侧加宽，至白垟、朱涂，于金丽温高速公路桥头互通北侧向西向延伸跨过菇溪，然后沿桥头镇南侧老路展线，建设终点位于永嘉桥头闸水坑附近（现桩号 K21+680 处），预留远期线与规划的 S333 省道青田段衔接。同时，本项目路线利用老路至永嘉、青田交界处，为本项目的路线终点 K21+440.0。

拟建项目路线全长 21.44 km，其中建设里程为 19.968 km，利用段为 1.472 km。采用设计速度为 80 km/h 的双向四车道一级公路标准，路基宽度为 24.5 m，设隧道 7 座（折算成双幅隧道双洞），共长 3 500 m（合计单洞长为 7 000 m）；设桥梁 14 座（折算成整体式），共长 2 224.4 m，设涵洞 32 道；征用土地面积为 81.6 $hm^2$。

## 三、项目成果特点

### （一）工程可行性研究深入透彻，总体把握准确

项目地形条件复杂多样，地方需求多，征迁难度大，路线选择需根据地方意见进行变化，方案多元化，工程可行性研究打破以往只静态分析的方法，进行动态分析和研究。项目组与时俱进，深入现场实地踏勘 10 余次，多次与沿线乡镇村庄面对面咨询调查，与地方政府协调形成

会议纪要，对沿线居民进行问卷调查后签订书面协议，将各方意见融入各方案，力求不遗漏任何有价值、有意义的路线，各路线多方位综合比选，推荐方案理由充分合理、路线走线与施工图设计时几乎一致，总体方案把握准确，为项目顺利推进提供了强力保证和支持。

## （二）研究工作难度大

（1）项目地形复杂、地貌单元多样，既有山岭重丘，也有平原，既有山谷溪沟，也有平原河流，这给工程可行性研究和路线的选择带来较大难度。路线总体走向沿江布设，期间山地及山间平原频繁交错，横向河流穿插，山间溪谷发育，且村镇散布，路网纵横，路线布设有沿江布线、越岭布线、平原区控制点穿插布线、大型结构物控制布线、老路利用控制布线等，布线原则多变；同时由于地形变化频繁，山区路段指标局促、平原区指标稍高，增大了指标衔接难度，增加了小空间的路线比选方案。

（2）受温丽高速、城镇规划等因素影响，本项目路线走廊选择余地有限。本工程的线位与通车中的温丽高速公路的线位基本并行；同时本工程沿线频繁穿越乡镇村庄处，地方规划及当地百姓对线位走向有较高的要求，局部路段的城市用地等相关规划已调整并已出让使用。使得本工程路线走廊带受温丽高速等的限制较大，走廊带范围基本确定，路线方案的选择和优化余地相对较小。

（3）老路改建工程，需充分灵活掌握指标，考虑现状道路利用。本项目作为老路改建工程，需要充分考虑对现有老路的利用，灵活掌握路线指标，避免过高的平、纵指标，在保证行车安全的前提下，老路利用的困难路段可采用 60 km/h 的设计速度，同时在保证双向四车道最小宽度的前提下，在受限的路段，可适当缩窄路基标准横断面宽度。

（4）现状交通量大，本项目的改扩建对道路保通的要求高。现状 S333 省道的该段永嘉县桥头镇、桥下镇东西向位于的地方普通国省道，现状交通量较大，2017 年已接近 2 万辆 / 天，拓宽段施工的同时必须保证车辆通行和安全，且本项目拼宽改造路段部分位于丘陵山麓位置，施工中存在大开挖等不利因素，工程可行性研究方案研究中采用多种技术措施和加强交通管理来实现这一目标，实现工程建设和道路安全运营的双赢。

（5）沿线风景秀丽、植被茂盛，项目的景观要求较高。本项目沿线自然生态环境良好，村镇密集、人口密度大、水系发达，且大部分路段沿江布设，公路建设中的环境保护问题尤为突出，工程可行性研究对环保设计充分重视，注重陆域、江域环境的保护，将工程建设对周边环境的影响降到最低。

沿着瓯江弯曲前行的 S333 老路，放眼望去，一排排水杉郁郁葱葱，枝叶正盛，道路两旁还有盛开的鲜花，清澈的瓯江蜿蜒而去，湛蓝的天空恬淡安静，这一切组成一幅美好的画面。驾车而过，鸟语花香相伴，公路已然与周围景色融为一体。老路利用路段的水杉，已有 30 多年的树龄，如何灵活应用技术指标，保留现有公路边的水杉，体现美丽公路设计理念是工程可行性研究方案需要考虑的重点难点。

（6）沿线村镇密布，拆迁量巨大、路线所经区域需结合旧村改造计划。本项目沿线经济发达，村镇密集，开发区多，土地资源紧缺，征地拆迁价格高。同时沿线宗祠、寺庙、祖坟等敏感点较多，且项目建设对沿线民居采光、噪声等均有影响，根据项目所在区域其他工程的建设经验，征地拆迁预期困难比较大。如何减少征地拆迁数量、合理避让路线敏感点是本项目工程可行性研究方案的重点之一。

对上述工作重点和难点做了针对性分析和详细的比较后形成的可行性研究报告与建成后实际情况基本相符。

### （三）分析和预测具有前瞻性

可行性研究重点进行了项目建设的必要性、交通量、技术标准及建设方案的拟定、工程实施方案及经济、社会、环境、节能、土地利用等评价和分析，各项分析合理准确、预测具有前瞻性。

（1）交通量分析合理、预测准确，为技术指标及路基断面的选择提供了充足依据。

（2）路线方案比选合理具体，推荐线位准确、与施工设计基本一致。

（3）经济、社会、环境、节能、土地利用等评价和分析切合实际，施工方案、交通组织、筑路材料等方案合理、切实可行。

### （四）方案选择合理，结构形式切合工程特点

（1）虽然路线方案多，但经多次现场勘查、合理分析和综合比选，做到既不遗漏有价值的路线，也不为了比选而生搬硬造无意义的线位，使路线推荐方案尽量优化合理和准确，达到与施工设计基本一致的效果。

①做好与温丽高速对接，合理选择路线线位。本项目老路拓宽改建方案受现状 5 处下穿温丽高速桥梁的影响，新建方案 2 处受高速公路边坡的影响，闸水坑沿江段距离高速公路边仅有 8 m，还需考虑省道与高速公路互通出口的衔接。本项目的线位方案受高速公路影响非常大，工程可行性研究阶段多次与高速对接，合理确定了工程可行性研究路线线位。

②充分利用有限走廊带资源，协调城市规划，降低工程投资。本项目沿线村镇密集，经城镇规划区、产业园区较多，走廊带资源狭小，线位方案将直接影响工程的投资及营运安全，因此在有限的走廊带范围内，在确保线形指标和安全行车的前提下，合理布线，局部优化，最大限度降低对现有规划、产业园区发展的影响以及建筑物拆迁是工程可行性研究阶段确定路线设计的重点。

（2）技术标准与路基断面的布置和选择切合实际，适应现状交通量情况，满足沿线出行需求。按照中华人民共和国交通运输部颁布的《公路工程技术标准》（JTG B01—2014）中关于公路等级划分的规定，依据公路网规划、地区特点、公路交通特性等因素确定公路功能，并结合交通量论证公路等级与技术标准。

考虑本地区区域经济发展、综合交通布局和城市总体规划，结合公路在永嘉交通网中的地位和作用，本着从“近期缓解”到“中期基本适应”的原则，本项目依据沿线交通量预测结果对一级公路服务水平的要求，同时考虑沿线地形的变化，为使公路线形更好地与地形景观相配合、减少工程量，以及满足使用功能的需要，选择本项目设计速度为 80 km/h（一级），双向四车道，路基标准横断面宽度采用 24.5 m。

（3）桥梁、隧道等构筑物位置准确、长度合适，工程可行性研究布设与施工设计基本一致，投资估算符合实际。

工程可行性研究阶段，本项目设隧道 7 座（折算成双幅隧道双洞），共长 3 500 m（合计单洞长为 7 000 m）；设桥梁 14 座（折算成整体式），共长 2 224.4 m，设涵洞 32 道。桥梁、隧道等构筑物位置准确、长度合适，工程可行性研究布设与施工设计基本一致，投资估算符合

实际。

### （五）环保措施完备，节能效果明显

工程可行性研究环境保护措施完备。利用地形合理展线，减少高填路堤，结合原有水系及排灌系统；考虑排灌、蓄防洪需要，工程防护和植物防护相结合保证路基稳定，节约土地，注重景观；取土坑综合利用地方水产养殖、农田排灌，保护当地植被和水资源，创条件复耕；统筹弃土、尽量堆放于荒地，压实后用植被覆盖或平整为耕地；路基边坡绿化植被和水土保持，学校、居民密集区加密种植并形成绿化屏障，减少大气污染和噪声影响，CO、$NO_x$ 等超标段种植气体吸附力强的常绿阔叶林，严重超标时加密种植设绿化带。

项目的建设可节约燃油约 15 159 万 L，平均每年节省约 758 万 L，节能效果明显。

### （六）投资估算精确，风险分析切合实际

温州市交通规划设计研究院有限公司有近 40 年从事公路工程的咨询和设计经验，结合国内外特别是温州市内类似工程建设实践，经实地调查后利用同望等专业公路造价软件系统计算分析，估算总造价为 19.6 亿元，建安费为 11.9 亿元。项目于 2018 年开工建设，施工预算总造价为 19.26 亿元，与可行性研究的估算总造价仅相差约 3 400 万元，误差仅约 1.7%。

本报告就运行速度和时间、运输成本、经济效益和成本等因素对国民经济的影响进行敏感性分析，同时对工程实施、土地利用、节能及社会影响和风险等进行合理分析，客观预测项目可能存在的风险，为业主和主管部门的决策提供客观的判断依据。

## 四、项目实施情况

本项目工程可行性研究报告已取得浙江省发展和改革委员会的批复，批复文件为《省发改委关于 S333（49 省道）永嘉桥下至桥头段改建工程可行性研究报告批复的函》（浙发改函〔2017〕125 号）。项目于 2018 年 10 月取得浙江省交通运输厅施工图设计文件许可，目前项目即将建成通车。

项目情况如图 1 至图 5 所示。

图 1　老路拼宽效果图

图 2　沿江段改建效果图

图 3　项目起点交叉效果图

图 4　桥下互通效果图

图 5　道路横断面透视图

## 五、项目主要参与人员

项目主要参与人员：尹万辉、张继明、许东风、袁郑棋、陈永乐、黄贤涌、徐娜丽、王大为、陈金链、曾韩平。

# 衢州市沿江公路工程可行性研究报告

衢州市交通设计有限公司

扫码查看原文

## 一、项目概况

衢州市沿江公路，是一条打造 Y 形美丽经济走廊的创新性道路，是建设衢州市旅游示范区的支撑性道路，也是改变沿江百姓出行和衢州城镇格局的民心道路。推进衢州市美丽沿江公路建设，是贯彻落实习近平总书记“两山理论”和浙江省委、省政府开展“万里美丽经济交通走廊”建设的重大举措和实际行动，也是衢州市创建国家全域旅游示范区和构建“衢州有礼”诗画风光带的支撑性基础设施项目。衢州作为浙江“大花园”的主战场，核心是打造一流的生态旅游目的地。美丽沿江公路联通了其下辖六个县（市 / 区）沿江区域，展现了“钱塘诗路”的浙西文明风采，是衢州美丽大花园建设的生动实践。本项目公路全长 168 km，绿道全长 163 km，全程配有行车系统、绿道慢行系统、服务配套设施、景观系统和智慧管理系统五大系统。项目采用 PPP 方式投资建设。

## 二、项目内容

项目总体设计遵循规范、自然、安全、服务社会、整体协调性等原则。按照“沿江布线、路堤结合”的理念，以衢江、常山江、江山江三江两岸自然生态资源为依托，以景区为骨干，以特色小镇为亮点，以历史文化村落和农家乐示范村为支点，打造全省“万里美丽经济交通走廊”的精品示范路。

### （一）公路

依据中华人民共和国交通运输部颁布的《公路工程技术标准》（JTG B01—2014），结合本项目的交通量，本项目采用规范规定双向两车道四级公路标准设计，设计速度为 20 km/h，路基宽度为 6.5 m，路面宽度为 6 m， 桥梁宽度为 8.5 m/13 m（与慢行道并线时），涵洞与路基同宽，桥涵设计荷载为公路 - Ⅱ级。

### （二）慢行道

本项目慢行道采用自行车和步行混合道路形式，依据《浙江省绿道规划设计技术导则》相关规定，本项目慢行道路基宽度采用 4.5 m，路面净宽采用 4 m，满足省级绿道最小宽度要求，桥梁净宽采用 4 m 控制。慢行道路面材料应尽量选用经济、环保、生态的地方材料，本项目慢行道采用彩色沥青铺装。根据《浙江省绿道规划设计技术导则》对综合慢行道纵横坡要求如下：综合慢行道规范规定纵坡坡度小于 3% 为宜，最大不宜超过 8%，横坡坡度小于 1% 为宜，最大不宜超过 2%。本项目纵坡坡度小于 6%，横坡坡度取 1%。桥涵设计荷载为公路 - Ⅱ级（或按城市人群满布设计）。

## 三、项目成果特点

### （一）主要亮点

浙江大花园核心区建设的先行示范项目，“建管养一体化”投资模式；沿常山江、衢江、江山江布设，途径六县（市 / 区），点多面广；按农村公路标准实施，慢行道及景观系统为项目主要亮点：①项目兼顾公路行车、沿江景观、旅游、文化展示等多种功能；②路线较长，穿越地貌单元较多；③沿江道路场地条件复杂且景观要求高；④公路系统利用现有道路多，对老路进行景观提升改造难度大；⑤衢江、龙游钢结构景观造型桥梁的大量采用和建设成为本项目建设后观光旅游一大亮点。同时也是衢州市交通设计有限公司钢结构桥梁设计广泛应用的第一个项目，为以后钢结构桥梁设计奠定了一定的基础。设计的桥型有钢箱梁、钢悬臂梁结构、拱桥、现浇梁、悬空栈桥及悬索吊桥等结构；⑥沿线经过景区多，道路选线需综合结合沿线景观因素，不宜大填大挖、破坏自然景观。

### （二）主要技术难点

（1）项目路线长、场地复杂、沿江路基防护复杂多样。路线穿越整个衢州，地貌单元较多，有穿越低山区的挖方路堑，兼顾护岸的沿河路堤、过城区的低填路基、穿景区的慢行道。路基防护不仅要考虑公路自身的功能，还要注重周边生态地形，以及与景区、河流的衔接。路基防护原则上采用液压喷播植草、填方土工格室植草、方格骨架植草、高次团粒等纯粹的生态防护。

对于沿河路段路堤防冲刷，防护形式的选择不仅关乎公路的安全运营也影响后期的生态景观效果。本项目沿河路段较多，很多在河漫滩上穿行，防冲刷设计是项目的技术难点。设计阶段考虑了防冲刷、景观等因素，对于景观要求较高路段，摒弃了传统的浆砌片石、混凝土护坡，同时借鉴了水利的做法，采用景观效果较好又有一定防冲刷能力的石笼防护，包括石笼网垫、石笼挡土墙。一方面保证了路基边坡的防冲刷能力，另一方面又兼顾了景观效果。并在传统的石笼网垫的基础上增加了表层绿化覆土、景观石等元素，大大增加了生态效果。

衢江二期的高家衢江河漫滩上采用了生态土工袋技术，主要用于迎水面防冲刷、坡面绿化、地基加固等。本技术利用内部大型的土工袋作为路基固土措施，外侧小型的植生袋提供景观绿化生长的耕植土与养料，既加强了路基强度，又取得了较好的景观效果。这个实际工程案例验证了土工袋路堤设计方法的环保安全可靠。

（2）公路系统利用现状道路条件复杂多样，改造难度大。沿江公路多处利用地方道路进行改造，现有道路改造也是项目路面设计的重点与难点之一。主要改造利用方案如下：①对于沥青路面，利用现状沥青路面，经过病害处理后罩面加铺；②水泥路面结合水泥面板病害情况，如果病害较多则多锤头碎石化之后罩面加铺沥青层面，如病害较少则采用抗裂贴、玄武岩纤维土工格栅满铺后直接加铺沥青层面；③部分路段路基路面宽度不够，沿线杂乱脏，对该类型路段按规范要求进行拼宽，两侧进行景观梳理，增设绿化带等。

（3）慢行道色彩路面设计需结合地方特色，设计难道大、景观要求高。衢州市沿江公路工程是衢州市打造“美丽公路＋古城文化、美丽公路＋青山绿水、美丽公路＋休闲体育”模式的探索，打造自然生态、畅通舒适、美丽致富“江南风情走廊”的探索。其中路面色彩的运用也是本项目重点研究的内容之一。

为此在设计之初就对衢州西区生态绿道、鹿鸣公园绿道、衢州西区石梁溪生态绿道、江山西山公园生态绿道、开化县百里黄金水岸线华埠段滨水绿道、乌溪江生态绿道等衢州市范围内的知名绿道进行了调查，针对每段绿道的特点提出了不同组合方案。如衢江区及龙游县采用传统的红色彩色沥青路面、柯城区采用红绿双色沥青路面，而常山线采用与慢城理念相匹配的低调的灰色沥青路面＋橙色标线作为慢道路面方案。

（4）绿道桥梁桥址建设条件复杂、桥型结构灵活多样。绿道桥梁荷载小、结构轻盈，相对来说结构选择比较灵活，但结合桥址现状条件、施工条件、景观、文化需要，因地制宜地选择合适的景观桥型，是本项目绿道桥梁设计的一大难题。因为沿江公路桥址现状条件非常复杂，有衢江、支流、河岸边坡、滩涂地等，而桥梁设计除结合现状条件外，还需紧密结合水利防洪、航道要求。

因需要跨邵源溪、铜山源溪支流，沿江绿道栈桥采用结构轻逸的钢箱梁结构，并使廊桥与古塔遥相呼应，配套花甲山花海网红打卡点。

龙游三座绿道桥处于团石节点跟泽潭揽胜节点之间，因地制宜设置的景观桥串联起团石与泽潭揽胜两大网红打卡点。岩山底桥采用钢架拱跨越团石溪；渡船头桥上跨渠道及淹没区，采用钢筋混凝土现浇板；泽潭桥设在树梢间，采用连续钢桁架。

盈川村是衢州的古县城，初唐四杰之一杨炯是它的第一任县令。盈川村沿江侧房屋密集，自然边坡陡峭，若绿道引上村庄，则空间不足，并破坏古村落的整体性，在边坡上布置栈桥技术难度大，成本高，也破坏自然环境，破坏江边的古码头、古渡口遗址等历史产物。结合历史文化特色，盈川 1 号桥及老鹰嘴桥采用古香古色的上承式圆弧拱桥。盈川 2 号桥及 3 号桥按漫水桥设计，采用小跨径的墩梁固结一体式混凝土板式结构，可解决支座不能涉水等问题。

长风悬空栈桥嵌固在山体岩石里面，并植入抗拔锚固筋，以平衡上部结构荷载及活载，设计巧妙取消了桥梁下部结构，采用人工施工方案、减少生态破坏，解决了库区桥梁桩基础无条件水下施工难题，也解决了工期紧、成本高等一系列问题。

郑家龙头钢栈桥把悬挑钢梁埋入钢筋混凝土路面，利用悬挑钢梁与钢筋混凝土路面的嵌入锚固力平衡悬挑绿道受力，解决了防洪堤上打桩的难题，并降低了施工风险。

### （三）主要创新点

（1）本项目采用规划的设计思路推进项目设计，该设计模式在交通项目尚属首次。

本项目设计过程需先从规划设计开始，然后方案设计再到具体的设计，直到项目落地。这种设计思路更有利于谋划和承接项目。本项目采用建管养一体化 PPP 模式建设，是衢州市第一个 PPP 项目。项目业主对设计要求更高，故采用动态设计，为节约造价设计方案结合建设条件随时进行优化，因此整个设计过程贯穿整个项目的建设过程。

（2）工程与周边环境相协调，为使公路融入周边环境，采用了多项创新设计。

①公路及慢行道平纵面设计尽量减少对原始地貌的扰动，尽量保持原生态。

②音乐公路、发光路面、消音路面等新材料、新技术路面结合场地情况因地制宜地应用，

路景情结合，也是本项目设计的一大特色。

③路基软基处理及防护采用生态土工袋护坡技术，变废为宝，对节约自然资源，降低工程造价具有非常重大的推广意义。

④绿道桥梁采用轻型结构，并采用适宜的景观造型与周边环境景观相呼应。

（3）衢州市美丽沿江公路作为一条集公路、慢道、旅游、休闲等元素为一体的综合性系统工程，公路与景区完满结合，是本项目一大创新。

按照“沿江布线、路堤结合、路景产镇相融合”的思路，依托良好的自然生态和人文景观，以“山、水、田、林、滩”为自然特色，以“文、史、民、宗、艺”为传统底蕴，沿路布局“南孔神韵•康养运动活力带”“钱江源•生态慢城休闲带”“百里须江•全域旅游风情带”，以“衢江十景”“江山港十景”“常山港十景”串联全景，串起了沿线8个3A级以上景区、60多个历史文化村落，重构了衢州空间的“全市域景区化”。

## 四、项目实施情况

（1）加快衢江沿江风景区、休闲场所的建设，促进“首个国家休闲区”的创建。与以往自然保护区、风景名胜区、旅游景区等各种旅游区不同，“国家休闲区”是一种以休闲旅游引领全域城镇、村庄、景区和通道建设，彻底消除现有各类旅游区的“边界”概念的新的国土资源利用形式。衢州市成为“首个国家休闲区”试点城市，可大幅度提升客流增长速度，提高媒体聚焦度和资本关注度，撬动土地资源的潜在价值，从而实现以休闲度假为引领的现代服务业跨越式发展和城市环境的优化提升。

（2）增加通景公路网密度，促进衢州市干线公路的成网。带动沿线村庄交通、经济发展，促进城乡一体化的建设，以实现城乡经济、社会、环境的和谐发展。通过3年多的建设，沿江公路已全线贯通。本项目的公路与景区完满结合，是本项目一大创新。本项目的建设完成使得沿线村庄的村容村貌得到极大改善，已经初显“四好农村公路”的靓丽风采。如今，衢州沿江公路沿线已经出现了很多个“网红”打卡点：衢江区塔底有凤来仪迎宾节点、樱花大道、孟姜花海；柯城段严村风情、彩色沥青及陶瓷颗粒“彩色路”；龙游团石新农村建设和泽潭揽胜观景点；常山长风栈桥风景等让市民争相前往，部分路段节点的茅草亭、亲水平台、绿荫停车场等也风姿初显……沿江公路的建设为沿线的农家乐、景区发展注入蓬勃生机。

（3）配套衢江航运开发项目整体开发，促进新的沿江经济带的建立。浙江省“十三五”综合交通发展规划中要求深入推进内河水运复兴计划，对于衢州而言，其建设不仅是拥有高等级航道和枢纽的江河联运网络的完成，更是一次从流域角度来观察衢州地区资源特征，重拾水、路与城乡发展关系，以建立流域复合共同体（生态、文化、产业、特征）的目标来重构衢州空间格局的好机会，将是以水岸功能新格局组织新的生活、生态、生产要素，在区域发展新形势和新环境下，谋求衢州自身发展转型的本土实践。

（4）本项目的建设完成，带来了一大批的衍生项目，比如以沿江公路为主轴线的衢州市诗画风光带已经编制完成，一大批重点项目（生态治理类、土地整治类、美丽村镇类、休闲旅游类、现代农业类、康养运动和特色小镇等）如雨后春笋般地迸发出来。

（5）作为农村公路中的“超级工程”，该项目还入选浙江省政府千万工程示范项目；被浙江省交通厅评为2018—2019年“两美”交通重点工程立功竞赛优秀项目，多次获得省市级公路水运工程“平安工地”等荣誉称号。

项目情况如图 1 至图 4 所示。

图 1　严村双色路面

图 2　廊桥与古塔呼应

图 3　长风索桥

图 4　有凤来仪节点

## 五、项目主要参与人员

项目主要参与人员：朱玉丰、应国强、林汉忠、徐文龙、方建平、祝春华、王浩、刘永胜、郑超、孔德智。

# 205 国道开化县音坑至华埠段改建工程可行性研究报告

衢州市交通设计有限公司

扫码查看原文

## 一、项目概况

205 国道是国家公路网规划中 12 条首都放射线之一，贯穿我国南北，是保障国家经济建设和国防任务的重要运输线路。205 国道是开化县境内唯一一条纵向国省道，承担了县域内地方集散公路功能。县城以北为二级公路，路基宽度为 12 m，县城以南为二级加宽公路，路基宽度为 18 m，双向四车道，设计速度为 60 km/h。

近年来音坑至华埠段交通量增长迅速，中心城区多处路段已完全街道化，平交口密集、红绿灯多、高峰拥堵、混合交通严重、通行效率低，既限制了中心城区的布局和发展，也影响了国道的行车通畅。

本项目起点位于音坑乡王家店，布设新线绕开城区在工业园区接上现 205 国道，然后沿老路拓宽至终点下界首，路线全长 29.56 km，其中新建段为 15.3 km，老路改建段为 14.26 km。全线按一级公路标准建设，设计速度为 80 km/h，新建段路基宽 25.5 m，老路改建段结合城市道路功能设置辅道，一般路段路基宽 28 m，穿镇路段路基宽 30 m。全线共设置桥梁 19 座，合计总长 5 250.8 m，隧道 4 座，合计总长 3 405 m（按右线计）。

公司于 2014 年 9 月中旬就开展前期准备工作，于 2015 年 1 月上旬编制完成该项目的工程可行性研究报告初稿。2015—2017 年对方案进行多轮优化调整，2017 年 11 月 1 日，浙江省公路管理局主持召开了本项目的评估会议。2018 年 11 月完成报批稿编制，2019 年 1 月 11 日由浙江省发展改革委批复，并于 2019 年 4 月被列入浙江省 2019 年度省重点建设项目。

## 二、项目内容

本项目位于浙西山区，地形较复杂，地形起伏变化较大，区域构造以断裂为主，褶皱发育，本项目是典型的山区公路，全线大部分路段岩溶发育。新建段共设置桥梁 4 201.6 m/15 座，隧道（单洞）7 135 m/4 座，桥隧比达 55%，其中山甸栈桥长 778.2 m，园区高架桥长 1 038.2 m，汶山隧道长 2 300 m。采用长桥梁、长隧道的设计方案，有利于减少对宝贵的土地资源的占用，也有利于保护生态环境，为今后设计类似山区公路提供了一个较好的参考。

现状 205 国道中心城区至华埠段为二级加宽公路，路基宽度为 18 m，无中分带。部分路段街道化严重，通行效率不高、干线功能弱化，服务水平等指标仅能满足一级公路的三级服务水平。老路段改造后平面交叉口数量由 53 处缩减为 15 个，平均间距为 1 018.6 m。这是积极响应浙江省交通运输厅提出的普通国道提标、提速、提质工程（三提工程），补齐“通而不畅，畅而不快”短板，有效突破开化县城交通运输瓶颈，提高公路的服务质量与出行者的舒适度，努力打造浙江省国省道“二改一”提升的样板路。

项目自2014年9月开始启动，2019年1月批复并于同年底开工，启动时间早，研究时间长，开工时间快。这得益于项目组积极主动介入，针对前期工作的特点，积极与规划、国土、水利、铁路等部门沟通协调，及时发现问题，主动征求意见，反复深入研究方案。项目组初期总共研究了十几个路线方案，最后在经过多轮沟通汇报后，最终选择了三个方案，将其纳入可行性研究报告。同时对研究方案加深设计，利用2 000比例地形图进行总体设计，基本达到初设深度要求，以便能更好地控制工程可行性研究阶段的工程量与造价。正是前期的充分研究，为后来的迅速立项开工创造了条件。

项目的设计理念如下。

（1）以人为本，安全至上的理念。新建段设计体现以人为本的要求，要综合考虑公路功能、行车安全、自然环境等因素，坚持安全选线、环保选线、地形选线、地质选线，尤其是对行车安全问题给予足够的重视。首先要考虑公路自身的结构安全，桥梁设计采用至少两套不同的分析程序进行计算及校验。其次注重路线平纵面线形指标的协调运用，根据运行车速优化平纵线形、设置超高。

老路段设计体现以人为本的要求，不但要考虑过境车辆的快速通行，还要考虑沿线百姓通行方便。设计将沿线的平交口进行了归并，并根据现场实际需要设置了辅道，将快速交通与慢行交通分离开，增强行车安全。为了保证行人横穿道路的安全，参照城市道路规范，增设了行人过街设施。另外，老路段还设置了服务点1处，港湾式停靠站10对、人行天桥。

（2）坚持人、路与自然和谐，树立尊重自然、保护环境的理念。本项目设计中树立“不破坏就是最大的保护”的理念，坚持最大限度保护、最低程度破坏、最强力度恢复，使建成后的公路顺应自然、融入自然。路线选线不破坏沿线村庄原有的规划，保持现有的生态完整性。对环境景观提升改造遵循先保护后绿化的原则，结合沿线特色资源，从景观容貌、生态环境、历史文化等多角度出发，将相互独立的路、景、人相互结合，实现公路、人文、环境的协调可持续发展。

起点顺接205国道老路段时，为不破坏老路西侧村庄，路线选择跨过现205国道后再接回主线，而不直接采用顺接现状道路的方法，可避免沿线大量房屋拆迁。老路改建段为最大限度保护老路两侧行道树，优先采用两侧拓宽方案，使行道树布置于拓宽后的侧分带内。

## 三、项目成果特点

### （一）充分利用老路，指标灵活运用

老路段设计以最少的土地和最少的投资，最大限度地提高通行能力。平面线形设计遵循利用老路线位的原则，对于老路设计速度低于80 km/h的路段，尽量对其进行提升改造，条件受限时，按60 km/h的设计标准进行设计，对局部线形不满足要求的路段，进行必要的技术处理，使之基本符合规范要求。

独山大桥（图1）和大坝头大桥均处于圆曲线半径为250 m、缓和曲线长度为80 m的弯道上，老路超高和缓和曲线长度均不能满足设计速度80 km/h的规范要求，如果要改造则需对桥梁

拆除重建，社会影响大。本次设计维持现状平纵，并加强交通安全设施设置，保证行车安全。

### （二）合理利用老桥，“新桥新标准、老桥老标准”

老路段老桥设计采用“新桥新标准、老桥老标准”的桥梁荷载原则，经检测评估和必要的维修加固后，近期利用既有桥梁进行拼宽，远期适时改造，技术复杂大桥采用分离增建，其他桥梁服从路段加宽形式。本项目老路段桥梁除永丰栈桥为单侧拼宽新建外，其余桥梁均采用两侧拼宽新建，并与主线分离设置。金星大桥如图 2 所示。

图 1　独山大桥航拍图

图 2　金星大桥航拍图

### （三）BIM 辅助设计，提高设计质量，打造设计亮点

在本项目咨询过程中，衢州市交通设计有限公司按照“高标准、严要求、出亮点”的要求，在方案设计、技术出图上狠下功夫，不断提高和完善设计质量，确保将该项目打造成精品工程。本项目全过程引入 BIM 技术，设计全线数字模型，给路线选线、方案比选、项目汇报带来巨大的帮助，赢得了业主的好评。

## 四、项目实施情况

截至 2022 年 7 月底，本项目路基基本完成，桥梁梁板全部架设完成，4 座隧道全线贯通，正在进行路面浇筑作业。

项目情况如图 3 所示。

图 3　项目现场施工图

## 五、项目主要参与人员

项目主要参与人员：方建平、林汉忠、徐文龙、祝春华、李刚、罗旋、沈丽鹃、盛栋奇、姚艳、霍庚。

# 中国科学院大学宁波华美医院（宁波市第二医院）医疗综合大楼建设项目项目建议书

宁波国际投资咨询有限公司

扫码查看原文

## 一、项目概况

中国科学院大学宁波华美医院（宁波市第二医院）医疗综合大楼建设（以下简称项目）建设单位为中国科学院大学宁波华美医院（以下简称国科大华美医院）。国科大华美医院本部院区现有用房建成于建院初期至今的不同历史阶段，由于缺少整体规划，院区内部功能区动线混乱、医疗资源浪费、设施用房低效使用等情况普遍存在，不少医疗服务和辅助用房依靠长期外租场地解决，合计外租房屋总面积近 4 万 $m^2$，给医院管理带来极大不便，严重影响医院就医环境和医疗服务运行效率。2018 年，医院正式成为中国科学院大学直属附属医院，医院事业发展迎来发展契机，但同时，医疗用房紧张矛盾也进一步凸显，迫切需要配建更多的医疗及教学科研用房。另一方面，医院地处宁波老城核心区，人口密度大、老龄化程度高，且近几年人口数量持续增长，对医疗服务的需求十分强烈，而区域内第一医院整体迁至奉化方桥后，更将导致区域医疗资源出现供需缺口。

为有效解决医院发展面临的用房问题，切实保障人民群众高质量医疗服务需求，综合考虑医院自身发展、区域医疗服务需求及全市医疗资源布局发展规划等因素，最终提出结合本部院区整体改扩建，新建一幢医疗综合大楼的方案。本项目建设受到了宁波市委、市政府的高度重视，并将本项目列入了市级重点医疗卫生项目。针对本项目，2019 年 6 月和 10 月先后召开 2 次省市专家论证会，围绕区域医疗资源布局、原地建设可行性、必要性、建设规模、建设方案等进行了讨论，与会专家一致认为原地扩建是必要的、可行的、合理的。

## 二、项目内容

### （一）现状分析

综合性医院代表了区域医疗较高水平，在医疗服务体系和区域医疗资源布局中承担了重要职能，其建设发展尤为重要。因此本项目综合分析了医疗资源布局和区域人口增长情况、医院设施和业务发展情况，为后续的改扩建模式选择、合理建设规模、功能布局优化等提供依据，主要内容如下。

**1. 医疗资源布局现状分析**

从资源布局上，国科大华美医院地处宁波老城核心区，是全市医疗资源相对集中的区域，结合相关规划和全市公立医院分布情况，江北区有宁波大学医学院附属医院，鄞州区有李惠利医院兴宁院区和东部院区，海曙区有第一医院和国科大华美医院，随着第一医院迁建奉化区，海曙区综合性三甲医院仅剩国科大华美医院1家，将导致区域内医疗资源紧缺。

从医疗服务需求上，近几年宁波全市人口增长处于全国前列，未来医疗服务供需矛盾将进一步加剧；同时医院所处海曙区建成区较早，辖区内老年人口较多，对优质医疗服务的需求较为强烈，区划调整后城市发展迅速，人口流入加快，亟须加快医疗服务有效供给。

**2. 医院现状分析**

国科大华美医院本部院区现有用房共8幢，先后建成于建院初期至今的不同历史阶段，总建筑面积约117 858 $m^2$，设床位1 600张，各类外租后勤、医疗及科研等用房约39 250 $m^2$，合计在用房屋约157 108 $m^2$。近几年，医院医疗业务情况整体提升显著，门急诊人次、出院人次均位居全省同类医院前茅，2018年全院出院人数达到9.8万人，门急诊人次达到168.8万人，平均日门急诊量达4 625人次。目前医院既有设施现状已存在诸多问题，内部矛盾日益凸显，对医院的长远发展形成制约。

### （二）改扩建方式比选

由于国科大华美医院建设体量大，内外部环境较为复杂，在征询院方、主管单位和专家意见的基础上，提出了多种改扩建方式，本项目在工作开展过程中进行了梳理，就医院设施整体改善和局部改善进行了整体改扩建和局部改扩建方式比选，就医院整合集中发展和多院区发展进行了原地改扩建与原地改扩建+异地新建方式的比选，主要内容如下。

**1. 整体改扩建和局部改扩建方式比选**

主要采取定性分析的方式。其中整体改扩建方式对本部院区用房统筹考虑，按标准规范要求明确医院各功能用房总需求，扣除保留用房得到供需总缺口，在此基础上确定新建医疗综合楼规模；局部改扩建方式以功能补足为目标，采取直接补齐医院用房缺口的方式，包括缺失功能用房、外租用房、拟拆除及功能调整用房。经分析两种方式的优缺点后，本项目推荐整体改扩建的方式。

**2. 对原地改扩建与原地改扩建+异地新建方式进行比选**

主要采取定性和定量分析相结合的方式。其中原地改扩建方式充分梳理医院现有用房情况，以资源整合、合理高效为目标，拆除院内年代较长和低矮建筑，在2#、3#、4#、5#楼区域原址新建一幢新的医疗综合大楼，并完成其他用房功能调整；原地改扩建+异地新建方式通过异地新建一座新的综合性医院，突破现状医院空间局限性，合理疏解本部院区现状功能，释放现有用房空间，本部院区改造和新建规模减小。两个方案均提出了基本建设思路、建设规模和投资情况，经综合分析论证，本项目推荐原地改扩建的方式。

### （三）建设需求分析

**1. 床位规模需求**

本项目床位规模设置综合考虑了城市人口增长对优质医疗资源的现实需求、第一医院迁建出现的区域床位供需缺口以及国科大华美医院实现高质量发展的内在要求，最终确定本次新建医疗综合大楼新增床位规模为600张。项目建成后本部院区床位规模由1 600张增加至2 200张，其中预留肺科诊疗床位100张，专病中心床位600张，本次新建的医疗综合大楼配置床位为 1 500 张。

**2. 建设用房需求**

本项目主要建设用房需求对照已经发布实施的《综合医院建设标准》（建标 110—2008）执行，对于全科医师规范化培训用房、图书馆、室内活动用房、院内生活保障用房等新增需求，无对应 2008 标准的，参考《综合医院建设标准》（2018 修订版征求意见稿）标准要求进行测算。对医院各分项用房需求进行测算汇总，并结合保留用房面积情况、地块条件和周边环境，最终确定拟原址重建医疗综合大楼总建筑面积约 194 500 $m^2$，其中地上面积为 149 500 $m^2$，地下面积为 45 000 $m^2$。

### （四）总体规划布局

项目建成后，本部院区拥有用房包括 1#、6#、7#、8# 和新建医疗综合大楼，合计总建筑面积达到 288 886 $m^2$，其中地上面积为 233 622 $m^2$，地下面积为 55 264 $m^2$，床均建筑面积由 67.2 $m^2$/ 床提高到 106.2 $m^2$/ 床（不含地下室），可显著改善医院功能用房紧张，为医院功能布局优化、医疗资源集中创造条件。结合本次改扩建和医院设施发展规划，医院整体规划功能分区由北往南依次为科普服务区（1# 楼）、医疗服务区（新建医疗综合大楼和 6# 楼）、行政后勤科教区（7# 楼）、呼吸疾病诊疗区（现状 8# 楼位置）。

## 三、项目成果特点

### （一）咨询工作特点

**1. 按照“由内而外，单体与整体兼顾”原则进行需求分析**

与常规“对标（建标）定规（规模）”的需求分析不同，本项目前期对医疗服务、学科发展、产教研及全市医疗资源规划进行了充分调研，明确了医院近远期发展目标、规模，并按照“优势学科对标先进、常规学科满足需求、医教研产深度融合”原则详尽梳理了分项实际使用需求，以功能需求初步框定用房规模。初步规模框定后，结合现有医疗单体建筑情况对功能分区进行优化调整，提出“科普服务、医疗服务、行政后勤科教、呼吸疾病诊疗”4 大功能区块，并全面排摸厘清现有设施情况和存在问题，结合整体用房需求、现状用房设施条件及调整功能分区布局，提出新建医疗综合大楼的定位、规模及分层用房布局，同时，建立拆、改、扩、建、移、合等整体改扩建项目库，并明确相应规模。

**2. 统筹考虑区域医疗资源布局，保障医疗服务需求**

公立医院作为重要的民生保障基础设施，其发展建设需与区域群众医疗服务需求和区域卫生资源配置合理性相匹配。本项目深入分析全市公立医院资源布局情况和区域人口的增长情况，对改扩建方式进行多角度比选，在床位配置、规模建设上统筹考虑区域医疗资源分布均衡，充分保障区域居民的医疗服务需求。

**3. 整合集中现有资源，提升医院运营管理效率**

本项目在原址进行改扩建，在功能布置上统筹考虑新建建筑与现有建筑的关系，紧密贴合现代医疗服务流程，通过整合现有资源、合理规划功能布局、优化建筑空间流线，彻底改变医院功能区分散、资源配置浪费、设施低效使用的局面，最大化提升医院运营管理效率。

### （二）主要创新点

**1. 以事业、空间规划为引领，实现医疗设施建设的点面结合**

目前医院类建设项目仍然较多地停留在满足达到建设指标要求和补齐用房缺口的层面，而脱离于医院的事业发展和空间规划。本项目在决策过程中，深入调研医院事业发展的需求点，合理规划医院空间布局，厘清局部和整体的关系，使项目的建设与医院的事业发展需求相适应，与医院的整体空间规划布局及改扩建系统工程相协调，实现医疗设施建设的点面结合。

**2. 以区域医疗资源布局为框架，实现医院建设的可持续发展**

本项目以区域医疗资源布局为框架，结合场地条件、医院发展、资源效用等因素，对原地改扩建和原地改扩建 + 异地新建两种模式进行论证分析，同时就模式的合理性和可行性组织专家论证，并形成一致意见，提高决策的科学性，促进医院建设与区域医疗资源布局相协调，实现医院建设的可持续发展。

**3. 以“保基本、补短板、强特色”为原则，实现医院功能分区合理布局**

本项目以“保基本、补短板、强特色”为原则，建设用房在满足医疗服务需求的前提下，有效弥补资源整合不足，将新建医疗综合大楼和 6# 楼作为核心的医疗服务区域，其中 6# 楼定位为集诊疗、手术、住院为一体的专病中心楼，为重点特色学科发展创造医教研产融合的空间条件，其余功能区域资源集中，从而实现整个医院功能分区的合理布局。

### （三）借鉴及应用价值

综合医院原址改扩建是一项复杂的系统工程，如在项目前期决策中缺少总体规划和发展构想，仍采用查漏补缺、见缝插针的改造模式，势必会导致动线混乱、环境杂乱、资源设施错配等实际运营问题日益严峻。本项目前期咨询成果在需求分析、方案设计等方面，充分考虑了其对医院医教研产融合发展需求及“整体化、高层化、智能化”改造趋势的适应性，为医院运行实现物尽其用、集约高效提供了有力支撑，真正起到了前期咨询服务的作用。当前，医疗卫生事业发展，综合医院改造即将迎来高峰，本项目可为场地条件受限情况下的综合医院改扩建项目的前期咨询提供思路和借鉴。

## 四、项目实施情况

项目先后于 2019 年 6 月和 10 月经过 2 次省市专家论证会，围绕区域医疗资源布局、原地建设可行性、必要性、建设规模、建设方案等进行了讨论并提出相关建议；2020 年 1 月和 4 月，市政府专题会议专题研究了项目建设等事宜，明确了项目建设资金安排，实行代建制；2020 年 5 月，项目正式完成市发展改革委立项审批；2021 年 2 月，项目完成可行性研究报告审批；2021 年 9 月，项目完成初步设计审批。

项目于 2021 年年底开工，计划 2025 年竣工。目前正处于施工建设中。

项目情况如图 1 和图 2 所示。

图 1　项目主体大楼建设效果图 1

图 2　项目主体大楼建设效果图 2

## 五、项目主要参与人员

项目主要参与人员：谢瑜、贺颖、庄南、徐智昕、吴灿燕、韩金成、陈悦。

# 良渚博物院陈列改造工程可行性研究报告

耀华建设管理有限公司

扫码查看原文

## 一、项目概况

良渚博物院，其前身是1994年由江泽民题写馆名并开馆的良渚文化博物馆，于2005年3月动工建设，2008年9月29日正式对外开放，是一座良渚文化专题类的考古学文化博物院。良渚博物院的建筑设计出自英国设计师戴卫·奇普菲尔德之手，外观粗犷、大气，灰白色墙面没有任何装饰，显得简洁而流畅，与周围悠悠小河青青草坪的美丽洲公园相映成趣。

博物院占地面积约4万 $m^2$，建筑面积约1万 $m^2$，展览面积约4 000多 $m^2$，内设3个常规展厅、1个临时展厅以及文物专用库房和对公众开放的休闲场所等功能区块。

良渚博物馆基本展览总主题为“良渚文化实证中华五千年文明”，突出展示良渚文明在中国和世界同类或同时期文明中的地位。自展馆开放多年以来，博物院在文物收藏、考古发掘、陈列展览、宣传教育、学术研究、社会服务等方面都取得了显著成绩。

但由于原展馆使用已10年有余，部分装修、展陈设备已出现老化现象，展陈技术不够先进，为全方位展示良渚文明、阐述良渚古城遗址遗产价值，助力良渚古城遗址申遗，倡导博物院未来发展方向，实施良渚博物院陈列改造工程。项目的实施对于保护良渚古城遗址、助力申遗工作具有重大意义。

## 二、项目内容

本项目位于余杭区良渚街道美丽洲路1号良渚博物院内，东临东西大道，南临京福线，北临祥彭线，西临瓶窑镇，为改建项目。

项目按照环境保护优先原则，设施配套、共享共建原则，防灾减灾、生态安全原则制订工程设计方案。项目布展区域面积共4 600 $m^2$，其中大厅面积为600 $m^2$，基本陈列展厅面积为3 200 $m^2$，临时展厅面积为800 $m^2$，项目主要内容包括：良渚博物院原有陈列展览三维扫描、原有陈列展览拆除与成品保护、文物撤布展、策展设计、展厅陈列布展（基础装饰、展柜、艺术品创作、场景创作、多媒体等）、配套系统改造（消防、安防系统等）、公共空间改造等。

### （一）展厅设计

良渚博物院陈列改造工程主要包括三个展厅（图1），分别为第一展厅（图2）——水乡泽国 良渚文化；第二展厅（图3）——良渚古城 文明圣地；第三展厅（图4）——玉魂国魂 权力信仰。

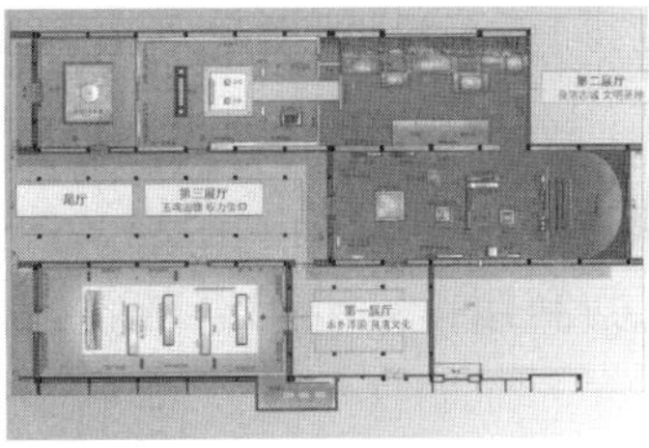


图 1　展厅平面布局图

图 2　第一展厅效果图

图 3　第二展厅效果图

图 4　第三展厅效果图

## （二）展厅流线设计

展厅的流线设计使观众能够按照顺序遍观全体，将观众的视点集中于陈列中心，并能避免观众相互对流或重复穿行。参观路线区域划分单纯而有变化，必要的转折、曲线可使空间单元明确、重点突出，使观众注意力集中。展厅流线设计图如图 5 所示。

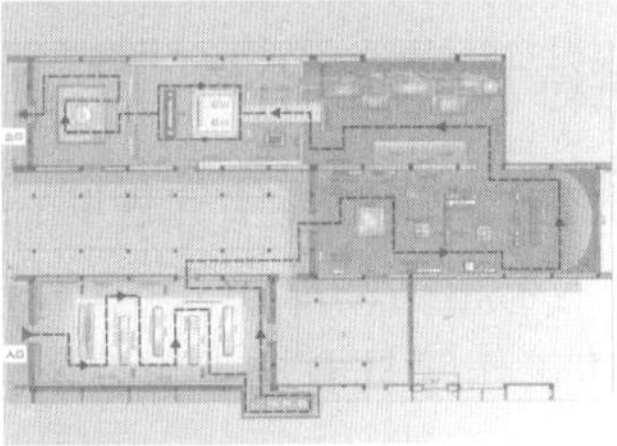

图 5　展厅流线设计图

## （三）文物藏品的收藏与保护

良渚博物院的文物藏品是富有特色的良渚文化遗产其文物中心库房也为周边区县提供藏品保管服务，藏品的科学保存保护便成为重中之重，因为这是使其内涵价值得以长久保存和不断转化为社会价值的保证。

良渚博物院的藏品随着时代的发展而不断发生变化，藏品收集入藏的范围随之扩大。这些藏品的收集与保护，对博物馆的设施和环境条件提出了新要求，不同类别、不同质地的文物藏品，对库房的要求也不同。

文物中心库房区应独立设置，并分别布置库前区、安全隔离区、藏品库。库房的规模主要取决于文物的收藏量。

### （四）陈列展览设计

展示展演区位置在建筑物主体的核心部位，参观路线从左至右按顺时针方向前进，走向明确，充分体现“以人为本”的空间组织原则，以人的心理与生理需求为着眼点，按照最佳路线、最佳视觉、最佳环境来组合，重视平面和空间的充分利用，讲究综合效益，做好空间引导。

博物馆陈列是在一定空间内，以文物标本为基础，配合适当的辅助展品，按照一定的主题、序列和艺术形式组合成的，进行直观教育、传播文化科学信息和提供审美欣赏的展品实体。陈列是博物馆实现其社会功能的主要方式，是博物馆特有的语言。

博物馆有长期比较稳定的陈列，也有短期的展出和经常更换的陈列，前者一般称为陈列，后者一般称为展览或临时展览。用于陈列文物的用房也相应被分为永久性陈列厅和具有临时性展示功能的展览厅。良渚博物院拟设置展示陈列区、基本陈列、临时展览、户外展示等永久性、非永久性和临时性陈列展览厅。

### （五）配套系统改造

博物馆配套系统改造是保护文物安全的重要手段，也是管理者必须进行的日常工作。建立健全完善的监测网络系统并科学地开展监测工作，是保护文物安全诸多措施的一个重要方面。本项目对其配套系统进行提升改造，主要改造系统为日常业务管理监测系统、消防系统、安防系统等。

## 三、项目成果特点

### （一）对项目实施的必要性进行了充分的分析、论证

可行性研究报告对良渚博物院已开馆使用多年的现状情况进行了充分的分析，提出了目前的使用效果、设施设备已不能满足越来越高的展示要求的观点。论证了项目的实施，对于全方位展示良渚文明、助力良渚遗址申遗工作等具有非常重要的意义。

### （二）对项目的建设方案进行了详细的介绍

根据良渚文化展陈的不同主题，报告将其设计为三个展厅，分别进行介绍，并对展陈的方式、方法、工艺进行介绍，对文物藏品的收藏与保护提出要求。

### （三）对文物的保护与安全，重点提出要求

文物是良渚博物院业务活动的物质基础，作为保障这一物质基础的安全工作，其重要性显而易见。为了保证藏品的安全，必须具有足够的保护设施和保护措施，主要有三方面：规章制度约束，外界环境控制，安全监测。

### （四）对项目的消防安全重点提出要求

良渚博物院内展陈的文物是中华五千年文明史的实证，其重要性可想而知，作为室内展陈场地，其消防安全的重要性也是不言而喻的，故对消防重点提出要求很有必要。

### （五）投资估算表编制准确

对工程建安费用的组成项目列明工程量与估算单价，对工程其他费用、预备费等依据相关收费标准进行计取，估算准确。

## 四、项目实施情况

良渚博物院陈列改造工程可行性研究报告已于2018年6月完成编制、报批任务，并已取得杭州余杭区发改局可行性研究报告批复。

## 五、项目主要参与人员

项目主要参与人员：熊卓亚、向祥林、沈卫东、杜建峰、骆棋平、胡钟杰、廖建平、刘广雁、葛体齐、李昊。

# 瑞安马屿 LNG 气化站工程项目建议书及可行性研究报告

杭州市城乡建设设计院股份有限公司

扫码查看原文

## 一、项目概况

瑞安市马屿 LNG 气化站选址于跃马大道与兴达路交叉口东南侧，该场地总征地面积为 5 567 $m^2$（约合 8.35 亩）。其中总建筑面积为 856 $m^2$，绿化面积为 717.4 $m^2$。该场地功能为：LNG 应急气源站，近期作为马屿镇过渡气源，远期作为马屿镇事故应急供气和上游供气紧张时的临时应急供气主气源。

## 二、项目内容

本工程建设内容为站内 LNG 工艺系统、土建工程、给排水系统、采暖通风系统、电气系统、自动化仪表控制系统等。其中工艺系统包括 LNG 卸液工艺、LNG 储存工艺、LNG 气化调压计量工艺等。

## 三、项目成果特点

根据市场分析的用气量和用气规模，本工程在站内设置了 1 台 50 $m^3$ 的 LNG 储罐，在气化区设置 2 台 2 500 $Nm^3/h$ 的空温式气化器（定时切换），气化规模为 2 500 $Nm^3/h$。

（1）针对马屿镇布局、天然气管网架构、可利用的天然气资源、应急及市场规模等方面进行系统分析，为马屿镇量体裁衣，确定合理的 LNG 气化站规模。

项目建议书及可行性研究报告对马屿镇天然气市场（分居民、商业、工业用气）进行了详细的调查和分析，对马屿镇的市场规模和应急气源规模进行了详细计算，合理确定马屿镇 LNG 气化站的储存规模和气化规模。

（2）本工程 LNG 气化站作为过渡气源具有较强的适应性、经济性和可操作性，可为瑞安马屿镇安全、稳定、可靠供气提供有效保障。

根据马屿镇的天然气规划，未来将会建设一座 LNG 气化站作为应急气源。本工程提出将 LNG 气化站提前建设，近期作为过渡气源的方案，既可为马屿镇提供气源，又不会增加马屿镇天然气工程的总体投资，工程的适应性、经济型和可操作性强。

（3）项目的先进性强，站内设施功能设置合理。本项目根据杭州市城乡建设设计院股份有限公司多年 LNG 气化站设计经验进行设计，场站内部功能全面，并根据建设功能要求，结合场地具体情况，将 LNG 综合站划分为辅助区和工艺区，辅助区另外设置营业功能，各功能区块布置合理。工艺水平达到国内同行先进水平，并且在细节上更完善、更人性化，技术水平和综合效益等方面在国内同类项目中居于领先水平。

（4）根据建设和谐社会要求，对工程造成的社会稳定风险进行详细分析。根据本项目的特点，合理确定本工程建设的利益相关群体和受影响群体，并根据相关群体的受影响程度以及对项目的影响力，对项目的合法性风险、合理性风险、可行性风险、可控性风险进行分析，并提出应对措施，对社会稳定风险的分析和控制在同类项目中达到领先水平。

（5）采用先进的工艺方案，降低生产能耗，提高节能效益。

项目工艺采取的节能措施为：①工艺管道及阀门等选择良好的连接方式，主要为焊接，以减少泄漏；②充分利用气源自身能量进行卸车和输送，达到合理利用能源的目的；③低温管道采用优质保温材料保温，以降低热量损耗；④回收蒸发气体（BOG），以减少天然气的损失量。

（6）项目具有良好的间接经济效益。LNG 应急气源站和高中压调压站属市政基础设施项目，没有直接的经济效益，为非营利性投资项目。本项目供气对象主要为马屿镇居民、学校、宾馆、食堂、医院及少部分重要工业用户等，受益面广，投资效果主要是以间接效益表现出来，它具有间接性、隐蔽性、分散性的特点。本项目的投资将使马屿镇居民结束无法使用天然气的历史，对促进马屿镇的发展具有重要意义。

（7）项目具有良好的社会效益。本项目的建设对于保障马屿镇的供气、扩大天然气利用市场、提高城市品位具有极其重要的意义；同时可以减少城市固体燃料的运输量，提高区域综合竞争力；还可以提高工业产品质量、增加附加值，给企业带来良好的效益；能创造就业机会，调整产业结构，增加国家税收。

## 四、项目实施情况

（1）2015 年 12 月，瑞安市天然气有限公司委托杭州市城乡建设设计院股份有限公司组织开展《瑞安马屿 LNG 气化站工程项目建议书及可行性研究报告》的编制工作。

（2）2015 年 12 月—2016 年 4 月，资料收集，并开展编制工作。

（3）2016 年 4 月底，上会评审。

（4）2016 年 8 月，项目批复。

项目情况如图 1 和图 2 所示。

图 1　项目效果图

图 2　项目实景图

## 五、项目主要参与人员

项目主要参与人员：孙荣泽、黄魁清、李威信、苗佳。

# 垃圾焚烧技术与装备国家工程实验室建设项目资金申请报告

浙江省发展规划研究院

扫码查看原文

## 一、项目概况

为满足环境污染综合治理和环保产业升级发展的需要，针对大气、水、土壤、固废污染的突出问题，以及污染防治成套技术、装备和材料的重大需求，国家发展改革委印发《关于请组织申报环保领域创新能力建设专项的通知》（发改办高技〔2016〕378号），组织实施环保领域创新能力建设专项，构建环保领域创新网络，每个环保领域确定一个国家工程实验室。浙江省发展规划研究院受浙江大学委托，开展《垃圾焚烧技术与装备国家工程实验室建设项目资金申请报告》（以下简称《报告》）编制工作。

《报告》编制和申报历时9个月。2016年1月，接受委托后，项目组对申报单位进行深入走访和调研，对联合申报单位的基础和优势条件进行梳理和分析，并组织专家团队对垃圾焚烧领域存在的问题和发展趋势进行研究。在此基础上提出实验室拟重点突破的技术，确定实验室主要目标、定位、功能、任务、管理运行机制，并提出具体建设方案，同时对投资估算、经济和社会效益等方面进行深入分析，编制完成《报告》送审稿。5—6月，《报告》先后通过浙江省发展改革委、教育部和国家发展改革委组织的评审，7月，国家发展改革委委托第三方咨询机构对《报告》进行评估，根据评估完善《报告》后，9月，正式上报最终稿。11月，国家发展改革委正式批复我国垃圾和危险废物焚烧领域唯一布局的工程实验室。2017年3月，国家“垃圾焚烧技术与装备国家工程实验室”在浙江大学揭牌成立。

## 二、项目内容

国家“垃圾焚烧技术与装备国家工程实验室”是针对我国垃圾、危险废物焚烧处理技术装备工艺稳定性不高、二次污染突出的问题，围绕我国垃圾、危险废物减量化、无害化和能源化处理处置的迫切需求而建设的技术与装备研发和工程化平台。主要支撑开展先进高效垃圾焚烧、危险废物焚烧和其他热处理、高效烟气净化系统、热能高效利用系统、飞灰中二噁英解毒和重金属稳定化、飞灰安全处置、焚烧炉渣安全利用、渗滤液处理和除臭、危险废物工业炉窑共处置、衍生燃料制备等技术和装备的研发和工程化，从而提升我国垃圾焚烧技术水平。

实验室主要建设目标是：通过3年建设，突破垃圾源头提质、垃圾先进燃烧、垃圾热解气化、危险废物焚烧、热能高效利用、烟气净化、二噁英排放控制和在线检测、灰渣安全处置等方面不少于24项关键技术，提高我国垃圾焚烧和污染防治技术的总体水平，并实现工程化验证、转化和推广。主编或参与编制标准、规范或导则不少于 3 项，申请专利不少于 20 项，为推动垃圾焚烧领域的技术进步和产业发展提供技术支撑。

实验室主要建设内容包括：在现有研发和实验条件基础上，建设垃圾源头提质、垃圾先进燃烧、垃圾热解气化、危险废物焚烧、热能高效利用、烟气净化、二噁英排放控制和在线检测、灰渣安全处置等 8 个实验平台和 1 个二噁英分析测试诊断公共服务平台。新增购置实验台及仪器设备 20 台（套），改造实验室面积约 2 440 $m^2$。项目新增总投资 6 051 万元，项目建设地点为浙江省杭州市，项目建设期为 3 年。

## 三、项目成果特点

《报告》在编制方法和成果形式两方面进行了探索和创新。在编制方法方面，为体现国内领先水平，采用借智、引智的开放编制方式，邀请国内外知名专家参与《报告》主要章节要点的确定，在汇总各方观点的基础上，形成主要技术方向，拟解决的关键问题清单，并通过进一步征求各方意见，形成一份得到业内顶尖专家充分认可的行业共性关键技术和战略性技术清单及对应解决方案。在成果形式方面，在满足一般资金申请报告编制要求基础上，根据平台项目特点，为突出重点和亮点创新了文本结构，并进一步借鉴项目可行性研究报告和申请报告编制的深度要求，对建设方案、项目投资估算等内容进行深化和细化，使《报告》达到项目操作性和审批方可核准的要求，可为其他平台类咨询报告（可行性研究报告、申请报告、资金申请报告）的编制提供参考。项目成果具有以下特点。

（1）国家工程实验室建设对于落实国家创新驱动发展战略具有重要现实意义。发展节能环保产业，是培育发展新动能、提升绿色竞争力的重大举措，是补齐资源环境短板、改善生态环境质量的重要支撑，是推进生态文明建设、建设美丽中国的客观要求。在垃圾焚烧领域，虽然我国垃圾和危险废物焚烧技术的发展已取得一定成效，但仍存在技术装备工艺稳定性不高、二次污染突出的问题，距离国际领先水平仍有不小差距。国家实验室将致力于突破一批重大技术装备和产业关键技术，提升我国垃圾和危险废物焚烧产业核心竞争力，促进行业的跨越式发展。同时，通过这一国家级创新平台，加强基础研究和产业研发之间的有机衔接，强化技术创新体系布局，形成技术创新长效机制，产生新的动能，推动我国垃圾焚烧领域的技术研发、设备成套和产业化应用的提升，并进一步配合国家“一带一路”建设和“中国制造 2025”等战略，拓展海外市场，形成新的经济增长点。

（2）组建优势互补的一流产学研团队，为开展国家层面联合攻关提供创新平台支撑。在申报之初，项目组即开展对垃圾焚烧领域从技术研发、推广应用、设备成套和系统设计等全过程各环节的研究，梳理分析国内领先的企业和科研院所，围绕国家工程实验室的定位和目标，整合组建了国内从事垃圾和危险废物焚烧领域最具实力的研究、设计、制造、投资和运营团队，涵盖垃圾焚烧全产业链。联合体成员包括：我国能源环保领域的重要研究基地，拥有异重循环流化床垃圾焚烧发电集成技术自主知识产权的浙江大学；国内市场占有率前两位并拥有炉排炉自主知识产权的垃圾焚烧发电投资运营企业光大环保（中国）有限公司和杭州锦江集团有限公司；国内最大的垃圾焚烧锅炉设备制造商南通万达能源动力科技有限公司（原南通万达锅炉有限公司）；电力建设（规划、设计、施工等）能力和业绩位居全球行业第一，拥有强大的工程设计能力和丰富海外运营经验的中国电力建设集团有限公司；全球最大的水泥工程系统集成服务商，在水泥窑协同无害化处理垃圾和危险废物方面具有设计和技术优势的中国中材国际工程股份有限公司；垃圾焚烧行业上市公司，正与浙江大学联合开发实际应用的二噁英在线检测系统的浙江富春江环保热电股份有限公司；以及专业从事垃圾焚烧发电、危险废物焚烧处置等行业的工程技术公司浙江物华天宝能源环保有限公司。国家工程实验室依托企业、科研院所或高校等设立，是整合产业创新资源、强化产业技术供给的研究开发实体，将为基础研究和产业研发提供桥梁纽带作用。

（3）远近兼顾，既针对垃圾焚烧行业最迫切需要解决的共性关键技术，又瞄准长远发展的战略性技术。项目组在深入研究国内外垃圾焚烧领域最新科研成果基础上，一方面邀请国内多家垃圾焚烧电厂投资及运营一线的专家，研究确定当前市场最迫切需要解决的问题，另一方面组织了国内外知名院士、专家，共同商讨确定垃圾焚烧领域未来发展的趋势和战略性技术，真正做到短期需求和长远目标相结合，实用性和前瞻性相结合。《报告》最终确立了在垃圾源头提质、垃圾先进燃烧、垃圾热解气化、危险废物焚烧、热能高效利用、烟气净化、二噁英排放控制和在线检测、灰渣安全处置等八大方向开展重点攻关，通过技术攻关，实现领域内技术的三大突破：一是垃圾焚烧全技术链的最优化；二是烟气排放的高标准化，尤其是在二噁英、重金属等特征污染物的控制上，从目前的末端控制为主转到全过程控制，达到更高的排放标准，并实现数据的在线监测和公开透明化；三是能量利用的高效率，通过智能燃烧控制系统，余热利用系统和发电系统的优化设计，使发电效率提高的同时降低物料和能量的消耗，提高单位垃圾发电量。

（4）建设方案、设备、投资、组织、管理和运行机制具体明确，确保切实可行。为确保实验室建设方案真实可行，项目组对实验室拟建设的八个创新试验平台和一个公共测试服务平台进行了细致的分析和研究，将每个平台需要建设的试验台架和相关硬件设施分解到每台具体设备和仪器，列出每台设备的型号、生产厂家和价格，对拟落地的试验台架位置进行现场踏勘，真正做到建设方案可实施可落地，项目成果可验收，国家资金可追溯。同时，为体现国家工程实验室的开放和公共服务属性，项目组专门组织了针对实验室的管理和运行机制的研究，走访了国内其他类似实验室，了解组织、管理和运行机制，创新性地提出产学研合作的层状机制、固定与流动相结合的人才机制、成果使用、技术转移扩散体制、激励机制、产业辐射机制、知识产权制度等一系列运行机制，使实验室的运行真正具有高效性和长期可持续性。

## 四、项目实施情况

根据《国家发展改革委办公厅关于建设垃圾焚烧技术与装备国家工程实验室的复函》（发改办高技〔2016〕2227号），项目申报单位被国家发展改革委批准为全国唯一的建设垃圾焚烧技术与装备国家工程实验室的单位。2017年3月，国家在垃圾和危险废物焚烧领域唯一布局的工程实验室“垃圾焚烧技术与装备国家工程实验室”在浙江大学揭牌成立。2020年12月15日，“垃圾焚烧技术与装备国家工程实验室”以优秀成绩通过验收。

项目情况如图1和图2所示。

图 1　项目效果图

图 2　项目实景图

## 五、项目主要参与人员

项目主要参与人员：范玲、马攀、何恒、钟晓军、俞东芳。

# 宁波甬港 500 kV 输变电工程可行性研究

浙江华云电力工程设计咨询有限公司

扫码查看原文

## 一、项目概况

当前，浙江省正处于“创建清洁能源示范省”和产业结构调整升级的关键时期，宁波市委、市政府为提高城市环境质量、治理大气雾霾、控制城市环保指标，规划于“十三五”期间关停镇海电厂煤机和油改气机组，搬迁镇海天然气电厂，异地新建超临界燃煤机组替代关停机组。随着镇海电厂的关停，宁波北部地区将失去重要的电源支撑，宁波电网将出现供电能力不足、供电可靠性降低和输电通道超载等问题，为了解决宁波市电力缺口，特别是满足北仑区港口工业用电的巨大需求，优化宁波市能源利用结构，整合降低宁波北部区域输变电设施对土地和环境的影响，降低镇海电厂关停对北部电网供电的影响，开展了甬港 500 kV 输变电工程可行性研究。甬港 500 kV 输变电工程是重大基础设施工程，直接关系到宁波北仑等地区的电力供应和供电安全性，项目意义重大。

根据宁波市人民政府及浙江省能源局相关规划，拟于“十三五”期间关停镇海电厂煤机和油改气机组，搬迁镇海天然气电厂，届时镇海电厂将不具备通过至新乐变的 220 kV 通道供姚江以南地区电力的能力。结合目前姚江以南、宁波市区中部的供电能力和负荷增长情况，该区域需新增 500 kV 变电容量。拟考虑于北仑区新建 500 kV 甬港变电站，建设必要性具体如下。

（1）提高北仑电网供电能力，满足负荷增长需求。

（2）优化电网结构，提高电网供电可靠性。

（3）应对镇海电厂关停对姚江以南地区供电的不利影响。

综上所述，为满足宁波中部地区经济的持续发展，满足用电水平增长的需要，确保电网安全、稳定运行，优化宁波中部 220 kV 电网网架结构，需于 2019 年左右建成投产 500 kV 甬港输变电工程。

## 二、项目内容

### （一）500 kV 接入系统方案

本期将 500 kV 天一—春晓Ⅰ、Ⅱ回线（天一 5 477 线、春晓 5 478 线）π 入甬港变，新建路径总长度为 11.7 km，其中天一变侧新建双回路 8 km，春晓变侧新建双回路 3.7 km。本期新建线路导线截面采用 $4\times630$ mm$^2$。建成后 500 kV 甬港—天一 2 回线长度分别为 26.9 km 和 28.1 km、甬港—春晓线长度为 $2\times22.2$ km。

结合浙江省 500 kV 电网规划，考虑远景增强电网之间的联络，满足互联互济的需求，甬港变预留 2 个备用 500 kV 出线间隔。

甬港变远景 500 kV 出线 6 回：天一 2 回、春晓 2 回、备用 2 回。

甬港变本期 500 kV 出线 4 回：天一 2 回、春晓 2 回。

根据《国家电网公司输变电工程可行性研究内容深度规定（试行）》《电网规划设计技术原则（试行）》，结合宁波远景电网相关规划，为适当留有裕度，本期新建线路导线截面采用 $4\times630\ mm^2$。

### （二）220 kV 接入系统方案

根据电网规划，宁波电网现状和负荷发展情况，考虑本期甬港变 220 kV 出线 10 回，具体方案如下。

本期 220 kV 出线 10 回：分别为新乐、福明（石桥）、江南、邬隘、春晓（沙湾）各 2 回。

新建甬港—新乐 2 回线，利用原新乐—邬隘线廊道，新建线路长度约 2 × 4 km，导线截面采用 $2\times630\ mm^2$；新乐变扩建 2 个 220 kV 出线间隔。

新建甬港—福明 2 回线，其中利用镇海电厂—福明线的福明侧线路 2 × 5 km，新建线路长度约 2 × 11 km，导线截面采用 $2\times630\ mm^2$；利用镇海电厂—福明线的镇海电厂侧线路接至新乐变，形成镇海电厂—新乐线，新建线路约 2 × 0.5 km，导线截面采用 $2\times400\ mm^2$；将福明—东展 2 回线恢复为福明—新乐 2 回线、新乐—东展 2 回线。

新建甬港—江南 2 回线，线路长度约 2 × 17 km，导线截面采用 $2\times630\ mm^2$。

将春晓—邬隘线双开口 π 入甬港变，利用原新乐—邬隘线廊道建设甬港—邬隘线路约 2 × 8 km，甬港—春晓线路约 2 × 8 km，导线截面采用 $2\times630\ mm^2$。

### （三）工程建设规模及有关设备参数要求

#### 1. 主变规模

甬港变远景规模 4 × 1 000 MV·A 主变，本期主变容量为 3 ×（334/334/100）MV·A；暂按无载调压考虑；考虑到天一变和春晓变 500 kV 额定电压均选取为 515 kV，因此甬港变主变额定电压考虑为 515/230/36 kV，中压侧的调压范围为 $230\pm2\times2.5\%$ kV；主变高中阻抗电压暂定为 18%。

甬港变远景各台主变中性点均经小电抗接地，本期主变中性点装设 15 Ω 小电抗。

500 kV、220 kV 和 35 kV 开关开断短路电流能力分别按 63 kA、50 kA 和 50 kA 考虑；500 kV 开关额定电流均按 5 000 A 考虑；220 kV 开关额定电流，其中主变进线开关暂按 4 000 A 考虑，其他出线间隔暂按 3 150 A 考虑；500 kV 和 220 kV 母线通流容量暂按 6 300 A 和 4 000 A 考虑。

#### 2. 本期主变阻抗电压选择

1）主变负载率分析计算

容量为 1 000 MV·A 的 500 kV 变压器阻抗电压值可考虑选择高 - 中 / 高 - 低 / 中 - 低为 18%/58%/38% 或者 20%/60%/38%。

2019 年甬港变新建 # 1 主变（高 - 中）阻抗电压值采用 18% 时，# 1 主变负载率为 63.0%，其降压功率为 630+j220。

2019 年甬港变新建＃ 1 主变（高 - 中）阻抗电压值采用 20% 时，＃ 1 主变负载率为 60.1%，其降压功率为 601+j179。

2）短路电流分析计算

2019 年甬港变 1 台主变（1 × 1 000 MV·A）与春晓变 3 台（3 × 1 000 MV·A）合环运行。2030 年甬港变 3 台主变（3 × 1 000 MV·A）独立供区运行。

2019 年、远景年甬港变 220 kV 母线短路电流见表 1。

表 1　甬港变 220 kV 母线短路电流计算结果　单位：kA

| 1 000 MV · A 主变阻抗电压（高 - 中 / 高 - 低 / 中 - 低） | 2019 年 | | 远景年 | |
|---|---|---|---|---|
| | 三相 | 单相 | 三相 | 单相 |
| 18%/58%/38% | 38.9 | 37.7 | 33.2 | 36.3 |
| 20%/60%/38% | 38.1 | 37.1 | 31.3 | 34.8 |

从潮流计算分析结果和短路电流计算结果分析来看，甬港变本期新建主变（高 - 中）阻抗电压值采用 18% 或 20% 时，主变下载功率和短路电流水平均能满足要求。

综上所述，本期考虑甬港变新建的 1 000 MV·A 主变阻抗电压（高 - 中 / 高 - 低 / 中 - 低）暂定为 18%/58%/38%。

3）出线规模

500 kV 配电装置朝东布置，远景出线 6 回。220 kV 配电装置朝西布置，远景出线 16 回。

4）电气主接线

500 kV 远景及本期均采用 3/2 断路器接线，远景 4 组变压器 500 kV 侧均按进串考虑。本期 4 回出线，共建设 2 个完整串和 1 个不完整串，本期新建的 #1 主变与天一Ⅱ出线配成完整串、春晓Ⅰ和天一Ⅱ出线配成完整串。220 kV 远景及本期均采用双母线双分段接线。35 kV 远景及本期均采用单母线接线。终期甬港变 500 kV 电气原则接线图如图 1 所示。本期甬港变 500 kV 电气原则接线图如图 2 所示。

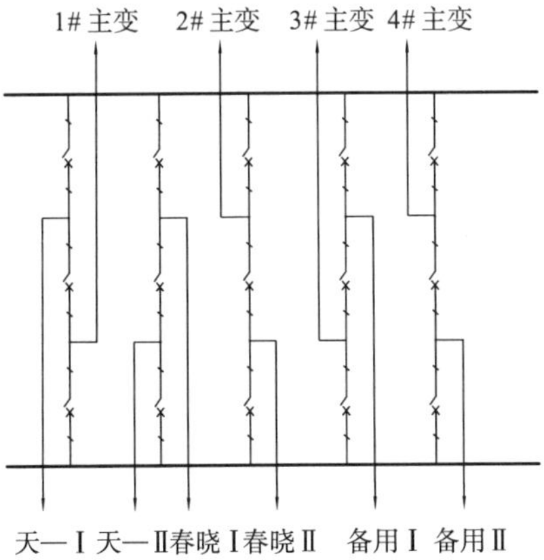


图 1　终期甬港变 500 kV 电气原则接线图

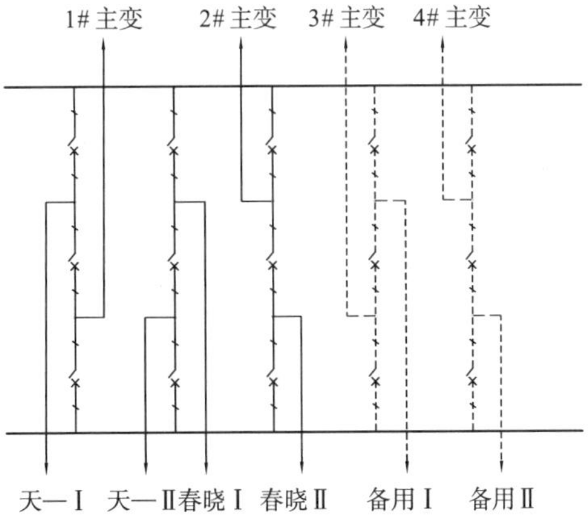


图 2　本期甬港变 500 kV 电气原则接线图

5）无功设备配置

远景每台主变 35 kV 侧按装设 2 组 60 Mvar 低压电容器和 2 组 60 Mvar 低压电抗器预留场地。本期主变 35 kV 侧装设 2 组 60 Mvar 低压电容器和 2 组 60 Mvar 低压电抗器。

根据《国家电网公司电力系统无功补偿配置技术原则》（Q/GDW 212—2008），“500 kV 变电站的低压容性无功补偿应按照主变容量的 10% ~ 20% 配置，或经计算后确定”。甬港变本期 1 000 MV·A 主变高 - 中阻抗电压百分值按照 18% 考虑，本期 1 台主变不同负载情况下的无功损耗如表 2 所示。

表 2　本期 1 台主变不同负载情况下的无功损耗　　单位：Mvar

| 主变负载情况 | 70% 负载 | 80% 负载 | 90% 负载 | 满载 | 130% 过载 |
|---|---|---|---|---|---|
| 无功损耗 | 98 | 128 | 162 | 200 | 338 |

由于主变长期负载率基本在 60% ~ 80%，考虑本期甬港变 35 kV 侧装设 2 组 60 Mvar 低压电容器。

本期考虑装设 2 组 60 Mvar 电抗器。本工程投产后，宁波全市 500 kV 电网感性无功补偿度可提高至 90.6%，宁波中部 500 kV 电网感性无功补偿度可提高至 104%，满足《电力系统电压和无功电力技术导则（试行）》“330 ~ 500 kV 电网，……高、低压并联电抗器的总容量不宜低于线路充电功率的 90%”的要求。

## 三、项目成果特点

本项目研究方法贯彻国网通用设计方案并在此基础上采用了大量新技术，降低了成本，提高了变电站的供电可靠性。

（1）站址落点论证及接入系统方案论证依据充分：报告通过负荷预测、电力平衡、仿真计算等多重方式论证项目建设的必要性。结合电源负荷布局、通道资源条件和城市规划，确定了变电站落点，通过仿真计算后比选出最优接入系统方案。

（2）多角度论证主变规模：结合近远期宁波电网的规划，分析不同的分层分区方式下甬港变主变规模的需求，并根据负荷需求提出了主变安排的时序，设计了发挥电网最大运行能力的联合供区运行方式。本研究成果，对于后期的“十三五”滚动规划及“十四五”规划都具有较好的参考价值。

（3）综合全市考虑无功补偿设备配置：可行性研究的感性及容性无功配置，不仅考虑本期新建线路产生的充电功率，而且通过对整个宁波市所有 500 kV 变电站内的无功补偿进行统计和核实，计算现状无功补偿度，并结合本工程对全市电网进行无功补偿的优化，使其满足规范要求。

（4）采用智能化设备设计变电站：智能一次设备是一次设备本体与其智能组件的有机结合体，两者共同组成完整的智能设备。甬港变采用一体化监控系统，可提供数据采集、运行监视、操作与控制、信息综合分析与智能告警、运行管理、辅助应用、信息传输等功能。

（5）合理统筹规划线路路径走廊：可行性研究认真贯彻国家建设的各项方针政策，在路径选择时对运行安全、经济合理、施工便利等因素进行全面考虑，综合比较。

## 四、项目实施情况

本项目自 2015 年 3 月开始启动，历经站址及路径的选择、接入系统方案的多方案比选、主要设计原则确定、可行性研究报告编制等工作，于 2016 年 7 月提交评审，并于同月完成收口。项目已于 2020 年 7 月投产。

## 五、项目主要参与人员

项目主要参与人员：吴君、郁丹、李帆、唐人、宋靖、黄忠华、何佳。

# 浙江杭州建德 500 kV 输变电工程可行性研究

浙江华云电力工程设计咨询有限公司

扫码查看原文

## 一、项目概况

近年，浙江省社会经济发展保持高速增长，发展水平位居省会城市前列。继成功举办 G20 峰会后，浙江省杭州市将举办第 19 届亚运会，以此为契机，杭州市正进一步朝着历史文化名城、国际名城发展。为适应杭州市城市总体发展方向，按照着眼长远、紧密衔接城市发展战略、高标准规划电网的思路，全面开展适应杭州城市发展的电网项目深化研究工作，规划符合杭州电网“十四五”期间发展战略构想的方案。

目前，亚运会主要场馆所在地浙江北部地区用电需求较大，缺口主要集中在杭州西部地区。“十四五”期间，杭州西部全社会最大负荷净增 210 万 kW，至 2025 年全社会最高负荷将达 782 万 kW，年均增长率 6.5%，夏季峰荷，该地区 4 座 500 kV 变电站基本处于满载状态。富阳变主变重载问题突出，多年来调度部门多措并举勉强在多种运行方式下，将富阳变降压功率控制在 175 万 kW 左右。因此，研究并提出浙江杭州建德 500 kV 输变电工程。

浙江电网是华东电网的重要组成部分，全省通过安吉（浙北）—芜湖（皖南）2 回、安吉—练塘（沪西）2 回以及莲都（浙南）—福州 2 回共 6 回 1 000 kV 特高压交流线路分别与安徽省、上海市和福建省电网相连；通过汾湖—上海三林 2 回、瓶窑—江苏武南 2 回、瓶窑—安徽敬亭 1 回、富阳—安徽河沥 2 回以及金华—福建宁德 2 回共 9 回 500 kV 交流线路分别与上海市、江苏省、安徽省及福建省电网相连。

至 2019 年年底，浙江省全社会最高负荷 85 170 MW，同比增长 6.1%；2019 年全省用电量 4 706 亿 kW·h，同比增长 3.8%。

杭州电网位于浙江电网西北部，共包含 7 座 500 kV 变电站，总变电容量 17 150 MW。其中，杭州西部电网供电范围包括老市区西部、余杭区西部、富阳区、临安区、建德市、淳安县及桐庐县，主要由瓶窑变（3×1 200 MV·A）、富阳变（3×750 MV·A）、杭州变（3×1 000 MV·A）、建德变（2×1 000 MV·A）4 座 500 kV 变电站及新安江、富春江水电站供电。目前，瓶窑变 3 台主变和杭州变 2 台主变组成联合供区，富阳变独立供区。根据电力平衡，2020 年峰荷，富春江水电厂 70% 出力时富阳变降压功率 1 860 MW，容载比仅 1.21，超富阳变主变限额、主变 N-1 时另 2 台主变严重过载。2022 年峰荷，富春江水电厂 70% 出力时富阳变降压功率 1 960 MW，容载比 1.15，供电能力不足的问题将进一步加剧，腰荷富春江水电不出力时富阳变供电能力不足的问题将较峰荷更为严重。

“十四五”初期，浙西南二期线路工程投产后，虽福建来电 6 800 MW 的输送能力得以满足，但在不同典型运行方式下，金华换流站近区东向负荷中心通道潮流输送压力仍较大，金华—永康 2 回 500 kV 线路正常方式下输送功率超双线运行限额，N-1 方式下超线路设计输送能力。2022 年，建德变投产前，福建来电 4 500 MW，金华—永康双线 N-1 故障方式下另一回线潮流为 3 712 MW，超线路设计最大输送能力（导线截面为 4 × 720 mm²，环境温度为 35 ℃、导线温升至 80 ℃，线路设计输送能力为 3 650 MW）。由潮流分析可知，金华—永康断面潮流较重，其本身已是 4 × 720 mm² 的导线，改造为更大截面的导线技术经济性较差，并需要配套改造相应的站端电气设备，后续对电网的适应性也相对较差。因此，有必要增加 1 个浙西南电网外送通道，疏散金华—永康等浙西南外送通道潮流，根据浙西南电力的分布情况、金华中部地区线路通道政策处理难度极大等因素，结合 500 kV 变电站就近接入原则，建议本期 500 kV 建德变接入系统按新建兰江—建德 2 回 500 kV 线路、新建建德—芝堰 2 回 500 kV 线路考虑，形成兰江—建德—芝堰浙西南电网外送通道，进一步增强夏金—信安—芝堰—兰溪电厂—双龙—夏金环网内变电站的供电可靠性，优化提升浙西南清洁能源、福建来电直接外送能力，提高兰江变特高压利用效率。

## 二、项目内容

为满足杭州西南部负荷增长需求，解决 500 kV 富阳变重载问题，提高区域电网供电可靠性和供电能力，优化 220 kV 电网结构，为杭州第 19 届亚运会保驾护航，为抽水蓄能电站接入系统创造条件，兼顾解决浙西南东部外送通道压力，提升 500 kV 网架送受电能力，规划于 2022 年建成建德 500 kV 输变电工程。500 kV 建德变电站采用半户内设计方案，主变终期规模为 4 × 1 000 MV·A，主变户外布置；500 kV（高压侧）配电装置朝西北布置，远景出线 8 回，从西向东分别为抽蓄Ⅰ、抽蓄Ⅱ、兰江Ⅰ、兰江Ⅱ、芝堰Ⅰ、芝堰Ⅱ、富春Ⅰ、富春Ⅱ，采用户内 GIS 设备，主接线为 3/2 接线；220 kV 配电装置朝东南布置，远景出线 16 回，从西向东分别为备用Ⅰ、备用Ⅱ、排岭Ⅰ、新安江Ⅰ（下涯Ⅰ）、排岭Ⅱ、新安江Ⅱ（下涯Ⅱ）、睦州Ⅰ、睦州Ⅱ、龙隐Ⅰ、龙隐Ⅱ、万泉Ⅰ、万泉Ⅱ、后浦Ⅰ、后浦Ⅱ、备用Ⅲ、备用Ⅳ，采用户内 GIS 设备，主接线为双母线双分段接线；35 kV 远景无出线，仅接无功补偿装置，主接线采用单母线接线；低压无功按每台主变配置 2 组电容 2 组电抗考虑；主变中性点经 15 Ω 小电抗接地，主变中性点装设电阻隔直装置。

500 kV 建德变本期新建主变规模为 2 × 1 000 MV·A，500 kV 本期出线 4 回，自西向东分别为兰江Ⅰ、兰江Ⅱ、芝堰Ⅰ、芝堰Ⅱ，主接线采用 3/2 接线；220 kV 本期出线 10 回，自西向东分别为排岭Ⅰ、新安江Ⅰ、排岭Ⅱ、新安江Ⅱ、龙隐Ⅰ、龙隐Ⅱ、万泉Ⅰ、万泉Ⅱ、后浦Ⅰ、后浦Ⅱ，主接线采用双母线双分段接线。建德变本期装设低压并联电抗器 4 × 60 Mvar、并联电容器组 4 × 60 Mvar。

本期新建兰江—建德 2 回 500 kV 线路，新建线路长度约为 2 58.5 km，新建建德—芝堰 2 回 500 kV 线路，新建线路长度约为 2 46.5 km，导线截面均采用 4 × 630 mm²。

1 000 kV 兰江变电站扩建 2 个 500 kV 出线间隔并调整出线间隔，扩建 2 个 500 kV 母线分段间隔；500 kV 芝堰变扩建 2 个 500 kV 出线间隔。本期配置 4 套 SDH 光传输设备，新建 OPGW 2 × 58.5+2 × 46.5 km。

### （一）系统二次

本期新建兰江—建德 2 回 500 kV 线路，新建建德—芝堰 2 回 500 kV 线路。每回线路各侧新上双套分相电流差动线路保护，每套线路保护采用双通道与线路对侧的线路保护进行通信。其中，各套线路保护的 A 和 B 通道均为复用 2M。

建德变本期每台 500 kV 断路器配置双套断路器保护装置。建德变本期按段配置双套 500 kV 母线保护。建德变每回 220 kV 线路配置双套微机型线路保护；按每段双母线配置双套 220 kV 母线保护；按母联 / 分段断路器配置双套 220 kV 母联 / 分段保护。建德变本期配置 1 套故障录波系统，按网络电压等级配置故障录波装置。

建德变保护及故障信息管理功能由一体化监控系统实现，信息经调度数据网络上传至调度端。建德变保护及故障信息管理子站功能由站内监控系统集成，经调度数据网络上传主站。

### （二）系统通信

本工程随一次线路新建兰江—建德 72 芯 OPGW 光缆 2 × 58.5 km，建德—芝堰 72 芯 OPGW 光缆 2 × 46.5 km，采用 G.652 光纤。最终形成兰江至建德 72 芯光缆 2 根，芝堰至建德 72 芯光缆 2 根。

### （三）站址情况

仇村站址位于浙江省建德市乾潭镇仇村东侧地块，属建德市乾潭镇管辖，地属乾潭镇的仇村和牌楼村。土地性质为林地。现站址范围内有红卫山塘，地面标高为 61.0 ~ 110.9 m（1985 国家高程基准），土方平衡后站址设计标高为 84.0 m，场地自然标高高于百年一遇计算洪水位。进站道路考虑从大罗线引接，引接长度约 365 m，由北侧进站。

## 三、项目成果特点

### （一）成果特点

**1. 提高杭州西部电网供电能力，解决 500 kV 富阳变重载问题**

“十四五”初期，受新富两厂来水等因素影响，杭州西部电网水电机组由 70% 出力变为不出力方式，供区容载比由 1.51 下降至 1.30，严重依赖水电机组出力，腰荷富春江水电不出力时富阳变供电能力不足的问题将较峰荷更为严重。本工程投产后，割接部分 500 kV 变电站负荷，进一步减轻杭州西部 500 kV 变电站供电压力，进一步满足区域经济发展需求。

**2. 提高供电可靠性，优化 220 kV 电网结构，为杭州第 19 届亚运会保驾护航**

杭州西南 3 县（市）尚无 500 kV 电源点，供电分区较为零散，分处瓶窑、富阳、芝堰三个供电区域，长距离远送线路较多，220 kV 网架较为薄弱。本工程建成投运后，可为杭州西部 3 县（市）提供电源支撑，以新安江电厂送出 4 回 220 kV 线路开口为基础，优化重构杭州西南部 220 kV 电网网架，消除建德市电网事故风险，减少 220 kV 长距离送电，有效提高供电可靠性和供电效率，为保障亚运会供电安全可靠作出贡献。

**3. 为抽水蓄能电站等厂站接入创造条件**

浙江是全国峰谷差最大的省份之一，2019 年已达 3 252 万 kW，调峰困难日益显现。规划中拟建的建德、桐庐抽蓄均落点该区域，以更好地提升电网系统性调节能力。本工程的实施，可为规划的360万kW抽蓄就近接入创造条件。

另外，杭州西南部南片区域建德市220 kV新增变电站接入系统组网困难，廊道资源较为稀缺，新建建德变可为220 kV变电站接入创造条件。

**4. 优化提升500 kV网架送受电能力，提高特高压利用效率**

“十四五”初期，浙西南二期线路工程投产后，虽福建来电6 800 MW的输送能力得以满足，但在不同典型运行方式下，金华换流站近区东向负荷中心通道潮流输送压力仍较大，本工程实施后，形成兰江—建德—芝堰浙西南电网外送通道，进一步增强夏金—信安—芝堰—兰溪电厂—双龙—夏金环网内变电站的供电可靠性，优化提升浙西南清洁能源、福建来电直接外送能力，提高兰江变特高压利用效率。

### （二）成果创新点

（1）通过开展500 kV建德输变电工程，打造模式创新、技术先进、设计先导、工艺执行、争创优质工程，作为杭州西南部首座500 kV智能变电站，本项目配电装置采用全封闭组合电气设备，使得变电站具备占地面积少、布置紧凑、设备先进、工艺精的特点。

（2）导线采用高导电率钢芯铝绞线，降低了线损。与铝包钢绞线和铝合金绞线相比，钢芯铝绞线铝线导电率最高，可以达到同等截面铜导线的61%～63%，综合比较后年费用最小，能源利用率最高。

（3）本工程路径需跨越新安江，考虑到跨江通道的稀缺性，本工程跨越“新安江”段路径采用混压四回路，作了多方案技术比较，并考虑在典型方式下，针对各类故障形式进行深度拓展分析，与运行、调度等多部门展开深度研讨，优化设计方案。

## 四、项目实施情况

浙江杭州建德500 kV输变电工程的建成投运满足“十四五”期间的负荷需求，提升了区域的供电可靠性，优化了电网结构，解决了电网瓶颈。可行性研究内容翔实，方案论证充分，主要包含以下几个方面：一是，通过多次实地踏勘，统筹规划，最终提出合适的站址，通过多方案技术比较，结合浙江省电网远景规划，提出500 kV和220 kV接入系统方案；二是，根据区域发展实际，有效解决杭州西南地区用电需求，解决富阳主变重载问题，兼顾解决浙西南东部外送通道压力，提升500 kV网架送受电能力，为电网的可持续发展奠定良好基础；三是，助力拥江发展战略落地，确保亚运供电安全。

项目情况如图1至图3所示。

图 1　项目实景图

图 2　项目现场施工图

图 3　项目效果图

## 五、项目主要参与人员

项目主要参与人员：唐人、何勇玲、朱维骏、高振宇、陈忠华、俞容江。

# 浙西南网架优化加强工程可行性研究

浙江华云电力工程设计咨询有限公司

扫码查看原文

## 一、项目概况

近年来，夏秋宾金大送时段，受制于浙江西南部 500 kV 电网各外送断面整体输送能力，浙福特高压作用未充分发挥。各级政府，特别是国家能源局，高度关注浙福工程的利用效率，“十三五”初期，国家电网有限公司已启动浙西南部分线路增容等工程，缓解通道受阻局面。浙江西南部衢州、丽水等地，贯彻“两山”理论，近年来大力发展清洁能源，装机容量突破原规划边界条件，进一步挤压宾金直流和福建来电的 500 kV 外送断面，夏季高峰和谷荷相关断面通道超限的情况依然存在，福建送出受阻问题仍未得到根本性解决。

外来电作为保障浙江省电力安全的重要支撑，近年来占比不断提升，但同时，浙江省外来电受入通道也基本饱和，千方百计提升省间互济能力，成为缓解近期浙江省电力保供压力的重要举措之一，特别是闽浙断面，福建作为华东区域近中期有电力盈余的唯一省份，提升浙江与福建电力输送能力，是平衡浙江及华东电力缺口的重要手段。

为彻底解决福建送出受阻问题及浙西南新能源外送问题，浙江华云电力工程设计咨询有限公司研究并提出了浙西南网架优化加强方案。

本项目作为省级联络通道提升工程，涉及浙江、福建两省 4 市，投资近 20 亿元，其项目意见在于一揽子解决福建来电受限、浙西南交直流大电网安全、丽水市电网安全、大规模可再生能源接纳和送出能力不足、多座抽蓄接入受限等一系列问题。为解决上述问题，对浙西南网架结构进行统筹优化与加强：一是对福建 500 kV 来电（宁德—金华换流站通道）进行改接，降低金华外送断面压力并控制短路电流；二是新建丽西—夏金线路，加强丽西与浙江 500 kV 主网联系，提高供电可靠性；三是增容金华—双龙小截面线路和改造丹溪变间隔设备，适当加强金华换流站部分外送断面，提升断面对多类运行方式的适应性。

## 二、项目内容

本项目 2017 年 12 月开展浙西南线路改造二期专题研究，2018 年通过国网浙江省电力有限公司评审，并纳入华东“十四五”电网规划重大问题研究清单。2019 年启动可行性研究，由浙江华云电力工程设计咨询有限公司牵头与中国能源建设集团浙江省电力设计院有限公司组成联合体承担项目可行性研究。2019 年 10 月完成可行性研究并通过国网经济技术研究院有限公司评审。2020 年 3 月，本项目通过国家能源局授权电力规划设计总院的评审，根据评审意见项目名称更改为“浙西南网架优化加强工程”。2020 年 8 月，华东电网规委会进一步讨论明确了本项目的建设方案。2020 年 11 月，本项目取得国网经济技术研究院有限公司的可行性研究评审意见。

可行性研究报告思路清晰、内容全面、亮点突出。一是对现状问题分析客观、深入、全面。二是以问题为导向，提出了多类技术方案，进行了技术经济综合比选，相关计算更加贴合华东电网运行实际，实现与调度运行方式的深度对接。三是内容全面涵盖了工程建设背景、规模时序、计算边界条件、实施成效等，逻辑清晰、内容完备。四是项目论证充分考虑效率效益和工程建设的实施性，提高电网建设方案和投资测算的精准性，促进电网高质量发展。五是项目的建设有利于助推节能减排和清洁能源示范省的创建工作，社会效益可观。

## 三、项目成果特点

### （一）成果特点

第一，充分释放福建电力送出能力，为“十四五”期间经济社会发展用电提供保障。“十四五”期间，长三角三省一市将存在最大 35 000 MW 的电力缺额。基于福建的资源禀赋，未来仍存在 8 000 MW 的季节性盈余。本工程投产后，福建送电能力可提升 4 300 MW，突破了福建电力送出瓶颈，充分释放福建电力在华东范围资源优化配置的能力。

第二，贯彻落实国家和浙江省委、省政府重大发展战略。在节能减排和“创建清洁能源示范省”的大背景下，释放省内电源，加强省内清洁能源等电源建设和争取区外来电的方式将是解决浙江省“十四五”电力缺口的重要手段。本工程重点关注宾金直流大送电以及浙西南可再生能源大发电时浙西南电网外送断面的供电能力，提出了相应的增容改造措施，工程投产后其北送负荷中心的两个重要断面的供电能力合计提升 2 500 MW，可以更好地构建满足全面消纳各类清洁能源的大电网。

第三，解决浙西南地区短路电流超限的问题，提高交直流电网安全性。浙西南地区落点 2 座特高压站、1 座直流站，同时与福建电网相联络，区域内金华换流站等站点存在短路电流超标问题，“十四五”中后期，即便采用调相机全停的方式也难以为继，还需陪停统调火电多台机组，严重影响浙江电网供电保障能力，同时关停调相机也无法满足严重交流故障下地区电网电压的稳定水平，本工程通过站点短路电流支路贡献值进行分析，提出浙福 500 kV 联络线的改接方案，在满足换流站外送需求和统调电源全开机的前提下，合理控制短路电流，并为调相机灵活投入运行创造条件。

第四，优化网架结构，为规划抽蓄接入创造条件。浙江是全国峰谷差最大的省份之一，2021 年已达 38 030 MW，调峰困难日益显现。浙西南地区水电资源相对丰富，规划中拟建的缙云、衢江抽蓄均落点该区域，受限于区域短路电流水平偏高、接入后送出受限等因素，难以保证可靠接入。本工程实施后，规划的 2 400 MW 抽蓄接入后短路电流水平和潮流疏散均在合理范围以内，可以更好地提升电网系统性调节能力。

第五，破解新能源外送难题，保障丽水可再生能源持续发展。丽水市地域面积占浙江六分之一，境内 90% 以上土地属于山区，新增风光项目基本上分散在各个山区。本工程实施前，500 kV 丽西变以终端变运行时，丽水全市存在因 220 kV 弱电磁环网损失 200 MW 负荷和弃 1 000 MW 以上装机新能源的问题。本工程实施后，可保障丽水市的供电安全，满足“十四五”期间新增 4 000 MW 装机的新能源送出，破解清洁能源外送难题。

第六，优化区域网架，提高特高电网输送通道利用效率效益。实施本工程可以显著降低金华—双龙四线、金华—永康双线等金华北送重载通道潮流水平，根本性解决长期以来困扰规划和运行的宾金和福建大送情况下相关断面潮流受阻问题，释放福建富余电力送出，同时提高莲都—兰江特高压通道的利用效率。

### （二）项目创新点

第一，项目工程规模大，属于较大的省级联网工程，涉及浙江、福建两省 4 市，投资近 20 亿元，是近年来浙江电网最为复杂的 500 kV 项目。主要困难体现在需要一揽子解决福建来电受限、浙西南交直流大电网安全、丽水市电网安全、大规模可再生能源接纳和送出能力不足、多座抽蓄接入受限等一系列问题。

第二，可行性研究报告以问题为导向，与远期规划相衔接，提出了多类技术方案，进行了技术经济综合比选，电气计算在考虑典型方式基础上，增加了汛期方式及局部新能源大发方式，更加贴合华东电网运行实际，实现与调度运行方式的深度对接。

第三，本工程路径多为高海拔山区路径，论证技术方案充分参考浙江省新版的冰区图，并结合浙西南地区路径沿线的实际情况，采用卫片、航拍等新兴技术手段，实现较为精准的塔位图，保障工程实施的可行性，提高建设方案和投资估算的精准性。

## 四、项目实施情况

### （一）主要成效

浙西南网架优化工程实施后，金华换流站短路电流在全开机、全接线方式下可下降至 60 kA，2 台调相机均具备开机条件；换流站各外送断面潮流分布合理，换流站—双龙、金华—永康、永康—丹溪等关键通道在“十四五”各类方式下均无过载并留有适当裕度，满足《国家电网安全稳定计算技术规范》（Q/GDW 1404—2015）对功率裕度 5% ~ 10% 的建议；丽西变通过 2 个非同走廊双回线路与浙江主网相连，安全可靠水平大幅提高，可满足“十四五”本地新能源外送消纳及衢江、缙云等在建抽水蓄能电站的接入需求。

### （二）经济和社会效益分析

浙西南网架优化加强工程投产后，将使得福建富余电力送浙能力提升 4 300 MW，有力缓解“十四五”期间电力供需极度紧张的问题，保障区域电网供电安全；满足浙西南新能源装机新增 4 000 MW 以上的消纳需求，促进电力行业的结构进一步优化，保障各类电源电力的可靠送出；解决抽水蓄能新增接纳能力 2 400 MW 以上，可满足华东区域电网系统性调峰需求，提高电网在不同负荷水平下系统调节能力，符合经济社会高质量发展要求；解决了丽水市因 220 kV 弱电磁环网而存在的供电安全风险，其供电安全可靠水平大幅提高。

本工程施工期间需要大量的基础材料和劳动力，能够给当地创造更多的就业机会，增加当地对社会商品和服务业的消费和需求，促进当地服务业和制造业的发展。

### （三）节能分析

#### 1. 系统节能分析

本工程投产后新增装机容量 1 000 MW 风电、3 000 MW 光伏和 240 万 kW 抽蓄电站等可再生能源的接入消纳，平均年发电量预计可增加 89.6 亿 kW·h，与同样发电量的火电相比，每年可节约标煤约 279 万 t（标准煤耗率按 312 g/kW·h 计），可相应的减少燃煤所产生的二氧化硫约 2 372 t、氮氧化合物约 2 065 t，减少排放温室效应性气体二氧化碳约 742 万 t，符合浙江省能源“双控”和煤炭总量控制目标。

**2. 线路节能分析**

本工程的导线材料采用高导电率钢芯铝绞线，降低了线损，其导电率可以达到同等截面铜导线的 61% ~ 63%，全寿命周期下，能源利用率最高。本工程采用国内常用的四分裂导线，还选用性能优良的阻尼型间隔棒，并在档距中按优化方式布置安装，可以有效减少导线表面电位梯度和次档距振荡，并能提高导线的输送能力。

**3. 变电节能分析**

本工程考虑电网的各种运行方式，选择合理的进线导线截面，以减少单位面积的通流量，减少电能损失。高压设备或导线的电场分布较为复杂，为了改变电场的不均匀性，所采用的金具都经过专门的设计，以使金具的表面电场均匀，减少电晕现象的产生，减少电能的损耗。

项目情况如图 1 和图 2 所示。

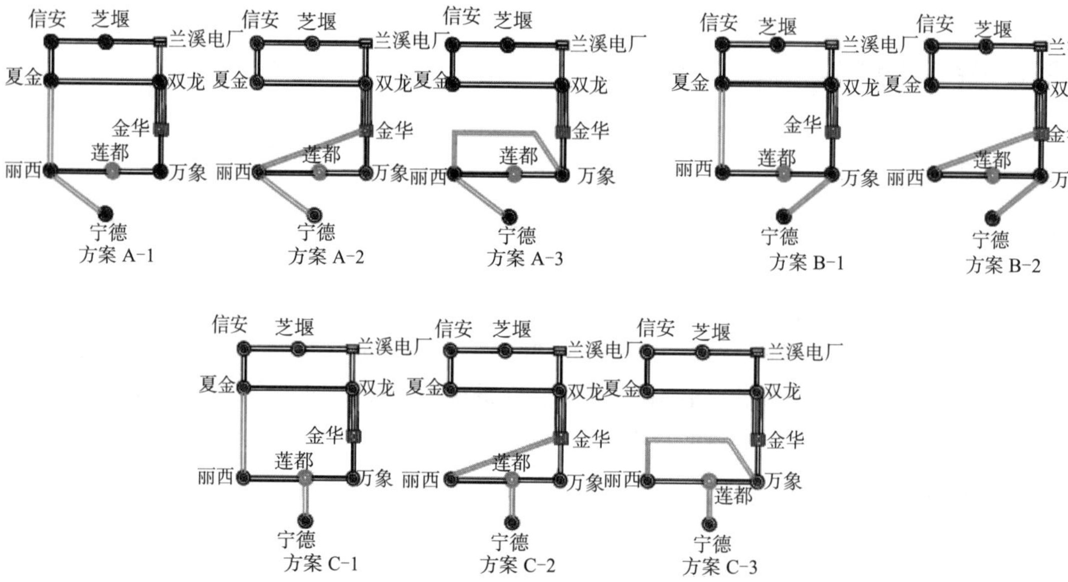


图 1　项目接入方案比选

图2　项目实景图

## 五、项目主要参与人员

项目主要参与人员：唐人、施展、郁丹、丁晓宇、何佳、胡新良、郭雨涵、吴君、翁华、何勇玲。

# 评估咨询篇

# 新建铁路湖州至杭州西至杭黄铁路连接线工程社会稳定风险评估报告

杭州市工程咨询中心有限公司

扫码查看原文

## 一、项目概况

新建铁路湖州至杭州西至杭黄铁路连接线工程，位于浙江省中北部，北起湖州市吴兴区，途径湖州市德清县、杭州市余杭区、西湖区、富阳区，南至杭州市桐庐县。项目线路全长137.601 km，区间新建线路全长136.866 km，新建桥梁49座80.653 km、隧道34座41.201 km，新建工程桥隧比89%。

本项目的建设将完善浙江省交通骨干网络，提升城市交通枢纽功能，是杭州第19届亚运会重要对外交通保障工程之一，对优化杭州铁路枢纽客站与过江通道布局、提升都市交通枢纽能力、完善区域路网规划布局具有重要意义和作用，是衔接“长江经济带”“一带一路”等国家战略和倡议的重要交通基础工程。

## 二、项目内容

本项目对《新建铁路湖州至杭州西至杭黄铁路连接线工程可行性研究报告》进行评估。“新建铁路湖州至杭州西至杭黄铁路连接线工程”项目为线性工程项目，项目全长137.601 km，新设车站3座（杭州西站、富阳西站、桐庐东站），正线桥梁49座80.653 km，涉及2市（6区、县）。

项目建设内容涉及高铁场站、隧道、桥梁、输配电等多项专业内容；跨越两个地级市行政区划，涉及吴兴区、德清县、余杭区、西湖区、富阳区、桐庐县六个区县；线路沿线需要考虑古树名木、自然风景区、风景名胜区、文物古迹、水源保护地等多个风险敏感点。

鉴于本评估范围的广泛性和风险因素的复杂性，评估组采用实质与形式相统一的方法，对本项目进行系统、全面、完整的分析评估。评估报告紧紧围绕“合法性、合理性、可行性、可控性”四个目标，按照实现目标的实质性要求，运用德尔菲法、检查表法、情景分析等方法对项目风险进行全面系统的重新梳理，对项目涉及的单因素风险可能出现的风险点进行逐项排查。为确保评估内容的科学性、客观性和公正性，评估组高度重视方法的形式性要求。严格按照风险调查、风险识别、风险估计、风险防范与化解措施、确定风险等级的评估总步骤，在具体方法应用上严格遵循方法内在的逻辑要求。如在风险估计时采用德尔菲法并严格遵守该方法的程序要求，确定项目风险权重、风险概率和风险影响程度。

## 三、项目成果特点

项目组接受委托后，依次按制定评估工作方案、收集和审阅相关资料、调研和充分听取意见、全面评估论证的程序开展工作，最终根据风险调查、识别、分析，以及风险防范和化解措施的研究成果，编制完成方案的社会稳定风险评估报告。经过多方评判，判定方案采取措施前的风险等级为"中风险"，经采取各项风险防范与化解措施后，项目方案的风险等级降为"低风险"，具体成果特点如下。

（1）评估涵盖范围极广，风险因素复杂多样。

（2）评估方法采用实质与形式相统一的方法，具有创新性和先进性。

（3）评估内容系统全面，具有针对性和可操作性。为确保项目客观、系统、全面性，科学严谨地实施评估工作，提高稳评工作的针对性和可操作性，评估工作重点做好以下几点：①充分论证工作方案；②开展全面充分的调研；③系统做好风险识别工作；④针对性提出风险防范措施；⑤谨慎给出风险结论。

（4）评估结论得到运用，为类似项目推进提供了经验借鉴。

本项目获得2018年度浙江省优秀工程咨询成果二等奖。

## 四、项目实施情况

项目组接受委托后，在2018年3月—2018年9月开展新建铁路湖州至杭州西至杭黄铁路连接线工程的稳评工作，依次按制定评估工作方案、收集和审阅相关资料、调研和充分听取意见、全面评估论证的程序开展工作，最终根据风险调查、识别、估计，风险防范和化解措施的研究成果，编写完成方案的社会稳定风险评估报告。评估报告从政策程序风险、勘察设计风险、环境影响风险、征地拆迁风险、质量安全风险、运营管理风险等10个方面，对《新建铁路湖州至杭州西至杭黄铁路连接线工程可行性研究报告》中的风险分析篇章进行了综合评估。经过多方评判，判定方案采取措施前的风险等级为"中风险"，但在采取各项风险防范与化解措施后，方案的风险等级已经降为"低风险"，方案具有可控性。

### （一）项目合法性

经过本次评估核实，项目的建设实施符合国家现行相应法律、法规、规范以及国家有关政策；项目的建设符合国家、浙江省、杭州市、湖州市国民经济和社会发展规划、产业政策导向。

### （二）项目合理性

项目的建设是杭州铁路枢纽打造新客站，架构新过江通道，优化枢纽客站布局和提升枢纽过江能力的需要；是构建浙江省对外快速客运通道的需要；是完善长三角城际铁路网，落实浙江省"实现省会到设区市高速铁路'1小时交通圈'"发展目标的需要；是响应杭州市"工业东进，商业留中，居住旅游西进"发展方向，助力杭州城西科创大走廊发展的需要；是坚持生态优先，促进绿色发展的需要。

### （三）项目可行性

本项目建设时机成熟，条件完备。项目建设方案研究内容扎实，相关技术计划翔实，配套措施有效得力。项目建设与沿线区域经济社会发展水平相适应，对提高铁路运输能力、刺激经济发展有积极意义，得到了当地政府及居民的认可和支持。

### （四）项目可控性

项目的建设实施不存在重大社会隐患，对可能存在的10大主要风险因素，事先规划了合理与行之有效的防范化解措施及应急预案，因此该项目风险可控。

### （五）项目风险等级

本项目初始社会稳定风险评判共识别出10个主要单项风险因素，其中2个重大风险因素、4个较大风险因素、4个一般风险因素，采用风险指数计算的风险综合评价方法，得到本项目的综合风险指数为0.565，并结合社会稳定风险等级评判标准，认为本项目在采取措施前的社会稳定初始风险等级为中风险，但接近高风险等级。

在项目落实防范和解决措施后，10个主要单项风险因素风险等级发生变化，评估认为：

（1）从单项风险因素风险程度上判断，本项目10个单项风险因素在落实风险防范化解措施后的风险为1个较大风险、3个一般风险、6个较小风险，无重大风险，按照风险等级判断标准，该项目位于“低风险”区间。

（2）从综合风险指数上判断，根据专家判断的主要风险因素权重值和风险程度，计算综合风险指数。经计算，项目落实措施后的综合风险指数为0.317，满足“<0.36”的要求，按照风险等级判断标准，该项目位于“低风险”区间。

（3）从风险调查结果上判断，沿线相关部门及专家对本项目建设均持“支持”或“有条件支持”的态度，调查对象中没有明确反对者，总体来看沿线居民对本项目的建设基本呈支持态度，位于“低风险”区间。

（4）从可能引发的风险事件及人数上判断，结合风险调查的相关结果和专家评估，落实风险防范和化解措施后，该项目引发大规模群体性事件、一般性群体性事件的可能性很小，可能会发生部分个体矛盾冲突，按照风险等级判断标准，该项目位于“低风险”区间。

（5）从浙发改法规〔2013〕1173号文中的社会稳定风险总体评判标准上判断，经评估调查分析，新建铁路湖州至杭州至杭黄铁路连接线工程在认真落实风险防范和化解措施后，多数群众对此表示理解支持，通过有效工作可防范和化解矛盾。按照风险等级判断标准，该项目位于“低风险”区间。评估认为，在充分考虑所有可能对项目运作产生影响的风险因素后，积极采取各种风险防控与化解措施的前提下，本项目风险等级可以保持在低风险、接近中风险级别。

在建设单位和相关部门充分落实评估报告提出的风险防范、化解措施的情况下，本项目的社会稳定风险等级可由“中风险”等级降为“低风险”。“新建铁路湖州至杭州西至杭黄铁路连接线工程”已于2019年4月获得中国国家铁路集团有限公司和浙江省政府联合批复。评估报告回应了沿线公众、铁路设计单位、行政管理部门、企事业单位等对安全、环境、经济发展等多方面的要求，充分体现了项目决策过程专家理性、公众理性。

项目情况如图 1 和图 2 所示。

图 1　线路实景图

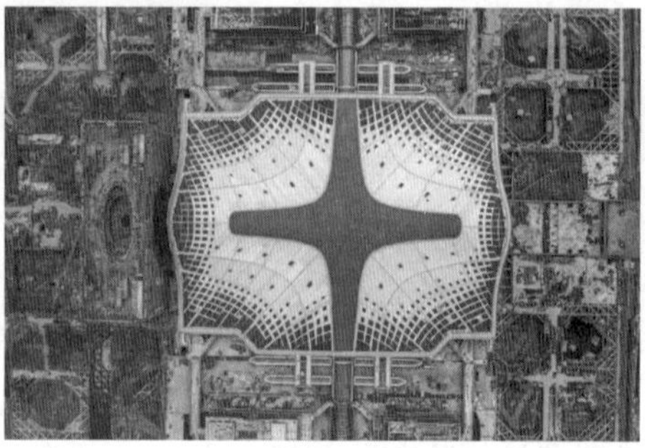

图 2　场站（杭州西站）实景鸟瞰图

## 五、项目主要参与人员

项目主要参与人员：周庆建、黄一帆、何俊宏、马闻坚。

# 杭州市城市快速轨道交通三期建设规划（2017—2022年）社会稳定风险评估报告

杭州市工程咨询中心有限公司

扫码查看原文

## 一、项目概况

本项目是对“杭州市城市快速轨道交通三期建设规划（2017—2022年）”（以下简称建设规划）社会稳定风险评估进行评估，该建设规划包括：1号线三期、2号线三期、3号线一期、4号线二期北段、5号线二期、6号线二期、7号线、8号线一期、9号线一期和10号线一期，线路总长196.1 km。投资估算总额为1 446.70 亿元。

本次社会稳定风险评估主要围绕规划的合法性、合理性、可行性和可控性等方面，根据对《杭州市城市快速轨道交通三期建设规划（2017—2022年）社会稳定风险分析报告》（以下简称《报告》）的审阅结果，结合三期建设规划方案和建设项目沿线的实际情况，以及补充调查、专题研讨的成果，开展风险调查、风险识别、风险估计和风险等级判断工作。评估过程包括制定评估工作方案、收集和审阅相关资料、调研和充分听取意见、全面评估论证、确定风险等级、编写形成评估报告。

## 二、项目内容

本建设规划评估内容主要包括风险调查评估及各方意见采纳情况、风险识别评估、风险估计的评估、风险防范和化解措施的评估、落实措施后的风险等级确定等。

### （一）风险调查评估及各方意见采纳情况

（1）主要利益相关者分析。评估认为：风险调查已涉及大多数利益相关者。评估建议：补充社会稳定风险调查，针对反对意见提出相应风险应对措施。

（2）对风险调查的全面性评估。评估认为：调查内容总体较为全面，基本合理。评估建议：进一步咨询社会稳定风险评估相关领域专家，对可能存在的社会稳定风险作出判断、评估和预测。

（3）对公众参与的完备性评估。评估认为：《报告》能够按照有关规定，有效履行公众参与程序。评估建议：完善规划社会稳定风险分析公众调查及其风险专家咨询的内容，提出风险应对措施。

（4）对风险调查结果的真实性和可信性评估。评估认为：调查结果具有一定的可信性。评估建议：补充预审咨询会专家意见的情况，以及规划建设项目沿线各单位或部门的意见、建议，并深入了解极少数持反对态度人群的潜在诉求。

（5）评估阶段补充调查情况。评估认为：《报告》在风险调查的全面性和公众参与的完备性不足问题。评估建议：进行补充调查。评估组从以下四个方面开展了补充调查：①补充遗漏镇（街道）的公众调查；②完善市、区两级部门座谈会材料收集；③深入沿线镇（街道）、村（社区）现场调查；④企事业单位问卷调查。评估组先后开展实地调查，向镇（街道）、村（社区）负责人以及居民代表介绍杭州地铁工程的基本情况，详细解答代表们提出的疑问，并收集问卷调查资料。

## （二）风险识别评估

（1）关于风险识别全面性和准确性的评估。评估认为：《报告》对风险的识别总体上较为全面，识别的16个风险因素基本准确，但也存在不够确切的地方，全面性略有不足。评估建议：对16个风险因素中的13个因素进行整合，并增加或补充项目在规划选线、规划过程中公众参与、社会稳定风险管理体系、商业经营影响、资金筹措方案等5方面的社会稳定风险因素。

（2）判断和识别的遗漏风险因素。评估认为：该项目存在遗漏的社会稳定风险因素。评估建议：补充规划选线、规划过程中公众参与、社会稳定风险管理体系、商业经营影响、资金筹措方案风险因素。

## （三）风险估计的评估

（1）关于风险估计方法的评估。评估认为：《报告》采用的评估方法较为准确，但仅仅采用两种方法不能进行全面估计风险。评估建议：应从单因素风险程度、综合风险指数、调查结果、可能引发的事件、风险事件人数等方面分别予以评估。

（2）关于风险估计内容的评估。评估认为：《报告》对识别出的16个风险因素风险等级的估计方法比较单一，对单个风险因素的风险程度没有进行判断和排序，从而无法确定风险程度较高的风险因素。

（3）关于风险估计等级的评估。评估认为：《报告》采用的综合风险指数法对于各个风险因素的风险概率、影响程度及权重确定的依据不够充分，从而导致判断结果依据不足。评估建议：应从单因素风险程度、综合风险指数、调查结果、可能引发的事件、风险事件人数等方面分别全面评估。

（4）对初始风险等级进行重新估计。根据风险估计的方法和标准，组织专家对每个风险因素所占权重、风险概率、影响程度进行估计，评估结果显示2个较大风险和8个一般风险。

（5）初始风险等级判断。①从单因素风险程度判断，主要风险因素中存在2个较大风险、8个一般风险，按照风险等级判断标准，该建设规划位于“中风险”区间；②从综合风险指数判断，综合风险指数为0.268，小于0.36，该建设规划位于“低风险”区间；③从调查结果判断，面向特定对象特定问题征求意见，反对的比例远低于10%，该建设规划位于“低风险”区间；④从可能引发的风险事件判断，项目引发大规模群体性事件的可能性较小，但发生一般性群体性事件的可能性较大，位于“中风险”区间；⑤从风险事件参与人数判断，若发生社会不稳定事件，单次事件参与人数达到10～200人的可能性较大，位于“中风险”区间。评估认为，杭州市城市快速轨道交通三期建设规划在落实风险防范与化解措施前的风险等级为“中风险”。

### （四）风险防范和化解措施的评估

（1）关于措施合法性、系统性、完整性的评估。《报告》提出的风险防范和化解措施合法合理。

（2）关于措施落实的全面、合理、可行、有效性评估。《报告》在风险防范和化解措施的职责分工、时间进度安排等内容上有所欠缺，需要进一步补充完善并编制《风险防范和化解措施汇总表》。

（3）风险防范、化解措施的补充、优化和完善。评估工作组对经整合、补充完善、新增后的10个主要风险因素的防范、化解措施进行了补充、优化和完善。

### （五）落实措施后的风险等级确定

（1）关于主要风险因素变化的评估。落实措施后，杭州市城市快速轨道交通三期建设规划的风险因素均为较小或微小风险因素。

（2）落实措施后的风险等级综合判断。在项目建设单位和相关部门充分落实各项风险防范、化解措施的前提下，杭州市城市快速轨道交通三期建设规划的社会稳定风险等级为“低风险”。

### （六）拟规划项目主要风险防范、化解措施

（1）进一步优化线路走向，加强重点路段的多方案比选，严格按照国家基本建设项目管理的有关规定进行项目规划公示、线路选址公示、环境影响公示，以及相关地块控规调整公示，引导公众参与部分站点设计、设备选型等方案的比选。

（2）本次规划应对接各类上位规划和前置审批要求，严格按申报流程办理规划审批手续，落实规划、国土、环保等部门提出的批复意见，按照批复的时间有序推进项目建设。

（3）结合项目规划选线，合理确定项目土地征收和房屋拆迁范围，尽量减少非自愿移民数量；加强沟通协调，制定切实可行的征收补偿安置方案，科学制定土地房屋征收计划，文明、有序开展土地房屋征收补偿工作，力争实现征地拆迁影响的最小化。

（4）制定项目建设资金筹措和使用计划，成立专门投融资公司，加大招商引资力度，合理开发利用轨道交通关联资源，加强对轨道交通建设资金使用情况的审计。

（5）加强施工现场和施工车辆的组织管理，严格控制土尘、垃圾污染；优化风亭、冷却塔选址和布局，减少对居民、行人的影响；合理选择施工及运行设备选型，优化施工和防护方案，加强施工现场的噪声、振动、水土治理，最大化降低相关渣土、灰尘、废气、废水、噪声、振动等的影响，最大程度减少因绿化破坏、水土流失造成的影响。

（6）建立完善项目社会稳定风险管理责任制度；建设项目维稳联系网络，完善信息通报和工作机制，提高维稳事故反应速度；加强与项目周边居民互动和信息交流，充分发挥社区及政府相关部门在处理社会风险事件中的沟通、调解和稳定作用；制定并不断完善项目社会风险应急处置预案，加强相关人员队伍建设和培训。

（7）及时公示本工程走向并将施工进度安排计划及时告知沿线商户，并协助受影响商户采取应对措施；合理安排施工方案，尽量减少对商户经营的影响，必要时采取一定的补偿措施。

（8）及时制定、公布和实施城区的施工期交通组织方案、疏散方案，加强对施工区域的交通指挥和疏导；加大施工便道的建设力度；施工中及时修补破损路面，方便沿线居民出行；根

据轨道交通走向，进一步优化站点周边的公交线路安排和公交站点设置。

（9）加强对建设规划的正面宣传和对媒体舆论的引导，提高建设规划的透明度，对线路走向、站点设置、征地拆迁补偿方案、环境影响评价等比较敏感的事件要及时与相关利益群体沟通，取得社会的理解。

（10）加强流动人口管理，做好运营突发事件的预测、预警和应急处置工作，维护项目路线和站点治安稳定；加强项目运营单位的制度建设，提高项目运营管理和服务水平。

## 三、项目成果特点

（1）挑战性。本项目涉及政策规划风险、工程领域风险、与社会互适性风险等社会稳定问题，涉及利益相关方众多且分散，评估工作难度大，内容繁杂，极具挑战。

（2）先进性。评估方法采取定性分析和定量分析相结合的方法，既突出与上位政策规划的衔接协调，又突出对沿线社会公众相关利益的合理维护。

（3）真实性。评估内容全面真实，通过公告公示、实地探勘、走访群众、召开座谈会、专家调查、网络调查、案例参照、决策类比、舆情分析等方式方法，全面真实地反馈、识别各类风险因素。

（4）预见性。本项目对建设规划提出了具体的预期风险等级，建设规划风险等级在评估提出的风险防范化解措施落实的情况下，符合评估预期结论，可有效防范和化解因建设规划可能引发的社会矛盾。

## 四、项目实施情况

“杭州市城市快速轨道交通三期建设规划（2017—2022年）”已经全部实施完成。

本评估项目获得2017年度浙江省优秀工程咨询成果一等奖，2018年度全国优秀工程咨询成果三等奖。

项目情况如图 1 和图 2 所示。

图 1　6 号线二期图

图 2　地铁 5 号线内景图

## 五、项目主要参与人员

项目主要参与人员：杜泽俊、朱晓琳、梅欣、姜乐婷、郭俊、苏雅。

# 杭州绕城高速公路西复线两阶段初步设计、初步设计概算

浙江公路水运工程咨询有限责任公司

扫码查看原文

## 一、项目概况

杭州绕城高速公路西复线是国家高速公路网和杭州都市经济圈环线的重要组成部分，也是杭州第19届亚运会和世界互联网大会的配套工程，是国家、浙江省“十三五”期间重点建设项目，连接练杭、杭宁、杭长、杭徽、杭新景、杭金衢、诸永7条高速公路，是杭州、嘉兴、湖州、绍兴4个地市的新快速通道。全线长约149 km，其中桥梁总长约38.4 km、隧道总长约32.5 km，设枢纽互通5处，一般互通18处，服务区2处，互通连接线6条。按地区（杭州段、湖州段）、国高网段（扩容工程）和省高网段（联络线）分为四段立项，由北向南依次为：G25德清至G60桐乡高速联络线湖州段工程、长春至深圳国家高速公路浙江省湖州段扩容工程、长春至深圳高速公路杭州段扩容工程、G25富阳至G60诸暨高速联络线工程。全线采用双向六车道高速公路标准建设，设计速度为100 km/h，路基宽度为33.5 m。初步设计核定概算共约381亿元，为浙江省单体投资最大的高速公路项目。

## 二、项目内容

### （一）关于总体设计的咨询意见

（1）湖州段由两家设计单位联合编制完成，K90+500路段前后的总体图、路线平面图及纵断面图存在断链桩号及长度不一致、纵坡及高程不一致等问题，建议明确总体设计单位，并做好总体协调工作，同时应明确两个单位的设计界面划分情况。

（2）部分中分带开口位置不合理，如K98+260—K98+300段中分带开口位于挖方路段，宜移至填方路段；K110+460—K112+960段约12.5 km路段未设置中分带开口，宜在合适位置增设等。

### （二）关于路线的咨询意见

（1）潘板圩区路段K1线与A线方案比选，设计推荐桥路结合的K1线方案。初审认为全高架方案的优点较突出，建议采用全高架方案。

（2）岩岭山隧道进洞口路段穿越崩坡积体，对工程安全有一定的不利影响。初审提出了避开崩坡积体，经岩下村西侧、岩上村东侧再进入岩岭山隧道的线位方案建议比选，减少了拆迁，同时岩岭山隧道长度可缩短约350 m，节省了造价。

（3）杭州段纵断面线形指标总体偏高，较多坡长超过2 km。初审对各路段的纵断面设计提出了具体的优化方案，减少了挖方数量，节省了造价，同时提高了行车的安全性与舒适性。

（4）湖州段欠方约208万$m^3$，初审建议优化纵断面设计，减少填方数量，以节省造价。

### （三）关于路基路面的咨询意见

杭州段有8处高路堤、33处深挖路堑，初审对高路堤挡墙、挖方高边坡防护设计等提出具体的优化方案。

### （四）关于桥梁涵洞的咨询意见

（1）初审对京杭运河大桥等五座桥梁的结构验算，各桥各阶段的结构应力、结构强度、抗裂性、刚度基本满足规范要求。但部分桥段富余较少，建议调整上缘预应力布置。

（2）设计对老龙溪桥提出简支钢桁梁和连续箱梁方案进行比选，推荐采用简支钢桁梁方案。初审认为推荐钢桁架梁桥理由不充分，建议进一步深入比选，合理确定推荐方案。

（3）初审建议对上跨高速公路等重要节点的桥型方案作进一步技术经济比选。同时补充高速公路相关部门意见，合理确定跨越方案。

### （五）关于隧道的咨询意见

（1）长城坞隧道、曲岭隧道、沙坑里隧道、里庄隧道等隧道洞口偏压与浅埋状况较严重，初审对平面设计提出了具体的优化建议，以改善洞口条件，提高工程的安全性。

（2）杭州段隧道围岩等级的判断偏保守，初审建议下阶段加深地质勘察、更准确查明围岩情况，对于埋深大且处于微风化层的路段，可以划分为Ⅱ级围岩，调整隧道围岩衬砌类型，以节省工程造价，同时加快施工进度。

（3）冯家庙棚洞（棚洞长90 m）、贬口棚洞（棚洞长150 m），采用半拱斜柱式平顶棚洞的结构形式，受力模式欠佳，且挖方边坡较高，棚洞优势不明显，初审建议优化棚洞结构为全拱型。两处棚洞的边坡较高，设计采用喷混凝土+锚杆的支护方式不利于植被再生，初审建议考虑美丽公路的建设要求，优化边坡防护设计。

### （六）关于路线交叉的咨询意见

（1）高桥互通（兼服务区），采用互通与服务区合建，交通组织复杂，对自然景观影响较大，工程规模偏大。初审结合高桥互通前后地形、地物，建议增加利用主线MK86+500附近山坳布设服务区，并在推荐互通位置结合地形把高桥互通设置单喇叭互通+服务区分址方案进行比选，合理确定工程方案及规模。

（2）瓶窑西互通，设计提出A+A型双喇叭和B+A型双喇叭方案进行比选，推荐采用A+A型双喇叭方案。初审认为A+A型双喇叭方案行车安全性相对较好，但弃方多近110万$m^3$，造价高约8 200万元，且山体开挖较大，对自然景观影响较大。考虑本互通行车转向有限，两个方案均能满足各象限转向功能，因此建议推荐工程规模相对较小的B+A型双喇叭方案。

### （七）关于设计概算专项审查的意见

（1）初审对湖州段扩容工程初步设计概算进行了专项审查，送审概算核减9 956万元，核增3 521万元，净核减6 435万元。初审后概算总金额为63.213 7亿元，其中建筑安装工程费用为

34.448 9亿元。初审概算未超工可批复估算（64.45亿元），仍在可控范围内。同时协助造价主管部门顺利通过概算审查。

（2）初审对湖州段联络线初步设计概算进行了专项审查，送审概算核减10 588万元，核增5 469万元，净核减5 119万元。初审后概算总金额为62.199 4亿元，其中建筑安装工程费用为35.467 2亿元。初审概算超工可批复估算2.679 4亿元，超估比例4.50%，仍在可控范围内。同时协助造价主管部门顺利通过概算审查。

## 三、项目成果特点

针对项目特点，专项初审单位组织精干力量，分别从路线、路基路面、桥梁、隧道、路线交叉、环境保护与景观设计、设计概算等各专业提出了诸多建设性的优化意见。初审报告中主要意见基本被评审会专家组和设计单位采纳，由此可节省工程投资约4.0亿元，同时有助于优化局部路段的平纵技术指标、降低施工难度，减少对环境的影响，经济效益和社会效益明显。

（1）初审对路基与桥梁方案进行了深入的分析研究，对其中的潘板圩区段、打网里至叶家墩路段、北庄至东村路段建议由桥路结合调整为全高架方案，避免了软基路段30多处桥头跳车和高填方路基的不稳定性风险，提高了行车舒适性，同时有利于区域的城市化发展、促进土地资源综合开发。

（2）沿线地形地质复杂多变，初审注重从绿色公路建设角度提出意见和建议。如提出岩岭山隧道进口段的平面线位优化方案，节省工程造价约2 100万元；针对杭州段弃方506万$m^3$、湖州段欠方208万$m^3$的情况提出优化方案，节省造价约10 650万元。

（3）根据初审意见优化了软基处理方案，对于桥头及路基填高大于5 m的路段将搅拌桩处理调整为预应力管桩处理，对高速公路拼宽路段将堆载预压调整为搅拌桩复合地基处理，提高了软基处理的可靠性，可减少新老路基拼宽的不均匀沉降，降低软基路段的全寿命周期成本。

（4）沿线桥梁占比较高，特殊结构桥梁众多，初审对桥型方案提出优化建议，节省工程造价，同时降低了施工难度和后期养护成本，优化了桥梁设计，确保了桥梁结构的安全性。

（5）沿线隧道众多，初审提出的优化方案促进了美丽公路建设，同时节约了造价，并加快了节点工程的施工进度。

（6）沿线路网密集、城镇化水平较高，互通设置条件较为困难，初审根据互通区地形、地物和路网等情况对各个互通方案进行了逐一分析，简化交通组织，降低工程规模，节省工程造价，提升互通的服务水平和行车安全性。

（7）初审对湖州段扩容工程初步设计概算进行专项审查，合理控制工程造价，并协助造价主管部门顺利通过概算审查。

本项目获得2020年度浙江省优秀工程咨询成果二等奖、2020年度全国优秀工程咨询成果二等奖。

## 四、项目实施情况

浙江公路水运工程咨询有限责任公司分别于2016年8月、2017年3月通过设计咨询招投标获得杭州绕城高速公路西复线杭州段、湖州段的设计咨询业务。设计单位浙江省交通规划设计研究院有限公司和杭州市交通规划设计研究院于2016年9月完成杭州段初步设计文件送审稿；设计单位浙江省交通规划设计研究院于2017年4月完成湖州段初步设计文件送审稿，于2017年5月完成湖州段初步设计文件报批稿。设计审查在详读设计文件的基础上，本着科学、客观、公正和负责的态度，依据部颁编制办法、省发展改革委工可批复和省行业有关初步设计的审查要求，通过必要的现场踏勘和设计沟通，对全套初步设计文件进行系统的审查后，提出明确的初审意见和优化建议方案，分别于2016年10月、2017年4月完成初步设计书面初审报告，于2017年5月、2017年6月完成初步设计概算专项初审报告。

初步设计初审报告内容包括总体设计、路线、路基路面、桥梁涵洞、隧道、路线交叉、交通工程及沿线设施、环境保护与景观设计、其他工程、筑路材料、施工方案、设计概算及基础资料；同时对杭徽高速分离主桥（60+100+60）m预应力混凝土变截面连续箱梁、富春江大桥主桥（85+2×151+85）m预应力混凝土变截面连续刚构、七家塘大桥主桥92 m钢桁梁、京杭运河主桥（93+155+93）m矮塔斜拉桥和（65+110+65）m预应力混凝土变截面连续箱梁进行了结构复核验算。

2016年10月12—14日，浙江省发展改革委和省交通运输厅联合在富阳组织召开了“长春至深圳高速公路杭州段扩容工程及G25富阳至G60诸暨高速联络线工程”初步设计预审会议；2017年4月20—21日，浙江省发展改革委和省交通运输厅联合在德清组织召开了“长春至深圳高速公路杭州段扩容工程及G25富阳至G60诸暨高速联络线工程”初步设计预审会议。会议均形成了审查会专家组意见。专家组对浙江公路水运工程咨询有限责任公司编制的初步设计初审报告给予充分肯定，同时初审报告也得到业主、交通主管部门、造价主管部门的高度认可，产生了良好的社会效益和经济效益。

目前杭州绕城高速公路西复线已顺利通车运营。

项目情况如图 1 和图 2 所示。

图 1　武康枢纽（连接杭宁高速公路）

图 2　小赤山隧道（435 m）

## 五、项目主要参与人员

项目主要参与人员：陈勇勤、王建江、楼坚林、任超、向辉、吴坚、徐林祥、胡亚琴、殷山鸿、朱刚。

# 溧阳至宁德高速公路（G4012）浙江景宁至文成段两阶段初步设计、施工图设计初审报告

浙江公路水运工程咨询有限责任公司

扫码查看原文

## 一、项目概况

本项目是《国家公路网规划（2013年—2030年）》江苏溧阳至福建宁德（G4012）公路的组成部分，也是浙江省规划的“两纵两横十八连三绕三通道”高速公路网中的“一连”龙（游）丽（水）温（州）高速公路的组成路段。项目起点位于景宁鸭卵坑，桩号为K12+158，顺接溧阳至宁德高速公路（G4012）云和至景宁段，终点在文成樟台，桩号为K80+203.8，顺接文成至泰顺段。路线全长约68.045 km。

本项目采用双向四车道高速公路标准，设计速度为80 km/h，路基宽为25.5 m。项目所在区域地形起伏较大，路线沿山岭沟谷穿行，高填深挖路基、高墩桥梁和隧道较多，区域地质情况复杂，设计难度较大。项目批复概算总投资为137.058亿元。

## 二、项目内容

本项目地处浙西南地区，沿线森林覆盖率高，沿线分布有多处4A级景区，具有得天独厚的自然、人文环境；沿线地形陡峭，建设条件极为复杂。初审咨询结合上述特点，踏勘与调查了沿线地形、地质情况及制约因素，分别对路线、桥梁、隧道、路线交叉、景区化高速、路基路面、桥梁涵洞设计方案以及施工组织计划进行优化。

### （一）初步设计初审

**1. 路线**

（1）初审认为：该路段设计方案需2次跨越白鹤水库，1次跨越三插溪，桥梁规模大，其中白鹤水库大桥主墩处水深达20 m，桩基施工难度极大；竹埠隧道出洞口段穿越大断层带，地质条件较差。初审建议：路线从白鹤水库南侧设置隧道后折向东，从三插溪南侧穿过，再设桥梁衔接沿丘隧道出洞口路段主线。

（2）初审认为：设计路线出耙齿岩隧道（3 235 m）后紧接3.9%下坡，其后路线纵面总体以2%纵坡下至项目终点，在塘坪隧道路段设置了一段反坡（+1.2%/1 450 m），对行车安全性有影响，且反坡段路线中心填高约33 m，工程量大。初审建议：优化K70—K77路段平纵设计，提高行车安全性，减少填挖工程量。

**2. 桥梁**

（1）初审认为：高岭头水库特大桥主桥采用450 m单跨吊钢桁梁悬索桥结构设计不合理。初审建议：调整为260 m主跨斜拉桥方案（图1、图2）。

图 1　高岭头水库特大桥远景图

图 2　高岭头水库特大桥近景图

（2）徐畲大桥、富岙大桥、中林大桥、白鹤水库1#大桥设计方案桥梁主桥设计均采用80 m主跨连续刚构，初审认为：徐畲、富岙及中林大桥采用连续刚构墩高减小有限；白鹤水库1#大桥主墩位于水库中，水深达约20 m，且基岩埋伏浅，桩基施工难度极大；富岙大桥配跨设计采用45 m+80 m+55 m，两侧边跨不同不利于结构受力，且55 m边跨侧现浇段长13.9 m，而墩高达43 m，施工风险大。初审建议：徐畲、富岙及中林大桥采用造价较低的T梁方案；白鹤水库1#大桥加大跨径，降低施工难度；富岙大桥配跨设计调整为45 m+80 m+45 m。

**3. 隧道**

初审认为：叶麻尖隧道竖井正井法施工方案工程量大。初审建议：施工方案由正井法调整为反井法。

**4. 路线交叉**

初审认为：景宁、富岙服务区地形横向高差大。初审建议：左右侧服务区采用不同场坪标高，同时结合场坪高差，服务区房建设施采用畲族文化特色的上盖建筑物布设。

**5. 景区化高速**

根据浙江省交通运输厅《关于印发浙西南景区化高速公路规划建设指导意见》，本项目确定为景区化高速公路示范项目。初审咨询针对项目沿线自然与人文环境，依据“崇尚自然、因地制宜、交旅融合”原则，提出通景、融景、造景等理念，从选线、构筑物布设、指标均衡、工程防护、景观融合等提出针对性建议。

## （二）施工图初审

**1. 路线**

（1）初审认为：乌岩头隧道洞口处纵断面纵坡高。初审建议：对乌岩头隧道洞口处纵断面设计进行优化。

（2）初审增设中分带开口和隧道联络通道，如马岭头隧道进口、蜂桶岚隧道出口及耙齿岩隧道出口等增设隧道洞口横向联络通道。

**2. 路基路面**

（1）初审建议：补充完善高填路堤、陡坡路堤及深挖路堑稳定性验算内容。

（2）初审建议：细化深挖路堑边坡防护设计，优化锚杆设置，加强坡面绿化设计。

（3）初审建议：完善深挖路堑坡面防排水设计。

**3. 桥梁涵洞**

（1）初审建议：加强高岭头水库特大桥140 m+300 m+140 m预应力混凝土斜拉桥主梁H0节段、景宁高架桥120 m+105 m预应力混凝土独塔斜拉桥主梁B1节段与桥塔的耐久性措施。

（2）初审建议：加强三插溪大桥110 m+170 m+110 m变截面连续刚构、凤垟大桥55 m+100 m+55 m变截面连续刚构、中林大桥45 m+80 m+45 m变截面连续刚构的结构计算，采取适当措施提高耐久性。

**4. 隧道**

（1）考虑到隧道洞口中风化基岩裸露，地形地质条件较好，初审建议：优化高峰尖隧道出口、三插溪隧道进口、文成隧道出口、乌岩头隧道进口、双坑隧道进口等隧道洞口段设计，降低工程造价。

（2）初审建议：优化本项目分离式隧道衬砌系统锚杆布设和连拱隧道Ⅳ级围岩地质相对较好区段的衬砌，降低工程造价。

（3）初审建议：结合景区化高速公路设计理念，优化隧道洞口位置、洞门形式、防护设置与景观设计。

**5. 路线交叉**

（1）初审建议：优化景宁南互通区D匝道减速车道设计。

（2）初审建议：完善文成枢纽出口匝道与文成隧道洞口段安全措施设计，提高行车安全性。

（3）初审建议：完善互通匝道与地方道路平交口的渠化设计，提高平交口通行能力。

**6. 施工组织计划**

初审认为：本项目地形、地质情况复杂，施工与运输条件困难，桥梁、隧道结构物规模占比大，且有多座高墩、大跨桥梁结构。初审建议：补充完善特长隧道、特大桥梁的施工组织方案及特殊桥梁结构与高墩施工安全性措施要求。

## 三、项目成果特点

初审对设计方案提出诸多优化建议并被设计单位采纳，可减少对生态环境的影响、降低工程风险、提高工程可实施性，节省造价约1.39亿元。

### （一）初步设计初审成果

（1）路线：设计根据初审意见优化了白鹤至徐垄段路线方案，减小了桥梁规模与施工难度，隧道避开了不良地质，节省造价约4 400万元；优化了K70—K77路段平纵设计，提高了行车安全性，减少填挖工程量约5万$m^3$。

（2）桥梁：设计根据初审意见将高岭头水库特大桥主桥由450 m单跨吊钢桁梁悬索桥调整为260 m主跨斜拉桥方案，节省造价约5 500万元；优化了徐砻大桥、富岙大桥、中林大桥、白鹤水库1#大桥设计方案，节省造价约4 000万元，减少了施工风险。

（3）隧道：设计根据初审意见将叶麻尖隧道竖井施工方案由正井法调整为反井法，避免了通过铜铃山景区核心位置出渣约2万$m^3$，提高了工程可实施性。

（4）路线交叉：设计根据初审意见，左右侧服务区采用不同场坪标高，减少挖方约11万$m^3$。

（5）景区化高速：设计根据初审意见优化了填挖边坡防护设计，绿化减少人工痕迹；跨鹤溪桥梁增设照明与景观灯，并与跨鹤溪其他桥梁相互映衬；隧道洞门调整为削竹式，以发挥“融景”“造景”的作用。另外，设计根据初审意见结合沿线自然景区位置、人文景观特色对交通安全设施设计进行了优化，提高本项目的“通景”“融景”功能；在西坑互通收费站后增设停车场，设至水库附近高点的步行道，并设置观景台；充分与地方通景、通村道路规划相结合，注重临时与永久结合，提高了资源节约集约利用水平。

### （二）施工图初审成果

（1）路线：设计根据初审意见优化了乌岩头隧道洞口处纵断面设计，使洞口段纵坡降低至3%以内，提高了隧道洞口段行车安全性；增设了中分带开口和隧道联络通道，提高了高速公路运营安全。

（2）路基路面：设计根据初审意见补充完善了高填路堤、陡坡路堤及深挖路堑稳定性验算内容，确保路基稳定安全；细化了深挖路堑边坡防护设计，优化了锚杆设置，加强了坡面绿化设计，实现了物种本地化、乔灌结合、以灌为主的设计理念；完善了深挖路堑坡面防排水设计，提高了路堑边坡在暴雨状态下的坡面稳定性。

（3）桥梁涵洞：设计根据初审意见优化了高岭头水库特大桥、景宁高架桥、三插溪大桥、凤垟大桥、中林大桥设计方案，采取适当措施确保桥梁结构安全，并提高了桥梁结构的耐久性。

（4）隧道：设计根据初审意见，优化了高峰尖隧道出口、三插溪隧道进口、文成隧道出口、乌岩头隧道进口、双坑隧道进口等隧道洞口段设计，优化了本项目分离式隧道衬砌系统锚杆布设和连拱隧道Ⅳ级围岩地质相对较好区段的衬砌，降低了工程造价；优化了隧道洞口位置、洞门形式、防护设置与景观设计，使之与周边自然、人文环境相协调。

（5）路线交叉：设计根据初审意见，优化了景宁南互通区D匝道减速车道设计，完善了文成枢纽出口匝道与文成隧道洞口段安全措施设计，提高了行车安全性；完善了互通匝道与地方道路平交口的渠化设计，提高了平交口通行能力。

（6）施工组织计划：设计根据初审意见补充完善了特长隧道、特大桥梁的施工组织方案及特殊桥梁结构与高墩施工安全性措施要求。

本项目获2018年度浙江省优秀工程咨询成果三等奖。

## 四、项目实施情况

浙江公路水运工程咨询有限责任公司通过招投标获得该项目的初步设计及施工图设计初审咨询业务后，迅速组织路线、路基路面、桥梁、隧道、路线交叉、交通工程等专业的专家团队，认真调查相关资料，详细审阅设计文件，并进行必要的现场踏勘，依据部颁编制办法、浙江省投资主管部门及行业主管部门有关文件要求，对本项目各专业设计提出了诸多合理的初审意见和优化建议方案，初审过程中将发现的问题及时反馈给业主及设计单位，并最终形成初步设计及施工图设计的初审报告供审查专家、设计单位参考。

2018年3月，浙江省发展改革委和省交通运输厅在景宁联合主持召开了《溧阳至宁德高速公路（G4012）浙江景宁至文成段两阶段初步设计》预审查会议，2018年11月，浙江景文高速公路有限公司在杭州主持召开了《溧阳至宁德高速公路（G4012）浙江景宁至文成段两阶段施工图设计》审查会议，会议均形成了审查会专家组意见。专家组对浙江公路水运工程咨询有限责任公司编制的初步设计及施工图设计初审报告给予了充分肯定，初审报告同时也得到了与会代表的一致好评，该项目初步设计及施工图设计均顺利通过审查。浙江省交通运输厅对该项目施工图设计已批复，目前该项目正在施工中。

## 五、项目主要参与人员

项目主要参与人员：丰月华、王孔正、陈荣伟、陈康俊、夏华盛。

# 瓯江北口大桥初步设计、施工图设计初审报告

浙江公路水运工程咨询有限责任公司

扫码查看原文

## 一、项目概况

甬台温高速公路复线是《国家公路网规划（2013年—2030年）》中G15W3沈海高速并行线（宁波—东莞）的重要组成部分，其中温州段全长约134.2 km，由北向南依次经过乐清、龙湾、瑞安、平阳和苍南五个县（市、区）。南金公路起于乐清南塘，终于苍南金乡，为《国家公路网规划（2013年—2030年）》中G228国道（辽宁丹东—广西东兴）在浙江境内的重要组成部分，路线沿海边平行于甬台温高速公路复线布设。

本项目位于温州市瓯江出海口，大桥跨越瓯江北口，连接岐头山与灵昆岛，是甬台温高速公路复线温州段和南金公路两条公路的控制性工程，大桥采用甬台温高速公路复线、南金公路二桥合一过江方案。本项目存在塔高受限、地质条件复杂、同时受甬台温高速及南金公路控制等难点，且需综合考虑景观、耐久性、施工难度等因素。

## 二、项目内容

### （一）主桥

**1. 对主桥结构体系确定提出了针对性的优化意见**

项目采用两桥合一，采用双层板桁组合钢桁梁，刚性混凝土中塔，桥塔高度受机场净空限制不能超过154 m（黄海高程），主缆矢跨比常规悬索桥小，导致两侧主缆不平衡力较常规的单层桥面、柔性中塔大，而悬索桥不能容许主缆钢丝沿鞍槽面滑移，否则滑移摩擦力及滑移量均无法控制，并且主缆在巨大压力下滑移必然使其钢丝磨耗受伤，将极大地危害桥梁安全；由于矢跨比较小，亦增加了全桥结构受力复杂程度，需合理选择结构体系，避免出现局部吊杆应力及应力幅过大等情况。因此，主缆与主塔抗滑、结构体系选择是主桥方案是否可行的关键。

（1）初审采用BLAS、Midas及ANSYS等有限元程序，初设阶段对结构在主缆矢跨比1/10（跨中吊点设在钢桁梁下层）、1/11（跨中吊点设在钢桁梁上层）、中塔采用刚性塔以及不同约束体系情况下的主桥受力、主缆索鞍抗滑安全等进行分析。提出了采用1/10矢跨比，并采取措施使主缆与索鞍间名义摩擦系数达到0.3以上的初审意见。该意见被设计采纳后，对结构进行了相应的优化，同时增加了技术设计阶段，确保主缆抗滑安全。

（2）初审对初设推荐的支承体系进行了深入分析，结果表明推荐方案边塔附近吊索在部分工况下出现脱空且应力幅超过200 MPa的情形，对吊杆的抗疲劳极为不利，且加劲梁在纵向风作用下的位移过大。设计根据该意见对结构体系方案进行了调整，将加劲梁在边塔处由飘浮调整

为设竖向支座方案，从而将边塔处吊杆应力幅控制在200 MPa内，提高了结构抗疲劳性能，并将纵向阻尼器的最大行程由500 mm调整为600 mm以控制梁端位移。

（3）施工图阶段初审分析发现南边墩在不利工况作用下支座出现负反力，需设置拉压支座，以利于结构受力及耐久性能，提出了建议增加压重措施的意见。设计采纳了初审意见，并对加劲梁南北边墩处补充了压重措施，消除了南边墩在极端不利工况下的支座拉力，同时增加北边墩支座压力储备。

**2. 对主缆间距提出了需进行分析论证的意见**

设计对主缆间距缺少相关分析，初审认为应考虑成桥后在荷载（特别是风荷载）作用下，主缆与钢桁梁产生相对位移时主缆与索夹不能与钢桁梁相碰；同时加劲梁吊装过程中，加劲梁与猫道间不要相碰，且需留有一定的安全距离。设计根据咨询意见对主缆与钢桁梁合理间距进行了分析论证，综合考虑上述施工、运营期各因素，将两根主缆横向间距确定为41.8 m。温州瓯江北口大桥加劲梁吊装如图1所示。

图1　温州瓯江北口大桥加劲梁吊装

**3. 对中塔沉井基础提出了应重视防冲刷设计的意见**

中塔处海床面以下淤泥及淤泥质黏土厚达40 m，中塔位于强潮河口区，最大流速大于3 m/s，且持力层卵石顶面高差较大，初审建议重视沉井下沉过程控制，应做好纠偏预案，防范施工下沉风险；根据沉井下沉稳定计算结果，第8节沉井内壁混凝土浇筑完毕后，沉井施工下沉系数小于1.0，继续下沉难度较大，建议采用吸泥下沉方式施工；同时局部冲刷情况下沉井埋深只有7.2 m，故应重视采取必要的防局部冲刷措施。

设计单位优化了施工流程，沉井着床稳定后采用钢壳内部抽水后干浇混凝土，内外水头差最大为16 m，且要求沉井施工过程中设置周围河床面、四周冲刷深度、关键部位位移及应力等的监测、监控系统。但未对沉井下沉到一定位置后下沉困难问题进行针对性设计，中塔沉井在实际实施中出现了难以下沉的问题。

**4. 对南塔及锚碇沉井基础提出了完善下沉方案的意见**

场区处淤泥地基承载能力差，初设阶段初审的分析结果表明沉井存在开始下沉不稳、后面沉不下去的问题。除最后两个施工阶段，沉井无法满足下沉稳定的要求，需采取相应处理措施；最后终沉工况由于沉井进入卵石层，设计基底嵌入卵石层最大位置达4 m，沉井最后一个阶段的下沉就位施工较为困难，且卵石层顶面高低起伏，需对最后一节下沉补充预案。

根据初审意见，设计对南锚碇沉井基础下沉方案进行了调整，对上部软弱层采用砂桩+垫层复合地基处理方案，其中砂桩处理深度达到33 m，为国内陆上砂桩处理深度之最。同时补充了沉井基础下沉过程中的应急处置预案，包括沉井进入卵石层后下沉困难的预案，和沉井进入卵石层后，沉井发生倾斜的施工预案。

**5. 提出了优化钢桥面铺装及加强除湿设备设计的意见**

1）钢桥面铺装

设计对上、下层采用相同的桥面板、铺装设计方案，初审认为本桥上、下层功能不同，交通量（高速公路、南金公路分担比例约为64%、36%）及重车比例存在差异，且南金公路为不收费项目，建议对桥面板、铺装方案做进一步分析、论证；高速公路中分带（宽3.8 m）铺装建议由改性沥青混凝土改为普通沥青混凝土，以节省工程造价。该条意见被纳入初设、施工图设计阶段专家组意见，设计同意在后续桥面铺装设计中落实。

2）除湿设备

根据目前已成桥运营的悬索桥实际状况，锚室内渗水问题较为普遍，设计仅在前锚室设置除湿设备，施工图阶段初审建议加强后锚室防水，将通气管道布设至后锚室，确保锚固系统耐久性。设计根据该意见完善了相关设计，确保了后锚室湿度能够满足要求。

**6. 对主桥防灾结合消防安全专题提出了优化意见**

悬索桥主缆是不可更换构件，一旦在火灾作用下主缆发生较大的伸长变形，将导致加劲梁变形，使其丧失使用功能。瓯江北口大桥主缆吊于下层，因此需考虑跨中位置附近发生火灾时对主缆的不利影响，初设阶段初审建议结合消防安全专题研究报告结论补充明确火灾对不同位置构件的影响程度以及防护（如刷防火涂料、主缆防腐结合防火）、修复措施设计。设计据此完善设计，对主缆采用S型钢丝+环氧树脂底漆+环氧树脂中间漆+ZD超薄弹性耐热隔热涂料+隔热涂料配套弹性耐候面漆的方案。

## （二）引桥

（1）岐头北河段至岐头山段墩高约25～45 m，该处淤泥层厚度超过20 m，初设推荐40 m跨径现浇箱梁，施工难度大，质量难保证，建议采用预制结构或钢-混组合梁结构。设计根据该意见，结合全线引桥结构选择，将桥梁上部结构调整为50 m钢-混组合梁。

（2）南引桥跨瓯锦大道以北路段初设推荐采用60 m、50 m跨径节段预制拼装预应力混凝土箱梁，初审建议将跨径统一为50 m，提升标准化施工程度。设计根据该意见对桥梁配跨进行了调整，将引桥跨径归并为50 m。

（3）施工图阶段初审结构复核计算表明50 m跨径钢-混组合梁混凝土桥面板的拉应力不能满足规范要求；部分门式墩下横梁正截面压应力超出规范容许值；部分门式墩中墩基础的单桩承载力、承台冲切承载力不满足要求。设计根据该意见，加强了桥面板普通钢筋设置，提高了结构抗裂性能；对不满足要求的门式墩下横梁预应力设置、中墩桩长、承台配筋进行了加强设计，保证了结构受力安全。

## （三）接线

对K274+740—K274+830公墓路段，设计选用仰斜式挡墙、桩板墙和框架桥方案进行方案比选，推荐造价低的仰斜式挡墙方案，初审认为方案比选中应考虑政策处理费用，考虑该费用后框架桥方案造价较之低约500万元，且对公墓基本无影响，实施难度小，设计根据该意见对该路段改为框架桥方案，避免了公墓搬迁，提高了项目的经济性和可实施性。

## 三、项目成果特点

《温州瓯江北口大桥两阶段初步设计初审报告》《温州瓯江北口大桥三阶段施工图设计初审报告》《温州瓯江北口大桥主桥中塔三阶段施工图设计初审报告》，根据本项目桥塔高度受到限制，桥址处台风频发，中塔基础冲刷严重、地质条件复杂、沉井下沉控制难度大，南锚碇处上层淤泥厚度大、沉井下沉稳定要求高，引桥需考虑高速与地方道路衔接等特点及难点，结合初步设计、施工图设计文件提供的资料，逐项进行了详细咨询，提出了诸多意见，相关咨询意见得到有关主管部门认可，并基本被设计单位采纳。初审报告进一步完善了设计文件，对优化技术方案、提高工程建设和营运安全性等有积极的意义。

本项目获2017年浙江省优秀工程咨询成果三等奖。

## 四、项目实施情况

浙江公路水运工程咨询有限责任公司于2015年4月接受委托后，组织各专业技术骨干，认真调查相关资料，审阅设计文件，并进行现场踏勘，针对项目的特点及难点，按照“安全、耐久、节约、和谐”的原则，对主桥、引桥结构进行全面复核计算，对各专业设计提出了诸多合理的咨询意见和建议，于2015年12月向业主提交了初步设计书面初审报告，2016年7月、10月向业主分别提交了主桥中塔施工图、施工图（不含主桥中塔）设计书面初审报告。

2015年12月24—25日，浙江省发展改革委和交通运输厅在温州联合主持召开了《温州瓯江北口大桥两阶段初步设计》预审查会议；2016年3月23—24日，交通运输部公路局组织召开了本项目初步设计审查会；2016年7月14日，浙江省交通运输厅在杭州组织召开了《温州瓯江北口大桥A型框架混凝土中塔技术设计》审查会议；2016年7月15日，温州瓯江口大桥有限公司在杭州组织召开了《温州瓯江北口大桥中塔施工图设计》审查会议；2016年10月10—11日，温州瓯江口大桥有限公司在杭州组织召开了《温州瓯江北口大桥施工图设计（不含主桥中塔）》审查会议。以上会议均形成了专家组意见，初步设计、施工图设计审查会专家组对浙江公路水运工程咨询有限责任公司编制的初步设计初审报告、施工图设计初审报告给予了充分肯定，认为报告提出的建议具有很强的针对性和可操作性，要求设计单位认真吸收、采纳。项目初步设计及施工图设计均已顺利通过审查，并已取得对应阶段批复。

目前该项目已建成通车。

## 五、项目主要参与人员

项目主要参与人员：丰月华、朱刚、王孔正、曾新、陈康俊、金建鸿、陈荣伟、黄廷。

# 浙江省文成至泰顺（浙闽界）公路两阶段初步设计初审报告

浙江公路水运工程咨询有限责任公司

扫码查看原文

## 一、项目概况

浙江省文成至泰顺（浙闽界）公路是《国家公路网规划（2013年—2030年）》江苏溧阳至福建宁德（G4012）公路的组成部分，也是浙江省规划的“两纵两横十八连三绕三通道”高速公路网中的“一连”龙（游）丽（水）温（州）高速公路的组成路段，在国家及区域公路网中占有重要的地位。本项目的建设将连接福建福寿高速公路与龙丽温高速公路文成至瑞安段，增加福建通往浙江的新通道，成为连接长江经济带和海峡西岸经济区的又一条高速公路，对于完善国家及区域高速公路网络、增加浙闽出省通道、实现上述规划目标和加强国防等具有十分重要的作用。

浙江省文成至泰顺（浙闽界）公路位于浙闽交界的温州市境内，起点设置在文成樟台，通过枢纽互通衔接规划的国高网G4012景宁至文成段、在建省高网龙丽温高速公路文成至瑞安段，并与地方56省道相沟通，终点连接G4012福建省福安至寿宁高速公路。路线全长57.703 km，桥梁长8 397 m/27.5座，隧道长2 9252 m/20座，互通立交5处，服务区1处（与新浦互通合建），互通连接线3条，工程概算约为110.71亿元。

## 二、项目内容

### （一）关于总体设计的咨询意见

（1）本项目弃方约为1 070 万m$^3$（路基挖方约为1 300 万m$^3$、隧道弃渣约为575 万m$^3$，路基填方约为806 万m$^3$），弃方数量巨大。初审建议：①对锦谷亭大桥段、大岭尖隧道至岩头岭隧道段、岩下大桥段及泰顺互通段等线位进行优化，以减少挖方，增大填方；②对葛洋大桥、联新大桥、玉溪大桥等部分桥梁进行缩短，改为路基填筑方案以消化弃方；③尽量考虑路基圬工防护、结构物粗骨料、机制砂、路用碎石等对弃渣（特别是隧道洞渣）进行利用，以减少弃方；④全线共设40处弃土场，部分弃土场设置在隧道顶或农田上欠合理，应加强现场情况调查，尽量利用山谷布置弃土场。

（2）新浦服务区至观景平台设置了长约600 m观景专用连接道路，规模较大，建议将右侧互通出口道路向右调整，将道路内侧填平，设置观景台停车场，并设置至观景台的步行道，以减少工程规模。

## （二）关于路线的咨询意见

（1）珊溪下山垟至松坑段设计提出T5、C、D、D1方案4个方案进行比选，其中C、D1方案为定性分析，综合比选后推荐T5方案。初审认为T5方案路基土石方开挖数量大，最大开挖边坡高度达60 m，仰山隧道进洞口段位于FC7断层，且洞口严重偏压。建议对D1方案进行优化调整，避免隧道穿过FC7断层，优化后再与T5方案进行同深度比选，择优选取推荐方案。

（2）泰顺洪溪至月山下段初设提出了T9与F方案进行比选，初审基本赞同初设推荐的T9方案。考虑该路段弃方达218万$m^3$，弃土场设置困难，建议岩下大桥路段线位适当北移，并降低设计标高，岩下大桥可改为路基方案，可减少挖方约20万$m^3$，增加填方约45万$m^3$。

（3）珊溪隧道、仰山隧道等进出口路基间距较大，边坡开挖较高，建议优化平面缩小间距，减少挖方和用地。

（4）葛溪大桥、岩头岭大桥分别位于大岭尖隧道、葛垟隧道、岩头岭隧道之间，跨越溪谷，该路段地形陡峭，施工条件恶劣，桥梁预制场及隧道弃渣场布置困难，建议该路段线位南移约140 m，葛垟隧道增长约280 m，葛溪大桥桥长缩短约280 m、墩高降低30 m，岩头岭大桥可改为路基方案，有利于隧道弃渣。

（5）珊溪隧道进口洞身段采用了变坡设计，其中800 m采用3%的极限坡值，汽车废气排放量大，建议前后坡统一调整为2%。

（6）终点段约5 km弃方数量达257万$m^3$，建议对该路段设计标高适当抬高，以减少挖方数量，增大填方。

## （三）关于路基路面的咨询意见

（1）对于完整性较好的中风化凝灰岩岩质边坡，设计采用1：0.75～1：1.25的开挖坡率，同时采取系统锚杆加柔性防护网等防护措施，明显保守。建议加大坡率减少挖方，或取消系统锚杆加柔性防护网，直接采用厚层基材。

（2）设计在连续陡坡路段采用PAC-13型排水沥青上面层，考虑该结构在浙江省应用不多，本项目位于多雨地区且每年有近一个月的冰冻期，建议补充该结构对重载交通及冰冻的适应性分析。

## （四）关于桥梁涵洞的咨询意见

（1）文成枢纽部分支架现浇箱梁桥墩高近40 m，建议采用钢-混组合梁。

（2）经对新浦大桥等五座桥梁的结构验算，各桥各阶段的结构应力、结构强度、抗裂性、刚度基本满足规范要求。其中新浦大桥270 m上承式拱桥和洪溪大桥110 m+200 m+110 m连续刚构的结构整体稳定性、结构抗震满足要求，但使用阶段最大法向压应力略超规范限值，建议优化截面尺寸；洪溪大桥110 m+200 m+110 m连续刚构和筱村大桥55 m+100 m+60 m连续刚构的抗裂性不满足全预应力构件要求，建议加强钢束配置。

（3）新浦特大桥（见图1），设计对主桥提出了270 m上承式混凝土箱形拱桥，拱肋分别为挂篮悬浇及劲性骨架施工方案、85 m+150 m+85 m预应力混凝土连续刚构三种方案，进行比选，推荐拱肋采用挂篮施工的拱桥方案，由于桥址处风速大，风环境复杂，施工周期长，导致挂篮施工风险较大，建议增加钢管混凝土拱桥方案进行比选。

（4）洪溪特大桥，设计提出了连续刚构及矮塔斜拉桥两个方案，推荐的110 m+200 m+110 m

连续刚构方案墩高达约161 m，且大跨径梁式桥后期运营病害较多，建议增加跨径约360 m的混凝土梁斜拉桥方案进行比选，控制墩高在100 m以内。

（5）南山大桥，设计采用55 m+100 m+55 m连续刚构方案，墩高达90 m，建议主跨跨径增大至120 m，墩高可降低至约60 m。

（6）本项目T梁桥梁最大墩高达约70 m，建议对墩高较高（≥45 m）的桥梁采用连续刚构体系，以提高上部梁板的抗滑移和抗震性能，并降低后期维修养护费用。

### （五）关于隧道的咨询意见

（1）推荐线仰山隧道等多个洞口在严重偏压、深沟陡崖等不良地形下进洞，龙前隧道、下山垟隧道、西黄隧道等部分隧道暗洞进洞位置偏晚，边仰坡开挖最高达70 m，对洞口环境破坏较大。建议结合路线方案优化布设。

（2）隧道衬砌方案中系统锚杆的纵向间距普遍偏密，根据地质和规范间距可增加0.25 m，全线锚杆数量约可减少20%，建议优化。

（3）因本项目沿线无花岗岩分布，全线隧道洞门外立面均采用毛面花岗岩料石镶砌不妥，宜采用本项目开采石料加工；隧道拱部涂料只是装饰用，取消可节省约1 600万元。

### （六）关于路线交叉的咨询意见

（1）景宁—文成—泰顺为国高网部分，文成枢纽景宁至泰顺方向平面指标偏低，环形匝道基本接近匝道设计通行能力上限，影响枢纽服务水平及功能发挥，与其定位不符；且互通挖方量巨大，对环境破坏极大。建议对B匝道下穿主线迂回连接C匝道等互通方案进行研究比选，并优化H、L等匝道平面线位，合理确定工程方案及规模。泰顺互通效果图如图2所示。

图1 新浦特大桥效果图

图2 泰顺互通效果图

（2）新浦服务区兼简易互通，建议依据地形优化服务区平台布设，右侧平台整体往西侧移动80 ~ 100 m，减少填挖方及对山体的景观影响。

（3）筱村互通，建议将主线平面线位整体往东移约30 m，以减少主线西侧互通区山体防护及工程占地，节约工程造价。

### （七）关于环境保护与景观设计的咨询意见

咨询对该项目提出山区高速公路景区化建设目标，即在考虑道路使用功能、路域形态和自然生态环境等要求基础上，结合社会、文化、地域、民俗等含义而形成的和谐、开放、共享的绿色创新系统，具备“通景”“融景”“造景”等特点，达到“车在路上行，人在景中游”的目标，形成交通行业“美丽公路”“品质工程”建设的再提升。

### （八）关于设计概算的咨询意见

（1）本项目有大量废弃土石方，为节省投资及资源，设计考虑利用大量的挖余石方加工各类碎石、片块石等石料，其预算单价按利用加工石料30%和外购石料70%相组合的综合值计算，初审认为30%的利用比例偏低，建议适当提高利用加工石料的比例。

（2）本项目属山岭重丘区，桥梁桩基长度短但嵌岩埋深长，概算按回旋钻机成孔工艺方案可行，但从降低工程造价角度看，建议下阶段设计结合实际地形等情况，部分桥梁桩基或采用人工挖孔工法编制。

### （九）关于基础资料的咨询意见

（1）建议对隧道围岩划分作进一步细化与完善，如珊溪隧道TYK14 +895—TYK15+460段划为Ⅳ级围岩的范围过大，宜适当缩小并调整为Ⅲ级围岩；筱村隧道Fc12-2断层破碎带上盘Ⅳ级围岩区范围宜适当增加。

（2）考虑到隧址岩性以凝灰岩为主、岩质坚硬，经调查与本项目终点顺接的福建段隧道Ⅱ级围岩比例约达37%，而本项目隧道均无Ⅱ级围岩段，建议核查。

## 三、项目成果特点

本项目位于山岭测区，基本上按越岭线布设，属于典型山区高速公路，地形、地质条件复杂多变，海拔起伏大，施工条件复杂。全线桥隧比约65%，设有多座特大桥梁，如主跨265 m矮塔斜拉桥、主跨258 m上承式拱桥等。

针对项目特点，浙江公路水运工程咨询有限责任公司组织精干力量，分专业进行全方位初审。分别从路线、路基路面、桥梁、隧道、路线交叉、环境保护与景观设计等各专业提出了诸多建设性、高质量的优化意见。在咨询过程中对大跨径特殊桥梁结构均进行计算，对有不同结论的桥梁均与设计单位及时沟通，确保桥梁结构安全可靠。初审报告中主要意见基本被评审会专家组和设计单位采纳，直接节约工程投资约3.87亿元，并改善了局部路段的技术指标、降低了施工难度，减少了对环境的影响，经济效益和社会效益明显。

（1）珊溪下山垟至松坑段设计采纳了初审建议在D1方案基础上优化的方案，节省工程造价约5 700万元，并降低了隧道施工风险。

（2）泰顺洪溪至月山下段设计根据初审意见对岩下大桥路段线位进行北移，并降低设计标高，将岩下大桥改为路基方案，减少桥梁长度390 m，减少挖方20万$m^3$，消耗弃方45万$m^3$，节省工程造价约5 500万元。

（3）终点段约5 km根据初审意见对设计标高进行抬升，减少挖方数量30万$m^3$，消耗弃方约45万$m^3$，节省工程造价约1 500万元。

（4）雁岭隧道根据初审意见加大了JD23的平曲线半径，降低右洞K42+850—K42+910段浅埋、偏压程度，降低隧道施工冒顶风险。

（5）南山大桥（连续刚构）根据初审意见主跨由100 m调整至120 m，墩高由90 m降到60 m，降低了桥墩施工难度。

（6）该项目隧址岩性以凝灰岩为主、岩质坚硬，设计根据初审意见对已进入微风化岩层、岩体完整性好、埋深大的区段划分为Ⅱ级围岩，节省工程造价约1.2亿元，并加快了施工进度。

（7）设计根据初审意见对部分隧道暗洞进洞位置进行提前进洞，对于成洞面基岩裸露的取消了切削仰坡，采用直接贴壁进洞方案，达到了公路与自然融于一体的效果。

（8）设计根据初审意见对新浦服务区兼简易互通平台整体往西侧移动约80 m，减少了填挖方及对山体的景观破坏；对筱村互通主线平面线位整体往东移约30 m，减少了主线西侧互通区山体防护及工程占地，共节约工程造价约5 500万元。

（9）该项目弃方达1 070万$m^3$，设计根据初审意见将部分桥梁改为路基填筑方案，并考虑路基圬工防护、结构物粗骨料、机制砂、路用碎石等对弃渣进行充分利用，最终弃方数量为590万$m^3$，减少了480万$m^3$，节省工程造价约8 500万元。

（10）该项目地处浙西南地区，地形复杂，峰峦耸立，典型的山岭地貌有着极高的森林覆盖率，自然生态环境优美，具有得天独厚的自然环境与人文环境。结合浙江省实施“大花园”建设战略与打造浙西南生态旅游带的要求，设计根据初审意见在该项目中融入了山区高速公路景区化设计理念，即在考虑道路使用功能、路域形态和自然生态环境等要求基础上，结合社会、文化、地域、民俗等含义而形成的和谐、开放、共享的绿色创新系统，按“通景”“融景”“造景”等特点进行设计建设，达到“车在路上行，人在景中游”的目的，形成交通行业“美丽公路”“品质工程”建设的再提升。

本项目获2020年度浙江省优秀工程咨询成果三等奖。

## 四、项目实施情况

浙江公路水运工程咨询有限责任公司接受初步设计初审委托后，迅速组织各专业的专家，认真调查相关资料，审阅设计文件，并进行现场踏勘，按照“安全、耐久、节约、和谐”的原则，对总体设计、路线、路基路面、桥梁涵洞、隧道、路线交叉、交通工程及沿线设施、环境保护与景观设计、其他工程、筑路材料、施工方案、概算及基础资料等各专业设计内容提出了诸多合理的咨询意见和建议，于2017年1月向业主提交了初步设计书面初审报告。

初步设计审查会专家组对浙江公路水运工程咨询有限责任公司编制的初步设计初审报告给予了充分肯定，认为报告提出的建议具有很强的针对性和可操作性，要求设计单位认真吸收、采纳。

本项目已于2020年12月建成通车。

## 五、项目主要参与人员

项目主要参与人员：王孔正、丰月华、金建鸿。

# 建德至江山公路衢州市横路至航埠段公路工程社会稳定风险评估

五洲工程顾问集团有限公司

扫码查看原文

## 一、项目概况

建德至江山公路是浙江省普通国省道网调整的重要线路，其中衢州市横路至航埠段是衢州市“十二五”发展规划中的重要规划省道，建德至江山公路衢州市横路至航埠段公路（以下简称建德至江山公路衢州段）路线全长23.265 km，总投资为89 060.362 4万元。项目的建设将46省道、绕城东线、物流大道、杭金衢高速东、西连接线串联起来，打通“断头路”、拓宽“瓶颈路”。项目的建设将解决沿线各工业园区的运输，使得现有浙西大道路段成为城南片和老城片之间生态隔离带，避免运输车辆经过城区，降低城区安全隐患，同时完善核心片区的路网等基础设施，促进衢州市经济发展，是联系杭州都市经济圈与浙西城市群的便捷通道，可以更好地促进两大经济圈的联系对促进建德、江山地区经济社会发展具有非常重要的意义。

评估组通过现场踏勘、对沿线乡镇、街道、村民及企事业单位代表开展座谈会和问卷调查，收集公众意见和诉求以及项目的敏感目标和历史遗留问题等，并对其进行汇总和归类；依据社会燃烧理论和风险管理框架等知识，借助等级全息模型分析识别项目所存在的风险，采用定性和定量等多种方法，估计风险发生的概率和风险影响程度，判断风险等级；对可能出现的社会稳定风险提出相应的防范、化解措施，并预判风险发生的可控性，从而排除安全隐患，确保项目的顺利推进。

公路路线全长23.265 km，其中主线和支线新建里程长14.494 km，物流大道整治段约8.771 km。公路路基挖方约175.93万$m^3$，填方约119.99万 $m^3$，新建沥青混凝土路面面积为283 127 $m^2$，改建沥青混凝土路面面积为177 638 $m^2$，建设大中桥1 498.3 m/6座，小桥104 m/4座，涵洞43道，平面交叉19处。路线采用《公路工程技术标准》（JTGB 01—2003）中一级公路技术标准，双向四车道，路基宽度为26 m，设计速度为80 km/h，桥梁汽车荷载等级为公路I级。

## 二、项目内容

评估分析篇章风险调查是否查找到了主要风险因素，风险调查是否全面广泛，是否充分反映沿线的风险因素情况；基于分析篇章风险调查工作的实际情况，评估组对建德至江山公路衢州市横路至航埠段公路工程沿线补充开展了风险情况调查，广泛听取了乡镇街道和村民代表的意见及诉求。

评估组在项目开展期间先后召开了7次座谈会，结合项目沿线的乡镇干部及村民代表等利益相关者提出的相关意见诉求及问卷调查情况，群众反映的问题具体如下：公路出入口问题、出行安全问题、农业生产问题、涵洞问题、征地拆迁问题、排水设计问题、施工期间对村民及周边环境的影响、公路绿化问题、公路运营期间对村民及周边环境的影响等。调查了环评过程中的公众参与情况及项目建设对当地环境的影响。

评估组调查了项目媒体舆论导向。媒体网络上并无该项目的负面报道，但仍需要防范舆论风险，化解舆论危机，注重“提高认识、加强防范、眼疾手快、转危为机”这四个方面。应通过网络、电视、报纸、广播等媒体及时告知公众项目建设过程中出现的问题。

评估将分析篇章提出的四个单因素风险中的部分因素进行了整合，并结合评估识别的风险因素汇总表中本项目涉及的32个风险因素，梳理为10个主要单因素风险，即项目工程方案引发的风险、项目征地拆迁引发的风险、公路建设影响群众农业生产引起的风险、施工期间与当地政府及沿线群众沟通不畅引发的风险、工程施工和交通组织方案不周到引发的风险、施工结束后没有及时修复借地借道引发的风险、出行安全问题引起的风险、社会舆论引导不正确引发的风险、运营期间噪声及震动影响引发的风险、运营期间安全卫生管理不到位引发的风险。

## 三、项目成果特点

### （一）收集社情民意，预防和化解社会矛盾，构建社会主义和谐社会

中共中央办公厅、国务院办公厅于2015年4月发布《关于加强社会治安防控体系建设的意见》时强调：“落实重大决策社会稳定风险评估制度，切实做到应评尽评，着力完善决策前风险评估、实施中风险管控和实施后效果评价、反馈纠偏、决策过错责任追究等操作性程序规范。”推行重大事项社会稳定风险评估机制，通过对重大事项是否可能引发危害社会稳定事件进行先期预测、先期研判、先期介入，对涉及群众切身利益的问题做到慎之又慎，不出纰漏，切实维护人民群众的利益，是保稳定、促发展、创和谐的新举措。本次评估在科学调研的基础上，深入调研当地群众、政府等利益相关群体，全面收集项目的相关资料，听取利益相关群体的诉求，查找项目的敏感点，对可能影响社会稳定的因素进行科学、系统的预测、分析和评估，制定风险应对策略和预案，以有效地规避、预防、降低、控制和应对可能产生的威胁社会稳定的风险，为构建社会主义和谐社会做出贡献。

### （二）规范项目工作程序，排除安全隐患，确保项目的顺利推进

通过评估拟建项目的建设实施是否符合现行法律、法规、规范，以及国家有关政策，相关审批部门是否有相应的审批权并在权限范围内进行审批，是否符合社会公共利益、人民群众的现实利益和长远利益，是否兼顾了不同利益群体的诉求，项目的建设时机和条件是否成熟，是否有具体、翔实的方案和完善的配套措施，是否与本地区经济社会发展水平相适应，是否能得到大多数群众的支持和认可，拟建项目的建设实施是否存在公共安全隐患，是否会引发群体性事件、集体上访等，对可能出现的社会稳定风险提出相应的防范、化解措施，并预判风险发生的可控性，从而排除安全隐患，确保项目的顺利推进。

### （三）响应国省方针政策，健全稳评工作体制，推动第三方机构参与稳评工作

为响应《关于建立健全重大决策社会稳定风险评估机制的指导意见（试行）》及《浙江省

重大决策社会稳定风险评估实施办法（试行）》，浙江省稳评工作得到全面发展，且取得明显成效，尤其是参与稳评工作的第三方机构发挥的作用越来越明显。本次稳评工作推动了衢州市第三方机构参与社会稳定风险评估工作，建立健全了“党委政府主导、责任部门具体负责、第三方机构和社会力量广泛参与、维稳部门督查指导”的稳评工作体制，充分调动了第三方机构参与稳评工作的积极性、主动性，强化了主体责任，规范了评估程序，加强了监督考核，提升了第三方机构稳评工作的规范化、专业化、公信力，推动了决策科学化，从源头上预防和化解了社会矛盾，为维护社会和谐稳定提供了借鉴。

### （四）定性和定量相结合，综合运用多种评估方法

评估组根据评估对象的特点和评估的目的，具体问题具体分析。本次评估采用定性和定量相结合、综合性与技术性相结合的方式，估计风险发生的概率和影响程度，判断风险等级。风险识别主要采用对比表法、专家调查法、案例参照法。单因素风险估计时主要采用案例参照法、风险概率—影响矩阵法。初始风险等级判断主要采用风险综合评价法。多种评估方法的运用，使风险点的分析更加具体全面，评估结论更加可靠实用。

### （五）创新评估研究方法，完善公路类风险分析指标体系

建立以项目管理知识、社会学等理论为基础，针对工程项目风险管理进行分析，形成一套完备的重大项目社会稳定风险分析和评估的理论体系和研究方法，这在现代工程领域是急需的。在经过前期广泛的调研后，结合五洲咨询团队所参与过的重大项目工程经典案例，依据社会燃烧理论和风险管理框架等知识，借助等级全息模型分析识别项目存在的风险，对社会稳定风险的风险机理进行分析，最终形成具体的风险分析指标体系，确保分析结果的准确度与时效性，再结合国家相关稳评政策提出解决方案，保证评估的可靠性与实用性。

### （六）提升浙江东西部大通道运输能力，推进浙西地区经济发展

随着国家长三角、海峡西岸、中部崛起战略的规划实施、浙西地区建设的有序推进，区域发展格局和交通运输网络布局都发生了重大变化，原有的公路网规划已不能完全适应现有的发展形势。因此，进一步完善区域公路网布局很有必要。建德至江山公路衢州段的建设将进一步优化完善地区公路网络，对于加快浙西地区的经济发展意义重大。

## 四、项目实施情况

（1）2016年3月25日—3月27日，成立评估组，多次召开评估研讨会，制定评估工作方案。

（2）2016年3月28日—4月23日，评估组赴衢州市柯城区及衢江区进行现场踏勘，并与地方人民政府、发改、规划、国土、环保、交通、信访、维稳等部门进行沟通交流，收集相关规划及审批文件，同时与沿线乡镇、街道、村民、企事业单位代表分别进行座谈，并开展问卷调查，收集公众意见和诉求以及项目的敏感目标和历史遗留问题等，并对其进行汇总和归类。

（3）2016年4月24日—5月30日，评估组根据发改办投资〔2013〕428号及浙发改投资〔2013〕1309号等文件，编制项目的社会稳定风险评估报告，并协助建设单位报批。

（4）2016年6月6日，取得本项目社会风险评估报告的审查意见。

项目情况如图1所示。

图1　项目实景图

## 五、项目主要参与人员

项目主要参与人员：梁俊青、马小茹、葛天俊、刘莉莉、王洪磊、张亦芳、陈笑音、阙天楠、赵坚、罗智。

# 浙能绍兴滨海热电厂二期扩建工程项目后评价报告

浙江城建煤气热电设计院股份有限公司

扫码查看原文

## 一、项目概况

浙能绍兴滨海热电厂二期扩建工程项目后评价报告属于市政公用工程专业评估咨询报告，本报告在项目全过程文件和相关意见、（试）运营期间各项数据的基础上，经过充分调研于2019年11月编制完成，经专家会审查后最终定稿。

浙能绍兴滨海热电厂二期扩建4台500 t/h高温高压自然循环煤粉锅炉和4 × 57 MW燃煤抽汽背压式热电联产机组，额定供热能力为1 300 t/h，同步建设烟气脱硫、脱硝、除尘设施，锅炉烟气实现了超低排放。随着浙能绍兴滨海热电厂二期扩建工程项目的完成，浙能绍兴滨海热电厂成为我国最大的绿色环保热电联产项目。项目概算总投资为29.38亿元，竣工决算投资为24.88亿元。

后评价对包括浙能绍兴滨海热电厂二期扩建工程项目前期决策阶段、项目建设准备实施阶段、项目竣工和（试）运营阶段在内的项目全过程进行了总结和评价，对项目的技术水平、财务及经济效益、项目目标实现程度和持续能力、法律风险等方面进行了评价，结论认为：项目决策正确，工程建设成功，投资控制有效，施工质量良好；机组技术经济指标、可靠性、稳定性十分优异，经济效益突出，达到环保节能要求，具有持续的盈利能力，本项目是成功的。

## 二、项目内容

针对前期决策阶段，从决策程序、决策结果两个方面评价了该项目建设的必要性、前期决策的合规性和正确性；针对建设准备阶段，从项目组织管理、项目勘察设计、征地拆迁工作、项目招投标工作、资金落实情况、开工程序执行情况几个方面评价了项目准备工作的完备性和合法性；针对项目的实施阶段，从项目管理模式和组织机构、合同执行与管理、四个控制管理、档案管理、重大设计变更情况、工程监理几个方面评价了项目建设过程中流程的规范性、管理手段的先进性和管理成果的高效性；针对竣工和（试）运营阶段，从项目工作量完成情况、投资完成情况、工程建设质量、建设工程“三同时”工作等方面评价了该项目的技术达标性、投资可控性、质量可靠性，从生产准备情况、（试）运营情况及效果、产品营销情况评价了项目功能的达标程度、运行的稳定性，并提出了一些项目（试）运营中存在的问题以供后续关注和解决。

后评价从项目的技术水平、经济效益、环境和社会影响、实现程度、可持续性、法律风险几个方面对浙能绍兴滨海热电厂二期扩建工程进行了评价。

针对项目的技术水平，总结了工程技术亮点；从技术标准、技术方案、技术创新、设备国产化几个方面评价了项目产业政策的符合性，技术方案的合法合规性，节能环保技术的先进性、技术创新的适应性和领先性；评价了设备国产化的程度，新技术、新工艺、新材料、新设备的使用效果和对工程产生的影响。

针对项目的经济效益，分析了供电量、供热量、营业收入、主要成本等数据，对比了可行性研究与2017—2019年项目投产（试）运营期间的主要经济指标；计算了该项目的实际损益；预测了项目运营期20年内的经济效益并做了敏感性分析；对比了实际经济性和可行性研究经济性，分析两者存在差异的主要原因。

针对项目环境和社会影响，总结了该项目环境空气污染防治措施、废污水防治措施、噪声污染防治措施、地下水污染防治措施、固体废弃物污染防治措施；评价了项目环保管理的成效、环保成果的优越性；从国家政策、土地利用、当地产业需求和当地财政经济发展、带动上下游经济等方面评价了该项目的社会影响。

针对项目的实现程度，回顾了项目的建设目标、技术目标、环保目标和经济目标，并与项目建设成果、运行情况和（试）运营财务指标进行对比，结合“四个是否”的要求，评价了项目的实际生产能力、机组排放指标、投资控制、投资绩效、盈利能力等情况。

针对项目的可持续性，从销售市场、经济性、节能环保、资源利用、制度和人力资源管理等方面评价了项目生态和（试）运营管理方面的可持续性；同时分析了该项目的市场风险、技术风险、工程风险、政策风险，预测了项目长期可持续发展能力。

针对项目的法律风险，梳理了公司法律程序、管理制度、项目建设程序、建设过程中合同履行情况、劳务合同情况、招投标和设备采购程序、工程项目立项手续及工程竣工验收、社会维稳等存在法律风险的情况，评价了项目全过程的程序合法有效性和完善性、对风险的规避成效。

## 三、项目成果特点

### （一）项目自身的优越性

浙能绍兴滨海热电厂是承接了绍兴80%以上印染企业生产的重要配套保障项目，有效满足了该地大量印染企业集聚升级后急剧增长的电力、热力需求；促进了当地财政收入，为绍兴市国民经济持续发展注入动力。项目的实施实现了集中供热、热电联产，节约了能源，改善了区域环境，提高了能效和供热质量，符合浙江省能源集团有限公司（以下简称浙能集团）推进“大能源战略”和中长期发展规划，符合国家实施可持续发展战略和能源产业政策的基本要求。

全国最大的绿色环保热电联产项目：浙能绍兴滨海热电厂一、二期工程合计最大供热量为2 100 t/h，将为亚洲最大的印染纺织行业集散地——绍兴滨海工业区提供稳定优质的热能保障，为浙江地方经济的发展注入强劲动力。

超低排放：该项目为热电联产项目，采用了先进的设计理念和治理措施，如低氮氧化物燃烧器、分级配风和燃尽风、同步建设SCR烟气脱硝系统等，使锅炉烟气各项污染物的排放执行超低排放限值，均能满足国家的有关排放标准，同时符合清洁生产和总量控制的要求。

去工业化设计：该项目地处柯桥区工业旅游小镇——蓝印时尚小镇内。设计时结合各种颜色的运用，采用“景点”化设计的手法，打造热电厂去工业化的典型案例。通过对建构筑物以及厂区景观的去工业化设计，打造亲水和谐的“美丽电厂”，使浙能绍兴滨海热电厂成为点缀在蓝印时尚小镇的一颗明珠，在曹娥江畔熠熠生辉。

### （二）后评价体系完善

浙能绍兴滨海热电厂二期扩建工程后评价对该项目的前期决策阶段、建设准备阶段、实施阶段、竣工和（试）运营阶段全过程进行回顾总结和评价，从项目决策、管理制度、技术水平、投资控制、风险控制、生产及盈收情况、环境影响和社会影响等角度全面评价了该项目成功度。本后评价根据定量和定性相结合的方法从战略推进、财务改善、产业提升、科创进步、客户影响“五个维度”进行了综合评价，总结评价了项目立项、项目设计、项目招投标工作、项目的建设过程和（试）运营各阶段的情况；对该项目效果、目标进行了综合评价，总结评价了项目对国家能源产业政策和可持续发展战略的符合性，带来的经济、社会和环境效益。同时，邀请了具有电厂工作经验的专家对照项目立项阶段以及规划设计阶段确定的目标和计划，综合测评项目各项指标的评价结果，对项目的成功程度做出定性的分析。

### （三）后评价方法多元

本后评价灵活运用多种评价方法，注重定量与定性分析相结合、综合分析与单项分析相结合，多方位对滨海热电厂二期项目进行客观的总结评价。

报告梳理了垂直逻辑关系：通过分析项目的高层次目标，实际的经济、环境和社会效益，项目的完成度和营收情况，以及项目建设过程中的资金、资源和时间投入等方面阐明该项目的内在逻辑关系。

报告采用了“前后”对比法：将可行性研究、初设确定的技术经济指标与实施结果对比，总结项目实施前和完成后相关指标的差异，揭示了该项目决策、建设实施的质量优劣情况。

报告采用了专家打分法：针对项目特点设计了合理的评价指标体系，为提高评分准确度分别邀请了领域内不同高校、企业的资深专家进行综合评定，将后评价结论定量化。

### （四）参考意义重大

本后评价在充分调研当地产业布局、能源需求和区域节能的基础上，提出了热负荷需求快速增加和存在集中供应压缩空气需求，为滨海三期项目规划提供决策依据，对浙能集团后续战略发展具有明显参考意义。

### （五）决策经验明确

本后评价紧扣当下国家能源产业政策和地方产业经济发展形势，总结浙能绍兴滨海热电厂二期项目的经验和不足。

本项目是浙能集团首次从事的热电联产项目，且又有建设工期紧张的特殊性，后评价总结了滨海二期扩建项目的成功经验和显著的经济、环境和社会效益，同时指出了项目建设过程中存在的工期紧张、项目运行过程中出现的不合理设计导致的设备故障等问题，并从实现项目经济效益和社会经济效益、生态环境效益共赢出发提出合理建议，为浙能集团以后从事热电联产项目提供有价值的决策经验。

## 四、项目实施情况

2019年4月，受浙江浙能绍兴滨海热电有限责任公司委托，浙江城建煤气热电设计院股份有限公司成立了后评价报告编制组。

首先，编制组按照项目建设的时间顺序收集项目前期、准备阶段、实施阶段和项目建成后（试）运营等相关文件数据，进行逻辑框架的梳理和总结，提取项目优势与亮点，阐述项目的预设目标与建成后的差异，综合评价项目的实际效果，包括财务和经济效益、环境和社会效益等。

其次，对绍兴市域以及该项目所服务产业区的自然资源、社会经济发展等现状进行详细的调查，结合国家和当地的能源发展和产业经济政策，从战略推进、财务改善、产业提升、科创进步、客户影响等"五个维度"得到该项目实际效果的定性评价。

再次，编制组根据该项目的特点，设计适宜的后评价指标体系并编制打分表格。邀请五位具有丰富电厂工作经验的专家，综合测评各项指标的评价结果，得到对项目成功度的定量评价。

最后，在定性和定量评价的基础上，客观总结该项目成功的主要经验和尚存在的问题，给企业未来工作提供决策经验；结合实地调研，从企业发展、当地产业经济发展和国家能源发展三个层面提出建议，为企业规划和战略部署提供参考和指导。

2019年11月，本后评价报告上报浙江省国资委后顺利通过审批，编制工作圆满完成。

项目情况如图1和图2所示。

图1　浙能绍兴滨海热电厂实景图

图2　浙能绍兴滨海热电厂局部效果图

## 五、项目主要参与人员

项目主要参与人员：费洲华、纪相财、潘国仁、陈栋、厉明君、谢守琪、静晨梅、邵罗江、张淦、史庭亮。

# 文一路（紫金港立交—荆长大道）提升改造工程社会稳定风险评估报告

杭州市城乡建设设计院股份有限公司

扫码查看原文

## 一、项目概况

拟建项目杭州市文一路（紫金港立交—荆长大道）提升改造工程位于杭州市西湖区文一路。道路呈东西走向，西起荆长大道西，东至紫金港立交。与荆长大道、绕城公路、崇义路、花蒋路、蒋村五号路、崇仁路等道路相交。

杭州市文一路（紫金港立交—荆长大道）提升改造工程是杭州市城市快速路系统中德胜快速路向西延伸不可分割的组成部分。德胜快速路工程规划西起绕城西线以西，东至文汇路（过绕城东线）。全线共分为西、中、东三段。西段工程范围西起绕城西线以西，东至莫干山路；中段工程范围西起莫干山路，东至机场路；东段工程范围西起机场路，东至下沙文汇路。本工程建设是杭州市区城市快速路系统建设的需要，也是应对城西余杭组团未来科技城建设交通基础设施配套的需要。

本工程西起荆长大道以西，东至紫金港立交西端接线，起止里程为全长约4.06 km，性质为城市快速路。为快速路双向4车道+地面道路双向6车道规模。文一路主线全线为隧道形式，工程范围内隧道全长约3 870 m，采用明挖法+盾构法施工。全线设置两处平行匝道，一处为地面平行匝道，位于崇仁路以东；一处为隧道平行匝道，其中进匝道位于花蒋路以东，出匝道位于花蒋路以西。

项目涉及新增用地面积约173 333 $m^2$（约合260亩）。工程估算总投资额为410 670.81万元，其中工程建安费用为321 275.34万元。杭州市城乡建设设计院股份有限公司受杭州市城市建设前期办公室委托，承担该项目的社会稳定风险分析研究工作，并编制社会稳定风险评估报告，在报有关部门后通过审批。

社会风险调查及评估报告编制工作从2016年7月开始，于2016年10月完成，主要工作流程如下：

（1）接受项目风险分析委托任务，收集有关资料，对项目进行深入了解；

（2）对项目进行风险初步识别；

（3）仔细分析项目设计资料，进行实地踏勘，展开风险调查；

（4）根据调查情况，对项目进行风险分析论证；

（5）根据论证结果，确定项目风险等级；

（6）针对项目风险等级，提出风险化解和应对措施；

（7）计算出落实措施后的预期风险等级并得出结论，编制并完成最终风险评估报告。

## 二、项目成果特点

杭州市文一路（紫金港立交—荆长大道）提升改造工程作为德胜—文一路快速通道的补充，其交通地位十分重要，项目的建成将显著提升杭州城市功能，为杭州的建设和经济腾飞奠定坚实的基础，其社会、经济效益十分显著。

社会稳定风险评估分析的作用是实现经济社会健康可持续发展的客观要求；是提高决策科学化和民主化的重要途径；是实现信访维稳突出问题有效预防化解的重要保证；是完善化解社会矛盾工作的迫切需要。

杭州市城乡建设设计院股份有限公司对项目的风险做了充足的调查，从个人意见调查到团体意见调查，再对个人和团体意见调查进行汇总分析，了解在后面任务中应该注意的问题，重点关注。通过对照表、实地观察法，对工程风险因素识别和社会互适性因素的分析，识别归纳特征风险因素，再对其进行风险评估。

### （一）风险调查内容

风险调查根据拟建项目的实际情况，通过资料搜集、现场公示、公众调查等方法，围绕项目建设实施的合法性、合理性、可行性和可控性，结合项目设计方案，确定风险调查的内容。

### （二）风险调查对象

本项目所在街道为余杭区五常街道和西湖区蒋村街道，项目影响社区包含两个街道下共9个社区，其中五常街道有文一社区、西溪风情社区、五常社区；蒋村街道有西溪里社区、竞渡社区、仕林社区、蝶园社区、诚园社区、蒋村花园社区。对敏感区域内的小区、农居点、学校、写字楼等进行走访调查，了解敏感人群对项目的具体实施意见和建议，充分维护项目周边群众利益。

### （三）周边敏感目标调查及公众参与

杭州市城乡建设设计院股份有限公司主要通过发放调查表的形式，采用随机交谈、征询等，调查可能受项目影响的公众和社会团体对本项目的态度、意见和建议。本次问卷调查范围为拟建项目所在地200 m范围内的敏感目标，共回收个人调查表86份，团体调查表35份。杭州市城乡建设设计院股份有限公司对回收的问卷调查结果进行分析、汇总，并同政府、基层组织态度和媒体、舆论导向等结构一起进行分析，得出风险调查结论。

通过风险因素对照、风险因素识别、风险估计分析，得出本项目风险等级为“中风险”。通过对综合性防范与化解措施、专项性防范与化解措施的分析论证，对本项目各风险因素专项防范及化解措施进行汇总，提出合理建议。

通过对落实措施前后的风险因素变化进行分析，最终得出落实风险防范和化解措施后，项目综合风险指数降低，依据社会稳定风险等级评判标准，判定项目预期风险等级为“低风险”。

经杭州市西湖区人民政府、杭州市余杭区人民政府对《文一路（紫金港立交—荆长大道）提升改造工程社会稳定风险评估报告》（以下简称《评估报告》）进行审核，主要意见如下。

（1）《评估报告》程序合法，调查翔实，内容全面，基本符合浙江省发展改革委《省发改委审批、核准重大固定资产投资项目社会稳定风险评估暂行办法》（浙发改法规〔2013〕1173号）和《杭州市重大固定资产投资项目社会稳定风险评估暂行办法》（杭发改法规〔2014〕407号）的要求。

（2）《评估报告》在充分调研的基础上，结合项目实际，提出本项目存在的7个主要风险因素，在积极采取风险防范与化解措施后，各风险因素等级均为较小风险及以下，项目最终风险等级为低风险且可控。原则同意《评估报告》的评估结论。

（3）《评估报告》针对可能出现的社会风险因素，提出了相应的防范和化解措施，其合理可行，较好地考虑了利益相关者的合法权益和合理诉求。

## 三、项目实施情况

2016年10月完成社会稳定风险评估报告审批工作，该项目目前处于施工中，预计2022年下半年可竣工通车。

项目情况如图 1 至图 2 所示。

图 1　项目鸟瞰效果图

图 2　项目透视效果图

## 四、项目主要参与人员

项目主要参与人员：陈鹏、黄延、吴小英、康平、孙娇娜、钱亮、荆杰。

# 杭州市青年路（博奥路）过江隧道工程可行性研究报告评估报告

浙江省发展规划研究院

扫码查看原文

## 一、项目概况

一是落实杭州市总体规划，实现“沿江开发、跨江发展”的需要。根据国务院批复的《杭州市城市总体规划（2001—2020年）》（2016年修订），杭州将推进“城市东扩，旅游西进，沿江开发，跨江发展”和“两疏散，三集中”的城市空间发展战略，实现城市建设从“西湖时代”向“钱塘江时代”的历史跨越。杭州市青年路（博奥路）过江隧道的建设将有利于改善钱塘江南北两岸的交通联系，加强钱江世纪城、奥体中心以及萧山区与钱江新城和主城区的沟通；有利于促进钱江新城、钱江世纪城、奥体博览城等的开发建设，增强杭州对周边地区的经济辐射力；是实现杭州城市发展战略目标的重要支撑。

二是完善杭州市过江交通体系，强化钱塘江两岸新城联系的需要。当前，杭州主城区主要过江通道为钱塘江大桥、西兴大桥、复兴大桥和庆春路隧道。西兴大桥和复兴大桥的交通拥堵已经十分严重。特别是早晚高峰期，过江桥梁高峰过江流量已达到19 000 pcu/h，其中复兴大桥、西兴大桥和钱塘江大桥，平均饱和度达到0.74，已接近或达到拥挤状态。随着杭州跨江发展的步伐不断加快，现有跨江通道的通行能力已不能满足跨江交通量的持续增加。本项目建设有利于缓解复兴大桥、西兴大桥和庆春路隧道的交通压力，极大改善跨江交通条件。同时，本项目在江北和江南分别与新业路与青年路（博奥路）相接，将改变原有的南北两岸断头路的格局，完善钱江新城、奥体博览城和钱江世纪城城市路网布局，强化三个新城间的交通联系，对带动新城发展具有重要意义。

三是提升杭州城市品位，完善重大赛事和会展交通疏散体系的需要。根据杭州市城市总体规划，奥体博览城将被规划形成以体育、会展功能为核心，集商务、旅游、休闲、文化、居住功能于一体的城市新区。杭州将举办G20、亚运会等重大会议和赛事，迫切需要进一步强化交通支撑和配套。青年路过江隧道作为联系钱塘江两岸的重要通道之一，在功能设计和定位上重点考虑人员疏散的功能。本项目将成为连接主城区与奥体博览中心的一条主要通道，将为奥体博览中心举行重大赛事与会展提供重要交通保障。

## 二、项目内容

本项目全长约2.77 km，其中隧道段长约2.55 km。隧道采用双向四车道，设计速度为60 km/h，盾构外径为11.3 m，主要建设内容包括地下隧道、隧道两端接线道路及其他配套设施。本项目采用城市主干道建设标准，总用地规模约64 467 $m^2$（约合96.7亩），其中江干区约33 133 $m^2$（约合49.7亩）、滨江区约31 333 $m^2$（约合47亩）。新增建设用地面积约4 020 $m^2$（合6.03亩），其中农用地面积约2 547 $m^2$（约合3.82亩），不涉及拆迁。

## 三、项目成果特点

### （一）评估报告对江北隧道出入口等工程方案作了重大调整

《杭州市青年路（博奥路）过江隧道工程可行性研究报告》江北隧道出入口方案推荐采用方案一，即新业路与中央公园路以南位置。结合专家咨询会意见，评估认为，原推荐方案一需拆除新塘路过街隧道，与规划地铁9号线存在冲突，隧道出入口与秋石高架新业路下匝道距离过近，存在安全隐患，且其投资规模较方案三增加近4亿元，建议与方案三作进一步深化比选。根据评估意见，编制单位对该出入口位置方案作了进一步比选，提出调整推荐方案三，即新业路与富春路交叉口以南位置。杭州市政府组织召开了专题会议，采纳了评估的主要意见，原则同意采用方案三。同时，鉴于该方案出口距离富春路交叉口停车线只有46 m，无法实现出隧道车辆直接右转功能，评估建议下阶段对新业路与富春路交叉口交通组织方案作进一步优化完善。

### （二）评估报告将项目总投资估算调整为186 061万元，核减82 558万元

可行性研究报告提出本项目总投资估算为268 619万元。根据江北隧道出入口推荐方案调整，以及评估咨询会意见，经评估论证，项目总投资由268 619万元调整为186 061万元，核减82 558万元，核减幅度超30%，大幅度降低了投资估算，大大缓解了政府财政资金压力。

### （三）评估报告将项目名称调整为“博奥路过江隧道”

鉴于本项目江南连接道路青年路已改名为博奥路，根据杭州市政府办公厅《关于青年路（博奥路）过江隧道项目建设有关问题的专题会议备忘录》，评估报告将项目名称调整为“博奥路过江隧道”。杭州市政府已采纳评估报告对项目名称的修改。

## 四、项目实施情况

（1）评估报告对项目工程方案作了重大优化和调整，大幅度核减了项目投资，并结合项目实际，调整了项目名称。

（2）本项目评估主要结论和成果被杭州市政府采纳。项目已取得杭州市政府批复意见，并建成通车。

（3）本评估报告在省内具有前沿性和前瞻性，对指导各地过江隧道建设具有示范和借鉴意义。

项目情况如图1所示。

图1　项目效果图

## 五、项目主要参与人员

项目主要参与人员：柴贤龙、叶建勇、祝诗蓓。

# "十二五"期间湖北省宜昌市棚户区改造项目后评价报告

浙江省发展规划研究院

扫码查看原文

## 一、项目概况

本项目是国家发展改革委部署的2016年度中央政府投资项目后评价任务之一，由国家发展改革委委托开展。2016年6月，浙江省发展规划研究院接受委托后，立即成立了由分管副院长领衔的工作组，制订了后评价工作方案，明确工作思路、重点、报告框架、进度安排等，并积极联系各方，收集查阅国家、湖北省及宜昌市相关文件资料。7—8月，工作组多次与宜昌市发展改革委、房管局联系，指导开展资料收集和自我评价。8月9—12日，工作组赴宜昌市开展首次调研对接，现场踏勘了5个县（市、区）8个项目，召开了4次部门及县市区座谈会，全面了解"十二五"期间宜昌市棚户区改造整体情况、主要经验做法、存在问题与建议诉求等，并根据棚改项目特点设计调查问卷，在棚改居民中开展了多达1 556份的满意度调查。9—10月，工作组开展后评价报告编制，并于10月25—28日，组织工程咨询、项目评价、社会管理等相关领域专家，再次赴宜昌市进行深入调研，现场走访踏勘了6个县（市、区）13个具体棚改项目，召开了3次部门及县市区座谈会，并在175个项目中抽取40个进行抽样检查。11月初，编制形成《"十二五"期间湖北省宜昌市棚户区改造项目后评价报告》（以下简称《后评价报告》）初稿，11月中旬，浙江省发展规划研究院组织浙江省政府咨询委、省发展改革委、杭州市建委、浙江工业大学等单位的专家，对《后评价报告》进行咨询论证，并按照浙江省发展规划研究院质量管理体系要求提交内部审核。11月下旬，根据专家咨询论证和浙江省发展规划研究院内审意见，对《后评价报告》进一步修改完善并形成终稿，于2016年11月底上报国家发展改革委。

## 二、项目内容

前期准备，制定工作方案。根据2016年6月17日国家发展改革委在北京召开的后评价工作部署会议要求，浙江省发展规划研究院及时成立了由分管副院长领衔、院总师办协调、城乡建设处负责、相关领域业务骨干为成员的后评价工作组。研究制订了后评价工作方案，明确思路、重点、报告框架、进度安排等，并查阅国家发展改革委、住建部、宜昌市房产管理局等相关网站，深入学习国家自2008年以来的相关文件精神，研读湖北省和宜昌市出台的相关文件、专项规划等大量相关资料。

沟通衔接，指导自我评价。7—8月，浙江省发展规划研究院后评价工作组多次致电国家发展改革委稽察办、投资司等领导，请教明确本次后评价工作的思路、范围、重点等，并与宜昌市发展改革委、房管局等保持热线联系，指导开展自我评价报告编制工作。9月30日，宜昌市房管局结合浙江省发展规划研究院提出的自评价编制大纲建议，根据9月19日国家发展改革委召开的后评价工作推进会精神，完成并向浙江省发展规划研究院提交了自我评价报告。

对接调研，开展满意度调查。8月9—12日，浙江省发展规划研究院后评价工作组赴宜昌市开展首次调研对接，对当阳市草埠湖农场国有垦区危房改造、宜都市松宜矿区工矿棚户区改造、葛洲坝集团锦绣泽园安置房及西陵区环城南路棚户区改造等8个项目进行现场踏勘与访谈交流。召开4次部门及县市区座谈会，全面了解“十二五”期间宜昌市棚户区改造整体情况、各地主要做法和经验、存在问题与建议诉求等，并就自评价大纲、后评价范围及重难点问题进行沟通探讨。根据棚改项目特点设计调查问卷，在棚改居民中开展满意度调查并进行数据分析。

现场踏勘，开展抽样检查。10月25—28日，后评价工作组组织工程咨询、项目评价、社会管理等相关领域专家，再次赴宜昌市进行深入调研，对枝江市四零四厂棚户区改造、夷陵区姜家湾村安置房、葛洲坝集团桥北安置小区、伍家岗区东辰心语安置房及西陵区两江人家等13个项目进行了现场踏勘。召开3次部门及县市区座谈会，深入了解项目实施情况、效果效益及可持续能力等情况。后评价工作组在175个项目中抽取40个进行抽样评价，通过现场踏勘、资料查阅以及与建设单位交流，对项目进行逐个打分评价，并向主管部门与业主单位反馈抽查评估意见。

全面评价，编制报告初稿。在上述工作基础上，浙江省发展规划研究院后评价工作组对“十二五”期间宜昌市棚户区改造工作进行全面分析论证，于11月上旬编制形成了《后评价报告》初稿。其间多次与宜昌市发展改革委、房管局等进行沟通，进一步核实相关情况和数据。

咨询论证，修改完善上报。11月中旬，浙江省发展规划研究院组织浙江省政府咨询委、省发展改革委、杭州市建委、浙江工业大学等单位的专家，对《后评价报告》进行咨询论证，并按照浙江省发展规划研究院质量管理体系要求提交浙江省发展规划研究院内部审核。11月下旬，根据专家咨询论证和浙江省发展规划研究院内审意见，对《后评价报告》进一步修改完善并形成终稿，于2016年11月底上报国家发展改革委。

## 三、项目成果特点

本项目具有数量多、投资大、分布散、涉及面广、政策性强等诸多典型特点，本后评价是全国首次开展的由众多子项目打包而成的项目后评价工作，具有很强的首创性、复杂性和示范性。为做好此项后评价工作，后评价工作组在遵循《中央政府投资项目后评价管理办法》（发改投资〔2014〕2129号）的基础上，结合宜昌市“十二五”期间棚户区改造项目特点，主动创新、积极探索，采用了一系列创新的方法和手段。

（1）引入直接利益主体开展满意度调查，真实地了解广大群众对宜昌棚改工作的直接感受，提高后评价工作的客观性。棚户区改造作为重要的民生工程，与百姓切身利益密切相关，为客观真实地了解棚改居民最直接、最真实的意见，浙江省发展规划研究院后评价工作组引入利益主体满意度评价方法，设计专门的调查问卷，在宜昌市已分配入住的36 142户棚改居民中抽取1 556户作为调研对象（抽样比例4.3%），针对居住面积、房屋质量、居住环境、配套设施、房屋区位条件、物业管理及收费、房屋征收补偿政策、改造后生活保障等8个指标进行满意度调查，并分县市区、类型项目、居民收入水平进行统计分析，形成问卷调查分析报告。

（2）采用“分层筛选”法进行抽样检查评价，既克服了项目后评价工作量大面广的难题，又保证了后评价依据的代表性和有效性。宜昌市“十二五”期间棚改项目数量多、分布广，全面检查所有的175个单体项目不切实际，为此后评价工作组采取了抽样检查的评价方法，在175个项目中抽取40个项目（抽样比例为22.9%）进行全面踏勘、资料查阅和座谈了解，并从政策计划执行性、实施过程规范性和实施效果效益等多重维度，逐个进行打分评价，作为综合成功度评价的重要依据。在样本确定中，确立了“分层筛选”的原则，注重项目区域分布、项目类型、改造方式和工程进度等平衡，确保了科学性、代表性和有效性。

（3）建立三方主体参与的综合评价体系，转变以往仅依靠专家打分的单一视角，提高后评价结论的全面性和科学性。在评价宜昌市“十二五”期间棚户区改造项目的整体成功度时，后评价工作组转变以往仅依靠专家打分的单一视角，构建了由棚改直接利益主体、第三方评价主体、实施管理主体三方共同参与的综合评价体系，制定了执行与管理、实施效果、社会效益3大板块18项评价指标，并赋予不同的指标权重和评价主体权重，最终得出“十二五”期间宜昌市棚户区改造项目的整体成功度，具有更强的全面性、客观性和科学性。

（4）优化后评价报告具体内容和框架，更加突出国家发展改革委的关注重点和棚户区改造项目特色，对类似后评价工作具有很强的指导借鉴意义。本《后评价报告》的编制，在总体遵循《中央政府投资项目后评价报告编制大纲（试行）》的基础上，结合宜昌棚户区改造项目的特点，优化具体内容和章节安排，更加突出目标任务完成情况、政策执行情况、项目取得效果效益、主要经验做法、存在的问题及下一步改进措施建议等重点内容，对以后开展其他类似后评价工作具有很强的指导作用和借鉴价值。

## 四、项目实施情况

（1）本《后评价报告》已上报国家发展改革委并得到了国家发展改革委的高度认可，其主要评价结论成为国家全面总结评价“十二五”期间党中央、国务院部署的重大民生和发展工程——棚户区改造项目实施成效的重要依据。

（2）本《后评价报告》中提炼总结的宜昌市棚户区改造“高位谋划引领全局统筹”“创新机制破解资金难题”“惠民举措化解征迁之困”“多方合作推进货币安置”等四大特色经验做法，“多重因素导致部分项目实施进度滞后”“货币化安置率考核不适宜部分地区实际”等6个主要问题，以及“保持政策连续性，进一步优化范围界定与政策导向”“加大金融支持力度，适当放宽资金统筹使用限制”等9个方面的对策建议，为国家下阶段棚户区改造政策制定、项目安排和建设管理等提供了重要参考。

（3）本后评价工作中，工作组探索采用了“直接利益群众满意度调查”“分层筛选抽样检查评价”等一系列创新性的后评价方法和手段，对以后开展其他后评价工作具有很强的指导作用和借鉴价值。

项目情况如图1所示。

图1　松宜矿区棚户区改造前后对比

## 五、项目主要参与人员

项目主要参与人员：董嘉明、叶建勇、洪祎丹、王红雨、徐呈程。

# 浙江省工程实验室（研究中心）建设及运行情况评估报告

浙江省发展规划研究院

扫码查看原文

## 一、项目概况

工程实验室（研究中心）是提升自主创新能力和科技进步水平的重要载体，是浙江省创新体系的重要组成部分。开展工程实验室（研究中心）评估工作有利于进一步加强指导和管理，总结建设运营成果成效和经验，对浙江省加快创新强省建设、培育壮大发展新动能有重要意义。

根据《浙江省工程实验室管理办法（试行）》（浙发改高技〔2009〕1023号）及《浙江省工程研究中心管理办法（试行）》（浙发改高技〔2009〕1036号）要求，为加强浙江省工程实验室（研究中心）的管理，评估总结建设运营、成果成效以及经济社会效益等情况，浙江省发展改革委委托浙江省发展规划研究院对浙江省工程实验室（研究中心）建设及运行情况进行评估。

本次评估对象为浙江省2009—2016年获批的73个工程实验室（研究中心）。评价的内容主要包括完成国家和省重大战略任务和重点工程相关研发工作的情况、获得自主知识产权技术成果以及对产业发展的支撑带动作用、研发试验设施建设和利用情况、产学研合作以及人才队伍建设情况、项目建设单位对省工程实验室（研究中心）的保障作用等。通过评估将实现三个功能目标：一是通过评价考核全省工程实验室（研究中心）运行情况，实现优胜劣汰、动态调整。二是通过评价结果分析，发现工程实验室（研究中心）运行过程中存在的问题，并为之后工程实验室（研究中心）的发展提出相关建议。三是建立一套工程实验室（研究中心）评价体系，为工程实验室（研究中心）的常态化评价奠定基础。

通过评估，为浙江省工程实验室（研究中心）更好地发展提出了一系列对策建议。一是根据评价结果分类推进奖惩措施。建议由浙江省发展改革委发文公布评估结果，对于评估结果为优秀的工程实验室（研究中心），优先推荐申报国家地方联合工程研究中心；对于评估结果为合格的，由主管部门负责督促加大科研经费投入和建设力度；对于评估结果不合格及放弃或未参加评估的，撤销其省工程实验室（研究中心）称号。二是修订《浙江省工程研究中心管理办法》。完善浙江省工程研究中心建设和运行管理体系。三是进一步加强指导管理。建议加强对浙江省工程研究中心发展的统计、监测分析和综合评价，实施运行情况年报制度。四是完善评价考核机制。建议定期开展第三方评价工作，实施动态调整，做到有进有出，实现工程研究中心建设的良性循环，提升浙江省级工程研究中心创新能力和活力。五是加大政策支持力度。建议浙江省财政设立创新能力建设专项资金，专项资金以直接补助形式补助工程研究中心用于购置工程化、产业化研发所需的软硬件设备，建设工程化的验证和测试环境等。并为鼓励创新平台持续加大研发投入，促进科技成果转化，对评价结果名列前茅（参评总数5%）的创新平台，通过专项资金给予适当奖励。

## 二、项目内容

针对本次评估工作的难点和复杂性，项目组综合采用专家咨询法、调查法、人员访谈法、统计分析法、案例研究法等方法。

一是科学设计评价指标体系。本次评估在《国家工程研究中心管理办法》指标体系的基础上，结合浙江省实际情况，构建评价指标体系。在评价指标体系的设计上实行“三结合”的原则，即定量评估与定性评议相结合、可操作性和可比较性相结合、全面考察和重点突出相结合。指标体系初步设计完成后，项目组召开专家和有代表性工程实验室（研究中心）的负责人座谈会，充分征求了中国国际工程咨询有限公司、福建省咨询工程中心、浙江大学创新技术研究院、浙江省科技开发中心等相关专家意见，并对指标体系加以完善。此外，项目组还组织8家代表单位的代表对指标表进行试填，听取他们对评价指标体系以及评估工作的建议，充分保证指标体系的可行性。在指标填写过程中，项目组组织安排浙江省工程实验室（研究中心）建设及运行情况评估培训会议，召集全省工程实验室（研究中心）的代表，对数据填报表的指标选取和填报要求等进行解释说明，保证他们能正确地填报指标。

二是对数据真实性进行核查并进行数据分析。为确保数据真实性，项目组要求各工程实验室（研究中心）对所填数据都要提供佐证材料。项目组对所填数据和佐证材料进行审核，并安排现场调查进行真实性、准确性审核。核查后，项目组对数据表进行录入、统计和数据处理，科学反映工程实验室（研究中心）运行情况，并对其进行分析，形成报告。

三是实际调研建设效果。鉴于工程实验室（研究中心）量大面广、类型多，对全部73家单位进行现场调查缺乏可操作性，项目组采取分层抽样的方法，选取18个代表性单位开展现场调查评估工作，占全部评估对象的25%。抽样选择注意“三平衡”：首先，注重区域分布平衡，选取杭州、湖州、绍兴、台州四个地区一定比例的单位进行现场调查；其次，注重建设效果平衡，分别选取初步评估结果较好、较差的单位进行抽样调查；最后，注重行业分布平衡，分别选取医药、机械、信息、农业、纺织、新材料等不同行业的代表单位。

## 三、项目成果特点

一是首次设计评估体系。创新性地构建了一套工程实验室（研究中心）的评估指标体系，在评估指标体系的设计上实行“三结合”的原则，从科技经费支出、人才与队伍、技术条件、科技活动、收入、成果、行业贡献度、体制机制、规划与目标九大方面设置22个指标进行系统性评估。首先，定量评估与定性评议相结合。在指标体系设计上，采用定量和定性评价相结合，以定量指标评价为主。共设置22个三级指标，其中定量指标18个，定性指标4个。其次，可操作性和可比较性相结合。选取的指标概念明确、定义清楚，数据便于采集和收集，在指标的选取上避免太繁太细。同时考虑到不同申报主体自身条件的差异，选取的指标具有普适性又能反映实际情况，便于不同主体之间比较。最后，全面考察和突出重点相结合。评估工作从九大方面对工程实验室（研究中心）进行全面系统的评估，考虑到工程实验室（研究中心）设立的目标，在考察上更侧重于技术创新和成果转化的能力，以及对社会、行业产生的贡献，相应增加了在研科技项目数、新增对外合作项目数、技术性收入、专利授权数、科技成果及获奖数、培养和提供行业人才数量等指标的权重。

二是创新综合评估方法。综合采用现场调研、统计分析、案例研究、人员访谈等多种方法对全省工程实验室（研究中心）进行全覆盖评估分析。组织开展评估培训会议，对评估指标进行说明、对填报数据进行规范，提高数据填报的准确性。开展案例研究，对各种类型各种水平工程实验室（研究中心）进行重点剖析，总结经验、发现问题、提出建议。

三是系统性提炼可复制推广经验。根据评估结果，对评估优秀的建设单位总结可复制经验，如紧紧围绕产业链进行产学研合作创新、研究机构独立法人运行机制创新、激励机制创新等，在全省进行复制推广，有力促进工程实验室（研究中心）持续健康发展；对评估中发现的问题，督促其整改提升；对评估不合格的单位进行警告及淘汰。

## 四、项目实施情况

《浙江省工程实验室（研究中心）建设及运行情况评估报告》（以下简称《评估报告》）对73家浙江省工程实验室（研究中心）的建设运营、科研活动与创新成果、经济与社会效益等建设及运行情况进行了系统性评估和全面总结。根据评估结果分类推进奖惩措施，对于评估结果为优秀的，优先推荐申报国家地方联合工程研究中心；对于评估结果为合格的，由主管部门负责督促其加大科研经费投入和建设力度；对评估不合格的单位进行警告及淘汰。评估结果以《省发展改革委关于公布省工程实验室（研究中心）建设及运行情况评估结果的通报》（浙发改高技〔2019〕73号）发布，评估建议被充分采纳。《评估报告》得到浙江省发展改革委的高度评价，并将此量化评价及闭环管理方法推广至省发展改革委系统的管理工作。评估体系应用于新修订的《浙江省工程研究中心管理办法》（浙发改高技〔2020〕339号）和《浙江省工程研究中心评价工作指南》，有力推进浙江省工程研究中心规范化、科学化管理。

## 五、项目主要参与人员

项目主要参与人员：童相娟、刘堂福、王煜若、金诗铧、俞翔。

# 全过程工程咨询篇

# 宁波“三路一桥”PPP项目东外环路快速化改造工程

杭州城投建设有限公司

扫码查看原文

## 一、项目概况

宁波“三路一桥”PPP项目东外环路快速化改造工程全长约13.6 km，采用“高架主线+地面辅道”形式，其中新建高架桥总长约2.3 km。主线按城市快速路设计，设计行车速度为80 km/h；地面辅道按城市主干路设计，设计行车速度为50 km/h。主要建设内容包括地面道路改建工程、桥梁工程（高架主线、2对平行匝道、地面辅道桥、菁华路上跨桥）、综合整治工程、管线工程、附属工程等。项目建设计划工期为36个月。

## 二、项目内容

（1）前期咨询服务：项目策划、投融资咨询、资金筹措咨询、建设项目用地咨询等。

（2）项目管理服务：项目报批报建，综合协调管理，设计管理服务，合同及台账管理，现场质量、进度、投资控制管理服务，竣工验收，项目竣工结算报审，质量缺陷责任期阶段相关服务工作等。

（3）造价管理服务：估算、概算、预算的审核，工程进度款审核，工程变更审核，协助工程结算等。

（4）运营咨询服务：运营方案的编制，协助落实运营单位。

## 三、项目成果特点

### （一）技术先进性

（1）高架段桥梁跨地铁1号线采用44 m+76 m+44 m悬臂挂篮现浇箱梁，为了保证地铁1号线的正常运行，采用压力可控的全方位高压喷射工法（Metro Jet System，MJS）旋喷桩隔断新技术。

（2）在进行整治段施工时，为了保护生态环境、节约资源，减少碳排放，采用水泥稳定碎石基层就地冷再生、泡沫沥青冷再生新技术、新工艺。

（3）本项目作为宁波市外围主要过境通道，因重载交通流量大、超载现象多，故采用大空隙沥青混凝土+水泥基灌浆料半柔性路面新工艺。

（4）对存在较轻病害的原桥面沥青混凝土，在最小化增加桥梁的恒载前提下，基于平整度改善和行车舒适性的原则，采用超薄磨耗层罩面进行预防性养护。

### （二）工程复杂性

（1）保通工程：本项目边保通边施工。工程全线总长 13.7 km，北起北外环，南至北斗路，跨越镇海区、北仑区、高新区、鄞州区，沿线跨越宁镇互通、钟包立交、江南互通、通途互通、南环互通及多条横穿道路。项目成立之初，杭州城投建设有限公司（以下简称全过程工程咨询单位）与相关属地交警部门多次召开协调会议，形成了一套切实可行、满足交通需求、工期合理的实施方案。其一，道路整治段沿线大型钢材运输车辆、渣土车辆等重型车辆较多，超载车辆沿线散落塘渣、石子对保通工程的保洁造成了巨大的困难，全过程工程咨询单位汇总相关监管单位进行了联合整治；其二，主线高架段，沿线居民密集，道路通行要求高，且道路交叉口繁多，全过程工程咨询单位与相关单位制定了思路清晰、科学合理的保通方案。

（2）管线迁改：主线高架段全线长 2.3 km，沿线东侧原有 110 kV 电力、DN500 自来水、DN300 自来水，西侧原有 DN800 高压燃气、DN500 中压燃气管、DN300 低压新光燃气、DN200 低压新奥燃气、综合、电信管道各一道，全过程工程咨询单位会同施工、各产权单位召开进度协调会，明确施工对管线迁改时间的要求，提前谋划时间节点，经各方努力，整体计划得到了有效的控制。

（3）设定关门时间，工程量大：在管线迁改完成实现无障碍化施工后，全过程工程咨询单位根据宁波市住房和城乡建设局要求，明确关门时间。全过程工程咨询单位要求施工单位调整施工进度计划，依据进度计划编排劳动力计划、机械设备计划、资金需求计划、材料物资计划等一系列保障措施。在合理的组织策划下，项目工期得到了有效的推进，项目按期通车。

（4）涉及单位多，协调工作量大：本工程因本身存在的特殊性，共涉及桥梁工程、道路新建工程、道路整治工程、各类配套管线工程、排水工程、绿化工程、智能交通工程、交通安全设施工程等繁多的分项工程。

### （三）项目荣誉

项目获得的荣誉包括 2021 年度浙江省建设工程钱江杯优质奖、2020 年度浙江省市政公用工程安全生产标准化管理优良工地、2020 年度宁波市“甬江建设杯”优质工程奖、2020 年度宁波市建设工程结构优质奖、2020 年度宁波市市政工程安全文明施工标准化工地，“提高 MJS 旋喷桩施工效率”荣获宁波市 2019 年度现场型课题 QC 成果发布会一等奖。

## 四、项目实施情况

在项目合同签订后，全过程工程咨询单位主动沟通协调政府职能部门，时刻跟踪接入审批流程，做到及时协调、及时反馈、及时解决。参与协调办理工程规划许可、用地许可、施工许可、项目跨 329 国道安全评估、概算调整、竣工测绘、竣工规划核实等。本项目主线高架段全长 2.3 km，沿线东侧原有 110 kV 电力、DN500 自来水、DN300 自来水，西侧原有 DN800 高压燃气、DN500 中压燃气管、DN300 低压新光燃气、DN200 低压新奥燃气、综合、电信管道各一道。全过程工程咨询单位克服重重困难，多次会同政府平台公司、施工、各产权单位召开进度协调会，明确施工对管线迁改时间的要求，提前谋划时间节点，特别是 2018 年基本上每月都要召开一次协调会议。经各方努力，在咨询单位统筹谋划下，倒排迁改完成时间表，最终在 2018 年 12 月顺利完成所有管线迁改，为项目顺利推进扫清了障碍。

在项目初期全过程工程咨询单位利用自身在成本管控方面的强大专业优势，综合考虑造价、工期、采购等因素，为项目公司制定了多项关于造价控制规章制度。实施过程中，由于政策变化、价格波动、建设条件变化等客观原因，项目总投资较原投资有较大幅度增加。针对设计变更，全过程工程咨询单位根据项目现场情况，综合考虑后期运营成本及保护生态环境、节约资源，减少碳排放，采用水泥稳定碎石基层就地冷再生、泡沫沥青冷再生、大空隙沥青混凝土 + 水泥基灌浆料半柔性路面等多项新工艺、新技术。

全过程工程咨询单位根据项目实际情况，结合 PPP 协议，积极协调实施机构（宁波市住建局、市财政局、市发展改革委等市 PPP 联席会成员单位），为项目公司提前一年完成了本项目分段验收和分段付费的成果，即在 2020 年收到政府运营补贴付费，为投资人创造了效益。

在项目建设管理方面，围绕工程"三控三管一协调"，通过办公自动化（Office Automation，OA）程序信息化管控，将现场工程建设情况进行信息化处理，大大提高了工作效率，并在工程进度、质量、安全方面取得了有效的管控。

（1）进度管理：在进度管理上，严格把控建设计划的制定和实施的各个环节，做到事前谋划、事中控制、事后考核等，确保进度按计划有序推进。

（2）质量管理：在实施之初全过程工程咨询单位便替项目公司制定了多项关于质量控制规章制度，在项目实施过程中，通过现场巡查、月度联合质量安全检查、联合验收等方式对项目的质量进行监督，如发现问题则第一时间要求施工单位进行整改落实。截至目前，未发生一起质量事故，各项第三方检测结果均合格，主体工程在单位工程验收中以全优的成绩通过最终验收。

（3）安全文明管理：在安全文明管理上，实施之初全过程工程咨询单位便替项目公司制定了安全生产责任制度、安全检查制度等，使其落实责任，切实加强工地现场的安全生产管理。通过现场巡查、月度安全检查、专项安全检查等方式督促检查项目的安全生产情况，对发现的安全问题和安全隐患，及时要求施工单位整改到位。

本项目实施时，尚处于 PPP 模式初始阶段，原合同未明确运营绩效考核的具体指标，结合财办金〔2017〕92 号文、财金〔2018〕54 号文分析，全过程工程咨询单位与实施机构市住建局、市执法局、市财政局等单位制定了绩效考核指标并签订了 PPP 补充协议。本项目运营经实施机构同意委托宁波市市政设施中心负责运营。本项目运营期为 8 年，其中道路整治段于 2019 年 8 月 29 日综合验收，次日进入运营期，高架段于 2020 年 6 月 30 日综合验收，次日进入运营期。2020 年 10 月 12 日以平均分 99 分"优"通过首年度绩效考核，对宁波市公安局交警局出具的日交通流量数据表与项目未改造之前交通流量数据进行比较分析，显示项目建成后交通流量及通行能力都得到了提高，实现了项目的社会经济效益。2021 年 7 月 12 日绩效考核平均分 90 分，达到"优"。

项目情况如图 1 所示。

图 1　项目实景图

# 温州市鹿城区瓯江绕城高速至卧旗山段海塘和瓯江路西延（江滨路 A 线西段）道路工程 PPP 项目

杭州城投建设有限公司

扫码查看原文

## 一、项目概况

温州市鹿城区瓯江绕城高速至卧旗山段海塘和瓯江路西延（江滨路 A 线西段）道路工程 PPP 项目，道路工程全长 5 276 m，红线宽度 30 m，按次干道设计，设计车速为 40 km/h，含有桥梁 2 座、箱涵 3 座、隧道 1 处；海塘工程全长 5.946 km，新建堤塘防洪标准为一百年一遇，为Ⅱ级堤防工程。项目自 2016 年 3 月 16 日正式开工，于 2019 年 6 月 28 日正式竣工。

## 二、项目内容

本项目前期咨询、项目管理、造价管理、运营咨询等全过程工程咨询服务，具体内容如下。

（1）前期咨询服务范围包括项目策划、投融资咨询、资金筹措咨询、建设项目用地咨询等。

（2）项目管理服务范围包括项目报批报建，综合协调管理，设计管理服务，合同及台账管理，现场质量、进度、投资控制管理服务，竣工验收，项目竣工结算报审，质量缺陷责任期阶段相关服务工作等。

（3）造价管理服务范围包括估算、概算、预算的审核，工程进度款审核，工程变更审核，协助工程结算等。

（4）运营咨询服务内容包括运营方案的编制，协助落实运营单位。

## 三、项目成果特点

### （一）施工重点

严格按照相关施工程序和质量要求对路基进行施工，其中基础的开挖和处理、路基两侧的挡墙质量控制、路基回填料的质量控制、基层的掺合和拌合质量控制、回填碾压的质量控制、排水措施的质量控制和布置方案的审查等应作为施工控制的重点。

### （二）自然条件恶劣

项目所含的两个子项战线较长，施工范围较广。整个项目不仅受瓯江潮汐、汛期、台风、地质、地貌等自然条件影响，同时也受沿线既有道路、既有管线和周边社区企业等社会条件影响。

### （三）实施难度大

施工建设征地及移民安置包括征地和搬迁两部分内容，其中所征地根据用地性质分为永久占地和临时占地，永久占地一般为永久建筑物占地，占地面积由建筑物的空间所决定，难以改变。临时占地为施工过程中所布置的临时设施占地，由临时设施的布置方案所决定，布置方案越优化，占地面积就越小，费用就越低，这部分占地的规划应重点关注，征地与移民安置与筹建期其他工程项目同步进行，并对各个项目的建设进度产生较大影响，移民征地的及时性和有效性将直接决定工程的施工进度，应重点给予关注。因其实施难度较大，因此这也是筹建期的重点和难点之一。

### （四）项目荣誉

本项目的实施，荣获2018年度浙江省建筑安全文明施工标准化工地，2019年度温州市建筑安全文明施工标准化工地，2019年度温州市建设工程“瓯江杯”（优质工程）奖，2020年度浙江省建设工程“钱江杯”（优质工程）奖。

## 四、项目实施情况

### （一）全过程工程咨询服务综述

本项目采用全过程工程咨询管理模式，通过对项目前期文件、施工图纸、实施方案分析以及对项目合同的解读，协助投资人把控好项目建设运营大方向，剖析项目融资、造价、政策处理、设计变更以及回购等各个方面可能存在的风险，不断调整优化方案。同时，协助投资人配合政府方推进政策处理工作，合理优化施工工艺，最终海塘工程工期提前17个月完工，道路工程提前近11个月竣工，项目整体工期提前近9个月，为项目能提前投入使用产生效益打下坚实基础。

### （二）全过程工程咨询重点及特色

**1. 协调项目各项审批流程，助推项目顺利启动**

在项目合同签订后，项目在施工图设计、施工图审查、工程规划许可、用地许可等各阶段前期手续办理过程中，全过程工程咨询单位主动沟通协调政府职能部门，时刻跟踪审批流程，做到及时协调、及时反馈、及时解决。最终海塘工程于2016年3月16日顺利启动，而中标时仅完成可行性研究阶段的道路工程于2017年5月23日正式启动。

**2. 为项目征地拆迁出谋划策，推进项目建设进度**

本项目沿瓯江建设，跨越三个街道，沿线有48座码头、多处集中农居房、成片厂房待拆迁处理。全过程工程咨询单位结合施工组织计划，统筹谋划推进项目先后区域，倒排征迁完成时间表，加大宣传力度，提高政府部门对项目的关注程度，最终沿线码头于2017年年底顺利完成征迁、沿线成片农居房在 2018 年年初顺利完成征迁，为项目现场顺利推进扫清了障碍。

**3. 海塘工程方桩调整，减少造价，保证工期**

通过现场调研，项目当地方桩供应量不足，考虑到存在延误工期的风险，故建议对方案进行优化，提出了将方桩调整为管桩，经专家论证，满足设计要求，变更调整管桩 640 根，在缩短工期的基础上，节约投资约 670 万元。

**4. 道路工程软基处理变更，缩短工期 11 个月，确保项目提前竣工**

道路工程软基处理路段若采用塑排板 + 超载预压处理，经测算，则该设计方案最快需 18 个月完成施工，且施工质量保障难度较大。通过现场查勘及资料收集，建议对方案进行优化，通过进度和经济性对比，效果明显，其中采用预制管桩复合地基处理方案比原方案可缩短工期 9 个月以上，最终可节省投资 3 000 万元以上，最后通过专家论证并经政府方变更流程对方案进行优化，同时在加强现场管理的情况下，使道路工程整体缩短工期 11 个月，参建各方取得了良好的经济效益和社会效益。

**5. 做好运营咨询，实现运营委托合规**

为确保项目合规性，协助政府方与投资人签订了 PPP 项目合同补充协议，重新委托社会资本方运营维护本项目。

项目情况如图 1 和图 2 所示。

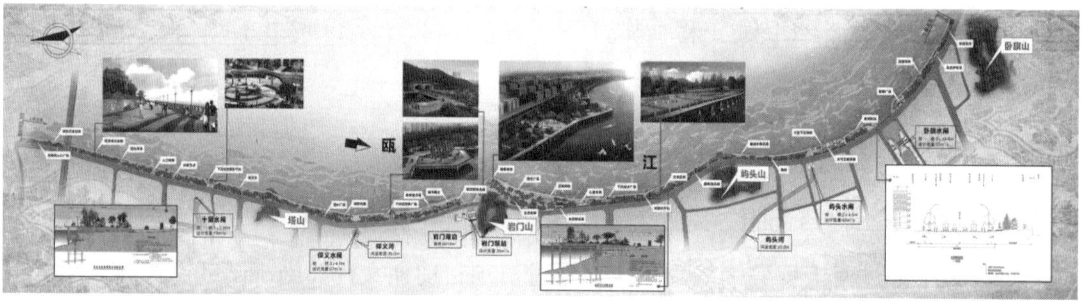


图 1　项目平面效果图

图 2　项目实景图

# 浙江省之江文化中心建设工程

浙江江南工程管理股份有限公司

扫码查看原文

## 一、项目概况

浙江省之江文化中心建设工程项目建设用地面积为 17.2 万 $m^2$（合 258 亩），其中一期用地面积为 16.7 万 $m^2$（约合 250 亩），总建筑面积约 32 万 $m^2$（含地上建筑面积 16.5 万 $m^2$，地下建筑面积 15.5 万 $m^2$，其中浙江图书馆新馆地上建筑面积为 5.9 万 $m^2$，地下建筑面积为 2.6 万 $m^2$；浙江省博物馆新馆，地上建筑面积为 6.997 万 $m^2$，地下建筑面积为 3.003 万 $m^2$；浙江省非物质文化遗产馆，地上建筑面积为 2 万 $m^2$，地下建筑面积为 1.5 万 $m^2$；浙江文学馆，地上建筑面积为 1.5 万 $m^2$，地下建筑面积为 0.5 万 $m^2$；公共服务中心，地下建筑面积为 7.9 万 $m^2$，地上建筑面积为 0.1 万 $m^2$）。二期建设用地面积为 5 333 $m^2$（约合 8 亩），主要建设内容为绿化工程。项目工期为 2019 年 2 月 28 日—2022 年 6 月 30 日。

## 二、项目内容

### （一）项目实施策划

（1）目标策划。确定项目建设的各项目标，包括质量、进度、投资、安全等方面。

（2）管理组织结构策划。确定项目建设的管理组织结构。

（3）项目建设管理制度及管理流程的策划。

（4）技术策划。对项目建设管理拟采用的新技术进行策划，如 BIM 技术、装配式建筑设计等。

### （二）报批报建报验管理

（1）协助办理项目立项直至施工许可期间的所有报批报建手续，包括环评批复、国有土地使用权证、建设用地规划许可证、初步设计批复、施工图审合格证、消防设计审核意见书、建设工程规划许可证、建设工程施工许可证等。协助办理施工临时用电、用水等手续。

（2）协助办理自来水、煤气、室外排污、周边道路、电力外线、有线电视、宽带、移动通信、电话的室外管网施工审批手续。

（3）协助办理合同、质量监督、安全监督手续等相关审批或备案工作。

（4）协助办理竣工验收手续，包括消防、人防、规划、节能等各专项验收。

（5）协助办理竣工档案向相关部门移交手续。

### （三）设计与技术管理

协助委托人完成对项目功能需求和质量档次的定位，编制设计任务书。

### （四）造价管理

初步设计阶段，对设计单位编制的工程概算进行重点审查，必要时，根据委托人要求进行全面审查。施工图完成后，负责审查工程预算书，进行无价材料的询价工作。对工程变更、签证严格按管理流程执行，对工程进度款支付严格把关，协助处理相关索赔事宜等。结算阶段，及时组织已完工程的结算工作，对上报的工程结算书进行初审，并配合审计单位的结算审计工作等。对前期第三方中介机构工作进行审核确认。

### （五）合同管理

组织并负责合同策划、合同签订、合同履约管理、合同风险管理。妥善保存所有合同及与合同有关的一切资料，在合同履行完毕后将与项目有关的所有合同及有关资料移交给委托人。

### （六）施工阶段工程管理

协助办理征地拆迁政策处理遗留问题，平整场地，落实场地建设准备工作。负责协调完成项目场地测绘、场地移交、各参建单位进场施工的统筹协调工作。协助或代表委托人召开第一次工地例会，主持或参与施工过程中的各项工程管理会议。按照国家建设工程监理规范开展工程监理工作。

### （七）验收移交项目后评价

组织项目专项验收、竣工预验、竣工收尾整改工作；完成竣工资料验收及档案；协助委托人组织竣工验收，并办理竣工验收备案；组织项目回访保修；完成项目后评估工作。

## 三、项目成果特点

### （一）技术先进性

（1）项目主体结构混凝土采用高耐久性混凝土技术。

（2）文学馆负二层～三层墙、柱，博物馆负二层～二层墙、柱采用高强高性能混凝土技术。

（3）地下室底板、外墙、室外顶板采用混凝土裂缝控制技术。

（4）地下室及主体采用高强钢筋应用技术及高强钢筋直螺纹连接技术。

（5）主体框架梁采用预应力技术。

（6）地下室及主体结构采用销键型脚手架及支撑架。

（7）主体结构采用混凝土叠合楼板技术。

（8）博物馆地上连廊采用钢结构滑移、提升施工技术。

（9）主体钢柱采用钢结构防腐防火技术。

（10）地下室及主体采用钢与混凝土组合结构应用技术。

（11）安装工程采用基于 BIM 的管线综合技术。

（12）地下室底板采用地下工程预铺反粘防水技术。

（13）地下室顶板、屋面采用种植屋面防水施工技术。

（14）工程现场采用深基坑施工监测技术。

### （二）工程复杂性

（1）文化场馆类项目体量庞大、功能复杂、建设工期短、质量要求高。

（2）EPC 总承包带方案招标，设计任务书中部分功能及设备选型未明确，导致设计变更多。

（3）设计牵头的固定总价 EPC 总承包管理模式，设计富裕系数小。固定总价合同下，限额设计容易导致建设标准或装修标准下降。

（4）项目涉及舞台、展陈、景观照明等专项设计，专项设计要求高。

（5）固定总价合同涉及的无价材料较多。

（6）除公共服务中心结构设计使用年限为 50 年、耐久性年限为 100 年外，其余四馆均为使用年限为 100 年、耐久性年限为 100 年。

（7）地下室面积大、基坑围护形式复杂，基坑围护形式排桩 + 混凝土支撑支护、排桩 + 预应力锚杆等支护方式，施工难度高、质量要求高、现场管理难度大。

### （三）项目荣誉

本项目荣获 2021 年度“红色工地”省级示范项目。

## 四、项目实施情况

### （一）全过程工程咨询服务综述

**1. 工程质量目标**

项目设计成果符合国家、省、市现行规范及项目行政审批主管部门要求，工程设计质量达到《建筑工程设计文件编制深度规定（2016 版）》及其他国家现行规范的要求；

符合国家及地方验收标准要求，确保了工程一次性验收合格。

**2. 建设工期**

2019 年 8 月 27 日前完成 ±0.000 地下室结构的施工图设计并报审通过，完成办理正式的施工许可证。2020 年 12 月 31 日前完成主体竣工。

2022 年 6 月 30 日前完成室外配套所有工作内容，完成项目五方主体验收且完成环保、规划、消防等职能部门的验收，完成城建档案馆档案移交，完成建委备案并交付使用。

### （二）全过程工程咨询成效

**1. 设计管理成效**

本项目设计管理难度大，浙江江南工程管理股份有限公司咨询团队（以下简称咨询团队）的现场设计管理人员及公司后台专家，以审核图纸为重点，对设计文件的合规性、可实施性、是否满足设计任务书的需求、是否方便业主后期运营维护等方面进行了重点审核，得到了业主的认可。

**2. 项目投资控制成效**

本项目建设单位是浙江省文化和旅游厅，无专职的造价管理人员，咨询团队专门设立了造价合约部，常驻服务，并与建设单位同台办公，随时解决建设单位提出的工程造价问题，取得了显著成效。

**3. BIM 技术应用成效**

由于咨询单位未参与本项目的方案设计，因此在扩初设计阶段，对扩初设计方案进行了严格的把控。在前期方案设计中，通过与设计单位 BIM 团队合作，通过进行场馆布局与流线模拟、外立面随机开窗分析、展厅消防疏散模拟、舞台气流组织模拟等，使设计方案得到了对比及验证，提升了设计品质。此外，对于施工图阶段的 BIM 成果，主要是图纸、碰撞、净高等，对其一一审核，均反馈给设计单位，并让其进行修改，提高了图纸质量，减少了后期设计变更。

**4. 质量管理成效**

（1）建立项目工程质量管理制度，拟定罚款条款，督促各参建单位严格遵守该制度规定；

（2）建立样板先行制度，通过对样板的验收及评价及时调整设计构造、选材、施工工艺等方面的不合理之处，避免施工时因大面积返工造成工期、品质和成本方面的损失，同时将样板质量作为工程验收标准和依据；

（3）举牌验收制度，对原材料进场、关键工序、关键节点进行现场举牌拍照验收，保留影像资料，以便于追溯；

（4）实行材料品牌报审制度，原材料进场应提供进场计划并进行品牌报审，报审通过后方可采购原材料，避免材料进场后因品牌问题导致材料退场。

**5. 安全管理成效**

（1）督促现场各参建方安全管理体系的建立和有效运行，形成“计划、执行、检查、处理（PDCA）”良性循环。

（2）建立项目安全生产及文明施工管理制度，各参建单位均需严格遵守该制度规定。

（3）按照住建部 31 号文、37 号令的相关要求，对危险性较大的分部分项工程的专项施工方案实施风险管控。

（4）项目部推行周联合大检查、日常巡查、不定期检查制度等，做到及时发现安全隐患、及时通知施工单位落实整改、严格复查整改落实情况。

（5）落实“管生产必须管安全”“谁主管谁负责”的安全管理精神，对相关人员进行履职评估。

**6. 综合管理成效**

项目从方案设计中标到交付使用，建设总工期仅三年，进度控制难度巨大。咨询团队建立了以项目负责人牵头、综合管理部为核心的前期报批报建跟踪、进度动态跟踪、档案管理制度。

项目情况如图 1 所示。

图 1 项目实景图

## 五、项目主要参与人员

项目主要参与人员：耿忠平、黄海耀。

# 深圳歌剧院全过程工程咨询项目

浙江江南工程管理股份有限公司

扫码查看原文

## 一、项目概况

深圳歌剧院全过程工程咨询项目位于深圳市南山区东角头地块，位于蛇口新街南侧、半岛城邦东侧、深圳湾大桥西侧、深圳湾海域北侧。

项目地块分为南北两区，用地面积约 13.9 万 $m^2$，其中南区用地面积为 10.8 万 $m^2$，北区用地面积约 3.1 万 $m^2$，项目总建筑面积约 22.2 万 $m^2$。拟设置三大功能区：以 2 100 座歌剧厅、1 800 座音乐厅、1 000 座小歌剧厅和 500 座多功能剧场为主的核心展演功能区 8.87 万 $m^2$，以歌剧艺术交流、文化展览、教育休闲为主的公共服务和文创体验区 2.63 万 $m^2$，以演员公寓、创作设计制作排演中心、管理和物业用房、停车库和设备用房为主的演出服务及配套用房 10.7 万 $m^2$。计划工期为 2023 年 12 月—2027 年 12 月。

## 二、项目内容

（1）项目管理：项目计划统筹及总体管理。项目策划管理、设计管理、工程勘察管理、技术管理、进度管理、投资管理、质量管理、安全生产管理、项目组织协调管理、招标采购管理、合同管理、档案管理；报批报建相关服务；信息管理（含 BIM 咨询及信息化应用管理）；竣工验收收尾及移交管理、工程结算管理、风险管理、后评价工作及与项目建设管理相关的其他工作。

（2）工程监理：施工阶段监理、保修监理及后续服务管理以及与工程监理相关的其他工作。

（3）其他：全过程工程咨询单位依法承担与项目管理工作、工程监理工作相应的法律责任。

## 三、项目成果特点

### （一）技术先进性

（1）剧场声学标准高：为了保障剧场演出的声学指标，设计选择国际一流剧场的声学设计指标，其中音乐厅声学设计指标为 NR15，该标准高于国家规范两个等级。

（2）剧场舞台功能强大：为了更好地实现歌剧的创作、生产、演出、经营，本项目采用“六宫格”舞台设计，舞台功能强大且复杂。

（3）先进的货运垂直运输系统：本项目歌剧厅、小歌剧厅、音乐厅及多功能剧场，其舞台面均未设置于地面层，而是采取整体抬升一字排开布置；为满足剧场演出的需要，设计采用垂直运输系统（如升降平台、货梯等），可满足各个剧场的正常演出。

（4）外部交通无缝衔接：轨道交通 13 号线二期工程（南延）在深圳歌剧院项目中设置歌剧院站，站厅层位于歌剧院项目漫游层之下（即负二层），轨道层位于地下负三层；望海路地下快速改造工程位于深圳歌剧院项目下方，并设置匝道连接于歌剧院地下室负二层，实现交通无缝衔接，为观众通行创造更多更方便的路径。

### （二）工程复杂性

（1）管理组织庞大：参建单位众多，涉及多方协同，组织协调管理的难度极大。

（2）建设条件复杂：本项目三面临海，场地受限；本项目涉及的地铁歌剧院站、望海路改扩建工程同期开工建设，建设施工时序复杂。

（3）建设体量大，结构形式复杂：建筑方案造型极具地标性，剧场舞台抬升 19 m，将释放首层地面建筑面积 2.4 万 $m^2$，向市民 24 h 开放，其超过 10 万 $m^2$ 的不规则造型的大屋盖体系、超高混凝土墙体、超大悬挑钢结构、错综复杂的大跨度剧场主体结构极具复杂性。

（4）剧院流线错综复杂：剧场涉及演员流线、公众流线、贵宾流线以及货运流线等各类流线，功能流线繁多、设计复杂。

### （三）预计取得的成果

（1）创优目标：争创“鲁班奖”“詹天佑奖”，争创全国优秀工程勘察设计一等奖。

（2）安全文明管理目标：争创国家 AAA 级安全文明标化工地。

（3）绿色建筑评价标准：争创绿色建筑三星认证。

## 四、项目实施情况

根据咨询合同要求，咨询单位按照服务内容积极开展咨询服务工作。项目实施前，开展编写项目前期策划方案和项目实施策划方案，经业主审批通过后，作为项目实施过程中的纲领性文件，为项目后期有序开展奠定基础。通过精心策划和统筹管理，建立了“一汇、两专班、两中心、四个机制”的组织生态体系，保证项目管理指令上通下达、高效执行；方案国际竞赛采用“全球邀请 + 公开海选”的方式，最终普利兹克奖获得者、国际著名建筑设计大师让·努维尔领衔的设计团队提交的“海之光”方案荣获一等奖，实现了建筑方案优中选优，保证了服务品质；开展国内类似剧院项目考察与调研，组织业内知名专家多轮座谈与论证，为竞赛方案可实施性研究提供正确的决策；合理测算本项目投资估算，运用“四位一体”投资过程控制、清单式管控措施，保证了项目投资效益。在项目策划管理、设计管理、技术管理、投资管理等咨询服务过程中，为深圳市政府及业主的决策提供了支撑，赢得了业主一致认可，咨询管理成效显著。

本项目涉及轨道交通 13 号线二期工程（南延）歌剧院站、望海路地下快速改造工程等多个省市重点项目同期建设，涉及歌剧院、地铁、望海路三大项目同时建设施工，其施工组织难度巨大，为有序推进项目进度，保证各项目合理有序组织、施工，浙江江南工程管理股份有限公司在项目方案设计前期阶段，积极组织本项目与轨道交通 13 号线二期工程（南延）歌剧院站、望海路地下快速改造工程的施工时间、时序、方案和设计衔接等各项前期协调工作，通过前期策划、系统统筹，寻找创新施工组织时序新方案，得到深圳市政府及各项目建设单位一致认可。

本项目外部交通连接涉及轨道交通 13 号线二期工程（南延）歌剧院站的设站位置，针对深圳地铁集团提出轨道交通 13 号线二期工程（南延）歌剧院站的多种设站方案，全过程工程咨询单位通过组织国际知名声学单位，并结合深圳歌剧院建筑设计方案，开展地铁振动声学前期研究工作，积极组织深圳市建筑工务署与市文化广电旅游体育局、轨道交通建设指挥部办公室、规划和自然资源局、地铁集团等多轮研究与沟通，轨道交通 13 号线二期工程（南延）歌剧院站采用合理的浮置板轨道等减振降噪措施，以此保障深圳歌剧院剧场演出的声学指标要求，并结合征地拆迁、方案设计、运营管理等多方面因素综合考虑，最终优选地铁设站位置，有效地保证了后期深圳歌剧院项目建筑方案的可实施性和落地性，前瞻谋划，科学决策。

结合方案设计及项目自身功能特点，初步明确土石方、钢结构、外立面幕墙、大屋盖、声学装饰、舞台设备、大型机电设备、管风琴等主要内容作为本项目在设计、招标、施工、结算各阶段投资控制的重点，采取全生命周期投资目标分解、年度投资目标分解、资金支付曲线等投资控制工具，并通过座均建筑面积、座均投资、单方造价等各项指标控制，保障项目建设合理投资，与项目定位相匹配。

项目情况如图 1 所示。

图 1　深圳歌剧院效果图

## 五、项目主要参与人员

项目主要参与人员：钱英育。

# 深圳大学西丽校区建设工程（二期）项目

浙江江南工程管理股份有限公司

扫码查看原文

## 一、项目概况

深圳大学西丽校区二期项目建成将极大地促进深圳大学向世界一流创新型大学的发展目标迈进，为深圳大学争创“高水平大学”及“双一流大学”提供保障。深圳大学西丽校区二期项目单体多，投资大，部分单体要求两年半建成交付，工期要求高，同时专业设计及深化设计阶段需系统考虑智慧校园、人文校园、绿色校园，建设标准高。对于大型公建类项目，“人力”及“技术”是基础保障，需要有足够的人力资源及技术资源储备作为项目保障。

项目占地面积为 195 562 $m^2$，总建筑面积为 439 877 $m^2$，其中地上建筑面积为 274 491 $m^2$，地下建筑面积为 165 386 $m^2$；主要建设内容包括中央图书馆综合楼、法商学部、行政办公与专职科研用房、公共教学楼、北区宿舍、食堂及留学生活动用房共 16 栋建筑。计划工期为 2018 年 12 月—2021 年 12 月。

## 二、项目内容

项目范围及内容如图 1 和表 1 所示。

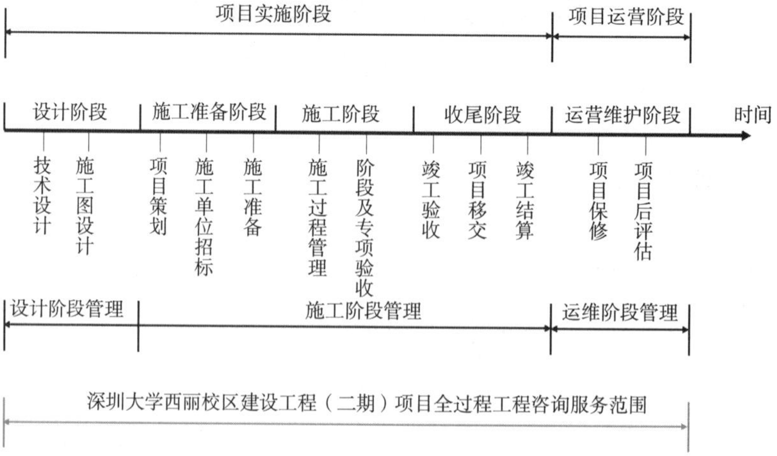


图 1　项目范围

表 1　项目内容

| 序号 | 服务内容 | 工作分解 |
| --- | --- | --- |
| 1 | 策划管理 | 项目实施策划 |
| | | 项目管理制度体系 |
| | | 项目总体进度策划 |
| | | 组织编制专项报告 |
| | | 前期文件审核 |
| | | 编制创优计划 |
| 2 | 报批报建 | 建设工程规划许可证核发 |
| | | 项目配套建设手续审查，包括人防水土保持方案、用水节水、用电许可、用气许可、排水许可、开设路口等手续 |
| | | 使用林地审批 |
| | | 消防设计审查 |
| | | 建设工程施工许可证办理 |
| | | 组织建筑工程竣工联合验收和办理竣工验收备案 |
| 3 | 设计管理 | 施工图审查 |
| | | 组织设计交底及图纸会审 |
| | | 需求优化、引导 |
| | | 设备选型 |
| | | 设计变更 |
| | | 组织编制竣工图 |
| 4 | BIM 管理 | 组织落实项目 BIM 应用工作 |
| | | 审查 BIM 相关模型文件 |
| | | 整合全专业 BIM 模型 |
| 5 | 招标与采购管理 | 招标策划及标段划分 |
| | | 编制招标方案及招标文件 |
| | | 回复答疑补疑、组织评标、清标及定标准备工作 |
| | | 组织澄清会及进场见面会 |

续表

| 序号 | 服务内容 | 工作分解 |
|---|---|---|
| 6 | 投资管理 | 编制项目资金使用计划并动态调整 |
| | | 限额设计 |
| | | 组织编制、审核招标控制价 |
| | | 组织开展清标工作 |
| | | 审核工程变更、工程索赔和工程签证 |
| | | 进度款审核 |
| | | 组织结算、决算工作 |
| 7 | 合同管理 | 策划项目合同总体结构 |
| | | 协助拟定合同文件 |
| | | 协助开展合同谈判和合同签订，保函管理 |
| | | 合同纠纷与索赔事宜 |
| | | 合同履约评价 |
| 8 | 进度管理 | 分析和论证项目总进度目标 |
| | | 编制项目总控计划及总控措施 |
| | | 进度偏差分析、检视、推进 |
| | | 判断进度偏差影响，调整和优化项目总控计划 |
| | | 处理工程停工、复工及工期变更事宜 |
| 9 | 质量管理 | 施工环节的质量控制 |
| | | 参与重大技术方案评审 |
| | | 组织材料（设备）的进场管理和验收工作 |
| | | 组织过程验收及参与阶段性验收 |
| | | 参与处理质量缺陷和质量事故 |
| | | 组织项目保修管理 |
| 10 | 安全管理 | 定期组织安全检查 |
| | | 参与专家论证会 |
| | | 危大工程管理 |

续表

| 序号 | 服务内容 | 工作分解 |
|---|---|---|
| 11 | 信息管理 | 数字化平台应用 |
| | | 智慧工地 |
| | | 数字资产建设与移交 |
| | | 档案管理 |
| 12 | 竣工验收及移交管理 | 组织预验收，参与竣工验收 |
| | | 组织编制项目使用手册，进行物业培训 |
| | | 组织实物移交 |
| | | 组织办理项目产权证等审批手续 |
| | | 组织办理各类专项验收 |
| 13 | 项目保修 | 编制保修阶段工作方案 |
| | | 建立保修台账 |
| | | 明确维修责任，督促施工单位限期维修 |
| 14 | 后评价管理 | 项目复盘总结思考 |
| | | 立项决策评价 |
| | | 项目实施评价 |
| | | 项目效果评价 |
| | | 项目目标评价 |

鉴于项目投资规模大、建筑单体数量多、工程技术复杂、工期紧、任务重、建设档次定位及品质标准要求高等特点，项目采用全过程工程咨询，为项目建设全生命周期提供完整、科学、准确的技术和管理咨询，保障本项目最终实现投资目标、进度目标、质量目标、安全目标。

## 三、项目成果特点

### （一）技术先进性

本项目应用“建筑业 10 项新技术”中的新技术共 10 大项 38 子项，见表 2。

表 2　本项目应用“建筑业 10 项新技术”中的新技术

| 序号 | 应用新技术大项 | 应用新技术子项 |
|---|---|---|
| 1 | 地基基础和地下空间工程技术 | 综合管廊施工技术 |
| 2 | 钢筋与混凝土技术 | 混凝土桩复合地基技术 |
| 3 | | 自密实混凝土技术 |
| 4 | | 混凝土裂缝控制技术 |
| 5 | | 高强高性能混凝土技术 |
| 6 | | 高强钢筋直螺纹连接技术 |
| 7 | | 混凝土桩复合地基技术 |
| 8 | 模板脚手架技术 | 销键型脚手架及支撑架 |
| 9 | | 集成附着式升降脚手架技术 |
| 10 | | 组合铝合金模板施工技术 |
| 11 | | 管廊模板技术 |
| 12 | 装配式混凝土结构技术 | 预制构件工厂化生产加工技术 |
| 13 | 钢结构技术 | 高性能钢材应用技术 |
| 14 | | 钢结构深化设计与物联网应用技术 |
| 15 | | 钢结构虚拟拼装技术 |
| 16 | | 钢结构滑移、顶（提）升施工技术 |
| 17 | | 钢结构防腐防火技术 |
| 18 | 机电安装工程技术 | 基于 BIM 的管线综合技术 |
| 19 | | 工业化成品支吊架技术 |
| 20 | | 机电管线及设备工厂化预制技术 |
| 21 | | 薄壁技术管道新型连接安装施工技术 |
| 22 | | 内保温金属风管施工技术 |
| 23 | | 金属风管预制安装施工技术 |
| 24 | | 机电消声减振综合施工技术 |

续表

| 序号 | 应用新技术大项 | 应用新技术子项 |
|---|---|---|
| 25 | 绿色施工技术 | 封闭降水及水收集综合利用技术 |
| 26 | | 建筑垃圾减量化与资源化利用技术 |
| 27 | | 施工现场太阳能、空气能利用技术 |
| 28 | | 施工现场扬尘控制技术 |
| 29 | | 施工现场噪声控制技术 |
| 30 | | 绿色施工在线监测评价技术 |
| 31 | | 工具式定型化临时设施技术 |
| 32 | | 建筑物墙体免抹灰技术 |
| 33 | 防水技术与围护结构节能 | 地下工程预铺反粘防水技术 |
| 34 | | 种植屋面防水施工技术 |
| 35 | | 高性能门窗技术 |
| 36 | 抗震、加固与监测技术 | 消能减震技术 |
| 37 | | 深基坑施工监测技术 |
| 38 | 信息化技术 | 基于 BIM 的现场施工管理信息技术 |

## （二）工程复杂性

### 1. 技术复杂性

技术复杂性是指由于技术要素的复杂属性表现出的整体特征。本工程涉及岩土工程、独特的建筑结构设计、建筑电气、园林绿化、景观设计、智能化工程、给排水工程等各专项设计，涉及的专业众多，同时本项目设计以“开放、生态、智能、集约”为原则，以“紧凑式组群、学科交融”的理念为基础，打破过去院系独立分散的格局，形成多个相对集中的学科组群，创造资源共享、交流便捷的教学科研环境。部分建筑造型设计大胆、突破常规，不断挑战技术制高点。

二期项目需从建筑风格、设计理念、室外景观、设备系统兼容等全方位实现与一期无缝衔接，全过程工程咨询单位在招标阶段就充分研究一期施工图纸，重点把握衔接部位设计理念、要点、内容，招标阶段将此部分内容重点强调纳入招标文件之中，约定相关责任，降低工程风险。

作为深圳市政府及工务署重点工程，本项目积极作为，不断开拓创新，全标段确保省优质工程奖，图书馆单体争创鲁班奖，运用自密实混凝土技术、基于 BIM 的管线综合技术、建筑物墙体免抹灰技术、深基坑施工监测技术等多种先进工艺，不断践行政府工程高质量发展理念。

### 2. 组织复杂性

本项目参建单位共 70 余家，垂直管理层次多，全过程工程咨询单位分析项目各参建单位属性、项目目标性质等，联合建设单位统筹参建单位资源，同时结合参建单位职责、工作界面、分工协作范围及内容确定、项目管理及决策体系确定、项目管理系列制度确定、项目管理流程设计、总控计划及专项控制计划、总体目标及目标分解任务分解，综合设计项目组织架构及管理关系确定，确保全过程工程咨询模式下的“署＋咨”高度融合，充分协作沟通，倡导全过程工程咨询单位主人翁意识。

**3. 目标复杂性**

本工程原计划2022年8月交付，因校方招生计划调整，交付时间提前到2021年8月，实际有效施工时间缩短一年，时间紧、任务重。

本项目为深圳市重大民生项目，定位国内一流水准，建设标准高，质量目标整体获得“广东省建设工程优质奖”，其中中央图书馆综合楼争创“鲁班奖”。

根据工期定额测算约50个月，实际工期仅34个月，压缩工期约32%，工期紧、任务重，进度管理难度大。

### （三）项目荣誉

项目获得的荣誉包括2020年度上半年深圳市优质结构工程奖、2020年度下半年深圳市优质结构工程奖、2021年度上半年深圳市优质结构工程奖、2021年度下半年深圳市优质结构工程奖、第九届龙图杯施工组三等奖、第六届国际BIM大赛最佳教育项目BIM应用奖、QC小组荣获广东省工程建设优秀质量管理小组二类成果奖。

## 四、项目实施情况

2018年12月21日施工总承包Ⅰ标段开工奠基。2019年3月11日施工总承包Ⅱ标段开工奠基。2020年1月18日施工总承包Ⅱ标段中央图书馆地上钢结构首吊完成。2020年5月7日施工总承包Ⅰ标段5#宿舍楼封顶。2020年5月8日施工总承包Ⅱ标段公共教学楼地下室首块顶板封顶。2021年3月30日全过程工程咨询单位组织召开竣工倒计时动员大会。2021年6月30日Ⅰ标段竣工初验。2021年6月30日Ⅱ标段竣工初验。2021年10月23日召开竣工表彰大会。2021年8月27日，深圳市建筑工务署署长、深圳大学校长赴深圳大学西丽校区建设工程（二期）项目进行调研，肯定了项目取得的建设成果是署校双方“强强联合”的合作典范。

项目情况如图2所示。

图2 深圳大学西丽校区建设工程（二期）项目实景图

## 五、项目主要参与人员

项目主要参与人员：曹冬兵、颜雪健、殷盛、周志强、罗晓云。

# 中法航空大学设计采购施工（EPC）工程总承包项目

浙江江南工程管理股份有限公司

扫码查看原文

## 一、项目概况

中法航空大学设计采购施工（EPC）工程总承包项目，总用地面积为 667 424 $m^2$（约合 1 001.14 亩），总建筑面积为 770 273.37 $m^2$。校园功能分区理念为“一心八岛”，即公共中心组团、科研北区岛、科研南区岛、生活北区岛、生活南区岛、体育场馆岛、学院一组团岛、学院二组团岛、学院三组团岛。办学规模为 10 000 名学生（本科 4 000 人、硕士 4 000 人、博士 2 000 人）及 2 000 名教职工。计划工期为 2020 年 11 月 11 日—2022 年 12 月 25 日。

## 二、项目内容

### （一）工程咨询范围及内容

编制策划方案（项目管理手册）、报批报建管理、第三方咨询单位协调管理、设计管理、造价管理、组织竣工验收、档案移交协调管理、质量保修期内协调管理。

### （二）工程监理范围及内容

工程质量管理、工程安全管理、文明施工管理、工程进度管理、合同管理、协调管理、资料管理、质量保修期管理。

### （三）基于项目特点全过程工程咨询单位主要举措

基于项目特点全过程工程咨询单位主要举措见表 1。

表 1　基于项目特点全过程工程咨询单位主要举措

| 序号 | 项目特点 | 全过程工程咨询单位举措 |
|---|---|---|
| 1 | 项目重要性 | （1）公司高层领导高度重视和关注，对项目需求鼎力支持。<br>（2）人力等资源充分保证，投标项目负责人、总监、骨干人员到位，特增派项目总负责人加强项目总控管理。<br>（3）公司全过程工程咨询事业部、分公司对项目生产工作予以指导，相关工作予以协调 |

续表

| 序号 | 项目特点 | 全过程工程咨询单位举措 |
|---|---|---|
| 2 | 技术先进性 | （1）项目部设置设计管理组，配备设计管理负责人、管理工程师。<br>（2）公司专家、设计中心、科信中心、研究院、院士工作站等予以技术支持 |
| 3 | 工程复杂性 | （1）项目部成立直线制项目管理组织机构，设置 4 个大组 6 个小组进行全方位全过程管理；公司职能部门予以支持。<br>（2）编制项目管理手册，明确管理制度、流程，规范表格，使得复杂问题简单化、简单问题程序化 |
| 4 | 自然条件恶劣性 | （1）组织设计交底、图纸会审会议。<br>（2）组织地勘、设计单位现场勘察、确定岩样标准。<br>（3）根据地质详勘报告和设计文件，计算推测桩长控制表，作为桩基施工成孔、验收参考依据之一。<br>（4）督促总承包单位制定溶洞处理方案，试桩样板先行 |
| 5 | 质量进度要求高 | （1）建立创优方案策划和会审制度。<br>（2）建立质量管理制度（包括成立质量管理机构，材料设备品牌样品样板管理制度，巡视检查验收制度，成品保护、处罚制度等）。<br>（3）建立进度管理制度（包括总进度目标及里程碑节点策划，各方职责、计划会审审核、材料设备进场管理、协调管理、检查与处罚管理、调整与纠偏管理等） |
| 6 | 实施难度大 | 全方位全过程管理（管理目标、组织架构、综合管理、设计管理、招采合约、造价管理、安全文明管理、质量管理、进度管理、信息档案管理等策划、实施、检查、持续改进等） |

## 三、项目成果特点

### （一）技术先进性

项目建设目标为建设世界一流的科教产创融合型校园。校园建设传承绿色智能理念，充分考虑项目功能布局，引入绿色建筑、智慧校园、海绵城市、被动用房（图书馆）设计，并采用《住房和城乡建设部建筑业 10 项新技术》中 7 项以上新技术。

### （二）工程复杂性

项目每个组团建筑面积均大于 20 000 $m^2$，工程复杂程度为“复杂工程”。工程复杂性主要有：一是建筑功能复杂完备。主体建筑主要包含航空学院、 国际学院等七大学院，风洞水洞等十大创新平台，以及图书馆、体育馆、教职工公寓、食堂等功能建筑，室外体育场地以及地下室、市政、河道等工程；二是公共中心顶部采用主体结构上延支撑框架结构的超薄不锈钢拉索金属屋面，四边形成翼缘，呈现展翅欲飞的姿态；三是音乐厅除建筑工程外，还包括舞台机械、灯光、音响等系统及建筑声学内容；四是校园内水系既是景观河道，同时具备城市（余杭区）泄洪功能；五是校园内交通系统包括人行、车行、水上系统。

### （三）自然条件恶劣性

项目详细勘察报告书显示地质条件复杂，勘探深度范围内的地基土划分为 7 个工程地质单元层，24 个工程地质单元亚层。土层自上而下分别为杂填土、浮泥、耕土、粉质黏土、淤泥质黏土、淤泥、粉砂、圆砾、含砾粉质黏土，全风化、强风化砂岩，中等风化灰岩、砂岩及含角砾凝灰质砂岩、泥质粉砂岩和泥质灰岩，溶洞。

### （四）实施难度大

基于项目重要性、规模大、影响力大，且备受浙江省市区及市民高度关注；同时使用单位使用需求不断变化，建筑面积大、单体多，需要投入资源多，项目功能和地质条件复杂，造成项目实施难度大。

通过全过程工程咨询管理，较好地把控了项目投资、建设、运营各环节的关键节点。最终本项目获得了杭州市结构优质工程奖。

## 四、项目实施情况

（1）使用单位对项目建设提出的各类需求或调整意见，均需提交《使用需求提交表》，经校园指挥部或建设单位（含集团公司）或政府召开专题会研究同意后，以书面形式发送总承包单位，作为设计或修改原设计的依据。

（2）采用多方案或装饰色卡引导会议对方案或装饰工程颜色进行确定。

（3）智能建筑（含智慧校园）采用多个方案从工程造价、工期、先进性等方面进行对比，择优选择方案。

（4）从便于使用角度出发，对室内开关插座等机电末端器具的配备安装位置等问题进行引导设计。

（5）运用 BIM 技术统筹机电工程、舞台工艺、体育工艺等各专业管线设备位置标高路由检查，以合理利用建筑空间，达到既实现各专业工程使用功能，又实现装饰工程的整体效果及提升美观程度。

（6）关联专业之间互提条件或一个专业向其他一个及以上专业提出条件，关联专业相互审查对方设计内容是否满足本专业需求。

（7）设计管理人员组织协调解决现场施工相关问题。

（8）材料设备品牌管理（含招标阶段材料设备品牌推荐、采购前品牌申报确认，品牌施工期、竣工验收、保修期管理），样品样板管理，网格化管理，验收前延管理，移动巡检管理，交流管理。

（9）利用全过程工程咨询单位数智运营平台，项目人员在 DIS 系统模块上传总平面图（效果图）、单位工程平面图，输入材料设备名称等，动态更新施工进度，信息输入后显示展区和对应二维码，实现全过程工程咨询单位远程监控项目建设推进。

（10）利用全过程工程咨询单位数智运营平台，项目人员在移动巡检系统的江南E行模块，选择对应一、二、三级目录，上传输入巡视项目施工质量、安全的影像资料（含问题整改闭合影像资料和文字描述），实现全过程工程咨询单位远程监控项目质量安全管理。

（11）全过程工程咨询单位院士、博士后工作站联合国内著名高校博士后，以及公司研究院（包括全过程工程咨询、设计咨询、学校教育类工程咨询、体育会展工程咨询、文化场馆工程咨询、医疗卫生工程咨询研究中心等）对项目难点、重大技术方案研究，进行技术支持，包括参加公共中心组团大屋面设计方案专家评审，对供电方案使用负荷，体育馆、音乐厅、信息机房移动供电方案，音乐厅舞台工艺、医务室医疗工艺方案等提出建议和意见。其中对建筑、结构、给排水、电气、通风与空调设计文件提出1400余条意见和建议。

（12）利用全过程咨询单位数智运营平台云脑模块，一方面项目人员对云脑模块微课平台中与项目相关的微课进行学习，另一方面项目人员每周两次集中学习，学以致用服务于项目。

项目情况如图1所示。

图1 项目效果图

## 五、项目主要参与人员

项目主要参与人员：王义泉、丁杰、张培生、黄涛。

# 深圳市新华医院等项目群全过程工程咨询Ⅰ标项目

浙江江南工程管理股份有限公司

扫码查看原文

## 一、项目概况

深圳市新华医院等项目群全过程工程咨询Ⅰ标，包含深圳市新华医院、深圳市第二儿童医院、深圳美术馆新馆深圳第二图书馆、深圳市第一 / 第二 / 第五 / 第十 / 莲花二村幼儿园，共计八个项目。

深圳市新华医院建设占地面积为 57 743.65 $m^2$，总建筑面积为 509 614 $m^2$，新建床位 2 500 张，开工日期为 2018 年 10 月 30 日。

深圳市第二儿童医院占地面积为 40 072.95 $m^2$，建筑面积为 306 677 $m^2$，新建床位 1 500 张，开工日期为 2018 年 10 月 19 日。

深圳美术馆新馆、深圳第二图书馆占地面积为 39 804.03 $m^2$，总建筑面积为 137 611 $m^2$，开工日期为 2019 年 12 月 25 日。

深圳市第一幼儿园园舍拆除重建工程占地面积为 3 729 $m^2$，总建筑面积为 4 596.39 $m^2$，2019 年 11 月 20 日开工，2021 年 5 月 28 日竣工。

深圳市第二幼儿园园舍拆除重建工程占地面积为 4 705 $m^2$，总建筑面积为 8 460.45 $m^2$，2019 年 12 月 10 日开工，2021 年 7 月 23 日竣工。

深圳市第五幼儿园园舍拆除重建工程占地面积为 3 498 $m^2$，总建筑面积为 6 695 $m^2$，2020 年 4 月 18 日开工，2021 年 8 月 30 日竣工。

深圳市第十幼儿园园舍拆除重建工程占地面积为 3 039.9 $m^2$，总建筑面积为 5 082 $m^2$，2019 年 12 月 16 日开工，2021 年 8 月 27 日竣工。

深圳市莲花二村幼儿园园舍拆除重建工程占地面积为 3 414.54 $m^2$，总建筑面积为 6 421 $m^2$，2019 年 12 月 10 日开工，2021 年 8 月 30 日竣工。

## 二、项目内容

（1）项目咨询：项目计划统筹及总体管理、前期工作管理、设计管理、技术管理、进度管理、投资管理、质量安全管理、医疗工艺咨询管理（包含实验室工艺）、项目组织协调管理、招标采购代理、合同管理、BIM 管理、档案信息管理、报批报建管理、竣工验收及移交管理、工程结算管理以及与项目建设管理相关的其他工作。

（2）工程监理：施工准备阶段监理、施工阶段监理、保修监理及后续服务管理以及与工程监理相关的其他工作。

（3）提出创新技术应用、智慧工地建设等策划方案，并监督相关单位实施。

## 三、项目成果特点

### （一）深圳市新华医院

深圳市新华医院是集医疗、教学、科研、康复、预防保健功能为一体的、按照三级甲等医院标准建设的现代化综合医院。

**1. 功能复杂**

深圳市新华医院设有泌尿系统疾病诊疗中心、生殖医学诊疗中心、妇产中心、皮肤医美中心、急危重症中心、口腔中心、肿瘤中心七大医学中心，规划手术中心面积约 11 900 $m^2$（不包含核心筒、等候区），手术室 48 间，其中装配手术室 8 间、防护手术室 24 间，磁屏蔽手术室 2 间。医院设有医学科研实验室，建筑面积约 13 600 $m^2$，设有 PI 公共实验平台、通用实验室、干细胞实验室、基因扩增（PCR）实验室、分子生物实验室、生物安全实验室、病毒检测实验室、动物房、生物样本库等多种实验平台，功能复杂。

**2. 医疗工艺复杂**

医院设有气动物流系统、箱式物流系统以及气力式污物被服物流系统，另设有医用纯水系统、医用气体系统、放射防护与屏蔽系统，医疗专用功能性系统多，医疗工艺复杂。

**3. 建设难度大**

项目建筑面积为 51 万 $m^2$，规划床位 2 500 张，地下四层，开挖深度为 21 m，施工风险高；地上 22 层，建筑高度为 99.9 m，计划工期为 1 796 天，工期紧张，建设难度大。

### （二）深圳市第二儿童医院

**1. 功能复杂**

深圳市第二儿童医院设有康复科、高压氧舱、放射科、中医科、 检查科、检验中心、内镜中心、耳鼻喉科、营养科、 特需门诊、内科、皮肤科、儿童保健科、言语治疗科、 心理科、眼科、口腔科、外科、中心供应室、手术中心、病理科、输血科、重症监护病房（ICU）、新生儿重症监护病房（NICU）、新生儿病房、科研、临床技能培训中心、中心药房、静脉配置中心等。设有手术室 20 间（全为装配手术室，其中防护手术室 8 间，拥有复合设备数字减影血管造影（DSA）1 台、C 臂机 6 台、磁共振（MR）1 台），功能复杂。

**2. 医疗工艺复杂**

医院设有气动物流系统、箱式物流系统以及气力式污物被服物流系统，另设有医用纯水系统、医用气体系统、放射防护与屏蔽系统，医疗专用功能性系统多，医疗工艺复杂。

**3. 建设难度大**

项目地下三层，最深处达 17.25 m，施工风险高；地上 16 层，建筑高度为 76.85 m，计划工期 1 715 天，整体工期紧张，建设难度大。

### （三）深圳美术馆新馆、深圳第二图书馆

深圳美术馆新馆是深圳市“文化立市”战略的里程碑项目，是集美术展览、艺术收藏、文化交流、人才培养、公共服务多功能于一体的国际美术殿堂，建成后可承办国际大型美术展

览，将成为服务于深圳、全国甚至世界人民的大型公共文化服务中心。

**1. 施工难度大**

深圳市美术馆新馆是专业的文化建筑，设有各类型展厅 15 个，展厅面积近 7 000 $m^2$，并设有油画库、国画库、版画库、雕塑库、艺术家工作室、报告厅、多功能厅等专业功能房间。美术馆设有固定展壁、全自动液压展墙、可移动悬吊式展板、固定式恒温恒湿展柜、移动式恒温恒湿展柜、文博专用调湿板、典藏设备设施、专业灯光系统等专业系统，专业性强。美术馆雕塑广场上的超大悬挑雨篷，最大悬挑距离为 26.55 m，覆盖面积为 5 000 余 $m^2$，拟采用整体提升法进行施工，施工难度大，危险性高。

**2. 施工风险高**

深圳第二图书馆属专业建筑，规划藏书量为 800 万册。图书馆设有国内第一家地下智能立体书库，书库将全程自动化存取书籍，实现图书的高密度储存和高效利用；同时设有大型分拣系统，实现图书高速分拣和精准配送，配合智能立体书库，将发挥第二图书馆文献物流枢纽作用，促进全城文献流动，提升文献服务时效。智能立体书库与分拣系统、自动借书还书设备等一大批专业的设备设施，大大增加了其建设难度。图书馆紧邻地铁 4 号和 6 号线，与使用要求的安静阅读环境相悖，所以噪声和振动的隔振减噪处理措施尤为关键。因此设置了减震隔震设施进行相关降噪处理，专业性强。图书馆地下三层，基坑最大开挖深度为 17.77 m，临近地铁线的最近距离为 24.5 m，施工风险高。

## （四）幼儿园项目

**1. 施工风险高**

幼儿园项目虽然规模小，但由于大部分项目处在 20 世纪 80 年代建设的小区内，交通不便，且距离已建成的居民楼较近，加上建筑结构老化，管线改造较多，施工环境复杂。且由于老旧小区内部居民有的要求整体拆迁更新，有的要求维持现状，意见不一，社会环境复杂。在成熟的城市社区建设工程，作业时间受到很大限制，噪声、扬尘、光污染等环境保护要求很高，加大了建设难度。幼儿园均设有地下室，除深圳市第一幼儿园在地下一层外其余均在地下二层，与既有老旧建筑距离近，基坑深，施工风险高。

**2. 集成化管理**

项目群共 8 个项目，包含了卫生建筑、文化建筑、教育建筑三个类别，并分布在龙华区、罗湖区、福田区三个城区，具有项目多、类型多、相距远等特点，卫生建筑、文化建筑还具有功能复杂、专业性强、建设难度高等特点。传统的咨询服务采用的是分散委托的方式，工程建设相互关联的内容没有纳入统一的管理控制系统之中，资源未得到充分共享，各个系统之间未能形成有效的互动与融合。全过程工程咨询服务的推行，打破了传统模式下工程咨询服务松散状、碎片化的现状，通过使用需求与设计管理的有机结合，设计管理与建设管理的有效整合，管理、技术与经济的相互融合，实现项目系统化、集成化的管理。全面性的咨询服务，大幅提升了建设效率与建设质量，提升了投资的效果效益，契合了工程建设的发展。

## （四）项目荣誉

项目获得的荣誉见表 1。

表 1　项目荣誉

| 序号 | 时间 | 荣誉 |
|---|---|---|
| 深圳市新华医院 | | |
| 1 | 2020 年 9 月 | 第十一届创新杯全国 BIM 大赛设计组三等奖 |
| 2 | 2020 年 9 月 | 首届工程建设行业 BIM 大赛综合组三等奖 |
| 3 | 2020 年 10 月 | 第九届龙图杯全国 BIM 大赛设计组优秀奖 |
| 4 | 2021 年 10 月 | 第十届龙图杯全国 BIM 大赛施工组一等奖 |
| 5 | 2021 年 10 月 | 2021 年度下半年深圳市建设工程安全生产与文明施工优良工地奖 |
| 深圳市第二儿童医院 | | |
| 6 | 2020 年 9 月 | 第十一届创新杯全国 BIM 大赛设计组二等奖 |
| 7 | 2020 年 9 月 | 首届工程建设行业 BIM 大赛综合组三等奖 |
| 8 | 2020 年 10 月 | 第九届龙图杯全国 BIM 大赛设计组三奖 |
| 深圳美术馆新馆、深圳第二图书馆 | | |
| 9 | 2019 年 8 月 | 深圳第五届未建成项目建筑设计一等奖 |
| 10 | 2020 年 9 月 | 第十一届创新杯全国 BIM 大赛设计组三等奖 |
| 11 | 2020 年 10 月 | 第九届龙图杯全国 BIM 大赛设计组三等奖 |
| 12 | 2020 年 12 月 | 第十九届深圳市优秀工程勘察设计一等奖 |
| 13 | 2021 年 10 月 | 2021 年度下半年深圳市建设工程安全生产与文明施工优良工地奖 |
| 深圳市第十幼儿园园舍拆除重建项目 | | |
| 14 | 2021 年 8 月 | 2021 年度上半年深圳市优质结构工程奖 |

## 四、项目实施情况

### （一）全过程工程咨询服务综述

本项目群采用的是项目管理 + 监理为主导的全过程工程咨询模式，包含了决策之后建设实施阶段至交付维保阶段的全过程项目管理、建设监理、招标代理、设计管理、投资管理、BIM 专项咨询等。由于深圳美术馆新馆、深圳第二图书馆受到市级项目规划的影响，本全过程工程咨询单位参与了投资决策阶段的工程项目管理，以项目管理人的身份参与了项目建议书的修订编制，形成了跨阶段的咨询服务。

全过程工程咨询的推出，弥补了单项咨询服务供给分散式、阶段性的缺陷，在项目上推行了“前置”“后延”与“贯穿”等管理手段。

“前置”是指监理服务的前置。在项目进场之初，监理部骨干力量已经进场，并参与图纸审核、招标文件编写等工作，充分发挥现场监理工程师实践经验丰富的优势，对设计图纸的“可建性”进行仔细审核、充分讨论，并预估施工可能采取的措施，弥补设计人员现场经验不足的缺点，大幅提升了图纸质量，有效进行了预控，如深圳市新华医院项目地下4层，筏板基础面积大、筏板厚，属超大体积钢筋混凝土结构工程。传统的施工工艺是留设后浇带，同时需要在后浇带内设置传力杆以满足基坑内支撑结构的拆除条件，不但施工周期长，难度大，费用高，而且渗漏风险大。为解决这一难题，监理部提出借鉴北京地标《超大体积混凝土结构工程跳仓法技术规程》，运用“跳仓法”这一施工工艺，并得到了设计单位的采纳。后来“跳仓法”在深圳美术馆新馆、深圳第二图书馆也得到了较好的推广应用。在招标采购阶段，监理工程师参与界面划分、技术要求编制、施工重点难点编写等，充分借助监理工程师实施经验丰富的特点，有效解决了界面不清、重点不明等给后期建设带来的痛点，监理工程师的较早介入，也给后期的建设监理打下了良好的基础。

“后延”是指设计管理工程师咨询服务的后延。在图纸出图完毕，招标采购完成承包人进场后，设计管理的工作量大大降低。为了充分发挥设计管理工程师先入管理的优势，让其参与到建设监理的工作之中。设计管理工程师的参与，并不是在管理程序上取代监理工程师的岗位与职能，而是充分发挥其技术专长，成为监理工程师的技术指导与智囊，促进设计与施工的融合，形成良性互动。项目也对设计管理工程师转岗为监理工程师进行了尝试。如深圳市第二儿童医院装饰装修设计管理工程师在该专业承包商进场后，转岗至监理部，承担起深化设计审核兼现场监理的工作，极大促进了设计与监理的融合，提升了管理成效。

“贯穿”是指造价咨询服务的贯穿。在勘察设计阶段，在设计方案技术可行的基础上，通过投资合约部造价人员的配合服务，发挥其专业优势，分析设计方案的经济性，弥补设计管理人员经济分析能力不足的缺陷；在实体建设阶段，造价人员积极参与工程变更的造价计算，判定工程预变更的经济性，补齐监理人员造价知识不够丰富的短板，为工程变更的决策提供经济依据。

集群项目通过监理服务的“前置”，设计管理服务的“后延”以及造价咨询服务的“贯穿”等管理手段，结合项目组织分工、内部流程管理等手段，促进了项目各项咨询业务之间的融合，提升了服务品质，提高了项目价值。

项目群还充分发挥项目集群优势，开展“以赛促管”的评比活动。通过工程管理部的组织，每月2次对各个项目进行巡查、打分，并根据得分进行评比，奖优惩劣。通过月度评比，在各个承包商之间形成了良性竞争。同时各个监理部的管理绩效也与评比挂钩，大幅提升了监理部的积极性。项目群还充分发挥建筑类型丰富的优势，通过相互借鉴、相互印证，达到共同提升的目的。如两个医院物流系统的相互对比与分析，医院物流系统与图书馆调阅系统的对比分析，医院、两馆项目的环保措施与幼儿园项目的相互借鉴等。

### （二）全过程工程咨询的重点及特色

设计是工程建设的龙头，也是全过程工程咨询的重点。在本项目群在设计管理上，形成了以需求管理为基础，注重通过价值工程来提升投资的效果效益。如在深圳市新华医院项目上，原6层手术部设有数字减影血管造影（DSA）与电子计算机断层扫描（CT）复合手术室各1间，后优化了空间布局与复合设备，在CT设备不增加的情况下，将原DSA复合手术室优化为DSA+CT复合手术室；同时增加一台DSA，并将医技科室的磁共振（MR）移建该处，把原CT

复合手术室优化为DSA+CT+MR复合手术室，且实现了MR在无手术的情况下对门诊的开放，不但为解决各类复杂手术创造了有利条件，降低了手术风险，节省了手术时间，还提高了大型医疗设备的利用效率。空间与设备的综合利用大幅提升了项目交付价值。受此启发，在美术馆展陈布设上也应用了该复合理论。如在三层的藏品陈列展厅，设置了固定展柜+悬吊式移动展板+液压活动展墙组合的可布展形式；在4层的藏品陈列展厅，设置了固定展柜+活动展柜+悬吊式移动展板的布展形式。美术馆的空间复合，在建筑面积不变的情况下，拓展了展陈空间，增加了展陈形式，适应了更多的展示需求，提高了建筑利用效率。

“适用”是建筑的基本方针，功能上满足是设计的基本要求。美术馆首层的中庭是美术展览的开幕式场地，是美术馆举办重大画展的重要宣传平台，其重要性不言而喻。原中庭因结构设计的需要，在M-13轴交M—H轴、M—K轴设有两个800 mm×800 mm的方形钢柱，导致空间受限，使用不便。后取消了这两根钢柱，以H形钢梁架空转换，并对其他支撑柱作了加强，在保证净高不变的情况下优化了中庭的空间，提高了使用价值。再如深圳市新华医院项目受到深圳市土地供应紧张的影响，建筑容积率高，体验感差。在浙江江南工程管理股份有限公司的建议下，在裙房屋面增加了约6 000 $m^2$的休闲绿化架空区，并获得了深圳市发展改革委批复，提升了治愈环境，提高了项目价值。

项目强化技术与经济的结合，提出优化意见。如在深圳美术馆新馆、深圳第二图书馆基坑支护结构上，提出了优化内支撑立柱桩的优化意见，将有立柱桩间距由原设计的15 m调整为20 m，既减少立柱桩数量，又减少了内支撑连系梁长度，共计节省投资约100万元；同时考虑基坑支护临时体系与基桩永久体系的结合，充分利用抗拔桩布置灵活、桩径大于立柱桩桩径的特点，提出了将抗拔桩兼做立柱桩的设想，并得到了设计的认可。据此不但节约工期约20天，降低投资约200万元，还减少了建筑垃圾的产生，促进了绿色发展。再如美术馆采用的大跨度型钢桁架屋盖为横纵向交替桁架，最大高度为8.8 m，最大悬挑为58.450 m，总重约2 200 t，构件采用焊接矩形截面和焊接H型截面，最大截面为1 000 mm×500 mm×50 mm×50 mm，Q355B材质。为了安全、经济、高效地选择施工方案，在设计阶段设计管理部、项目监理部就提出了“履带吊+单榀桁架地面拼装+高空嵌补”“四台M760D塔吊+胎架支撑+分段分节吊装”“两台M760D塔吊+部分胎架+整体提升技术”三种方案，并由项目监理部分析施工工期、支撑用材，投资合约部分析施工成本，最终确定了“两台M760D塔吊+部分胎架+整体提升技术”的模拟施工方案，并提出了相应的整体提升施工技术控制措施，为项目的顺利实施提供了保障。

全过程工程咨询的推出，有效地把设计与施工结合起来。如深圳市第十幼儿园拆除重建项目，其位于1988年建成的宁水花园内，原址新建园舍地下2层，基坑最深达8 m。项目场地狭小、距周边建筑物距离较近、管线复杂、道路较窄，施工难度高、风险大，因此在设计阶段就采取了优化措施。考虑到场地南侧基坑边线距周边建筑物仅10.4 m，但与北侧建筑物间距较大，因此把本工程地下室向北侧调整，调整后地下室外墙至相邻建筑的最近距离增加至11.6 m，同时在满足园方使用需求的情况下降低了地下室层高，基坑支护设计同步调整，调整后基坑开挖深度降低了1.4 m。如此一来，大大降低了基坑开挖及地下室施工阶段的安全风险，提高了施工的安全性，促进了设计与施工的融合。

在招标代理上，根据项目群的特点进行了创新与实践。针对幼儿园项目建设规模及投资额相对较小、施工风险高、环境复杂的特点，预测较难吸引优秀承包商。在基于建设单位同步开展的其他大型项目招标采购的基础上，采取“以大带小”的捆绑招标组合策略。最终，五所幼儿园项目分别与两个同期建设的大型项目进行捆绑招标，通过优中选优，两家大型国企特级施工承包商中标。在工程建设中，提出小型项目之间“内循环”为主，大小项目之间“外循环”为辅的资源共享双循环模式运行。充分借助大型项目这一“蓄水池”的调节功能，实现大项目与小项目之间的资源共享，达到提升效益的目的。

BIM 管理是提升管理成效的重要手段。本项目 BIM 管理贯穿整个咨询服务全过程。在设计阶段通过 BIM 模型进行风、光、声、热等性能化分析，可视化应用，仿真漫游模拟，交通组织模拟，量化统计，净高分析，碰撞检测及管线综合分析等，大大提高了设计质量。在施工阶段，以设计 BIM 模型为基础，进行深化设计。通过机电管线排布、净空优化、施工模拟等对图纸进行优化，根据经浙江江南工程管理股份有限公司、设计人员审查合格后的深化图纸进行施工。形成的深化设计模型还可以作为可视化的技术交底，大大增加了其代入感，提升了交底效果。

项目情况如图 1 至图 5 所示。

图 1　深圳市第一幼儿园

图 2　深圳市第二幼儿园

图 3　深圳市第五幼儿园

图 4　深圳市第十幼儿园

图 5　深圳市莲花二村幼儿园

## 五、项目主要参与人员

项目主要参与人员：谷金省、刘学良。

# 荷一路过江通道工程项目

浙江江南工程管理股份有限公司

扫码查看原文

## 一、项目概况

荷一路过江通道工程位于衢州市城区中部，处于常山港与江山港汇水口位置，距离双港大桥约 1.1 km，距离衢江大桥约 0.7 km。起于九华中大道路口至新元路路口，沿双岭南路、荷一路下穿常山港支汊、严家淤岛、衢江。里程南线为 K0+000—K2+172.193（北线 ZK0+000—ZK2+153.897），全长 2.163 km，其中地面道路为 272 m（隧道外），隧道全长 1 891 m（其中明挖敞开段长 291 m，矿山暗挖段长 455 m，明挖段长 1 145 m），全线设置比较完善的安全和服务设施。项目计划于 2019 年 9 月 30 日开工，于 2022 年 1 月 17 日竣工。

## 二、项目内容

本项目咨询服务范围涉及建设工程全寿命周期的各个阶段，按专业划分为建设管理、施工监理、造价咨询和招标代理。

## 三、项目成果特点

### （一）技术先进性

作为衢州市首条水下矿山法隧道，行业影响巨大。隧道设置双进双出 4 条地下匝道与地下停车场连通，形成先进的人车分流的组织模式，形成了“路岛协调，人文和谐”的先进设计理念。

### （二）工程复杂性

本工程为水下市政隧道工程，线路总长约 2.163 km，穿越大型水体和江心岛，基坑最大开挖深度约 23 m，最小水下埋深仅 8.3 m。隧道采用了围堰明挖、明挖暗埋、矿山法暗挖三种施工工法，实施过程工法转换频繁。专业繁多，组织机构复杂，项目协调管理难度大。此外，项目采用总承包模式，设计、施工及管理要求高。衢江段采用矿山法暗挖施工，隧道埋深较浅（最小埋深 8 ~ 9.6 m）；地质条件复杂，特别是衢江东岸大堤以下三角区内卵石层较厚，突涌水风险高；隧道以暗挖方式下穿衢江大堤和衢江南路等重要建构筑物，地层变形控制要求严格。同时，水下隧道施工具有地质勘察困难、渗水压力大、排水困难等难点。

### （三）项目荣誉

全过程工程咨询报送的“荷一路过江通道工程全过程工程咨询服务案例”荣获《建设监理》2020年全过程工程咨询服务十佳案例。

项目在衢州市首次举行的“红黑榜”评比中连续3个月蝉联红榜第一，并获衢州市住建局2020年“红色工地”建设先进项目、先进企业表彰。

## 四、项目实施情况

### （一）全过程工程咨询服务综述

**1. 安全文明生产**

施工现场按照《建筑施工安全检查标准》（JGJ 59—2011）评定达到“合格”标准。现场文明施工和标准化建设符合国家、行业、地方现行有关标准、规定，创建“浙江省建筑施工安全文明标准化示范工地”。施工期间实现“零投诉”“零污染”的环保目标。

**2. 水土流失防治**

本工程属建设类项目，水土流失防治标准按建设类项目一级标准执行，并按干旱程度、土壤侵蚀强度、地形和项目位置等因素加以修正。

**3. 红色工地**

根据浙江省建设工程“红色工地”建设要求，发挥党建引领作用，打造红色工地，推进党建工作与工程建设深度融合，将党旗插在工地上，充分运用联合支部战斗堡垒效用助推项目建设。

### （二）咨询服务措施

本项目工程战线长、工作量大、工期紧，合理安排施工时间段，同时合理安排干线、支线、建筑等施工次序，做到分阶段流水作业，充分利用工程工作面来保障施工进度。

全过程工程咨询单位以统筹管理、系统工程、工程风险分析、项目盈余评估等科学理论为基础，进行进度的目标分析，制定先进完善、切实可行的进度控制措施，并通过对计划的阶段目标和终极目标审核、分析，建立起有效的进度控制体系，通过各项具体进度控制措施的落实，切实保障进度控制工作质量。

**1. 搭建现场人员管理系统**

（1）项目管理人员人脸识别考勤系统，自项目开工令发出后，按照合同要求，对咨询、总承包、监理、勘察、设计、专业分包等各单位投标主要管理人员到岗履职情况进行如实记录，项目部安装钉钉M2人脸识别考勤机，强大的生物识别能力搭配职能交互，快速完成身份鉴权、杜绝带打卡，通过后台智慧融合，考勤数据实时存入云端，实现报表互通，通过考勤认证系统督促各单位提高履约意识，增强合同契约精神，对项目建设起到积极作用。

（2）工地人员实名制管理系统，搭建劳务管理平台，对劳务班组、工人进行系统的管理，采用二代身份证、人脸、质问、虹膜等识别技术进行人员信息实名制采集录入，提供工种人员信息查询、实时在场人员统计、出勤统计分析等，解决了传统模式下，劳务人员进出频繁导致的劳务人员综合信息整理不系统、合同备案混乱、工资发放数额不清等难题。

（3）对隧道施工特殊场景下人员的定位系统，通过在隧道内安装定位基站，人员佩戴射频卡的方式进行管理，详细掌握人员的出勤情况，以及其当前所处的位置信息，当遇到隧道突发事故时，可以迅速确认被困人员的位置信息，为隧道紧急救援提供依据。隧道施工人员的定位系统实现了隧道人员实时定位、人员考勤、隧道施工信息共享、风险预警、灾后急救的功能。

**2. 搭建工地环境监测系统**

为解决过程隧道内施工环境条件差，必须对需氧量、火灾烟雾、有毒有害气体等进行环境监测与分析，在隧洞内安装有害气体监测仪（CO/VI）、烟感探测器、扬尘噪声监测仪等，对隧洞内一氧化碳和能见度检测、火灾烟雾监测、颗粒物 $PM_{10}$、$PM_{2.5}$、噪声、温度、湿度、风速等主要数据进行实时监测和自动分析，如有可能发生险情，系统第一时间发布预警，及时告知施工人员疏散人员和按照应急预案采取措施，爆破掘进作业时现场雾泡和喷淋装置必须启动，最大限度降低施工队环境的影响，减少扬尘排放，从而保证工地空气质量达标，施工安全可控。

**3. 搭建起重机械设备监控系统**

塔吊监测，可实时监控塔吊的角度、高度、重量、倾斜等数据，并进行及时的违章预警及群塔的防碰撞；吊钩可视化是一款基于塔吊作业的全新智能化视频作业引导系统，塔吊司机可360度无死角地监控吊钩运行范围，减少盲吊所引发的事故，对地面指挥进行有效补充。其他起重机械如汽车吊、履带吊等起重设备监测系统参照塔吊设备。

**4. 搭建危大工程监测管理信息平台**

1）深基坑危大工程信息管理

为解决深基坑施工实时监测问题，在基坑监测中采用在线监测系统及设备，对工地基坑开挖部署各类监测传感器，实现自动化监测，减少人工投入，提高监测质量，利用传感器技术、信号传输技术以及网络技术和软件技术，从宏观、微观相结合的全方位角度，监测影响基坑及围护安全的各种关键技术指标，通过记录历史、现有数据，根据基坑稳定性计算方法或其他分析方法建立基坑稳定分析模型，结合监测数据实时预警，以便辅助施工、监理、设计、业主及政府决策，提升基坑安全保障水平，有效防范和遏制安全事故的发生。

2）高支模安全管理系统

高支模安全管理系统是综合利用各种物联网技术，将现场监测仪器联通起来，对高大模板支撑系统的模板沉降、支架变形和立杆轴力的实时监测，可以实现实时监测、超限预警、危险报警的监测目标，实现监测数据的自动采集（压力、位移、倾角等数据），并通过无线网络进行实时传输，保证监测数据的真实性、完整性和及时性。

采用高精度传感器和自动采集仪，一秒内可读取最新数据。除了能感知高支模外围情况，传感器的使用可方便监测支模体系的变化，提高监控水平。高支模实时监测警报系统，创新使用声光报警。当监测值超过预警值时，施工人员在作业时能从机器上读取预警信号；监测单位通过及时通知现场项目负责人和监理人员，排除影响安全的不利因素；安装在现场的警报器也会发出警报声，现场人员能迅速撤离。

3）暗挖隧道掘进施工超前地质预报安全管理系统

本工程暗挖隧道为衢州市首条水下隧道工程，为确保施工安全，预先对掌子面前方的围岩进行探测，超前地质预报采用长、短距离地质预报结合的方式。长距离采用隧道地震勘探（TSP）和瞬间变电磁探水法相结合，短距离采用地质雷达和超前探孔方式相结合探测。为保证隧道的顺利施工，避免地下水发育地段发生突水、突泥灾害，防止地表水、地下水流失破坏当地的生态环境，确保施工安全。采取有效措施对隧道掌子面前方的地质情况进行较为准确的预测预报，开展施工超前地质预测预报工作。

根据隧道的工程地质特征和水文地质特征，本次设计采用地震波反射法、地质雷达法和时域瞬间变电磁探水法三种物探方法。

### （三）咨询服务成绩

通过参建各方的努力，荷一路过江通道工程暗挖隧道提前36天安全顺利贯通，项目于2019年9月30日开工，2021年9月30日正式开通试运行，比计划工期提前百天实现主线通车。期间，项目在衢州市首次举行的“红黑榜”评比中连续3个月蝉联红榜第一，并获衢州市住建局2020年“红色工地”建设先进项目、先进企业表彰。浙江江南工程管理股份有限公司报送的“荷一路过江通道工程全过程工程咨询服务案例”荣获《建设监理》2020年全过程工程咨询服务十佳案例。

项目情况如图1所示。

图1 项目效果图

## 五、项目主要参与人员

项目主要参与人员：管树国、赵胜勇、高鹏。

# 沙北未来社区全过程工程咨询项目

浙江省发展规划研究院（联合体牵头人）、浙江省建筑设计研究院（联合体成员）

扫码查看原文

## 一、项目概况

沙北未来社区位于台州市主城区东部，隶属台州市椒江区海虹街道，北至南野份河，南至现代大道，东至三才东路，西至经三路。本项目用地面积为25.3 hm$^2$，总建筑面积约75.19万m$^2$，其中地上建筑面积为56.67万m$^2$，地下建筑面积为18.52万m$^2$。项目共有6个地块，其中2个为安置地块，4个为出让地块，建设内容包括安置住宅、商品住宅、邻里中心、幼儿园、公园等。项目计划工期为2020年10月—2023年10月。

## 二、项目内容

### （一）投资决策综合性咨询

按照建设实施方案编制有关要求，制定实施方案任务书，协助委托方开展实施方案编制单位选择；组织县（市、区）实施方案审查，并协助委托方完成实施方案的省、市两级评审、修改、备案等工作。

基于评估备案的实施方案，以浙江省未来社区试点建设相关政策文件为依据，协助委托方确定土地出让方式，并制定相配套的开发建设运营履约协议，做好土地“带方案”出让的有关咨询服务。

### （二）全过程场景落地咨询

对标省级未来社区33项约束性和引导性指标内容，按照实现九大场景功能集成与技术集成的要求，对实施方案环节的场景设计、履约协议环节的场景约定、建设施工环节的场景建设、运营环节的场景实效，进行全周期的跟踪评估，出具场景系统符合性评估报告，并对其中风险提出规避措施及优化建议。场景系统既包括功能配置与空间需求，也包括与之相关的一切建筑技术、低碳技术和数字技术内容。

### （三）全过程项目管理与监管服务

协助项目实施主体审查审核项目实施各阶段的进度、成果，提出咨询意见供实施主体决策；协助项目实施主体做好出让地块与安置地块各自建设过程之间的组织协调管理以及省级未来社区试点管理相关的进度、数据、材料整理和上报工作等。

协助项目实施主体做好实施单元内不同区块之间的规划指标修正、控制性详细规划调整、规划红线调整、设计协调、设计咨询、设计深度管理、进度管理、施工图与实施方案之间协调确认等工作。

协助项目实施主体做好项目建设过程中资金、工程进度等节点监督、管理工作。

### （四）运营咨询

协助委托方开展运营主体选择，评估运营方案的符合性，以及“平台+管家”具体运营模式的合理性。运营方案应明确基础物业服务和增值物业服务的界限范围，公益性与经营性空间的规模与范围，以及管家体系架构、职责培训计划。

### （五）项目验收咨询

协助委托方开展评估考核，负责试运营、省级未来社区试点验收、档案信息等管理咨询和项目后评价。

## 三、项目成果特点

未来社区是探索新型城市功能单元的一项开创性实践，创建工作复杂性高、综合性强且没有先例可循，因此亟须引入全过程工程咨询服务予以专业保障。不同于一般传统单个项目，沙北未来社区的建设难点主要表现在以下三个方面。

### （一）多主体统筹协同难度大

沙北未来社区项目共有6个地块，分为3个赋码子项目，建设内容包括安置住宅、商品住宅、商业、酒店和公园等设施，由台州市开发投资集团有限公司和台州众新地产开发有限公司两个建设单位负责具体开发。后续运营还将涉及台州市经科局、建设局、社发局等政府部门及市场运营商，用地性质复杂、涉及建设及运营主体较多，参建各方的利益需求容易产生相互冲突和矛盾，加剧目标的复杂性，需要大量的组织协调工作。

### （二）多领域场景落位难度大

未来社区是集成性的创新实践，以“三化九场景”为代表的创新功能布局体系，涉及规划设计、建造技术、商业运营、公共服务供给、社会治理、政策机制等多个维度多个领域，其复杂性和超前性是制约项目建设落地的核心要素。一方面，在建设过程中，需要考虑“九大场景”功能配置与空间需求，以及与之相关的一切建筑技术、低碳技术和数字技术内容；另一方面，由于项目开工建设时，相关验收标准尚不明晰，需要有各类专业技术人员组成工作团队解决技术复杂问题、实现技术创新。

### （三）试点项目质量进度要求高

沙北未来社区项目建设体量较大，项目过程阶段多、环节杂，涉及实施方案设计及备案、土地收储及出让、工程建设、试运营及命名验收等关键节点，且根据省里要求需要在三年内完成建设，工期紧、质量要求较高。此外，不同于传统房地产项目，未来社区对后期九大场景等物业的运营要求较高，需要全过程工程咨询团队以运营前置的思维指导各相关参建方做实工作计划，保障沙北社区后续可持续运营。

### （四）项目成果

2019年6月，本项目入围浙江省首批24个未来社区试点创建名单；本项目2021年7月，获得中国房地产行业标杆峰会浙江榜样提名。

## 四、项目实施情况

作为未来社区研究中心理事长单位，浙江省发展规划研究院以在沙北的实践经验为基础，参与研究并起草了《浙江省未来社区试点建设全过程工程咨询服务指南》，提出了以综合性咨询为主线，辅以菜单式的关联性咨询和工程专项咨询的“1+N+X”咨询服务体系，并提出了全过程工程咨询服务的服务重点与目标。

### （一）服务目标

确保人本化、生态化、数字化“三化”理念在沙北落实、九大场景系统在沙北落地，协调组织各参建方参与未来社区建设，将沙北社区打造成为全省未来社区的典型样本，最终实现将其打造成为共同富裕现代化基本单元的目标要求；聚焦“产城融合”“集成创新”“和合文化”，为浙江在城市新旧动能转化、社区营造模式、城市社区治理三大领域开展试验，凝练沙北模式，树立新样板，探索新路径。

### （二）创新举措

根据沙北未来社区“多阶段、多领域、多主体”的特点，创新构建了以“项目群”组织管理和“策划型”咨询服务为核心的全过程工程咨询工作管理体系，协助实施主体开展各项目建设单位（用地主体）及参建各方间的协调管理。

“项目群”组织管理指在项目全周期各阶段，协助开展协调所有项目建设单位及相关参建各方间的组织管理与统筹工作，协助建立健全沙北未来社区建设推进工作体系，保障沙北未来社区建设按浙江省未来社区标准和要求有序推进。针对“项目群”组织管理的需要，建立“例会（协调会）制+活动组织”的工作输出机制。其中，例会是指定期召集建设主体及各相关参建单位，开展项目工作进展通报、探讨当前存在问题、提出解决思路，供沙北工作专班决策参考；协调会是指针对某一重大事项或专业性的技术问题，召集相关主体负责人，商讨解决对策。活动组织是指由全过程工程咨询团队主动组织发起的民意对接及实践交流等相关活动。

“策划型”咨询服务，是指充分发挥全过程工程咨询团队在未来社区顶层设计、机制研究等方面的优势，围绕“三化九场景”的策划、设计、建设、运营、评估验收等方面，在空间规划、建筑设计、法律法务、能源低碳、政策创新等多专业领域为项目建设推进提供体系化建议。“一书三报告”咨询成果输出系统作为“策划型”咨询服务的内容输出，聚焦“三化九场景”评判标准，为开展“项目群”组织管理提供技术支撑。

### （三）工作成果

根据“项目群”组织管理和“策划型”咨询服务的工作思路，建立“3+7”专项项目组，3人长期驻场负责日常工作、文档整理、信息收集反馈和对接等工作，7人由项目负责人组织统筹、后台提供策划服务的方式，积极开展工作。目前共协助召开与参与了二十余场例会（协调会）、出具24份咨询成果，取得一定工作成效。

完善工作机制，有效促进共商共建。未来社区建设是一项开放性、协同性工程，需积极听取各方意见建议，齐心协力共谋共商共建。一是助力完善项目运行组织机制：根据沙北未来社区实际情况，起草完成《关于成立沙北未来社区建设工作专班的通知》，细化各部门职责分工，倒排计划、责任到人，确保沙北未来社区建设按计划有序推进。二是协助建立更为通畅的居民反馈渠道：联合《浙江日报》《台州日报》等主流媒体，推出沙北未来社区系列宣传报道，助力理念深入民心；搭建征迁圆桌会、方案路演等沟通平台，广泛听取群众关于安置房建设的意见建议。

把控关键环节，按时完成省级要求。根据省级层面在深化设计、土地出让、建设实施、运营验收等全过程监管要求，分析进度偏差，克服设计、施工、运营等相关单位责任分离的矛盾，保证工期目标顺利完成。在深化设计阶段，针对方案设计要点、场景配置体系等内容，出具《实施方案》，深化完善意见，并多次对接多部门，最终协助沙北未来社区顺利完成省级备案。在土地出让阶段，协调对接设计单位、建设局、自规局等各个部门，拟写土地“带方案”出让的履约监管协议，约束用地主体落实未来社区建设标准。在建设实施阶段，针对用地主体的调整方案，开展场景符合性审查并出具两轮咨询意见，推动项目于2020年10月全面开工。

破解技术难题，稳步推进建设实践。依托全过程工程咨询团队专业技术力量与未来社区发展研究中心的专家资源，为建筑、低碳等硬场景落地给予技术支撑。一是针对安置房地块在成功申报未来社区试点前已先行启动建设的情况，咨询相关专家、召开多轮讨论会，协助出具安置房改造说明。二是在建设阶段，针对用地主体及实施主体建设过程中超低能耗建筑技术及节能认定、“两网设计”方面的问题，实行技术体系管理，出具相关建设意见。

项目情况如图1所示。

图1 项目总体效果图

## 五、项目主要参与人员

项目主要参与人员：汤欢、宋维尔。

# 台州椒江心海社区项目

中国联合工程有限公司（联合体牵头人）、浙江五洲工程项目管理有限公司（联合体成员·监理）

扫码查看原文

## 一、项目概况

台州椒江心海社区项目建设内容包括以公共交通为导向的开发（TOD）地块（公建和住宅）、邻里中心、幼儿园、人才公寓（双创中心）、文旅产业园及和合连廊。项目总建筑面积约441 975 $m^2$（合同内）。项目工期为3年。

## 二、项目内容

（1）全过程项目管理：全过程项目管理服务、采购管理。

（2）投资决策综合性咨询：未来社区实施方案咨询及单项前期咨询工作（编制规划咨询、项目建议书、可行性研究报告、投融资咨询、产业（市场）分析等）。

（3）拍地主体的监管：基于实施方案，协助招标人对开发商和项目公司进行履约监管。监管内容包括九场景空间载体、里程碑时间节点、实际投资额、产业导入、自持内容、九场景软服务内容的实现、运营资金平衡情况、实施主体及政府部门要求上报的数据资料等。

（4）工程建设全过程工程咨询：工程监理、设计管理、设计咨询、投资控制、BIM管理。

（5）运营维护咨询：运维咨询管理，产业分析、产业导入、运营模式研究等，物业运营、商业策划咨询、资产管理咨询。

（6）工程设计：出具幼儿园、人才公寓和和合连廊的概念性方案；出具TOD用地及邻里中心的概念规划方案、方案设计及初步设计（含概算文件编制）。

## 三、项目成果特点

### （一）技术先进性

**1. 全过程工程咨询的技术先进性**

一是采用以社会服务设施建设引导的开发（SOD）、以公共交通为导向的开发（TOD）、以生态环境为导向的开发（EOD）三大开发模式，实现良性互动，带动心海社区整体协调发展；二是实现立体复合开发，打造空中-地面-地下互通的立体邻里生活空间；三是和合文化是台州的文化基因，通过邻里文化、空间景观、社区治理三大方面，构筑全国和合文化社区样板；四是运营模式突破，通过社区大运营探索资金平衡新模式。

**2. 技术实施层面上的先进性**

一是清单化，围绕“三化九场景”列出任务清单，构建九场景系统，分解场景落地载体，拟定场景联合体方案；二是节点化，围绕考核验收总目标，倒排时间，按照时间节点有序推进；三是保障化，做好保障措施，完善工作机制和政策支撑，确保心海社区建设顺利推进。

**3. 新技术支撑**

在数字化系统设计、光伏一体化、绿色建筑、立体绿化、装配式建筑、装配式装修、垃圾源头减量处理以及连廊中广泛使用新技术、新工艺。

### （二）工程复杂性

**1. 政策处理复杂**

作为改造更新类项目，以老旧小区为主体采取全拆重建，处理综合政策、居民意愿、改造需求等因素均存在一定阻力。建设周期需考虑拆迁安置进度等因素，3年左右完成建设存在工期紧张的问题。需要响应地方政策的同时又需要针对未来社区进行政策突破。仅单项前期咨询与实施方案相关咨询难以有效完成相关政策处理。

**2. 工程建设复杂**

本项目涉及地块众多，包括邻里中心地块、安置房地块、双创中心地块、TOD地块、绿廊地块、人才公寓、文化公园地块等，涉及用地性质多样；开发建设主体也各有不同，囊括国资公司、市场主体以及两者合资开发；工程进度不统一，各地块施工进展差距较大，需要工程建设相关咨询统筹管理。

**3. 多领域复合**

未来社区实施方案中涉及九大场景系统设计、数字化系统设计、建设运营组织以及项目投资与资金平衡相关非传统工程领域的范畴。除传统建筑信息模型（BIM）升级为城市信息模型（CIM）外，更涉及运营模式、运营主体的研究、项目投资测算、运营阶段的资金平衡，需要咨询机构提供复合型人才来解决问题。

### （三）项目荣誉

项目获得的荣誉：入选《未来社区：浙江的理论与实践探索》全省十佳未来社区创建案例。

## 四、项目实施情况

### （一）全过程工程咨询服务综述

**1. 立体复合开发示范**

构筑立体复合业态：引导轻轨站点周边地块实行立体开发，构筑社区未来邻里、交通、创业、服务等场景，布局住宅、商业、商务综合体，配置社区型、普惠型业态，便捷居民使用的同时，实现资源有效配置与高效运转。

打造立体邻里空间：通过构建和合连廊和建筑全开放的底层空间，实现功能上下垂直空间延展、空中-地面-地下联通、复合的地下空间。和合连廊空中廊道串联主要公共服务设施，地面廊道串联邻里服务设施，共同解决社区居民日常生活需求。

立体交通流线引领全新生活方式：社区内形成两条流线，引导社区居民与外来人群通过其独有的流线，通过构建公共开放的立体邻里生活空间，引领人们实现全新的出行、交往、生活、工作模式。

**2. 大社区一体化运营示范**

借鉴横琴物业城市模式，探索大社区一体化运营路径，通过国企混改模式，推进科学化、精细化、智能化的城市治理工作，实现政府主导、社会参与、源头治理、执法保障的城市治理新生态圈，打造未来社区共建共治共享社会治理台州样板。

一体化运营，解决多头管理难以有效合力问题：由传统的多头对接方式转变为“*N*-1-*N*”（*N*个政府部门、1个专业运营平台、*N*家专项服务机构）的新型基层城区运营格局。

市场化运作，盘活公共空间资源及服务生产力：通过政府与企业合作的形式，充分利用市场化机制的灵活性和主动性，充分盘活生产力，通过多样化的考核和激励机制，刺激作业端，发挥其主观能动性。

专业化管理，弥补专业能力不足提升服务品质：充分发挥物业服务企业精细化、专业化、智能化优势，以物业管理方式和经验管理公共服务事务，打造像绣花一样精细的城市管理，打造有温度的城市服务。

数字化运营，提升运营管理效率打造示范效应：结合城市综合运营管理实际需求，广泛运用大数据、云计算、物联网、人工智能等先进数字化技术手段进行科技赋能，对公共事务进行管理。

**3. 创建举措**

1）以人为本——新时代和乐融居

心海社区是新旧居民衔接融合的新时代社区。对于试点社区的人群分析从两个维度考量。

对于原拆原回人群，以历史的脉络，依托城市记忆印象，延续邻里纽带关系：通过对建筑元素的保留，在文化公园拟建一处戏台，再现曾经街坊最热闹的场所，追溯葭沚老一辈人娱乐的源泉；部分建筑采用台州海岛石材，在展现垦荒精神的同时，也展现地域文化特色符号。

对于引进人才，基于台州市紧缺人才行业分析，结合周边高层次产业基础，打造一南一北、可租可售的两栋人才公寓，打造2.2万多$m^2$的双创中心，并在此基础上，配套高品质的公共服务设施，提供更多元的增值服务选择，既满足新居民新潮、丰富的生活，亦在提供创新创业土壤的同时，为他们解决落户、子女教育、商旅出行等后顾之忧。

2）以绿为基——全要素生态化设计

（1）场地生态化设计：心海社区内地形较为平坦，现状景观环境包含了水塘及农田，社区南部紧邻城市绿廊——心海公园，具有良好的生态基底。

要素承载：在场地生态设计上，保留中部的水塘，在文化公园设计中将生态水景融入公园设计中，设置水景休闲活动区，激活场地生态记忆。

廊道衔接：建设绿色休闲廊道将心海社区有机衔接至心海公园，将生态、休闲、慢行交通相融合。

生态支撑：通过建设完善海绵城市体系有效支撑心海社区场地生态。

（2）资源生态化设计：通过“多元能源协同供应、社区综合节能、可再生能源利用”的体系构建，实现低碳智慧社区目标：对TOD综合体、邻里中心、TOD住宅区域、双创中心主楼采用集中供能技术。各地块设空气源热泵热水系统，利用可再生能源，减小能耗。

（3）建筑生态化设计：心海社区建筑生态化设计旨在使社区建筑融入大的生态循环圈，尤其是心海绿廊中。从整体的角度考虑能源和资源流动，将建筑建造、建筑设计、建筑使用过程中的消耗、产生纳入整个生态系统来考虑，从而改变资源与能源单向流动的方式，使之趋向良性循环的模式。选取领先的建筑学技术以及材料，通过被动式设计、光伏一体化、立体绿化等技术手段，减少生态建筑在运行时所消耗的不可再生资源。

3）以数为带——大物业与数字化高效集成

通过混改合作，引入大物业运营主体，在承接物业服务、保洁服务、保安服务之外，通过道路清扫、垃圾清运等特许经营业务来提高设备设施的使用率，保证稳定的营收。

专业化服务方面，与职能部门签订购买服务协议，负责区域内市政管网的基础养护，延长社区基础设施使用年限，打造空气、环境、道路、水体、地下管道多维度的城市物业。

在经营性资产管理方面，置入城市户外空间广告的经营权，拓展业务增加收入，导入空间资产、商业招商、酒店经营、公寓运营等资源，通过市场化的业务模式产生利润。

过程上，通过统一建设社区数字基建底座，结合城市空间数据，社区事业各领域建立跨业务单元协同，推进管理制度的创新，实现数字社区场景在社区的落地、社区公共服务和生活服务在社区中的供给，达成未来社区九大场景的互融互通。

## （二）全过程工程咨询重点及特色

全过程工程咨询单位自实施方案编制前期即开始针对方案技术细节、行政规范条例、产业联盟专项服务等进行详尽的沟通与成果输出；细化指标达630余条任务清单，借助各部门力量共建示范标杆；编制土地出让监管协议，确保项目建设不走偏；协调多主体，实现建设运营一体化。

**1.场景设计方案**

以三化为价值导向，以指标为规范标准，打造一套空间硬件共融共通、数字机制相互赋能、迭代共生的九场景体系。

**2.特色亮点打造**

1）文化自信，邻里公约

邻里公约是未来社区管理自治的内核，心海社区通过对居民生态的挖掘构筑邻里公约大框架，积极参与“我们的社区邻里公约”征文大赛，通过公约延伸出的文化诉求、矛盾调解、激励行为等人本切口形成居民需求矩阵，进而形成一套线下空间、线上应用、积分搭接、协同匹配的社区综合解决方案，从居民的切身需求出发，实现共同富裕阶段居民的物质、精神双满足。

2）集中供能，助力低碳

心海社区秉承多能集成、集约高效、供需协同、互利共赢的原则，积极引入集中供能服务商，通过地源热泵技术与蓄冷技术的结合，旨在提高可再生能源利用占比，打造“循环无废”的未来低碳场景。

心海集中供能初步方案服务范围包括TOD、邻里中心、双创中心（办公及商业），供能面积约14.5万$m^2$，为用户提供恒温恒湿、四季如春的租住体验。

供能站容量储备考虑远期发展，未来可纳入实施单元外地块，是浙江省首批对包含住宅在内的建筑进行集中供能的项目，是以碳达峰与碳中和目标促进产业链转型升级的具体体现，亦符合国家“推进节能减排及可再生能源”的政策精神。

3）心海万物，整合运营

心海社区创建过程中多拿地主体的情况对运营工作推进形成阻力，为实现破题，实施主体与万物云城签订战略合作协议，成立“心海万物”大运营联合体，合力搭建“数字化治理及城市空间整合服务”平台。基于社区实际，梳理智能应急指挥、智慧商业运营等43项涵盖九大场景的数字赋能场景模块。

服务方面，通过放大邻里中心和文化公园的互动效应，结合周边三大组团打造三个社区共享环，依托居民日常交流的空间载体，上线社区特色空间线上预约服务、社区活动线上报名展示服务、邻里线上圈子服务、邻里积分兑换服务机制，以居民积极性增加社区新动力。

治理方面，通过党建+自治+共管形式，搭建园区教育组、园区文化组、园区健康组、长者服务组、品质监督组，依托党群服务中心，充分发挥居民自治自主热情。

大运营以服务和治理为基底，通过对未来社区运营模式的探索，突破传统社区诸如公共服务边界不清晰、空间限制浪费、政府部门横向专业服务整合能力欠缺、数字化应用协同能力不足等运营难题，实现全方面、全周期的服务、治理工作，使居民对多样性美好生活的向往不断变为现实。

项目情况如图1所示。

图1　项目效果图

## 五、项目主要参与人员

项目主要参与人员：张玲、杨沛然。

# 镇海中学台州分校项目

中国联合工程有限公司（联合体牵头人）、浙江五洲工程项目管理有限公司（联合体成员）

扫码查看原文

## 一、项目概况

本项目总用地面积为 85 479 m²，总建筑面积为 105 320 m²，其中：地上面积为 72 820 m²、地下面积为 32 500 m²。设计 60 个班（高中 24 班、初中 36 班）、容纳 2 700 学生，功能建筑包括教学、办公、报告厅、实验室、图书馆、文体室、宿舍、食堂、运动馆等 15 个单体建筑及校大门、室外运动场及地下停车库。项目工期为 1 年 8 个月。

## 二、项目内容

根据全过程工程咨询联合体协议，中国联合工程有限公司负责项目管理、设计管理、造价控制，浙江五洲工程项目管理有限公司负责施工监理，服务内容如下。

（1）项目管理。协助工程建设相关手续办理；协助建设单位有关工程、货物、服务采购工作；协助建设单位方案设计、初步设计报批、施工图图审；施工管理及移交管理，对整个工程建设进行全面控制和管理、工程保修期内的缺陷修复督促管理；项目全过程施工管理直至各单项验收、综合竣工验收合格、竣工备案、档案归档、整体移交等；配合做好审计、法务、组织项目后评估等。

（2）设计管理。项目前期策划、经济分析等相关工作；初勘的提出；提出设计优化、设计成果文件审核，设计方案比选等。

（3）全过程造价控制。对建设项目实施过程的合法性、真实性、规范性进行跟踪审计监督；提出工程实施用款计划；工程计量支付审核；同步独立编制概算、预算（招标控制价、工程量清单），并对EPC工程总承包单位提交造价文件审核，对竣工结算进行审核；协助委托人办理工程结算、办理工程决算并整理相关资料；参与工程洽商、变更及合同争议、索赔等事项的处置，提出具体的解决措施及方案；制定概算控制方案并实施；编制工程造价计价依据及对工程造价进行控制和提供有关工程造价信息资料等全过程跟踪审计服务。

（4）根据相关规范、标准、条例等文件进行项目前期准备工作、施工阶段全过程监理、配合结算审核及保修阶段的监理。

## 三、项目成果特点

### （一）技术先进性

（1）采用全过程工程咨询+EPC工程总承包管理模式，大大优化传统模式的组织结构，极大提高管理效率，为项目目标实现提供组织保障。

（2）基坑围护采用PC工法组合钢管桩，优点为“施工工艺简单、施工速度快、可回收利用”。

（3）屋面采用铝镁锰板，优势为“更容易满足设计要求、预制构件、工序简单、施工速度快”。

（4）食堂与风雨操场采用桁架结构，优势为“跨度超过40 m、满足大跨度受力、工业化生产、整体分片吊装、施工速度快、空间利用率高”。

（5）雨水收集池采用六边形硅砂条石，优势为“空隙吸附性，起到水池自我净化、补氧等功能，提高水质、降低运营成本”。

（6）室外足球场下敷设透水盲管，优势为“有利于雨水回收效率、提高排水能力，避免积水”。

（7）采用陶板幕墙，优势为“容重小、吸附率低、耐久性好，色彩与形式多样，可满足设计要求，打造百年名校的设计理念，降低采用石材幕墙的厚重及安全隐患”。

### （二）工程复杂性

（1）本项目工期紧，实际可施工工期约18个月，采用局部桩基先行，方案设计同步推进，地下室与非地下室区域同步推进等举措。

（2）设计中采用了钻孔灌注桩、PC工法组合钢管桩、钢筋混凝土结构、钢管混凝土结构、型钢混凝土结构、钢桁架结构、陶板幕墙、铝镁锰板屋面等多结构形式。

（3）涉及教学、办公、住宿、文体、实验、计算机等多建筑功能类型及15个单体建筑。

（4）涉及土建、安装、精装修、幕墙、钢结构、电梯、空调、厨房、实验室、室外绿化、古建、景观湖、市政、田径场、篮球场、足球场等多施工专业。

（5）涉及钻孔灌注桩桩机、双轴水泥搅拌桩桩机、PC工法组合钢管桩压桩机、塔式起重机、施工升降机、汽车吊等大型机械设备。

（6）本项目教室、功能用房净空需求，大部分梁构件跨度超过8 m，室内篮球馆屋架跨度超过40 m。

根据以上特点，本项目质量控制难、安全隐患多、协调工作量大。

### （三）自然条件恶劣性

本项目位于台州市椒江区，自然条件恶劣：常年受台风袭扰，土方偏弱腐蚀性，淤泥质土深达80 m，周边待拆迁房屋距红线不到5 m等。

全过程工程咨询单位结合实际、认真严格地审核EPC工程总承包单位编制的专项施工方案、应急预案，并对方案落实情况进行动态监督。

### （四）质量进度要求高

本项目实际质量目标“确保钱江杯、争创鲁班奖”，定位为“省内一流、台州领先”，建设品质高、标准严。2018年11月完成全过程工程咨询、EPC工程总承包招标，要求2020年秋季开学前必须交付使用，从设计、施工、验收及器材采购等仅约有600天。

（1）质量方面，全过程工程咨询单位以设计咨询为先导，对设计成果文件从技术、施工、经济角度进行审核，设计意见与回复并进；以施工监理为过程跟踪监管，对各工序进行严格把控；以项目管理对关键点、重难点等进行动态管理，并对分部分项工程质量做最终判断；以造价咨询作为工程款制约窗口，从而保障前、中、后的闭合式管理。

（2）进度方面，全过程工程咨询单位制定了里程碑节点计划、总进度计划、年度计划、月计划、周计划，并采用形象进度、量化等方式进行动态分析、纠偏，以周进度为最小时间单元进行管控，按月进行进度评价与专题研讨，严格把控里程碑节点落实。本项目整体实施过程基本按计划执行，并最终提前24天完成竣工交付。

### （五）政治与社会复杂性

本项目为台州市引进项目，是造福一方百姓的大事件，项目实施过程中备受台州市、区、街道各级政府及相关部门高度重视，不定期接受各级政府、各行政主管部门现场视察。同时，台州市民对该项目高质量建设期望极高。

### （六）实施难度大

（1）EPC工程总承包以可行性研究报告为资料进行招标、无价材料种类较多、施工图预算滞后、造价控制难度大。

（2）实验室、厨房采购专业性较高，家具、设备采购工作量极大。

（3）专业种类多、交叉作业复杂，EPC单位管理经验不足、体系不全、以包代管明显，业主方管理协调工作量较大。

（4）该地区同期建设项目多、施工人员及混凝土、钢筋等材料供应紧张。

（5）项目质量标准高，尤其对室内精装修、室外景观绿化，要求有亮点、有特色。

（6）钢结构供货不及时，严重影响食堂与风雨操场计划工期节点的完成。

### （七）项目荣誉

项目获得的荣誉：2021年度浙江省建筑施工安全生产标准化管理优良工地。

## 四、项目实施情况

全过程工程咨询单位中标后立即组建项目部，采用PMBOOK中“十大知识领域、五大过程组”的系统思维、价值交付的理论，采取制定制度、提前策划、动态管理、过程跟踪、总结评价等措施。

全过程工程咨询结合项目特点编制管理制度及规范成果文件，实现各项工作规范化、标准化、专业化；制定进度计划、采购策划等指导资料；针对原材料供应不足，优化结构类型和施工工序，最大程度降低短期内原材料供应问题对工期影响；针对钢结构供应不及时，按构件安装顺序，梳理构件深化设计、排产、生产、出库等计划，并安排人员驻场监造；对EPC单位管理问题，组织领导座谈会，要求公司层面给予支持和监管；梳理甲供材料采购清单与计划，组织专家评审会，保障招标清单与控制价的准确性、符合性；组织对标项目考察，收集有关装修、景观、实验室等优秀做法，同时规避不足之处。

最终实现项目提前24天竣工交付，获得业主单位、使用单位高度评价，并多次作为经典案例进行培训、宣传，具有良好影响力。

项目情况如图1所示。

图1　项目效果图

## 五、项目主要参与人员

项目主要参与人员：张玲、丰琳琅。

# 衢州市文化艺术中心和便民服务中心项目

浙江求是工程咨询监理有限公司

扫码查看原文

## 一、项目概况

衢州市文化艺术中心和便民服务中心项目总用地面积为90 666.67 $m^2$（约合136亩），总建筑面积为253 886.48 $m^2$。其中地下室建筑面积为105 433.22 $m^2$，地上建筑面积为148 453.26 $m^2$。项目由剧院演艺中心、文化中心、行政服务中心、后勤保障用房及配套交流中心和中心大堂五大功能板块组成。

剧院演艺中心由位于地块西南角，主要为大剧院、音乐厅及位于中心大堂内的小剧场组成。大剧院建筑高度为32.40 m，构架最高点为45.50 m。舞台和观众厅的设置均采用先进的科技，具备举办大型演出的能力，满足歌舞、话剧、戏剧、会议等综合用途，兼顾交响乐演出。舞台分为后舞台、主舞台和侧台，观众厅能容纳1 500人观看演出。小型音乐厅满足小型交响乐演出的基本需求，可容纳350人观看演出。小剧场位于中心大堂内，舞台分为主舞台和侧台，满足戏剧、话剧、会议等综合用途，观众厅可容纳600人观看演出。

文化中心位于地块东南角，建筑高度为34.80 m，构架最高点高48.50 m，主要由美术馆、图书馆、文化馆组成。

行政服务中心位于地块西北角，建筑高度为34.25 m，主要由办事大厅、配套技术用房及部分设备用房、后勤保障用房组成。

后勤保障用房及配套交流中心位于地块东北角，建筑高度为35.20 m，由食堂、员工餐厅、配套交流中心和配套技术用房组成。

中心大堂连接各大板块，内部有小剧场、城市展厅、观景平台及部分设备用房。构架最高点高度为48.50 m。

项目自2018年10月26日开工，2023年8月31日竣工。

## 二、项目内容

根据全过程工程咨询服务管理方针，本项目合同约定的全过程工程咨询四大职能实施内容如下。

（1）项目管理内容：包括工程建设手续办理、设计优化及设计管理、施工管理、竣工验收、结算及移交管理等。对整个工程建设的质量、进度、投资、安全、合同、信息及组织协调所有方面进行全面控制和管理。审批验收工作具体包括前后期工程建设审批手续、工程规划许可证、施工许可证的办理等；项目全过程施工管理直至各单项（如规划、国土、环保、档案、消防、水利、人防、气象、排污、交通、电力、自来水等）验收通过、综合竣工验收合格、竣工备案、整体移交、工程保修期内的缺陷修复督促管理等。

（2）施工监理内容：主要包括施工准备阶段、施工阶段各工序、各部位的监理以及工程备案验收证书取得至签发缺陷责任终止证书和工程结算、审计的监理、服务工作。具体内容为：对该工程投资控制、进度控制、质量控制、建设安全监管及文明施工的有效管理、组织协调，并进行工程合同管理和信息管理等方面工作。

（3）造价咨询工作内容：主要包括本项目可行性研究估算审核、概算审核、预算审核或编制（如有）、建设工程进度款审核、结算审核、决算审核等相关工作；制定概算控制方案并实施等。

（4）招标代理工作内容：包含办理招标工程的发包申请、编写资格预审公告（如有）、招标公告、资格预审文件（如有）、招标文件、答疑文件，发放招标文件及图纸、答疑，组织开标、评标、定标，办理及签发中标通知书，办理交易单等。

## 三、项目成果特点

### （一）技术先进性

本建筑的平面布局呈“米”字形，且平面与竖向均特别不规则，需设抗震缝脱开；南部的演艺中心和文化艺术中心相对独立，设抗震缝与中庭分别脱开；中庭的公共大堂分别带行政服务中心与交流中心的若干跨，划分为一个结构单元，行政服务中心与交流中心剩下的部分为独立的结构单元。由于几个结构单元均属于高层建筑，平面及竖向均含不规则项，为超限建筑，并进行风洞试验。中庭及主入口包含大空间的建筑造型，小剧场上建筑造型跨度约为55 m，高度约为55 m，拟采用单层钢结构网壳结构体系，四边支撑，表面覆盖幕墙体系，与另外2个造型设缝脱开，支撑于地下室顶板之上。南部另外两个造型也采用单层钢结构网壳，跨度略小，单边支撑于地下室顶板上，另外一点支撑于屋面之上。

本工程地上建筑采用重力排水与虹吸排水两种方式，大面积坡屋面采用虹吸雨水排水，部分小面积屋面采用重力流排水，经地块内雨水沟和管道汇集后就近排入市政管网。

海绵城市设置下沉式绿地、雨水花园、植草沟、透水铺装等低影响开发技术，提高绿地与道路铺装的雨水渗透能力，增加雨水调蓄、净化功能，有效削减地表径流峰值和流量。在建筑物周围设置绿化，同时临近绿地的屋面雨水采用间接雨水，设置雨水渗透沟引雨水进入下沉式绿地，设置透水性铺装。为实现年径流总量控制率大于80%，在室外设置雨水收集池，优先收集屋面雨水，室外设置埋地式雨水收集设施，收集的雨水经处理后作为车库冲洗、绿地和道路浇洒使用。

节能设计采用集中空调设计，设置集中能源站，并按建筑单体或环路设置空调计费措施。空调冷源采用电制冷冷水机组，机组及配套水泵等均设置于地下室，冷却塔设置于地面或屋面。空调热源采用燃气型真空热水机组，设置于地下室锅炉房。门厅、展示厅等大空间区域，空调系统拟采用全空气低速单风道变频送风空调系统，机组设置于专用空调机房内。对于配套餐饮、办公、会议及接待室等小空间房间，采用吊顶式暗装风机盘管+预处理新风系统。

### （二）工程复杂性

文化艺术中心、剧院演艺中心和便民服务中心、后勤保障中心相对独立，又通过中央公共大堂各主要功能区块相联系。人流由外围各方向进入，汇聚中央活力广场，通过若干公共竖向交通有效组织地下、地面、空中交通流量，并采用曲面异形钢结构由公共大堂串联四大功能组团，形成有机整体；外立面均用异形幕墙造型丰富建筑物的流线美，形成四省交会、三位一体的人流组织关系。

### （三）项目荣誉

项目获得的荣誉：2020年11月，项目获得浙江省第三届“建工杯”BIM应用大赛综合组银奖和创新成果奖；2021年7月30日，项目获得北京市建筑（结构）长城杯金奖工程。

## 四、项目实施情况

### （一）全过程工程咨询服务综述

**1. 全过程工程咨询的举措**

（1）编制项目管理清单。项目咨询部编制《项目管理清单》，明确全体参建单位职能分工，规范全体参建单位、参建人员日常建设行为。

（2）做好事前管控工作。项目全过程工程咨询单位在方案设计过程中及时与设计单位进行对接，并在方案设计初稿后及时征求建设单位意见的前提下，提前协助业主邀请规划、消防、交通、发改等相关主管部门及相关专家、设计单位人员等进行内部会议初审，对各方提出的建议形成会议纪要，督促方案设计单位在初审意见的基础上修改后再报批，初步设计阶段对设计单位提交的多方案比选工作，组织公司专业人员做好市场调研及使用单位、业主对功能的需求，从使用功能、造价、施工技术、后期维护等多方面进行全过程寿命周期分析，并提交咨询建议供业主决策使用。事前控制工作有效、可靠、到位有利于各项工作及时、顺利、高效完成，在前期加强设计管控有利于造价控制及大大减少后续过程中的工程变更情况的发生。

（3）充分发挥EPC工程总承包的优势。在全过程工程咨询单位强有力的设计技术咨询支持下，推进工程项目建设整体方案、初步设计、施工图阶段的不断优化及完善；有效克服设计、采购、施工相互制约和相互脱节的矛盾，实现设计、采购、施工各阶段工作的合理衔接，实现建设项目的造价、进度和质量控制符合建设工程承包合同约定，确保获得最优的投资效益。

（4）加强合同管理。由全过程工程咨询单位和建设单位负责按合同约定内容进行招标及相关合同的签订，合同签订之后，项目咨询部和建设单位对承包单位进行交底，说明工期、质量、工程范围、工程界面划分、付款方式、发包单位职责（即甲方限价、甲方二次招标等范围）、总分包的关系等需在合同实际执行过程中特别注意的问题，以便各岗位人员协调、配合。督促承包单位必须严格按照合同约定条款开展工作。

**2. 全过程工程咨询的效果**

（1）本项目经全过程工程项目团队共同努力，在一周的时间内向建设单位上报详细的项目总控计划、前期报批报建等策划、计划报告，为建设单位提供更清晰的项目进度节点及关键控制点及项目目标。经过各级部门人员不懈努力、反复研究、前后共修改了四十几稿才最终形成成果。在一个月时间内完成招标编审工作，并发布了EPC工程总承包招标公告，完成EPC工程总承包招标工作。这为项目快速推进提供了前期保障。

（2）项目前期报批报建工作由项目报批管理师专人负责落实。全过程工程咨询单位在短短的4个月内完成了土地使用、项目用地批准、设计方案审查、可行性研究、交评审查、初步设计审查、工程规划许可证、施工许可证等报批审查工作。

（3）项目于2018年8月举行开工仪式，于2018年10月完成基坑支护施工许可证办理。项目施工进展情况：开工奠基仪式后，8月10日开始场地平整、苗木及电力设施迁移、施工围挡、土方清表、基坑支护图纸及桩基专家论证等前期准备工作；9月底开始围护桩施工，除原信访局位置外，其余围护桩已施工完成；现地下室行政服务中心、大剧院基础结构已完成70%。设计进展情况：2018年7月完成初步设计工作；9月完成基坑围护桩设计图纸；项目进展比原上报市政府及相关上级部门的总控计划节点提前了2个月开工。

（4）项目方案设计阶段全过程管理工作。在方案设计、初步设计及施工图设计过程中，全过程工程咨询单位积极主动与建设单位、EPC总承包单位做好事前预控、事中监督及沟通工作，对存在的问题及时提出建议，严格把控工程造价，控制工程质量、安全。项目方案设计、初步设计、施工图设计过程中严格控制设计人员超额设计、过度设计。全过程工程咨询单位各专业人员对建设单位提出的疑问及时进行解答，为建设单位做好军师、当好参谋。在项目实施过程中为项目节约投资提出了很多好建议：方案设计阶段，针对暖通空调方案比选，全过程工程咨询单位认为设计提出的方案国内技术不成熟、造价偏高，后期维护成本较大，经与方案设计单位多次沟通，最终确定大空间部位采用设计方案，小空间（如办公区等）部位采用常规性暖通空调相结合的方案。智能化设计方案里面设备参数过于保守，采用满额设计，经与设计人员沟通，在后续设计过程中进行优化，确保功能满足两中心项目使用。全过程工程咨询单位造价人员对EPC工程总承包单位上报的初步设计概算逐项进行核对、计算，以实事求是、公平、公正的工作态度进行审核，经全过程工程咨询单位审核，净核减1.08亿元。在项目实施阶段，针对基坑支护图纸、原人防地下室拆除、苗木迁移、原停车场拆除、智能化、泛光、标识标牌、幕墙、装饰的优化提出了诸多的实质性建议，造价人员按合同约定及时地进行审核，在加快项目推进的同时，对控制投资、如何节约工程造价进行了及时有效的把控，到目前为止共为项目节约投资约2亿元以上。

### （二）全过程工程咨询重点及特色

（1）编制攻坚思维导图。项目咨询部编制并适时调整项目实施阶段工程建设进度总控计划并报委托人审定后贯彻执行。根据攻坚思维导图可以督促、协助参建各方按照上述总控计划的要求，编制各专业进度计划，使之相互协调，构成分级计划系统，同时检查各方计划的执行情况，对滞后的节点及时通知有关单位采取相应赶工措施。

（2）成立BIM技术中心。BIM建模必须在设计阶段就开始实施，全过程工程咨询部协同设计单位做好专业综合、建筑指标统计分析、建筑性能化分析、漫游模拟、净空净高分析、交通组织分析、工程量统计、基于BIM模型辅助输出优化后设计图纸等成果，且设计完成后提供一套完整的施工版BIM原始模型及轻量化模型。公司BIM技术中心及项目咨询部技术人员与EPC总承包单位一起运用BIM工具软件进行施工场地布置、施工方案模拟、施工进度模拟，并结合实践经验指导深化设计图纸，辅助施工图纸技术交底、施工工艺工法指导、主要施工成果校验、设计变更调整等技术服务。

（3）造价管理是重点。全过程工程咨询部为加强项目无信息价材料和设备询价工作，规范无信息价材料和设备询价流程，合理确定项目材料及设备的技术标准，有效控制材料和设备的成本，确保及时选定材料及设备样板，对重要材料和设备采购、选型及无信息价材料（设备）价格给予有效控制，依据有关法律、法规、衢监管办发〔2019〕3号、无价材料细则和EPC合同等文件，编制项目无信息价材料（设备）选型、询价工作细则，为项目无信息价材料询价提供方向，主要采用三种方式，一是采用限额以下面对面报价；二是采用限额以上公开招标定价；三是采用发票加合理的利润定价。

项目情况如图1所示。

图1 项目效果图

## 五、项目主要参与人员

项目主要参与人员：陈先富。

# 富春湾大道二期EPC工程总承包工程项目

浙江求是工程咨询监理有限公司

扫码查看原文

## 一、项目概况

富春湾大道二期EPC工程总承包工程（简称富春湾大道二期工程）全线总长约6.98 km，规划道路标准段横断面宽55 m，以一期工程为分界线主要分东西两段。西段工程：西起富阳大桥连接线交叉口，东至学院路交叉口（与一期工程衔接），西段工程总长约0.97 km。东段工程：西起经纬路交叉口（与一期工程衔接），终点位于灵桥镇杭新景高速桥（与新建春永线衔接），东段工程总长约6.01 km。主要内容包括隧道工程、管廊工程、道路工程、桥涵工程、河道工程、管线工程、隧道附属工程（机电及管理用房等）、管廊附属工程（机电及管理用房等）、交通工程及景观绿化工程等相关内容。项目于2020年9月开工，2022年9月竣工。

## 二、项目内容

项目内容包括项目管理服务、工程造价咨询服务、监理服务、BIM技术咨询服务。

## 三、项目成果特点

### （一）技术先进性

（1）为排除隧道引道段雨水、隧道内的消防废水、结构渗入水、冲洗水及管道泄水漏水等，隧道沿线共设置8座雨水泵房、3座废水泵房。

（2）隧道段覆土厚度2.5～3 m。隧道接地点设置“驼峰”，防止雨水倒灌。

（3）管廊设计坡度基本随道路纵坡，因管廊基本位于沿线的路侧绿化带下，为了保证绿化带的绿化效果，使其能够种植乔木，标准段管廊顶部覆土厚度控制不小于3.5 m，管廊节点位置及道路交叉口处管廊深度适当加深，以避让排水管等横穿管线。管廊坡度尽可能利用现状地形减少管廊埋深，全线最大坡度为10%，最小坡度为2%。

### （二）工程复杂性

（1）以规划为先导，使快速路线位与骨架路网相协调，服从城市总体规划及控制用地规划，道路线位在满足规范前提下尽可能与规划用地一致。

（2）遵循“以人为本”，做到道路与周边环境的自然协调，和谐统一。优选对既有构造物影响小、适应隧道周边地形、地质情况且与隧道两侧道路现状及规划相结合的设计方案，保证工程有较好的社会、环境和经济效益。

（3）通过多方案比选，寻求功能、风险、造价和工程建设条件之间最佳结合方案，以充分发挥工程最大的社会、环境、经济效益。

（4）保证隧道的通行能力，满足交通需求以及两端道路衔接和交通疏解。

（5）充分考虑城区高层及保护性建筑的分布情况，减少房屋拆迁或有利于拆迁后的道路重建。

（6）充分考虑现有道路交通情况，注重交通组织及施工组织设计。考虑施工时城市交通的需求，制订道路保通措施，合理拟定施工方案。隧道投入使用后，能很好地融入现有路网中。

（7）充分考虑主要工程控制点、地质、水文地质条件。

（8）工程总体布置满足隧道正常运营、管理、救援以及人防等综合需要。

### （三）质量要求高

（1）项目将秉着高起点、高标准的原则进行规划建设，应积极体现现代化、智能化、人性化和服务化。

（2）利用现有条件，因地制宜地有机组织建筑空间布局，使建筑与绿化环境自然地融合在一起，创造人与自然和谐一体的建筑环境。

（3）工程的经济性与高效性，兼顾社会、经济、环境三方面的效益，合理使用土地，注意节约建设用地。

### （四）项目荣誉

项目获得的荣誉：浙江省发展改革委2021年第二季度“红旗项目”。

## 四、项目实施情况

造价咨询是全过程工程咨询的灵魂，贯穿项目决策、设计、招投标、监理、竣工等项目管理全过程。咨询单位推行实物量清单全费用综合单价，加快以“市场决定工程造价”为目标的造价及招投标制度改革，以企业定额取代国家定额，实现造价管理国际化、市场化。

“放管服”中应加强对建筑市场治理的管理力度，对工程项目分三类研究，分别施策，着力于构建业主方、咨询方、承包商“铁三角”关系，以全过程工程咨询为抓手助力业主提升项目管理能力。

贯彻落实咨询行业新发展理念，咨询公司运用BIM技术，以“项目管理+BIM”的应用模式，实现从设计到竣工验收一体化、精细化、前置化管理。从而推进咨询方法技术创新，深化咨询服务领域创新。在开发策划及规划编制阶段、实施策划阶段、项目建设阶段的基础上向体系化的助力区域发展，如提供开发策略研究、产业发展规划、协助建立规划体系、土地开发策划、项目统筹管理等服务。建立行业交流平台，促进沟通合作，组织编制项目管理大纲，推广先进的咨询经验和成果，提高项目管理整体水平。

根据《中华人民共和国水土保持法》相关规定及富阳区水行政部门要求，本工程全过程工程咨询单位建议建设单位补编了水土保持方案，由建设单位委托杭州美丽洲建设有限公司进行《富春湾大道二期水土保持方案报告书》的编制工作，2021年11月14日全过程工程咨询项目部派员参加在杭州组织的方案报告书送审稿专家评审会，根据专家提出的修改及完善意见，编制单位做了补充并完善。方案实施后有效改善了周边环境，保护了周边人民群众的生命财产安全，提升了城区形象，促进了经济持续高效发展。

根据《中华人民共和国公路法》的规定，全过程工程咨询单位建议建设单位委托浙江安通工程设计集团有限公司对富春湾大道二期工程新建U型槽下穿G25（杭新景）高速公路富春湾特大桥做了涉路施工安全性评价，在减少涉路行为的负面作用、加强安全施工、减少各类事故等方面起到了积极作用。

本项目共有桥梁7座，主线跨越5处现状或规划河道，其中4座为拆复建桥梁，其中跨大源溪桥、小源溪桥的桩基位于河道中，施工需要搭建临时围堰，占用了大源溪、小源溪的河道，全过程工程咨询单位建议建设单位委托有资质单位对此进行防洪影响分析，并编制《富春湾大道二期EPC工程总承包工程大源溪、小源溪桥梁桩基围堰临时占用河道——防洪影响分析及防汛度汛预案》，确保了项目实施过程的安全可靠，消除或大大减轻汛期对工程的影响。

项目实施过程中，咨询单位明确项目目标、组织机构、工作职责、实施程序、信息沟通、质量审核、过程记录等要求；制订专项服务考核机制、人员考核办法，运用奖惩机制提高工作积极性。在统一的项目建设目标下，保证设计和后续建设施工、实施使用各阶段的统一性和连贯性，有效推动项目顺利进行。

在项目建设的各个阶段，设计、造价及监理人员共同参与，及时发现问题，优化设计方案，完善施工工序，采用新材料、新技术，全过程跟踪审计，从源头控制设计质量、工程造价、项目质量进度，达到了各项预期目标。

项目情况如图1所示。

图1　项目效果图

## 五、项目主要参与人员

项目主要参与人员：吴文学、赖敏华。

# 衢州市九华大道隧道（二期）与紫薇路隧道工程项目

浙江求是工程咨询监理有限公司

扫码查看原文

## 一、项目概况

衢州市九华大道隧道二期工程北起石梁溪南岸以南70 m，南至九华大道与双岭南路交叉口以西约130 m。紫薇路地道工程北起紫薇路桥石梁溪南岸以南约5 m，南至九华大道与白云南大道交叉口。其中，九华大道隧道（二期）工程全长约1.87 km，其中隧道段长1.44 km，接线道路长约0.43 km，主线隧道规模为双向四车道，匝道为单向两车道，主线设计车速为60 km/h，匝道为20 km/h；紫薇路隧道工程全长约1.24 km，其中隧道段全长1.04 km，接线道路长约0.2 km，隧道规模为双向四车道，设计车速为40 km/h。主要建设内容包含隧道土建工程、隧道装修工程、隧道设备安装工程、道路及管线工程、九华大道隧道（一期）甩项工程等。项目于2020年10月30日开工，2022年9月11日竣工。

## 二、项目内容

（1）建设管理：在招标人的授权范围内，履行工程项目建设管理的义务，包括工程建设手续办理、设计优化及设计管理、施工管理、竣工验收、结算、决算及移交（合同中明确具体工作内容）管理；对整个工程建设的质量、进度、投资、安全、合同、信息及组织协调所有方面进行全面控制和管理。具体包括前、后期工程建设审批手续（如：临时水电、工程规划许可证、施工许可证办理等）；项目全过程施工管理直至各单项（如规划、国土、环保、水利、人防、气象、排污、交通等）验收通过；综合竣工验收；竣工备案；工程档案归档；整体移交；工程保修期内的缺陷修复督促管理；BIM应用管理等。

（2）施工监理：施工准备阶段、施工阶段各工序、各部位的监理以及工程备案验收证书取得至签发缺陷责任终止证书和工程结算、审计的监理服务工作；对该工程投资控制、进度控制、质量控制、建设安全监管及文明施工的有效管理、组织协调，并进行工程合同管理和信息管理等方面工作。

（3）造价咨询：本项目概算编制（如有）或审核、预算编制（如有）或审核、建设工程进度款审核、结算初审、配合决算编制审核等相关工作；与本项目相关的工程洽商、变更及合同争议、索赔等事项的处置，提出具体的解决措施及方案；制定投资控制方案并实施；编制工程造价计价依据及对工程造价进行控制和提供有关工程造价信息资料；无价材料设备询价等服务。

（4）招标代理：根据项目建设总体计划编制招标采购计划，制定招标采购方案，依法组织招标采购活动。包括本项目如工程承包、材料设备采购等根据委托人需要开展的招标采购代理工作，含办理招标采购工程的报建、发包申请、编写资格预审公告（如有）、招标公告、资格预审文件（如有）、招标文件、答疑文件，发放招标文件及图纸、答疑，组织开标、评标、定标，相关招标资料整理和备案，协助业主签发中标通知书，办理交易单。提供招标前期咨询、协助合同签订等业务，并包括招标文件等所有资料的复印、装订等一切所发生的服务。

## 三、项目成果特点

### （一）技术先进性

#### 1.砂卵石地层止水帷幕工法创新

项目地质条件复杂，存在深厚圆砾、卵石层，传统高压旋喷桩施工困难、成桩质量差；且因项目紧邻衢江，基坑开挖期间渗漏水风险高。为加快项目推进、确保项目止水帷幕施工质量，降低后期基坑开挖施工风险，项目抛弃传统的高压旋喷桩施工机械，采用工法桩机架+搅拌桩动力及钻杆+高压旋喷桩后台系统有机结合方式，即“喷搅结合”的强力搅拌旋喷桩工艺。在规避项目施工风险的同时，做到以高效施工促项目降本增效。

#### 2.深厚卵石层钻孔灌注桩工法创新

本工程采用全护筒穿越卵石层进行钻孔灌注桩成孔作业，但JHK0+260—JHK0+340施工段地勘与地质勘查报告不符，地勘报告显示该区段穿越卵石层最大厚度约18 m，但根据现场实际补勘数据显示，穿越卵石层最大厚度为28 m，原有施工工艺不能完成钻孔桩成孔作业，导致钻孔灌注桩施工推进困难。

为确保项目正常推进，项目部初步拟定两种方案：方案一，选用全回转钻机施工，可快速进场，能确保施工进度及质量，但施工成本高；方案二，下部泥浆护壁+上部长套筒+旋挖钻机施工，施工成本低，但需现场试桩（烦琐），确定合理的泥浆参数，确保成桩质量。

#### 3.配置扫地机器人，提高场地道路清扫效率

道路清扫机主要用于工程清扫，专门对工地以及大型料场周边掉落砂石清扫清洁。集料斗前置前进清扫，操作安全方便、作业效率高、克服了操作者后退作业困难的弊端；集料板以螺栓连接，拆装方便快捷；液压式整体翻斗卸料，大大提高了作业效率；毛刷高度调节采用丝杆无级调节，调节方便快捷，并能极大地延长毛刷的使用寿命。

#### 4.基坑开挖创新

摒弃传统侧式开挖，采用“优化支撑+入坑开挖”施工模式，有效提升基坑开挖效率。在入岩基坑采用“犁机大面松动+破碎锤边角修正”开挖方式，大幅提升基坑石方开挖效率。

### （二）工程复杂性

项目位于浙江省衢州市西区鹿鸣半岛区块，西区是衢州现代城市的代表，体现当代衢州城市的崭新风貌，与具有国家历史文化名城之称的老城区形成现代与历史的对话，凸显现代生态型城市、人性化生活、多样性文化的设计理念，展示衢州城市的特色和活力。

项目所在的西区半岛区块是城市核心圈层重要组成部分，三面被石梁溪环绕，东面为大草

坪，与市政府隔江相望。根据市政府要求，隧道施工期间西区大草坪仍需对市民开放，政府及社会对在建项目文明、环保施工关注度高，创建安全文明标化工地、共建“美丽衢州”是本工程施工重点。

### （三）项目荣誉

项目获得的荣誉：2021年5月30日，衢州市建管站2021年5月红榜榜首；2021年6月30日，衢州市建管站2021年6月红榜第三；2021年7月30日，衢州市建管站2021年7月红榜榜首；2021年8月，衢州市智慧新城2021年度“大干项目一百天，献礼建党100周年”立功竞赛红榜第二名；2021年10月29日，2021年第三季度市场行为和农民工工资专项检查、实名制考勤设备商服务质量检查情况通报中较好（衢建管〔2021〕30号）；2021年11月30日，衢州市建管站2021年11月红榜榜首；2021年12月17日，衢州市市本级在建项目疫情防控专项监督检查通报表扬（衢质安监〔2021〕75号）；2021年12月29日，衢州市建管站2021年12月红榜第二名；2022年1月5日，衢州市住建局“红色工地”建设优秀企业第三名（衢住建办〔2022〕1号）；2022年3月22日，荣获衢州市防疫先进集体（衢智党〔2022〕8号）；2022年4月18日，衢州市优秀工地，同期智慧新城“大干项目100天红黑榜”出炉，项目攻坚取得阶段性成果；2022年11月3日，九华大道隧道（二期）荣获2022年度全国市政工程建设优秀质量管理小组二等奖。

## 四、项目实施情况

全过程工程咨询服务即对项目的各个阶段进行控制，包括项目前期、项目实施策划、报批报建报验管理、造价管理、招标采购管理、合同管理、施工阶段工程管理（含施工监理）、信息综合管理、验收移交项目后评价、运行维护管理等。在实际工作中，因为对工程实施全过程管理，各方面都由咨询单位进行统筹协调，更加方便快捷，也更容易在工作中解决实际存在的问题，在项目推进上更加高效，全程由浙江求是工程咨询监理有限公司项目部人员全程跟踪，更容易了解与解决下步需要协调的事宜。

（1）勘察设计管理：审核勘察方案、原则和要点，检查勘察进度。检查勘察前的各项准备工作，协调各阶段之间的工作。对勘察文件编制深度、勘察成果的真实性、准确性进行审核，勘察文件应满足设计要求。了解基本的设计知识，掌握设计审核的要点。

（2）造价管理：项目概算编制、工程量清单及招标控制价编制，审核施工承包合同、进度计划，编制用款计划书；本项目造价人员根据初设及施工图纸进行两算对比，分析变更的依据及合理性，动态控制工程的造价。每月提出造价咨询意见，处理好工程变更和索赔。造价管理上的及时性及动态性，使项目成本及资金均处于受控状态，受到业主方的一致好评。

（3）做好协调管理，重视团队建设。协调好投资决策咨询负责人、勘察设计负责人、总监理工程师、造价咨询负责人之间的关系。协调好业主单位、主管部门、总承包单位、设计单位、监测单位之间的关系，项目的目标成为团队的整体目标。凭借高效的沟通能力，运用换位思考，发掘团队成员的优点并发挥其优势，形成激励机制。

项目情况如图1所示。

图1 九华大道隧道（二期）实景图

## 五、项目主要参与人员

项目主要参与人员：余晓峰。

# 海盐县人民医院迁建工程（暂名）

五洲工程顾问集团有限公司

扫码查看原文

## 一、项目概况

海盐县人民医院迁建工程（暂名），位于嘉兴市海盐县武原街道滨海大道西、乐园路南。医院定位为集医疗、预防、保健、科研、绿色为一体的三级甲等医院，医院整体建设按国家二星级绿色建筑标准设计。具体建设内容包括门急诊、病房、医技、行政后勤等功能用房和配套设施，海盐县人民医院迁建工程（暂名）设置床位1 200床，建筑面积为210 596.71 $m^2$（含地下面积58 688.19 $m^2$）。项目于2020年6月开工，2023年12月竣工。

## 二、项目内容

（1）项目管理：项目计划统筹及总体管理、前期工作管理、设计管理、技术管理、进度管理、投资管理、质量安全管理、医疗工艺咨询管理、项目组织协调管理、招标采购管理、合同管理、BIM管理、档案信息管理、报批报建管理、竣工验收及移交管理、工程结算管理、工程保修以及与项目管理相关的其他工作（如协助渣土报批、管线迁改，管线综合等）。

（2）设计管理：设计规划与计划管理、设计优化管理、限额设计管理、设计功能调研、方案设计、初步设计及施工设计审核、组织专项设计审查、设计变更管理。

（3）工程监理：本项目所有建设内容（包括建筑安装、市政、机电及人防等）的施工全过程及缺陷责任期监理（包含施工阶段及缺陷责任期内工程质量、进度、投资控制、合同管理和组织协调，安全、文明施工监管，环境保护监管等）以及勘察、设计、设备监造、保修等阶段的相关工程监理服务。

（4）造价咨询：本项目所有建设过程中的涉及本工程的全部工程量清单及预算编制、全过程造价控制、结算审核等，包括项目投资目标分析评估、项目概算评估及目标控制、联系单审核、材料询价定价、进度款审核、资金使用计划编制、结算审核等。

（5）招标代理及采购管理：从项目立项至竣工全过程的招标代理及采购，招标策划、招标文件编制、招标过程管理、合同条款策划等。

（6）绿色建筑咨询：针对绿色标识目标，提出合理化建议，明确对应的技术策略，对绿色建筑技术进行可行性分析，确定绿色建筑体系中的各项目标，指导绿色建筑设计，负责项目绿色标识认证的申报、协调和跟踪工作。

（7）医疗工艺管理（含实验室工艺）：对本项目医疗工艺及相关专业的工程咨询管理，包括调研整理项目建设需求、工艺流程设计管理、提交医疗卫生流程专项复核意见、审核汇总医疗环境要求成果文件、对医疗工艺流程调试、验收、检测、认证过程进行管理、组织召开医疗工艺咨询工作专题会议和评审会；对医院项目专业系统咨询，针对医用气体、手术室、ICU净化、放射用房防护、物流传输等十多项专业系统，指导医院各专业系统设计，组织召开医疗专业系统会议和评审会，负责各专业系统与建筑的及时衔接。

（8）BIM技术咨询：二级施工阶段（施工深化、冲突检测、施工模拟、仿真漫游、施工工程量统计）及三级运维阶段（运维仿真漫游、3D数据采集和集成、设备设施管理）。

## 三、项目成果特点

### （一）技术先进性

本项目采用“5G物联网+智慧工地”模式，加强新冠疫情防控测温、安全隐患排查等项目管理工作；主体结构施工阶段采用新型“盘构架”，防护架体采用“铝模+爬架+全过程BIM”的组合模式，提升材料周转效率。

### （二）工程复杂性

本项目定位为三级甲等医院，功能复杂，如门诊、急诊、医技、住院、办公、后勤保障、科研与教学七大功能；智能化系统复杂，如设备管理系统、公共安全系统、信息设施系统、医疗业务系统，共计30多个子系统；流线多，如人流、物流、车流、信息流等；设备种类多，如建筑设备（电梯、空调、锅炉、高低压配电、污水处理设备等）、医疗设备（MR、DR、PETCT、DSA、直线加速器和高压氧舱等）；专项系统多，如医用净化系统、医用气体系统、医用纯水系统、物流传输系统、污水处理系统等多项专项工艺系统，各个专项系统功能不尽相同，同时也受到空间需求、设计手段、功能定位、投资强度等影响，这些专项设计除了要满足医疗工艺设计要求外，还需要与主体建筑和机电设备配合，在医院建筑设计中，这是考验建设方、设计方和全过程工程咨询管理方的重要环节。

### （三）项目开展难度大

2020年4月底全过程工程咨询单位在初步设计尚未批复的时候进场，工程各项经济指标尚不成熟、土地属性和规划选址尚未确定、相关行政审批和第三方咨询评估尚未开展、建设投资资金来源尚未落实等制约条件和不确定因素很多。

### （四）项目管理要求高

本项目质量目标是确保钱江杯、争创鲁班奖；安全目标是浙江省省级安全文明工地，争创全国AAA级安全文明工地；绿色施工目标是浙江省绿色施工示范工程，浙江省绿色达标工地；同时还要求绿色建筑达到二星级，因此，这些目标决定了项目管理必须要在建筑行业中树立标杆，出类拔萃。

### （五）项目荣誉

项目获得的荣誉：2021年度浙江省智慧工地示范项目，河南省第四届“匠心杯”工程建设BIM技术应用大赛综合成果三等奖，2021年度“红色工地”省级示范项目，2020年度嘉兴市重大项目推进工作领导小组办公室“红旗项目”。

## 四、项目实施情况

本项目采用以总咨询师（项目负责人）为主线的全过程工程咨询服务，有效整合全过程工程咨询单位资源，将碎片化分散的工作进行融合，以总咨询师（项目负责人）为核心组织报建报批、招标代理、设计管理、投资管理等专业部门。全面编制工作分解表分解工作，明确各专业负责人，做到事前控制，同时检索工作内容，建立责任框架，为考核工作提供依据，并绘制进度图，找关键工作，有效推动工作进程。理清承发包模式、梳理最能使项目建设目标实现的合同结构是合同管理的源头。最终采取工程总承包模式，同时为了后期医疗专项实现品质，医疗专项单独发包。实践证明，该模式是一种成功的模式，管理责任清晰，为项目的快速推进起到了决定性作用。

（1）强化决策层面领导，形成合力，协作推进。本项目作为近年来海盐县县卫生健康工作的重点，也是浙江省重点工程，县卫健局在县级领导小组层级下，成立项目领导小组，由主要领导任组长，基建、医疗、纪检分管领导任副组长，职能科室负责人、医院领导任成员；下设办公室，抽调系统精干力量组成专班，集中办公。明确条线分工，全过程工程咨询公司和建设单位负责部门协调、报审批、项目功能需求、技术管控，形成层级分明、职责明确的推进组织体系。

（2）严格落实报批程序、紧扣节点目标层层推进。项目前期阶段根据项目2020年6月开工建设的总体要求，结合医院项目的特殊性，仅仅用2个月不到的时间，达到项目开始实施目标，可以想象难度之高，全过程工程咨询单位以“首战就是决战”使命担当，全力配合卫健局调研近年省域同等级医院建设情况，规划医院发展定位，确定建设用地、面积、床位规模，积极主动汇报给有关领导、沟通相关部门，取得理解、认可和支持。全过程工程咨询单位PMO总经理亲自坐镇指挥，发挥公司组织架构优势，部门上下联动、加班加点、放弃休息，“五加二”+“白加黑”推进各项工作；行政主管部门配合申报材料即收、即审、即批。按计划节点，先后完成项建、可研、初设报告、发改局批复；财政局落实建设资金筹措方案，自然资源和规划局落实选址评审、用地预审、规划条件、项目供地、工程规划许可证，生态环境局落实项目建设环境影响报批，省、市卫健委项目建设床位编制批复等工作，住建局落实质量安全监督手续、施工许可证。通过规范程序，比选确定项目选址评估、重大决策社会风险评估、重大决策舆论风险评估、勘察外业鉴证工作，项目建设环境影响评估、水土保持方案及评估等第三方专项评估机构，配合完成相关报批前置条件，项目在5月初顺利发布工程总承包招标公告，6月底顺利开工建设。

（3）协同统筹管理，设计施工同步，工程推进顺利。项目实施期间以建设单位牵头，全过程工程咨询单位统筹的现场整体管理组织模式，根据全过程工程咨询单位全面统筹策划和规范质控要求，明确各参建方相关职责和管理目标，落实现场集中办公管理机制，实行人脸识别到位率考核。通过日进度执行交流晨会、半月管理例会、重要事项专题会等形式，全面掌握各参建单位存在的问题、困难，及时分析、协调、解决。特别是全过程工程咨询服务中统筹了传统的代建和监理等模式，在做到事前策划（编制全过程工程咨询管理策划）、事中控制（进行合理化建议、重点审查）、事后总结（按咨询阶段进行总结并提出改进意见）基础上，按照全过程造价咨询服务不同阶段充分发挥项目管理、设计管理、过程结算、工程监理有机联动，进行风险识别、分析、总结。精挑专业能力、分批次配备综合素质高的人员组成管理团队，以专业化的服务全力推进项目建设。在施工过程中，施工进度必须服从设计进度，面临全咨公司设计管理内部审查和外部图审中心审查，设计审查迟缓势必影响到工程质量安全和进度，为此全过程工程咨询项目管理团队统筹全专业咨询，科学预判、准确把控施工图设计和现场施工进度，按照总控计划将系统分解设计、施工、采购计划有机结合，并采用“PDCA”管控措施，动态控制项目总体进度。对发现的问题，及时出具联系单（预告单、整改单）。编制项目进展周报，全面反映项目推进安全、质量、进度等总体情况。尤其是设计管理，主要举措有：优先完成桩基工程图纸并图审批复，在桩基工程施工中，完成主体结构工程施工图纸和部分工艺图纸并图审批复；进入主体结构工程施工后，逐步完成精装修施工图和医疗专项的施工图并图审批复；在不到一年半时间基本完成21万$m^3$主体结构，为后续精装修、医疗专项施工赢得了充分的时间，达到了质量好、进度快、投资省的目标，得到了建设单位的好评。

（4）以政策导向为基础，化解分歧。关于工程总承包招标文件及合同中对施工图设计优化、合理性建议及变更的界定，工程总承包（EPC）在行业内虽然也一直有实践，但没有形成成熟和一致认可的定式。全过程工程咨询单位经过多次项目调研了解到各个地方的管理决策层以及各地方都有些不同的做法后总结出了既符合规范性要求又具有可操作性的做法，以在政策大背景和规范标准约束下达到利益均衡。与此同时，设计管理整合“五洲、千城”资源优势，把控施工图纸质量，按照发包人提出的技术要求和标准，在满足项目需求的前提下确定总承包招标方案；在施工阶段，全过程工程咨询单位审查图纸以达到施工图设计深度要求，满足发包人回归初步设计审核确认，有效避免总承包方为了利益最大化而无下限地过度节约造成的变更风险和矛盾。因此，对设计图纸的管理和优化的审核要求正是全过程工程咨询管理存在价值所在，设计质量的核心，在于专业施工图设计完成后必须全面审查优化图纸的合规性和品质的实现性，再送外部图审以满足规范强条，此举措确保了设计能满足发包人要求的主动性。另外全过程工程咨询价值还体现在结构设计优化、专业工程优化、设备选型优化、材料选型优化等。

项目情况如图1所示。

图1　项目效果图

## 五、项目主要参与人员

项目主要参与人员：谢振兴、王杨虎、危慧慧、谢振凯。

# 皇岗口岸重建全过程工程咨询项目

浙江五洲工程顾问集团有限公司

扫码查看原文

## 一、项目概况

皇岗口岸重建项目包括临时旅检场地建设工程、新皇岗口岸综合业务楼、新皇岗口岸联检大楼三个立项。

### （一）临时旅检场地建设工程

作为皇岗口岸重建期间的临时通关口岸，临时旅检场地建设工程位于皇岗口岸货检区，占地面积约6万$m^2$，总建筑面积约2.5万$m^2$，设计通关能力为旅客3万人次/日，客车3 000车次/日，设置旅客出入境查验通道各20条，车辆出入境查验通道各4条。

### （二）新皇岗口岸综合业务楼

新皇岗口岸综合业务楼位于百合三路以北，福田南路以西，总用地面积为 6 502 $m^2$，总建筑面积约 17 万 $m^2$，地下拟建 5 层，地上拟建 50 层，建筑高度约 246 m，建成后主要用于非现场业务用房。

### （三）新皇岗口岸联检大楼

新皇岗口岸联检大楼总用地面积约8.75万$m^2$，总建筑面积约67.8万$m^2$，地下拟建4层，地上拟建5层，主要建设内容包括出入境车辆查验大厅、非过境车辆接驳层、旅检查验大厅、设备用房、停车场及人防等。远期（2050年）设计通关量为日均40万人次。

项目于2019年6月开工，预计2025年12月竣工。

## 二、项目内容

全过程工程咨询单位对项目进行全过程策划与管理，包括但不限于以下方面。

（1）项目咨询：项目计划统筹及总体管理、前期工作管理、设计管理、技术管理、进度管理、投资管理、质量安全管理、项目组织协调管理、招标采购管理、合同管理、BIM管理、档案信息管理、报批报建管理、竣工验收及移交管理、工程结算管理以及与项目建设管理相关的其他工作。

（2）工程监理：施工准备阶段监理、施工阶段监理、保修监理及后续服务管理以及与工程监理相关的其他工作。

（3）其他内容：①根据《深圳市建筑工务署政府工程2020先进建造体系实施纲要》及国

家、广东省和深圳市等相关文件进行创新技术应用，提出策划方案，并监督相关单位实施；②依据《深圳市建筑工务署政府工程2020先进建造体系实施纲要》要求，组织“工务署口岸类项目承建单位择优体系”研究，包括制度研究、制度编写、系统开发运维、专家咨询、专家评审、组织申报、数据管理等内容。

皇岗口岸位于福田区，与香港隔河相望，皇岗口岸是目前中国规模最大的客货综合性公路口岸，是我国唯一全天候通关的陆路口岸，也是全国最大的陆路口岸之一。

由于口岸使用时间较长，该口岸消防、空调系统和旅检楼用电线路等设施设备陈旧老化，口岸旅检楼多处墙、地面出现裂缝和不均匀沉降现象，存在安全隐患。皇岗口岸建成启用迄今已近30年，亟须通过全面升级改造优化通关环境、提升通关效率，以满足粤港澳大湾区建设对生产全要素高效、便捷流动提出的新要求。

根据深圳跨境公路货运“东进东出、西进西出”交通格局的总体安排，以及深港河套地区开发的有关要求，皇岗口岸将关闭货检功能，整体重建为客运综合口岸。2018年初，市口岸办主持编制完成《皇岗口岸重建项目可行性研究》，形成了口岸重建及临时口岸建设的基本方案。其后，粤港澳大湾区规划的提出，以及国家赋予河套地区“深港科技创新合作区”的全新定位，使皇岗口岸重建的外部规划需要随时调整。

## 三、项目成果特点

### （一）工程复杂性

**1. 皇岗口岸重建项目分三个单体，项目各阶段互为制约，三个单体之间相辅相成**

临时旅检场地建设工程，包括旅检大楼（三层钢结构）、口岸指挥部大楼（三层钢结构）、临时人行天桥、出境旅客候车厅、高安全性围网、临时公交场站、车行道、出入境客车查验通道、临时通关信息化系统等。

新皇岗口岸综合业务楼工程，包括业务用房（口岸、海关、边检等）、中控中心等。新皇岗口岸联检大楼工程，包括旅检大厅、出境旅客候车厅、公交场站、出入境客车查验通道、通关信息化系统、对外交通接驳（城际地铁、深广中轴城际轻轨、穗莞深城际轨道、地铁20号线、港铁北环线支线及深广中轴城际轻轨等）、高安全性围网等。

三个单体间对口岸运营的旅检和货检交通组织、海关及边检查验需求、通关信息交互要求严格，且相辅相成。如何确保皇岗口岸重建项目在建设期间24小时通关，是本项目的重难点。

**2. 工期紧迫**

临时旅检场地建设工程工期184天（定额工期为580天），根据深圳市政府要求，需要在2020年春节前完工，远低于正常工期。

新皇岗口岸综合业务楼与新皇岗口岸联检大楼根据市政府要求，需要在2023年底完成主体工程，工期十分紧张，远低于正常工期。

设计和施工过程中、项目需求管理、设计质量及成果管理、设计进度管理、招标采购管理、投资管理、施工工序搭接及质量、安全文明管理是本项目的重难点。

**3. 与口岸工程建设部门、单位等外部沟通协调量极大**

皇岗口岸重建项目的重要特点是需求复杂，受政策影响大，伴随整个工程的建设施工期，需求存在不断调整的风险。

本项目涉及外部沟通的部门和单位有海关、边检、皇岗口岸办、深圳市各建设相关部委、福田区政府、香港方面各参与部门、中国电信、广深珠高速公路有限公司等。还涉及建设相关事务沟通协调，如意见征询、报批报建、建设需求、工界面、工程管理界面等沟通协调量极其巨大。

如何对各相关参建部门、单位进行有效管理，根据新的信息变化进行及时响应、反馈是本项目面临的较大困难，采用全过程工程咨询管理模式可以有效地提高与各个部门的沟通协调效率。

**4. 查验模式创新**

皇岗口岸重建后将实行“合作查验、一次放行”查验模式，新的查验模式调整，将涉及多个查验单位业务流程调整，影响口岸内部的功能确定、房间布局、交通流线、信息共享等。

如何确保尽快完成查验模式的创新，为口岸设计提供条件，满足口岸主体工程建设对建筑功能的需求，避免对项目设计进度及整个工期造成不利影响，是本项目的重难点。

**5. 老旅检大楼等拆除工程复杂**

本项目拆除工程量大，涉及查验通关设备保护性拆除、搬迁，管线迁移，综合办公室搬迁，主体结构拆除等工作，且项目紧邻正在运营的7号线。

如何合理安排原旅检大楼搬迁工作和确保运营中的7号线正常运行是本项目的重难点。

**6. 新建旅检大楼市政工程衔接复杂**

本项目定位为口岸型综合交通枢纽，规划引入湾区城际铁路，预留深广中轴城际轨道、穗莞深城际轨道，引入地铁20号线，预留港铁北环线支线接入条件和深广中轴城际过港条件，协调港方北环线支线终点由落马洲站改为皇岗口岸站，并经过合作区A区设站；涉及铁路、地铁、轨道、港铁等多种交通接驳引入或预留条件，需要协调多个部门。

如何在初步、施工图设计阶段进行涉及交通枢纽需要的引入、预留和规划条件的沟通、明确是本项目的重难点。

**7. 建设过程中对周边环境影响大**

本项目建设工期紧、任务重，必然会进行昼夜施工，对项目周边造成扬尘、噪声等污染。

货检查验通道关闭10条，货检通关压力大，货车排队时间长，造成交通拥堵。

建设过程中，施工交通组织与旅检、货检交通组织和市民出行交通组织交互影响。

如何在本项目建设过程中处理周边关系、保证货检正常运行及周边交通组织是本项目的重难点。

## （二）项目荣誉

截至2021年12月，本项目获得的奖项见表1。

表1　截至2021年12月，本项目获得的奖项

| 序号 | 项目名称 | 奖项 |
|---|---|---|
| 1 | 临时旅检场地建设工程 | 第二届“物联杯”IOT+BIM设计运维大赛三等奖 |
| 2 | 临时旅检场地建设工程 | 第十一届“创新杯”建筑信息模型（BIM）二等奖 |

续表

| 序号 | 项目名称 | 奖项 |
| --- | --- | --- |
| 3 | 新皇岗口岸综合业务楼 | 第五届深圳市建设工程建筑信息模型大赛三等奖 |
| 4 | 新皇岗口岸综合业务楼 | 2021 年第十二届“创新杯”BIM 应用大赛科研办公设计三等奖 |
| 5 | 新皇岗口岸综合业务楼 | 2021 年第十届“龙图杯”BIM 应用大赛设计二等奖 |

## 四、项目实施情况

### （一）全过程工程咨询服务综述

本项目在构建项目管理团队之初，为提高项目管理效率，项目构建由深圳市建筑工务署团队和五洲工程顾问集团有限公司团队联合而成的一体化项目团队，充分发挥业主团队的先进管理经验与全过程工程咨询团队的技术支持优势，将系统性问题一站式整合，有效避免咨询服务“碎片化”问题，提供无缝隙、无分离的综合性服务，同时由于项目涉及港方建设内容，全过程工程咨询团队配备港方专家顾问团队，针对港方需求、设计标准等问题提出合理化建议，保证工程设计、施工质量，确保建设目标的实现。

在项目建设初期，充分考虑口岸办、海关、边检、港方等使用单位的需求及公共使用需求，开展充分的需求调研，2019年由全过程工程咨询单位牵头组织通关旅客公众需求调研，开展新皇岗口岸联检大楼项目公众需求调查。全过程工程咨询单位负责整体策划、采购、问卷设计、问卷下发及回收、信息录入、数据分析等工作，最终收集有效调查问卷1 300余份。与市口岸办协商沟通目的、内容及形式，取得其支持；成立工作专班小组，制定联系机制；实施过程中的调研意见不盲目调整，所有调研意见及时整理成问题清单；多方位分析，给出建议方向，争议问题由工作小组讨论解决；而且将所有功能需求调整均需使用单位签字确认，充分借助皇岗口岸重建指挥部平台，与深圳市建筑工务署设计管理中心共同对深圳市人民政府口岸办公室、海关、边检、港方等进行功能需求调研，并将调研成果整合分析后反馈到设计、施工环节中，保证工程建设品质。

在各参建单位管理方面，通过与参建单位的合同关系，明确参建单位的管理结构；以管理目标为导向，分阶段、分专业落实目标层层分解；建立各项规章制度，以制度促进管理工作规范化、标准化，制定事项跟踪落实情况表，以此为抓手，要求每件事项专人负责，有跟踪、有落实、有反馈，大大提高了管理效率。

在管理措施方面，严格按照PDCA循环进行工程管理：服务过程中做到先计划后实施，实时检查，针对发现问题制定处理方案，并对处理的问题及时反馈，根据解决情况再次处理；每季度召开质量、安全、进度总结大会，阶段性复盘项目建设的优点和不足；同时，建立奖惩机制，通过履约打分、专项评价、经济奖励、违约处罚等措施对各参建单位予以约束，调动各参建单位履约积极性。

皇岗口岸重建项目2019年7月开工，其中，临时旅检场地建设工程总建筑面积约2.5万$m^2$，采用“全过程工程咨询+EPC总承包单位”实施的模式，严格落实“四化，四先行”的快速建造要求，通过科学合理地组织、管理，采取先进技术和经济措施，确保工程能够得到快速、连续、高效地建设，在保证工程安全质量的情况下，合理地缩减建设周期，工期仅历时10个月，获得了市领导的高度认可。现阶段，新皇岗口岸综合业务楼与新皇岗口岸联检大楼均采用“基坑先行”的建设模式，同步开展设计工作，为实现工期目标节省大量时间。

## （二）全过程工程咨询重点及特色

### 1. 重策划，确保项目整体稳步推进

针对口岸类建设项目的特性以及皇岗口岸重建项目的特点进行项目管理策划，梳理项目建设过程中的重难点，编制完善各项制度，指导后期建设和管理工作。实行总体策划+阶段性策划+专项策划的模式，以项目建设目标为导向，统筹策划项目建设组织、进度、质量、安全、投资、技术管理等各方面，策划方案在建设过程中根据实际情况动态调整。组织各参建单位，加强统筹协调，进一步细化项目策划管理方案，根据项目总体建设目标，制定可实施的分阶段建设计划。做好建设流程管控，优化、完善管理制度、流程，规范管理行为，提高科学管理水平，促进项目稳步推进。

### 2. 强统筹，创造前期管理工作新质效

强化工程前期工作，不断提升项目前期工作质量。与前期部门的密切配合，从项目策划阶段提前介入，提出合理化意见和建议，协助提高项目前期工作质量，进一步提高前期工作质效。因为项目工期紧张，新皇岗口岸联检大楼项目与新皇岗口岸综合业务楼项目均是基坑工程提前开工，在进行基坑工程施工的同时，进行上部主体工程设计图纸的编制，这对需求管理、设计进度管理、设计质量管理、设计变更管理等都提出了更高的要求。加强与口岸办、海关、边检等使用单位的沟通协调，分阶段进行设计成果确认，加强图纸质量审核，严格把控设计进度，这些工作减少了变更的发生，临时旅检场地建设工程采用施工单位牵头的EPC承发包模式，严格执行限额设计。在设计管理过程中，要求EPC单位将大项分列出来，分项控制，争取面积不超，若超出，则需自行消化。由于设计单位原因导致设计超出约定限额设计控制值的，设计单位承担相应的违约责任，超出部分不予结算。目前临时旅检场地建设工程结算基本完成，限额设计控制良好，达到预期目标。

### 3. 重创新，运用建造新技术、管理新手段

依托先进信息技术、先进的信息化建造系统以及先进工程建造技术的融合，促进工程建设管理全过程安全可控、可追溯、提速、提质、提效，实现系统化协同管理的建造体系。同时注重项目所运用的先进管理理念、先进建造技术的成果积累，加强课题研究工作，固化成果，形成可复制、可推广的经验，以此全面提升项目管理能力。

项目情况如图1所示。

图1 项目效果图

## 五、项目主要参与人员

项目主要参与人员：范静荣、师忆炀。

# 台州国际博览中心项目

五洲工程顾问集团有限公司

扫码查看原文

## 一、项目概况

台州国际博览中心项目总用地面积为264 461 $m^2$，规划建设用地面积为212 941 $m^2$，总建筑面积为422 907.06 $m^2$，四、五星级酒店共34层，办公塔楼34层，会议中心3层，展厅1层，商业裙房4层；建筑总高度：四、五星级酒店为149.95 m，办公塔楼为149.95 m，会议中心为23.65 m，展厅为23.65 m，商业裙楼为23.65 m；消防类别：展厅、会议中心、商业裙房为多层公共建筑，项目建成后将集展览、办公、会议、商业、酒店于一体。项目于2021年11月开工，预计2025年9月竣工。

## 二、项目内容

### （一）项目管理

项目管理主要包括：①招标人的授权范围内履行工程项目建设管理的义务（不包括与土地费用有关的工作），包括工程建设手续办理、设计单位协调、招标管理、现场综合管理、竣工验收、结算及移交（合同中明确具体工作内容）管理；②对整个工程建设的质量、进度、投资、安全、合同、信息及组织协调所有方面进行全面控制和管理；③提出工程设计要求、组织评审工程设计方案、组织设计单位进行工程设计优化并提出设计优化意见、组织技术经济方案比选；④本项目实施过程中所有合约的编制、审核、风险控制，包括项目实施过程中联系单变更、索赔管理、证据资料的收集、整理存档、工程档案管理（含档案验收）等管理服务工作；⑤配合做好审计、法务，组织项目后评估等；⑥牵头组织无价材料的市场询价工作；⑦项目推进过程中与项目管理相关的其他工作。

### （二）工程监理

工程监理主要包括：施工准备阶段前期工作、施工阶段全过程监理以及工程结算、审计的监理。具体监理工作按《建设工程监理规范》（GB 50319—2013）、《房屋建筑工程和市政基础设施工程竣工验收暂行规定》及《施工旁站监理管理办法》组织实施。

### （三）全过程工程造价控制

本项目的初步设计概算审核、工程量清单和施工图预算审核、施工过程造价控制（联系单变更、索赔管理）、工程结算审核及相关财务管理服务工作，具体内容包括但不限于：①启动

EPC工程招标工作前，编制仅供招标工作用的预算清单；②提出工程实施用款计划，工程计量支付审核；③与EPC工程总承包单位同步独立编制概、预算（招标控制价、工程量清单），并对EPC工程总承包单位编制的概算、预算（招标控制价、工程量清单）进行审核；④对工程变更联系单及竣工结算进行审核，协助委托人办理工程结算、工程决算并整理相关资料；⑤编制工程造价计价依据及对工程造价进行控制和提供有关工程造价信息资料等全过程跟踪审计服务。

## 三、项目成果特点

### （一）建筑功能业态多

建筑功能为四、五星酒店，办公，会议中心，展厅，商业。台州国际博览中心项目建筑功能分布图如图1所示。

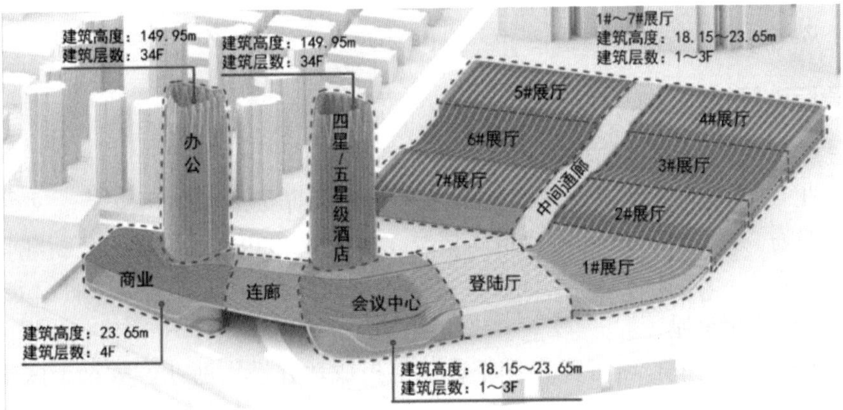


图1　项目建筑功能分布图

### （二）周边环境复杂性

拟建场地内主要为空地，地势总体较平坦，局部起伏较大，各勘探点一般高程2.11 ~ 3.92 m。拟建场地北侧为空地，东侧为永宁河，南侧为规划道路，西侧为规划海州街。场地东侧的永宁河，河宽约25 m，水深约1.5 m，为南北流向。勘察期间场地内分布多处水塘及河流，河流系“断头河”，水深1.5 ~ 3.0 m，后期施工时需进行回填。

## 四、项目实施情况

### （一）项目管理重点分析

（1）本项目是集展览、会议、办公、酒店、商业等功能为一体的大型会展综合体，被列为浙江省重大产业龙头项目、省大都市区建设标志性工程项目以及台州市推进长三角区域一体化建设发展行动计划，项目体量大，功能复杂，社会关注度高，技术难度高，品质要求高。

（2）本项目的前期投资决策分析及运营管理策划为项目管理的难点，项目建设规模和投资确定是项目立项审批的关键因素，也是方案设计的重要依据。

（3）以运营管理为导向的设计优化及设计管控是投资控制的重点，建议业主提前确定酒店管理运营单位，酒店管理与设计前期充分对接和沟通是项目顺利建设的前提条件。

（4）本项目拟采用EPC发包模式，方案和初步设计的质量和设计深度是本项目的管控重点。

## （二）咨询管理策划

（1）基于项目整体情况及当地政策条件，积极了解有关政府优惠及奖励政策，为项目顺利实施争取有利条件。

（2）通过了解项目定位、现场条件、建筑功能等，确定设计优化作为本项目设计管理控制投资的核心。

（3）设计管理与投资管理团队分工协作，设计管理人员负责设计的功能、技术可行性的确定，保证设计的可靠性、先进性和安全性；投资管理人员负责经济的测算和对比分析，负责方案的经济性。

（4）及时与建设单位和设计单位保持沟通，通过类似项目案例分析及方案经济性对比等，对设计合理性及经济性进行严格控制。

## （三）争取政策扶持

（1）全过程工程咨询单位前期通过组织协调浙江省发展改革委、台州市发展改革委、台州市环保局、台州市能源处、台州市规划局及相关单位，详细准备评审支持性文件，并及时与省、市发展改革委沟通，第一时间获取最新情况，最终于2020年成功进入“浙江省重大产业项目（第二批）名单”，获得60%的土地指标奖励，即台州国际博览中心二期12.8万$m^2$（合192亩）商业住房土地指标奖励。

（2）台州国际博览中心项目于2020年成功申报成功并进入浙江省大都市区建设标志性工程、台州市推进长三角区域一体化建设发展行动计划、省“六个千亿”投资工程、省“4+1”重大项目建设计划、省大湾区建设行动计划，成为浙江省重点工程、台州市重点工程，获得了政府相关政策扶持、银行投融资的优惠政策。

## （四）设计管理成效

### 1. 项目交通评估改善

本项目建筑功能包括约10万$m^2$的展厅、3万$m^2$的会议中心、3万$m^2$的商业中心、6万$m^2$的酒店、5万$m^2$的办公等五个业态的会展综合体，业态多、体量大，人流、车流在时间和空间上相互交织、互相影响，对项目的交通组织要求非常高，也是项目前期研究的重要部分，因此需明确项目交通评估与改善研究内容。

根据项目特点结合周边道路交通情况，考虑项目中远期发展需要，完成整体交通情况的梳理：周边路网容量判断、现状交通运行情况评估、项目建筑方案评估、项目交通量预测、项目交通量对周边路网交通影响的分析、交通改善措施与交通组织方案、行人交通改善措施等。本项研究采用常规方法，将交通影响分析的一般原则与本项目具体情况相结合，采用定性与定量相结合、区域范围宏观考察与局部范围微观分析相结合、工程措施与管理措施相结合的综合研究方法，提出切实可行的改善措施与交通组织方案。

**2. 桩基选型优化**

根据塔楼布桩方案对比及经济性测算表明大桩径（1 100 mm、1 000 mm）工程总费用与小桩径（800 mm）差异较小，理论测算结果显示大桩径在造价控制上略有优势，但由于总桩数减少约44%，故能够大幅缩短施工工期，对于项目整体进度有较大帮助。

**3. 地下室范围优化**

原方案设计中地下室范围不规则，存在错层及折线等问题。由于设备布置需要在展厅下布置一层地下室，地下室范围向两侧展厅延伸，部分位于展厅下方。此部分地下室整体范围狭长，管理及使用效率较低，整体造价成本高；且展厅由于荷载要求高需进行管桩加固处理，加固范围与地下室边界处在长久使用后可能出现不均匀沉降；由于加固需要，施工过程中需先填土至建筑正负零，完成管桩施工后再进行支护，然后开挖，土方费用较高，工期较长；由于展厅层高较高，二层、三层附属用房使用频率较低，且当前附属用房数量较多，使用功能重复。

优化调整方案：将展厅下方一层地下室设备用房移至展厅两侧三层附属用房中，取消展厅下方地下一层地下室，减少的地下室面积用北侧登陆厅、会议中心下方地下室向北延伸来补足。该优化方案，通过经济测算节约投资约3 000万元。

**4. 地下室层高优化**

原设计方案对地下室层高的设计不经济，存在优化空间。原设计方案中地下一层层高为6 m，地下二层层高为4.3 m，可根据管线排布情况及通行要求进行适当优化。原设计西区块地下一层货车至地下室卸货平台行驶距离较远，且绕行范围经过的地下室主要机房区域管线密集，不利于净高控制。

优化调整方案：增加北侧车库出入口，调整货车流线，使其不经过主要机房管线密集区域，行驶路线缩短，影响降低；优化后调整为地下一层层高5.4 m，地下二层层高4 m，层高调整降低共0.95 m；优化后地下室埋深降低，土方费用减少，支护成本同步降低。该优化方案，通过经济测算节约投资约1 000万元。

**5. 塔楼层高优化**

东、西区块塔楼层高作为酒店、办公等功能使用层高过高，原方案设计东地块办公层高为4 m，西地块酒店层高为4.2 m，作为酒店及办公层高，整体投资经济性较低，且后期使用阶段能耗随之升高，不利于成本控制。

优化调整方案：西地块五星级酒店标准层高由4.2 m调整为4.1 m，四星级酒店标准层高由4.0 m调整为3.9 m，总共增加高度为3.8 m，增加面积1 790 $m^2$；东地块高层建筑层高调整，办公层高由4.0 m改为3.8 m，可以增加一层办公；同时楼层数做到高度上限，可增加层数3层，两项修改共可增加4层办公，面积增加5 800 $m^2$。按此优化方案调整东、西地块共增加面积约7 590 $m^2$，指标利用率提高，整体投资效益增加。该优化方案，通过经济测算节约投资约6 000万元。

**6. 铝板幕墙优化**

原设计方案中展厅间通道为铝板幕墙，面积约20 000 $m^2$，考虑到货车通行及展品运输等情况，整体经济性及耐久性较低，且立面位于通道两侧不影响整体外立面效果，优化调整后对项目品质影响较小，维护成本降低，实用性有所提升。

优化调整方案：将展厅通道区域铝板幕墙改为其他装饰品面层做法，建议调整为弹性涂料等易修复及维护成本较低的外立面装饰做法。该优化方案，通过经济测算节约投资约590万元。

**7. 招投标阶段**

本项目EPC单位的招标非常重要，是制约项目目标能否实现的关键因素。为此，全过程工程咨询单位对EPC招标进行了充分的谋划，对各种发包模式的优劣进行了分析，并对发包范围、发包界面制定了详细的规划。在招标启动前，编制了EPC招标方案，并对招标代理单位进行交底，同时提前谋划合同的主要条款和EPC的风险防范措施。

在EPC的招标文件制定过程中，全过程工程咨询单位针对发包人需求的部分，编制了详细的相关技术参数和标准，并综合考虑可能会出现的各种事故、索赔、工程变更等问题。

**8. 工程施工阶段**

在建筑工程的工程施工阶段，全过程工程咨询单位做好对施工成本管理、施工质量管理、施工进度管理等各项施工管理工作的咨询服务，及时将施工中遇到的问题反馈给各方，并帮助处理和解决问题。另外还协助建设单位做好采购、合约管理、制定合理的采购策略与招标采购计划、严格把关各类施工材料和设备的品质与性能等工作。

项目情况如图2所示。

图2 项目效果图

## 五、项目主要参与人员

项目主要参与人员：王鑫、杨飞。

# 浙大邵逸夫医院绍兴院区项目

五洲工程顾问集团有限公司(联合体牵头人)杭州千城建筑设计集团股份有限公司(联合体成员)

扫码查看原文

## 一、项目概况

浙大邵逸夫医院绍兴院区项目一期规划用地约16.67万$m^2$(约合250亩),设计床位2 000张,总建筑面积约38万$m^2$(其中地上建筑面积约27万$m^2$,地下建筑面积约11万$m^2$)。项目建成后旨在打造医养护一体化、覆盖生命全周期的综合性生命健康中心,医疗服务辐射绍兴及周边地区,为杭州湾大湾区经济发展提供优质医疗服务和健康保障。

## 二、项目内容

全过程工程咨询单位负责编制项目实施总体策划方案、项目计划统筹、项目建议书、可行性研究、环境评估、水土保持、日照分析、社会稳定风险评估、节能评估等报告;配合建设单位进行方案比选、设备选型;做好报批报建、技术管理、进度管理、投资管理、质量安全管理、项目组织协调管理、合同管理、BIM管理、档案信息管理、竣工验收及移交管理、工程结算管理、质量保修期内的跟踪服务以及与项目建设管理及监理等78项相关内容的其他工作,并在合同中与业主单位进行详细的工作分工。

## 三、项目成果特点

### (一)技术先进性

为顺利实现BIM创新管理项目的目标,项目部创新采用BIM的服务模式,积极探索基于BIM的项目管理方案,最终形成项目总体BIM管理方案,确保项目BIM工作实施有序开展。同时,通过BIM的施工方案模拟,实现对BIM涉及施工单位的基坑施工方案、高大支模方案、交通组织方案等重要方案的可视化审核,并运用BIM技术有效解决地下室车库区域的管线穿梁问题,有效协助项目的质量与进度管理,大大提高了管理效率。

### (二)工程复杂性

**1. 建设难度高、工期紧**

项目总建筑面积约38万$m^2$,地上建筑面积约27万$m^2$,地下建筑面积约11万$m^2$,床位数为2 000张。项目建设总周期为2020年1月—2024年6月底,项目设计周期约1年,项目施工周期约

3.5年；参考同类型及相当体量（38万$m^2$）的综合性三甲医院的建设经验，设计及施工工期紧张。

**2. 基坑施工技术复杂难**

（1）深基坑：基坑一层地下室底板垫层底大面积开挖深度为6.10 ~ 6.70 m，内部两层地下室与一层地下室底板高差深度为5.60 ~ 7.30 m，一层地下室外侧两层地下室区域挖深11.10 m，基坑安全等级为一级。

（2）大体积混凝：核医学科直线加速墙体厚1.16 m，局部3.70 m厚；承台和局部剪力墙均为大体积混凝土。

（3）高大支模体系管理：1#楼屋面，1-16—1-24交1-A—1-E轴之间所包含楼板区域，跨度约19/27 m，纯地下室区域顶板厚度为350 mm，地下车库梁截面多处超0.54 $m^2$，8#楼等均存在高支模区域。

**3. 医疗专业工艺技术要求高**

本工程为医院工程，涉及医用净化、医用气体、医用纯水、实验室工艺、核磁屏蔽和防辐射、物流传输系统、智能污物收集系统等专项工程，对医用专项工艺技术管理有较高的要求。

**4. 整体"零渗漏"质量控制**

本工程建筑面积大，结构部位如病房楼卫生间结构防水、地下室底板、混凝土外墙、地下室顶板、屋面、砖墙的防裂防水；各种管道口在楼板、出屋面、外墙的封堵防水；外墙门窗边、女儿墙根部等的平立面防水；还须处理好伸缩缝、沉降缝等变形缝处防水工程质量等。

**5. 医院智能化系统体系庞大**

医院项目涉及智能化工程较多，主要有IMBS集成、入侵报警系统、楼宇自动控制系统（含CO、$CO_2$监测）、门诊排队叫号系统、婴儿防盗系统等，智能化系统庞大。

## 四、项目实施情况

### （一）全过程工程咨询服务综述

**1. 报批管理服务**

1）排计划、理清单

为确保项目于2020年开工建设目标，项目部梳理了本项目的报批报建专项计划及清单，确定关键线路及非关键线路，其中包括：可行性研究报告、用地预审、选址意见书、建设用地规划许可证、方案批复、新建防空地下室战时功能和防护等级确定、划拨决定书、土地批复、初步设计及概算批复、节能审查、建筑面积预测绘、主体工程施工图图审、工程规划许可证、新建房屋白蚁防治登记、质量监督手续、施工许可证等。非关键线路的工作包括社会风险评估报告备案、编制日照分析报告、编制交通影响评价分析报告、节能评估审查、环境影响评价报告批复、辐射环境影响评价报告、职业病危害放射防护预评价、水土保持方案批复等工作。

2）持续跟进、动态纠偏

以梳理的计划及清单为准绳，持续跟进项目进度。前期报批的非关键线路涉及较多的第三方单位，比如环境影响评价报告、水土保持方案、节能评估报告等编制单位，在持续跟进的过程中必须与第三方单位保持密切联系，一方面是确保信息的对称性，另一方面是准确掌握报告的编制进度，对是否会影响报批进度作出正确的判断。除此以外，还需要与报批报建相关部门保持联系，及时沟通，掌握取得各相关批文的进度，出现材料不齐全的情况时及时补交材料，确保到点报批、精准报批。

**2. 设计管理服务**

1）设计任务书编制

鉴于设计任务书是招标文件的重要组成部分，是向设计方明确项目需求、定位的重要指导性文件，为保障设计任务书的系统性、专业性，在突发新冠疫情情况下，项目部会同院方、工程建设指挥部等采用远程在线协同办公的形式对设计任务书展开多轮内部评审。

2）遴选优质设计单位

项目团队以打造地标性建设项目为目标，认真做好设计方案招标相关工作，项目团队就设计招标的模式、路径、国际招标等问题进行充分调研，形成设计招标方案，确保国内外优质设计单位参与项目设计。

3）设计进度管理

全过程工程咨询单位不仅是监督管理单位，更是项目的主要推动单位，对设计单位提出的困难，全过程工程咨询单位全力配合予以解决、落实。为保证项目年底开工，项目团队建议建设单位提前确定施工图图审单位，要求图审单位提前介入施工图图审工作，严格规定图审工作时间，并建立设计单位进度审核表单。牵头建立由施工图图审工作小组以及建设单位、全过程工程咨询单位、设计单位骨干人员组成的线上交流群。

4）设计品质管理

聚焦项目的高端定位，项目部坚持进度、品质两手抓，重点强化设计的品质管控工作，已建立通过专题会议、线上交流以及面对面对接等多形式各方交流机制，通过多频次、多渠道、常态化的跟踪对接，打通设计、建设单位与浙大邵逸夫医院的无缝对接，确保设计成果与目标高度契合，全力保证该院特色在设计阶段精准落地。

同时，为保证设计院与图审单位的无缝对接，项目部编排了施工图图审专项计划。

**3. 招采合约管理服务**

综合考虑工期要求、设计进度、医院精细化管理要求等几方面，本项目公开招标项目有：施工总承包、精装修工程、智能化工程、室外工程、医疗专项系统（4～5个包）、交通标识标线设施、标识标牌引导系统、厨房设备、机械停车库，共计约12个招标项目，另变配电及外线接入工程、燃气管道、通讯一般为直接委托方式，依据相关合同及建设单位要求，针对本项目招标采购规划采用工作分解结构（WBS）法进行工作分解与划分。

**4. 造价投资管理服务**

1）投资估算经济合理

在项目建议书和可行性研究阶段的估算基本合理，估算误差在容许的误差范围内，确保了当初投资决策在经济上的合理性。

2）设计优化成效明显

在初步设计阶段，由全过程工程咨询项目部牵头组织建设单位、设计单位等对设计优化和概算召开了4次专题讨论会，对桩基工程、幕墙工程、光伏、装配式等专项进行了优化，总体优化概算约6 000万元，达到了限额设计、优化设计的良好效果。

**5. BIM技术运用于管理**

通过对医院项目的BIM技术应用进行系统的调研分析，结合该项目特点，项目部策划了设计（方案、初步设计以及施工图阶段）、施工以及运维阶段的BIM技术的主要应用点。以此为依据，积极地协同设计单位、施工单位等有针对性地开展BIM技术应用，为项目提质增效。

### （二）全过程工程咨询重点及特色

**1. 以计划推动项目管理**

围绕确保2020年开工建设的总体目标，通过倒排工期协调编制项目总里程碑节点计划以及各单项工程的里程碑计划，并结合里程碑计划系统建立项目的报批计划、招标计划、资金使用计划等专项计划，为项目管理提供工作依据和指引。

**2. 有条不紊开展报批报建工作**

在积极开展设计管理的同时，有条不紊地推动项目报批报建相关工作。截至目前，项目建议书、建设项目用地预审与选址意见书、可行性研究报告、建设用地规划许可证、建设用地划拨决定书及用地批复、工程建设施工许可证等均获得批复，项目建设过程中的报建及审批工作与设计工作同步开展。

**3. 应用BIM技术优化设计**

完成《项目BIM咨询方案》编制工作；完成《BIM实施方案》《BIM建模标准》审核工作；完成BIM模型创建计划，推动BIM技术应用于设计方案优化，并开展交通组织、日照分析等专项分析工作。

**4. 高效使用信息化对项目实行管理**

项目采用信息化云平台进行实时监督管理，对工程质量、安全、进度等进行全程跟踪管理与全过程监督，实现了全过程“1+X”的创新管理，同时利用数据平台对项目实行可视化监管，为项目提供增值服务。

**5. 设计与投控融合**

本项目地下室设计采用一层，其层高为6.5 m（设地下室污廊夹层），其方案设计的经济合理性没有提前预估，后期更改代价增大。因此项目在方案设计阶段，加强设计管理与造价管理的融合性，从建筑造型优化、立面优化、层高优化、材料优化等多方面进行比较，给出专业的设计方案优化意见。

**6. 开展限额设计**

在方案招标阶段，只考虑功能合理、外形美观，忽视方案阶段的经济性。故方案在设计阶段、方案的外形、围护比、窗地比以及地下室比对造价影响较大。方案招标阶段需要设计方提供相对准确的经济数据，提高方案经济性的分值，确保设计方案经济合理，以解决可能造成的投资增加问题。

项目情况如图1所示。

图1　项目效果图

## 五、项目主要参与人员

项目主要参与人员：丁青祥、向生权。

# 萍乡创投科技产业园（萍乡经济技术开发区数字产业基地一期）项目

德邻联合工程有限公司

扫码查看原文

## 一、项目概况

萍乡创投科技产业园（萍乡经济技术开发区数字产业基地一期）项目用地分为南北两块，其中北区用地面积约为84 343.65 $m^2$，南区用地面积约为30 075.59 $m^2$，总用地面积约为114 419.24 $m^2$，总建筑面积约为270 396.225 $m^2$。工程于2021年4月27日开工，2021年10月19日竣工。

## 二、项目内容

### （一）项目管理咨询服务内容

从项目可行性研究、项目前期策划至后续服务期满（直至项目后评价、审计结束、质保期满后合同执行完毕）。

（1）协助办理土地征用、规划、卫生、环保、消防、人防、质量、安全委托及施工许可证、市政、绿化等有关工程前期的相关手续和报批工作，办理临时用水、用电，负责工程竣工验收的质量、环保、消防、人防、规划、档案等验收手续直至取得项目竣工验收备案通知书等手续。

（2）负责组织可行性研究审查、初步设计文件的审查、环境影响评价的审查、施工图设计审查、抗震能力论证、消防论证、超限论证等专业评估的组织协调工作。协助委托人及相关责任单位对评估单位提出的意见进行修改，直到通过各种专业评估，评估费用由委托人承担。

（3）协助委托人组织工程设计工作。按照设计节点确保设计工作完成，组织方案的评审和修改论证、负责并组织工程勘察、设计、施工图设计审查、第三方检测等项目的招标、签订合同并监督实施，负责组织设计单位进行工程设计优化、技术经济方案比选并进行投资控制。要素评审、图审、第三方检测费用由委托人承担。

（4）在工程实施过程中，负责组织重大的、需要进行技术专家评估和技术论证的设计、施工方案（如超高脚手架、钢结构吊装卸载等）的专家论证会，论证费用按相关法规由相关责任方承担。

（5）负责审核造价咨询单位出具的工程量清单、施工图预算、招标控制价、新增单价、竣工结算等造价成果文件并出具审核意见。

（6）负责协调委托人和建设单位及各部门之间的各类文件的汇总及传送，并每周每月上报项目管理工作总结。

（7）负责编制和办理年度投资计划、季/月度资金需求计划，组织协调工程实施工作，确保如期完成；费用不超支（但委托人和建设单位批准增加投资除外），确保工程建成后达到设计要求。

（8）协助委托人与工程项目总承包企业或施工企业及建筑材料、设备、构配件供应等企业签订合同并监督实施。

（9）协助委托人组织工程施工、设备、材料采购的招标工作并提出招标工作计划协助招标代理单位、法律顾问单位等监督单位完成招标工作，编制相应技术要求。

（10）负责组织工程实施工作，确保工程质量、安全、进度达到工程预期目标。

（11）协助委托人进行造价控制管理，包括但不限于可行性研究投资控制、初步设计投资控制、进度款审核、工程预决算、汇总项目投资情况并定期进行汇报和调整相关动态管理工作。

（12）协助委托人进行合同管理，协助委托人拨付合同款。

（13）负责档案的收集、归档工作，并接受审计单位审查。

（14）组织工程预验收，协助委托人组织竣工验收，组织工程资料编制移交工作，向委托人和建设单位及档案管理部门等移交竣工档案资料；

（15）向委托人提供各种新工艺、新材料、新设备的技术要求；

（16）组织协调各参建单位编制工程使用手册并负责移交工作；

（17）工程保修管理，组织项目后评估；

（18）《建设工程项目管理规范》（GB/T 50326—2017）规定的其他工作；

### （二）项目监理服务内容

（1）负责总体协调委托人与施工单位等各方面的关系。

（2）对工程质量、工程造价、工程进度进行全面控制并向委托人和建设单位提出详细的三控工作实施方案。

（3）对施工合同管理和信息管理作出详细的实施方案。

（4）《建设工程监理规范》（GB/T 50319—2013）规定的其他工作。

（5）负责向委托人和建设单位上报项目进度等情况。

### （三）工程造价咨询服务内容

（1）本项目施工图预算编制并配合审计局审核。

（2）协助委托人进行全过程跟踪审计。

（3）协助委托人进行建设工程进度款审核。

（4）协助委托人进行结算初审、配合决算编制审核等相关工作。

（5）协助委托人办理与本项目相关的工程洽商、变更及合同争议、索赔等事项的处置，提出具体的解决措施及方案。

（6）制定投资控制方案并实施。

（7）编制工程造价计价依据及对工程造价进行控制和提供有关工程造价信息资料。

（8）协助委托人进行无价材料设备询价等服务。

## 三、项目成果特点

### （一）技术先进性

在质量及进度总控目标下，通过项目实施的总体策划，协助业主单位快速地梳理各类事项，提供专业化、科学化的管理，运用系统科学的观点、理论和方法对项目实施进行计划、组织、指挥、协调和控制，主要的工作成效有：全过程BIM技术应用、有效节约成本、有效规避风险。

### （二）工程复杂性

（1）项目涉及无价材料占比多、市场材料价格相差甚大，价格比较难定。

（2）项目北区地质较为复杂，存在溶洞、砂砾流沙层，给桩基施工带来困难。特别是北区地下室更为严重，经二次详探，由桩基础改为筏板基础。同时地下水位较高，对深基坑开挖、支护有一定的影响。

## 四、项目实施情况

在项目推进过程中，全过程工程咨询强调事前预控，加强过程监督与控制，做好事后总结纠偏，不断改进。全过程工程咨询的建设工程管理专业团队在项目开始前即开始熟悉各办事流程及相关职能部门，在项目推进过程中得到了建设单位、其他职能部门的大力协助。全过程工程咨询的监理专业团队按照国家相关监理规范、质量、安全生产相关管理条例，监管到位，监理工作得到了建设单位的一致好评。

项目情况如图1所示。

图1　项目效果图

## 五、项目主要参与人员

项目主要参与人员：范光辉、郭望力。

# 结网综合区块安置房全过程工程咨询项目

耀华建设管理有限公司

扫码查看原文

## 一、项目概况

结网综合区块安置房全过程工程咨询项目位于浙江省杭州市临平区临平经济开发区内，地块一东至顺达路172号，南至新洲路，西至顺风路，北至绿洲路；地块二南至新洲路1022号，西至顺达路，北至黄家桥港。

项目总用地面积为96 714 $m^2$（约合145.07亩），项目总建筑面积为340 468.74 $m^2$，其中地块一建筑面积为204 224.3 $m^2$，地块二建筑面积为136 200.5 $m^2$。本项目共24幢高层，1幢四层配套用房和附属裙楼（含物业用房、社区用房等配套用房），住宅总计2 314套，其中50 $m^2$户型492套，80 $m^2$户型768套，120 $m^2$户型408套，160 $m^2$户型442套，120 $m^2$户型204套。项目于2019年4月开工，2021年10月竣工。

## 二、项目内容

### （一）建设管理

建设管理，即按照工程建设的相关规定，编制项目实施总体策划方案，办理工程所有尚未完成的前期手续及相关报批报建工作，负责全过程的档案收集与管理，负责相关合同的签订及进行合约管理，对勘察、设计以及第三方咨询单位进行管理、协调，对设计文件进行合理优化，对工程建设开展全过程管理，配备专业造价人员配合建设单位进行项目造价控制与管理（不包括管理部门委托的跟踪审计），组织竣工验收（含各专项验收），负责竣工备案、移交、资料归档、产权证办理等相关手续，负责工程保修期内的协调管理。

### （二）专业咨询服务

#### 1.招标代理

招标代理完成本工程的第三方咨询、设计、施工、设备等内容的所有招标代理（含政府分散采购）工作，包括拟订招标方案，协助招标人审查投标人资格，编制招标文件（包括资格预审文件），组织投标人踏勘现场和答疑，整理发布答疑纪要，组织开标、评标，协助定标，提交招投标书面情况报告等与招标有关的事项。

#### 2.工程施工监理

工程施工监理，即按照国家、省市等有关建设监理规定，对工程施工的质量、安全、文明、进度、投资以及施工人员采用科学的方法和手段进行全过程控制和管理，提交完整的监理档案资料，并承担工程质量保修期内的相应义务和责任。

## 三、项目成果特点

### （一）项目重要性

本项目为政府投资的安置房民生工程，通过本项目的建设，可有效安置已拆迁的结网社区、石坝社区的拆迁户，降低政府的安置压力及过渡费等其他资金的支付，故本项目的建设工期紧、任务重，耀华建设管理有限公司通过提供决策、准备、实施、运维等阶段的各类工程咨询管理服务，贯穿项目的全过程管理，使得管理成果具有连贯性、高效性、及时性和全面性，提升工程的整体把控，圆满完成了既定目标。

### （二）技术先进性

（1）本项目现场管理应用BIM、数字化等实现科学化、精准化管理；通过BIM建模碰撞分析整理出相关存在的问题；对项目进度、质量、安全、造价管理过程中的预控及管控结果进行数字化平台汇总；对各户型套内施工标准进行统一并制作模型直观体现等。

（2）本项目地块一1/2/6/7/8/10/12/13号楼共计8幢楼的楼板、楼梯采用成品装配式构件，预制构件的比重超过20%。

（3）本项目采用塔吊智能预警螺母、智能定位安全帽等智慧工地管理，杜绝因螺母松动而导致的风险点情形，杜绝未佩戴安全帽等行为。

（4）本项目现场安全生产文明施工检查引入无人机巡检模式，实现施工现场智能化管理。

### （三）质量进度要求高

确保本项目的如期交付并使老百姓满意是各参建单位的最终目标，耀华建设管理有限公司依托BIM建筑模型，按全过程阶段、打桩阶段、基础阶段、主体阶段、装饰装修阶段、室外附属阶段、竣工移交阶段等明确管理内容与管控要求，实现精准管理，同时通过数字化管理平台实现自动统计，自动形成管理结果报告书，以使现场工作内容清单化、工作任务责任化、存在问题明确化、问题处理闭合化、管理结果可视化，并通过对质量重点、质量通病、关键环节等进行预判，提前预知可能出现的风险，协调各专业进行衔接，制定并采取质量防范措施，从而规避和弥补原来单一服务模式下可能出现的管理疏漏和缺陷，使现场各专业、各部门间实现无缝衔接。

### （四）政治与社会复杂性

安置房项目建设不仅涉及土地、规划、城建报批、市政管理、环保、交通、水利、消防等政府职能部门，还需要供水、供电、供网等特殊服务行业部门的配合，更需要安抚群众、获得群众的支持，因此沟通事项多、协调难度大。耀华建设管理有限公司根据以往项目的经验建立相关外协单位的通讯录，以便在新项目开始后可以进行相关对接工作，并协调好与供排水、供电、天然气、通信等配套基础设施相关单位的关系，确保建设期间的二次供水、公变专变施工、港华燃气管道施工的同步跟进及后续开通工作，确保项目的如期交付使用。本项目为安置房民生项目，通过全过程工程咨询管理的沟通及协调，在日常施工过程中确保项目的施工质量并取得业主的认可，管理过程中产生的质量瑕疵也通过专业性的解释及处理使问题及时得到解决，这样就减少或避免了相互间的矛盾与推诿，避免了引发群体性事件。

### （五）项目荣誉

项目获得的荣誉：地块一荣获2021年度浙江省房屋建筑和市政基础设施工程“平安工地”、获评杭州市建设工程“最美”工地、荣获2021年上半年度杭州市建设工程结构优质奖，获全市建设工程第一季度联合执法检查和日常督查情况的通报表扬、获余杭区建设工程夏季施工安全专项整治通报表扬、获余杭区建设施工领域“护航复工复产攻坚二十天”专项行动通报表扬，地块二荣获2020年下半年度杭州市建设工程“西湖杯”（结构优质奖）。

## 四、项目实施情况

本项目于2019年4月11日正式开工，按施工合同约定，在项目开工后36个月内完成竣工验收及备案，故本项目须于2022年4月11日前完成竣工验收及备案，且本项目为政府投资的安置房民生工程，资金来源为区财政拨款，因此项目的进度、质量、安全、投资等的管控均是项目管理过程中的管控要点，耀华建设管理有限公司通过BIM、成品装配式构件、塔吊智能螺母、定位安全帽、无人机巡检模式等新技术、新工艺和新方法的应用，对现场的质量、安全、进度等进行把控，并通过将造价咨询参与到项目的各个阶段，发挥造价咨询的整体优势，重视过程中的造价控制，为建设方提供一揽子投资控制方案，从根本上为建设方控制好工程造价。本项目通过全过程工程咨询管理的模式，在施工单位、建设单位等其他单位的共同努力下，在确保质量、安全的前提下，提前约5个月完成项目的竣工及备案工作，圆满完成本项目的建设任务。

### （一）采用全过程咨询服务可节约投资成本

采用全过程工程咨询单次招标的方式，使得其合同成本远低于传统模式下代建、造价、监理等参建单位多次发包的合同成本。实现“1+1>2”的效益。全过程工程咨询管理服务覆盖全过程，更有利于实现全过程投资控制，通过在项目管理过程中的限额设计、优化设计和精细化管理等措施降低“三超”（概算超估算、预算超概算、决算超预算）风险，提高投资收益，高效统筹项目的费用估算、设计管理、材料设备管理、合同管理、信息管理等，实时把控每一环节的成本，保证前期咨询与后期执行数据连贯一致、账实相符，提高投资收益，确保项目的投资目标。

### （二）全过程工程咨询服务可有效缩短工期、确保项目进度

一方面，全过程工程咨询单位可最大限度处理内部关系，大幅度减少业主日常管理工作和人力资源投入，确保信息的准确传达、有效减少信息漏斗效应，优化管理界面；另一方面，全过程工程咨询模式不同于传统模式冗长繁多的招标次数和期限，可有效优化项目组织和简化合同关系，建设单位到现场只需找全咨项目负责人即可，无需跟常规招标一样一件事情需要找多个单位进行对接解决，也有效解决了代建、造价、招标、监理等相关单位责任分离、相互脱节的矛盾，有利于加快工程进度，缩短工期。

### （三）重视建设品质、提高服务质量

通过制定相关质量、安全的模块化表单，对涉及项目安全、质量的重点、关键环节、重大危险源等进行预判，提前进行预知及管控，制定并采取相关防范措施，从而规避和弥补原有单一服务模式下可能出现的管理疏漏和缺陷。

### （四）深化风险识别、有效控制风险

五方主体责任制和住建部工程质量安全管理要求提升的背景下，建设单位的责任风险加大，全过程工程咨询管理单位作为项目的主要参与方和负责方，势必将发挥全过程管理优势，对项目技术和建设风险提前进行识别，并对相关风险进行预防和控制，使信息掌控和资源分配逐步明晰，及时获取有效的资源，并通过完善各方面资源，不断加强对风险的处理，促进各参与方利益均等，提升风险分担合理性。通过强化管控减少甚至杜绝生产安全事故，从而较大程度降低或规避建设单位主体责任风险。同时，可有效防范因众多管理关系伴生的廉洁风险，有利于规范建筑市场秩序，减少违法违规行为。

项目情况如图1和图2所示。

图1　小区大门实景图

图2　小区绿化实景图

## 五、项目主要参与人员

项目主要参与人员：沈卫东、吴长兴、向祥林、熊卓亚、廖建平、杜建峰、骆棋平、赵星亮、吴建华、张喜臣。

# 余杭区规划展示馆全过程工程咨询项目

耀华建设管理有限公司

扫码查看原文

## 一、项目概况

余杭区规划展示馆项目位于杭州市余杭区临平西子国际大厦36、37、38层，建筑面积约3 000 $m^2$。工程内容包括办公场所及展厅装饰装修、布展实施、多媒体系统及智能化系统建设等。

余杭区规划展示馆采用先进的布展理念和互动技术，通过展板、大型物理模型、小型精品模型，运用多媒体互动，声、光、电等现代技术等展现余杭区建设。通过展板、模型、实物和大量珍贵的史料图片，运用场景复原、多媒体互动、3D影院和声、光、电等现代技术等展现城市建设，用大型的声光电技术结合总规模型、LED屏幕，演绎未来蓝图。项目建设周期为3个月。

## 二、项目内容

本项目采用“全过程工程咨询（含可行性研究报告编制、工程监理、招标代理、造价咨询等）”，以及“设计、采购、施工（EPC）总承包”组合模式进行试点建设。

## 三、项目成果特点

### （一）施工图深化设计建议成果

（1）一些设计元素在效果图上很吸引眼球，但实际施工工艺无法达到这种效果，且后期维护成本较高。针对相关问题，耀华建设管理有限公司在前期介入阶段提前介入，与建设单位、EPC单位充分沟通，对方案进行优化。

（2）宣传立体字，中英文均按笔画、字母逐个组拼后上墙，容易零星剥落，且后期修补成本高，建议改为亚克力内裱字体。实现成本节约，达到理想效果。

（3）对影片内容出现的过多重复镜头，建议合理剪辑。

### （二）进度方面建议成果

项目采用全咨+EPC总承包模式，在招标流程上已经赢得先机，大大缩短了项目总工期。

（1）项目工期非常紧，EPC总承包单位在部分材料、设备的采购、招工时遇到了困难，项目推进可以说是举步维艰，耀华建设管理有限公司建议EPC单位充分利用本土资源，寻求优质资源信息共享，建议部分改造工程与原维保单位进行合作，从而提高工作效率。

（2）墙面漆及地胶板施工前，要求样板引路，定调装饰效果后再大面积展开，减少了不必要的返工，赢得了时间，也减少了经济损失。

（3）由于总承包单位管理力量薄弱，在施工安排上耀华建设管理有限公司提出了较多合理化建议，尽可能做到有序搭接，穿插与平行施工。基本上做到项目管理人员每天一碰头，做到环环紧扣，有条件的要求进行日夜两班倒。

### （三）造价咨询方面成果

（1）对施工图预算进行严格审核，核减金额达150万元。

（2）严格按照合同口径及现场实际完成工程进行计量，审核每月工程进度款，从紧支付、严防超付。

（3）严格比对施工图与施工图预算、现场实际完成情况与竣工图、竣工图与结算书的一致性，并对未严格按图施工或者修改图纸删减工程量的项目进行严格把控，按实核减。

（4）对无价材料、设备、影片制作等进行市场询价，货比三家，严控结算价款。

（5）由于招标文件编制时经多方会审，故对是否属于变更项目，需要作出精准鉴别，从而定性，区分是否属于EPC合同价范畴，规避追加不必要投资的风险。

（6）严防高估冒算，招标时明确工程价款审计后核减额超过送审造价5%幅度以外的审查费用由承包人支付。

## 四、项目实施情况

### （一）服务主要内容

服务主要内容包括按全过程工程咨询合同，由耀华建设管理有限公司负责该项目的前期咨询（包括项目建议书和可行性研究报告编制）、工程监理、招标代理和造价咨询工作。但为保证项目顺利高效实施，耀华建设管理有限公司额外提供了信息化咨询服务。

### （二）服务运作过程

全过程工程咨询服务以项目建设程序为主线，以业主需求为导向，提供专业、优质的全面服务。明确项目管理目标，围绕质量、进度、投资及安全主控目标，结合EPC招标、施工图设计、采购与施工、验收与资料等进行多维度管理。

#### 1.质量目标控制与管理

项目质量目标：合格，并满足业主对余杭区规划展示馆的功能需求。质量控制的重点在于过程控制，它是为达到工程项目的质量要求而在工程实施过程中采取相应的管控手段。

（1）EPC招标阶段：由招标代理主持编制招标文件，会同建设管理、造价咨询等人员熟悉初步设计方案，并对设计概算进行初步审查，审查其有无存在错项、漏项等情况。共同审查招标文件深度及质量，征询委托方意见后正式定稿，择优选择EPC总承包单位。

（2）施工图设计阶段：重点是检查施工图设计是否严格按照初步设计和业主的使用功能进行深化、优化设计。

（3）施工准备阶段：对超出EPC承包资质范围的专业项目（如消防系统、中央空调系统、增设自动扶梯），要求单独设计与施工。做到程序合规，并统一纳入EPC总包管理。准备阶段质量控制包括图纸熟悉与会审、审查施工组织设计、质量技术交底、严格审查分包单位资质。

（4）施工阶段：锁定影响工程质量的五要素——工人、材料、机械、方法和环境。主要包括材料、构件、制品和设备质量的检查，以及施工质量检查与验收，保证工程质量处于受控状态。

（5）验收及资料：①分项、分部、隐蔽工程经EPC单位自检合格后，报耀华建设管理有限公司监理部验收，合格后方可进入下道工序施工；②现场巡视检查，深入现场，对施工操作质量进行检查，必要时，还应进行跟班或追踪检查；③对实施过程中的施工质量作出客观评估，对不合格项，由监理部实时下发质量整改单；④项目完工后，对项目结构进行安全性鉴定，符合要求，对室内环境进行了空气检测，符合《民用建筑工程室内环境污染控制标准》（GB 50325—2010）强制性标准，对机电安装及设备性能进行试运行，检测成果符合要求；⑤工程资料与实体工程进度做到同步，日常要积累并完善。

### 2.进度目标控制与管理

本项目的进度控制主要体现在招标阶段、设计深化、施工阶段和竣工验收阶段。进度控制重点是施工阶段的进度控制措施。

（1）招标阶段：本次招标特别强调是经过评审的合理低价，包括对投标单位的资质、信誉、业绩、技术力量、人员配置、机具设备状况和财务状况等多方面的评价，不仅仅考虑价格因素，还要综合考虑投标单位的施工进度快、质量优等，这为项目的进度控制打下良好的基础。

（2）项目的图纸深化设计、施工阶段：结合本项目特点，要求EPC单位编制施工图深化设计进度，编制施工组织设计，落实计划具体执行人，进行统一协调、指挥。一方面，加强各单位、各部门的配合与协作，及时解决各方问题；另一方面，加强计划和实际进度对比，出现进度滞后的，分析原因，遵循PDCA管理模式，并要求EPC单位无条件采取赶工措施。

（3）竣工验收阶段：在竣工验收前，由工程监理组织做好项目预验收，检查各分部、分项工程的施工质量，尽快、全面地消除质量缺陷，努力缩短预验收时遗留问题的整改时间。

### 3.投资目标控制与管理

1）确定投资管控目标

实际项目总造价不超过经批准的项目概算，工程变更履行程序符合相关要求，总额不超过合同约定和相关文件规定的上限。

2）确定各阶段投资管控任务

（1）EPC招标阶段：对招标文件、评标方法、工程量清单及量价数据等方面进行评审，检查有无错漏项。明确合同履约金、备料款比例、人工与材料补差约定、工程款支付方式、变更处置流程与计价原则、施工图预算及工程结算编制、审核原则及质保金返还等，提供专业咨询意见。

（2）施工图设计阶段：最大限度地满足使用功能的同时必须严格把控施工图设计质量。在此阶段的投资控制，重点是检查施工图设计是否严格按照初步设计来进行优化和细化；如遇到初步设计漏项缺项的内容应予以补充，整体投资费用予以调整平衡，以不突破合同价为限。

（3）施工实施阶段：施工阶段是设计蓝图变成建筑产品的过程，是项目管理周期中难度最大、工作量最大的阶段，因此从组织、经济、技术、合同等多方面采取措施，控制投资。

### 4.安全、文明施工目标控制与管理

1）确定安全、文明施工管理目标：实现无重大安全事故，保证项目推进过程中始终处于可控状态。结合本项目特点，重点将临时用电管理、消防安全隐患排查、高处作业、扬尘及噪声控制列入安全文明施工核心控制，从严防控，最终实现合同目标。

2）安全文明施工管控措施：

（1）识别项目重大危险源并制定管理方案。

（2）落实安全技术交底和检查制度。

（3）落实专人安全监管与跟踪。

（4）重大隐患执行层级汇报程序。

（5）例行每日安全巡检与每周一次安全生产大检查，发现问题督促落实整改，对复查时没有按要求整改的采取必要的处罚措施。

该项目在推进过程中，全过程工程咨询单位严格对合同履约情况进行不间断评估与纠偏，重点做好事前预控、事中巡查把关与事后验收总结。

项目情况如图1和图2所示。

图1　入口大厅

图2　余杭简介

## 五、项目主要参与人员

项目主要参与人员：熊卓亚、向祥林、冯春杰、骆棋平、杜建峰、章炜、吴建华、钟洪奎、廖建平、刘广雁。

# 其他篇

# 华东地区风光储蓄协调运行研究

中国电建集团华东勘测设计研究院有限公司

扫码查看原文

## 一、项目概况

华东地区风、光资源储量丰富，开发潜力巨大。按照国家整体规划，华东地区属于可再生能源的重点开发地区，江苏、浙江、安徽三省属于光伏的重点开发地区，江苏省还将成为全国九大千万级风电基地之一。华东地区的江苏和上海抽水蓄能电站资源贫乏但电力需求较大，浙江、安徽和福建三省抽水蓄能电站资源丰富，建设条件较好，在满足自身需求的前提下，可对上海和江苏提供支援。近年来华东地区电化学储能技术发展迅速，尤以江苏省储能项目最为典型。总体看，华东地区可再生能源和储能产业都处于蓬勃发展期，未来发展潜力不可限量。

近年来，华东地区经济稳步增长，社会经济发展对能源的需求持续增大。未来在能源消费低碳化的发展趋势下，华东地区实施的能源、煤炭消费总量控制将制约煤电的发展，伴随风、光等清洁能源大规模、高比例并网，跨区受电规模持续增长，华东电网各类电源统筹协调、上下联动、互补互济机制亟须健全，能源资源综合利用存在壁垒，电力系统综合效率不高、源网荷储等环节协调不够、各类电源互补互济不足等深层次矛盾日益凸显，由此引发的电力系统安全保障难度和代价加大、清洁能源消纳困难、系统运行效率低等问题也不容忽视。为此，如何科学合理地配置电力系统中的风光储蓄容量，协调控制各类电源合理运行，推动风光储蓄协调发展模式，有效提升风、光等清洁能源利用水平，提高电力系统运行效率，已成为电网亟待统筹优化和解决的现实问题。

## 二、项目内容

现阶段，国内外研究大多集中在风、光、储等单独发电系统的运行特性或风光、风水、水光等两种能源互补发电系统的建模仿真、优化配置、控制策略等方面，从整个电力系统角度分析风光储蓄协调运行和合理配比的研究成果仍相对匮乏。为此，中国电建集团华东勘测设计研究院有限公司在国家电网公司华东分部、各省市电力公司等部门的大力支持下开展本项规划研究。华东电网是全国范围内唯一的一个实现跨省互济、省份互补的区域电网，各省市间运行调度联系极为密切，为此，本项目以解决电力供需矛盾为切入点，建立了华东电网电力系统数据库，结合华东地区资源条件和能源特点，以风光储蓄运行现状数据为分析基础，通过调研分析风光储蓄发展潜力和实际运行资料，以自编数字化设计平台及相关应用成果为分析边界，引入国外先进理论和技术，结合华东电力系统条件、风光能源特性测算其消纳空间，研究论证增加储蓄设施的必要性和可行性，创新提出了结合电网负荷实际的风电和光伏发电的全过程出力特性分析方法和风、光合理上网容量区间理论；针对华东地区风光出力随机性、间歇性和波动性等特征对电网造成的弃风、弃光、脱网等关键技术难题，构建了面向全网电源规划方案的模拟运行模型，因地制宜地探索电网储蓄电源的合理需求规模；搭建了华东区域风光储蓄系统评价模型，通过多方案技术经济比较和敏感性分析，探索华东地区风光储蓄合理配比和协调运行模式，创新提出了华东电网风光储蓄协调运行模式对电网的影响和效益分析方法，提升了华东电网风光储蓄资源的合理有效利用水平，实现了全网电源结构多目标优化配置。

## 三、项目成果特点

项目以华东地区现状面临问题和实施目标为导向，以解决电力供需矛盾为切入点，基于电网运行现状和风光储蓄运行特性和互补特性，围绕电网安全、稳定、经济运行和优化电源结构的总体目标，坚持系统思维，统筹规划，全方面、多维度开展了风光储蓄合理配比方案和协调运行模式探索，实现风、光等清洁能源的有效消纳，合理配套储蓄规模，优化能源结构，破解资源环境约束，提升华东地区能源电力的发展质量和利用效率。

依托本项目，共发表 EI 检索论文 3 篇，获得软件著作权 6 项，实用新型专利 1 项；正申请软件著作权 2 项，发明专利 2 项。该项目于 2020 年 11 月荣获 2020 年电力、水电行业优秀工程咨询成果一等奖，并于 2021 年 3 月荣获 2020 年度全国优秀工程咨询成果奖三等奖。

项目主要有以下创新点。

（1）该项目创新提出了结合电网负荷实际的风电和光伏发电的全过程（8 760 h）出力特性分析方法和风、光合理上网容量区间理论。该方法以风光储蓄运行现状数据为分析基础，通过调研分析风光储蓄发展潜力和实际运行资料，以自编数字化设计平台及相关应用成果为分析边界，引入国外先进理论和技术，结合数据自动化搜索的数据整合方法，全面揭示了风光年内、日内出力特性、电量累计规律、风光互补特性规律，创新提出风光全过程出力特性分析方法和风光合理上网容量区间理论，揭示了风光出力与电网负荷的相关关系和规律，大大拓展了源网荷储的智能研究手段。

（2）该项目率先构建了华东区域面向电源规划方案的模拟运行模型，结合风光储蓄运行特性，统筹考虑华东电网及各省市范围内各类资源配置，以华东电网的最新用电需求、电源发展规划、可能的需求侧管理手段为研究基础，创新研发电力需求、负荷特性预测方法，模拟运行模型客观评估了华东电力系统的调节能力，以电力系统调节能力最大化为目标函数，通过模拟试算，因地制宜地确定电网储蓄电源合理需求规模，挖掘电网对风、光等清洁能源的消纳能力，确保其开发规模与电网消纳能力相匹配。模拟运行模型实现了对各类型电源运行特性、调峰能力、技术经济指标智能分析和电源结构优化的全过程模拟。在研究方法上采用整体控制、分项测算、循序渐进、综合平衡的技术路线，整个模型构建具有较好的综合性和系统性。

（3）项目首次搭建了华东区域风光储蓄系统评价模型。结合风光储蓄增量和纯风光储蓄两种模拟分析方法，通过多方案技术经济比较和多影响因素敏感性分析，创新提出华东地区风光储蓄合理配比方案和协调运行模式，通过评价模型研究论证增加储蓄设施的必要性和可行性，研究提高电源调节能力和清洁能源比例、电力需求响应能力的可能性，优化了各类电源增量规模、结构与布局；解决了华东区域电网和分省市电网风光储蓄配比难以定量描述的技术难题，突破了区域电网范围内风光储蓄协调运行模式研究的技术瓶颈。

（4）项目创新提出了华东电网风光储蓄协调运行对电网的影响和效益分析方法。该方法建立了以华东电网及各省市电网风能、太阳能、储能技术、抽水蓄能等能源资源的建设及运行条件为基础的科学评价体系，综合考虑了抽水蓄能电站建设进度、煤电调峰幅度、新能源消纳政策等因素，从网间平衡、各类型电站地理位置、供电范围、建设条件、输电费用等方面进行多方案技术经济比较和敏感性分析，通过多角度综合评判，以风光储蓄综合发电成本最小化为约束条件，以电源开发综合效益最优为目标函数，创新提出了华东电网风光储蓄协调运行模式对电网的影响和效益分析方法。

## 四、项目实施情况

该研究在充分评估华东地区资源条件、能源特点和消纳能力的基础上，以保障清洁能源利用率为前提，研究论证消纳风光电力、增加储蓄设施的必要性和可行性，通过优先利用清洁能源资源、明确传统电源与新能源、基础电源与调峰电源的关系，打破各领域间的壁垒，提出科学的风、光合理上网容量区间理论和合理的风光储蓄合理配比及协调运行模式。

该研究运用了系统工程的理论和方法，突破了一系列关键技术难题，形成了多项重要创新性研究方法，创新程度、研究深度、研究方法先进性均处于国内领先水平。项目的多项研究成果为华东电网积极构建新型电力系统、促进电力工业转型升级和电网科学健康运行等提供了有效的技术支撑。

项目研究成果还可为电力发展“十四五”规划、可再生能源发展“十四五”规划、水电、风电、光伏发电的各类专项规划以及抽水蓄能中长期规划等提供借鉴和参考，具有显著的经济、社会和环境效益，对规划行业影响程度大，可操作性好、应用范围广，应用前景好，极具推广应用价值。

项目情况如图 1 至图 5 所示。

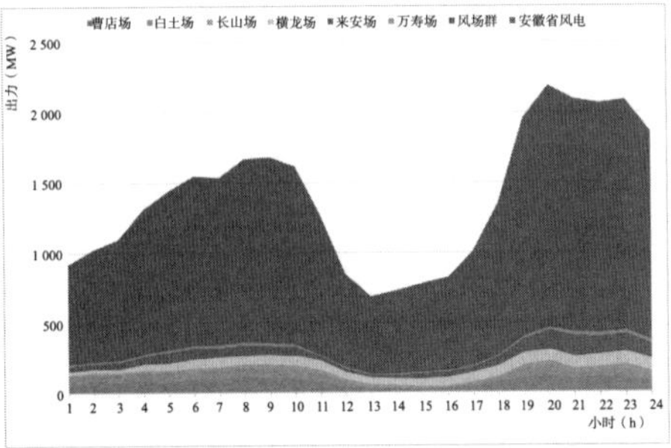


图 1　风电场与风电场群出力过程示意图

（某典型日）

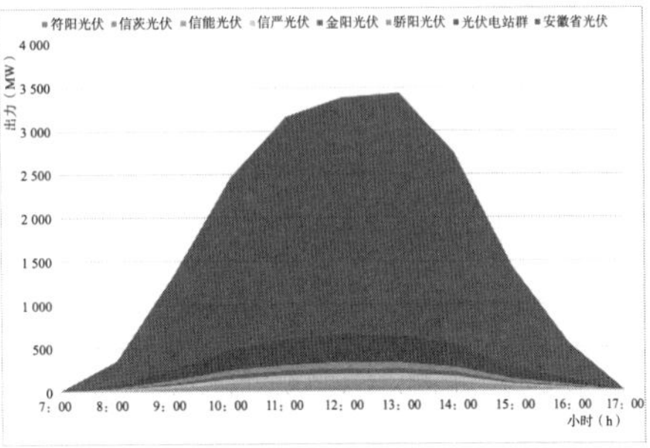


图 2　光伏电站与电站群出力过程示意图

（某一时段）

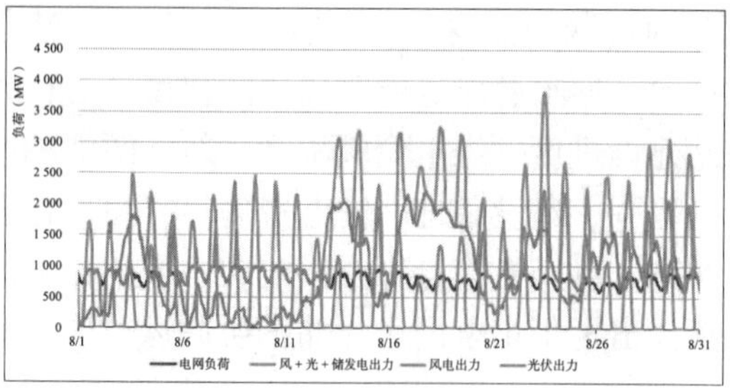


图3　风光储联合运行方式（风：光：储=1：1：1）

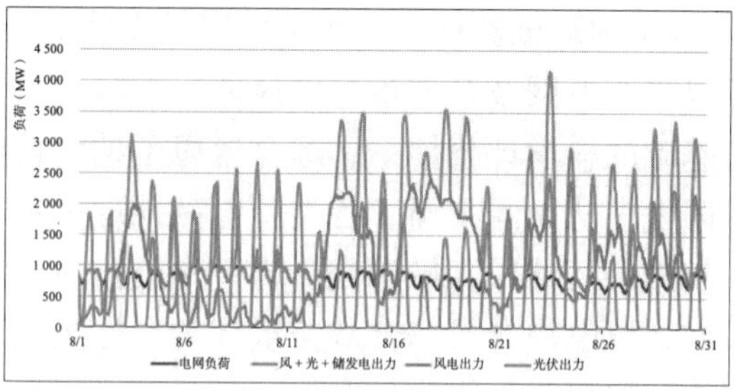


图4　风光储联合运行方式（风：光：储=2：2：1）

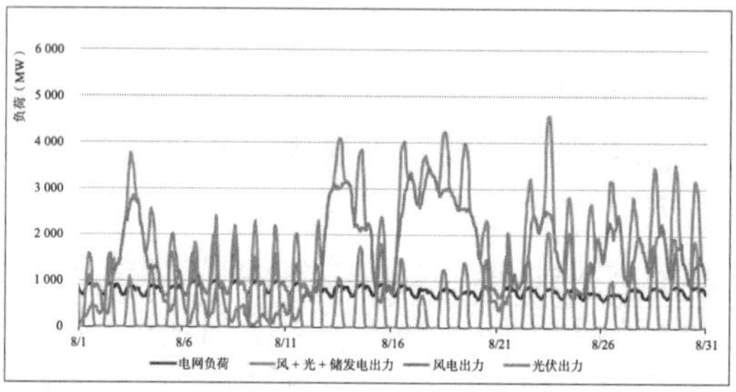


图5　风光储联合运行方式（风：光：储=5：3：1）

## 五、项目主要参与人员

项目主要参与人员：徐玲君、杨立锋、陈晓芬、计金华、钟娜、赵佩兴、姚晨晨、汤春义、段长桂、刘强。

# 城市水环境治理理论与实践

中国电建集团华东勘测设计研究院有限公司

扫码查看原文

## 一、项目概况

杭州是一座因水而兴的江南历史文化名城，经历了钱塘江主导期、运河主导期和西湖主导期等多个阶段。可以说，杭州发展的历史，就是一部城水关系史，杭州成为我国古代治水营城的典范。近现代尤其是改革开放以来，城市高速发展，带来的城水矛盾快速显现，水问题开始制约杭州的发展。为此，杭州市委、市政府高度重视，提出“综合整治”理念，相继实施了一系列河道综合整治与保护开发工程。

在水环境治理方面，杭州较早实施了截污纳管、河道清淤、清水入城、原位修复等措施，并同步开展绿道建设、景观打造、文化挖掘、水系通航等工作，目前已基本完成绕城以内主要河道的综合治理与保护开发工作。《城市水环境治理理论与实践》一书以杭州市为例，从理论分析、技术措施、工程案例、政策标准 4 个维度，全面系统地总结了杭州市近 20 年以来河道治理过程中的经验和成绩，形成了杭州特色的水环境治理理论和技术体系，具有很好的借鉴参考价值。

## 二、项目内容

《城市水环境治理理论与实践》分为理论分析篇、技术措施篇、工程案例篇和政策标准篇 4 个篇章，全面系统总结了杭州河道治理过程中的成绩和经验。理论分析篇系统论述了杭州水系的特点和治理经验，开展了系统的水质、底泥、地下水监测和检测，并提出了“源头—迁移—终端—水体” 4 个环节的水环境改善系统策略。技术措施篇全面介绍了各个环节的污染物控制与河道治理技术，包括终端截流调蓄、分散处理、清淤、引配水、原位修复等技术，并提出了全新的水质评价方法。工程案例篇列举了 13 个各具特点的水环境整治工程案例，囊括技术措施篇介绍的各项技术。政策标准篇摘录了杭州市在河道整治、管理等方面出台的 5 项条例和导则。全书结构合理、逻辑严谨、行文流畅、风格统一、图文并茂，给人以清新之感，具有很强的可读性。

## 三、项目成果特点

### （一）理论分析篇

理论分析篇分为水环境综合治理概述、水环境现状调查和水环境改善策略研究 3 个部分，从宏观层面系统论述了杭州水系的特点和治理经验，尤其是2007年以来在河道有机更新理念下实施的河道综合整治与保护工程所取得的经验。通过系统的水质、底泥、地下水监测、排水体制研究和河道污染源构成分析，提出了污染物总量控制目标，并结合截污、清淤、引配水、原位修复四大类工程措施的成本效益，提出了“源头—迁移—终端—水体”4个环节的水环境改善系统策略。

### （二）技术措施篇

技术措施篇分为“源头—迁移”环节控制工程技术研究、终端截流调蓄工程技术研究、分散处理工程技术研究、清淤及淤泥处置工程技术研究、引配水工程技术研究、原位修复工程技术研究和水环境质量评价方法研究7个部分，囊括河道综合治理中的各项关键技术（如管道清淤修复、沿河截污管、雨水调蓄池、分散式处理设施、清淤及淤泥技术、原位修复技术等），并结合杭州实际情况进行比选，最终归纳出一套适用性较强的技术体系，为其他区域开展河道整治工作提供了行之有效的杭州样本。

### （三）工程案例篇

工程案例篇分为14个章节，是《城市水环境治理理论与实践》前两篇中介绍的河道整治技术在杭州实际工程中的应用案例，主要包括沿河截污工程案例、初期雨水处理工程案例、分散处理工程案例、清淤及淤泥处置工程案例、引配水工程案例、原位修复工程案例、智慧水务工程案例和综合整治工程案例8种不同类型，涉及杭州城区内京杭大运河、西湖、江洋畈、长桥溪、中东河、胜利河、罗家斗河、十号河、十字港、后横港等水体，各工程案例均由一线工程设计人员撰写，从工程概况、设计目标、工程设计、成效分析等方面展开论述，图文并茂，具有很强的可操作性。

### （四）政策标准篇

随着杭州城区河道综合整治工作的陆续开展并取得了良好的整治效果，杭州也出台了一系列标准、条例和导则，从政策标准层面对杭州河道整治提供具有可实施性的指导，也为其他地区的河道设计、建设、运营、管理和评价提供实践样板。政策标准篇分为5个章节，分别介绍了《杭州市城市河道建设和管理条例》《杭州市城区河道综保工程整治标准》《杭州市城市河道综保工程设计导则》《杭州市城市河道管理养护技术要求》和《美丽河道评价标准》5个典型政策标准。

## 四、项目实施情况

《城市水环境治理理论与实践》一书历时两年，四易其稿，出版过程中又经多次修改，反复确认，力求将杭州在河道整治方面积累的宝贵经验、著者在实际工程中形成的治理理论和技术体系系统性地呈现给读者。

该书既有水环境治理理论的分析与归纳，又结合著者多年的工程实践经验，提出河道综合整治的技术路线与实施经验，理论联系实际，是市面上为数不多的系统总结水环境治理技术体系及提供丰富工程案例的专业书籍，适合从事水环境治理工程的科研、规划、设计、施工、管理、运营等方面的技术人员和管理人员阅读，也可作为高等院校环境科学、环境工程等专业的参考教材。

项目情况如图 1 至图 10 所示。

图 1　沿河截污工程案例——中东河

图 2　初期雨水处理工程案例——罗家斗河

图 3　分散处理工程案例——长桥溪生态公园

图 4　清淤及淤泥处置工程案例
——江洋畈生态公园

图 5　清淤及淤泥处置工程案例
——胜利河整治后美景

图 6　引配水工程案例——西湖引配水

图 7　原位修复工程案例——后横港河

图 8　原位修复工程案例——十字港河

图 9　智慧水务工程案例——华家排灌站

图 10　综合整治工程案例——京杭大运河（杭州段）

## 五、项目主要参与人员

项目主要参与人员：魏俊、陆瑛、程开宇。

# 浙江省温州市珊溪水利枢纽水生态补偿试点实施方案研究

温州市水利电力勘测设计院有限公司

扫码查看原文

## 一、项目概况

为进一步健全水生态保护补偿机制，做好顶层设计，推动地方立足实际，积极发挥主动性和创造性，探索水生态补偿的有效路径和实现形式，2016 年，水利部选择浙江省温州市珊溪水利枢纽开展水源地生态补偿试点建设工作，为全国其他地区开展水源地生态补偿提供可复制、可推广的经验。研究建立价值导向明确，公平、公正、合理，权责利清晰且具有可操作性的珊溪水利枢纽水生态补偿标准体系，有效调动全社会参与生态环境保护的积极性，实现让受益者付费、保护者得到合理补偿，促进保护者和受益者的良性互动，为温州市水源地水生态补偿实践工作开展提供重要支撑，为全国其他地区开展水生态补偿积累经验。

## 二、项目内容

按照水利部积极推进水生态补偿试点的要求，充分考虑水资源作为自然资源资产的特殊性和属性，本研究开展现状水管理评价、库区生态功能价值核算、补偿资金筹集、补偿方式和补偿标准研究，完善水源保护和水生态补偿管理长效体制机制，提出水生态补偿方案，协调珊溪水源保护与地方经济发展之间的关系，满足经济社会发展和维系良好生态环境对水源地合理开发利用的需求。

## 三、项目成果特点

### （一）成果水平

本次研究不仅总结了国内外水生态补偿的相关经验，分析了温州水源地水生态补偿现状，提出了水生态补偿的标准、资金筹集、补偿方式与体制机制建设等方面的内容，同时还运用驱动力 - 压力 - 状态 - 影响 - 响应（DPSIR）模型开展了水管理评价，采用经济价值核算法评估了库区生态服务功能的价值。本研究内容丰富，成果研究透彻，研究方法先进，具有很强的实施性、实践性和创新性，具有较强的示范意义。研究方法的先进性体现在：①运用 DPSIR 模型开展了水管理评价；②运用经济价值核算法评估了库区生态功能价值。

### （二）应用价值

研究成果的主要应用及推广内容为：①多渠道筹集生态补偿资金；②多途径多方式进行生

态补偿；③健全完善水生态补偿体制机制。

本次研究内容全面、丰富，可操作性与可实施性强，得到了水利部水资源管理中心、水利水电规划设计总院、中国水利水电科学研究院、长江流域水资源保护局、太湖流域水资源保护局、海河流域水资源保护局、黄河水资源保护科学研究院、华东师范大学、中国科学院南京地理与湖泊研究所、浙江省水利厅等单位有关领导、专家的赞扬和肯定。本次研究成果，既可为温州市珊溪—赵山渡水库水源地的水生态补偿实施方案的制定提供技术支撑，又可为珊溪—赵山渡水库水源地水生态补偿工作提供决策参考，并能为全国重要饮用水水源地开展水生态补偿提供借鉴。

2017 年 12 月，在本次研究成果的基础上，出版了专著《路在前方：珊溪水库水源地生态补偿理论、实践与政策设计》，该专著由科学出版社出版，中国工程院王浩院士作序。该书的出版能够更好地让水生态补偿的“温州经验”推向全国，为水源地的生态补偿提供借鉴和参考。

本项目获得 2020 年全国优秀工程咨询三等奖。

## 四、项目实施情况

### （一）研究范围与补偿主客体

**1. 研究范围**

本次研究的范围主要是珊溪水利枢纽的上游保护区和下游受益区。其中上游保护区主要涉及集雨区范围的文成县、泰顺县、瑞安市，共涉及 18 个镇 7 个乡。下游受益区主要是供水的受益区域，涉及鹿城区、龙湾区、瓯海区、洞头区、瑞安市、平阳县、苍南县以及经济技术开发区（浙南产业集聚区）。

**2. 补偿主客体**

补偿主体为中央政府、浙江省、温州市政府与受益地区政府，主要包括鹿城、龙湾、瓯海、洞头、瑞安、平阳、苍南、经济技术开发区（浙南产业集聚区）以及属地政府（文成县、泰顺县、瑞安市）。

补偿客体为文成、泰顺等库区政府、为保护水源地生态环境做出牺牲的当地居民，以及珊溪（赵山渡）水库内各相关水源保护设施的运行管理单位。

### （二）基于 DPSIR 模型的珊溪水利枢纽水管理评价

**1. 评价体系**

DPSIR 模型是一个在国际上被很多机构广泛采用的评价模型，这些机构包括欧洲环境署、联合国环境计划署和瑞士联邦环境办公室等。在国内，DPSIR 模型目前主要被应用于地学、环境学、生态学等领域。DPSIR 模型将整体的评价指标分为驱动力（Driving forces）、压力（Pressure）、状态（State）、影响力（Impact）和响应（Response）五种类型，每种类型又包括若干子指标。基于 DPSIR 模型，自上而下、逐层分解建立的水管理评价分为目标层（评价指数）、准则层（DPSIR）、指标层三大部分。

**2. 评价结果**

从驱动力、压力、状态、影响力及响应五个准则层对珊溪水利枢纽的水管理进行详细分析，剖析当前水管理存在的问题。

驱动力层指数占珊溪水利枢纽的整体水管理水平得分的 11.13%。在模型中，将驱动力层分为库区人口、库区 GDP，用它们来衡量枢纽进行水管理的内在动力。

压力层得分占珊溪水利枢纽的整体水管理水平得分的 15.58%。随着资金的投入、产业的升级、珊溪水利枢纽水源保护“五大”工程的推进，库区万元 GDP 用水量、库区污染物负荷及河道生态需水保证率的压力在逐年改善。

状态层得分占珊溪水利枢纽的整体水管理水平得分的 31.39%，对整个枢纽的水管理水平起着主导性作用，主要因素是水质，水库总体水质的改善主要归因于水库水生态的维护，它使水库自身净化能力增强。

影响力层得分占珊溪水利枢纽的整体水管理水平得分的 13.25%。基于珊溪水利枢纽水源保护“五大”工程的推进及产业结构的逐步调整，水功能区水质达标率及林草覆盖率逐年提升。

响应层得分占珊溪水利枢纽的整体水管理水平得分的 32.67%，对整个枢纽的水管理水平起着次主导的作用。随着各项措施的逐步达成、资金投入效果的显现，自来水普及率、污水处理率、农村生活污水治理应建村设施建设覆盖率及水资源监控指数逐年提升。

**3. 提升对策**

水管理水平的提升及水源的保护需要建立健全水生态补偿长效管理体制与机制，以让库区居民能够自发地形成水资源保护意识，使库区经济与水资源保护得到和谐、持续的发展。建立健全水生态补偿长效管理体制与机制，需要对库区生态价值功能进行评估，分析库区居民水资源保护的机会成本，对其进行必要的水生态补偿。

### （三）运用经济价值核算法评估库区生态功能价值

**1. 初步确立价值评估体系**

在珊溪水利枢纽所在的库区，主要包含河流、水库、农田、森林 4 大类生态系统，每类生态系统具备不同的水生态服务功能。根据水利枢纽水陆生态系统的特点，价值评估重点关注水源涵养、大气调节、供水、生物多样性维持、调蓄洪涝、发电、净化环境、土壤保育 8 项功能指标。

流域生态服务价值主要包括直接价值和间接价值 2 类。直接价值包括物质生产、供水及水源涵养、文化科研、生态旅游价值，通常采用市场价值法、资产价值法、旅行费用法等方法对其进行价值量化；间接价值主要包括水土流失防护、气候调节、净化环境、生物多样性维持、水文调节价值等，通常采用影子工程法、固碳价值法、生态价值法等方法进行价值测算。

**2. 确定价值评估成果**

综合珊溪水利枢纽森林、农田、水库、河流生态系统服务价值的计算结果，借助对 4 类生态系统的服务类别、服务项目进行归类，在扣除部分生态价值重复计算的基础上，确定珊溪水利枢纽库区水生态服务价值为 117.74 亿元 /a。其中，产品生产为 23.84 亿元 /a，约占 20.25%；调节功能为 89.28 亿元 /a，约占 75.83%；文化功能为 1.62 亿元 /a，约占 1.38%；支持功能为 3.00 亿元 /a，约占 2.55%。在具体功能指标中，水源涵养生态价值最大，为 46.87 亿元 /a，占 39.81%；其次为水环境治理，为 15.00 亿元 /a，占 12.74%。

**3. 确定综合生态补偿标准**

经过对珊溪水利枢纽库区植被、水土保持、水量蓄积功能价值等相关要素投入的计算，结合珊溪水源保护给上游发展造成的机会成本损失，珊溪水利枢纽库区水生态补偿标准的上限为6.40 亿元 /a，下限为 1.97 亿元 /a。再考虑下游的支付能力和支付意愿，对珊溪水利枢纽实施的生态补偿的支付标准为 1.97 亿元 /a。

根据上游生态保护投入水平、下游经济发展能力、区域资源协调分配能力、民众的支付意愿、社会公平发展需求、温州市对库区生态补偿的定位、飞云江水资源丰富程度、珊溪库区生态现状和保护力度，研究确定基于社会公平、基于流域生态最大化保护、基于生态保护占优层面的三种生态补偿标准。

### （四）水生态补偿资金筹集研究

根据资金筹集的主要思路是以珊溪水源保护和水生态补偿的资金需求情况，拟定温州市资金筹集的方案，资金筹集以政府资金为主、市场资金和社会资金为辅。政府资金包括专项财政资金、水价中提取补偿资金、水源地保护资金、土地出让金中提取水生态补偿资金、水资源费返还资金、环境整治专项资金。市场资金包括排污费、排污权有偿使用资金、受益企业中提取资金、开征生态税。社会资金包括社会资本、绿色贷款、专项绿色债券、发行生态彩票、碳汇交易、爱心捐赠等。

温州市以政府引导、市场推进、社会参与的资金筹集方式，可筹集水生态补偿资金 30 500 万元。其中专项财政资金中提取 7 400 万元，从水价中提取 10 500 万元（其中提取珊溪水源地保护资金 9 000 万元），从水资源费返还资金提取 3 600 万元，从环境整治专项资金提取 3 500 万元，从库区群众生产发展资金扶持资金提取 1 000 万元，从排污费、排污权有偿使用资金提取 500 万元，从受益企业中提取 1 000 万元，等等。

### （五）水生态补偿范围

经过近年来珊溪水源地的治理保护，珊溪水库、赵山渡水库以及主要入库支流的水质均基本达到了水功能区的要求，因此从补偿的范围上，应逐步从工程建设方面的补偿转向工程长效管理和民生保障与改善的补偿。

**1. 民生保障与改善方面**

主要是用于水源保护区内对因水源保护而牺牲的发展权益给予补偿，包括对当地财政收入减少的补偿、对农民生产损失的补偿等方面。主要体现在财政转移支付、库区生态公益林和水源涵养林的补偿、库区群众补偿（库区群众的农村合作医疗保险和养老保险）等方面。

**2. 工程长效管理方面**

主要用于水源保护区城镇、农村生活污水处理设施、城乡生活垃圾处理设施、其他生态保护项目的营运维护以及畜禽养殖等长效巡查管理等方面的投入。

**3. 生态保护与修复方面**

主要用于水源保护区内的生态环境进行保护性和恢复性的小额投入，包括生态河道修复、水质改善工程、生态公益林建设等生态环境的保护性投入。

**4. 水源地保护建设项目方面**

对库区范围内的水源地保护建设项目，主要包括环保基础设施建设项目、面源污染治理项目、饮用水水源保护规划及整治项目、生态环境保护项目等方面。水生态补偿资金的安排使用，优先支持生态环境保护作用明显的区域性、流域性重点环保项目，加大对污染防治新技术新工艺开发和应用的资金支持力度。

## （六）水生态补偿方式

根据国内外水生态补偿的经验，其补偿方式主要有两种，一是直接补偿（输血性补偿，主要为经济补偿）、二是间接补偿（造血型补偿，主要为政策补偿和项目补偿），结合珊溪水利枢纽的实际情况和前几年实施的补偿的方式，现阶段珊溪库区的补偿方式以直接补偿为主、间接补偿为辅方式较为合理，因为直接补偿，是库区老百姓最迫切、最急需的补偿方式。同时要积极创新水生态补偿形式，逐步使水生态补偿由“输血型”向“造血型”转变。主要包括：县级政府补偿、库区群众补偿、实物补偿、库区生态公益林和水源涵养林的补偿、水源保护基础设施建设及长效管理、政策补偿、项目补偿、异地开发、技术补偿、智力补偿、精准补偿等。其中政府的补偿进行转移支付，该资金按人口权重、流域面积、水域面积等因素进行分配。温州市水生态补偿以经济补偿、政策补偿为主要手段的多元化的补偿方式，对库区相关群体开展补偿。其中县级政府补偿 4 808 万元、库区群众补偿 5 600 万元、实物补偿 300 万元、库区生态公益林和水源涵养林补偿 500 万元、水源保护基础设施建设及长效管理 18 377 万元，同时开展乡镇（街道）政府补偿、政策补偿、项目补偿、异地开发、技术补偿、智力补偿、精准补偿等补偿方式。

## （七）水生态补偿的长效管理体制与机制研究

完善健全水生态补偿体制机制，建立责、权、利统一的水生态补偿协调机构，成立温州市珊溪水利枢纽水生态补偿领导小组及办公室；开展水源保护立法工作，加快推进《温州市珊溪饮用水水源保护条例》立法，开展《温州市珊溪水利枢纽水生态补偿条例》的研究；完善相关制度保障建设，开展水生态补偿的标准化管理、构建智慧监测体系、健全监督考核制度、强化技术保障制度、建立公众参与机制等。建立水生态补偿的绩效评价体系，对库区政府在水源保护、水生态补偿资金使用等方面进行绩效评价，建立生态改善奖励金制度和奖惩体系。在农村生活污水、畜禽养殖、城镇生活污水、生活垃圾、库区执法、渔业管理、转产转业等方面开展水源保护的长效管理。

## （八）主要建议

### 1. 明确管理运行机制

管理运行机制是水生态补偿工作有效开展的关键因素，是实施方案顺利实施的重要保障。由于温州市生态补偿工作主要是由市美丽温州办牵头负责（市环保局），而珊溪水源保护工作主要由市珊管办牵头负责（市水利局），因此，应及时落实温州市珊溪水利枢纽水生态补偿的组织协调机构，建议成立温州市珊溪水利枢纽水生态补偿领导小组，市政府主要领导为组长，市政府分管领导为副组长，各相关单位主要负责人为成员。领导小组办公室设在市环保局或者市水利局，承担相应的具体工作。

### 2. 建立水生态补偿相关配套制度和评估体系

为保护珊溪水利枢纽的水源地水质，确保水生态补偿的顺利实施，亟须建立一整套生态补偿配套制度，包括水生态补偿的标准化管理、智慧监测体系、监督考核制度、技术保障制度、监督考核制度等。同时，加强对库区生态价值的核算、补偿主客体的责任与义务、补偿标准的确定、补偿资金的使用等进行客观的评估，保证水生态补偿的公平合理。

**3. 探索构建生态补偿市场化制度**

由于目前水生态补偿机制还处于起步阶段，相关机制尚不完善，水生态补偿资金来源还比较单一，资金量不足。因此，在市级相关部门加大补偿金投入的同时，通过法律机制的约束和公众的积极参与，在市场价格机制的引导下，积极构建产权主体清晰、标准合理、监督有效、多元主体参与的水生态补偿市场化制度。充分发挥市场的作用，促进补偿资金来源的多样化，保证资金投入的稳定可靠，不断丰富资金筹集渠道，并积极探索建立上下游的水权交易制度。

## 五、项目主要参与人员

项目主要参与人员：田小平、叶坤华、赵东淼、陈剑、黄一彬、余玉龙、林昌宁、娄一青、赵皓君、刘丽君。

# 浙江省“十四五”及中长期电力发展战略研究

中国能源建设集团浙江省电力设计院有限公司

扫码查看原文

## 一、项目概况

根据浙江省政府领导批示，为深入研究浙江省“十四五”及中长期电力发展战略思路，保障浙江省“十四五”及中长期能源、电力发展规划的科学性、前瞻性，2018 年年底，浙江省能源局（以下简称省能源局）委托中国能源建设集团浙江省电力设计院有限公司（以下简称浙江院）开展《浙江省“十四五”及中长期电力发展战略研究》编制工作。

项目开展浙江省产业转型升级和数字经济发展对电力需求影响研究，电气化水平提升路径研究（含电动汽车），电力需求和负荷特性预测研究，电力电量供需平衡（含调峰平衡）研究，电源规划方案和电网主网架研究，核电、抽水蓄能电站、煤电转型、气电及天然气分布式、太阳能、风电、其他可再生能源发展和布局研究，节能、需求侧响应和储能发展和应用研究，综合能源服务研究，氢能发展应用和布局研究等 14 个专题研究。在对各专题研究的整理和提炼的基础上，形成《浙江省“十四五”及中长期电力发展战略研究报告》，包括电力发展现实基础和形势、电力需求预测和战略思路、电力供给、电力消费、电力技术、电力体制、电力合作 7 个篇章和 10 个电力发展专项战略专篇，研究期限为 2020—2050 年。

## 二、项目内容

### （一）电力发展现实基础和形势篇

（1）现实基础。研究报告从经济总量、产业结构、城镇化率等方面系统阐述了 1990 年至今浙江国民经济发展基本情况；从电力需求、负荷特性、电力生产及运输、节能减排、科技产业、体制机制、电力合作等角度阐述了 1990 年至今浙江电力发展基本情况。

（2）面临的机遇和挑战。面临的机遇：“两个一百年”奋斗目标将对浙江电力发展提出新要求，基础设施建设融合发展将为浙江电力发展注入新动力，电力体制改革将为浙江电力发展拉动新引擎，一批国家战略实施将为浙江电力发展带来新机遇等方面。面临的挑战：电力安全保障与环境约束的双重挑战，电力绿色发展与成本降低的双重挑战，高比重外购电与安全稳定的双重挑战，科技业态创新与传统模式的双重挑战。

### （二）电力需求预测和战略思路篇

（1）发展趋势与需求预测。浙江中长期电力需求发展总体呈现以下六个趋势：电力需求将从中速增长逐步转向饱和波动；在一定时期内二产仍是全社会用电量增速的重要推动力；受电动汽车、轨道交通快速发展影响，交通行业电力需求将呈爆发式增长；以数字经济为代表的高新技术产业推动商业服务业用电持续高速增长；居民生活用电呈递进式发展，人均居民生活用电量将逐步达到法、日等发达国水平；用电结构呈现三产、居民用电占比将显著提升，二产比重不断降低。

（2）浙江中长期电力发展战略总体思路。将“绿色低碳、安全高效、智慧经济、多元开放”的理念贯穿电力发展的各领域、全过程，努力构建坚强有力的电力安全保障体系、绿色低碳的电力供应体系、节约高效的电力消费体系、智慧创新的电力科技体系、公平有序的市场运行体系、共享优质的社会服务体系、开放共赢的电力合作体系，打造“一中心一网两基地”战略布局，即全国电力产业科技创新中心，长三角智慧互联电网，全国清洁能源示范基地、全国综合能源服务示范基地。研究提出 2025 年、2035 年、2050 年的分阶段战略目标。

## （三）电力供给篇

（1）浙江电源发展思路。推进多元稳定的电力安全保障体系建设，推进绿色低碳的电力供应体系建设，推进电力生产布局优化。

（2）浙江电源建设方案。具体包括下述几个方案。①区外来电建设方案：建设白鹤滩水电送浙特高压直流、送浙第四回特高压直流、福建核电送浙。②核电建设方案：高效利用已开发核电厂址资源，积极采用先进成熟技术路线，加强核电厂址保护，实现安全连续建设。③抽水蓄能建设方案：立足华东，有序推进抽水蓄能电站建设和前期工作。④煤电建设方案：充分考虑煤电机组的托底保障作用，推动煤电供给侧改革。⑤光伏发电建设方案：光伏发电的整体规模进一步增长，内部结构迭代升级，光建一体化、光伏交通等应用形式逐步兴起。⑥风电建设方案：大力发展海上风电，打造海上风电全产业链，转变陆上风电发展思路，推进退役风电场转型升级。⑦气电建设方案：因地制宜地推广建设以分布式天然气为主的能源多联供项目，推动综合能源服务发展。依托省内 LNG 接收站站址优势，探索平价气电建设。⑧其他可再生电力建设方案：有序推进农村水电增效扩容改造，多途径探索开发潮汐能、潮流能、波浪能、生物质能等各种可再生能源。

（3）电源发展空间。根据已核准和已纳规电源及负荷预测结果，测算省内电源发展空间。“十四五”期间，随着电力负荷需求刚性增长，电力缺口将逐步扩大到“十四五”末的 1 400 万 kW 左右；2025 年以后，负荷增长趋势逐步放缓，核电、抽水蓄能电站等支撑性电源陆续规模化投产，2035 年、2050 年缺口将维持在 800 万 kW 左右。需综合考虑通过“内增外引”，保障浙江中长期电力供应安全。

（4）浙江电源情景方案及平衡结果。电力电量平衡，重点关注“十四五”电力供应保障，综合考虑省内煤电、LNG 调峰电站、第四回特高压直流、福建核电送浙发展空间存在较大不确定性，设定多个电源情景方案。各方案下，2025 年、2035 年、2050 年电力供需基本平衡。对于调峰平衡，在各方案下，浙江电网调峰能力可满足运行要求。

（5）建设智慧互联的电力输送网络。结合中长期省内电源和特高压直流落点布局，率先研究提出多场景电网远景主网架，并论证分析送浙第四回特高压直流的技术路线。

（6）电力结构优化展望。总结煤电、可再生能源、清洁能源电源结构优化进程。

### （四）电力消费篇

（1）不断提升电气化水平。通过新兴领域的新增电力需求和其他传统用能领域的电能替代，涉及农业与工业生产、交通运输、居民生活等众多领域，实现能源消费环节的“再电气化”，测算电气化替代潜力。

（2）加快推进电力需求侧响应。逐步建立完善需求响应体系，完善需求响应举措，建设电力需求侧管理平台，形成全社会最高负荷 3% ~ 5% 的需求响应能力。

（3）深入开展各领域节能行动。围绕工业、建筑、交通等领域，加大节能节电工作力度，提高电力利用效率，倡导合理用能的生活方式和消费模式，加快形成能源节约型社会。

（4）创新发展综合能源服务。构建集能源供给、能源网络、能源负荷、能源储运、调度控制、智慧应用、商业模式于一体的绿色智慧综合能源系统，鼓励引进提供热、电、冷、气、垃圾和污水无害处理等的综合能源服务商。

### （五）电力技术篇

（1）打造电力产业科技创新中心。积极推动能源电力技术的研发创新，做优做强核电、风电、光伏等传统优势产业，创新发展氢能与燃料电池、先进储能、能源互联网等新兴产业。

（2）布局一批能源电力产业基地。做大做强宁波、湖州储能与动力电池产业基地，杭州、温州风机整机及核心配套装备产业基地，海盐核电关联产业基地，嘉兴光伏产业高新园区和桐庐富春水电基地，推进平湖、舟山海上风电产业基地和苍南三澳核电关联产业基地建设，支持丽水建设绿色能源基地。建设氢能产业基地。

### （六）电力体制篇

（1）稳步推进电力体制改革。确立适合浙江的电力市场模式，培育多元化市场主体，建立以电力现货市场为主体、电力金融市场为补充的省级电力市场体系。从推进电价改革、电力交易体制改革、发用电计划改革、售电侧改革、增量配网业务改革试点工作等角度谋划下一步工作。

（2）创新电力科学管理模式。优化整合全省能源管理机构，构建全过程能源管理体系。全面推进能源管理数字化转型，围绕打造营商环境最优省的要求，持续深化“最多跑一次”改革，加强能源市场监管。

### （七）电力合作篇

（1）全方位参与国际能源合作。务实推进和参与“一带一路”电力合作，大力提升“引进来”质量和效益。

（2）持续深化国内能源合作。加强与能源富集省份和央企的合作，积极引进稳定安全可靠的外来电，推动长三角一体化电力合作建设。

### （八）电力发展专项战略篇

（1）核电发展战略。梳理国内外核电发展情况，总结浙江核电发展基础，展望浙江未来核电发展方向，提出浙江核电发展相关建议。

（2）抽水蓄能发展战略。梳理国内外抽水蓄能发展情况，分析抽水蓄能发展面临的挑战与形势，介绍浙江省抽水蓄能发展基础。

（3）可再生能源发展战略。梳理世界可再生能源发展情况和发展趋势，梳理中国可再生能源发展情况，包括资源基础和发展现状，分析浙江可再生能源发展情况和面临挑战，提出浙江主要可再生能源发展目标，研判浙江可再生能源发展战略路径。

（4）煤电转型发展战略。梳理国内外发展基础，分析浙江煤电发展现状与挑战，提出浙江煤电发展战略定位与发展目标，研判浙江煤电发展战略路径。

（5）气电发展战略。梳理国内外气电发展情况，分析气电发展优势与挑战，分析浙江气电发展基础。研判浙江气电发展战略路径。

（6）外来电发展战略。分析浙江外来电发展基础和发展面临的挑战，重点研究送端电源优选分析、输电技术路线选择、电网接入方案等，提出浙江外来电发展战略展望和相关建议。

（7）氢能发展研究。梳理氢能发展概况、浙江氢能发展基础，分析浙江氢能需求，提出浙江氢能发展路线与目标，研判浙江氢能发展路径。

（8）储能发展研究。梳理国内外储能发展基础，概述当前储能技术进展，分析浙江储能发展战略定位与发展目标，提出浙江储能发展战略路径。

（9）电网发展研究。梳理浙江电网发展基础，分析浙江电网发展面临的机遇和挑战，提出浙江电网发展原则和目标。

（10）综合能源服务发展研究。梳理国内外综合能源服务发展现状，概述综合能源系统的理念、特征和架构体系，提出浙江综合能源服务发展目标和发展实施路径。

## 三、项目成果特点

（1）首次按照“两个一百年”奋斗目标要求提出浙江省“十四五”及中长期电力发展战略目标。

（2）首次按照“四个革命、一个合作”能源安全新战略要求系统全面提出适应浙江省情的“十四五”及中长期电力发展战略路径。

（3）首次创新采用产业和居民用电分析对标法预测浙江省中长期电力需求。

（4）首次提出以安全保供为底线、以绿色低碳为方向的具有浙江特色的多元清洁电力供给体系。

（5）首次结合中长期省内电源和特高压直流落点布局提出多场景电网远景主网架。

（6）首次将创新发展综合能源服务理念融入省级能源电力发展战略。

## 四、项目实施情况

2018 年 12 月，省能源局委托浙江院开展研究报告编制工作。2019 年 1 月，省能源局组织召开工作启动会。2019 年 2 月，完成主报告和 14 个专题报告大纲编制。2019 年 10 月，形成主报告和 14 个专题报告初稿。2019 年 11 月，根据省能源局建议，修改完善并形成主报告评审稿。2019 年 12 月，省能源局组织召开专家评审会。2019 年 12 月，修改完善并形成主报告终稿。

## 五、项目主要参与人员

项目主要参与人员：徐展、唐瑜、沈又幸、袁勤勇、钱晓栋、李琪、周啸波、李涛、高志林、光旭。

# LONGVIEW 电厂收购技术尽调报告

中国能源建设集团浙江省电力设计院有限公司

扫码查看原文

## 一、项目概况

本报告为国内某企业收购美国某电厂前所作的关于该电厂的技术尽调报告。该电厂位于美国西弗吉尼亚州，拥有一台 700 MW 燃煤发电机组。电厂接入美国 PJM 电网的西部区域，与阿勒格尼电力公司的子公司 West Penn Power 互联，并于 2014 年投运。

本报告通过对电厂的基本建设情况、历史运行情况、历史检修和大修情况及运行现状进行现场和资料调研，对电厂基本技术条件分析、电厂技术方案分析、电厂合规性分析、电厂性能水平分析、电厂运维情况分析、电厂检修管理情况分析、电厂能源管理情况分析、电厂物资管理情况分析、二期建厂条件等多方面的分析评价，确定该项目在合规、安全、环保、经济性等方面是否具有收购价值。在整个收购过程中提供相关技术意见、经济性评价，为资产评估提供必要的数据支撑。

## 二、项目内容

### （一）电厂基本条件评价

电厂基本条件评价围绕三方面展开。①基本条件分析：详细评估厂址情况、水文气象、取排水、燃料运输、主要消耗品供应条件、地质条件、交通运输和接入系统。②土建设计与地质资料的符合性评价：详细评估本项目的地基和基础设计与地质条件的相符性。③电厂合规性分析：详细评估电厂环保许可、选址许可、取水许可、运行期许可以及附属设施区域场地环境。

### （二）电厂技术和性能水平评估

通过查阅原始设计文件、设备资料、现场踏勘及交流、分析运行数据等手段，对 LONGVIEW 电厂进行了充分了解。电厂技术和性能水平评估围绕电厂设计情况评估、改造项目及效果、电厂现状评估和运行经济性指标四方面展开，通过上述评估给出电厂优化建议及煤质建议。

**1. 电厂设计情况评价**

电厂设计情况评价包括电厂整体评价和分专业评价，涉及的专业包括总平面布置、热机专业、电气专业、热控专业、土建专业、除灰渣专业、运煤专业、水工专业、化学专业。评估认为，电厂的原设计基本合理，具体意见如下。①锅炉设计时的煤种针对性较强。②机组设计点工况和夏季工况选型合理，汽轮机在通流设计上通过 VWO+ 超压运行的设计方案保证了长期运行的高效性和对出力能力的保证。③汽轮发电机组基座设计有缺陷，导致运行时震动过大。改造后，汽轮发电机组振动情况有好转。④一次风机和送风机的选型略偏大。⑤电厂厂用电系统考虑设计单元性和冗余度，可靠性高；机组设置 2 套独立的 UPS，2 套独立的直流系统，可靠性高。⑥本工程西门子集数控制系统（Siemens DCS）控制逻辑移植自联合循环机组的版本，由于系统差别巨大，逻辑组态因不适用造成许多错误。电厂已更换整个 DCS 系统。⑦锅炉补给水系统对于莫农加希拉（Monongahela）河水质来说，设计不合适。

**2. 改造项目及效果评价**

改造项目及效果评价包括 2015 年项目重大改造和其他改造项目。其中 2015 年项目重大改造包括锅炉炉膛、省煤器、空预器、磨煤机、布袋除尘器、发电机、除渣系统、控制系统、四大管道、化水系统等。改造评估的具体意见如下。① LONGVIEW 电厂投运前三年，运行情况欠佳，主要问题有：锅炉结渣爆管，汽轮发电机组轴系振动超标，DCS 逻辑造成误判、性能指标及可用率低于行业水平。② LONGVIEW 电厂针对前三年的运行情况，在 2015 年进行了大规模的改造，改造范围包括锅炉及磨煤机、烟气系统、汽轮发电机组轴系振动、控制系统、除渣系统等。从后续运行情况看，改造效果良好。

**3. 电厂现状评估**

电厂现状评估包括电厂现状综述和整体运行状况分析。电厂现状评估围绕机组负荷、机组热耗、锅炉及燃烧制粉系统、汽机及热力系统和烟气排放系统等内容展开，具体意见如下。①汽轮机采用西门子技术，其设计的高、中压缸效率分别为 92.2%、94%，2015 年性能试验高中低压缸的平均缸效分别达 93.4%、93.8.%、86.6%。机组的缸效较高，机组采用电动给水泵，汽机的毛热耗低，发电煤耗低。西门子技术汽机高压缸采用桶形缸，运行性能好，老化速度慢② 2015 年针对发电机轴振及瓦振过大进行整改取得了一定的效果。建议在运行过程中加强对 #1 轴承的油温和轴承温度的监测，同时监测 #1 轴承的轴振动运行数据的变化趋势。③在机组运行 3 万 h 就出现了 P91 材料焊缝裂纹，需加强高温高压管道的金属监督、焊缝检验。建议对所有主汽、热段管道 P91 焊缝进行无损检测。④电厂燃用煤质变化较大，灰熔点逐年下降，偏离设计值较多。目前灰的变形温度约为 1 130 ℃，软化温度约为 1 190 ℃，对锅炉的防结渣十分不利。电厂目前采用投运 6 台磨煤机、增大过剩空气系数、使用智能吹灰系统等手段来保证锅炉正常运行。电厂于 2018 年 9 月停机检修后，认为锅炉在结渣方面表现较好，灰分的降低起到了较大的作用，但我们仍建议应持续关注锅炉的结渣性。⑤CEMS 数据显示，电厂的烟气污染物排放均能达到排放标准。除尘系统和脱硫系统有裕量，SCR 的运行脱硝效率已达 80%，建议今后增设一层催化剂。

**4. 电厂运行经济性评价**

电厂运行经济性评价包括历年运行数据、PJM 市场排名、经济性预测以及与国内外机组的对标评价。通过对电厂历年的运行数据分析，2015 年前电厂的年平均热耗率和等效可用因子均较差。在 2015 年改造后，年平均热耗率和等效可用因子的水平有明显提高。环保方面，$NO_x$ 和 $SO_2$ 的排放浓度高于国内，粉尘排放非常先进，均满足美国排放标准。

**5. 优化建议及煤质建议**

结合本工程的原始设计、电厂现状评估和机组运行的情况，优化建议如下。①电厂目前运行时，锅炉排烟温度达到 140 ℃ ~ 150 ℃，排烟热损失较大。若将排烟温度利用至 120 ℃，可减少供电标煤耗 1 ~ 2 g/（kW·h）。②目前锅炉 SCR 前的 $NO_x$ 浓度约为 400 mg/$Nm^3$，低氮燃烧有进一步优化的空间，但需结合燃用煤种和锅炉整体性能进行综合分析。③空预器的冷段传热元件建议采用镀搪瓷元件，减少硫酸氢氨沉积，提高换热效率。④建议调整制粉系统的均匀性，以减小炉膛屏底左右侧烟温偏差。⑤凝泵可考虑加装2套变频器，其中一套对应一台运行泵，另一套对应一台运行泵和备用泵，一拖二，减少凝泵运行的厂用电。⑥若现场布置条件允许，可增设外置式蒸汽冷却器，降低机组热耗。⑦除氧器连续排汽出口加装调节阀，减少工质及热量损失。⑧根据现场调研，主汽门、主汽管道等保温外表面温度烫手，建议对高温管道的保温进行优化，减少高温管道的散热损失。⑨循环水泵设置2台定速泵，流量调节能力低，适应气温及机组负荷变化能力欠佳，可改为双速电机，增加循环水泵的流量调节能力。⑩各专业锅炉补给水系统正常出力为150 gpm（35 $m^3/h$），满足一台775 MW机组的补水需求，但没有富裕。二级反渗透仅配置一套，没有备用，建议增设一套二级反渗透装置以增加系统制水的可靠性。除盐水箱配置仅为355 000 gal（1 350 $m^3$），若遇机组启动或化学清洗会因除盐水短缺而延长启动时间，建议在合适的位置增设除盐水箱。

结合本工程的锅炉原始设计、目前燃用煤种和机组运行情况，煤质建议如下：收到基高位发热量10 000 ~ 12 800 btu/lb（HHV）；干燥无灰基挥发分不低于30%；收到基水分不大于10%；收到基灰分不大于25%；收到基硫分不大于2.9%；灰熔点变形温度不低于1 150 ℃、软化温度不低于1 200 ℃；哈氏可磨系数不低于49。

### （三）电厂运营情况评价

根据对LONGVIEW电厂提供的资料分析，对电厂人员配置、燃料采购、能源管理、物资管理和运维情况等方面的建议如下。①人员配置方面，LONGVIEW电厂组织结构清晰，岗位分配较为明确，人员数量略多，在合理范围的上限水平，但仍存在部分岗位空缺。建议委托方后续关注LONGVIEW电厂的人员配置，确保人员岗位配置完整。②燃料供应方面，LONGVIEW电厂在未来十年的煤炭供应是可靠的，满足机组运行耗煤量的需求。后续需进一步关注电厂在首次协议有效期截止后的天然气供应谈判情况。③能源管理方面，LONGVIEW电厂在PJM电力市场中的能源管理服务实际由TPS与GenPower共同管理，该厂在PJM市场中的每日估值、报价、交易均由TPS与GenPower共同沟通、讨论，向LONGVIEW提交与修改建议，最终由LONGVIEW决定与执行。④物资管理方面，煤炭、石灰石、液化天然气的储存与消耗均符合LONGVIEW电厂每年的运行状况，且基本上处于比较稳定的采购与消耗情况。⑤运维模式方面，LONGVIEW运行团队负责锅炉、汽轮机、发电机、空气质量控制系统、辅机设备和所有物料处理系统的所有运行方面事务。轮班小组根据公司修改后的时间表，每组12 h轮换一次。电厂维护团队主要在工作日每天8 h进行维护工作，并通过接受培训完成岗位的提升。⑥由运行成本数据可见，主要成本集中在燃料成本与材料成本上，总体来看LONGVIEW电厂燃料成本与中国国内类似机组成本相当，但存在运维及其他成本占比较高的问题。当2018年Mepco码头建成后，码头运煤处理和管理费用会增加，该原因也有可能导致今后LONGVIEW电厂运维费用的增加。

### （四）二期建厂条件

LONGVIEW Power，LLC计划在现有厂址区域土地上利用空余的土地扩建天然气联合循环发电项目，厂址规划选址拟位于现有LONGVIEW燃煤发电项目的西北侧，规划送出输电线路接入点为 LONGVIEW 北变电站。

二期天然气联合循环发电项目的天然气来自 5 英里（8 046.72 m）外的洲际天然气管网管线。电厂二期扩建线路路径可考虑沿已有 LONGVIEW Power Plant-North LONGVIEW Substation 单回 500 kV 输电线路平行走线，接入 North LONGVIEW 500 kV 变电站。二期扩建机组建成后，目前的水处理能力可以满足水处理的要求。但将来运行时，水处理设施的运行备用能力将不足。二期扩建机组排水需单独建设排水管道，排向厂址东侧的无名小溪。

## 三、项目成果特点

（1）整体要求高。本报告为国内某企业收购美国某电厂前所作的关于该电厂的技术尽调报告，其作用是在整个收购过程中提供相关技术意见、经济性评价，为资产评估提供必要的数据支撑。业主方对本报告提出了很高的要求。中国能源建设集团浙江省电力设计院有限公司（以下简称设计院）通过细致的工作，最终达到业主的要求。

（2）基础资料收集范围广、难度大。本项目的尽调对象为美国电厂，尽调需要充分考虑美国的基本面和实际情况，基础资料收集工作量和难度均极大。最终在美方的配合下，较全面地收集到相关资料和文件上万份。

（3）吸收消化资料的工作量极大。吸收消化资料的工作量主要体现在以下几方面：①本项目的设计、建设、运营均基于美国的相关体系，设计院需全面了解美国的相关法律和标准；②本项目的工作范围涵盖设计，运行和维护的分析，相关资料繁多；③该电厂于 2014 年投入运行，运行数据极其庞大，分析工作艰巨。

（4）核心问题分析难度大。根据现场调研和资料分析，该电厂于 2014 年投运后，运行状况不理想，热效率较低，停机频繁，机组利用率低。设计院通过分析，确定锅炉结焦和汽机轴震为影响今后机组收购的主要影响因素，并着重对其进行研究。本报告从设备设计、历年燃用煤质分析、运行数据等方面着手，与设备厂家、调试单位配合，分析现状和今后运行的风险，并提出相关建议。

（5）本报告论证全面、详尽，结论科学、可信。本报告充分考虑影响电厂收购的各个方面和环节，并对其进行细致的分析，分析论证全面、详尽，外部建设条件论证方法合理、深度到位，报告结论科学、可信。本报告全面、客观、科学，为业主决策提供科学的依据，受到业主的好评和肯定。

## 四、项目实施情况

设计院按照合同要求，协助 xx 集团对项目进行现场踏勘，收集掌握了第一手信息。通过对电厂基本技术条件、电厂技术方案、电厂合规性、电厂性能水平、电厂运维情况、电厂检修管理情况、电厂能源管理情况、电厂物资管理情况、二期建厂条件等多方面的分析，充分论证该项目在合规、安全、环保、经济性等方面是否具有收购价值，并提供相关优化建议。同时，为 xx 集团整个收购过程提供相关技术意见、经济性评价，为资产评估提供必要的数据支撑。

设计院对本项目进行了客观、公正、专业的调查评估并提供了尽职调查报告，包含风险识别、评估与应对，报告完整全面，论据可靠，意见科学明确。

项目情况如图 1 至图 5 所示。

图 1　LONGVIEW 电厂

图 2　电厂的 A 列外布置

图 3　主厂房内运转层

图 4　机力冷却塔

图 5　出煤场栈桥

## 五、项目主要参与人员

项目主要参与人员：沈又幸、卞卡、李琪、袁勤勇、屠进、卢婉珍、钱亚杰、光旭、陶涌、张岚。

# 舟山多端柔性直流输电示范工程

中国能源建设集团浙江省电力设计院有限公司

扫码查看原文

## 一、项目概况

工程建设采用 EPC 模式，总承包方为中国电力技术装备有限公司与北京网联直流工程技术有限公司联合体，实行“业主负责制”。中国能源建设集团浙江省电力设计院为工程牵头设计院，国网北京经济技术研究院为成套设计单位。

## 二、项目内容

浙江舟山多端柔性直流输电示范工程主要包括 5 个换流站工程、四段直流电缆工程和配套试验能力建设项目。换流站工程近远期建设规模见表 1。

表 1　换流站工程近远期建设规模

| 序号 | 项目名称 | 本期（远期） | | | | |
|---|---|---|---|---|---|---|
| | | 定海 | 岱山 | 衢山 | 洋山 | 泗礁 |
| 1 | 额定输送功率（MW） | 400 | 300 | 100 | 100 | 100 |
| 2 | 直流额定电压（kV） | ±200 | | | | |
| 3 | 交流网侧标称电压（kV） | 220 | 220 | 110 | 110 | 110 |
| 4 | 直流出线 | 1 回 | 3 回 | 1 回 | 2 回 | 1 回 |
| 5 | 交流出线 | 1 回 | | | | |
| 6 | 直流额定电流（A） | 1 000 | 750 | 250 | 250 | 250 |
| 7 | 直流接线 | 双极单联结变接线 | | | | |
| 8 | 阀组接线 | 半桥式模块化多电平换流器 | | | | |
| 9 | 交流接线 | 线变组接线 | | | | |
| 10 | 换流变容量（MV·A） | 1×450 | 1×350 | 1×120 | 1×120 | 1×120 |
| 11 | 直流平波电抗器（mH） | 2×20 | | | | |

续表

| 序号 | 项目名称 | 本期（远期） | | | | |
|---|---|---|---|---|---|---|
| | | 定海 | 岱山 | 衢山 | 洋山 | 泗礁 |
| 12 | 接地方式 | 联结变阀侧通过电抗器接地 | 联结变阀侧通过电抗器接地 | 不接地 | 不接地 | 联结变阀侧中性点接地 |
| 13 | 围墙内占地面积（$hm^2$） | 1.503 5 | 2.544 0 | 1.217 7 | 1.366 7 | 1.279 8 |
| 14 | 建筑面积（$m^2$） | 6 782 | 9 021 | 6 155 | 6 792 | 6 155 |

## 三、项目成果特点

### （一）创新性

柔性直流输电是基于全控型电力电子器件的新一代直流输电技术，是国际上公认的构成多端直流输电网络的理想方案。柔性直流输电技术在提高电力系统稳定性，增加系统动态无功储备，改善电能质量，解决非线性负荷、冲击性负荷对系统的影响，保障敏感设备供电等方面都具有较强的技术优势，特别适用于可再生能源并网、分布式发电并网、孤岛供电、大型城市电网供电等方面，并且易于扩展构成多端直流网络，能更灵活地向所连接的交流系统提供快速的紧急功率支持，改善交流系统的稳定性，提高系统的可靠性、灵活性和经济性。积极开展柔性直流输电系统研究，有利于进一步掌握柔性直流输电的核心技术、积累运行经验，为将来建设更高电压等级和更大传输容量的柔性直流输电网提供技术积累，进而提高我国电网的整体科技含量，推动我国直流输电成套设计、制造产业的发展。舟山多端柔性直流输电示范工程为世界上首个五端柔性直流输电工程，是世界上端数最多、同级电压中容量最大、运行最复杂的海岛供电网络。本工程采用的所有电气设备均为国产化设备，均具备独立自主知识产权。其中定海站换流阀采用世界上目前为止单站容量最大的模块化多电平换流器。

依托本工程柔性直流相关关键技术申请国家专利等知识产权 10 项，获国家专利授权 3 项；在国内外各等级杂志上发表论文十余篇；与本项目相关的 QC 小组获 2014 年度浙江省勘察设计行业协会 2014 年度优秀 QC 小组一等奖；获 2014 年度国家工程（勘察设计）优秀 QC 小组二等奖。

### （二）质量保障

工程实施过程中根据《输变电工程建设标准强制性条文实施管理规程》要求，增加相应强制性条文设计内容，质量检查时未发现违反强制性条文情况。按照《国家电网公司输变电工程质量通病防治工作要求及技术措施》的要求，在本工程施工图设计阶段，编制了《质量通病防治设计措施》，相关要求和措施已落实至相应设计图纸中。针对《国家电网公司输变电工程标准工艺标准库》（2012 年版）的内容，在本工程施工图卷册设计阶段，对每个卷册涉及的相应条款，通过编制标准工艺应用清单在各个卷册中进行了落实，并编制了标准工艺应用专篇，要求施工单位施工时应严格执行国家电网公司输变电工程标准工艺库中相应的施工工艺。在本工程设计中进行了创优策划，还落实了最近几年省内各地区变电站质量检查整改反馈意见，逐一检查和避免以往常见设计错误和通病。

通过以上措施的实施和落实，工程质量得到较为明显的提升。截至 2015 年 4 月，舟山多端柔性直流输电示范工程累计运行 183 天（包括两端运行 13 天、四端 40 天、五端运行 130 天），其中连续安全稳定运行最长时间 63 天（2015 年 1 月 6 日—3 月 9 日），累计输送负荷约 18 000 万 kW·h，直接创造经济效益约为 9 000 万元。

### （三）杰出的专业水平

在舟山多端柔性直流输电示范工程设计过程中，运用了大量的创新技术和成果，主要包括：联结区和阀厅配电装置通过相序调整优化布置方案；户内电气设备安装方案优化；优选先进设备组合安装，节省占地面积；换流站内电气设备颜色采用统一方案；优化户内空芯电抗器的布置方案；换流站设备接地方式统一；因地制宜地优化站区接地设计；结合景观要求，合理设置避雷针；换流站照明和建筑动力系统优化设计；首次在国内直流工程中采用外加电流阴极保护装置；采用专业模块式屏蔽密封系统，保证电磁屏蔽及气密性要求；电缆敷设采用抽屉式防火隔板及电缆支架系统；优化控制保护系统结构，采用标准通信规约；控制保护系统冗余配置，提高运行可靠性；优化换流站控制系统功能，实现顺序控制功能；完善全站电气防误闭锁，提高安全运行水平；优化交直流保护配合方案；应用直流故障录波及直流 PMU；首次在阀厅应用红外测温摄像头实现对换流阀的状态监测；应用交直流一体化电源系统；首次在换流站应用综合应用服务器，完成状态监测及智能辅助的后台功能；换流站总平面标准化设计；国内首次基于 60 年设计使用年限的海岸换流站耐久性设计；优化复杂地形地质条件下的换流站地基处理设计；首次开展海岸换流站防潮防浪标准及设施研究；首次依托真型试验完成 42 m 大跨度阀厅联合建筑设计。

### （四）可持续发展

柔性直流输电可以极大地缓解风电场功率波动而引起的系统电压变化问题，保证风电场的稳定运行；大大提高风电场在交流系统故障下的低电压穿越能力。由于交流电缆充电功率的问题，柔性直流输电系统是超过 60 km 以上的大型海上风电场并网的唯一技术手段。因此，柔性直流输电技术非常适合在大型陆地 / 海上风电场并网等场合应用。同时，一些可再生能源发电装机容量小、供电质量不高并且远离主网，如中小型水电厂、小型风电场（含海上风电场）、潮汐电站、太阳能电站等，由于其运营成本很高以及交流线路输送距离限制等原因使采用交流互联方案在技术和经济上可能无法满足要求，在此情况下利用柔性直流输电接入主网是一个较好的技术方案。

舟山地处我国东南沿海，舟山电网是典型的海岛型电网，其受海岛地理条件限制，各岛屿分布较散，与舟山本岛电网联系较弱且岛内无大的电源支持，各岛电网结构较为薄弱，运行灵活性和供电可靠性较低。随着舟山群岛新区的建设，各岛屿的开发进程不断加速，这对舟山电网的供电可靠性和运行灵活性提出了更高的要求。另外，舟山诸岛拥有丰富的风力资源，风电的间歇性和波动性也对电网接纳新能源的能力提出了新的要求。在此情况下，舟山电网迫切需要发展适用于其自身特点的先进输配电技术。舟山多端柔性直流输电示范工程的建成，使舟山地区电网得到有力补充，大幅提高了舟山电网的供电可靠性和运行灵活性。舟山多端柔性直流输电示范工程投产至今运行情况良好。截至目前，舟山多端柔性直流输电示范工程尚无出现非计划停运情况。

通过设计优化和有效的控制造价措施，舟山多端柔性直流输电示范工程五个换流站总造价控制在 21 亿元人民币左右，从投资上远远优于目前国际水平。项目实施时不破坏农田、树木；不占用或少占用基本农田用地；选用低噪声电气设备或加装隔音屏障。执行变电设计技术标准，确保高压变电站电磁场，噪声、无线电干扰水平和安全间隙等满足《中华人民共和国工程建设标准强制性条文》（电气 输变电工程部分）规定的技术要求；材料采用经环生态环境部认证的产品，如降阻剂等。

### （五）项目荣誉

项目获实用新型专利授权 3 项，已申请发明专利 6 项，已申请实用新型专利 1 项；共完成论文 11 篇；获得省级优秀 QC 小组一等奖 1 项，获得国家级优秀 QC 小组二等奖 1 项，获得 2015 年度 FIDIC（菲迪克）工程项目。

## 四、项目实施情况

项目于 2012 年 11 月取得国家电网公司可研批复，2012 年 12 月取得浙江省发展改革委核准，2013 年 3 月取得国家电网公司初步设计批复，2013 年 8 月 18 日正式开工，2014 年 7 月 4 日完成，正式投运。

## 五、项目主要参与人员

项目主要参与人员：周志超、刘盛、李国尧、安春秀、吴亮、杨雷霞、金焰、洪珠琴、陶佳、连霄壤。

# 浙江省首批未来社区创建试点杭州、宁波、台州等4个试点实施方案研究

中国联合工程有限公司

扫码查看原文

## 一、项目概况

2019年年初，浙江省发布的《2019年政府工作报告》中首提“未来社区”概念，并将其列为浙江省大湾区建设标志性工程之一。未来社区全面践行以人民为中心的发展思想，旨在打造以人为核心的城市现代化、高质量发展，高品质生活的新平台，是“让老百姓幸福的新平台”。

2018年9月，浙江省启动未来社区建设与发展研究大课题工作，中国联合工程有限公司（以下简称中国联合）作为浙江省课题组核心单位全面参与课题研究，先后承担了全省未来社区问卷调研评估、专题5——浙江省未来社区“全生活链”功能配置体系研究和未来教育、未来健康的场景深化等研究工作。

2019年3月，浙江省政府印发《未来社区建设试点工作方案的通知》、浙江省发展改革委下发《关于开展浙江省未来社区建设试点申报工作的通知》（又称8号文和138号文）。这两份文件的出台标志着浙江省未来社区正式由课题研究进入试点创建阶段。

## 二、项目内容

本项目从2018年10月启动，于2019年9月结题，总体可以分为实例研究、方案申报、完善提升三个阶段。第一阶段，在全省3万份问卷调研的基础上开展“全生活链”功能配置体系专题研究，探索未来社区需求层面的内涵要求；同时以杭州古荡社区为实例进行强排方案测算，开展未来社区方案构思，模拟试点社区运行，结合“5-10-15分钟生活圈”研究九大场景落地实施性。第二阶段，创建申报启动后，实地开展对杭州拱墅瓜山社区、宁波鄞州白鹤社区、宁波鄞州划船社区、台州椒江心海社区的实施方案编制研究；历经区级审查、市级审查、省级试点初审和省级部门实地核查后，2019年6月初四个试点方案报请省级试点申报联审会审查，获得原则通过。第三阶段，中国联合负责的四个试点入选省长调研的七个项目名单后，对试点亮点、服务人群、核心指标、特色场景、资金平衡和保障实施等方面进行完善提升，工作进展获得省长肯定，于2019年8月入选浙江省首批24个未来社区试点批复创建名单。

## 三、项目成果特点

### （一）人民城市新理念——新时代中国城市社区建设发展“浙江方案”的先行实践

中国联合开展杭州、宁波、台州等4个社区实施方案研究，代表着浙江省首批未来社区试点创建的关键环节，是对“人民城市”理念城市社区“浙江方案”的先行实践。

浙江省未来社区实施“139”顶层设计，即“一个中心、三化导向、九大场景”。“一个中心”就是以“满足人民美好生活向往”为中心；“三化导向”就是聚焦人本化、生态化、数字化三维价值坐标；“九大场景”就是实现未来邻里、教育、健康、创业、建筑、交通、低碳、服务和治理等九大场景创新。

### （二）城市更新新范式——高质量发展，系统化创新，城市老旧小区更新的多元探索

在住建部以“微更新”为特征的老旧小区改造试点基础上，浙江省未来社区对“存量阶段”城市更新范式进行大胆探索创新，旨在破解旧改民生难题，引导城市转型和产业升级，持续迭代推进。浙江省首批24个试点共两大类型，其中以改造更新类为主，共21个；统筹规划新建类3个。

鄞州白鹤社区和划船社区是地处宁波城市中心区、三江口区域的老旧小区社区，实施方案采取全拆重建方式；拱墅瓜山社区是地处杭州城市北部副中心区域、京杭大运河沿岸的城中村社区，实施方案采取插花改修建方式；椒江心海社区是地处台州城市中心商贸核心区的城中村社区，实施方案采取全拆重建方式。

### （三）“以人为本”新场景——围绕居民需求，构建社区生活圈，实现九大场景落地

浙江省未来社区贯彻“以人为本”理念，坚持“房子是用来住的，不是用来炒的”定位。围绕安置居民、新人才和新居民三类人群主体需求建设“5-10-15分钟生活圈”。试点实施单元不低于20 $hm^2$，基于“5-10分钟生活圈”服务需要；规划单元50～100 $hm^2$，与“15分钟生活圈”服务对应。

### （四）智慧城市新探索——依托“城市大脑”，搭建社区智慧平台，建设数字孪生社区

借鉴“城市大脑”智慧化理念，全省试点协同构建“社区中脑”，通过数字化融合发展，创新引领当下中国“智慧社区”实践探索。

未来社区智慧服务平台：以人工智能物联网（AIoT）平台为基座，结合九大场景需求，提供满足运营服务公司、商家、居民等对象的管理和服务；并通过立体联通数字综合运营平台标准接口，供未来社区产业联盟单位的应用接入。

未来社区数字孪生社区：通过建筑信息模型（BIM）、地理信息系统（GIS）、物联网（IoT）等数字化技术搭建数字孪生社区，记录社区地上、地下建设现状，汇聚人口、规划等多维度信息属性。

### （五）“全生命周期”新路径——在资金大平衡下探索“投、建、管、运”一体化实施，围绕“零物业费”运营导向整合各方资源

未来社区通过选择综合政策处理难度小、居民意愿高、改造需求强等因素较成熟的试点，

按照总体资金测算平衡的大原则作为试点门槛。

未来社区生活圈持续运营的核心是按照“基本物业费为零”导向，以“社区大物业”思路链接各类场景联合体，引导社区民生、教育、健康、服务、安防等多项业态落地。通过定向政策供给、合理规模的社区自持空间和共建场景联合体等方式，着力保障公益型设施和微利型商业设施落地，实现综合邻里中心一站式集成服务，保障社区日常生活便利和可持续运营。

### （六）在地社区新探索——结合试点实地条件，围绕主体人群打造社区发展特色

中国联合开展的 4 个社区方案研究中，注重对各个社区特征和问题的梳理，围绕社区生活的主体人群打造社区发展特色。

杭州拱墅瓜山社区：以建设中国“青年人才社区典范”为总体定位，试点内涵体现在“三个全”，即现状全保留、全人才社区、全过程咨询 + 工程总承包（EPC）模式。试点着力聚焦“一个中心”和“三大特色”。

宁波鄞州白鹤社区：以建设“未来都市社区浙江样板”为总目标，以“延芳里 • 天空城”为总愿景。

宁波鄞州划船社区：秉承“尊重而温柔”的设计手法，保留部分“社区记忆”，延续“邻里文化”，发扬“党建示范”，植入“未来场景”，传承“众人划船、共建和谐”的划船精神，再创新时代“全国和美文化社区典范”。

台州椒江心海社区：围绕城聚合、绿共生、人无界，以多元人群共享为中心，“和合树”为特色架构，打造“全国和合社区样板”。

## 四、项目实施情况

在 2019 年 9 月 4 日浙江省发展改革委官网公示的首批 24 个未来社区试点创建项目建议名单中，中国联合负责实施方案的划船社区（排序 8）、白鹤社区（排序 9）、心海社区（排序 22）、瓜山社区（排序 3）等 4 个试点被列入首批试点创建项目。

试点实施方案研究成果均被杭、甬、台当地各级政府和实施主体采纳，成为施工设计深化直接依据和创建实施工作大纲。白鹤社区作为全省未来社区试点申报多媒体样板，公开通报全省发改系统和各申报单位学习借鉴，试点申报方案获 2019 年度浙江省优秀城乡规划设计三等奖。

目前，划船社区拆迁签约工作已超过 90%，加上划船社区实施方案已在 2021 年 12 月通过省专班评审，整体创建工作将步入快车道。白鹤社区征迁已完成入户调查、产权核查等工作，实施方案已通过市级评审，各项工作有序推进。心海社区在 2022 年 6 月实现邻里中心地块结顶，预计年底装修完毕投入使用；董家洋东、西两个商品房地块已结顶，预计 2023 年年底交付。2019 年 10 月，瓜山未来社区正式启动运营，成为浙江省首个实现入住的未来社区。截至 2021 年 7 月已开放公寓组团 18 个，入住人才公寓 5 000 余间，集聚青年人才 7200 余人，其中 80% 以上为“90 后”。

项目情况如图 1 至图 4 所示。

图 1　白鹤社区效果图

图 2　瓜山规划单元范围鸟瞰图

图 3　划船社区广场效果图

图 4　台州心海社区夜景鸟瞰图

## 五、项目主要参与人员

项目主要参与人员：任杰、王琳洁、王一波、曹晓辉、包晓兵、朱成炳、黄双双。

# 浙江省“四好农村路”标准体系研究

浙江数智交院科技股份有限公司

扫码查看原文

## 一、项目概况

浙江省部署《浙江省人民政府关于高水平建设“四好农村路”的实施意见》（浙政发〔2018〕24号），以坚持规划引领、着力攻坚乡村公路建设、优化完善水路交通设施等9个方面为主要任务，通过全面推行路长制、健全乡镇“四好农村路”管理体制和进一步拓宽融资渠道来创新体制改革，以达到2020年实现“四个全国领先、打造一张金名片”和2035年全面建成具有浙江特色的高水平“四好农村路”的总体目标。

浙江省“四好农村路”标准体系的研究，是贯彻落实习近平总书记对“四好农村路”的重要批示精神，助推乡村振兴战略，实现共同富裕，高水平推进浙江省“四好农村路”建设的重要举措，是规范浙江省农村公路建管养运协调发展的指导性文件，基于浙江省农村公路发展实际，为各地解决发展中面临的实际问题，为实现具有浙江特色的高水平“四好农村路”提供必要的指导。

本研究旨在建立一套全面适用于浙江省“四好农村路”发展的标准体系，并结合各地区的发展特色为各发展水平地区未来“四好农村路”的规划建设提供参考依据和方法。具体包括以下几个方面：一是完善现有标准体系。目前国家和浙江省出台的有关农村公路标准主要有《农村公路建设质量管理办法》《农村公路建设管理办法》《农村公路养护资金使用管理办法》《浙江省准四级公路工程技术标准》《浙江省农村公路养护技术规范》等，这些标准或办法仅针对建设或者养护管理，还没有全面涵盖农村公路建设、管理、养护、运营等多方面的标准。二是推进浙江省“两个高水平”建设。浙江省农村公路工作对标“两个高水平”发展要求仍存在着差距，特别在培育高品质通景旅游路、高质量产业富民路、高层次历史人文路等方面，缺乏系统性、全面性和精准性的指导意见。《浙江省“四好农村路”标准体系研究》的编制，是贯彻落实习近平总书记对“四好农村路”的重要批示精神，助推乡村振兴战略，高水平推进浙江省“四好农村路”建设的重要举措。三是确保继续走在全国前列、打造全国样板。2019年7月，交通运输部对浙江省农村公路工作督导时指出浙江省的农村公路工作走在全国前列，但是早期出台的部分法规制度不适应新时代高水平“四好农村路”建设的要求。不断更新完善法规标准制度是确保浙江省农村公路继续走在全国前列、打造全国样板、实现具有浙江特色的高水平“四好农村路”的重要举措，也是实施美丽乡村建设和乡村振兴战略的必然要求。

本标准体系包含较为全面的各项指标，从建、管、养、运四方面描述了浙江省农村公路现阶段发展现状，能够较为客观地对浙江省“四好农村路”发展水平作出评价。但是，“四好农村路”相关指标数据在现阶段的收集上仍存在一定的局限性，有小部分被认定为能重点体现农村公路特征的核心指标仍无法获取。比如农村公路智能化管理体分析，缺乏农村公路管理大数据信息，如危险路段、节点视频监控覆盖率；对农村公路的监督程度，如货车超载超限率、村民违规驾驶行为降低率；针对特殊天气的公路养护方案，保证一般灾害情况下的路况，如一般灾害情况下公路应急救援次数；客运班车班次的安排情况，在节假日、赶集日客流高峰期和出行淡季，需根据不同情况安排运力运量，如城乡公交排班率；客运矛盾的突出，城市客运与农村道路客运班线存在部分区域的重叠，客运企业间的恶性竞争，如有效投诉解决率和反馈率。考虑到上述限制，本标准基于初选的指标进行了进一步的筛选，选取了具有较高普适性的客观指标确立四好农村路标准体系。

本标准体系研究对象为“四好农村路”，区别于仅针对农村公路的标准，渡口和陆岛码头等也作为本标准的重要组成，同时还需考虑浙江省平原、山区、海岛等地区发展的差异化特征.浙江作为沿海省份，山区、海岛资源丰富，众多的地形结构决定了每个地区的农村公路工作存在不同的差异和困难，尤其是海岛上的农村公路工作具有其特殊性。因此，本标准特提出陆岛码头的相关要求作为农村公路的重要补充，并对相关指标针对不同地区的发展特征进行分类指导。

## 二、项目内容

本标准体系研究综合运用目标分解的逻辑推演原理和“四好农村路”发展制约因素的深入分析基础上，从农村公路的建设、养护与安全、管理和运营 4 个方面出发，建立“四好农村路”发展的标准评价体系：建设好是农村公路建设规模、质量和标准的提升、路网通达率的优化；管理好是为整体提高农村公路质量，推进整体的管理体制机制不断发展进步；养护好是提高农村公路的服务水平、通行能力和道路交通安全环境；运营好是为农村群众提供便捷、安全、经济的客货运输服务。依据上述“四好农村路”发展的目标，我们从建设好、管理好、养护好、运营好 4 个方面，共选取 21 个核心指标，引入因子分析方法对这些核心指标进行进一步的细化分析研究。

考虑到农村公路标准体系建立过程中的不确定性和复杂性因素，基于集对分析理论建立“四好农村路”发展的评价模型，确定农村公路发展的定量指标，同时充分利用研究问题中所包含的不确定信息，通过计算联系度确定定性评价指标。

本标准体系基于浙江省农村公路发展实际，对农村公路、“四好农村路”、公交化运营模式等术语进行定义，对农村公路的规划、设计、建设、管理、养护、运营等提出定性或定量的要求。

（1）建设好。主要从规划、设计、实施、绿化美化与环境保护等方面提出要求，具体包括农村公路网规划、道路技术等级要求、安全设施设置、建设管理制度、绿化美化、环境保护等内容。

（2）管理好。主要从管理职责、路长制度、路产路权、超限运输、路域环境、信息化管理等方面提出要求，具体包括管理职责要求、三级路长制体系、道路专管员设置、路产路权维护、超限运输管理、农村公路治超、路域环境保护等内容。

（3）养护好。主要从养护资金、养护要求、应急抢险等方面提出要求，具体包括资金专项使用、人员机构落实、养护巡查与作业要求、路况检测、应急抢险等内容。

（4）运营好。主要从服务网络、运营设施、营运装备、运营服务和运营安全等方面进行研究，具体包括农村客运和物流网络的规划设置、互联网运营模式、运营设施的布点及信息化管理、运营装备的安全绿色智慧要求、运营服务品质、运营安全以及人员培训等。

## 三、项目成果特点

本标准体系主体部分为“建设、管理、养护、运营”四大块，四块内容相互呼应、协同融合。本标准体系建管养运四大部分合并即为一个完整的标准体系，各分项也可单独指导工作，具备良好的实用性，是规范全省农村公路建管养运协调发展的指导性文件，充分体现了全面性、系统性、高水平和浙江特色这四大特点。

一是全面性。浙江省地处东南沿海，长江三角洲南翼，地理结构为“七山一水二分田”，大致分浙北平原、浙西南山区、东部沿海三种地形。众多的地形结构决定了每个地区的农村公路工作存在不同的差异和困难，特别是海岛农村公路具有其特殊性。该项目做到了渡口、港口码头和库区等交通基础设施的全覆盖。

二是系统性。当前国内各省制定的农村公路相关政策指导性文件偏重于建设、养护，运营、管理内容相对薄弱，浙江省现状的农村公路标准也是相互独立、未成系统。而该项目全面涵盖建、管、养、运各方面。

三是高水平。建设上要求省级特色小镇、科创园区、产业集聚区等要通二级及以上等级公路，历史文化名村、美丽乡村精品村、农家乐示范村等要通四级及以上等级公路。管理上要求乡级政府按照 20 ~ 40 km/ 人的标准招募农村公路专管员（每个乡镇至少一名），负责辖区农村公路的管理。养护上，农村公路列养率要达到 100%，每年大中修比例不低于 5%，优良中等路比例达到 92% 以上。运营上，要确保建制村通客车率 100%，并逐步覆盖常住人口 200 人以上，具备通车条件的较大自然村。

四是“浙江特色”。浙江省各地的农村公路工作在长期的建设实践中，积累了很多好经验好做法。该项目充分吸收了各地好经验好做法，形成一套成熟的评价体系，推广到整个浙江省。

## 四、项目实施情况

作为全国首个省级“四好农村路”地方标准，本研究项目的编制研究基于浙江省农村公路发展实际，从建、管、养、运四个方面提出具体要求，条理清晰，具有浙江特色，既是四好农村路发展的评判标准，也是具有指导性和可操作性的规范，能够更好地为农村公路工作开展提供指导，是规范全省农村公路建管养运协调发展的指导性文件、是高水平建设“四好农村路”的技术保障，在全国范围内具有示范引领作用。项目情况如图 1 和图 2 所示。

图 1　项目鸟瞰图

图 2　项目实景图

## 五、项目主要参与人员

项目主要参与人员：何佳玮、蔡红兵、李迎迎、杜璇、程亚杰、沈翔、张书婧、李乐、戴美伟。

# 钱江通道及接线工程

浙江数智交院科技股份有限公司

扫码查看原文

## 一、项目概况

钱江隧道位于浙江东部沿海著名的钱塘江观潮胜地——海宁盐官，距离上海约 200 km。钱塘江潮素有“天下第一潮”的美誉，与恒河涌潮、亚马孙涌潮并列为世界三大涌潮奇观，为最大程度地保护这一世界著名的自然奇观，工程决策采用越江隧道的建设方案。钱江通道及接线工程北接嘉兴海宁、南连杭州萧山，是浙江省公路水运交通建设规划中“两纵两横十八连三绕三通道”高速公路主骨架的“一通道”，是《长三角都市圈高速公路网规划方案》中“七纵之一”江苏盐城至绍兴高速公路的组成部分，也是杭州市、嘉兴市、绍兴市公路水路交通建设规划的重要组成部分。该项目连接沪杭、杭浦、杭甬三条高速公路，北接苏震桃高速、南接诸绍高速、与诸永高速相连，是环杭州湾地区接轨上海、北通苏州市及苏州、嘉兴到达萧山国际机场及绍兴市的最快捷通道，在路网布局中具有重要地位。本工程的建设不仅符合规划要求，而且将桐乡经济开发区、海宁经济开发区、杭州江东工业园区、临江工业园区及绍兴的柯桥组团连为一体，对于加速杭州湾产业带的形成、加快“接轨上海，融入长三角”步伐和促进三地社会经济发展都具有十分重要的意义。

钱江隧道的复杂性和挑战主要体现在四大方面。一是穿越高涌潮钱塘江流域，水压变化大，盾构掘进施工适应难度大。钱塘江水位直接受潮汐影响，变化幅度大，有历史记载的最高潮差达 7.26 m，多年平均潮位达 3.87 m。涌潮推进时，下游向上游推进的速度最大达到 10 m/s，受丁坝、凹岸阻挡，浪高可达 10 m。二是主要穿越高水压、高渗透性软弱土层，施工风险大。钱江隧道穿越地层主要由砂质粉土、粉细砂等渗透性强、黏聚力低的土质组成，易产生流砂、管涌等地质现象。三是两次穿越明清古海塘大堤，保护难度高。隧道穿越的钱塘江大堤是明清两代修建的“鱼鳞海塘”的一部分，其修建技术之精湛可媲美长城，不仅是历时百年的重要水利设施，更是浙江历史文物的瑰宝，因此隧道开挖过程，保护堤坝十分重要。四是超大直径盾构长距离掘进的施工组织复杂。隧道总工期为 42 个月，但隧道直径大、里程长、建设条件复杂、技术难度大等因素在一定程度上会制约建设进度。

## 二、项目内容

钱江通道及接线工程全线按高速公路标准设计，设计速度为 120 km/h（隧道段为 80 km/h），双向 6 车道设计，路基宽 34.5 m。工程推荐方案路线全长 43.575 km，路基土石方数量为 395.65 万 $m^3$，除过江隧道及构造物外均为填方路基；全线构造物众多，设有穿钱塘江隧道 1 座，长 3 845 m，特大、大桥 8 座长 6 826.9 m，中小桥 9 座长 584 m，涵洞 54 道；互通式立交 7 处，预留互通 1 处，服务区 1 处，分离式立交 14 处，长 14 604.4 m，通道 32 处。

钱江隧道采用 15.43 m 超大直径盾构穿越著名的钱塘江，建成时是世界上最大直径的盾构隧道，也是钱塘江流域第一条大型的高速公路越江隧道。钱江隧道全长 4.45 km，设计速度为 80 km/h，为上下行分离的双管隧道，每管隧道内布置单向 3 车道。隧道主体结构分为江中盾构段、两岸工作井、两岸明挖暗埋段和两岸敞开段，设置了隧道管理站、风塔等附属工程。隧道江中段采用盾构法施工，穿越钱塘江江底。东、西两线均长约 3 245 m，由 3 422 环钢筋混凝土管片拼接而成，是结构内径为 13.7 m、外径为 15 m 的巨大的双孔圆形管道。隧道横截面分三层，最顶层为排烟道，中间层为行车道，最下层为逃生救援通道及电缆廊道。

## 三、项目成果特点

### （一）咨询工作难度大

本工程（推荐方案）起自嘉兴桐乡市沪杭高速公路骑塘枢纽，终于绍兴市杭甬高速公路齐贤枢纽，路线全长 43.575 km，除过江隧道及构造物外均为填方路基段；全线构造物众多，设有穿钱塘江隧道 1 座，长 3 845 m，特大、大桥 8 座，长 6 826.9 m，中小桥 9 座，长 584 m，涵洞 54 道；互通式立交 7 处，预留互通 1 处，服务区 1 处，分离式立交 14 处，通道 32 处，投资估算总金额为 84.996 2 亿元，技术经济指标为 1.95 亿元 /km。如何合理确定建设规模和技术标准，合理确定路线填方高度和布置桥梁、隧道、路线交叉等构造物的技术方案，特别是越江隧道工程的技术方案，保证高速公路在建设、运营中的安全，并充分考虑经济性，是咨询工作的重点、难点。

### （二）越江隧道工程技术复杂、技术含量高

越江隧道工程（含盐官西互通）拟采用双管六车道或四管八车道盾构隧道过江，双管六车道隧道方案隧道建筑长度为 4 450 m，四管八车道盾构隧道方案隧道建筑长度为 4 300 m。越江隧道工程采用外径 15 m 的盾构隧道，为国内第一大直径的盾构隧道，也是目前世界最大直径盾构隧道之一，工程经验少，为世界级的工程。咨询对盾构机选型技术、超大直径长距离掘进技术、切削与测控技术、管片结构与防水设计技术、深大基坑结构与防排水技术、防灾救援技术等涉及隧道设计、施工及运营安全的诸多方面进行了大量分析与校核，提出了大量有深度且可操作性强的建议，被其后阶段的进一步设计所采用。

### （三）咨询方法和手段具有创新性

本项目越江隧道采用 15 m 的超大直径盾构隧道，沿线水文、工程地质、环境条件复杂，需要进行隧道结构横向计算、结构纵向计算、盾构近距离施工影响分析、盾构施工对两岸防洪堤影响分析等，咨询过程中，采用 Ansys、Midas GTS、同济曙光等大型有限元软件进行二维、三维的弹性、弹塑性、黏弹塑性有限元分析，对工程可行性研究报告中采用的设计参数进行了复核。

盾构隧道两端的工作井深达 27.5 ~ 28.2 m，属一级深基坑，支撑、换撑、拆撑工序相当复杂，当时还存在施工阶段与运营阶段受力结构的相互转换问题，咨询过程中，采用同济启明星

软件和弹性支点杆系有限元法对施工阶段和使用阶段的围护结构强度、刚度、稳定性等进行了复核，并采用 Ansys、Midas GTS 进行三维整体性分析，研究分步开挖施工各工况实际状态下的位移变化，从而为工作井深基坑的围护结构参数和施工步骤提出了建设性意见。

通风系统设计已经成为特长公路隧道设计和营运管理的一项关键内容，其方案的选择不但关乎今后的营运成本，还直接关系到人员的安全疏散能力。咨询过程中，采用浙江数智交院科技股份有限公司具有自主知识产权的“公路隧道通风计算分析系统（HTVCAS）”，并结合浙江省内三座特长隧道——括苍山隧道（7.9 km）、苍岭隧道（7.6 km）、双峰隧道（6.2 km）的通风排烟系统设计经验，对其需风量、正常营运工况和火灾工况设备控制方案、设备装机容量进行了全面复核，并提出了建设性意见。

### （四）咨询始终坚持可持续和尊重环境的理念

在咨询全过程中，始终坚持可持续发展原则和尊重环境的理念，寻求工程、环境与人的和谐统一。

（1）以隧道的方式穿越钱塘江，最大程度地保护了钱塘江涌潮奇观。在桥梁和隧道方案的比选中，尽管桥梁方案在投资造价上明显优于隧道方案，但从保护钱塘江涌潮这一世界奇观和自然文化遗产的高度考虑，隧道方案无疑要优于桥梁方案，项目最终采用了隧道作为过江方案。钱江隧道的建成最大程度地保护了钱塘江涌潮，也充分说明了本项目对尊重环境和可持续发展理念的坚决贯彻。

（2）采用先进的泥水处理技术和生态修复技术，充分保护自然环境。泥浆排放和弃土是泥水平衡盾构施工期间最大的环境问题。钱江隧道工程在环境保护方面坚持高标准：在泥浆处理方面，采用三级压滤技术，实现了施工期间泥浆“零排放”；在弃土处理方面，采用生态处理技术，既满足萧山地区生态湿地的规划要求，又实现了弃土资源化利用，为类似工程提供了借鉴。

（3）科学的节能环保设计，最大程度地降低公共出行的能耗。隧道入口段照明采用天然过渡和人工过渡结合的混合光过渡形式，有效降低入隧道的起点照明亮度，节约照明用电能耗；设置智能照明控制系统，对入口及出口的加强照明灯具的点、面进行自动控制，降低非必需时段开启照明所带来的不必要的照明能耗；采用 LED 节能光源，设置电子镇流器、电容补偿器，提高功率因数，减少无功耗能，有效节约能耗；正常通风状态，采用纵向通风模式，充分利用汽车自身交通风力，降低风机开启时间和频率；增加隧道侧壁光滑程度，减少通风阻力，从而降低风机压力，减小风机运行时能耗。

### （五）咨询成果具有显著的经济效益和社会效益

咨询报告提出的意见和建议政策性强、决策和咨询准确度高，被业主、评审专家、工程可行性研究报告编制单位广泛采纳，具有显著的经济效益和社会效益。

## 四、项目实施情况

本次咨询工作，从 2006 年 7 月 14 日接到被咨询方工程可行性研究报告文件主要内容后即成立了项目组，开始进入咨询工作。项目组首先复核了可行性研究报告、相关基础资料和专题研究的完整性，了解工程基本情况后，项目组对路线走向、工程技术方案、起终点衔接方案、项目与沿线各城镇的衔接情况及重要工程路段等进行了详细踏勘。然后在对可行性报告、基础资料等充分消化理解的基础上进行咨询报告的编制，并提出咨询意见。与设计单位充分交换意见后，于 9 月上旬形成最终咨询报告。

根据咨询报告提出的意见、建议以及审查会专家意见，钱江通道及接线工程可行性研究报告编制单位对报告进行了修改，并上报政府主管部门审批、立项。2007 年 10 月，设计单位完成钱江隧道初步设计；2008 年 12 月，设计单位完成钱江隧道试验井施工图设计；2008 年 1 月 8 日，试验井项目开工建设；2013 年 12 月，通过交工验收，2014 年 4 月 16 日，正式通车运行。

项目情况如图 1 至图 4 所示。

图 1　钱江隧道全貌

图 2　钱江隧道江北洞口

图 3　钱江隧道洞内全景

图 4　盾构出发

## 五、项目主要参与人员

项目主要参与人员：沈坚、桂炎德、李伟平、施轶峰、郑国平、高翔、毛斌、杨建峰、崔优凯、贺建光。

# 杭州市 2015 公共出行调查项目

杭州市交通规划设计研究院有限公司

扫码查看原文

## 一、项目概况

为全面掌握城市交通出行现状，科学开展城市交通投资、规划、建设、运营等各阶段工作，需要开展城市交通出行调查，掌握城市交通现状。目前杭州正处于交通规划建设的关键时期，快速路与地铁两网建设全面铺开，公交都市创建、城市交通拥堵治理处于关键时期，2014 年交通运输部批准杭州开展城市公共交通智能化应用示范工程建设，提升城市公共交通系统的运行服务效能，其中杭州市公共交通模型建设为示范工程子项目。

为了保障杭州市公共交通模型顺利建设，为模型建设提供全市交通现状基础数据，杭州市政府 2015 年组织开展全市公共交通出行调查，包含人口和就业岗位调查、3.5 万户居民出行入户调查、70 条典型公交线路跟车调查、94 处公交断面客流调查、全市域 2 个月移动用户手机信令调查、2 个月九区范围公共交通运营信息化数据调查（包含公交 GPS 数据、公交刷卡数据、轨道刷卡数据、公共自行车租借数据等）、123 处核查线道路流量调查、8 000 份枢纽问询调查、26 处主要出入城口交通流量调查以及其他调查数据收集等十余项调查。

为了保障项目实施的先进性、科学性、准确性，项目调查采用传统调查与大数据调查相结合的手段，既有传统人工调查，又借助新技术的发展开展大数据调查，弥补传统抽样调查小样本的不足，丰富调查数据源，实现多源数据之间的相互校核，保障了杭州市公共交通模型建设基础数据质量，提高了模型建设精度，为杭州市公共交通模型的建设打下良好基础。

## 二、项目内容

2015 年杭州市公共交通出行调查项目的执行总工期为 18 个月，具体工作过程如下。

第一阶段（2015 年 1—8 月）：调查准备。

（1）2015 年 3 月，杭州市政府发文成立杭州市 2015 年公共交通出行调查工作领导小组，与调查相关的市主要部门单位列入成员，并在交通运输局下设办公室，积极开展出行调查各项工作。

（2）开展调查基础数据收集，同相关部门对接，收集相关资料。

（3）编制《杭州市 2015 年公共交通出行调查总体方案》，提出杭州市 2015 年公共交通出行调查内容、调查规模、技术路线以及调查开展形式等。

（4）编制各分项调查实施方案，比选调查实施技术方案，明确分项实施负责单位。

第二阶段（2015 年 9—10 月）：调查总体方案及实施方案完善。

（1）2015 年 10 月，杭州市交通局组织召开《杭州市 2015 年公共交通出行调查总体方案》审查会。

（2）细化专项调查实施方案，明确实施时间、人员安排、监督机制、数据验收等具体工作。

（3）公共交通出行调查领导小组组织召开市级层面启动会，随后杭州市交通运输局与各区政府、管委会组织召开区级层面启动会，有序推进调查工作的开展。

第三阶段（2015 年 11 月）：调查实施，数据采集。

（1）2015 年 11 月初，组织各分项实施单位开展调查培训工作。

（2）正式调查开始前一周，组织开展试调查工作，完善调查方法，提高调查质量。

（3）2015 年 11 月 14—20 日正式开展居民出行入户调查，同期开展公交跟车调查、公交断面调查、核查线调查、枢纽问询正式调查。

（4）向有关单位收集同时期手机信令数据、公交刷卡数据及 GPS 数据、轨道刷卡数据、公共自行车租赁数据、出租汽车 GPS 数据等。

第四阶段（2015 年 12 月—2016 年 2 月）：编制各专项调查实施报告。

（1）各分项调查数据编码、录入、分类整理、处理校核工作，建立调查数据原始库。

（2）编制居民出行调查等各分项调查实施报告，对调查实施情况进行总结。

第五阶段（2016 年 3—6 月）：数据综合扩样与校核。

（1）采用多元数据融合及综合扩样校核，对各项调查数据综合分析、研究验证和校核。

（2）编制杭州市 2015 年公共交通出行调查总报告及各分项调查报告。

（3）根据调查数据最终处理成果，构建杭州市公共交通调查成果数据库。

（4）由杭州市交通运输局组织专家对调查成果开展审查工作，并根据审查意见进行修改完善，形成最终成果报告。

本次交通调查的范围覆盖整个杭州市区。调查结合杭州市公共交通规划研究的需要，根据土地利用布局、组团划分等，对市区、主城区、核心区进行分层次的细化调查分析。报告中出现的区域描述如下。①市域：指杭州全市，包含九区四县（市）。②市区：指上城区、下城区、江干区、拱墅区、西湖区、滨江区、萧山区、余杭区、富阳区。③主城区：指上城区、下城区、江干区、拱墅区、西湖区、滨江区。④核心区：指限行区范围。

本次调查旨在掌握全市综合交通运行状态，重点在公共交通系统，内容主要包括居民出行调查、手机信令调查、公交跟车调查、公交断面流量调查、公交 GPS 和 IC 卡数据调查、人口和就业岗位调查、核查线调查。其中，居民出行调查约 3.5 万户家庭，手机信令调查的规模为所能获取的移动网络运营商提供的所有个体手机数据，公交跟车调查约涉及公交线路 73 条，公交断面客流调查约涉及 94 个断面，公交 GPS 和 IC 卡数据及出租车 GPS 数据调查的规模为全部线路、全部车辆和全部刷卡数据，人口和就业岗位调查为全市区所有统计单元的现状人口、就业岗位、用地等数据，核查线调查包括跨越杭州主城区主要河流和铁路的道路断面。

## 三、项目成果特点

### （一）开发调查采集系统，全面提升调查效率

杭州市 2015 年公共交通出行调查包含多个传统人工调查项，包含 3.5 万户居民出行入户调查、94 处公交断面客流调查、70 条典型公交线路跟车调查、123 处核查线道路流量调查、8 000 份枢纽问询调查、26 处出入城口调查等传统出行调查。由于传统调查需要调查人员多，管理难度大，对调查数据质量的管理显得尤为重要。为了提高传统调查数据采集的准确性与可靠性，本次调查专门开发调查采集系统，实现调查数据直接通过移动终端设备采集录入，并同步上传云端，实现对调查全过程在线管理，大大提升传统调查管理水平。一方面利用调查软件程序，对调查数据输入进行审查，避免错填、漏填等现象，并准确获得调查数据地理信息，提高后期调查数据处理效率；另一方面通过调查数据同步云端上传，能够及时掌握调查情况，处理调查问题，有效控制调查质量，保障调查数据采集的准确性和可靠性。

### （二）利用大数据分析技术，开展大样本调查

为了弥补传统小样本抽样调查存在的不足，考虑到大数据分析技术的日益成熟。本次全市出行调查除开展传统调查项外，还首次在杭州开展手机信令与公共交通运营信息化数据等两项大样本数据调查，其中手机信令调查包含全市域全部移动用户 2 个月手机信令数据，占全市域人口的接近 80%，而公共交通运营信息化数据，包含市九区（含余杭、萧山、富阳）范围 2 个月全部公交车辆 GPS 数据、公交刷卡数据、轨道刷卡数据、公共自行车租借数据、出租车 GPS 数据等。手机信令与公共交通运营信息化数据调查，分别针对个体出行与公共交通出行进行接近全样本调查，其数据规模巨大，分析难度较高。为了对海量信息化数据进行有效的分析处理，通过利用大数据分析手段，对信息化数据进行原始数据清洗、剔除，并构建分析模型，进行数据分析训练，以获取准确可靠的分析成果，对传统小样本抽样调查数据进行有效补充。

### （三）依托多元数据融合，进行综合扩样校核

通过基于传统小样本调查成果与信息化大样本调查成果，实现调查数据多元融合，进行综合扩样校核，形成多个调查项目之间调查成果的相互校核，并结合大样本调查成果，进行出行特征综合扩样校核，获得全市出行特征。传统出行调查由于缺乏信息化大样本调查数据支撑，主要以多个小样本抽样调查项目之间的校核为主，并进行扩样，其精度主要受制于小样本抽样调查结果的影响，而本次调查由于开展了信息化大样本调查，除了传统调查项之间相互校核外，还通过手机信令与公共交通运营信息化等接近全样本的调查成果，对传统调查项目校核进行验证，提高模型基础调查数据校核可靠性与准确性，同时融合大样本调查成果进行综合扩样校核，提高扩样精度，保障模型建设质量。

### （四）掌握交通出行特征，提高管理决策水平

本次调查全面系统地收集了全市交通出行及相关的基础数据，并基于地理信息系统构建交通调查数据库，实现调查数据的直观呈现。通过地理信息系统展现调查成果，让决策者直观清晰地掌握城市交通特征，了解城市交通问题症结所在，并基于管理决策的需求，利用调查数据进行专题分析展示，有效支撑管理决策需求，增强管理决策定量分析能力，提高管理决策的科

学性。

## 四、项目实施情况

杭州市 2015 年公共交通出行调查于 2016 年 6 月 22 日通过验收，其成果被广泛用于行业管理决策，尤其是交通发展重大项目，为其决策提供定量数据支撑。到目前成果已经应用于杭州市综合交通运输发展“十三五”规划、“杭州中环”线位规划方案、沪杭甬高速公路杭州市区段（乔司至红垦）抬升改造工程、杭州市西站至机场轨道交通快线、城市交通拥堵治堵实施方案、公交都市创建年度方案等重点项目，并取得良好效果。

此外，本次调查广泛采用信息化技术，尤其是利用大数据进行公共交通运营信息化数据分析，形成分析模型，通过运营信息化数据的接入，实现成果的持续更新，始终保持调查成果与城市现状相一致，以更好地发挥成果作用，推动城市公共汽（电）车健康发展。

## 五、项目主要参与人员

项目主要参与人员：楼栋、钟璧樯、吴飞军、周一威、洪奇、吴进、胡歆竹。

# 杭州市公共交通模型体系建设（一期）

杭州市交通规划设计研究院有限公司

扫码查看原文

## 一、项目概况

为了深入推进杭州市“公交都市”创建，提升城市交通综合治理能力，杭州市被交通运输部批准试点开展城市公共交通智能化应用示范工程，其中包含杭州市公共交通模型（一期）建设。项目以交通调查为基础，以模型研发为核心，以应用展示为目标。通过采用国内领先的调查手段，开展全市性交通调查，以收集掌握全市交通及交通相关海量数据为基础，并以传统交通生成、交通分布、方式划分和交通分配“四阶段”模型体系为根本，对调查获得的多元数据，进行大数据融合分析，实现数据的相互校验，提高模型建设的准确性和可靠性。同时为了灵活响应不同管理决策需要，采用模块化的建模方式，通过功能模块组合，实现对不同管理决策需求的支撑，并注重模型展示功能开发，将模型运行过程、模型成果输出可视化、直观化，为交通行业投资、规划、建设、运营等各个阶段以及交通治理和对策研究提供定量化、可视化、精细化的分析手段，使其能够进行系统性、综合性、科学性的分析，全面提升行业管理决策水平，增强管理决策的精准性，促进行业健康有序发展。模型作为管理决策支撑工具，也是构建城市交通“大脑”的核心基础，将全面提升行业对城市发展的支撑。

## 二、项目内容

由于杭州市公共交通模型体系建设（一期）需要大量的基础数据作为模型输入支撑，并需要软硬件为模型构建提供基础平台，因此按照项目建设要求，先期开展杭州市2015年公共交通出行调查、杭州市公共交通模型体系建设（一期）软硬件采购，并同步开展杭州市公共交通模型体系建设（一期）前期工作与杭州市公共交通模型体系建设（一期）咨询服务项目。具体工作过程如下。

第一阶段（2015年1—8月）：调查准备，以及模型体系建设准备。

（1）2015年3月，杭州市政府发文成立杭州市2015年公共交通出行调查工作领导小组，与调查相关的市主要部门单位列入成员，并在交通运输局下设办公室，积极开展调查各项工作。

（2）开展调查基础数据收集，同相关部门对接，收集相关资料。

（3）编制《杭州市2015年公共交通出行调查总体方案》，提出杭州市2015年公共交通出行调查内容、调查规模、技术路线以及调查开展形式等。

（4）编制各分项调查实施方案，比选调查实施技术方案，明确分项实施负责单位。

（5）模型体系建设需求分析。

（6）交通模型基础数据库总体设计。

（7）交通模型（一期）构建技术方案。

第二阶段（2015 年 9—10 月）：调查总体方案及实施方案完善。

（1）2015 年 10 月，杭州市交通局组织召开《杭州市 2015 年公共交通出行调查总体方案》审查会。

（2）细化专项调查实施方案，明确实施时间、人员安排、监督机制、数据验收等具体工作。

（3）公共交通出行调查领导小组组织召开市级层面启动会，随后杭州市交通运输局与各区政府、管委会组织召开区级层面启动会，有序推进调查工作的开展。

第三阶段（2015 年 11 月）：调查实施，数据采集。

（1）2015 年 11 月初，组织各分项实施单位开展调查培训工作。

（2）正式调查开始前一周，组织开展试调查工作，完善调查方法，提高调查质量。

（3）2015 年 11 月 14—20 日正式开展居民出行入户调查，同期开展公交跟车调查、公交断面调查、核查线调查、枢纽问询正式调查。

（4）向有关单位收集同时期手机信令数据、公交刷卡数据及 GPS 数据、轨道刷卡数据、公共自行车租赁数据、出租汽车 GPS 数据等。

第四阶段（2015 年 12 月—2016 年 2 月）：编制各专项调查实施报告，模型软件硬件平台搭建，以及模型数据库建设。

（1）各分项调查数据编码、录入、分类整理、处理校核工作，建立调查数据原始库。

（2）编制居民出行调查等各分项调查实施报告，对调查实施情况进行总结。

（3）模型软硬件构建以及系统集成。

（4）交通分区系统划分。

（5）交通调查数据处理与分析。

（6）公共交通数据库结构设计。

（7）现状和规划交通路网数据建设。

（8）现状和规划公交线路和站点数据库建设。

（9）公交运营数据库建设。

（10）交通需求数据库、人口用地岗位数据库建设。

（11）交通调查数据库建设。

第五阶段（2016 年 3—6 月）：调查数据综合扩样与校核。

（1）采用多元数据融合及综合扩样校核，对各项调查数据综合分析、研究验证和校核。

（2）编制总报告及各分项调查报告，构建杭州市公共交通调查成果数据库。

第六阶段（2016 年 7—8 月）：调查项目、模型软硬件项目验收，公交模型研发与展示平台设计。

（1）由杭州市交通运输局组织专家对调查成果开展审查工作，并根据审查意见进行修改完善，形成最终成果报告。

（2）由杭州市交通运输局组织专家对模型软硬件采购及集成项目进行验收。

（3）公共交通模型流程设计。

（4）公交线网和客流统计指标分析。
（5）现状公交四阶段模型建立。
（6）规划（近期预测）公交模型建立。
（7）模型参数标定和验证。
（8）公共交通模型研发。
（9）公共交通模型应用及展示平台设计。
第七阶段（2016 年 9—11 月）：公交模型试运行、完善及验收。
（1）公共交通模型试运行。
（2）部分程序修改和完善。
（3）模型项目应用。
（4）由杭州市交通运输局组织专家对模型成果进行审查验收。

## 三、项目成果特点

### （一）开发调查采集系统，全面提升调查水平

由于传统调查需要调查人员多，管理难度大，对调查数据质量的管理显得尤为重要。为了提高传统调查数据采集的准确性与可靠性，本次调查专门开发调查采集系统，实现调查数据直接通过移动终端设备采集录入，并同步上传云端，实现对调查全过程在线管理，大大提升传统调查管理水平。

### （二）利用大数据分析技术，开展大样本调查

为了弥补传统小样本抽样调查存在的不足，考虑到大数据分析技术的日益成熟。本次全市出行调查除开展传统调查项外，还首次在杭州开展手机信令与公共交通运营信息化数据两项大样本数据调查，其数据规模巨大，分析难度较高。为了对海量信息化数据进行有效的分析处理，通过利用大数据分析手段，对信息化数据进行原始数据清洗、剔除，并构建分析模型，进行数据分析训练，以获取准确可靠的分析成果，对传统小样本抽样调查数据进行有效补充。

### （三）依托多元数据融合，进行综合扩样校核

通过基于传统小样本调查成果与信息化大样本调查成果，实现调查数据多元融合，进行综合扩样校核，形成多个调查项目之间调查成果的相互校核，并结合大样本调查成果，进行出行特征综合扩样校核，获得全市出行特征。

### （四）基于 GIS 构建模型数据库，实现交通要素“一张图”管理

本次杭州市公共交通模型建设，汇集了杭州市建委、市旅委、市城管委、市民政、市规划、市交通、市统计、市交警、市移动、市公交集团、市地铁集团等多个部门单位数据，以及杭州市 2015 年公共交通出行调查等大量数据。模型基础数据涵盖面广，收集整合全面。为了更好利用基础数据，方便基础数据管理查询，以及便于今后维护更新。利用 TransCad 交通软件强大的地理信息功能，基于 GIS 按照高标准，系统性构建公共交通模型基础数据库，将基础数据系统化分类设置，并形成标准格式，实现交通基础数据以及交通相关数据“一张图”管理。它

能够按照任意空间范围对基础数据进行可视化的统计查询，直观反映任意空间统计信息，为行业的综合管理决策提供基础数据支撑。

### （五）模型研发模块化，灵活运用各类需求

为了增强模型运用的灵活性，本次模型开发采用模块化的研发方式，将基础功能模块化，并按照具体需求进行模块之间的组合，形成模型功能，灵活响应各类需求。同时，针对实际工作开展的需求，为应对公交都市创建、城市交通治堵、城市交通规划、城市交通政策研究与城市交通评估等各项工作，进行模型模块组合，形成有针对性的模型功能专题，灵活响应各类工作需求。

### （六）模型体系构建完整，涵盖不同决策需要

本次杭州市公共交通模型建设既注重宏观、中观层面的模型建设，又注重对局部、微观层面模型的建设，形成涵盖宏观 - 中观 - 微观完整模型体系，其中宏观、中观模型采用 TransCad 软件构建，微观模型采用 TransModeler 软件构建。宏观、中观模型主要用于对全市层面、分区层面交通运行情况分析，掌握城市交通发展情况，研判交通发展态势，重点对全市层面交通政策、交通规划、交通评估等宏观层面管理需求，进行定量分析，为管理决策提供支撑；而微观模型主要是对局部、具体交通问题进行仿真分析，将具体交通问题直观呈现，有针对性地提出改善意见，进行方案比选研究，优化局部城市交通运行。从宏观到微观完整的模型体系结构，能够满足不同层级决策的需要。

### （七）开发模型展示平台，增强模型成果互动性

由于模型运用专业性较强，需要专业人员进行模型分析操作，而为了便于行业管理部门掌握模型分析成果，进行管理决策，为此面向行业管理部门开发模型展示平台。将模型研究成果利用展示平台进行输出，让行业管理者、决策者能够通过展示平台直观地获取决策相关信息，并为了增强模型成果的互动性，还开发查询统计功能，让行业管理者、决策者能够直观地了解杭州交通出行特征。

### （八）结合行业管理需求，构建模型动态更新机制

为了保障模型对城市交通现状定量分析成果的可靠性与准确性，需要逐年对模型进行动态维护更新，以保障模型分析成果与现状相符，以及管理决策可靠。考虑模型更新维护所需成本与操作的可行性，主要考虑公共交通运营信息化数据采集更新，以便能够形成常态化的更新机制，同时模型数据库建设也已经为公共交通运营信息化数据更新做好接口，具有较好的操作性。依托信息技术，结合行业服务质量考核、公交都市创建、交通治堵等重点日常工作开展的需要，建立公共交通运营信息化数据年度收集更新机制。

## 四、项目实施情况

杭州市公共交通模型体系建设（一期）于 2016 年 7 月 28 日通过项目初验，并于同年 8 年开展试运行，于同年 11 月 28 日验收后投入正式运行，至 2017 年 5 月已经应用于杭州市综合交通运输发展“十三五”规划、杭州大江东公交专项规划（2015—2030 年）、杭州大城西创新大

走廊综合交通规划、杭州市综合运输服务示范城市建设实施方案、杭州市 2016 年度公交、地铁服务质量考核、杭州市 2015 年公交都市创建年度评估报告、2016 年公交都市创建年度评估报告、杭州市 2016 年专用道评估、杭州市 2016 年 BRT 线网评估与优化方案、杭州市 2017 年公交干线提速实施方案、杭州市 2017 年公交线网优化实施方案、杭州市 2017 年公交分担率提升实施方案等 12 个项目，并取得良好效果，获得行业部门、项目业主、公共交通运营企业的一致认可。

## 五、项目主要参与人员

项目主要参与人员：楼栋、钟璧樯、顾侃、吴海卫、陆子平、胥艺、汤柳丹。

# 浙江省节水行动实施方案编制及技术支撑服务

浙江省水利河口研究院（浙江省海洋规划设计研究院）

扫码查看原文

## 一、项目概况

2014年，习近平总书记在中央财经领导小组第五次会议上，提出“节水优先、空间均衡、系统治理、两手发力”的思路，成为新时期治水的根本遵循。2017年，党的十九大报告提出“实施国家节水行动”，节水成为国家意志和全民行动。2019年，国家节水行动经中央全面深化改革委员会审议通过，实施节水行动成为各级党委政府的重要职责。

根据中央关于国家节水行动要求，浙江省党政主要负责人多次亲自部署，按照“两个高水平”建设要求，把节水作为倒逼经济转型发展和生态文明建设的关键，不仅是解决当前日益复杂的新老水资源问题的迫切要求，也是事关生态环境保护和经济高质量发展全局的重大战略任务。要求把浙江建设成为节水标杆省份，高质量谋划编制中长期节水行动方案，指导浙江省节水工作的全面开展。

## 二、项目内容

项目组以全面推进节水型社会建设为基础，梳理各部门多线条节水管理职能、任务和工作流程等，突出刚性约束，通过构建一项总量强度双控行动、推进六大领域（农业节水增效、工业节水减排、城镇节水降损、非常规水利用、节水标杆引领、节水装备制造）工程建设、创新八项（水价改革、税费改革、节水奖励、产权改革、节水融资、水效标识、定额管理、监测统计）体制机制政策，形成“168”结构体系和总体任务部署，如图1所示。

图1　浙水节约综合首页

项目组分析总结当前各地区节水工作中存在的问题，围绕政策、渠道、方式、标准等对有关节水奖励工作在不同层面实施存在的问题，提出以节水型载体、政府和个人（团体）奖励为主线，按照奖励对象的实际需求，以资金奖励（补助、税费减免）、荣誉奖励（奖牌、证书）、政策优惠奖励（信誉信用、宣传）等几种主要形式，按照不同层面、不同类型的奖励方式，初步制定了节水奖励标准或措施，建立了节水激励机制框架体系。

区域产业节水效应是产业结构调整、产业用水效率变化等多方面综合影响的反映，当前的有关制度和技术要求缺乏。通过因素分析、多重评估找出节水驱动的主要方面以及相应的潜力等问题，结合经济社会发展和水资源条件进行优化调控，从宏观层面评估引导区域开展相应的产业结构调整，做到科学布局。建立人口、经济等 5 因素完全分解模型和对数平均迪化指数法（LMDI）完全分解模型；评估了 2000—2018 年浙江省不同时段尺度上的节水效应、产业节水层次性和各类节水效应变化特点；建立了产业结构和用水效率为基础的节水效应优化模型，分析了不同经济发展条件下产业结构用水调控对策。初步形成多因素、多时段、多区域尺度、功能结构化节水评估体系。在上万家节水型载体创建基础上，项目重点对工业企业、学校、居民小区、酒店等重点用水领域，以提高用水效率为核心，按照节水制度更加完善、管理更加规范、节水指标更加先进的要求，制定了行业四类节水标杆标准。明确浙江省内主要农作物、工业产品、服务业和居民生活的用水定额。涵盖 59 个行业、932 项产品，制定了 2 879 个用水定额值，覆盖了目前浙江省的主要国民经济行业，是全国用水定额评比中做到覆盖性、合理性、先进性和实用性等“四性全优”的唯一省份。

节水技术支撑服务一是提供县域节水型社会达标创建技术服务。近三年已分三个批次完成了浙江省 80 多个县（市、区）国家和省级达标技术支撑服务，时间主要集中在 9 月至 11 月，每年需要组织 100 余人次，开展技术指导、现场抽查评估、会议验收技术评估服务等。二是提供节水型载体创建技术服务。近三年已完成节水型灌区 300 余家、节水型企业 2 000 余家、省级节水型公共机构 200 余家、市县级 8 000 余家等，为其提供现场技术指导和培训，时间主要集中在当年底至次年初，每年需要组织 100 余人次，完成超万家单位的技术支撑服务。三是提供节水标杆评估技术服务。以浙江省水利厅等七部门印发的节水标杆为依据，2020 年下半年组织 4 次，对 100 余家酒店、300 余家企业、100 余家学校、300 余家居民小区进行现场抽查专业复核、会议技术评估，完成年度工作。

项目以推进实施节水行动为核心，围绕浙江水利数字化转型升级，运用物联网、在线监测、数据集成、智能分析等新技术，构建“一库、一图、一应用”，即一个汇集节水行动多个部门的节水管理数据库；一张展示承载力和综合指数评价、节水行动进展、用水效率、重点用水户等多要素的专题图；一个涵盖全省节水行动目标分解、部门任务明确、工作推进协同、过程进度量化、问题解决可溯的数字化应用。通过四个节水应用基础统计和决策支撑模型，建成“数据汇聚、业务协同、动态督办、决策分析”的节水数字化应用，促进水资源综合管理能力提升。

## 三、项目成果特点

（1）影响面广，成为指导浙江省中长期节水行动的统领。该项成果在指导浙江省、设区市、县（市、区）开展节水行动统领方面，提出双控行动、六大领域节水工程、八项节水机制的“168”体系，涉及23个部门，明确了“补短板”“强监管”“走前列”的分层次任务，该体系涵盖了各领域、各行业节水工作，逐步形成了一套适合浙江省高质量发展、高水平节水的政策、技术、标准化支撑体系，融合了从试点到全面推进，再到深化落实的核心任务，经过4次全省范围的征求意见，得到多方认可，实现从节水行业管理向社会管理的变化，影响深远。

（2）可行性强，开展了大量的调研调查、协调、技术评估和指导工作。多次深入实地调研，调查了解全省80县（市、区）节水现状和实际需要。收集和梳理分析了大量的省级部门、各地规划、相关各类文件、近15年来的基础统计资料等，对节水行动采用多方式咨询、技术和行政协商相结合的方式进行分析。在浙江省水利厅的组织协调下，多次与浙江省发展改革委、省经信委、省建设厅、省环保厅、省机关事务管理局等部门和单位进行会议协调，综合多方意见和建议，确保各类目标、制度和重点任务的衔接，做到立足实际、有法可依、有据可循、布局合理，使成果切实得到落实。

（3）探索性强，是多年主要研究基础和工作成果的集中体现。结合浙江省水资源特点、“五水共治”总体部署、“政府数字化”转型等要求，项目完成了许多有益的探索工作。①以节水行动推进《浙江省水资源条例》的立法和实施，节水行动内容占总内容的四分之三以上，得到根本法律保障。②提出把农业和非农增加值用水量指标纳入浙江省高质量发展指标体系，强化了节水行动刚性要求。③补齐节水信息化短板，助推节水“强监管”，通过节水综合指数等建立节水行动为核心的全省节水数字化平台系统。④开展了国家和省级关于考核指标、评估体系、核算方法等研究，探索建立了一套多方参与协作机制、推进了制度创新和节水示范工程建设、解决了水资源管理中的统计口径、评估标准等一些主要技术问题，集中体现了统筹规划、分类指导、目标明确、工作规范、动态管理的分阶段标准，为各项目标任务的落实和考核提供了相应的科学支撑。

（4）成效显著，成果得到实际应用，服务范围涉及我省各行业各领域。项目切实落实浙江省政府关于实施最严格水资源管理制度全面推进节水型社会建设的意见要求，水资源管理工作考核成效连年优秀，成绩得到国务院办公厅通报表扬。主要成果被浙江省政府办公厅发文采用1次，省水利厅发文采用5次，省水利厅联合省经信委、省建设厅、省机关事务管理局等联合发文4次，在省级政策和制度上得到了实施保障。为全省水资源管理提供4次培训，为高质量发展考核提供年度成果。本项工作立足浙江省实际，为落实“节水优先”提供了措施保障，为“十四五”节水全面深入开展提供了丰富的经验借鉴、发挥了节水标杆示范等作用，取得显著的社会经济效益。综上，在节水方案理念、技术标准、实施手段、覆盖面和成效方面，成果总体处于全国领先水平，受到国务院表扬、省部领导批示和关注；有关政策改革、技术标准、节水标杆工程、节水数字化在全省得到推广应用，取得了较好成效。

## 四、项目实施情况

本项工作立足浙江省实际，为落实“节水优先”新时期治水思路提供了实施措施，为“十四五”节水全面深入开展提供了丰富的经验借鉴、发挥了节水标杆示范等作用，取得显著的社会经济效益。

一是促进节水从行业管理向社会化管理转变。通过节水行动强化“政府主导、部门协同、社会参与”的节水管理模式，理顺政府各部门职责，明确工作任务，进一步建立和强化全社会水资源刚性约束制度。

二是助力政府节水管理数字化转型。通过横向任务分解、纵向任务下达，明确节水行动目标、推动节水行动任务，落实督查督办任务，提供决策分析数据，建成“数据汇聚、业务协同、动态督办、决策分析”的节水数字化应用，促进节水管理数字化转型和效能提升。

三是形成一批规范和标准，发挥节水引领示范效应。通过持续研究，成果不断得到实施和推广应用。其中，节水行动实施方案由浙江省人民政府办公厅印发实施；行业四类节水标杆标准和用水定额由省级有关部门联合印发，并已开始推广应用；一大批载体通过创建获得省级有关单位命名，发挥节水引领示范效应。

## 五、项目主要参与人员

项目主要参与人员：苏飞、苏龙强、陈欣、姚水萍、钱浩、舒畅、王磊、陈彩明、高尚、钱依忞。

# 浙江省高效节水灌溉工程总体建设方案

浙江省水利河口研究院（浙江省海洋规划设计研究院）

扫码查看原文

## 一、项目概况

农业是全面建成小康社会、实现现代化的基础。党和国家历来高度重视 “三农” 问题，不断加大强农惠农富农政策力度，大力推进农业现代化。浙江省“七山一水二分田”，人均耕地仅为 320 $m^2$（合 0.48 亩），土地资源紧缺，这就要求浙江现代农业必须是高土地产出率、高劳动生产率和高附加值的农业。作为农业基础支撑的农田灌溉也必须转变灌溉方式，以适应现代农业的要求。喷微灌等高效节水灌溉技术，使农田灌溉从传统的人工作业变成半机械化、机械化，甚至自动化作业，是支撑现代农业发展的基础设施和装备，是现代农业发展的基础和条件。

“十二五”以来，通过农业“两区”、农田水利标准化建设等，浙江全省节水灌溉面积达到 $1.075\times10^6$ 万 $m^2$（约合 1 612 万亩），占有效灌溉面积的 75.4%。但是，工程措施主要以渠道衬砌为主，喷灌、微灌、地下管道灌溉等高效节水灌溉发展相对迟缓，仅达到 $1.427\times10^5$ 万 $m^2$（约合 214 万亩），占全省节水灌溉面积的 13.3%，是浙江省农田水利建设中的“短板”，与浙江省作为东部较发达省份高水平全面建成小康社会的要求不相符合。每年中央一号文件都对全面实施区域规模化高效节水灌溉行动作出安排部署。其中 2016 年，水利部等五部委联合发文《关于加快推进高效节水灌溉发展的实施意见》（水农〔2016〕239 号），要求各地把高效节水灌溉作为贯彻党中央、国务院重大决策部署的重点工作来抓，并层层落实工作任务。2015 年，浙江省政府出台《关于加快推进高效节水灌溉工程建设的意见》（浙政办发〔2015〕3 号），明确要求把高效节水灌溉作为经济社会可持续发展的一项重大战略任务。

按照“创新、协调、绿色、开放、共享”发展理念和新时期“节水优先、空间均衡、系统治理、两手发力”治水方针，认真贯彻落实 2015 年和 2016 年中央一号文件“大力开展区域规模化高效节水灌溉”的精神和浙江省委、省政府关于深入推进“五水共治”的重大部署，依据《关于加快推进高效节水灌溉工程建设的意见》（浙政办发〔2015〕3 号）要求，大力推进高效节水灌溉“四个百万工程”建设，提档升级农田水利基础设施，促进节水减排，保障粮食安全，加快农业现代化发展。

## 二、项目内容

按照政府主导、协调发展，突出重点、示范推广，技术创新、强化服务，建管并重、良性运行的原则，2016—2020 年完成全省高效节水灌溉工程建设总面积 $2.686\times10^5$ 万 $m^2$（合 402.9

万亩），其中水稻区管道灌溉工程 $6.955\times10^4$ 万 $m^2$（约合 104.32 万亩）、坡耕地雨水集蓄喷微灌工程 $7.005\times10^4$ 万 $m^2$（约合 105.08 万亩）、农业园区智能化标准型喷微灌工程 $6.704\times10^4$ 万 $m^2$（合 100.56 万亩）、林园地经济型喷灌工程 $6.196\times10^4$ 万 $m^2$（合 92.94 万亩）的目标。

高效节水灌溉“四个百万工程”建设经济效益和社会效益显著，改善 $1.367\times10^5$ 万 $m^2$（约合 205.03 万亩）农田的农业灌溉条件，新增 $1.32\times10^5$ 万 $m^2$（约合 198.02 万亩）灌溉面积，新增粮食生产能力 8 716 万 kg，年经济效益 22.47 亿元，对保障粮食生产安全、促进现代农业发展和农民增产增收意义重大。

## 三、项目成果特点

项目研究难度大，工作内容多，既借鉴了现有的技术、经验，又具有突出的创新性和先进性，具有较高的咨询水平，是“十三五”期间浙江省落实国家高效节水灌溉发展战略、全面推进高效节水灌溉“四个百万工程”建设的依据和指南。

### （一）契合浙江实际和发展需求，创新谋划“四个百万工程”

立足浙江省情，根据浙江现代农业发展和粮食安全需要，在充分调研基础上，统筹谋划，出台了《关于加快推进高效节水灌溉工程建设的意见》（浙政办发〔2015〕3 号），要求把高效节水灌溉作为经济社会可持续发展的一项重大战略任务，统筹开展高效节水“四个百万工程”建设，即实施百万亩坡耕地雨水集蓄喷微灌工程、实施百万亩农业园区智能化标准型喷微灌工程、实施百万亩林园地经济型喷灌工程、实施百万亩水稻区管道灌溉工程。

### （二）工作难度大，细致工作，稳步推进

浙江省降雨较多，坡耕地喷微灌、林园地喷微灌和水稻区管道灌溉面临一些关键技术问题，如应用技术模式、建设标准及关键参数，国家相关规范没有涉及或者国家规范的要求不适合浙江省实际等，而这些在《浙江省高效节水灌溉工程总体建设方案》中必须明确。为此，项目进行实地调研、专家咨询、专项研究和试点等工作，并借鉴以往研究成果或者实践经验，给出满意的解答，编制《县市区高效节水灌溉工程总体建设方案编制提纲》，指导浙江全省各县（市、区）开展县级高效节水灌溉建设方案的编制工作。

### （三）技术难度大，开展专题研究，有创新和先进性

“四个百万工程”面临一些新的技术问题和难点，不是常规技术和方法能解决的，项目对关键问题进行专题研究和试点工作，时间短、难度大，技术有创新。

（1）论证发展潜力，确定合理的发展规模及建设任务。根据浙江省现代农业发展需要、耕地资源条件、林园地资源条件、经济条件和现状灌溉条件，开展专题研究，合理分析论证浙江省高效节水灌溉的发展潜力和发展空间，结合浙江省农林业发展布局，确定全省高效节水灌溉“十三五”期间的发展规模和布局，并根据各地自然条件、经济条件和发展意愿，确定各县（市、区）“四个百万工程”的建设任务。

（2）“四个百万工程”建设特点各异，现有规范尚不能完全解决。坡耕地喷微灌工程、农业园区智能化标准型微灌工程、林园地经济型喷灌工程和水稻区管道灌溉工程，南方多雨区有其特殊性，工程技术要求和建设标准各不相同，国家相关规范没有完全解答。项目根据南方降

雨条件、作物需水特征、地形条件等，对高效节水灌溉建设模式和技术进行了系统总结，特别提出了坡耕地和林园地喷微灌以“保命水、关键水”为目标的工程设计标准、设计方法和技术要求，并在江山市和龙游县进行了试点，其中龙游县试点还作为全省小农水现场会示范点，浙江省水利厅也在这些工作基础上，于2017年开展《浙江省高效节水灌溉工程建设标准》编制工作。

（3）总结建管试点经验，发挥长效管理。深入领会国家及省里小型农田水利工程（含高效节水灌溉）建设管理及运行管护的相关政策，总结浙江省龙泉、遂昌、建德、长兴等地高效节水灌溉建管试点经验，提出“四个百万工程”建管模式：明确建设主体和管护主体，推进“先建后补”“以奖待补”等建设模式，积极推行“以大代小、小小联合、以点代片、分片统管”的区域化、专业化和物业化集中管理模式。

### （四）社会影响大、可操作性强

高效节水灌溉“四个百万工程”是省政府作为经济社会可持续发展的一项重大战略任务，建设总面积为$2.686\times10^5$万$m^2$（合402.9万亩），遍布全省各个角落，是浙江省现代农业发展的有力推手和农民增收的基础支撑，浙江省水利厅、农业农村厅、林业厅、国土资源厅、财政厅和省农发办多部门积极参与，各级政府高度重视，也受到农民群众普遍关注和积极参与，地方水行政部门也积极推进高效节水灌溉建管改革试点。水利部也给予充分肯定，组织对“四个百万工程”进行调研，2016年11月，邀请项目组在昆明举办的“南方地区高效节水灌溉建设管理培训会”上进行技术交流；2016年12月8—10日，在杭州召开了全国规模化高效节水技术推广研讨会，浙江省高效节水“四个百万工程”建设受到了好评。

项目工作扎实，实际调研、专题研究、专家咨询和试点示范相结合，上下反复沟通，和浙江农业农村厅、林业厅、财政厅等厅局多次协调沟通，制定的目标任务、建设标准、建设计划等符合实际，任务落实到县级，项目落实到点，可操作性强，得到省级相关厅局和地方部门的认可，“四个百万工程”地方实施建设顺利推进。

## 四、项目实施情况

为保障高效节水“四个百万工程”顺利推进，浙江省水利厅农村水利局成立了“四个百万工程”工作组，围绕目标任务积极开展工作，省级有关部门积极开展协作。

《浙江省高效节水灌溉工程总体建设方案》的编制历时3年，以“促发展、见实效、能落地”为目标，先后开展了浙江省高效节水灌溉发展专题研究、坡耕地雨水集蓄喷微灌技术试点、县级总体建设方案编制提纲、坡耕地雨水集蓄喷微灌工程专项建设方案、水稻区管道灌溉工程专项建设方案等专项工作，最终形成《浙江省高效节水灌溉总体建设方案》（又称“四个百万”工程建设方案）。“四个百万”工程建设不但受到浙江省各级政府重视和农户广泛关注，而且引起水利部关注并得到其肯定。

项目情况如图1所示。

图 1　项目实景图

# 曹娥江大闸枢纽工程

浙江省水利水电勘测设计院有限责任公司

扫码查看原文

## 一、项目概况

曹娥江河口段两岸的萧绍平原和姚江平原，是浙江省的经济发达地区，区域内的慈溪、余姚和上虞位列全国百强县。位于曹娥江河口段右岸姚江平原东部的宁波市，是华东地区的重要工业城市和港口城市。大闸建成前，曹娥江河口段受山洪与风暴潮共同危害，两岸堤防的防洪标准只有 50 年一遇至 100 年一遇；河口段受潮水影响，水体的含沙量高，淤积严重，对两岸平原排涝产生了很大影响，也制约了上游水库的建设，影响了水资源的利用率；曹娥江河口段为感潮河段，潮差大，分隔了两岸平原河网水体，又由于河道淤积，曹娥江河口段的通航保证率只有 50%，大大削减了已开工建设的杭甬运河的整体效益。

曹娥江大闸的建成彻底消除了曹娥江河口段的风暴潮灾害，提高了两岸平原的防洪排涝能力，将该段江堤的防洪能力从 50 年一遇至 100 年一遇的设防标准，提高到 200 年一遇标准；大闸的建成使闸上河道成为淡水水库，形成了以曹娥江大闸闸上水库、平原河网为依托的多元化水资源调配系统，改善了两岸河网水环境，提高了杭甬运河 500 t 级改造工程的通航保证率，减少了船闸数目。因此，该工程作为曹娥江河口段两岸中心城市（绍兴、宁波）经济发展必要的基础设施，其建设的成功对于突破浙东地区经济、社会发展的瓶颈，提升“长三角”南翼区域的竞争力有重要意义。

## 二、项目内容

浙江省曹娥江大闸枢纽工程位于钱塘江下游主要支流曹娥江河口，是浙江省“五大百亿”工程之一——浙东引水工程的重要配水枢纽，是国家重大水利基础设施项目。因其规模大、工程条件复杂，被誉为“中国第一河口大闸”。工程主要由挡潮泄洪闸、堵坝、导流堤、闸上江道堤脚加固工程等组成，其主要建设目的为防潮（洪）、治涝、水资源开发利用、改善水环境和航运条件等。

## 三、项目成果特点

曹娥江大闸枢纽工程规模大，质量要求高，且工程环境复杂，建设难度大。为了完成这一世纪工程，设计人员秉承工匠精神，披荆斩棘、勇于创新，巧妙地解决了有关闸下泥沙冲淤调控、多元深厚软基处理、闸门结构设计及优化、混凝土结构耐久性及防裂设计、流域洪潮预报调度、闸门自动监控与调度管理、生态环境保护和水文化建设等方面的诸多难题。这些难题也形成了曹娥江大闸枢纽工程很鲜明的特色。

### （一）强涌潮河口大闸泥沙冲淤调控

钱塘江大潮闻名海内外，在强涌潮多泥沙河口建闸主要考虑闸下淤积及冲淤、涌潮冲击等问题。采用多种研究手段相互印证，提出了通过钱塘江尖山河段整治和利用闸上水量冲淤等减淤措施，解决了在海相来沙丰富的强潮游荡性河口支流口门处建闸泥沙淤积的关键技术问题。

### （二）软土地基大跨度闸室结构处理

曹娥江大闸的总净宽为 560 m、单孔净宽为 20 m 的河口挡潮闸为国内之最，没有可借鉴的经验，闸室结构设计难度很大。同时大闸地基为多元的软土结构，分布着极易振动液化的砂质粉土以及高压缩性的淤泥质黏土，需要面对基础承载力、地基变形、基础防渗和地震液化等一系列问题，基础处理难度很大。为了解决这一难题，设计人员首次在大型水闸工程中使用大跨度的双空箱式结构胸墙；首次在大型水闸主体结构设计中采用预应力张拉抗裂措施；首次将交通桥与主体结构相结合采用大跨度空箱式结构；首次在大型水闸基础处理工程中采用大直径高强度预应力管桩；首次在大型水闸桩基中采用长短桩结合的设计；首次在大型水闸设计中采用高性能混凝土。大闸建设中巧妙的构思和先进的设计理念，达到了国际先进水平。

### （三）双拱鱼腹式钢闸门技术

运用仿生学和大跨度空间结构的理念，“双拱结构闸门”获得国家发明专利，革新了传统平面闸门的受力形式，具有简洁流畅、刚度大、重量轻的优势；研制薄壁圆管相贯连接的闸门结构，改进了闸门的流体力学性能，属于首创。正是以上技术的应用，曹娥江大闸闸门可以在承受极强的潮涌冲击的同时，仍能保持长时间的运行寿命。

### （四）水工及金属结构设计的技术创新

挡潮泄洪闸采用了水平防冲与多道垂直防冲相结合的防冲体系，安全可靠，从上游至下游布置有抛石防冲槽、预制防冲小沉井、混凝土灌砌块石护底、混凝土护坦、闸室、消力池、混凝土海漫、混凝土灌砌块石海漫、防冲板桩、防冲大沉井和抛石防冲槽；发明了大掺量磨细矿渣活化剂、具有抑制碱骨料反应效能的减水剂和无碱非亚硝酸盐阻锈剂，制定了精细的温控防裂技术措施和混凝土施工方案，提高混凝土的致密性，解决了混凝土碳化和氯离子渗透问题，保障了工程百年寿命；研发了“闸墩一次成型大钢模施工工法”和“贝雷架龙门吊吊运混凝土入仓施工工法”，显著提高了施工质量、安全、效率。混凝土拌和站实现了自动化控制，并在项目管理中采用了自动化软件进行全过程集中管理、流程化控制。严格控制浇筑质量，特别是在夏季，地面温度高达 50 ℃的条件下，采取控制入仓温度、内部降温和表面保温等一系列措施，确保稳定在 28 ℃以下，经过监测，未发现裂缝。

在大型水闸主体工程中受力钢筋首次采用环氧树脂涂层钢筋。环氧涂层钢筋在一些港口和大型海上桥梁工程中得到应用。曹娥江大闸枢纽工程从 2008 年运行以来，历经 2009 年“莫拉克”、2013 年“菲特”、2014 年“鲇鱼”台风等洪水的考验，运行情况良好。

### （五）鱼类畅游大闸鱼道

充分考虑了在海水、淡水交汇处建闸对鳗鲡、中华绒螯蟹等洄游性生物的影响，在系统研究洄游生物种类及生活习性的基础上，结合模型试验，通过设置鱼道成功解决了鱼类洄游通道的问题，取得了良好的过鱼效果。

### （六）大闸的水文化建设

绍兴是历史文化名城，是河网密布的江南水乡，依水而生，因水而兴。上古大禹治水，汉代马臻开筑鉴湖，明朝汤太守修筑三江闸，体现了绍兴悠久的治水史和灿烂的水文化。大闸把文化元素融入工程设计建设始终，以传承当地特色水文化为主线，将先贤的治水精神、古代水利工程的建筑风格、古三江闸的“应宿”文化等有机融合。通过28星宿浮雕、“治水风采”雕塑、“八仙过海”大型木雕、“娥江览胜图”漆雕、“神兮炎黄”铜艺叠镶组合壁画、“安澜镇流”碑亭及108块名人说水景石等充分展示了集“工程、环境、生态、景观、人文”的博大深邃的中华文化和当地特色的水文化，实现了现代与传统、功能与景观、水利与文化相结合，大大提升了工程品位，取得了较好的社会效益。

### （七）“工程、环境、生态、景观、人文”的有机融合

大闸建成后，曹娥江河口段由外江变成内河，原来危害严重的风暴潮被挡在曹娥江大闸以外，避免了风暴潮的侵袭。两岸堤防的防洪标准可提高到100年一遇以上；萧绍平原的排涝标准由10年一遇提高到20年一遇。可形成库容为1.46亿 $m^3$，长度为90 km的河道型水库。多年平均可增加利用水量6.9亿 $m^3$，萧绍平原和姚江平原连成一体，将使浙东地区的水资源得到更优的配置，使杭州、宁波、绍兴三座经济发达、历史悠久的江南名城焕发新的活力。防洪标准的提高和水环境的改善带来两岸土地开发价值的提高，为绍兴城市北进，建设杭州湾工业新城区创造有利条件。

## 四、项目实施情况

2005年12月30日，曹娥江大闸主体土建工程开工。2008年11月，通过下闸蓄水阶段验收。2008年12月18日，曹娥江大闸枢纽工程正式下闸蓄水。2009年6月28日，工程完工。2011年5月27日，通过工程竣工验收。自1976年初次立项至2012年工程全部竣工，由900 m长大坝和700 m宽水闸所组成的曹娥江大闸枢纽工程，历经36载春秋、一代水利人的不懈努力，终于屹立在这素有建闸禁地之称的钱塘江强涌潮区。而正是在攻克了“强涌潮河口建闸技术、双拱闸门、鱼道、水利工程与文化的结合”等一系列技术难题下，曹娥江大闸在灾害防治、促进水资源利用等方面产生了巨大的社会效益，使得当地近4 000多年中华治水文化得到继承和发扬，进而获得了“中国第一河口闸”的盛誉。曹娥江大闸枢纽工程先后获得了詹天佑奖、全国优秀工程勘察设计银奖、鲁班奖、大禹奖、菲迪克（FIDIC）优秀工程奖等奖项，表明中国项目、中国标准、中国方案已经走向海外，中国质量也得到了国际认可，我国工程咨询业的国际竞争力进一步增强。

项目情况如图1至图5所示。

图 1　曹娥江大闸下游鸟瞰实景图

图 2　曹娥江大闸上游左岸实景图

图 3　曹娥江大闸涌潮冲击实景图

图 4　曹娥江大闸俯视图

图 5　曹娥江大闸上的浮雕与镌刻

## 五、项目主要参与人员

项目主要参与人员：陈舟、唐巨山、涂成杰、刘旭辉、皇甫能达、王军、李健民、康瑛、孙湘琴、谢雯霞。

# 乐清市餐厨可再生资源利用中心 PPP 项目实施方案

德邻联合工程有限公司

扫码查看原文

## 一、项目概况

乐清市餐厨可再生资源利用中心 PPP 项目（以下简称项目），拟计划建成后工程建设规模总建筑面积为 9 393.78 $m^2$，垃圾日处理规模为 310 t（其中餐厨垃圾日处理规模为 150 t，厨余垃圾日处理规模为 150 t，废弃油脂日处理规模为 10 t），收运系统采用餐饮垃圾、废弃油脂、厨余垃圾独立收运；处理工艺采用“预处理＋联合中温湿式厌氧消化产沼”的技术路线。建设内容主要包括餐厨垃圾预处理车间、锅炉及发电机房、污水综合车间、管理用房、消防泵房、门卫室、污水综合水池、脱硫系统、消防水池、均质调节池消化液暂存池、厌氧罐、沼气柜、封闭式火炬等。本项目主要包括乐清市餐厨再生资源利用中心 PPP 项目投资、融资、设计、建造、运营和维护、移交等工作。

## 二、项目内容

为科学规范地推广运用政府和社会资本合作（PPP）模式，保障政府和社会资本合作积极稳妥推进，方案编制过程旨在通过对乐清市餐厨废弃物综合处理和资源化利用 PPP 项目的项目运作方式及交易结构选择、项目的投资收益及财务效益预测、项目合同体系及监管架构、项目风险分配及防范措施、项目采购及政府财政承受能力等内容的分析研究，从政府的角度审慎地分析研究论证项目的建设和运营采取 PPP 模式的可行性和必要性，通过分析政府与社会资本合作期限内的投资回报、政府支出责任和双方的权利义务，为成功采用 PPP 模式进行投资、建造、运营提供理论和现实支持，并为项目实施提出了明确的解决路径和清晰准确的方案依据，为政府决策提供参考。首先对该项目涉及的所有收运区域规划、餐厨垃圾处理工艺、处理成本等基本资料及专业资料进行调查、收集；在资料收集的基础上，与当地街道、城管以及物价等部门深入沟通，并对浙江省同类型的餐厨垃圾项目进行考察、调研，结合实际情况对相关资料进行综合分析，制定初步方案，并联合有关专家对建设服务内容、投资风险及回报、市场环境影响等方面进行了深入细致的研究，最终编制完成 PPP 项目实施方案。

### （一）前期调研

项目垃圾收运范围覆盖面广、道路线路复杂，运输线路对垃圾收运部分的运营成本有较大影响。传统咨询一般都直接选用委托方提供的评估数据，导致准确率较低、与实际相差较大的情况发生，严重影响项目的具体实施。为了避免此类问题的发生，德邻联合工程有限公司根据项目实际情况，编制了专业的前期调研方案，抽调环保专业工作小组，与委托方及相关部门进行实地考察、市场调研，确定项目各项成本及收入等基础数据。

### （二）数据分析研究

对所收集的相关数据，通过建立财务模型和数据分析软件进行理论数据、实际数据和调研收集的历史数据的对比分析，确定项目的餐厨垃圾收运、垃圾处理消耗、产出物销售收入以及废弃产物处理成本等数据，进行财务模型调试，针对不同边界条件下项目的收入、支出和收益情况进行模拟测算，并根据以上结果分析整理，确定方案大致方向。

### （三）项目边界条件的确定

德邻联合工程有限公司通过系统专业的分析研究，结合模型测算数据，确定方案的边界框架，并与本项目实施机构、当地财政部门、评审专家以及街道和第三方收运单位等进行了多次讨论、审查，逐步细化方案，明确项目边界条件，最终确定项目的收运实施细则、处理技术工艺、项目回报模式、调价机制等内容。同时，会同乐清市城管部门协调落实范围内餐厨垃圾收运问题，明确收运归属权，并确定一系列机制以保障未来项目公司对合作范围内餐厨垃圾收运权利。最终实现 PPP 模式下特许经营的市场经营理念，引入专业管理维护团队运维，实现项目投资回报的资金平衡。

## 三、项目成果特点

### （一）前期调研具有典型意义

本项目前期调研对各类餐厨垃圾处理项目进行了实地考察，对不同项目的收运管理体系、预处理方案、处理工艺线路、产出物利用等进行了深入调研，还结合收集的收支数据对比理论计算数据，创新利用财务现金流分析模型对不同项目边界条件下的项目公司现金流及财务内部收益率等投资收益指标分析比较。同时，会同乐清市执法局等相关部门对餐厨垃圾收运范围内餐厨垃圾收运问题进行商讨，明确了区域内餐厨垃圾收运的主体责任方，制定了具体收运方案实施细则，不仅对本项目收运区域范围进行了校核，也通过制度杜绝了餐厨垃圾、地沟油等私自收运、私自贩卖等行为，优化了乐清市餐厨垃圾收运一体化的整体推进。

### （二）结合项目特点，数据与方案交互确定

结合项目选择的工艺路线、收运和处理的运维成本及项目产出物的收益状况，在前期调研数据的基础上，合理确定项目具体的边界条件以及项目实际运维补贴金额，再通过财务模型进行分析测算，确定在该特定条件下的合理收益水平，并将该数据反馈至方案整体设计中，以保证项目建设及运维内容的最优化。

### （三）项目调价机制的创新

作为餐厨垃圾处理项目，本项目的建设投资较同类项目高，而本项目处理量较大，且运营合作期长达三十年，项目进入运营后建设总投资变化、人工原材料物价等变化因素都会放大项目的运营现金流变化。德邻联合工程有限公司创新地使用单位处理价格构成分析模型，将单位处理价格中的建设成本、固定成本、可变成本以及合理利润等成分进行拆分，将各项因素的浮

动变化进行敏感性分析，横向结合同类项目的调整因素结构，最终设计出从建设成本审定到运营中后期运营成本变化的完整调价体系，将众多因素融入调整机制中，保证项目全生命周期平稳运营。

该咨询成果就项目建设及服务内容、实施理由、区域范围、运营维持等进行了深入细致的分析和研究，对实施模式的分析设计较为严谨，调价机制的设计具有一定的创新性，对餐厨垃圾处理和 PPP 模式的结合进行了进一步的合理探索，对同类项目具有一定的示范意义。主要包括以下两方面：

**1. 建设运维服务质量提高**

通过本项目的实施，引入的社会资本方既具备良好的投资能力，又具备专业的项目建设和运维服务的技术能力，建设及运维服务的质量大大提高。

**2. 设计合理，项目推进顺利**

通过本项目前期调研，完善项目方案的各个方面，将项目的收运处置一体化模式细致分析，严谨设计，在项目推进前期明确分配项目各项权利，完善项目支付、调价等各项机制，保证项目在后续推进过程中顺利进行。

## 四、项目实施情况

本项目咨询工作从 2019 年 8 月开始，于 2019 年年底完成。该项目已于 2021 年 12 月正式建成投料运行。

项目情况如图 1 至图 3 所示。

图 1　项目鸟瞰图

图 2　项目现场图

图 3　研发楼正面效果图

## 五、项目主要参与人员

项目主要参与人员：王辰栋、任海、汪良海、吴敏、胡光春、赵科嘉、陈翟飞、胡超、所璐。

# 温州市南部副中心综合交通一体化研究

浙江省城乡规划设计研究院

扫码查看原文

## 一、项目概况

随着国家“一带一路”倡议的实施及长江经济带的建设，长三角和海西经济区区域合作与浙江新型城市化战略的不断推进，温州都市区的发展战略空间格局雏形正逐步形成。

如何整合都市区的空间发展结构，提升都市区各组团的综合交通能力及效率，增强都市区综合交通辐射能力，成为温州都市区未来发展的重要课题。南部“平苍”地区是温州都市区的重要发展空间，在都市区范围内城市交通区域化和区域交通城市化的交替、融合发展过程中，南部地区的综合交通体系特征将会从城镇交通向区域交通和都市区交通特征转变，区域一体化发展将是必然趋势。

一体化发展，交通对接是重点。综合交通一体化研究包括政策一体化、设施一体化、运营一体化和管理一体化等诸多方面。

## 二、项目内容

### （一）南部副中心一体化发展阶段、空间要素及趋势研判

城镇空间关系基于苍南、平阳和龙港的总体空间布局。其中，苍南为“一心＋组群”，平阳为“一带＋两区”，龙港和鳌江存在同城条件，其余城镇竞争大于协作。鳌江流域虽然城镇比较密集，但是在现有道路条件下，只有龙港—鳌江、灵溪—萧江处于通勤时距内。灵溪和鳌江、昆阳，龙港和昆阳之间都超出了通勤时距。平阳内部：彼此临近的萧江、鳌江、昆阳、万全在通勤时距内，间隔一个城镇则超出通勤时距，围垦园区分别与鳌江、昆阳联系。苍南—龙港之间及苍南内部：龙港、新城开发区、宜山、钱库、金乡彼此之间都在通勤时距内，是一个网络状的联系方式，而灵溪基本上脱离于东部城镇之外，除了宜山之外，和其余城镇的通勤时距均达到了 20 km，时间超过 40 min。

### （二）南部副中心交通一体化发展的目标、战略、模式和策略研究

（1）实现温州都市区“1 小时交通圈”、温州南部副中心“半小时交通圈”目标，即通过交通走廊和综合交通枢纽的设计、整合，构筑一体化综合交通体系模式，以龙鳌为一体化交通空间核心，协调一体化综合交通体系。

（2）理论研究，即进行区域综合交通一体化概念、分类、分区、功能、层次、系统构成等的研究。

（3）战略研究，即通过对温州都市区、苍南县域、平阳县域的空间及已有规划研究分析，提出战略分区及总体战略，重点关注龙鳌主中心整合及温州都市区主、副城的综合交通协调，并提出一体化整体战略。

（4）策略和目标，即重点关注国家铁路、高快速路系统、港口、机场及城际 S3 线、中运量公交系统、物流等系统性问题、通道问题和枢纽问题。

### （三）区域重大交通设施（公、铁、轨、水、航空）的区域协同及空间布局研究

协调重大交通与城市交通、用地布局的关系，重点分析沿海高铁线位站位布局、港口定位、机场等级选址等，合理布局出省通道，打造沿海节点，积极融入温州都市区。

**1. 综合运输通道**

规划形成“六廊七心多点”综合运输通道，具体如下。

（1）六廊：沿海城镇发展带、温福交通带、泰苍生态旅游带、龙文城镇发展带、龙丽温城镇发展带、龙金产业发展带。

（2）七心：龙港、龙港新城、鳌江、昆阳、灵溪、水头—腾蛟、马站（核电小镇）等 7 个区域交通中心，推进绿色交通 + 智慧交通发展以及城乡统筹 + 服务均等化。

（3）多点：萧江、万全、麻布、宜山、钱库等沿线重点乡镇。

**2. 综合交通系统整体架构**

南部副中心规划期末将形成以轨道交通、高速公路、航空港、航运为核心的四位一体的综合交通体系框架。在空间布局结构上应加强副中心各城镇之间及其自身的重大交通基础设施的协调研究和建设。

针对副中心与温瑞主城片形成主 - 副中心关系、交通联系正逐渐增强的特点，规划 3 条铁路、5 条高速公路、2 条轨道交通协调重大交通廊道，4 条快速路加强与温州、瑞安等主城片的高速公路和快速路联系，重点满足向心交通需求。

结合规划方案，采用 TransCAD 软件分别对规划路网下高速公路出入口 15 min、30 min 的时空圈覆盖情况进行分析，结果显示，规划方案下，未来南部副中心全域 85% 的区域均能 15 min 进入高速公路系统，平阳西部顺溪镇、怀溪、青街等西部以及苍南南部的霞关镇、东部的大渔镇等乡镇不能 15 min 进入高速系统；30 min 时空圈规划高速公路网体系下，全域均能实现半小时进出高速公路系统。

### （四）南部副中心综合交通一体化系统整合方案

研究以“一心两翼两组团”的空间结构为主要工作平台，重点衔接对外交通，整合副中心内部交通枢纽、道路网络、公交体系、物流组织等综合交通系统，构建南部副中心一体化综合交通体系。重点研究枢纽布局、框架路网、公交系统、物流等。

（1）交通需求预测：客流分布预测。从定性和定量角度为制定交通战略和编制交通设施规划提供理论依据，为组团间和片区交通联系模式的确定提供支撑。

（2）综合交通枢纽规划布局：分级构建综合客运枢纽，以鳌江、龙港为中心建设复合交通枢纽站，共建共享“区域综合交通枢纽”；研究现有行政中心昆阳、灵溪等行政、公建设施等集中区域的客运枢纽及站点的分工和协作，在南部副中心城市内形成“一主两辅多点”综合客运枢纽格局。

（3）快速通道规划构建：布局原则。与土地利用相协调，做到布局合理；作为骨架路网，沿组团外围布局，串联各城市组团，承担中长距离出行；联系高速公路互通，加强对外联系。

（4）框架性道路网规划：基于快速路规划方案，规划形成“七横十一纵”主干路网、“十三横十二纵”次干路网。通过构建龙鳌核心区的环形放射式路网，强化中心的集聚作用。通过环形路网将平苍地区的重点区域，尤其是龙港镇及鳌江镇等区域联系起来；通过环内的方格网状的高等级路网来促进该重点区域内的迅速融合，促进平苍两县中心组团的迅速融合。

（5）大中运量公共交通系统规划：为做大中心城区，温州市选择了市域轨道交通作为公交主骨架。市域轨道交通具有以下特征：速度快，站距大，平均站距 4 km，平均出行距离 25 km。而平阳、苍南等城市规模决定了其居民平均出行距离不外乎 4 km 左右，因此温州市域轨道交通（S3）将很难承担县区内部骨干公交的功能。

（6）物流基地及运输通道规划：温州都市区范围内规划形成由物流园区、物流中心和配送中心构成的三级货运枢纽体系，其中南部副中心范围内设置物流中心和配送中心。

（7）城市空间、产业发展与交通协调的对策研究：采用时空绩效评价量化综合交通体系对南部副中心城市空间、产业发展一体化的协调程度。

### （五）行动计划及政策机制

基于远期交通一体化规划框架及区域近期发展要求，提出支撑南部副中心一体化布局的可实施方案，同时提出项目推进所需要的政策和机制。

## 三、项目成果特点

规划研究沿着“摸现状、抓特征、谋策略、构方案、定计划”的主线，首先，从背景现状研究入手分析南部副中心乃至温州都市圈范围的经济、人口、城镇空间、产业布局、地形地貌等与综合交通体系的关系特征，对相关规划进行解读。其次，在综合交通一体化建设的功能定位及发展策略的基础上，梳理并明确南部副中心综合交通一体化发展的阶段及各交通系统的规划方案，最后，对综合交通一体化的建设实施制定详细的建设指引，为温州市南部副中心可持续发展提供支撑和依据。

### （一）提出温州市南部副中心综合交通一体化的三协同

南部副中心与温瑞主城片的交通一体化重点是，协调重大交通廊道，构建国家铁路、城际轨道交通衔接体系，加强与主城片的高速公路和快速路联系，重点满足向心交通需求；内部交通一体化重点是，以公交化、网络化和快速化为原则，合理布局综合交通设施，协同内部道路网建设，形成内部中运量公交系统，支持副中心的形成和发展。因此，综合考虑三个层面的协同。

（1）大协同。接轨长三角和海西，打造沿海大通道上的重要节点，补足温州和福州之间缺失枢纽。

（2）中协同。提升能级、强化协调，建设温州都市区内的高可达性副中心城市。

（3）小协同。做好南部副中心区域内部的一体化协同，完善交通网络，实现功能整合。

### （二）提出基于组合城市的区域中心识别及交通整体框架构建

以温州南部平阳、苍南、龙港等组合城市为整体展开研究，基于组合城市的一体化程度及其发展空间要素，提出了组合城市对外需基于国家高铁场站、都市区轨道 TOD 走廊及高速公路网络节点，通过交通走廊集约、枢纽集合的空间整合路径，构筑服务都市区、辐射闽东北和赣东地区的温州都市区南部区域的综合交通枢纽；对内应以公交化、网络化和快速化为原则，以内部中运量公交系统为主导模式，支持组合城市中心城区形成综合交通一体化发展路径。

### （三）提出基于时空绩效的方案评价

本次规划采用宏观分析软件 TransCAD，以高速公路出入口 15 min、30 min 时空圈的区域覆盖率为公路设施进行时效评估，判断规划方案下南部副中心高等级公路系统的实施效果；以南部副中心高铁站 15 min、30 min 时空圈的区域覆盖率判断规划方案中南部副中心高铁站总体布局的合理性及配套道路系统的实施效果。

## 四、项目实施情况

在现行行政体制下，如何通过都市区交通一体化发展，适应鳌江流域城市空间格局的新变化、带动南部副中心经济跨越式发展、优化整合各组团间的交通走廊和综合交通枢纽是温州都市区发展新格局形成过程中的关键课题。本规划研究通过系统、全面和深入的调查、多方位的分析，分别从政策一体化、设施一体化、运营一体化和管理一体化等诸多方面入手，优化、整合温州市南部副中心综合交通系统，实现交通一体化发展，为温州市南部副中心一体化发展提供支撑。

## 五、项目主要参与人员

项目主要参与人员：薛锋、贺晓琴、王桀、吴寻、高昂、朱小康、赵兴刚。

# 加强杭州湾、象山港、三门湾、台州湾、乐清湾、瓯江口等保护和开发研究报告

浙江省发展规划研究院

扫码查看原文

## 一、项目概况

根据《政协浙江省委员会关于围绕加强杭州湾、象山港、三门湾、台州湾、乐清湾、瓯江口等保护和开发开展专题政治协商的实施方案》（政浙厅发〔2016〕11号）安排，浙江省发展规划研究院承担了“加强杭州湾、象山港、三门湾、台州湾、乐清湾、瓯江口等保护和开发”调研课题的研究任务。研究工作自2016年3月开始，于2016年8月完成。

## 二、项目内容

在充分借鉴国内外湾区经济发展研究成果和梳理浙江省内主要湾区基础性材料的前期工作基础上，课题组协同浙江省政协相关单位和部门，于2016年3—6月组织开展浙江省内六大湾区的系统性调研工作，并赴山东、福建、广西等沿海省市学习考察湾区保护和开发的经验做法，形成阶段性研究成果。在进一步消化吸收省级各部门及专家学者意见建议之后，修改形成最终研究报告，成为省政协专题议政性常委会议专题协商的重要支撑成果，报送省委、省政府有关领导。

## 三、项目成果特点

围绕湾区保护和开发这一重要命题，研究报告以杭州湾等六大湾区为重点，在摸清湾区发展现状的基础上，查找“短板”并提出“补短板”的举措建议，对今后一个时期浙江省加快湾区发展具有十分重要的现实意义。总的来看，研究成果主要具有以下三个方面的亮点。

### （一）课题选题具有战略性和前瞻性，抓住湾区经济支撑全省经济转型这一关键突破口进行战略性研究

浙江省委、省政府在“十三五”规划建议和纲要中提出，今后一个时期要把大力发展湾区经济作为浙江省推动区域协调发展的重大战略。本课题即围绕这一重大命题，以杭州湾、象山港、三门湾、台州湾、乐清湾、瓯江口等六大湾区为研究样本，在摸清主要湾区发展现状的基础上，查找“短板”并提出“补齐短板”的举措建议。从选题上来看，本课题既体现了对浙江省“十三五”时期重大发展战略研究的主动响应，又落脚于对今后一个时期浙江省加快湾区发

展提出谋划深、措施实的对策建议，具有战略性和前瞻性。

### （二）研究思路具有全局性和系统性，对湾区经济发展、规划建设、科技文化、生态保护等多个维度进行深入探讨

不同于对浙江省内单个湾区进行个例分析，本课题对浙江省内六大湾区的发展情况进行了全面调研，并从全省角度查找加快发展湾区经济的共性问题以及最需要补齐的短板。在正确认识湾区保护与开发关系的基础上，课题从保护理念、开发导向、发展规模、发展成效、管理制度、科技应用等方面对现状和问题进行了系统性研究。

### （三）调研方法突出“四个结合”，是目前全省可见的对重点湾区调研最深入全面的研究之一

本课题的调研工作兼顾全面统筹与突出重点。在调研范围上，做到面上摸查与重点研究相结合；在调研对象上，做好省内调研与省外考察相结合；在调研方式上，做实研讨协商与实地考察相结合；在调研内容上，突出保护与兼顾开发相结合。

## 四、项目实施情况

研究报告沿着“厘清基本认识—查找问题短板—探讨实际对策”的研究逻辑展开分析，明确提出正确处理保护与开发关系是湾区高水平、可持续发展的关键，并重点分析了当前浙江省湾区保护与开发中的突出问题，对于指导全省湾区发展具有重要警示意义，所提出的总体思路全面清晰、具体举措贴近实际，具有较强前瞻性和可操作性。

研究报告作为省政协“加强杭州湾、象山港、三门湾、台州湾、乐清湾、瓯江口等保护和开发”常委会专题协商议题的重要支撑成果，得到应用，并得到了多位省领导批示。

## 五、项目主要参与人员

项目主要参与人员：黄勇、潘毅刚、俞宁。

# 浙江省制造业核心竞争力评价研究

浙江省发展规划研究院

扫码查看原文

## 一、项目概况

制造业是国民经济的主体，是经济增长的主要引擎，也是一个国家或地区综合实力的重要支撑。改革开放以来，浙江省以民营企业为主体、专业市场为依托、块状经济为支撑，在国家政策支持不足和区域资源要素匮乏的情况下，紧紧抓住20世纪80年代初期居民消费需求恢复性增长和21世纪初期国际贸易飞速发展等一系列重要历史机遇，逐步形成了以轻纺、化工、装备制造等为主体的工业产业体系，有力地推进了浙江省的工业化、城市化和现代化发展进程。但近年来，随着全球化的深入、区域竞争的加剧，以及新一轮科技革命和产业变革的兴起，浙江省目前的制造业竞争优势被明显削弱，产业层次不高、增长后劲不足等矛盾日益突出。

在此过程中，有两个问题亟须解决：一是如何客观评价浙江省制造业的整体竞争力及短板所在。如何明确浙江省在全国主要制造大省之中的地位，找出制约竞争力提升的主要短板成为制定制造业产业政策的出发点。因此，按照国家出台的“中国制造2025”及国家发展改革委制订的“增强制造业核心竞争力三年行动计划”的目标要求，结合浙江省实际，浙江省发展规划研究院对全省制造业竞争力进行评估和比较分析。二是如何明确制造业核心竞争力突破的重点方向及对策举措。浙江省制造业各个行业的发展并不平衡，做强之路也不可能齐头并进。因此，如何从众多产业领域中选择具有战略前景的重点领域，作为“十三五”时期重点培育的方向十分必要。

## 二、项目内容

核心竞争力是衡量一个地区制造业发展水平的关键，当前浙江省制造业竞争优势被明显削弱，产业层次不高、增长后劲不足等矛盾日益突出。本研究重点回答四个方面问题：①浙江省制造业核心竞争力如何？②制约竞争力的关键因素是什么？③制造业应该聚焦发展哪些重点领域？④如何增强这些领域的核心竞争力？

针对以上问题，本课题研究主要包含四个部分。

一是全球制造业发展态势以及对浙江省的经验借鉴与启示，主要研究全球制造业发展趋势和规律，我国制造业态势及“中国制造2025”展望，以获得发达国家以及国内制造业对浙江省制造业发展的经验借鉴及启示。

二是制造业核心竞争力指标体系研究，主要研究制造业核心竞争力的概念界定与特征，构建浙江省制造业核心竞争力的评价指标体系。

三是浙江省制造业核心竞争力评价与比较研究，主要开展浙江省制造业核心竞争力评价及“四省一市”制造业核心竞争力的比较研究，明确浙江省制造业核心竞争力的制约短板。

四是浙江省制造业重点领域研究，主要通过客观分析比选和专家咨询，明确未来浙江省制造业发展的重点领域及发展路径等。

## 三、项目成果特点

### （一）研究方法

（1）系统总结主要发达国家关于制造业领域的国家战略和计划、国内外主要的制造业核心竞争力评价模型，创新提出了评价区域制造业核心竞争力的指标体系。

在深入研究德国“工业 4.0”、美国“再工业化”、日本“再兴战略”、英国“高价值制造”等主要发达国家关于制造业经济增长的国家战略和计划的基础上，结合迈克·波特的“钻石模型”、荷兰格林根大学的产出和生产率国际比较（ICOP）方法、世界经济论坛和瑞士洛桑国际管理开发学院的研究、联合国工业发展组织工业竞争力评价指标体系以及德勤公司全球制造业竞争力指数等国内外制造业核心竞争力评价方法及评价体系，采用层次分析法创造性地提出了创新能力、两化融合、质量效益、绿色发展、规模实力等 5 个一级指标、18 个二级指标的指标体系。该体系克服了以往评价体系中对于信息化与工业化融合、绿色发展评价的不足，并参考《中国制造 2025》和《2014 年中国信息化与工业化融合发展水平评估报告》的指标体系设置，提出了较为合理的评价两化融合和绿色发展的具体指标，见表 1。

表 1　制造业核心竞争力评价体系

| 序号 | 一级指标 | 二级指标（统计指标） |
|---|---|---|
| 1 | 创新能力 | 人才队伍：规上工业万人从业人员研发人员数<br>研发投入：规上工业研发经费支出占销售收入比重<br>创新产出：规上工业每亿元工业产值有效发明专利数 |
| 2 | 两化融合 | 基础环境指数<br>工业应用指数<br>应用效益指数 |
| 3 | 质量效益 | 规上工业总资产贡献率（“十二五”前四年平均）<br>规上工业产值利润率（“十二五”前四年平均）<br>规上工业全员劳动生产率（人均产值）； |
| 4 | 绿色发展 | 单位工业增加值能耗<br>单位工业增加值废水排放量<br>单位工业增加值二氧化硫排放量<br>一般工业固体废物综合利用率 |

续表

| 序号 | 一级指标 | 二级指标（统计指标） |
|---|---|---|
| 5 | 规模实力 | 规模：规上制造业产值<br>潜力："十二五"以来规上制造业平均增速<br>企业：规上制造企业平均规模<br>出口：规上工业出口交货值<br>结构：规上高技术产业产值占比 |

（2）通过查阅大量文献和统计资料，利用指标体系确定的评价模型，综合评价全国及四省一市制造业核心竞争力总体情况。

研究通过查阅大量文献资料和统计年鉴，收集包括全国、浙江、山东、上海、江苏、广东的 2015 年统计年鉴，以及 2015 年中国工业统计年鉴、高技术产业统计年鉴等中的相关数据，根据确定的指标体系，采用数据标准化处理方式，得出全国、浙江、山东、上海、江苏、广东制造业核心竞争力的得分情况。根据评价指标体系对比分析，浙江省制造业核心竞争力虽然高于全国平均水平，但与上海、江苏、山东、广东等省（市）相比仍有较大的差距，见表 2。

表 2　全国及四省一市指标综合得分情况

| 指标 | 全国 | 上海 | 江苏 | 浙江 | 山东 | 广东 |
|---|---|---|---|---|---|---|
| 创新能力 | 60.0 | 94.1 | 75.2 | 81.1 | 44.7 | 83.6 |
| 两化融合 | 60.0 | 94.9 | 94.5 | 90.6 | 78.8 | 80.9 |
| 质量效益 | 60.0 | 77.6 | 70.3 | 52.2 | 90.6 | 55.1 |
| 绿色发展 | 60.0 | 98.5 | 88.4 | 84.7 | 82.6 | 95.8 |
| 规模实力 | 60.0 | 63.3 | 79.4 | 49.8 | 80.3 | 80.0 |
| 综合得分 | 60.0 | 85.7 | 81.6 | 71.7 | 75.4 | 79.1 |

（3）通过专家打分和专家咨询等方法，围绕五大要素评价，提出了"十三五"时期浙江省制造业核心竞争力亟需突破的重点方向。

从制约浙江省制造业核心竞争力提升的制约短板出发，将"市场潜力大、关联程度高、带动能力强，符合浙江资源禀赋特征、产业发展趋势、有望在'十三五'期间取得明显成效"的产业领域作为浙江省制造业核心竞争力亟需突破的重点方向。

（4）从四大要求入手，围绕五大领域，深入谋划研究每个重点产业的发展路线图。

为进一步明确重点产业未来的发展方向，基于"重中之重"原则、充分衔接国家规划、立足浙江实际三个方面考虑，研究按照"发展大产业、布局大平台、谋划大项目、培育大企业"的要求，围绕行业发展趋势，重点从发展目标、核心技术、重点产品、平台布局、重点企业、项目谋划等方面入手，对产业领域的"发展路线图"进行了系统谋划设计，提出了产业发展的具体路径。

### （二）主要研究结论

（1）从评价结果看，浙江省制造业竞争力虽然高于全国平均水平，但与上海、江苏、山东、广东等省（市）相比仍有较大的差距；尤其是质量效益这一关键指标竟比全国平均水平还要低，这成为影响浙江省制造业竞争力的重要制约因素。

（2）导致浙江省制造业质量效益这一核心指标偏低、整体竞争力不高的主要原因，可以从产业、企业和要素三个层面进行分析。

（3）在看到不足的同时，也要看到浙江省制造业在创新要素的集聚能力、信息化设施条件和节能减排绿色发展方面已逐步呈现出一定的竞争优势。

## 四、项目实施情况

（1）本研究成果有利于引导各方聚焦浙江未来制造业亟须突破的重点领域，从重点突破视角带动全省制造业和核心竞争力的提升；同时为更为精准的产业政策出台提供了决策参考依据。

（2）研究主要成果应用于《增强浙江省制造业重点领域核心竞争力“十三五”发展规划》，其已发布实施。

（3）在本研究基础上，形成《浙江省制造业竞争力评价与建议》成果，发表于《浙江经济》（2016 年第 13 期）。

## 五、项目主要参与人员

项目主要参与人员：童相娟、黄卫剑、刘堂福、吴骏毅、吕鹏宏、俞翔。

# 浙江省交通投资集团轨道交通高端装备制造发展研究

浙江省发展规划研究院

扫码查看原文

## 一、项目概况

本项目是由副省长指示的，要求浙江省交通投资集团专题开展轨道交通装备制造发展研究，旨在抢抓我省综合交通大建设、大投入带来的大发展机会，补齐综合交通关联产业发展突出短板。研究由浙江省交通投资集团牵头，省交通厅、省经信委、省发展改革委、省轨道交通协会等共同参与，浙江省发展规划研究院承担具体研究工作。

自 2016 年 9 月起，课题组进行了大量调查研究，实地调研了广东江门轨道产业园、杭州大江东产业集聚区、杭州中车公司、浙大网新集团众合科技公司等相关园区和企业，与浙江省经信委、省发展改革委、省轨道交通协会、浙江大学工程机械学院等进行了多次交流，先后两次向副省长汇报有关研究结论，收集了国内轨道交通装备制造产业发展的行业发展材料、众多省市的扶持政策建议，并将省外好的经验做法吸收到研究报告之中。在此基础上，经多次征求意见和修改，形成研究报告最终稿。

## 二、项目内容

整个研究报告分为七个部分。

一是现实意义。深入分析了交通集团发展轨道交通高端装备制造的重大意义，既能够为全省万亿级高端装备制造大产业培育提供支撑、为全省轨道交通事业持续健康发展提供保障、为提升全省轨道交通装备制造竞争力提供支持，又是交通集团依托主业、发展新兴产业、反哺主业实现做大做强的有效路径。

二是发展条件。全面分析了发展轨道交通高端装备制造的现实条件，国家大力发展轨道交通的宏观政策环境有利、市场潜力巨大，已经超过 70% 的国产化程度为产业发展创造良好的技术生产条件，快速增长的省内市场需求提供产业发展容量支撑，初步测算，全省“十三五”期间的轨道交通装备市场需求约为 2 500—3 000 亿元。浙江省拥有杭州、宁波两个中车基地和一批行业关键零部件生产企业，又有市场开拓能力强、民营经济和金融服务业发达的有利条件。而浙江省交通投资集团拥有轨道交通投资、建设施工、产业培育等多方面综合优势，具备发展轨道交通高端装备制造的良好基础。

三是经验借鉴。项目团队系统研究了国内轨道交通发达省份和中车集团各产业基地的发展情况，实地考察了省内外的轨道交通装备制造企业，总结对浙江省具有借鉴意义的几点发展经验：以整车制造为龙头，做长做大产业链，围绕主打产品形成核心竞争力，注重研发创新，掌握关键领域核心技术，高标准建设产业集聚发展园区平台，省市政策扶持力度大，龙头企业、行业协会发挥重要的产业联盟作用。

四是切入点选择。就轨道交通全产业链而言，大致可以分为设计咨询、建设施工、装备制造、运营管理、增值服务等五个环节，土建施工尽管占比最高，但这部分基本上属于刚性支出，弹性较小，而机电设备、车辆装备、通信系统等设备需求专业化程度高，产业发展弹性大。因此，研究报告选择“2+X+1”的产业切入点，即以整车制造和机电系统集成为两大龙头，以“X”个关键核心零部件为支撑，以1个全省统一的轨道交通运营平台为保障，并从市场前景、产业基础、技术水平等方面对各个切入点进行了细致分析。

五是发展思路和目标。研究提出要按照立足浙江、放眼全国、走向全球的要求，学习和借鉴先发地区经验模式，依托本地市场和本地企业，突出浙江省交通投资集团资源集成优势，以引领壮大全省轨道交通装备制造产业集群为责任担当，紧紧围绕产业链关键环节，以城市地铁车辆、城际铁路车辆、新型轨道交通车辆和机电系统设备作为突破重点，以关键核心零部件作为重要支撑，努力打造长三角轨道交通装备修造基地、浙江省轨道交通装备制造全产业链集群基地、城际与城市轨道交通装备制造技术创新基地、新型轨道交通车辆研发制造基地、轨道交通机电系统设备核心技术国产化基地，推动全省形成千亿级的轨道交通高端装备制造产业集群。

六是实施推进路径。研究围绕提出的思路目标，从切实可操作的角度，提出了培育轨道交通高端装备制造的六条路径：①全力打造一个整车制造龙头企业，提出了优化与中车集团合作关系、依托杭州中车做大做强的设想，并在海外合作、省外合作方面提出了备选路径；②尽快设立两只产业发展基金，一只专项用于综合交通PPP投资，一只专项用于扶持轨道交通装备制造产业；③抓紧成立一家机电设备总承包公司，由浙江省交通投资集团牵头，整合一批省内关联企业，共同参与轨道交通机电设备市场，形成竞争力；④培育扶持一批关键核心零部件企业，按照产业链上下游关系，通过掌控一批、参股一批、合作一批的思路，扶持零部件产业做大；⑤共同建设一个轨道交通装备产业园，在省内选择合适产业集聚区、经济开发区或高新技术产业园，与园区管理平台共同建设轨道交通装备产业集聚发展园区；⑥加快组建一个全省轨道交通运营管理平台，统筹负责以省为主铁路、都市区城际（市域）铁路的运营管理，制定服务质量、维修规程、安全运行等标准规范，打造运营管理品牌并积极拓展省外市场。

七是对策建议。从立足企业、建言政府的角度，研究提出了省级层面的统筹扶持建议，针对行业壁垒提出了突破路径，在资源要素保障方面提出了具体设想，在人才、技术等公共平台搭建方面提出了针对性建议，并从落实责任分工的角度对下一步工作的推进作出了安排。

## 三、项目成果特点

（1）市场分析全面深入。产业发展作为一种市场主导行为，市场分析就显得尤其重要，本研究通过对今后5~10年轨道交通规划进行汇总分析，对全国轨道交通装备制造市场进行了总体判断，对浙江省能够自主掌握的市场进行了较为准确的分析，认为当前发展轨道交通高端装备制造的市场基础较为扎实。

（2）行业分析和切入点选择科学准确。研究立足于轨道交通全产业链分析，对各个环节的发展前景进行科学判断，在充分研究浙江省产业基础和省交通投资集团的综合优势之后，较为准确地找到了行业进入的切入点。

（3）政策建议研究到位。研究从建言政府的角度，广泛研究了江苏、广东、山东、湖南、四川等省出台的扶持政策，并结合浙江省省情，有针对性地提出了有关建议，为政府制订出台有关规划、政策提供了充足依据。

（4）实施推进路径切实可行。研究从立足企业的角度，分析提出的实施推进路径具有很强的可操作性，并就下一步的具体实施进行了初步研究，基本达到了投资机会研究和项目建议书的深度要求，对企业决策具有很强的指导性。

（5）研究逻辑框架清晰。研究报告在谋篇布局和内容编排上较好地兼顾了企业需求和政府需要，既是浙江省补齐轨道交通产业短板的针对性研究，又是发挥省交通投资集团省级平台责任担当、加快业务板块拓展的现实指导。

## 四、项目实施情况

（1）研究成果得到副省长的高度认可，主要结论已经纳入《补齐综合交通产业突出短板 支撑引领全省产业转型发展——关于加快发展我省综合交通产业的若干对策建议》调研报告，有关内容有望纳入 2017 年政府工作报告。

（2）研究成果得到浙江省交通厅领导的充分肯定，以此研究为基础，汇总新能源汽车、航空装备、海洋装备等专题形成了《浙江省交通高端装备制造业发展研究》总报告。

（3）研究成果已经成为浙江省交通投资集团的行动指南，有关产业园建设、龙头企业培育、产业基金设立、统一运营管理平台等实施推进路径已在切实推进过程中。

（4）研究成果对浙江省抢抓轨道交通大建设、大投入机遇，培育形成千亿级轨道交通装备制造产业集群具有现实指导性，为政府决策提供研究依据。

项目成果如图 1 所示。

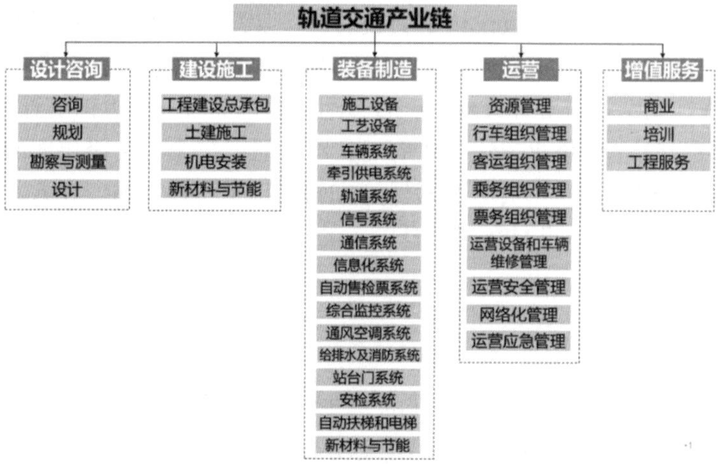


图 1 轨道交通产业链

## 五、项目主要参与人员

项目主要参与人员：柴贤龙、禚振坤、沈洁莹、徐呈程。

# 杭绍台铁路国家 PPP 示范项目投融资方案研究

浙江省发展规划研究院

扫码查看原文

## 一、项目概况

本项目是国家城镇化地区综合交通网规划中长三角地区布局项目之一，是贯彻落实浙江省委提出的打造“十三五”省会杭州与各设区市高铁“1 小时交通圈”的需要。项目北连沪昆客专、沪杭甬客专、宁杭客专、杭黄铁路及在建商合杭客专，南接甬温铁路及规划的沿海客专，直抵福建、广东等东南沿海地区，在路网中形成宁杭铁路、在建商合杭铁路顺直的延伸线，从而沟通规划沿海客专，又可形成沪昆大通道和沿海大通道的重要联络线，是山东东部、江苏、上海、安徽东南部等地区与浙江温台地区、福建、广东等东南沿海地区间的旅客交流的便捷快速通路，是我国东部沿海快速客运通道的组成部分，并可作为合福铁路的有效补充，对提高宁杭和在建线商合杭等效益也有积极作用。

项目始于杭州南站，途经绍兴柯桥、越城、嵊州、新昌、天台、临海，引入规划沿海高铁临海站（同时设联络线，与既有甬台温临海站沟通），出站后跨椒江于台州市椒江区设台州东站后南行至本项目终点温岭站（与既有甬台温温岭站并站）。其中临海至温岭段与规划沿海高铁共线，绍兴西预留衔接杭州枢纽第四客站和杭温线接入的条件，嵊新站预留往上虞、余姚方向衔接过江通道（通苏嘉甬）条件，天台站预留向西至金华、向南至温州延伸条件。

随着国家 PPP 改革创新工作的推进，依托浙江省发达的市场经济环境，尤其是民营资本活跃，政府和社会资本合作进入铁路基础设施建设领域条件日益成熟。为此，浙江省委省政府以强大的改革勇气和时代担当，顺应浙江省铁路建设需要和社会资本投资铁路发展的愿望，提出吸引民营资本进入杭绍台铁路建设的大胆创新设想。项目建设是完善浙江省铁路网布局，构建长三角城镇化地区综合交通网、城际轨道交通网和国家沿海铁路快速客运通道的需要；是打造浙江省省会杭州至各设区市高铁“1 小时交通圈”的需要；是促进长三角城市群联动发展，加快温台城市群融入长江经济带的需要。

## 二、项目内容

（1）提出 BOOT 的 PPP 模式。结合项目实际，根据国家发展改革委传统基础设施 PPP 导则要求，在比较 BOT 与 BOOT 基础上，研究提出了采用建设 - 拥有 - 运营 - 移交（BOOT）模式运作。

（2）提出民营资本绝对控股的项目公司股权结构和投融资结构方案。研究聚焦突出民营资本绝对控股创新方向，研究提出了由民营社会资本绝对控股，占股 51%，中国国家铁路集团有限公司（以下简称国铁集团）占股 15%，浙江省市政府占股 34% 的股权结构创新方案，以及资本金占比 30% 的投融资结构方案。

（3）提出合理的“使用者付费 + 可行性缺口补贴”项目回报机制。可行性缺口补贴金额通过竞争性磋商确定；同时，约定总投资、融资利率、列车开行对数、票价传导机制、超额收入分配等回报调整机制。

（4）根据财政部、中国人民银行、中国证监会近日联合发布《关于规范开展政府和社会资本合作项目资产证券化有关事宜的通知》（财金〔2017〕55 号），研究提出了杭绍台方向性的资产证券化思路和推进路径。

## 三、项目成果特点

本研究为中国铁路建设领域投融资体制机制改革填补了空白，成为民营资本进入中国高铁建设的里程碑，也是中国铁路建设 PPP 项目的首次突破。研究方案的直接效果是：以成功引入 51% 为民营资本的 400 亿元铁路项目投资实现真实落地，形成可复制推广的“5+*X*”个示范创新点。

### （一）五大主要探索创新亮点

（1）国铁集团运营下的社会资本参与方式创新。在充分考虑国情特点，保持由 SPV 公司委托国铁集团运营前提下，尽量吸引社会资本参与，这是铁路 PPP 项目的重大创新探索。

（2）民营资本绝对控股投资铁路建设创新示范。首次打破长期以来我国铁路建设领域约束社会资本投资的玻璃门，为全国铁路建设投融资体制机制改革树立了典型示范。

（3）铁路投融资改革的 PPP 模式创新示范。研究提出 BOOT 的 PPP 运作方式，项目资产合作期内由项目公司拥有，为全国铁路建设领域采用 BOOT 的 PPP 运作方式走出了一条可行之路，为全国铁路建设投融资体制改革树立了典型示范。

（4）社会投资人动态回报机制创新示范。本项目政府与社会资本双方按照风险分担、利益共享的原则，合作期内政府股东放弃分红，社会投资人的回报机制为“运营收入 + 可行性缺口补贴”，为全国铁路建设领域 PPP 合作中对市场的确定性与非确定性风险分配树立了示范。

（5）铁路 PPP 项目建设与运输管理方式创新示范。项目运输管理由项目公司自主决定运输管理方式，未来条件具备可以由具备运输管理条件的铁路企业运营，为全国铁路 PPP 项目建设与运输管理探索了有效路径。

### （二）*X* 个可复制推广示范点

（1）参与主体组织方式示范。也就是中央、省、市地、县（区）四级政府，以省级政府牵头，上联中央政府背景的国铁集团，下接沿线政府，调动其积极性，省级政府代表第一个“P”，先行分别与国铁集团和沿线政府签署“省部协议”，框架性约束国铁集团与浙江省政府在共同推进建设杭绍台铁路项目中的主要精神。

（2）PPP 合作边界划分示范。本项目根据国家发展改革委批复的项目投资建设边界范围，结合项目实际需要，确定与社会资本合作的投资边界范围，即扣除了因委托运营可暂时不投资的车辆购置费，以及因服务于整个路网又没有收费机制的动车所建设投资等，形成合理的与社会资本投资合作范围边界。

（3）合作伙伴（社会资本）选择方式示范。本项目作为超大型 PPP 示范项目，合作伙伴（社会资本）选择，有其特殊性，工作复杂且牵涉面广。

（4）SPV 公司融资方案创新示范。PPP 项目的特别项目公司成立后，融资工具创新是重点，为此，本项目在特别项目公司融资方面，考虑了发行企业债券、项目收益债，以及可续期债券，包括各种民间资金进入项目，都尝试设计进入通道，以便于项目低成本融资架构的形成。

（5）合作期内利益分配机制示范。考虑到铁路项目成本收益特点，本项目合作期内对参与的四类市场主体股东进行了合理利益安排，沿线政府合作期内放弃分红，主要以带动地方经济社会发展为主要收益追求，加上合作期满收回项目资产收益，以及沿线土地综合开发收益等，形成有效的利益安排。

（6）基于绩效与风险分担的考核评价制度示范。结合轨道交通特点，尤其是高铁网络运营的特殊性，按照年运营车流或客流量，也就是“产能付费”或“用量付费”模式，基于绩效与合作期内的风险分担原则，形成针对性的项目运营考核评价制度。

（7）社会资本退出机制示范。本项目社会资本退出机制，可以到项目合作期满移交后退出，也可以在合作期内退出，鼓励社会资本通过资产证券化和各类债务基金置换等渠道，以项目收益权为载体，实现置换流动。

（8）铁路 PPP 项目建设管理方式示范。充分结合铁路项目特点，政府支持国铁集团发挥专业综合优势，采用 EPC 工程总承包模式参与铁路建设，通过民营资本遴选和建设工程公开招投标“两次招标”方式，实现项目建设工程的有效依法管理。

## 四、项目实施情况

本研究为中国铁路建设领域投融资体制机制改革填补了空白，成为民营资本进入中国高铁建设的里程碑，也是中国铁路建设 PPP 项目的首次突破。由复星集团牵头的八家民营企业与浙江省政府于 2017 年 9 月 11 日完成签约手续，为我国铁路建设投融资体制机制改革树立了突破性的里程碑。研究成果在主要环节的利用情况为：①研究成果框架性方案于 2016 年 9 月获签批同意；②研究成果完善稿主要思路，被纳入中国投资咨询有限责任公司编制的《杭绍台铁路国家 PPP 示范项目实施方案》，于 2017 年 5 月 19 日获得浙江省政府批复；③研究成果被纳入《杭绍台铁路国家 PPP 示范项目竞争性磋商采购文件》，于 2017 年 6 月 28 日作为正式竞争性磋商的文件；④研究成果被纳入《杭绍台铁路国家 PPP 示范项目投资合同》，于 2017 年 9 月 11 日由浙江省政府与中标民营资本联合体 8 家企业正式签署。

项目情况如图 1 至图 3 所示。

## 五、项目主要参与人员

项目主要参与人员：柴贤龙、汪洋、靳丽芳、徐呈程。

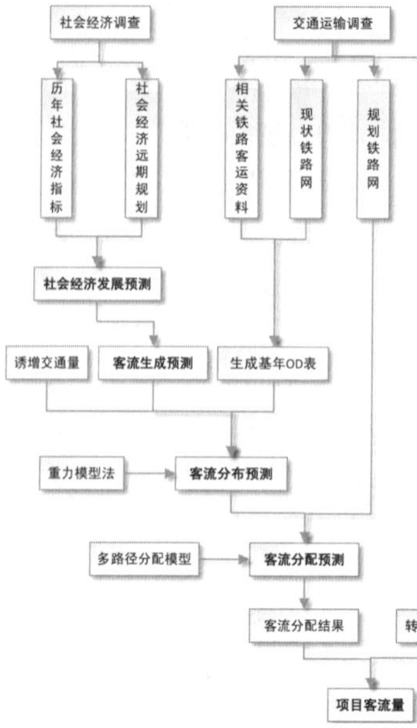


图 1　客流预测工作流程图

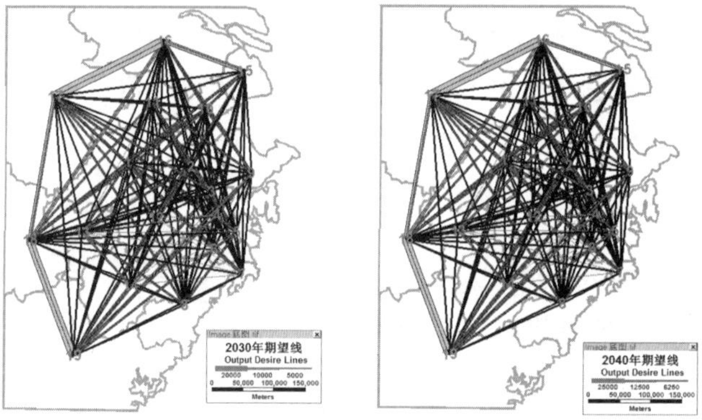


图 2　研究区域 2030 年及 2040 年客流出行期望线

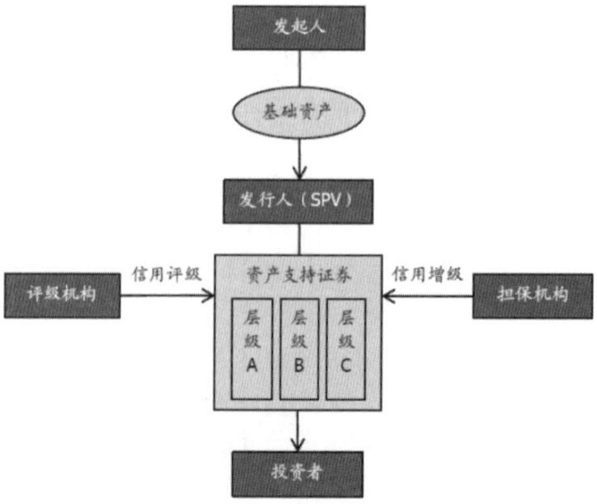


图 3　本项目资产证券化实施架构

# 浙江省空间规划试点

浙江省发展规划研究院

扫码查看原文

## 一、项目概况

2017年1月，中共中央办公厅、国务院办公厅印发《省级空间规划试点方案》通知，将浙江省列为全国9个省级空间规划试点省份之一，要求开展“四个一”的试点任务，重点编制省级空间规划。本项目是国家推进规划体制改革的重要先行试点成果，在省级国土空间基础评价、“三区三线”划分、协调空间管控、优化多元空间要素配置布局等领域，探索形成了一系列创新性技术方法，是浙江省首次编制的省级空间规划，也是国内省级空间规划编制探索的前驱，对于我国理顺规划关系、推进“多规合一”具有重大实践性参考意义。

规划编制研究工作从2017年2月正式启动，按照国家要求于2017年12月底完成。编制初期，课题组对全省主要县市区和重要区块进行了深入调研，系统掌握省情基础，并对国内海南、广西、广东等兄弟省份进行编制工作调研走访。在此基础上，开展了规划前期专题研究，提出了国土空间评价、空间划分及管控、主要控制线划定等重要领域的创新方案，并同步研究起草规划初稿。在规划编制过程中，积极采用省与市县规划联动编制、充分交流的方法，最终形成了一本省级空间规划成果、一个空间规划管理信息平台、一套规划编制技术规程、一套规划改革建议等重要成果，提交国家发展改革委，为推进全国规划改革工作、制定出台统一规划体系的政策文件奠定了重要的基础。

## 二、项目内容

### （一）编制形成一本《浙江省空间规划（2016—2035年）》

通过开展国土空间基础评价，科学划定需要生态保护、利于农业生产、适宜城镇发展的地块单元，合理确定开发与保护等级，划分了城镇、农业、生态空间，以及生态保护红线、永久基本农田和大城市开发边界，整合协调空间管控手段，形成一张空间性规划通用的“三区三线”底图。规划提出，全省92.8%的城镇空间分布于四大都市区，覆盖大中小城市发展和预留区，61.9%的城镇空间分布于杭州湾经济区，明晰了未来承担城镇居民生产生活、发展城镇经济等功能的主体地域。农业空间总体分布较为均衡，约半数分布于优化开发区和重点开发区，其余基本分布于重点生态功能区和农产品主产区。全省生态空间约占全省陆域总面积的一半，约65%的生态空间分布于重点生态功能区和农产品主产区，主要覆盖省域中部、西部和南部区域。

### （二）开展规划编制前期的重大专题研究

为提高规划内容的科学性和有效性，课题组开展了包括浙江省主体功能区调整研究、基于主体功能定位的三类空间比例研究、“三区三线”差异化管控措施研究、国土空间基础评价等前期专题研究。在浙江省主体功能区调整专题研究中，结合国家和浙江省的发展新形势，研究提出具体的评价指标体系，调整取消了生态经济地区，新增了15个重点生态功能县（市、区）。在此专题基础上，研究开展三类空间的差别化特征因素分析，创新提出三类空间比例测算模型，形成各市县的三类空间比例框架，为后续规划编制中具体的市县三类空间比例界定提供参考。同时，梳理现有各部门主要空间性规划的分区及管控要求，提出以“三区三线”为基础的空间管控举措。

### （三）研究形成一套技术规程

深入分析研究当前浙江省和市县各类空间性规划在空间区划、用地分类、规划期限、坐标体系、目标设置等方面的现实情况，研究提出编制空间规划的有关技术标准，一方面为编制工作梳理规范化体系，另一方面为推进“多规合一”提供技术性支撑。主要包括“三类空间”划定技术规程、浙江省市县空间规划用地差异性处理措施、浙江省市县空间规划国土空间用地分类标准、空间规划编制技术规程等。技术规程探讨形成了浙江省国土空间开发和保护的基础性评价框架，指引规划编制中具体评价工作的开展；创新开展了开发强度测算与分析，提出了具体的技术方法，用于指导省域范围内各市县开发强度的设定；结合“多规合一”在空间规划用地上的矛盾问题，开展具体的用地差异性处理规则设置，并设立了一套面向一体化的空间规划用地指引；为支撑空间规划的编制，研究开展了具体的编制技术规程，指导省级及市县级空间规划的编制工作。同时，规划还结合数字化平台的建设，部署了空间规划数据库建设技术规程，并对具体的空间规划管理平台建设提出技术要求。

### （四）研究提出一套规划改革建议

规划编制及其实施，是强化规划权威性和实施性的重要环节。针对“多规合一”改革的阶段性成果总结，通过问题导向和目标导向，提出规划管理体制机制改革创新和相关法律法规立改废释的具体建议。在规划管理体制上，研究提出构建“省级层面：空间规划＋专项规划”和“市县层面：空间规划→详细规划”的空间规划体系。在法律法规立改废释上，全面系统梳理空间规划各领域相关法律法规和部门规章，深入分析了优化法律法规体系的目标路径，提出“补缺位，制定《空间规划法》”“纠越位，修订相关法律法规”和“减数量，精简各类空间规划规章”三方面具体举措，同时对现有相关法律法规的有关条目提出了“立改废释”的具体修改建议。

### （五）设计研发一个空间规划管理信息平台

项目搭建了省级空间规划基础数据库，统一了各类空间性现状数据和规划的坐标体系、数据格式等技术规范，形成通用的空间规划基础数据库；研发搭建集规划展示、辅助规划编制、规划审查和项目选址等于一体的功能模块，并对未来全省搭建省、市、空间规划平台、连接省政务服务网和投资项目审批平台等做了接口预留，为空间规划改革试点提供了有效的技术支持。

## 三、项目成果特点

在浙江省发展改革委的总体领导和各成员单位的积极支持下，本次试点项目顺利完成中央要求的“四个一”目标任务，并形成五个方面的突出特点。

### （一）首次基于“多规合一”理念，在省级空间层面编制形成一本“顶层规划”

本项目紧扣国家深化规划体制改革的核心任务，围绕理顺规划关系、统一规划体系，以浙江省域全局为空间样本，结合全省经济社会发展的重大任务，坚持发展和布局、开发与保护相融合，梳理全省域自然本底，明确空间利用的核心要素、关键内容和管控原则，切实发挥了一本空间规划对全省国土空间开发与保护的基础统领作用。

### （二）创新编绘省域全覆盖的空间底图，形成规划顶层引领与基础管控

规划探索开展省级层面城镇、农业、生态“三类空间”的基础评价与空间划分，并结合自然生态和农业生产安全，划分了生态保护红线、永久基本农田；同时，结合浙江的海洋特色，划分海域“三区三线”，建立了陆海统筹的空间规划底图和管控措施。在此基础上，按照“先布棋盘、后落棋子”的方式，统筹各类空间性规划的核心内容，包括人口和城镇体系布局、交通等重大基础设施、产业空间、生态格局、公共服务配置等，不仅探索建立省域空间规划的顶层引领，而且为全省其他专项规划的深化细化奠定空间基础，以形成总分结合的框架体系。

### （三）创新提出空间规划领域的重要技术方法，为“多规合一”提供基础性技术支撑

作为全国“多规合一”改革的试点省份，浙江在规划编制和各条线上积累了一些改革经验。结合本项目的推进，深入分析研究当前浙江省和市县各类空间性规划在空间区划、用地分类、规划期限、坐标体系、目标设置等方面的现实情况，重点在国土空间评价、三类空间比例与管控、统一坐标体系、用地用海分类标准、规划期限和数据口径等方面，形成了一套重要的技术创新成果，提出了编制空间规划的有关技术标准，不仅为规划编制工作梳理了规范化体系，而且为规划统筹协调提供鲜明有效的技术方案，为下一步省域层面的“多规合一”深化，以及空间规划的具体编制提供了重要的先行探索和支撑。

### （四）创新探索规划管理体制的改革路径，为我国规划实施和优化提供可行方案

本项目在规划编制的同时，提出了一系列规划管理体制机制改革创新和法律法规立改废释的具体建议。在规划管理体制上，重点梳理了省级规划体系的架构，对于不同层级、不同类型的空间性规划进行了针对性的规整和优化。结合规划体系的设置和规划实施的需求，在法律法规立改废释上，提出了增补、调整和缩减的具体举措和修改建议，为我国后续研究建立统一规划体系的政策文件提供重要的研究基础。

### （五）创新采用上下联动、协同推进的规划方法，实现一张蓝图绘到底

本项目在省级规划编制上具有首创性，在实践中采用省与市县上下联动、协调衔接的方法，最大程度地实现了“一张蓝图绘到底”。一方面，省与先行市县同步编制空间规划，协同实现空间布局、核心管控指标，尤其是“三区三线”总体格局等领域的省级统筹与深化细化；另一方面，加强部门协作，协同研究各类空间管控措施，加强空间底图的科学性部署，优化空

间的刚性和弹性指导，形成规划编制和管理合力。

## 四、项目实施情况

（1）该项目规划形成了指引全省域发展的“一张图”，研究形成了深化“多规合一”的技术方案和改革路径，既有规划编制技术的创新，又有规划管理手段的创新，还有体制机制的创新，总体上是浙江省空间规划编制的先行探索，也是国家交托的试点工作的一次成功实践。

（2）2018 年 2 月 8 日，该项目通过了浙江省级空间规划试点工作领导小组第二次会议审议。经浙江省政府主要领导签发同意，浙江省发展改革委将相关试点成果上报国家发展改革委，为全国推进“多规合一”战略部署提供重要实践参考。

（3）该项目获得 2018 年度全国优秀工程咨询成果奖一等奖、浙江省工程咨询成果一等奖，为后续浙江省的国土空间规划编制提供了积极的先行探索，也为浙江省“多规合一”改革奠定坚实的基础。

## 五、项目主要参与人员

项目主要参与人员：徐伟金、周世锋、沈锋、王琳、倪毅、罗成书、丁菡、郭亚欣、马亚利。

# 浙江省资源环境承载能力监测预警研究报告

浙江省发展规划研究院

扫码查看原文

## 一、项目概况

建立资源环境承载力监测预警机制，对水土资源、环境容量和海洋资源超载区域实行限制性措施是中央全面深化改革的一项重大任务。按照党中央、国务院的部署要求，国家发展改革委会同有关部委和科研单位联合印发了《资源环境承载能力监测预警技术方法（试行）》（发改规划〔2016〕2043 号，以下简称《国家技术方法（试行）》），要求各省区市组织开展这项工作。

浙江省委、省政府高度重视资源环境承载能力监测预警机制建设，接到国家任务后，组织省发展改革委、省经信委、省财政厅、省自然资源厅、省环保厅、省建设厅、省水利厅、省农业农村厅、省林业厅、省统计局、省海洋与渔业局、省测绘局、省地震局、省气象局等十四个部门联合开展资源环境承载能力试评价工作。浙江省发展规划研究院作为技术总牵头单位，组织省土勘院、省环科院、省水电院、省农科院、省森林监测中心、浙江大学市政所、省海洋技术中心、省海洋预报中心、省海洋水产所、省海水养殖所、省地理信息中心等 11 家科研技术单位协同开展研究，通过全过程谋划、体系化推进、多领域集成，形成研究成果总报告，并报送国家发展改革委。该项工作得到省委、省政府高度重视，省委书记、省长、常务副省长先后对该项工作做出 4 次重要批示。

研究成果包括：研究总报告和 14 个领域子报告、数据表、总报告图册。其中，数据表包括评价采用的全省和各县市区基础数据表 44 张。总报告图册包括 58 张图，其中概貌基础图 17 张、评价成果图 41 张。

## 二、项目内容

研究主要内容包括监测预警评价、技术方法研究、长效机制建设三大部分。第一部分监测预警评价，采用《国家技术方法（试行）》对全省资源环境承载能力进行全面评价，确定 73 个评价单元的超载等级（超载、临界超载、不超载）和预警等级（红色、橙色、黄色、蓝色、绿色），并对各领域超载问题展开逐个分析，特别是对具有典型性的超载评价单元进行定性和定量分析。第二部分技术方法研究，系统分析该方法对浙江省的适用性及浙江省资源环境承载能力的关键因素，根据浙江省实际情况，提出在国家方法基础上，浙江省可增补 4 项特色指标，并对《国家技术方法（试行）》提出调整建议 22 条，其中陆域评价方法调整建议 7 条、海域评价方法调整建议 6 条、集成评价方法调整建议 4 条、过程评价方法调整建议 5 条。第三部分长效机制建设，结合试评价中的经验和问题，系统提出了省资源环境承载能力监测预警长效机制建设思路和具体操作方案，包括各类指标监测和数据采集要求、承载能力定期评价工作机制、成果应用和监督机制、不同超载和预警等级地区的长效管控机制。最后，从落实中央要求、加快理顺相关机制制度的角度，提出了五点建议。

研究主要结论如下。

（1）明确评价单元划分。《国家技术方法（试行）》要求以县级行政区为单元。考虑到地级市主城区在一些领域的统计体系、监测体系无法清晰划分，本报告陆域评价将地级市主城区作为一个评价单元，将 9 个原县改区的市辖区作为独立评价单元，各县级市和县作为独立评价单元，经合并总计 73 个评价单元。海域评价单元为 26 个沿海县（市、区）。

（2）基础和专项评价结论。共包括陆域 7 个专题和海域 7 个专题，其中陆域包括：土地、水、环境、生态 4 个基础评价，城市化地区、农产品主产区、重点生态功能区 3 个专项评价；海域包括：海洋空间、渔业资源、海洋生态、海岛资源四个基础评价，重点开发用海、海洋渔业保障区、重要海洋生态功能区 3 个专项评价。报告综述了 14 个专题评价的主要评价方法、《国家技术方法（试行）》的修订情况和评价结论。

（3）集成评价确定超载类型。按照集成评价方法开展陆域集成、海域集成和陆海综合集成，通过集成得到各评价单元的超载类型（分为超载、临界超载、不超载三个等级）。

（4）过程评价得出资源环境耗损趋势。通过资源利用效率、污染物排放强度、生态质量变化、海域 / 海岛开发效率变化、海洋环境污染程度变化、海洋生态灾害风险变化 6 项指标的 5 ~ 10 年数据，评价资源环境总体耗损趋势。

（5）确定预警等级。对超载和临界超载地区，按照耗损趋势确定预警等级。

（6）对超载单元开展成因分析。针对陆域、海域 14 个基础和专项评价，逐个分析各项超载问题的主导因素，特别是对具有典型性的超载评价单元进行定性和定量分析。

（7）分析国家方法对浙江省的适用性。系统分析国家技术方法中的陆域、海域 14 个领域评价方法和综合集成方法对浙江省的适用性，包括指标适用性和参数适用性。总体来看，国家方法对浙江省基本是适用的，但也有个别指标和参数存在不适用的问题，本研究针对不适用的指标和参数，逐个深入分析缘由。

（8）分析影响浙江省资源环境承载能力的关键因素。根据浙江省资源环境承载能力试评价中反映出来问题和短板，结合政府和群众普遍关心的资源环境问题，研究提出浙江省陆域资源环境承载能力监测预警的关键因素是土地资源、环境质量和生态系统健康水平，海域资源环境承载能力监测预警的最为关键因素是岸线资源、海洋生态环境、海洋渔业资源。

（9）提出基于浙江省实际的特色指标。国家允许在完成国家监测预警任务的基础上，由地方提出自己的特色指标。本研究在分析浙江省资源环境承载能力关键因素的基础上，提出土壤污染物浓度超标指数、生物多样性变化情况、森林蓄积量、自然岸线保有率 4 个指标，作为浙江省资源环境承载能力监测预警指标体系的补充。

（10）提出对国家方法的调整建议。根据关键因素识别和指标体系设计等研究工作，基于结论合理性、技术可达性、体现差异性、去除冗余性四个原则，对《国家技术方法（试行）》提出调整建议 22 条，其中陆域评价方法调整建议 7 条、海域评价方法调整建议 6 条、集成评价方法调整建议 4 条、过程评价方法调整建议 5 条。

（11）系统提出建设预警长效机制的建设思路。结合试评价中的经验和问题，从建立浙江省资源环境承载能力监测预警长效机制的角度，系统提出各类指标监测和数据采集要求、承载能力定期评价工作机制、成果应用和监督机制、不同超载和预警等级地区的长效管控机制。

## 三、项目成果特点

### （一）研究方法具有创新性并处于国内领先水平

首次对浙江省开展全领域、定量化的资源环境承载能力评价和分析。通过研究和论证，将全省划分为73个陆域单元和26个海域单元，通过评价确定各评价单元超载类型和预警等级。

首次实现全省资源环境监测信息的系统集成。对全省十几个资源环境领域的监测体系进行全面的调查分析，找出监测网络存在的短板，把各领域监测信息进行综合集成，率先建立统一的监测预警数据库平台，成为全国第一个省级承载能力监测预警平台。

首次对全省各类超载问题开展系统的定性定量分析。研究提出浙江省在大气环境、水土流失、土地利用、海洋生态等四个方面存在的比较突出问题，并通过定量定性相结合的方法，系统分析相关问题的原因。

率先对全省资源环境监测预警长效机制建设进行体系设计。系统提出各类指标监测和数据采集要求、承载能力定期评价工作机制、成果应用和监督机制、不同超载和预警等级地区的长效管控机制，相关成果被浙江省委省政府采纳，形成政策文件。

对国家技术方法提出优化建议。系统分析国家技术方法对浙江省的适用性，包括指标适用性和参数适用性。基于结论合理性、技术可达性、体现差异性、去除冗余性四个原则，提出调整建议。

结合浙江省实际，对评价方法进行了创新探索研究。根据评价反映的问题和短板，结合社会专注点，提出浙江省陆域资源环境承载能力监测预警的关键因素。在此基础上，结合实际监测能力，提出若干浙江省特色指标，作为监测预警指标体系的补充。

### （二）课题涉及领域多、工作量大、研究难度高

本课题研究是一项具有前瞻性、创新性，同时又具有系统性、复杂性的工作，涉及国土、环境、林业、农业、水利、海洋、城市管理等领域专业评价工作和地理信息整合集成，专业技术要求高、集成整合难度大。同时，课题既要满足国家资源环境承载能力监测预警的通用性要求，又要充分考虑浙江地理条件和发展现状的特点，在超载成因解析、限制政策研究、特色指标选择、阈值确定等方面开展专题研究，为浙江省监测预警机制建设和相关政策制定提供基础和依据，也为国家进一步完善技术方案提供思路建议。

### （三）成果具有实用性和可操作性，对政府决策起到重要支撑作用

本研究是对浙江省资源环境家底的系统摸排，有利于各部门和各市（县、区）政府了解问题领域、分析问题原因，为开展相关领域的资源环境保护工作，制定相关政策提供重要的依据，是浙江省高质量发展的基础性成果。

课题长效机制建设部分转化为浙江省委、省政府政策文件《关于建立资源环境承载能力监测预警长效机制的实施意见》（浙委办发〔2018〕68号），成为浙江省未来开展该项工作的重要内容。

## 四、项目实施情况

（1）本研究成果通过专家组论证。专家组认为，该课题首次对浙江省开展全面的资源环境承载能力评价，该课题研究导向明确、思路清晰，数据翔实，依据充分，创新性强。

（2）研究成果经浙江省政府同意上报国家发展改革委。研究成果已征求省级相关部门意见，经浙江省政府同意，上报国家发展改革委。

（3）本研究成果获得 2018 年度全国优秀工程咨询成果奖一等奖。

（4）相关研究成果汇编出版专著《区域资源环境承载能力监测预警研究与实践》，由浙江大学出版社出版。

项目情况如图 1 所示。

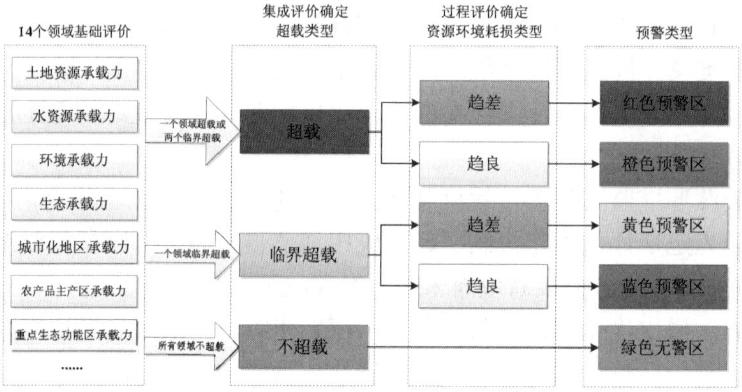


图 1　资源环境承载能力预警等级确定方法

## 五、项目主要参与人员

项目主要参与人员：吴红梅、范玲、王晟、丁哲澜、陈烨婷、林成森、高轶、李思远、钟晓军、王珊珊。

# 浙江省推进长三角区域一体化发展行动方案

浙江省发展规划研究院

扫码查看原文

## 一、项目概况

本行动方案深刻把握“实现更高质量的一体化发展”这一目标，把“更高质量”的要求贯穿长三角一体化发展各个环节，切实担负起长三角在实施国家重大战略、推动改革开放再出发、促进经济高质量发展中的使命和责任，更好服务国家发展大局。深刻把握“上海进一步发挥龙头带动作用，苏浙皖各扬所长”这一要求，全域接轨上海，全方位接轨上海，把浙沪合作推向深入；从浙江省实际出发，发挥优势，找准定位，培育世界级先进产业集群，不断提升长三角“金南翼”的成色。深刻把握“凝心聚力抓好落实”这一关键，增强大局意识、主动意识，强化责任担当，加强工作推进，主动思考如何推动长三角一体化发展实现高质量。

## 二、项目内容

行动方案主要内容包括总体要求、重点任务、共建长三角生态绿色一体化发展示范区、推进跨区域重点板块协同发展、保障举措等五大部分以及有关附件。

### （一）总体要求

坚持发挥浙江特色优势，坚持全省域、全方位推进，坚持将浙江重大决策部署融入长三角一体化发展国家战略，着力创新一体化发展体制机制，推进更高起点的深化改革和更高层次的对外开放，努力在实施长三角一体化发展国家战略中彰显浙江担当、展现浙江作为，共同推动长三角地区建设成为我国强劲活跃的增长极。

到 2025 年，全省域全方位融入一体化发展格局基本形成，城乡区域、科创产业、生态环境、基础设施、公共服务等领域基本实现一体化发展，全面建立一体化发展的体制机制，打造形成长三角创新发展增长极、长三角世界级城市群金南翼、长三角幸福大花园、改革开放新高地。

### （二）重点任务

一是高水平建设大湾区，共同构建长三角协同创新产业体系。以环杭州湾经济区为重点，构筑浙江推进长三角一体化的主平台，加快集聚高端创新要素，发展高端产业，有序推进、全力打造一批省际合作和湾区高能级战略大平台。

二是高品质建设大花园，共同加强长三角生态环境联保共治。大花园是浙江的发展底色和主要形态。浙江省应坚持生态保护优先，大力推进生态文明建设，高质量建设美丽浙江，努力把浙江建设成为长三角的大花园，合力建设绿色美丽长三角。

三是高标准建设大通道，共同构筑长三角基础设施互联互通网络。进一步放大全省大通道联结效应，统筹推进跨区域公路、机场、港口航道、能源、水利等基础设施建设，推动四大都市区综合交通枢纽建设，共建轨道上的长三角，积极加快海港、陆港、空港、信息港等四港融合发展，着力打造长三角南翼开放通道、湾区通道、美丽通道。

四是高能级建设大都市区，共同推动长三角城乡区域融合发展。浙江省提出建设创新、开放、便捷、宜居、花园、智慧、人文的大都市区，主动融入上海大都市圈，推动大都市区一体化发展，推动城乡融合、山海协作，积极构建以“四核、四带、四圈”为框架、大中小城市协调发展的网络型城市群，共同打造长三角一体化发展金南翼。

五是高起点发展数字经济，共同打造长三角全球数字经济创新高地。以数字科技创新为关键动力，强化云上浙江和数据强省两大基础支撑，加快布局新一代信息基础设施建设，全力推进数字经济“一号工程”建设，助力长三角区域建设全球数字经济创新高地。

六是高质量发展民营经济，共同促进长三角民营经济转型升级。聚力解决民营经济发展的瓶颈制约问题，贯彻落实促进民营经济高质量发展举措，打造温台全国民营经济创新示范区，进一步推动民营经济深度参与长三角区域一体化。

七是高层次扩大对外开放，共同打造长三角“一带一路”倡议枢纽。在“一带一路”倡议的统领下，全面推进开放强省建设。在长三角区域一体化背景下，浙江省应积极推进更高水平协同开放，增强国际竞争合作新优势，共同推动构建长三角全面开放新格局。

八是高普惠共享公共服务，共同提升长三角居民美好生活水平。加强长三角区域政策协同，提升公共服务水平，切实解决群众关心的跨区域教育医疗养老等问题，建设公平包容的社会环境，满足人民日益增长的美好生活需要。

九是高效能深化“最多跑一次”改革，共同建立长三角统一开放大市场。以打造“最多跑一次”改革升级版为引领，加快政府数字化转型步伐，建立区域标准统一管理制度，促进要素自由有序流动，打造跨区域放心消费环境，形成区域信用联动机制，助力长三角统一开放大市场建立，为更高质量一体化发展提供强劲内生动力。

### （三）共建长三角生态绿色一体化发展示范区

长三角一体化发展示范区地处沪苏浙交界地区，作为实施长三角一体化发展国家战略的核心区域，将建设成为长三角更高质量一体化发展的战略先行区、全面深化改革系统集成的标杆区、新发展理念集中落实的样板区。

一体化示范区浙江片区建设，聚力打造创新活力新引擎、未来城市新样板、水乡江南新天地、现代治理新典范，努力成为凝聚浙江智慧、彰显浙江特色的新时代中国现代化标杆。

### （四）推进跨区域重点板块协同发展

遵循“示范区先行探索、多板块协同联动、中心区率先融入、全省域集成推进”空间路径，强化杭州、宁波、温州、湖州、嘉兴、绍兴、金华、舟山、台州九地市协同联动，重点谋划省际边界协同板块和省域都市圈协同板块，作为一体化协同发展的重要突破口，重点明确了省际和省内两个层面“5+5”十大协同板块。

一是促进省际毗邻区域协同发展，主要是位于苏浙皖交接处的长三角产业合作试验区，以及平湖—金山沪浙毗邻区域产城融合示范区、千岛湖—黄山生态旅游合作示范区、洋山—临港港航服务合作示范区、温州浙南闽北合作发展示范区等区域协同板块。

二是打造省内一体化合作先行区，主要是杭绍、绍甬、甬舟、嘉湖、杭嘉 5 个一体化合作先行区。杭绍一体化合作先行区以杭州萧山、绍兴柯桥交界地区为切入点，以大江东—滨海、江南—柯桥、萧山临浦—诸暨次坞等跨市域衔接板块为重点。绍甬一体化合作先行区以绍兴、宁波交界地区为切入点，以滨海新区—前湾新区等跨市域产业平台协同，加强空间策略、功能布局、产业协作、重大基础设施规划等方面协作。

### （五）保障措施

这个部分主要明确了加强统筹协调，持续完善三级运作、统分结合的长三角区域合作机制。省级层面成立推进长三角一体化发展领导小组，统筹指导和综合协调浙江省推进长三角一体化发展工作，研究审议重大规划、重大政策、重大项目，协调解决跨省合作的重点难点问题。强化制度保障，统一制定市场准入负面清单，建立长三角重点领域制度规划和重大政策沟通协调机制，建立企业登记、土地管理、环境保护、投融资、财税分享、税收执法、涉企收费、人力资源管理和公共服务等领域的政府间政策协商机制。制定专项计划，相关部门要会同各市，依据国家工作部署及本行动方案，抓紧组织编制浙江省推进长三角一体化发展专项规划。此外，项目梳理了行动方案的十大标志性工程，包括轨道上的长三角、智慧高速交通网、世界级港口集群、嘉兴航空物流多式联运中心、数字长三角、民生“一卡通”、一体化市场、宁杭生态经济带、江南水乡古镇群、太湖世界级湿地公园。

## 三、项目成果特点

### （一）在研究过程中，注意把握以下关键要求

（1）坚持目标导向。行动方案充分体现创新性、针对性，以一体化作为行动方案要求的目标导向，坚持一体化精神贯彻行动方案研究的各个方面。在积极探索区域一体化发展的新模式、新路径方面，具有开拓性、创新性、示范性，区域一体化发展要达到全国乃至世界一流。

（2）坚持问题导向。针对浙江推动长三角区域一体化发展存在的主要问题，聚焦发展瓶颈和障碍开展攻坚；着力突破一批阻碍要素跨区域流动的政策藩篱，着力构建市场规则无差别的一体化环境。

（3）坚持应用导向。重视行动方案的应用性、实践性和服务性，具有较强的决策参考价值，体现对区域发展的重大指导意义，把研究成果的转化率和应用率作为目的和归宿，为政府出台政策意见提供必要依据和扎实基础，使行动方案研究成果真正能够实现“提出对策”“进入决策”“形成政策”。

### （二）在编制过程中，坚持以下重要方法

一是国家战略与全省战略相结合。把大湾区大花园大通道大都市区建设等全省重大决策部署融入长三角一体化发展国家战略，强化统筹推进、同步实施，推动国家战略与省级战略的协同推进，既保证国家战略的落地实施，又促使省级战略更好地服务于国家战略。

二是顶层设计与落地实施相结合。针对长三角一体化属于系统性、全局性的战略，在做好

顶层设计的同时，注重战略的落地实施，立足于各区域一体化基础，梳理提出三个方面空间板块，分别为一体化发展示范区、省际边界协同板块、都市圈协同板块。

三是全面阐述与突出重点相结合。行动方案包括产业、创新、基础设施、城乡融合、数字经济、对外开放等全方位的内容，但着重突出每个领域在区域一体化方面亟需突破的领域，突出抓好一体化发展的重点领域、重点区域、重大项目、重大改革。

四是远景展望与近期实施相结合。行动方案遵循国际对标，提出远景的发展路径、总体目标的同时，在方案年度实施任务分解落实方面提出了可操作的举措和安排，梳理打造一批如轨道上的长三角、嘉兴全面接轨上海示范区等系列标志性工程。

五是经验借鉴和实际问题相结合。学习借鉴国内外区域合作的发展模式，同时结合实际调研，对浙江省推进长三角一体化建设中存在的问题，有针对性地重点思考和解决。

六是同行评议和专家咨询相结合。借鉴国内区域合作的成熟经验，邀请政府政研室、高校专家、政府咨询委等研究机构专家参与课题咨询，集中智慧、用活智慧。

## 四、项目实施情况

一是在目标定位上，作出了重构和提升。原来国家层面出台的《长三角区域规划》《长三角城市群发展规划》，对长三角地区的目标定位有一些明确的提法，但它们都是到2020年的具体目标及到2030年的总体目标。

二是在指标设计上，既体现出全局性，更确定了若干个有引领性意义和示范性作用的特色指标。高质量发展涵盖经济社会发展方方面面，但最后要集中体现在一些有引领和示范作用的指标上。经济方面的指标，关键是体现“新”和“优”，如新动能、三新经济、要素最优化配置等方面指标。

三是在发展载体上，谋划了一批标志性、创新性的重大项目和重大支撑平台。如打造区域港口联盟，整合发挥沪浙在港口、江海联运、战略资源配置、临港产业等多方面优势等。

## 五、项目主要参与人员

项目主要参与人员：周世锋、苏斯彬、郭亚欣、柯敏、胡思琪。

# 单位简介

# 德邻联合工程有限公司

“德邻联合”秉承“正德”的中华传统文化精髓，在传承和创新中蜕变新生，以产业策划为引领，以工程全生命周期为视角，依托信息化管理手段，创新服务模式，致力于为顾客提供全过程工程咨询服务。公司前身杭州诚信投资建设管理有限公司，成立于1996年，随着优质企业、高端人才、优秀团队的加盟，公司相应进行股份改造、业务重组、组织再造，2020年1月更名为德邻联合工程有限公司。现企业注册资本11 006万元，总部坐落于杭州钱江世纪城奥体板块，拥有2 000余平方米自有办公场所，设立分公司达40余家。

公司管理体系完善、信用良好、行业资信众多，连续多年被评为综合实力企业信用等级AAA级企业、“守合同重信用”AAA级单位、中国人民银行AAA信用等级企业，2019年12月获得“国家高新技术企业”称号，连续六年获省、市行业协会优秀、先进称号等，所承建项目荣获国家级、省市级优质工程及标化工地称号达200余项。

德邻联合倡导为员工创造机会是存在的根本目的；为顾客创造价值是发展的根本前提；为公司创造效益是存续的根本基础；为社会创造和谐是设立的社会责任。公司将“以德为邻，联合共赢”作为发展宗旨加以贯彻始终，力争成为受人尊重的全过程工程咨询服务商！

# 东方经纬项目管理有限公司

东方经纬项目管理有限公司前身于1993年5月经原浙江省计经委批准成立，是一家长期为各企事业单位投资建设提供专业化智力服务的机构。业务涵盖工程咨询、招标代理、工程造价、项目管理、工程监理等全过程工程咨询服务领域，拥有较强的技术力量。专业技术人员队伍中，学科配置齐全，拥有咨询、造价、财务、金融、法律、经济、招标、监理、建造等各类国家注册师，同时建立了涉及多行业多学科的专家咨询网络，形成了一支能从事综合服务于多行业的工程咨询专业队伍，逐力打造自身具备研发、管理、转化能力的高维度高精度全过程工程咨询领军企业，成为客户最值得信赖的咨询顾问、投资者和合作伙伴。

东方经纬项目管理有限公司现为浙江省工程咨询行业协会副会长单位，拥有工程咨询单位综合资信甲级及建筑，农业、林业，水利水电，电力，公路，电子、信息工程，石化、化工、医药，机械，轻工、纺织，建材，市政公用工程，生态建设和环境工程12个专业资信甲级，曾获2018、2020年度全国优秀工程咨询成果三等奖，2018年度浙江省优秀工程咨询成果一等奖，2015、2020年度浙江省优秀工程咨询成果二等奖，2014、2020年度浙江省优秀工程咨询成果三等奖等荣誉。

# 国家林业和草原局华东调查规划院

国家林业和草原局华东调查规划院（简称华东院）成立于 1952 年，是国家林业和草原局直属正厅（局）级公益二类事业单位，加挂有华东森林资源监测中心、华东林业碳汇计量监测中心、华东生态监测评估中心、长三角现代林业评测协同创新中心、自然保护地评价中心等，2020 年荣获 “浙江省文明单位”称号。

华东院长期致力于林业调查规划事业，主要从事森林资源调查与监测、林业规划设计、信息技术应用、生态监测评估与碳汇计量、湿地和自然保护地监测评估等业务，目前已形成以激光雷达监测技术、林草生态网络森林防火感知系统、湿地监测评估技术、“云臻 +”系列智慧监测平台、《自然保护地》期刊等为代表的特色品牌。筚路蓝缕七十载，华东院共向国家和地方林草主管部门以及社会用户提交 5 937 项成果，其中获科技进步奖 31 项，优秀咨询成果奖 103 项，优秀工程勘察设计奖 20 项，发明专利、科技成果与著作权 97 项，为促进我国林草事业高质量发展，推动生态文明建设提供了有力支撑。

在开启全面建设社会主义现代化国家的新征程上，华东院将立足新阶段，贯彻新理念，融入新格局，坚持“党建统院、文化立院、人才强院、创新兴院”发展理念，凝聚力量，开拓创新，积极作为，为建设美丽中国、实现中华民族伟大复兴的中国梦贡献华东院力量。

# 杭州城投建设有限公司

杭州城投建设有限公司（以下简称公司）成立于2006年12月，有着超过15年政府平台背景，承担政府投资的省、市重点项目的投资建设管理工作。五大主营业务为政府项目全过程咨询、企业项目全过程咨询、研究策划咨询服务、城市服务、项目管理+EPC，覆盖全国17个省，300多个项目，总投资额800多亿元。

公司是国家高新技术企业、浙江省全咨标准参编单位、浙江省市政行业协会建设咨询专委会委员单位、浙江省绿色建筑协会常务理事、浙江省PPP产业联盟首批会员、浙江省股权投资协会常务理事单位、浙江省工程咨询行业协会四届理事会理事单位、杭州市建设行业企业技术中心。公司拥有中高级职称人员和注册类人员近350人，本着“不计得失为客户服务，坚定不移树公司品牌”的服务理念为工程项目、基础设施、公共服务、片区开发等投资项目提供高品质咨询服务。公司努力成为国内一流的项目管理服务商和国内一流的城市服务运营商，持续为社会创造价值、为股东创造利润、为员工创造幸福！

# 杭州市城乡建设设计院股份有限公司

杭州市城乡建设设计院股份有限公司（简称杭设股份）是一家以市政公用行业和建筑行业工程设计为主的综合性甲级设计咨询和工程管理企业。杭设股份拥有市政（燃气工程、轨道交通工程除外）行业甲级、市政行业（城镇燃气工程）专业甲级、建筑行业（建筑工程）甲级设计资质；风景园林工程设计专项甲级；化工石化医药行业（石油及化工产品储运）专业乙级资质；城市规划编制单位乙级资质。拥有市政公用工程、电力（含火电、水电、核电、新能源）、石油天然气、建筑、生态建设和环境工程甲级资信。公司拥有强大的技术服务力量与雄厚的实力以及丰富的设计和工程总承包经验。

杭设股份组织机构设有多个专业分院、职能部门及工程项目管理部。目前拥有员工 600 余人，90% 以上是专业技术人员，拥有一批具有丰富经验和学术水平的骨干队伍，具备集设计、采购和施工阶段项目管理于一体的技术管理能力，形成以设计、咨询、应用研发、工程管理四大板块组成的技术服务性产业链，并建立了严格的技术责任制和完整的质量保证体系。

1999 年，杭设股份由原杭州市市政公用事业局下属六家大中型国有企业的专业设计单位合并组建而成。自合并组建以来，杭设股份一直以专业技术为主线，本着“诚信为本、和则两美、德行天下”的企业理念，切实履行契约精神，逐步走上了多专业主导的发展道路，在城市燃气、道路桥梁、中小型污水处理、环境治理、建筑住宅产业化、教育建筑、公共交通建筑、综合管廊等专业上形成了公司的技术特色和核心竞争力，完成了大批优质项目和精品工程。杭设股份在做强做大设计主业的同时，不断延伸工程建设咨询业务，积极参与 PPP 项目和 EPC 总承包业务。在全面提升企业的发展品质和效益的同时，也为各地城市建设和社会发展作出了杰出贡献。

# 杭州市工程咨询中心有限公司

杭州市工程咨询中心有限公司，原名杭州市工程咨询中心，成立于1991年，曾是杭州市发展和改革委员会下属企业化管理事业单位。2019年12月实施转企改制，为杭州市交通投资集团有限公司一级子公司，2021年4月完成工商登记。杭州市工程咨询中心有限公司是中国工程咨询协会特邀常务理事单位、浙江省工程咨询协会副会长单位，是中国工程咨询协会认定的甲级资信单位。

杭州市工程咨询中心有限公司现有在职人员44人，拥有研究生以上学历学位人员20人；拥有高级职称以上人员19人、中级职称人员16人；拥有工程咨询师（投资）人员14人；拥有杭州市高层次人才9人。

杭州市工程咨询中心有限公司主要是为杭州市委、市政府及其相关部门，以及社会各界企事业单位的经济社会发展规划及课题研究、工程项目决策及评估、建设实施与管理等提供咨询服务，先后完成各类报告3 000余项，获得市主要领导批示30余次，获得省级以上优秀工程咨询成果奖44项（其中国家级一等奖1项、二等奖2项、三等奖2项）。

# 杭州市交通规划设计研究院有限公司

杭州市交通规划设计研究院有限公司（以下简称公司）始创于1984年，1993年成立“杭州市交通设计院”，2004年更名为“杭州市交通设计研究院”，2006年调整为正处级的“杭州市交通规划设计研究院”，2013年增挂“杭州市交通运输发展研究中心”。2021年4月转企改制为“杭州市交通规划设计研究院有限公司”。秉承“为社会创价值，为职工谋发展”的宗旨和“诚信、敬业、创新、进取”的建院理念，聚焦“打造人民满意交通样板”发展目标，是集交通工程规划、咨询、勘察、设计、科研、服务、设计施工总承包等于一体的交通科技企业。公司依靠人才和技术上的优势，为杭州市乃至全省交通运输事业的发展提供了坚实的技术支持，完成了省内一大批规划研究以及高速公路、国省道和港口航道工程设计任务，取得了良好的业绩和信誉，打造了一大批精品工程。主要完成了淳杨公路、千黄高速淳安段、沪杭甬高速公路杭州市区段、杭州绕城西复线杭绍段、杭徽高速公路、杭绍甬高速公路等国家省市重点工程的设计任务。获得“国家青年文明号”“杭州市文明单位”“杭州市劳模集体”“全省优秀勘察设计单位”等荣誉称号，荣获全国优秀工程咨询成果奖二等奖、全国优秀工程勘察设计三等奖、中国公路学会科学技术奖、省优秀咨询工程咨询成果一等奖等国家和省部级各类成果奖项70项，市级各类成果奖项36项，发明专利累计30余项。

# 杭州天恒投资建设管理有限公司

杭州天恒投资建设管理有限公司（以下简称公司）成立于1994年，专业从事全过程工程咨询、工程监理、项目管理、招投标代理、造价咨询、工程咨询等业务。公司注册资本10 060万元，拥有工程监理综合资质，工程咨询甲级资信，工程造价咨询、招标代理、政府采购、项目管理等资质。

公司现有员工600余人，国家注册类高层次人才160余人，中高级职称人数约占员工总数的50%，正高级工程师7人。

公司是浙江省AAA级“守合同重信用”单位，中国建设监理行业先进单位，浙江省市政行业30年优秀企业，浙江省、杭州市“优秀监理企业”，杭州市高新技术企业，杭州市社会责任建设“AA级企业”，杭州市中介服务行业“示范企业”。先后被杭州市委、市政府授予西溪湿地综合保护（一期）工程建设“先进集体”、钱江新城核心区建设开放“先进单位”，G20杭州峰会服务保障先进监理企业等。

公司秉承“诚信 共赢 创新 一流”的核心理念，坚持全心全意服务客户的理念，坚持走质量精品化路线，承接工程先后获得国家、省、市级奖励100余次。其中九堡大桥、紫之隧道、文一路地下通道工程等被评为“鲁班杯”“詹天佑”奖，紫金港路工程获得“国家优质工程奖”；近15个工程被评为“全国市政金杯示范工程”，40余个工程被评为“钱江杯”优质工程、“浙江省市政金奖示范工程”，70余个工程被评为“西湖杯”“兰花杯”“双龙杯”“括苍杯”等。

在新的历史阶段，公司的发展目标是努力打造全国领先的一流的综合性咨询企业。

# 湖州市发展规划研究院

湖州市发展规划研究院前身为湖州市经济建设规划院，成立于 1993 年 11 月，2006 年正式更名为湖州市发展规划研究院，下设“湖州市发展规划研究院有限公司”。具有建筑、市政等专业乙级咨信资质。

湖州市发展规划研究院以“独立、科学、公正、创新”为工作宗旨，以“建一流团队、树一流品牌、创一流精品”为目标，坚持经济、社会两个效益并重，着眼全市研究重大战略、编制发展规划、推进重点项目，先后参与了全市“十二五”“十三五”“十四五”规划的前期研究和各类规划编制；多项研究咨询成果已为决策层采纳，取得明显的经济效益和社会效益；承担了大量的政府投资的基础性、公益性的咨询评估工作。作为全市三家重点智库试点单位之一，智库建设成效显著，为全市经济高质量发展提供有力智力支撑。

目前，全院现有在编人员 14 人，其中硕士 12 人，已建立起一支思想开阔、业务突出、勇于创新的复合型、高素质人才队伍。未来，湖州市发展规划研究院将紧紧围绕湖州市委、市政府中心工作，按照打造地方新型智库建设的总目标，做好品牌效益和经济效益两大文章，深入拓展课题研究、规划编制、工程咨询“三位一体”业务领域，努力打造成为“省内有名、浙北一流”的地方新型智库。

# 华汇工程设计集团股份有限公司

华汇工程设计集团股份有限公司（以下简称华汇）始创于1977年，是以城市建设事业为发展领域，以工程设计咨询为核心，从事工程建设全过程服务和投资的平台企业。作为城市建设专家，华汇专注城市建设、致力价值创造、坚持以人为本，坚持以“共同的企业 共同的事业”为核心价值观的企业文化。四十多年来集团一步步从地方建筑设计院转型为全国化、全产业链的平台企业。华汇集团五次入围“中国承包商80强和工程设计企业60强”、九度名列“中国十大民营工程设计企业”，并已拥有全国7大区域中心、150多个平台用户，业务遍布30个省（区/市）100多座城市，拥有各类资质80多项，各级荣誉300多项，各类技术管理人员3 000多人。业务涉及城市综合咨询、规划、建筑、市政、交通、景观、通信、旅游、能源环境、房地产等城市建设领域。主要的咨询业绩包括：《绍兴古城有机更新（历史街区一期）项目可行性研究报告》《衢州市衢江区城东片区城市有机更新项目概念性规划设计及可行性研究报告》《襄阳古城保护和利用项目策划及重点片区可行性研究》《绍兴市未来社区建设三年行动计划》课题研究、《绍兴古城全域未来社区创建规划项目》《绍兴古城可“申遗”资源评估及“申遗”行动策略研究》课题项目等。

# 华信咨询设计研究院有限公司

华信咨询设计研究院有限公司（以下简称公司）成立于1984年，通过30多年的发展，逐步成为国内一流的通信及信息领域的咨询设计服务提供商。2016年后探索客户多元化发展道路，逐步成为国家多部委信息化建设的主要咨询服务单位。公司员工总数超过2 000人，本科以上人数占比超过80%，远高于行业平均水平。公司拥有通信、信息化和涉密行业所有顶级资质。

公司在信息化项目总包总集、信息系统安全测评、项目评估咨询方面拥有丰富经验，熟悉电子政务信息化发展整体思路、电子政务网络基础设施、政务信息资源共享开放等工作。在政府信息化领域，公司可提供不限于如下服务：一是以“顶层设计咨询”为引领，为省市县政府相关部门提供数字政府、智慧城市、数字经济、数字基建专项规划以及各行业的信息化专项规划，为浙江、广东、四川、安徽、内蒙古、宁夏、陕西、山东、广西等十多个省份超百个城市提供政府数字化转型相关规划、咨询项目。二是以全过程咨询为特色，深度嵌入信息化项目建设的全生命周期各环节，为立项、采购、方案、建设和验收阶段提供专业、全面的技术咨询、评审及绩效评估服务。三是根据需求定制开发兼容国产化体系的信息化项目管理平台及行业监管平台。四是提供以“机制体制改革研究”为保障，为政府数字化改革提供政策制度等领域的课题研究和咨询。

# 建经投资咨询有限公司

建经投资咨询有限公司（以下简称建经）成立于2003年12月，注册资金5 000万元，是一家从事投资咨询、规划设计、工程管理、造价咨询、招标策划服务、国际工程咨询、工程法律咨询业务的综合型咨询公司。

近年来，建经致力于政府投资项目综合咨询服务，主要业务范围包括但不限于项目投融资策划、PPP咨询、财务测算、成本收益敏感性分析、投资风险决策咨询等。其中，在地方政府专项债板块、投融资策划板块和PPP项目咨询板块有业绩百余项，项目投资金额累计数千亿元。

建经连续多年获中国建设工程造价管理协会工程造价咨询企业信用AAA等级（最高级）、浙江省建设工程造价管理总站动态信用评级AAAAA等级（最高级），为浙江省工程造价咨询品牌企业。多年来，建经与高校（同济大学、浙江大学、浙江财经大学等）紧密合作，在学术课题和实践总结上形成了可观的研究成果，并多次支持地方政府制定与投资咨询领域相关的政策。

卓越的企业文化，是建经长续发展的基石，围绕“价值服务”的企业核心发展观，秉承“为客户创造价值”的服务理念，牢记“为客户和社会提供优质咨询服务”的使命，在“规模化、数字化、国际化、人文化、生态化”的企业战略思想指导下，建经始终朝着“打造中国卓越咨询品牌”的愿景目标前进，不断探索建设工程项目全寿命周期的价值服务之路。

# 宁波国际投资咨询有限公司

宁波国际投资咨询有限公司（以下简称公司）成立于1993年，是一家国有综合性工程咨询公司，拥有工程咨询单位甲级综合资信及8个甲级专业资信。经过三十多年的发展，公司现拥有一支理论基础扎实、实践经验丰富、涉及经济管理、工程技术等50多个专业的核心团队和多学科、高层次、综合性的专家智囊库，形成了贯穿投资项目建设全过程的业务链条。

公司自成立以来已主持完成各类业务3万余项，所涉投资总额近2万亿元，承担了一系列行业和地区发展规划编制、宏观专题研究和重点建设项目的咨询论证任务，并多次获得国家、浙江省优秀工程咨询成果奖、浙江省和宁波市企业现代化创新成果奖。

公司以“促社会发展，建美丽中国”为使命，以“服务发展，提升价值”为宗旨，坚持“追求卓越，永无止境”的企业精神，连续9年被评为宁波竞争力百强企业、宁波服务业百强企业，并成为“宁波消费者喜爱品牌”。

公司始终把党建融入公司发展之中，实现党建与经营管理、业务链拓展、重大项目服务攻坚、安全生产、群团建设、和谐稳定等全方位融合。近年来公司党委被市委组织部评为“五星级基层党组织”，公司工会被评为“宁波市五星级活力基层工会”，公司团委被评为“宁波市先进团组织”。

# 衢州市交通设计有限公司

衢州市交通设计有限公司（以下简称公司），前身成立于1982年，2003年底改制更名为现名，2019年公司由中铁五院集团与衢州市交通投资集团有限公司进行战略重组，成为中铁五院下属控股子公司，现有职工200余人，正高级工程师5人、高级工程师47人，是国家高新技术企业、浙江省文明单位。

历经四十多年的发展壮大，公司现已成为一家专业成熟、设备先进、实力雄厚的设计公司，是浙江省交通建设行业中一支不可或缺的支柱力量。历年来，公司承担了大量省、市重点项目的勘察设计、研究与咨询工作，设计完成公路6 000多公里，桥梁近200座，参与设计的高速公路500多公里。

公司拥有岩土勘察甲级、公路专业设计甲级及其他多项资质，为公路、桥梁、隧道等工程提供战略规划、工程咨询、勘察设计等一体化的解决方案；并将依托中铁五院强大的品牌、技术支持，以衢州市、浙江省及周边地区为重点，拓展涵盖公路、市政、建筑、水工、景观等多领域的规划、勘察、设计、咨询、工程总承包等业务。

# 台州市经济建设规划院有限公司

台州市经济建设规划院有限公司前身为台州市经济建设规划院，成立于2000年9月，是台州市发展改革委下属事业单位。2020年8月改制更名为台州市经济建设规划院有限公司（以下简称公司），隶属于台州市国资委，现为台州市国有资本运营集团有限公司下属子公司。公司还是中国工程咨询协会会员单位、浙江省工程咨询行业协会理事单位、浙江省社会风险评估促进会理事单位、台州市能源协会理事单位、台州市规划学会副会长单位。

公司主要从事规划咨询（综合规划、专项规划等）、课题研究（国民经济运行监测与分析、产业发展研究、碳达峰碳中和研究、资源循环化研究等）、工程咨询（项目建议书、可行性研究报告、项目申请报告、资金申请报告等）、项目评估（社会风险评估、可研评估、绩效评估、节能评估等），具有市政公用工程专业和建筑专业甲级资信。

公司现有正式职工42人，专业技术人员占比86%，其中硕士及以上学历17人，咨询工程师14人，高级专业技术人员7人，所学专业涉及经济学、金融、农村发展、环境工程、机电、土木、市政、交通运输等20多个专业，形成了一支多学科、复合型、高素质的人才队伍。

自成立以来，公司参与了众多事关台州国民经济和社会发展全局的重大规划编制与专题研究工作，为政府决策提供了一批卓有成效的研究成果；承接了城市建设、生态环境、重大产业等领域的工程咨询任务，涉及项目超3 000个，总投资逾万亿元，社会效益显著。

# 温州市工业设计院有限公司

温州市工业设计院有限公司（以下简称公司）前身为温州市化工研究设计所，成立于 1984 年，原隶属于温州市经信委，现为温州设计集团下属国有企业。

公司现有工程咨询单位甲级资信，社会风险评估、节能评估、清洁生产审核等资质，以及化工石化医药行业甲级、建筑工程乙级、城镇燃气工程乙级等设计资质，特种设备（压力管道、压力容器）设计许可资质，并从事相关设计和咨询业务。

公司专业配套齐全，拥有工艺、机械、建筑、结构、电气、自控、给排水、总图、热工、燃气、暖通、咨询、技经、环保、消防、产业经济等专业。现有员工近百人，高级职称人数约占 30% 以上，国家注册执业资格人员超四十人次，人才梯队搭配合理。多人入选新世纪“551 人才工程”人才库，并多次荣获温州市劳动模范称号。

公司严格按照三体系进行管理，多项工程设计、咨询成果获得省“钱江杯”、市“瓯江杯”及省优秀咨询成果奖。先后获省、市勘察设计行业诚信单位，市精神文明建设先进集体、市模范集体、市文明单位及国家高新技术企业、省科技型中小企业等荣誉称号。

公司秉承“团结、奋进、务实、创新”的企业理念，持续进行全生命周期、全过程咨询的战略布局，竭诚为客户在咨询、设计、运维等阶段提供优质的一站式整体解决方案。

# 温州市交通规划设计研究院有限公司

温州市交通规划设计研究院有限公司前身是温州市交通运输局内设的“交通工程设计室”，1992—1997年，经历了从“设计室”到“设计处”再到“温州市交通工程设计院”的转变发展，2002年正式批准更名为“温州市交通规划设计研究院”，2020年12月，正式划转温州市交通发展集团有限公司，2021年5月完成改制，并更名为温州市交通规划设计研究院有限公司（以下简称公司），现已发展成为温州地区唯一一家集交通规划、设计、勘察、咨询、科研为一体的交通甲级设计科研院所。

公司具有国家公路行业（公路）专业设计甲级资质，工程咨询乙级资信，工程勘察专业类乙级资质、浙江省社会稳定风险评估机构。先后参与并承担完成金丽温高速、甬台温高速、诸永高速、龙丽温高速、104国道、228国道、41省道等工程项目的工可咨询、勘察设计任务。项目业绩共获得省建设工程勘察设计 “钱江杯”系列奖20余次，省优秀工程咨询成果系列奖10余次，温州市建设工程勘察设计 “瓯江杯”系列奖60余次。

近年来，公司先后荣获中华全国总工会表彰的“全国模范职工之家”荣誉称号，获得全国公路交通系统“模范班组”、交通运输部授予的“全国公路交通系统模范职工小家”殊荣，获得浙江省总工会颁发的“模范职工之家”，获得温州市委、市政府颁发的温州市2015—2016年劳动模范集体、温州市级文明单位，以及温州市总工会授予的五型班组建设“模范班组”等荣誉。

# 温州市经济建设规划院有限公司

温州市经济建设规划院有限公司前身为温州市经济建设规划院，成立于1987年3月。2020年1月，按成建制转企改制，并更名为温州市经济建设规划院有限公司（以下简称公司）。公司现为中国工程咨询协会团体会员、国际咨询工程师联合会（FIDIC）成员协会会员、浙江省工程咨询协会副会长单位。

公司主要承担全市经济社会发展战略研究、规划编制和政府重大投资项目咨询、评估工作。近年来完成的重点项目有：《鹿城区国民经济和社会发展“十三五”规划纲要》《温州瓯江口产业集聚区“十四五”发展规划》《温州市产业规划布局研究》等规划及课题研究300余项，温州高铁新城产城融合综合开发PPP项目、温州市域铁路S1线及S2线工程、温州市奥体中心、各地特色小镇方案编制等前期咨询评估1 000余项。

公司曾获称号：温州市推进长三角一体化发展智库支持单位；厦门大学经济学院研究生教育创新基地；浙江大学城乡规划设计研究院区域经济与城乡规划研究中心；上海理工大学管理学院研究生实习基地。

展望未来，公司将坚持不渝地秉承“科学、客观、公正，当好政府业主参谋”的理念，直面挑战、居安思危，以实力构建品牌地位，着力打造区域一流的智库和服务经济社会的政府智囊团。

# 温州市水利电力勘测设计院有限公司

温州市水利电力勘测设计院有限公司（以下简称水电院），创建于1964年，系温州市水利局直属事业单位，2020年改制后为温州设计集团下属国有企业。

水电院是从事水利水电工程的咨询、设计、勘察、测量、工程设计总承包、水土保持方案编制、水土保持监测、水资源论证、水文水资源调查等业务的科技型企业，是温州地区唯一一家具有水利全行业勘察设计、EPC总承包、全过程咨询资质的技术人才密集型科技企业，是浙江省首批勘察设计行业诚信单位、国家高新技术企业、浙江省企业技术研发中心。

近年获得的荣誉有：温州市鹿城区瓯江绕城高速至卧旗山段海塘工程Ⅰ、Ⅱ、Ⅲ区段（卧旗山—塔山段）获2020年度浙江省“钱江杯”（优质工程）；浙江省温州市珊溪水利枢纽水生态补偿试点实施方案研究获2020年度全国优秀工程咨询三等奖、2020年度浙江省优秀工程咨询二等奖；苍南县鳌江标准堤（龙港城区段）除险加固工程设计获2019年度温州市勘察设计“瓯江杯”一等奖；温州市泽雅水库增设泄放洞工程设计获2019年度温州市勘察设计“瓯江杯”二等奖；温州市鹿城区瓯江治理一期工程勘察项目获2019年度温州市勘察设计“瓯江杯”三等奖等。

水电院本着“求实创新、开拓进取，创造一流工程，提供优质服务”的工作方针，愿同社会各界进行广泛的技术合作。在今后的工作中，水电院将继续发扬优良的传统、务实的作风，力求勘测、设计、科研多元发展，为温州乃至全国水利事业的发展作出贡献。

# 五洲工程顾问集团有限公司

五洲工程顾问集团有限公司是一家以全过程工程咨询和工程总承包为核心产品的顾问工程公司，提供工程代建（项目管理）、工程监理、工程设计、工程咨询、工程招标、工程造价等传统咨询服务，并提供设计管理、招采管理、全过程投控管理、绿色建筑咨询、双碳咨询、BIM 咨询、数字咨询、安全顾问、法律顾问等新型咨询服务。

五洲工程顾问集团有限公司以政府智库、业主顾问为定位，作为国家级高新技术企业，浙江省未来社区建设技术支撑单位、首批产业联盟成员单位，浙江省未来社区发展研究中心理事会成员单位，获批成立浙江省高新技术企业研究开发中心和省级博士后工作站，拥有深厚的科技研发能力、完备的技术研发体系、强大的高端人才团队，业务涉及房建、市政、交通、水利、轨交等各领域，成为行业内发展快、资质全、理念新、创新多、综合实力强的明星企业。

五洲工程顾问集团有限公司立足“高端品牌、高端项目、高端服务、高质量发展”四高站位，始终以对标国际、打造国际知名顾问工程公司为愿景，以为项目创造更大价值、让客户更满意为追求，用情怀去兑现“五洲集团，社会放心”的庄严承诺。

# 耀华建设管理有限公司

耀华建设管理有限公司，前身为衢州耀华监理公司（于1999年在衢州成立），2006年迁址西湖区，更名为浙江耀华工程咨询代理有限公司，2010年重组，迁址原余杭区，2017年更名为耀华建设管理有限公司（以下简称公司），2018年自购临平华元大厦第20层，2021年杭州区划调整，公司自购汇银中心办公楼一幢，成立余杭分公司，企业正式开启“双核”发展模式！

公司业务包括工程咨询、全过程咨询、监理、代建、造价、招标代理等，工程咨询业务每年为建筑类、市政类、水利类等近百个建设项目提供可研咨询服务，全过程咨询服务每年承接10几个大型房建、市政建设项目，为业主提供专业、高效、优质的全过程服务。

经过20余年发展，公司已成为区内咨询龙头企业，公司通过ISO管理体系认证，获浙江省知名商号、杭州市优秀监理企业、中国造价信用评价3A、浙江省造价信用5A、浙江省造价优秀企业、浙江省代理机构诚信AAAAA级、“守合同重信用”3A企业等荣誉称号。公司参与管理的项目多次获得“钱江杯”“西湖杯”“良渚杯”工程奖。

公司始终以“客户第一、服务至上、联合至高、传递精华”作为核心价值，努力实现让“耀华管理”成为具有国际竞争力的建设项目全过程链的一体化服务供应商的伟大愿景。

# 浙江城建煤气热电设计院股份有限公司

浙江城建煤气热电设计院有限公司于2000年11月20日成立，2021年10月完成股份制改造，更名为浙江城建煤气热电设计院股份有限公司，简称“浙城设计”。

浙城设计是以能源工程咨询设计为核心、EPC总承包为业务延伸的现代科技型企业，深耕于天然气、太阳能、生物质能、核能等新能源以及煤炭等传统能源领域的清洁利用，在电力、热力、冷能、空气能、余热等二次能源循环利用方面具有丰富的实践经验。浙城设计坚持“专业、创新、绿色”发展思路，业务发展始终聚焦石油天然气、电力新能源、公用热力以及相关EPC总承包板块，经过多年沉淀，在能源行业有着广泛的影响力和核心竞争力。现为浙江省工程咨询协会副会长单位。

浙城设计为国家高新企业，设有市级高新技术研究开发中心和省级高新技术企业研究开发中心。拥有天然气分布式能源、长距离低损耗供热、余热回收利用、污泥清洁化处置、智慧燃气、智慧热网、核能供热、综合供能、储能调峰等多项领先技术优势，获得省部级及以上奖项78项和专利30项，主编或参编省部级标准规范9项，近3年完成课题研究项目80多项。

# 浙江大学城乡规划设计研究院有限公司

浙江大学城乡规划设计研究院有限公司（以下简称浙大规划院）成立于1994年，为浙江大学控股集团全资国有企业，拥有城乡规划编制甲级、建筑工程设计甲级、风景园林工程设计甲级以及土地规划、文物保护工程设计、工程咨询等相关设计资质，提供包括研究、策划、规划、设计、咨询以及国际交流、教育培训等综合性服务，是集科研创新与规划实践于一体的国内领先规划设计研究机构。

浙大规划院以百年浙大为依托，秉承“求是创新”的精神，坚守初心服务地方发展，勇担使命反哺学科建设，充分发挥高校设计院在科技、人才、信息、文化等方面的资源优势，致力于“产、学、研、用”四位一体特色发展，在研究策划、国土空间规划、城市设计、建筑景观工程设计、工程咨询以及交通市政、文化旅游、农业生态等方面有较强的竞争实力。

近年来浙大规划院积极参与各地规划、建筑、景观EPC项目，在工程咨询与管理方面积累了宝贵的经验。已获奖项目包括：国家优秀设计银质奖，全国优秀工程咨询成果一、二等奖，建设部优秀设计一、二等奖，全国优秀城乡规划设计一、二、三等奖，省规划科学技术进步奖一、二等奖，省勘察设计行业优秀勘察设计成果奖一、二、三等奖；美国建筑大师奖、WDA世界设计奖；省优秀园林工程银奖等。此外，浙大规划院还承担多项国家、省厅科研课题以及行业技术规范、标准的编制工作。

# 浙江大学建筑设计研究院有限公司

浙江大学建筑设计研究院有限公司（UAD）始建于1953年，是国家重点高校中最早成立的甲级设计研究院之一，至今已有七十年的历史。UAD坚持“营造和谐、放眼国际、产学研创、高精专强”的办院方针，以“高品位的文化，高宽远的视野，高效能的管理，高素质的人才，高精专的技术，高质量的作品”为发展战略。UAD现有六十余个生产及管理部门。

UAD先后获得当代中国建筑设计百家名院、中国勘察设计行业创新型优秀企业、杭州市十佳勘察设计企业、杭州市首批十大产业企业技术创新团队等称号；是第一批国家级工程实践教育中心建设单位，2021年获得浙江省绿色建筑与建筑工业化行业协会2020年度先进会员单位；浙江省勘察设计行业协会三十周年“优秀勘察设计单位”；浙江省勘察设计行业诚信单位。取得了较好的社会声誉和经济效益，得到社会各界和建设单位的赞扬和好评。

UAD以“平衡建筑”学术理论指导设计实践，始终坚持走创作路线和精品路线，在教育建筑、文化建筑、办公建筑、医疗建筑、人居规划、体育建筑、超高层建筑、乡村振兴规划等领域凭借前瞻性的技术和市场研发，先后完成了多个高水准设计佳作，历年来共获得近1700余项国家、部、省级优秀设计奖、国际设计奖、优质工程奖及科技成果奖。

# 浙江公路水运工程咨询集团有限公司

浙江公路水运工程咨询集团有限公司（以下简称浙江公路水运集团）前身为1993年经浙江省交通厅批准成立的浙江公路水运工程咨询监理公司。2019年5月10日完成公司制改造，2021年11月完成与浙江省交通运输科学研究院融合提升，2023年1月成为省交科院所属全资国有企业，2023年5月由“浙江公路水运工程咨询有限责任公司”更为现名，成为新省交科院经营板块主体力量。浙江公路水运集团是浙江交通领域全过程工程咨询服务的先行者，是交通技术服务全产业链的龙头企业，致力于为浙江交通高质量发展和交通强省建设提供有力支撑。

浙江公路水运集团经营范围为公路工程、市政工程、轨道工程、港航工程、交通工程、交通智能化工程的设计、施工和技术咨询服务，工程招标代理，工程监理服务，检测技术服务，工程项目管理及评估服务，工程造价咨询等。

浙江公路水运集团持有中国工程咨询协会颁发的公路、水运（含港口河海工程）工程咨询单位甲级资信证书；住房和城乡建设部颁发的公路行业（公路）专业甲级工程设计资质证书；交通运输部颁发的公路工程甲级监理、浙江省交通运输厅颁发的水运工程甲级监理资质证书；浙江省住房和城乡建设厅颁发的市政公用工程监理乙级、房屋建筑工程监理乙级资质证书；交通运输部颁发的公路工程综合甲级试验检测资质证书等20余项资质（资信）证书。目前，浙江公路水运集团本部拥有专业技术人员157人，其中正高35人、副高34人，全国百优工程师4人。

浙江公路水运集团是交通运输部“物联网技术应用交通运输行业研发中心”、浙江省公路学会的依托单位；是浙江省公路工程标准化技术委员会秘书处单位；是中国公路勘察设计协会、中国工程咨询协会、中国公路学会、杭州市勘察设计行业协会及公路杂志公路理事会理事单位，是浙江省勘察设计行业协会、浙江省港口协会常务理事单位，是浙江省工程咨询协会副会长单位。

深耕交通三十载，在社会各界关心支持和自身努力下，浙江公路水运集团始终牢记初心使命，持续为交通运输行业主管部门和项目业主提供技术支撑服务，承担了浙江省内绝大部分高速公路和近一半国省道项目的工可、初步设计和施工图的评估、咨询、审查工作，在勘察设计、综合交通规划研究、交通科技与交通运输研究、智能交通研究、ETC服务、数字交通服务等方面积累了丰富经验。

# 浙江国宏工程咨询有限公司

浙江国宏工程咨询有限公司（以下简称公司）是一家致力于打造浙江一流、浙南领先的新型智库，聚焦于战略研究、城乡规划、招商运营咨询、项目前期、项目全过程咨询等领域而组建的咨询机构。核心人员视野开阔、经验丰富，从业经历 10 年以上，屡次获得国家和省、市优秀咨询成果奖项。现有各类技术人员 50 余名，硕士及以上学历占 80% 以上，公司形成了一支涵盖经济研究、城乡规划、旅游规划、工程咨询、项目管理等多个领域的复合型高素质人才队伍，目前是温州唯一一家“中咨协”民营企业会员、浙江省工程咨询协会理事单位、浙江省发展改革委智库企业、中国工程咨询单位乙级资信企业、浙江省社会风险评估促进会 A 类会员。

公司将秉承“思想创造未来”价值观，以行业一流的独立咨询智库为目标，牢记初心使命，紧跟时代步伐，拥抱未来发展，深耕浙江地区，面向全国，积极探索新型特色智库发展之路，为政府机构、企业客户提供优质信息产品与咨询服务。与时代偕行，共赢未来。

# 浙江九州治水科技股份有限公司

浙江九州治水科技股份有限公司（以下简称公司）是一家致力于江河湖库等综合治理策划和设计、水利信息化和水利行业标准化管理等专业技术服务的国家高新技术企业。现有员工中各类注册工程师20余人，高级工程师及以上32人，工程师37人，硕士以上学历16人，本科以上技术人员占比100%。

公司前身为衢州市水利水电勘测设计院，机构组建于1970年，2004年改制后更名为衢州市水利水电勘测设计有限公司，2015年股份制改造后变更为浙江九州治水科技股份有限公司，2016年被认定为国家高新技术企业，2017年在全国中小企业股份转让系统挂牌。

公司成立以来，共策划完成数十条流域综合治理方案；完成数百座水库、数千公里河道治理，万余公里渠道和数百万亩灌区工程设计。

公司荣获水利建设市场主题信用评价公告等级-AAA级；浙江省勘察设计行业诚信单位；浙江省AA级“守合同重信用”企业；浙江省勘察设计行业企业文化建设优秀单位等荣誉。获得省、市级科技进步奖和优秀咨询设计等各类奖项30余项。参编水利部技术规范1项，主编省级技术标准2项、市级技术标准1项；发明专利7项，实用型专利9项。

“九州治水·江河灵美”，公司以“言善信 事善能 动善时 上善若水”为企业精神，持续创新、携手共进，为水生态文明建设和智慧管理发展作出积极的贡献！

# 浙江美阳国际工程设计有限公司

浙江美阳国际工程设计有限公司（以下简称公司）成立于1996年，总部设在杭州，并在上海、江苏、安徽、台州、上虞设有分公司。

公司现持有“化工石化医药行业甲级/建筑行业（建筑工程）乙级工程设计资质证书（A233013468）”“石化、化工、医药工程咨询甲级资信证书（甲122 021 010 627）”“A2级压力容器设计许可证”“GB类+GC类压力管道设计许可证”。通过了GB/T 19001—2016/ ISO 9001：2015质量体系认证。

公司自成立以来，共完成石化、化工、医药、建筑、装饰等各类工程设计项目2 000余项，项目遍布全国各地，涵盖炼油、煤化工（煤焦油加氢、粗苯加氢）、储运、染料、涂料、有机化工、原料药、中药、各类药物制剂、生物基因、生化工程、药用材料、医疗器械等多个领域。在医药化工石化行业领域，公司形成了规划—设计—建设—验证的一站式解决方案的供应链服务。

公司各设计专业配备齐全，并以雄厚的技术基础和庞大的人才队伍为后盾，时刻关注顾客利益，满足顾客对工程设计的需求。以“精心设计”“设计创新”为企业精神，以“满足顾客对工程设计与工程咨询的需求，力求超越其合理的期望”为质量方针，期待与各协作单位和建设单位共创美好未来。

# 浙江省城乡规划设计研究院

浙江省城乡规划设计研究院直属于浙江省住房和城乡建设厅，是长三角地区专业设置齐全、综合实力领先的规划设计研究机构，是科技部认定的国家级高新技术企业。具有城乡规划编制、建筑工程设计、城市给水排水、风景园林设计、城市道路交通、工程咨询、工程总承包等甲级资质，提供全周期、综合型、专业化的规划设计咨询与建设项目管理服务。全院共设17个规划设计和工程管理部门，共有职工560余名，其中正高级工程师58人，高级工程师165人，享受国务院政府特殊津贴专家2名，省工程勘察设计大师3名。

浙江省城乡规划设计研究院扎根浙江，服务全国，放眼世界。成立40多年来，与1 000余个政府部门、社会团体建立了良好的合作关系，累计完成各类规划、设计、研究项目12 000余项，业务范围遍及全国20多个省级行政区，并涉足非洲和拉美等地区。是建设部、人社部共同认定的全国住房城乡建设系统先进集体，位列浙江省勘察设计单位综合实力十强。

之江击水唯奋楫，勇立潮头谋新篇。作为“美丽中国”梦想的坚定践行者和浙江“两个先行”目标的积极探索者，浙江省城乡规划设计研究院始终坚持以“科学规划，精心设计”为宗旨，以“城乡品质发展高端智库和规划设计工程咨询综合服务商”为定位，集聚精英、创作精品，努力打造技术卓越、锐意进取的人才团队，在追求新时代高品质人居和高质量发展的进程中，书写新的篇章。

# 浙江省发展规划研究院

浙江省发展规划研究院是浙江省人民政府直属正厅级公益二类事业单位，2016 年明确为浙江省 5 家省级高端智库建设试点单位之一，2019 年成为全国工程咨询协会副会长单位，2021 年位列工程咨询行业智库型单位影响力 30 强第二位。

浙江省发展规划研究院成立于 1985 年 11 月，时称“浙江省经济建设规划院”，2004 年更名为“浙江省发展规划研究院”。建院以来，伴随改革开放伟大历程，始终深耕浙江大地，深入开展重大发展战略研究，深度参与“七五”至“十四五”各类规划编制，积极承担重大工程项目咨询评估，积淀形成了课题研究、规划编制、工程咨询“三位一体”独特业务链，目前拥有工程咨询甲级综合资信和 14 项甲级专业资信、PPP 咨询甲级专项资质以及城乡规划甲级资质、土地规划资质。在浙江省委、省政府坚强领导下，在浙江省发展改革委关心指导下，经过历届院领导班子和全院职工的团结奋斗，逐步成长为“全国一流、全球视野”的综合性省级高端智库，截至 2022 年底，拥有人才队伍 271 人，其中享受国务院政府特殊津贴 5 人、高级职称 102 人、国家级博士后科研工作站在站博士后 5 人，硕博士学历占比 88.6%。

浙江省发展规划研究院认真履行浙江省委、省政府重要决策智囊职责，科学统筹新冠疫情防控和咨询业务开展，围绕“135X”总体发展思路踔厉奋进、勇毅前行，踔疾步稳推进“数智强院”，课题研究、规划编制、工程咨询“三位一体”业务链持续做大做强，“全国一流、全球视野”省级高端智库建设跃上新台阶。全年共承担课题研究任务 258 项，获得省级以上领导批示 150 次，其中国家领导批示 6 次，省主要领导批示 44 次；承担规划编制任务 194 项，转化为党委政府文件 56 项，其中国家级文件 2 项，省委省政府文件 10 项；承担工程咨询 335 项，特别是作为 PPP 项目实施机构管理的杭绍台高铁，入围 2022 年度菲迪克工程项目奖短名单。同时，“数智大楼”全面启用，办公环境焕然一新，管理服务更加智慧便捷，“紫金港时代”开启新篇章。

# 浙江省森林资源监测中心（浙江省林业调查规划设计院）

浙江省森林资源监测中心（浙江省林业调查规划设计院）始建于 1953 年，是浙江省材业和草原局（原林业局）直属公益二类事业单位。前身为浙江省林野调查大队，1981 年更名为浙江省林业勘察设计院，1991 年成立浙江省森林资源监测中心，2002 年浙江省林业勘察设计院更名为浙江省林业调查规划设计院。浙江省林业碳汇计量监测中心、浙江省湿地与野生动植物资源监测中心设置在浙江省森林资源监测中心。浙江省森林资源监测中心拥有林业调查规划设计甲 A 级和工程咨询甲级资信、工程设计、旅游规划设计、测绘、林业碳汇计量与监测等多种资质，通过了 ISO 9001 质量管理体系认证，多次获得国家林业局、省级机关表彰。浙江省森林资源监测中心被国家林业和草原局授予“全国野生动植物湿地调查先进集体”和“第六次全国森林资源调查先进集体”；被省政府授予“绿化浙江先进集体”；连续多年被评为浙江省林业和草原局直属事业单位考核优秀单位。2004 年以来，获省部级科技进步奖、部级工程咨询奖、各类科技奖励、勘察设计奖等近百项，多人获国家级个人奖。

经过 60 多年发展，浙江省森林资源监测中心逐步形成了一支本专业内门类齐全、业务素质较高的技术队伍，具备林业资源调查监测、林业规划设计、林业建设评估、林业信息化建设和林业新技术研发等综合能力。

# 浙江省水利河口研究院（浙江省海洋规划设计研究院）

浙江省水利河口研究院（浙江省海洋规划设计研究院）创建于1957年5月，由钱塘江河口研究站和浙江省水利厅水利科学研究所两个单位发展、演变而成。2020年7月，根据浙江省深化事业单位改革意见完成机构调整，浙江省水利河口研究院（浙江省海洋规划设计研究院）正式挂牌组建。

浙江省水利河口研究院参与杭州湾大桥、秦山核电站、曹娥江大闸等一批特大型工程的前期科研、规划、选址、工可等咨询工作，并先后完成国家水专项、国家和浙江省自然科学基金、水利部公益性行业科研专项、水利部“948”项目、农业农村部科技成果转化等一大批重大项目的科学研究任务。

浙江省水利河口研究院多次荣获全国文明单位、全国水利科技工作先进集体、全国“模范职工之家”等荣誉称号。多人获得国家和省市劳动模范、“五一劳动奖章”、省级优秀科技工作者、省青年科技奖等荣誉。荣获厅级以上科技进步奖274项，其中省部级以上科技进步奖96项。

浙江省水利河口研究院按照中央水利一号文件和浙江发展海洋经济的部署，紧密围绕全省水利中心工作和海洋经济建设，秉承“精研、兢业、敬人、进取”的院所精神。

# 浙江省水利水电勘测设计院有限责任公司

浙江省水利水电勘测设计院创建于1956年，隶属于浙江省水利厅，2019年转企改制方案批复，转为国有企业，2021年12月，浙江省水利水电勘测设计院有限责任公司（以下简称设计院）正式挂牌。设计院拥有工程咨询、工程设计、工程勘察等12项甲级资质，涉及水利水电、市政建筑、项目管理、工程数字化等多个核心业务。是浙江省AAA级“重合同守信用”企业、浙江省勘察设计行业诚信单位、高新技术企业、浙江省模范集体、浙江省先进基层党组织、博士后工作站、全国优秀勘察设计院，并连续六届蝉联“全国文明单位”荣誉称号。

经过几代人的奋斗，取得了丰硕的成果，浙江省内200座大中型水库中的112座（其中包括全省80%的大型水库）就是由设计院设计的。设计院先后获得各类科技进步、勘测设计、科技咨询等奖项570余项，其中曹娥江大闸、温州市瓯飞一期围垦工程等项目更是荣获大禹奖、鲁班奖等工程建设领域最高奖项。此外，设计院专家主编或参编国家、行业和浙江省地方标准规范30余项，主编或参编各类专著30余项。

水利万物，通达未来。设计院将继续秉承“技术创领未来，责任成就梦想”的核心价值观和“诚信、精心、创新”的企业精神，以满腔热情投身水利事业，奋力打造全国水利勘测设计的标杆企业，共创浙水设计新的辉煌。

# 浙江省天正设计工程有限公司

浙江省天正设计工程有限公司（以下简称天正设计）前身为成立于1958年的浙江省石油化工设计院，2002年整体改制，是一家以技术为核心的工程设计咨询和工程总承包业务并举的科技型企业。现有员工600多人，专业技术人员占95%以上，其中正高级工程师/高级工程师240余人，国家各类注册工程师400余人次，设有17个专业。

天正设计具有化工石化医药行业甲级、化工、石化、医药工程咨询甲级资信、建筑工程咨询乙级资信等多项工程设计、工程咨询资信及工程总承包资质。业务涉及化工、石化、医药、储运、物流、轻工、燃气、环境工程、建筑等多个行业，覆盖全国31个省市及美国、德国、法国、日本等18个国家。

天正设计多年来致力于创建科技领先、安全环保、优质高效的工程产品和诚信周到的服务，获得国家银质奖1项、全国火炬高新技术产品展交会金奖1项、浙江省科技进步奖4项、行业及省部级优秀工程设计奖200余项、有效专利113项及专有技术、软件著作权13项。在国内化工、石化、医药、物流储运等业务领域具有明显的专业优势和市场地位，业务模式也从工程设计延伸到工程建设全过程服务，在稳步发展设计咨询业务的同时，积极开展工程总承包和项目管理业务，拓展技术集成和工厂运行服务，努力打造成为工程产品全生命周期的服务商。

# 浙江数智交院科技股份有限公司

浙江数智交院科技股份有限公司（ZJIC）创始于 1951 年，1979 年成立“浙江省交通设计院”，1998 年更名为“浙江省交通规划设计研究院”，2017 年 1 月从浙江省交通运输厅划转至浙江省交通投资集团有限公司，2018 年 3 月更名为“浙江省交通规划设计研究院有限公司”，2020 年 12 月更名为“浙江数智交院科技股份有限公司”，秉持“路更畅、城更美”企业使命和“知行合一、追求卓越”核心价值观，着力“创新驱动发展、数智引领腾飞”，为致力于服务综合交通和城市发展的科技型公司。

ZJIC 拥有工程勘察综合甲级，公路、水运设计行业甲级等十一项甲级资质，是高新技术企业。具有承担国家发展改革委、交通运输部委托咨询评估任务资格，并通过质量、环境和职业健康安全管理体系认证。涵盖公路、水运、市政、轨道交通、建筑、生态环保等业务板块，业绩遍及全国各省市和柬埔寨等 10 多个国家。

ZJIC 先后获得省、部级文明单位、全国勘察设计行业优秀设计院等荣誉称号，设立了国家级博士后科研工作站，拥有交通运输部认定的“水下隧道智能设计、建造与养护技术与装备研发中心”等科研平台。荣获国家科技进步奖一等奖等各类科技进步奖 70 余项、勘察设计奖 370 余项、发明专利近 70 项。

现有近 1 700 名员工，各类专业技术人员占 80% 以上。拥有全国工程勘察设计大师 1 名，浙江省工程勘察设计大师 4 名。

# 浙江中水工程技术有限公司

浙江中水工程技术有限公司（以下简称公司）于 1994 年 8 月创建于杭州，是一家以水利水电工程为核心业务的勘察设计咨询单位，通过了 ISO 9001 标准质量管理体系认证。

持续不断的技术创新和标杆领衔，让公司得以为客户提供令人满意的水利水电水务工程全业务解决方案，包括“项目决策咨询、评估、规划、勘测、设计、管理”的全过程技术与管理服务。

公司具有的主要资质：水利水电咨询甲级；水运（港口河海）、市政工程、生态和环境工程咨询乙级；工程勘察专业类（岩土工程）甲级；工程勘察专业类（工程测量）乙级；水利行业设计丙级；市政公用工程（给水工程、排水工程）设计乙级；水土保持方案编制四星；水土保持监测二星；水文水资源调查评价乙级；水资源论证资质乙级；水利水电物业管理服务能力评价证书全行业甲级；水利水电三级施工总承包；生态与环境修复工程专项设计以及总承包服务能力评价甲级。

近 30 年的发展，公司已发展成为行业的佼佼者，作为主要参编单位完成了《滩涂治理工程技术规范》（SL 389-2008）和《海堤工程爆炸置换法处理软基技术规范》（DB33/T 839—2011）。公司在洞头区北岙后二期围涂工程中研究和设计运用的爆炸置换法处理海堤软土地基新技术，获大禹水利科学技术奖三等奖。

# 中国电建集团华东勘测设计研究院有限公司

中国电建集团华东勘测设计研究院有限公司（以下简称华东院）1954 年建院，是中国电力建设集团的特级企业。名列中国勘察设计综合实力百强单位（排名第 8 位）、中国工程设计企业 60 强（排名第 12 位）、中国承包商 80 强。华东院是中国最早成立的勘测设计院之一，为国家大型综合性甲级勘测设计研究单位，业务范围包括水电与新能源、城乡建设、生态与环境等领域。华东院设计建成及在建各类水电站 51 GW，其中包括目前世界上装机容量第二大的水电站 16 GW 白鹤滩水电站。

华东院是国内最早开展潮汐能、风能等新能源开发研究利用的单位之一。2009 年，设计建成了全球首座潮间带风电项目——龙源如东 150 MW 海上示范风电场，该项目建成了国内第一根大直径单桩基础；2016 年，中广核如东 150 MW 海上风电示范项目建成，该项目建成了国内第一座 110 kV 海上升压站；同年三峡响水 200 MW 近海风电场项目建成投产，该项目建成了国内第一座 220 kV 海上升压站、国内第一回 220 kV 三芯交联聚乙烯海缆；2021 年，三峡如东海上风电项目建成投产，该项目建成了国内第一座海上柔性直流输电工程，也是目前全球规模最大、电压等级最高的海上柔性直流输电工程。目前华东院勘测设计建成的海上风电总装机规模已达 16 GW，占全国已建成海上风电总容量的 70%。

# 中国联合工程有限公司

中国联合工程有限公司（以下简称公司），是以原机械工业第二设计研究院为核心，联合多家国家甲级勘察设计单位组建的大型科技型公司，隶属于中央大型企业集团——中国机械工业集团有限公司。

公司设有工业工程、民用工程、能源工程、工程建设、全过程咨询、国际工程等多个业务板块，是国内最早组建的国家大型综合性设计单位之一。经过近七十年的纵横驰骋和市场竞争的风雨磨砺，公司服务领域早已从单一的机械行业扩展到各类工业、电力、建筑、市政等二十多个行业，成为国内首批获得工程设计综合甲级资质的企业，服务覆盖工程建设全过程。

在建设部对全国工程勘察设计企业勘察行业排序中最高列 9 位；工程项目管理合同额与工程总承包合同额排名中，项目管理最高列 11 位，总承包最高列 11 位；由《建筑时报》和美国《工程新闻记录》（ENR）举办的“中国承包商 80 强和工程设计企业 60 强”中，设计最高列 10 位，总承包最高列 56 位。

多年来，公司始终遵循“与顾客共同创造价值”的经营理念，完成了 20 000 多项大中型工程；主编、参编国家、地方和行业标准、规范 100 余项；获得国家科技进步奖 28 项（一等奖 2 项）、国家级各类工程技术奖 100 多项、各类省部级奖 1 000 多项。

# 中国能源建设集团浙江省电力设计院有限公司

中国能源建设集团浙江省电力设计院有限公司（以下简称浙江院）隶属央企、世界500强——中国能源建设集团，始建于1956年，是一家具有影响力和国际竞争力的全行业工程公司，主营业务涵盖能源、建筑、市政、环境等领域的前期咨询、设计、工程管理、专业总承包、后评价的全过程服务，具备一定的投资能力。

浙江院是一家具有国家工程设计综合甲级资质的高新技术企业，拥有电力工程全过程咨询、总承包甲级资格及进出口企业资格、核电咨询等资质证书，服务领域横跨多个行业。近年来，浙江院先后被授予全国勘察设计单位综合实力“百强”、全国勘察设计和工程咨询行业总承包“百强”、中国工程设计企业60强、全国文明单位、中国优秀勘察设计企业、全国实施卓越绩效模式先进企业特别奖、全国电力行业质量管理奖等荣誉称号。

浙江院高度重视能源领域规划咨询业务，浙江省能源局于2012年依托浙江院成立“浙江省电力规划研究中心”，相继承担了浙江省电力发展“十二五”“十三五”“十四五”规划，浙江省内多个市、县能源发展规划等。浙江院已形成一支专业能力雄厚的交叉复合型规划研究和设计团队，专业覆盖能源动力、电气、城市规划、工程管理等多个领域，在行业内处于领先水平。

# 中设科欣设计集团有限公司

中设科欣设计集团有限公司成立于2004年，曾用名浙江科威工程设计有限公司、浙江科欣工程设计咨询有限公司，2021年正式更名为中设科欣设计集团有限公司。（以下简称科欣设计）

科欣设计现已形成覆盖公路、市政、建筑、环境、港航等五大领域全产业链，具备规划、设计、项目管理、工程总承包的综合服务能力，拥有数十家分公司、400多名专业技术人员，获得了三项咨询甲级资信及公路、市政、水运、建筑、风景园林、勘察等多项甲级设计资质。自2018年上市公司中设股份（股票代码：002883）战略参股、2021年全股权收购云南曲靖设计研究院，秉承“融合、赋能、共赢”的发展理念，深耕浙江、布局全国，输出浙江发展的先进理念和成功模式。

近年来科欣设计在“设计+”发展思维下，积极布局多元化发展，涉足项目运营、资本运作产业开发、物业租赁、设计云系统开发等众多领域。2015年迁入自建办公大楼华滋科欣设计创意园。2017年“科欣云”设计管理系统研发并运作。

科欣设计始终秉承“责任第一、服务至上、科学管理、创新发展” 的企业宗旨；打造“感恩、担当、进取”的核心团队；本着“让设计回归匠心、让匠人得以升华”的使命，塑造一个以“（立）一流品牌、（创）特色平台、（建）共享舞台”为战略目标的现代化设计企业。

# 舟山市交通规划设计院

舟山市交通规划设计院是舟山市唯一一家具有承担港口、航道、公路工程等勘察设计的单位，具有水运行业（修造船厂水工工程）甲级、水运行业乙级、公路工程乙级、工程勘察乙级等勘察设计资质和工程咨询甲级资信，已有三十多年历史。本院勘察、设计项目遍布全省各地，在长期的生产实践中，积累了丰富经验，形成了自己独特风格和专长，在省内水运行业设计单位中享有较高声誉。

舟山市交通规划设计院多次荣获全省勘察设计行业诚信单位荣誉称号；编制的《舟山本岛综合交通体系规划——道路系统专项规划》获省优秀工程咨询成果二等奖，《中国海监东海总队舟山维权执法基地维修改造项目工程可行性研究报告》《嵊泗县综合交通运输规划（2015—2030）》《526 国道嵊泗段改建工程可行性研究报告》获省优秀工程咨询成果三等奖，设计的《舟山新港工业园区（一期）1 号道路 I 标段工程》获舟山市建设工程海山杯奖（优质工程）。《舟山本岛综合交通体系规划》获省优秀城乡规划设计二等奖和全国优秀城市规划设计三等奖。

舟山市交通规划设计院坚持“一丝不苟对待每一个数据，精益求精绘制每一张图纸，尽心尽责做好每一项服务，把满意的勘察设计成果交给业主”的质量方针，确保工程勘察设计质量。

# 浙江华云电力工程设计咨询有限公司

浙江华云电力工程设计咨询有限公司（以下简称公司）是国网浙江省电力有限公司下属产业公司，注册资本1亿元整，2021年实现营收11.84亿元。公司具备电力工程设计、咨询双甲资质、风力发电、新能源发电专业乙级资质、建筑装饰工程设计和电力工程施工总承包资质，通过国家高新技术企业认证。现为中国电力规划协会第九届理事会常务理事单位、浙江省电力学会电力设计专业委员会挂靠单位。

公司拥有规划研究能力、技术咨询和工程项目设计能力、项目总承包业务能力、三维数字化设计能力、科技研发与标准编制能力等核心能力。经营范围包括面向政府、行业、电网企业的各类能源电力规划、咨询、专题研究；全部电压等级电网建设工程的勘察和设计业务；能源工程设计总承包业务；新能源建设工程接入或本体的设计与咨询业务等。公司以建设具有卓越竞争力的一流能源工程设计咨询公司为目标，致力于服务新型电力系统建设和能源清洁低碳发展，以专业化、数字化为发展路径，已初步成为在工程咨询、勘测设计、EPC总包等核心业务能力突出，在新能源、三维设计等领域创新优势明显的现代能源工程设计咨询公司。

# 浙江江南工程管理股份有限公司

浙江江南工程管理股份有限公司（以下简称公司）成立于1985年，原为国家电子工业部直属骨干企业，曾被建设部授予“八五”期间全国工程建设管理先进单位。公司业务覆盖20多个省、200多个地级以上城市及12个海外国家，共设立34家分公司，连续多年企业综合实力位居行业前三强。

公司拥有工程监理、工程咨询、造价咨询、人防监理、工程设计等工程咨询全价值链资质，为房建、市政、水利、交通、能源等领域提供项目前期咨询、设计管理、造价咨询、招标采购、工程监理、全过程工程咨询等专业服务，以江南研究院、博士后工作站、院士工作站为平台，大力开展技术研发，累计获得70多项鲁班奖、200多项詹天佑奖、国家优质工程奖、国家市政金杯奖、水利工程大禹奖等国家级奖项，被住建部授予“全国工程质量安全管理优秀企业”，被浙江、山西等省级人民政府授予重点工程建设先进单位，被国家市场监督管理总局列为“全国守合同重信用单位”，2017年被住建部列为全国首批全过程工程咨询试点单位。公司以“成为全球领先的工程顾问公司”为企业愿景，以“专业、创新、奋斗、共赢”为企业核心价值观，引领中国工程咨询行业创新发展，不断探索创新工程咨询服务模式，为客户创造价值，打造“诚信江南、品质江南、百年江南”。

# 浙江求是工程咨询监理有限公司

浙江求是工程咨询监理有限公司（以下简称公司）成立于 1997 年，是一家专业从事建筑服务的企业，系全国行业百强、国家高新技术、杭州市文明单位、西湖区重点骨干企业。

公司企业资质有工程监理综合资质、工程招标代理甲级、工程造价咨询甲级、工程咨询资信甲级、人防工程监理甲级、政府采购甲级等，是第一批全过程工程试点企业，浙江省第一批全过程工程试点项目。

公司已承接的监理项目达 5 500 余项，建筑面积约 4 亿万平方米，监理造价超过 4 800 亿元，项目分布于全国各地，涉及综合体、市政建设（隧道工程、综合管廊）、大型场（展）馆、农林、医院等领域，有 23 项获国家级工程奖，400 多项获省、市（地）级优质工程奖。

公司为“中国建设监理协会理事”“中国工程咨询协会理事”“浙江省全过程工程咨询与监理管理协会副会长”“浙江省工程咨询行业协会常务理事”等。

公司成立求是学院，强化培训，与时俱进，打造学习型企业。公司与浙大宁波理工大学等学校开展校企合作，建立产学研合作基地，充分利用高校科技、人才和技术资源优势，发挥企业的项目管理实战经验，培养、储备专业人才。成立求是工程项目管理研究中心，开展专业课题研究，总结技术成果，增强自主创新能力，提高核心竞争力，为全过程工程咨询服务行业高质量发展做贡献。